Die Donau

Facetten eines europäischen Stromes

Katalog zur oberösterreichischen Landesausstellung 1994
in Engelhartszell

Herausgegeben vom
Kulturreferat der OÖ. Landesregierung

OÖ
KULTUR

Generalsponsoren:
Oberösterreichische Versicherung
Raiffeisenlandesbank OÖ

© LANDESVERLAG im VERITAS-VERLAG Linz; alle Rechte, insbesondere das Recht der Verbreitung, auch durch Film, fotomechanische Wiedergabe, Bild- und Tonträger jeder Art, oder auszugsweiser Nachdruck, vorbehalten
1. Auflage (1994)
Gedruckt in Österreich
Redaktion: Prof. Helga Litschel
Umschlaggestaltung: Rudolf Lintner
Layout, graphische Gestaltung: Ernst Schiefersteiner
Offsetreproduktion: CPS Reprostudio
Satz, Druck, Bindung: LANDESVERLAG Druckservice Linz

ISBN 3-85214-608-9

Lebensraum Donau

Die Donau gilt zu Recht als einer der bedeutendsten Flüsse Europas. Auf ihrem 2840 km langen Weg ins Schwarze Meer verbindet sie acht Staaten mit unterschiedlichen Kulturen.

Schon in der Antike galt die Donau, gemeinsam mit dem Nil, Euphrat und Tigris, als einer der vier Weltflüsse, die angeblich im Paradies entsprangen. Solche Wertschätzung ist nicht verwunderlich, denn die Donau prägt schon seit Urzeiten die Landschaft und die Menschen an ihren Ufern. Der Tier- und Pflanzenreichtum der Donauregion, ihre Rolle als Lebensraum für den Menschen, ihr Einfluß auf Kunst, Religion und Wissenschaft sowie ihre politische Bedeutsamkeit, all das macht den Donauraum zu einer herausragenden Landschaft. Diese große Bedeutung der Donau für unsere Heimat soll die oberösterreichische Landesausstellung 1994 „Die Donau" herausstreichen. Sie beleuchtet das Wesen dieses großen Flusses und stellt es mit Hilfe eines erlebnisbetonten Konzeptes umfassend dar. Ich wünsche dieser Gestaltungsidee und viel mehr noch dem Anliegen der Landesausstellung, daß es viele Menschen begeistern kann und die Donau als einen wichtigen und schönen Teil unseres Landes im Bewußtsein der Menschen verankert.

Dr. Josef Ratzenböck
Landeshauptmann

Zum Geleit

Unsere Zeit ist geprägt vom Öffnen der Grenzen in Europa. Österreich, im Herzen des Kontinents gelegen, nimmt dabei eine Schlüsselrolle als Drehscheibe zwischen West und Ost ein. Diese wichtige Stellung verdankt unser Land nicht zuletzt der Donau. Sie ist eine uralte Handelsstraße, die schon von den Römern genutzt wurde. Seit der Eröffnung des Rhein-Main-Donau-Kanals verbindet sie die Nordsee mit dem Schwarzen Meer und bietet einen günstigen europaweiten Verkehrs- und Transportweg.

Aber die Donau ist auch eine Drehscheibe der Kultur und Wissenschaft seit alters her. Eine Vielzahl bedeutender Kunstdenkmäler findet sich an ihren Ufern; entstanden sind sie in den mehreren tausend Jahren, in denen die Menschen das Donautal als Siedlungsraum nutzten.

Die oberösterreichische Landesausstellung 1994 „Die Donau" hat den Versuch unternommen, die ganze Vielfalt des Donauraumes einzufangen und umfassend darzustellen, die ökologische Bedeutung ebenso wie die historische, wirtschaftliche und politische Entwicklung. Erstmals wurde dazu nicht ein bestehendes Gebäude adaptiert, sondern die Ausstellung wird auf der Donau selbst im unmittelbaren Uferbereich gezeigt. Dieser enge Kontakt zum Fluß soll es dem Besucher ermöglichen, eine tiefe Beziehung zum Thema der Schau zu bekommen.

Für mich als Kultur- und Umweltreferent des Landes Oberösterreich ist eine solche Gemeinschaft von Kunst und Natur ein wichtiger Aspekt in der Konzeption der Landesausstellung. Ebenso begrüße ich die umfassende und ganzheitliche Betrachtung des Themas.

Ich wünsche also der oberösterreichischen Landesausstellung 1994 viel Erfolg und großes Interesse der Besucher. Sie kann dem Betrachter sicherlich neue Eindrücke über eine der bedeutendsten Regionen unseres Landes liefern.

Dr. Josef Pühringer
Landesrat

Inhalt

Europas Strom

Siegfried Hofmann
Die obere Donau — 17

Werner Josef Promintzer
Die österreichische Donau 1994 — 25

Áron Petneki
Die ungarische Donau — 33

Peter Csendes
Die Städte an der Donau — 40

Peter Broucek
Die Donau als Raum politischer
Auseinandersetzungen — 47

Geologie und Natur des Donauraumes

Bernhard Gruber
Die Geburt der Donau — 57
Ein Spiegelbild der geologischen Entwicklung des Alpenvorlandes

Frederick Watzik
Hochwasser — 63

Stephan Weigl
Vielfalt ohne Zukunft? — 69
Zur Tierwelt des oberösterreichischen Donauraums

Friedrich Schwarz
Bunte Vielfalt in steilen Hängen — 74
Die Pflanzenwelt der Donauleiten zwischen Engelhartszell und Aschach

Felix Schneeweis
Gold und Perlen aus der Donau — 77

Günther Nenning
Noch 40 Kilometer — 79
Hainburg als Beispiel für Umgang mit der Natur

Die Donau in Geschichte und Politik

Manfred Pertlwieser
Eine gewaltlose Eroberung — 85
Die urzeitliche Besiedlung des Donautales

Christine Schwanzar
Die Donau, ein Grenzfluß zur Römerzeit — 93

Vlasta Tovornik
Der oberösterreichische Donauraum im frühen
Mittelalter — 100

Walter Pohl
Im Zeichen des Kreuzes — 105
Missionierung und Christianisierung im Donauraum

Georg Heilingsetzer
Burgen und Schlösser im Donauraum — 111
Das „Eferdinger Land" als Beispiel

Oskar Feldtänzer
Die deutsche Ostsiedlung im Donauraum — 119

Karl Vocelka
Die „Donaumonarchie" — 125

Hellmuth Straßer
Die Internationalisierung der Donau — 133

Harry Slapnicka
Zwischen „Anschluß" und Befreiung — 137
Die Ideologisierung der Donau am Beispiel von Linz und von „Oberdonau"

Arnold Suppan
Nationalitätenkonflikte im Donauraum
1918 bis 1993 — 142

Emil Brix
Mitteleuropa als Kulturraum und politische
Landschaft — 148

Handel und Wirtschaft an der Donau

Felix Schneeweis
Fischerei   154

Siegfried Haider
Die Donauschiffer und ihre Zünfte   158

Roman Sandgruber
Handel auf der Donau   167

Werner Josef Promintzer
Die historische Ruderschiffahrt und die „Schopperei"   178

Franz Pisecky
Mit Dampf in die Zukunft   190
Schiffahrt, Schiffbau, Häfen, Industrie, Brücken ab 1830

Erhard Kargel
Die Donaubrücken von der Mündung bis Regensburg   200

Karl Vodracka
Die Donau als Postweg   204
Ein Überblick

Roman Sandgruber
Wirtschaftsraum Donau   210

Werner Josef Promintzer
Donauregulierung und Hochwasserschutz   217

Franz Pisecky
Die Donau im gesamteuropäischen Wasserstraßensystem   227

Helmut Federspiel
Kraftwerksbau und Elektrizitätswirtschaft   236

Walter Halling
Die ersten Kraftwerke im oberösterreichischen Donauraum   242

Zur Kulturgeschichte der Donau

Susanne Schaber
Donausagen   246

Susanne Schaber
Die Nibelungen   249

Herbert W. Wurster
Passau – das kirchliche Zentrum an der Donau   251

Karl Vocelka
Heilige und Heiligenverehrung an der Donau   255

Karl Vocelka
Die Donau als Wallfahrtsstraße   260

Andrea Scheichl
Das Zisterzienserstift Wilhering   265

Siegfried Kristöfl
Stift Engelszell   269

Karl Vocelka
Konfessionelle Pluralität im Donauraum   273

Kurt Maisel
Bildungsstätten an der Donau   277

Horst H. Stierhof
Neuburg und Wien   283
Dynastische und kulturelle Beziehungen entlang der europäischen Wasserstraße

Susanne Schaber
Donaureisen   291

Susanne Schaber
Die Donau als Thema in der Literatur   296

Andrea Scheichl
Die Donau als Thema der bildenden Kunst   303

Christian Glanz
Einigendes Band und fließende Grenze   309
Die Donau als Thema der Musik

Volker Derschmidt
Die Donau und die Volksmusik   316

Paulus Ebner/Franz Marksteiner
Die Donau im Spielfilm   319

Katalogteil   324

Autoren der Beiträge

Mag. Dr. Emil Brix,
Generalkonsul der Republik Österreich in Polen, Krakau

W. Hofrat Dr. Peter Broucek,
Österreichisches Staatsarchiv, Kriegsarchiv, Wien

ao. Univ.-Prof. Dr. Peter Csendes,
Senatsrat, Wiener Stadt- und Landesarchiv, Wien

Konsulent Volker Derschmidt,
Archivleiter im Oberösterreichischen Volksliedarchiv, Linz

Mag. Paulus Ebner,
Historiker, Wien

Dipl.-Ing. Helmut Federspiel,
Betriebsdirektor der Österreichischen Kraftwerke AG, Wien

Konsulent Oskar Feldtänzer,
Prokurist i. R., Ansfelden

Dr. Christian Glanz,
Institut für Musikgeschichte, Hochschule für Musik und darstellende Kunst, Wien

WissORat Dr. Bernhard Gruber,
Oberösterreichisches Landesmuseum, Linz

Univ.-Prof. W. Hofrat Dr. Siegfried Haider,
Direktor des Oberösterreichischen Landesarchivs, Linz

Kapitän Werner Halling,
Oberösterreichische Kraftwerke AG, Linz

Oberarchivrat Dr. Georg Heilingsetzer,
Oberösterreichisches Landesarchiv, Linz

Dr. Siegfried Hofmann,
Stadtdirektor, Stadtarchiv, wissenschaftliche Stadtbibliothek und Stadtmuseum Ingolstadt, Ingolstadt

Dipl.-Ing. Erhard Kargel,
Prokurist, Linz

Mag. Siegfried Kristöfl,
Historiker, Kremsmünster

Mag. Thomas Maisel,
Archivar, Archiv der Universität Wien, Wien

Franz Marksteiner,
Wien

DDr. Günther Nenning,
Publizist, Wien

Manfred Pertlwieser,
Oberösterreichisches Landesmuseum, Prähistorische Abteilung, Linz

Dr. Áron Petneki,
Historiker, Akademie der Wissenschaften, Budapest

Konsulent Prof. Dr. Franz Pisecky,
Vizepräsident des österreichischen Wasserstraßen- und Schiffahrtsvereins, Linz

Univ.-Doz. Dr. Walter Pohl,
Kommission für Frühmittelalterforschung der Österreichischen Akademie der Wissenschaften, Institut für Geschichtsforschung, Universität Wien, Wien

Konsulent Reg.-Rat Werner Josef Promintzer,
Amtsdirektor der Wasserstraßendirektion, Eferding

Univ.-Prof. Dr. Roman Sandgruber,
Institut für Sozial- und Wirtschaftsgeschichte,
Johannes Kepler Universität, Linz

Mag. Dr. Susanne Schaber,
Literaturkritikerin, Wien

Mag. Andrea Scheichl,
Universität Wien, Wien

Dr. Felix Schneeweis,
Ethnographisches Museum, Kittsee

WissORat Dr. Christine Schwanzar,
Abteilung Römerzeit und frühes Christentum –
Mittelalterarchäologie, Oberösterreichisches
Landesmuseum, Linz

Dr. Friedrich Schwarz,
Biologe, Naturschutzbeauftragter der Stadt Linz,
Naturkundliche Station, Linz

Prof. Dr. Harry Slapnicka,
Historiker, Linz

Dr. Horst H. Stierhof,
Oberkonservator, Bayerische Verwaltung der staatlichen Schlösser, Gärten und Seen, München

Dr. Hellmuth Straßer,
ao. und bev. Botschafter, Leiter des Sekretariats der
Donaukommission, Budapest

Univ.-Doz. Dr. Arnold Suppan,
Leiter des Österreichischen Ost- und Südosteuropa-
Instituts, Wien

Dr. Vlasta Tovornik,
Oberösterreichisches Landesmuseum, Abteilung
Frühes Mittelalter, Linz

Univ.-Doz. Dr. Karl Vocelka,
Institut für österreichische Geschichtsforschung,
Universität Wien, Wien

Univ.-Prof. Dkfm. Dr. Karl Vodrazka,
Johannes Kepler Universität, Linz

W. Hofrat Dipl.-Ing. Frederick Watzik,
Leiter des Hydrographischen Dienstes
für Oberösterreich, Landesbaudirektion,
Abteilung Wasserbau, Linz

Mag. Stephan Weigl,
Oberösterreichisches Landesmuseum,
Biologiezentrum, Linz

Dr. Heribert W. Wurster,
Leiter des Archivs des Bistums Passau, Passau

Zum Gelingen der Ausstellung haben dankenswerterweise beigetragen

Sicherheitsdirektion für Oberösterreich und Salzburg
Bezirkshauptmannschaft Schärding
Marktgemeinde Engelhartszell
Stift Engelszell
Wasserstraßendirektion West – Aschach
DDSG – Cargo GmbH
DDSG – Donaureisen GesmbH
Hydrographischer Dienst des Landes Oberösterreich
Lichtbildstelle der oö. Landesbaudirektion
Strom- und Hafenaufsicht Engelhartszell

Generalsponsoren der Oberösterreichischen Landesausstellung

Oberösterreichische Wechselseitige Versicherungsanstalt
Raiffeisen Landesbank Oberösterreich

Geschäftsführung

Amt der oö. Landesregierung, Abteilung Kultur
Leiter – W. Hofrat Mag. Manfred Mohr
Projektleitung – WissORat Dr. Reinhard Mattes
Organisation – Herbert Loidl, Bernhard Stolberger
Public Relations – Mag. Monika Dunzinger, Michael Grims
Bauleitung – Techn. Amtsrat Ing. Manfred Quatember

Planung und Gestaltung

Hochschulprofessor Architekt Mag. Ing. Fritz Goffitzer
Assistenz: Mag. Peter Kugelstätter, Mag. Peter Schneider
Stiftsausstellung: W. Hofrat i. R., Prof. Dipl.-Ing. Karl-Heinz Hattinger
Grafik: Marianne und Günter Winkler
Video und Diainstallation: Vogel-Audiovision Linz
Akustik/Design: Sam Auinger
Assistenz: Gerd Thaller

Wissenschaftliche Leitung und Gesamtkonzeption

Univ.-Doz. Dr. Karl Vocelka, Institut für österreichische Geschichtsforschung, Universität Wien (KV)
Mag. Andrea Scheichl, Universität Wien (AS)

Konzeption Stiftsausstellung

Mag. Siegfried Kristöfl, Kremsmünster

Sachbearbeiter

Konsulent Oskar Feldtänzer, Ansfelden (OF)
WissORat Dr. Bernhard Gruber, Oberösterreichisches Landesmuseum Linz
W. Hofrat Univ.-Prof. Dr. Siegfried Haider, Oberösterreichisches Landesarchiv Linz
Mag. Thomas Maisel, Archiv der Universität Wien (TM)
Manfred Pertlwieser, Oberösterreichisches Landesmuseum Linz
Prof. Dr. Franz Pisecky, Linz (FP)
Univ.-Doz. Dr. Walter Pohl, Österreichische Akademie der Wissenschaften Wien (WP)
Werner J. Promintzer, Wasserstraßendirektion West – Aschach
Univ.-Prof. Dr. Roman Sandgruber, Institut für Sozial- und Wirtschaftsgeschichte, Universität Linz (RS)
Mag. Dr. Susanne Schaber, Wien
ORat Dr. Felix Schneeweis, Ethnographisches Museum Schloß Kittsee (FS)
WissORat Dr. Christine Schwanzar, Oberösterreichisches Landesmuseum Linz
Dr. Friedrich Schwarz, Naturkundliche Station der Stadt Linz
Dr. Vlasta Tovornik, Oberösterreichisches Landesmuseum Linz
W. Hofrat Dipl.-Ing. Frederick Watzik, Hydrographischer Dienst des Amtes der oö. Landesregierung Linz
Mag. Stephan Weigl, Oberösterreichisches Landesmuseum Linz

Weitere wissenschaftliche Mitarbeiter (Exponatenkatalog)

Dr. Max Brunner, Oberhausmuseum Passau (MB)
Dr. Ingrid Burger, Archäologisches Museum Kelheim (IB)
Bernhard Ehrhart, Stadtmuseum Lauingen (BE)
Dr. Ernst Englisch, Krems (EE)
Mag. Anton Fiala, Städtisches Museum Bratislava (AF)
Mag. Zuzana Francová, Städtisches Museum Bratislava (ZF)
Walter Grabert M. A., Heimatmuseum Günzburg (WG)
Dr. Maximilian Grothaus, Klagenfurt (MG)

Dr. Siegfried Hofmann, Stadtdirektor, Stadtmuseum, Stadtarchiv und wissenschaftliche Stadtbibliothek Ingolstadt (SH)
Dr. Helmut Hundsbichler, Historisches Museum der Stadt Krems (HH)
ORat Dr. Helmut Jungwirth, Kunsthistorisches Museum Wien, Direktor des Münzkabinetts (HJ)
Ing. Hans Kabicher, Hydrographischer Dienst des Amtes der oö. Landesregierung Linz (HK)
Kurt Lettner, Mauthausen (KL)
Richard Loibl, M. A., Oberhausmuseum Passau (RL)
Karlheinz Manlik, Linz (KM)
SenRat Dr. Fritz Mayrhofer, Archiv der Stadt Linz (FM)
Dr. Áron Petneki, Akademie der Wissenschaften Budapest (AP)
Univ.-Prof. Dr. Max D. Peyfuss, Institut für Ost- und Südosteuropaforschung, Universität Wien (MP)
Dr. Johannes Prammer, Gäubodenmuseum Straubing (JP)
Dr. Brigitte Reinhardt, Ulmer Museum (BR)
Gudrun Reißer M. A., Städtische Museen Donauwörth (GR)
Dr. Georg Rigele, Wien
Dr. Erna Schneider, Römermuseum Mautern (ES)
Dr. P. Rainer Schrammel, Zisterzienserstift Wilhering, (RSch)
Dr. Walter Schuster, Archiv der Stadt Linz (WS)
Mag. Irmgard Sedler, Ludwigsburg (IS)
Dr. Horst H. Stierhof, Bayerische Verwaltung der staatlichen Schlösser, Gärten und Seen, München (HHS)
ORat Hon. Prof. Dr. Christiane Thomas, Haus-, Hof- und Staatsarchiv Wien (CT)
Dr. Eugen Trapp, Museum der Stadt Regensburg (ET)
Elmar Tscholl, Römermuseum Wallsee-Sindelburg (ElT)
Gunda Woll, Heimatmuseum Tuttlingen (GW)
Mag. Ulrich Graf Arco-Zinneberg, Schloß Artstetten (UAZ)

Leihgeber

Wir danken folgenden Institutionen und Privatpersonen, die freundlicherweise Leihgaben zur Verfügung stellten

Ansfelden, Konsulent Oskar Feldtänzer
Artstetten, Schloß Artstetten, Erzherzog Franz Ferdinand Museum
Artstetten, Schloß Artstetten, Archiv
Brandstatt, Gasthof Dieplinger, Karl und Paula Langmayr
Bratislava, Städtisches Museum
Brno, Archäologisches Institut der Akademie der Wissenschaften der Tschechischen Republik
Brno, Moravské Muzeum, Archeologické Oddělení
Budapest, Prof. Dr. Walter Endrei
Budapest, Ethnographisches Museum
Budapest, Historisches Museum der Stadt
Budapest, Magyar Nemzeti Galéria (ungarische Nationalgalerie)
Budapest, Magyar Nemzeti Múzeum (Ungarisches Nationalmuseum)
Budapest, Magyar Országos Levéltár
Budapest, Magyar Tudományos Akadémia
Donauwörth, Städtische Museen
Dunapataj, Evangelisch-reformierte Gemeinde
Dürnstein, Freie Weingärtner Wachau
Eferding, Fürstlich Starhembergsches Familienmuseum Schloß Eferding
Ehingen, Museum der Stadt
Eisenstadt, Burgenländisches Landesmuseum
Engelhartszell, LAbg. Bgm. Friedrich Bernhofer
Engelhartszell, Ing. Franz Layr
Enns, Museum Lauriacum
Esztergom, Museum für Wasserwesen von Ungarn – Donaumuseum
Feldkirchen a. d. Donau, Sammlung Lorenz Gumpenberger
Frankenburg, Römisch-katholisches Pfarramt
Grein, Stadtamt
Győr, Stadtamt
Győr, Yántus János Múzeum
Győrkőny, Evangelisch-lutherische Gemeinde
Günzburg, Heimatmuseum
Herzogenburg, Augustiner Chorherrenstift
Horn, Höbarth- und Madermuseum
Ingolstadt, Stadtarchiv
Ingolstadt, Stadtmuseum

Ingolstadt, Wissenschaftliche Stadtbibliothek
Kelheim, Archäologisches Museum
Kisoroszi, (Komitat Pest), Römisch-katholische Pfarrkirche
Kittsee, Ethnographisches Museum Schloß Kittsee
Klagenfurt, Maria Gabrijelic
Klagenfurt, Dr. Maximilian Grothaus
Klagenfurt, Heinz Olschewski
Klosterneuburg, Stiftsmuseum
Krems, Historisches Museum der Stadt
Krems, Weinbaumuseum
Krems-Weinzierl, Weingut Lehenhof, Karl Ditz
Lauingen, Stadtmuseum
Linz, Archiv der Stadt
Linz, DDSG-Cargo GmbH
Linz, Finanzgeschichtliche Sammlung im Finanzamt Linz-Urfahr
Linz, Hydrographischer Dienst
Linz, Johannes Kepler Universität
Linz, Karlheinz Manlik
Linz, Oberösterreichisches Landesmuseum
Linz, ÖSWAG HOLDING AG
Linz, Hermann Rittsteiger
Linz, Stadtmuseum – Nordico
Linz, Stadtpfarre
Linz, Wallfahrtsbasilika Pöstlingberg
Maria Taferl, Schatzkammer
Mautern, Römermuseum
Mauthausen, Heimatmuseum
Mauthausen, Römisch-katholisches Pfarramt
Mauthausen, Sammlung K. Lettner
Melk, Stift Melk, Archiv und Sammlungen
München, Bayerische Verwaltung der staatlichen Schlösser, Gärten und Seen
München, Prähistorische Sammlung, Museum für Vor- und Frühgeschichte
Neuburg an der Donau, Schloßmuseum
Neuburg an der Donau, Historischer Verein
Passau, Oberhausmuseum
Prag, Národní Galerie
Orth a. d. Donau, Donaumuseum
Orth a. d. Donau, Österreichisches Fischereimuseum
Regensburg, Museum der Stadt
St. Nikola, Römisch-katholisches Pfarramt
Salzburg, Museum Carolino Augusteum
Scharten, Evangelische Pfarrgemeinde

Sopron, Múzeum Régészeti Gyűjtemény
Steyr, Ennskraftwerke AG
Steyr, Museum der Stadt
Straubing, Gäubodenmuseum
Szombathely Savaria Múzeum
Traismauer, Museum für Frühgeschichte des Landes Niederösterreich
Tuttlingen, Heimatmuseum
Ulm, Stadtarchiv
Ulm, Ulmer Museum
Vác, Tragor Ignác Múzeum
Vöcklabruck, Heimathaus
Wallsee-Sindelburg, Römermuseum, Sammlung Elmar Tscholl
Wels, Stadtmuseum
Wien, Archiv der Universität
Wien, Bibliothek der Evangelischen Pfarrgemeinde H. B.
Wien, Bundesmobiliensammlungen
Wien, DDSG
Wien, Dipl.-Ing. Rudolf Reimann
Wien, Historisches Museum der Stadt
Wien, Jüdisches Museum der Stadt
Wien, Kunsthistorisches Museum, Antikensammlung
Wien, Kunsthistorisches Museum, Sammlung von Medaillen, Münzen und Geldzeichen
Wien, Landler-Dokumentation, L. L. Hassfurther
Wien, Naturhistorisches Museum, Prähistorische Abteilung
Wien, Niederösterreichische Landesbibliothek, Topographische Sammlung
Wien, Österreichische Donaukraftwerke AG
Wien, Österreichisches Museum für Volkskunde
Wien, Österreichisches Staatsarchiv, Finanz- und Hofkammerarchiv
Wien, Österreichisches Staatsarchiv, Haus-, Hof-, und Staatsarchiv
Wien, Sammlung Dr. Walter Lukan
Wien, Universitätsbibliothek
Wien, Wiener Stadt- und Landesbibliothek
Wien-Floridsdorf, Bezirksmuseum
Wilhering, Zisterzienserstift
Ybbs, Stadtmuseum
Znojmo, Jihomoravské Muzeum
Privatpersonen, die ungenannt bleiben wollen

Ferner danken wir für fachliche Beratung, die Zurverfügungstellung von Materialien und Informationen sowie für die Bereitstellung von Fotovorlagen

Dr. Ernst Aichner, Bayerisches Armeemuseum Ingolstadt
Archiv der Stadt Linz
Katharina Banghová, Wien, Botschaft der slowakischen Republik
Dr. Gerda Barth, Wiener Stadt- und Landesbibliothek Wien
Bayerisches Hauptstaatsarchiv München
Bayerisches Nationalmuseum München
Adil Besim OHG Wien
Bischöfliches Ordinariat Passau
Dr. Christian Brandstätter, Wien
Dr. Walter M. Brod, Würzburg
Bundesparteileitung der FPÖ Wien
Bundespartei ÖVP Wien
Dipl.-Ing. Claudius Caravias, Stadtmuseum Ybbs
Chemie Linz GesmbH
Mag. Nora Czapka, Österreichisches Museum für Volkskunde, Wien
DDSG Wien
DDSG – Cargo GmbH Linz
Denkmalamt Bozen
Diözesanbildstelle Linz
Dokumentationsarchiv des österreichischen Widerstandes, Wien
Donauhafen Enns
Donauhafen Krems
Dr. Gunter Dimt, Direktor des Oberösterreichischen Landesmuseums Linz
Rainer Ehm, Schiffahrts-Museum Regensburg E. V.
Ennsmuseum Weyer
Foto Drechsler Linz
Fotostudio Schellack, Korneuburg
Mag. Michaela Gaunerstorfer, Österreichisches Institut für Zeitgeschichte Wien, Bildarchiv
Germanisches Nationalmuseum Nürnberg
Dr. Michael Göbel, Österreichisches Staatsarchiv Wien, Allgemeines Verwaltungsarchiv
Georg Goerlipp, Fürstlich Fürstenbergisches Archiv Donaueschingen
Grüner Parlamentsklub Wien
Dr. Karl Hafner, Bundesstaatliche Studienbibliothek Linz
Ing. Rudolf Halbmayr, Linz

Heeresgeschichtliches Museum Wien
Dr. Felicitas Heimann-Jelinek, Jüdisches Museum der Stadt Wien
Heimatmuseum Hainburg
Heimatmuseum Höchstädt
Historisches Museum der Stadt Wien
Institut für ostbairische Heimatforschung, Universität Passau
Internationale Pressebildagentur Votava Wien
Dr. Šimon Jančo, Städtisches Museum Bratislava
Dr. Peter Jordan, Österreichisches Ost- und Südosteuropa-Institut Wien
Dr. Peter Jung, Österreichisches Staatsarchiv Wien, Kriegsarchiv
Dr. Willibald Katzinger, Stadtmuseum Linz – Nordico
Dr. Karl Kaus, Burgenländisches Landesmuseum Eisenstadt
Dr. Herbert Kneifel, Museum Lauriacum Enns
Dr. Gebhard König, Niederösterreichische Landesbibliothek
Ing. Franz Kosup, Heimatmuseum Persenbeug
Mag. P. Wilfried Kowarik, Stift Melk
Kunsthistorisches Museum Wien
Fred Lauzensky, Wien
Dr. Walter Lukan, Österreichisches Süd- und Südosteuropa-Institut Wien
Magistrat der Stadt Wels
Magistrat der Stadt Wien, Landesbildstelle
Renate Maier, Stadtmuseum Linz – Nordico
Marktgemeinde Aschach
Marktgemeinde Ottensheim
Dr. Silva Mattl, Historisches Museum der Stadt Wien
Walter Natschläger, Engelhartszell
Reinhold Nothnagel, Schiffahrtsmuseum Spitz
Oberösterreichisches Landesarchiv
Oberösterreichische Landespresse (Foto Grilnberger)
Österreichische Donaukraftwerke AG Wien
Österreichisches Institut für Zeitgeschichte Wien, Bildarchiv
Österreichische Nationalbibliothek, Wien, Bildarchiv
Österreichische Nationalbibliothek Wien, Handschriften- und Inkunabelsammlung
Österreichische Nationalbibliothek Wien, Kartensammlung
Österreichisches Staatsarchiv, Finanz- und Hofkammerarchiv

Österreichisches Staatsarchiv, Haus-, Hof- und Staatsarchiv
Österreichisches Staatsarchiv, Kriegsarchiv
Österreichisches Volkskundemuseum Wien
Univ.-Prof. Dr. Wolfgang Oberleitner, Kunsthistorisches Museum Wien, Direktor der Antikensammlung
Dr. Marta Pačovská, Städtisches Museum Bratislava
Georg Pawlik, Wien
Stiftsdechant Mag. Wolfgang Payrich, Augustiner Chorherrenstift Herzogenburg
Univ.-Doz. Dr. Liselotte Popelka, Heeresgeschichtliches Museum Wien
Dr. Rudolf Poppa, Stadt- und Hochstiftsmuseum Dillingen
Poschacher GesmbH, Mauthausen
Mag. Monika Prüller, Die Presse
Dr. Erich Rabl, Höbarth- und Madermuseum Horn
Dr. Robert Rehberger, Johannes Kepler Universität Linz, Bibliotheksdirektor
Univ.-Prof. Dr. Gustav Reingrabner, Evangelischer Superintendent des Burgenlandes
Renner-Institut Wien
Dr. Robert Rill, Österreichisches Staatsarchiv Wien, Kriegsarchiv
Univ.-Prof. DDr. Floridus Röhring, Augustiner Chorherrenstift Klosterneuburg
Max Ruprecht, Aschach
Wolfgang Schachenhofer, St. Nikola
Florian Schaller, Ranshofen/Braunau
Dr. Ingrid Schlacher, ORF Wien, Redaktion Nachbar in Not
Hedwig Schmiedl, Österreichisches Staatsarchiv Wien
Konsulent Karl Schnee, Kustos der Starhembergschen Familien- und Stadtmuseums Eferding
Wilhelm Schwengler, Freie Weingärtner Wachau
Dr. Ottmar Seuffert, Stadtarchiv Donauwörth
Prof. Dr. Hans Eugen Specker, Stadtarchiv Ulm
Staatsarchiv Landshut
Stadtamt Braunau am Inn
Stadtarchiv Ehingen
Städtisches Museum Korneuburg
Stadtgemeinde Pöchlarn
Stadtmuseum Linz-Nordico (Foto Michalek)
Starhembergsche Forst- und Güterdirektion Linz
Stift Heiligenkreuz
Dr. Manfred Stoy, Institut für österreichische Geschichtsforschung, Universität Wien

Univ.-Doz. Dr. Arnold Suppan, Institut für Ost- und Südosteuropaforschung, Universität Wien
Tiroler Landesmuseum Ferdinandeum Innsbruck
Tourismusregion Wachau-Nibelungengau (Foto Pfeifer, Foto Gartler, Foto Storto)
Dr. Gerhard Tuisl, Amt der Niederösterreichischen Landesregierung Wien
Ungarische Nationalbibliothek Budapest
Herbert Vopava, Österreichisches Staatsarchiv Wien, Archiv der Republik
VOEST-Alpine Linz
P. Gabriel Weinberger, Zisterzienserstift Wilhering
L. Hann von Weyhern, Donau-Museumsverein Passau
Wiener Stadt- und Landesbibliothek
Dr. Helmut Widmann, Wien
Dr. Reingard Witzmann, Historisches Museum der Stadt Wien

Verzeichnis der Abkürzungen

Abb.	Abbildung	ÖStA	Österreichisches Staatsarchiv
Abt.	Abteilung	ÖSWAG	Österreichische Schiffswerften AG
B	Breite	ÖZE	Österreichische Zeitschrift für Elektrizitätswirtschaft
Bd	Band		
Bl, Bll	Blatt, Blätter	OKA	Oberösterreichische Kraftwerke AG
bzw.	beziehungsweise	OÖ	Oberösterreich
d.Ä.	der Ältere	OÖHbl	Oberösterreichische Heimatblätter
dat.	datiert	OÖLA	Oberösterreichisches Landesarchiv
DDSG	Donau-Dampfschiffahrtsgesellschaft	OÖLM	Oberösterreichisches Landesmuseum
d.J.	der Jüngere	OÖLR	Oberösterreichische Landesregierung
Ø	Durchmesser	Or.	Original
EG	Europäische Gemeinschaft	ORF	Österreichischer Rundfunk
ERP	European Recovery Program	Rs	Rückseite
FO	Fundort	sign.	signiert
H	Höhe	SS	Sturmstaffel
Hg. (hg.)	Herausgeber, herausgegeben	T	Tiefe
HGM	Heeresgeschichtliches Museum, Wien	u.a	unter anderem
HistJbLinz	Historisches Jahrbuch der Stadt Linz	UdSSR	Union der sozialistischen Sowjetrepubliken
HStA	Hauptstaatsarchiv		
IG	Industriegewerkschaft	UNO	United Nations Organization
JbLkNÖ	Jahrbuch für Landeskunde von Niederösterreich	Urk.	Urkunde
		USIA	Uprawlenje Sowjetskim Imuschestwom w Astrij (Verwaltung des sowjetischen Vermögens in Österreich)
JbOÖMV	Jahrbuch des Oberösterreichischen Musealvereins		
Jh	Jahrhundert	v. Chr.	vor Christus
k. (u.) k.	kaiserlich (und) königlich	VOEST	Vereinigte Österreichische Eisen- und Stahlwerke
KZ	Konzentrationslager		
L	Länge	Vs	Vorderseite
Lit.	Literatur	ZDF	Zweites Deutsches Fernsehen
MÖStA	Mitteilungen des Österreichischen Staatsarchivs		
NATO	North Atlantic Treaty Organization		
n. Chr.	nach Christus		
NF	Neue Folge		
NÖ	Niederösterreich		
NSDAP	Nationalsozialistische Deutsche Arbeiterpartei		
Obj.	Objekt		
ÖMV	Österreichisches Museum für Volkskunde, Wien		
ÖNB	Österreichische Nationalbibliothek		

Andrea Scheichl und Karl Vocelka

„Die Donau" – Oberösterreichische Landesausstellung 1994

Das Thema der oberösterreichischen Landesausstellung 1994 in Engelhartszell war nicht zuletzt durch die Wahl des Ausstellungsortes festgelegt. Man kann das Thema „Die Donau" sicherlich von sehr verschiedenen Gesichtspunkten her sehen – die Wahl der wissenschaftlichen Ausstellungsleitung (mit den Studienfächern Geschichte, Kunstgeschichte, Volkskunde) hat die Realisierung des Themas in eine ganz bestimmte Richtung gelenkt. Der Schwerpunkt der Ausstellung, die einen sehr breiten Themenrahmen abzudecken versucht, liegt sicherlich in der kulturellen Dimension der gestellten Aufgabe. Die Mitarbeiter der Ausstellung, denen an dieser Stelle gedankt sein soll, kamen aus den verschiedensten Bereichen und versuchten als Team ihre Fragestellungen, soweit das möglich war, aufeinander abzustimmen. Die architektonische Konzeption lag bei Prof. Goffitzer, für die graphische Gestaltung und Umsetzung der von den wissenschaftlichen Mitarbeitern und vor allem auch von Dr. Mattes von der Kulturabteilung erarbeiteten Gestaltungsvorschläge waren Marianne und Günter Winkler zuständig.

Die Donau ist nicht nur ein sehr langer Strom, der einen großen Teil Europas durchfließt, sondern auch ein Strom, an dessen Ufern sich seit langer Zeit geschichtliche Ereignisse und Zustände manifestieren. Diesen unterschiedlichen wirtschaftlichen, kulturellen und politischen Aspekten des Themas sind etwa zwei Drittel der Ausstellung gewidmet. Während das erste Ausstellungsschiff nach einer allgemeinen Einführung die Themenbereiche Geologie, Hochwasser, Regulierung, Kraftwerke und Kanalbauten, Fauna und Flora in und um die Donau und die Fischerei behandelt und damit den Bereich der naturwissenschaftlichen Annäherung an den Strom umfaßt, sind das zweite Schiff und der Pavillon dem „Kulturbereich" und damit den Menschen am Strom gewidmet.

Die Besiedlung des Donaulandes von der Urzeit an brachte jene Menschen an den Strom, die durch Handel und Verkehr, den Weinbau, seit der Industrialisierung aber auch durch industrielle Standorte am Wasserweg erheblich profitierten. Diesen beiden Fragestellungen, der Siedlungsgeschichte und den wirtschaftlichen Verhältnissen – daneben aber auch Themen wie Brücken und Fähren und der Internationalisierung der Donau – wird im zweiten Ausstellungsschiff nachgegangen.

Der Pavillon auf dem Land schließlich ist Fragen der Kultur und Politik vorbehalten. Mit der religiösen Situation befassen sich die ersten Räume. Jeweils Thema eines Abschnittes sind die Christianisierung an der Donau, die Heiligen, die Wallfahrten und die Religionen des Donauraumes. Weitere Schwerpunkte bilden Universitäten und Bildungsstätten, Klöster, adelige Residenzen und Sitze des landständischen Adels. Die Donaureisen und ihr Niederschlag in Literatur und bildender Kunst leiten über zu der kulturellen Vielfalt entlang des gewaltigen Stromes. Farbenfrohes Nebeneinander und blutiges Gegeneinander der Nationalitäten des Donauraumes polarisieren sich in diesem Raum.

Die letzten drei Räume sind der politischen Situation an der Donau gewidmet: der Habsburgermonarchie, der Zwischenkriegszeit mit ihren nicht immer erfreulichen politischen Entwicklungen und den Jahren nach 1945, der Trennung dieses Raumes durch den Eisernen Vorhang und dessen Fall 1989, der ambivalenten Situation danach.

Ebenso vielfältig wie die Themen der Ausstellung ist auch deren Präsentation. Die Gestaltungsmittel dieser Ausstellung, die das wissenschaftliche Team entwickelte, sind verschiedenster Art. Von Anfang an stand fest, daß man keine traditionelle Ausstellung im Sinne einer bloßen Aneinanderreihung schöner Objekte wollte. Das Prinzip des Exemplarischen stand immer im Zentrum der Überlegung. So stehen ein Objekt oder eine Objektgruppe stellvertretend für ein Thema, Saaltext und Objekttext geben die nötigen Informationen und Auskunft darüber, wofür das jeweilige Exponat Symbol ist. Die Sparsamkeit der Objekte – wir waren nicht fasziniert von der enzyklopädischen Darstellung – ist durchaus bewußtes Mittel der Gestaltung. Gelegentlich wird diese Austerität durch Ensemblegruppen aufgelockert, die Gesamtzusammenhänge vermitteln sollen.

Die letzten Abschnitte der Ausstellung – die der Politik gewidmet sind – arbeiten mehr als alle anderen Bereiche mit Inszenierungen. Wenige Originalobjekte sind in diesen Räumen zu sehen, aber plakative Photomontagen sollen didaktisch wirksam sein und Probleme erkennen lassen, Denkanstöße vermitteln.

Die Ausstellung arbeitet auch sehr häufig mit dem Medium der Videoprojektion. Einerseits nimmt das Rücksicht auf unsere Zeit, aus der das Fernsehen – auch wenn man es kultursnobistisch noch so sehr verbannen möchte – nicht mehr wegzudenken ist, andererseits konnten dadurch eine Reihe von Fragen, die sonst nicht darstellbar wären, in die Ausstellung einbezogen werden. Die Vielfalt der Themen und der letztlich geringe für jeden Bereich zur Verfügung stehende Platz, was jeden Bearbeiter zur äußersten Konzentration auf das Wesentliche zwang, bedingte ebenfalls die Verlegung einzelner Themen in die Videoprojektion. Zudem ist es ohne Zweifel anschaulicher, bewegte Bilder etwa der kriegerischen Ereignisse seit dem Ersten Weltkrieg zu sehen, als Photos. Manche Fragestellungen – etwa Werften und Transporte im Containersystem – wären in der Ausstellung ohne Videoprojektion nicht darstellbar gewesen. Für eine akustische Umsetzung der Ausstellung sorgte Sam Auinger mit „Hörbildern".

Diese Ausstellung hat – im Gegensatz zu bisherigen Landesausstellungen – kein altes Objekt, ein Kloster oder eine Burg, als Rahmen, der für sich wirkt. Die Ausstellungsschiffe wurden aber – soweit es die Möglichkeiten erlaubten – in die Ausstellung miteinbezogen. Die zu besichtigende Kajüte, der Abstieg in den Laderaum mit dem Ladegut sind solche Optionen. Umrahmt wird die Ausstellung von einer Reihe von Großobjekten wie verschiedener Schiffe oder Großaquarien, die ebenfalls Teil des Ausstellungskonzeptes sind.

Das wichtigste Objekt aber trägt die Ausstellung – im wahrsten Sinne des Wortes –: die Donau, auf der die Schiffe schwimmen und die stets Teil des Geschehens ist. Immer wieder geben Ausblicke aus den Räumen ein Bild jenes Flusses, der die Geschicke Mitteleuropas so wesentlich beeinflußte und dessen widerspruchsvolle Biographie diese Ausstellung zu schreiben versuchte.

Siegfried Hofmann
Die obere Donau

Teilt man die Donau, mit 2860 km Länge der längste Strom Europas nach der Wolga, in die obere, mittlere und untere Donau, entfällt auf die obere Donau mit 1040 km die Strecke bis zur Mündung der March beziehungsweise bis zur Ungarischen Pforte bei Preßburg (Bratislava) ein gutes Drittel. Sie besitzt in den Quellflüssen Breg (48 km) und Brigach (43 km) einen geteilten Auftakt und ist nach deren Vereinigung unmißverständlich der Fluß, den man einst „Istros", „Hister" oder „Danuvius" nannte. Auf 2412 km ist sie von der Einmündung des 1992 eröffneten Main-Donau-Kanals bei Kelheim bis zum Schwarzen Meer schiffbar, im Anschluß an Main und Rhein bildet sie einen Großschiffahrtsweg von europäischer Dimension.

Länge und Gefälle, Zahl und Art der Zuflüsse lassen auf ein mächtiges und gelassenes Strömen schließen, machen begreiflich, daß man einst der Donau als einem Gotte namens Danuvius mythische Größe zuschrieb. In der großartigen Inszenierung des theatrum mundi in der Fontana dei Fiumi Berninis auf der Piazza Navona in Rom wird die Weltgeltung der Donau unübersehbar vor Augen gestellt: Den vier Kontinenten entsprechen die vier Ströme Donau, Nil, Ganges und Rio de la Plata. Doch gehörte die Donau keineswegs ausschließlich der Welt, sondern zumindest in besonderem Maße Europa. Nicht zuletzt erhoben sogar einzelne Fürsten, deren Länder sie durchfloß, wenigstens für Teilstrecken auf sie Anspruch, wie dies beim Hause Wittelsbach in den Personifikationen des Flusses in den barocken Parkanlagen Schwetzingen und Nymphenburg deutlich wird.

Die obere Donau durchquert die unterschiedlichsten Landschaften. Nach der Strecke der Versickerung führt ihr Lauf entlang der Schwäbischen und Fränkischen Alb und dem Bayerischen Wald und greift in die Ausläufer des Böhmischen Massivs ein. Es wechseln heroische Landschaftsbilder wie die Donaudurchbrüche durch die Schwäbische Alb und bei Weltenburg mit weiten Tallandschaften, Talengen und Becken. Auen, Ried- und Moorlandschaften, Forste und Auwälder begleiten den Strom, die flachen Landstriche haben es auf den ersten Blick schwer, mit Traumlandschaften wie der Wachau in Konkurrenz zu treten. Nur zu schnell vergißt man, daß die heutige Donau längst nicht mehr die Flußlandschaft mit den Flußschlingen und einstigen Donauarmen vor den großen Regulierungen ist. Das keltische „oppidum" Manching zum Beispiel lag an der heute zum Flüßchen verkommenen Sandrach, die einzigen bekannt gewordenen römischen Donauschiffe liegen ungehoben beim einstigen Kastell Oberstimm bei Ingolstadt, auch „Vindobona" war einstmals an einem Hauptarm gelegen.

Konrad Celtis hatte an den Unversitäten in Wien und Ingolstadt – etwa in der berühmten bildungsprogrammatischen Ingolstädter Rede von 1492 – den Blick einer bildungsbeflissenen Welt auf die Beschäftigung mit dem eigenen Land, seinen Flüssen und Bergen hingelenkt. Als dann Philipp Apian in seinen wegweisenden, 1568 erschienenen „Bairischen Landtaflen" den Donaulauf wenigstens für seinen bayerischen Abschnitt kartographisch festhielt, vergaß er nicht, auch die durchflossene Landschaft anzudeuten und fügte dem Kartenwerke kleine Veduten der Städte ein. Man wird auch davon ausgehen dürfen, daß die waldreiche Donaulandschaft gerade im Bereich der mittleren Donau als täglicher Erlebnisraum in den Werken der in Ingolstadt, Regensburg, Passau und Wien wirkenden Maler der „Donauschule" – Albrecht Altdorfer, Wolf Huber und Melchior Feselen etwa – auf eine fast selbstverständliche Weise eingegangen ist.

Die stellenweise gefährliche Schiffahrt – man denke an den Greiner Strudel – war oft mühsam und lang, doch konnte sie auch vergnüglich sein, wie es der Jugend an einem sonnenüberfluteten Sommertage zustand, etwa bei der Donaufahrt von Eichendorffs „Taugenichts". Und muß man nicht bei jenem 1954 erstmals im Druck erschienenen berühmt gewordenen Gedicht Ingeborg Bachmanns, das das Lebensgefühl nahezu einer ganzen, damals jungen Generation traf, an die Donau bei Wien denken: „Mein lieber Bruder, wann bauen wir uns ein Floß/und fahren den Himmel hinunter?/Mein lieber Bruder, bald ist die Fracht zu groß/und wir gehen unter." „Hinunter": Das konnte nur den Mittel- und Unterlauf der Donau unter dem hohen Himmel bei Wien im Blicke haben.

Kehren wir zur konkreten Gestalt des Donaulaufs zurück. Ihn akzentuieren die großen Zuflüsse: Iller, Lech, Isar, Inn und Enns, doch seien darüber die gerade siedlungsgeschichtlich bedeutsamen Mündungen kleinerer Flüsse und selbstverständlich die Flußübergänge sowie die flußbegleitenden und flußüberquerenden Straßen in römischer wie mittelalterlicher Zeit nicht aus dem Auge verloren.

Seit dem Neolithikum ist die Donau für nahezu alle Zeitabschnitte die große Siedlungsachse schlechthin, Luftbildarchäologie und Notgrabungen bringen Jahr für Jahr unerwartete Aufschlüsse. In

„Die Statt Neüburg an der Donau". Aus: Matthaeus Merian, Topographia Bavariae, 1644. Foto: Stadtarchiv Ingolstadt

historischer Zeit ist der Donauraum eine Kulturlandschaft von seltener Vielfalt und Dichte. Man sollte ihn als Einheit sehen, der Fluß als Grenze spielte nur zeit- und streckenweise eine Rolle. Diese pauschale Aussage ist, wenn auch im schnellen Vorübergang, präziser zu verifizieren. Was zunächst spröde klingt, gewinnt Anschaulichkeit und Farbe, wenn man sich anschickt, auch nur eine Teilstrecke real „abzufahren".

So wird man schon die obere Donau im Bereich zwischen *Sigmaringen und Lechmündung* keineswegs nur als Natur-, sondern als Kulturraum zu würdigen haben. Im 6. Jahrhundert vor Christus wurde gerade die Donau bei Sigmaringen zu einem Schwerpunkt des sogenannten Westhallstattkreises, auffallendstes Zeugnis ist die Heuneburg bei Hundersingen, die hoch über der Donau an einer Flußbiegung liegt.

Dann wurde gerade das Stromtal westlich und östlich der Lechmündung Schauplatz des tiefgreifenden Umbruchs von den „Fürstensitzen" wie der Heuneburg zur „oppida"-Zivilisation der großen „Städte" der Latènezeit wie Manching. Wohl erst in römischer, näherhin claudischer Zeit wurde die Donau zur Grenze. Doch dann drangen die Römer über den Fluß nach Norden vor, der Rätische Limes der traianisch-hadrianischen Zeit wurde zur Reichsgrenze von Lorch bis Eining, die freilich Gallienus 254 beziehungsweise 259/260 nach Christus wieder aufgab.

Noch heute empfindet man den Donauraum bis zur Lechmündung als alamannisches Land. Die Alamanneneinfälle von 233/235 und 259/260 führten dazu, daß noch vor dem Jahr 300 Alamannen „a ponte Rheni usque ad Danuvii transitum Guntiensem", vom Rhein bis zum Donauübergang von Günzburg reichten. Die neue Grenze des Römischen Reichs, die der spätrömische Limes markierte, wurde unterwandert und schließlich das ganze Gebiet großflächig alamannisch, wobei sich um 500 der Lech als Grenze nicht zuletzt im Wechsel der auf

Architektur im Umkreis der „Donauschule". Einwölbungen der letzten nördlichen Langhauskapelle im Münster Unserer Lieben Frau in Ingolstadt, Erhard Heidenreich 1513. Foto: Stadtarchiv Ingolstadt

-ingen endenden Ortsnamen zu den -ing Orten niederschlug.

Für das alamannische Herzogtum, das 746 zerschlagen wurde, war das Donaugebiet zwar wichtig, jedoch weder damals noch im 10. Jahrhundert für das neue Herzogtum Schwaben Herrschaftszentrum. Ähnliches gilt von der Christianisierung. So gab es an der Donau zwar Besitz der Reichskirche, etwa der Klöster Reichenau und St. Gallen, bis zum 10. Jahrhundert aber kam es nur in Grenzen zur Gründung von Klöstern wie in Beuron in einer an Weltenburg erinnernden Lage und Obermarchtal. Wie sehr das Donautal aus karolingischer Sicht wieder an Bedeutung gewann, ist nicht zuletzt an der Präsenz von Königsgut und Besitz der wiewohl abgelegenen Reichsklöster ablesbar; Ulm, Pfalzort des 9. Jahrhunderts mit entsprechendem Grundbesitz des Klosters Reichenau, mag hierfür symptomatisch sein, aber auch die Reihe fränkischer Königshöfe wie Günzburg, Gundelfingen, Lauingen.

Im 12. und 13. Jahrhundert und später entstand eine reiche Klosterlandschaft im Abschnitt bis Ulm: Neudingen, Amtenhausen, Beuron, Inzigkofen, Heiligkreuztal, Zwiefalten, Obermarchtal, Ulm mit seinen Bettelordens- und sonstigen Kirchen, Söflingen, Wiblingen; und zwischen Ulm und Lech: Oberelchingen, Langenau, Obermedlingen, Echenbrunn, Mödingen, Wertingen, Unterliezheim, Holzen und Donauwörth.

Eine umfassende Stadtlandschaft ergab sich im 13. Jahrhundert. Alle diese Städte atmen die gleiche Klarheit, die sich in den geometrisch-rechteckigen Grundrissen, nicht selten unter Integration praeurbaner Zentren niederschlug, jedoch unterscheiden sich die einzelnen Flußabschnitte nicht wesentlich. Für jenen bis Ulm fällt die Reihe von Stadtgründungen unterschiedlicher Herren auf: Städte, die zumeist klein blieben: Fürstenberg, Geisingen, Möhringen, Tuttlingen, Mühlheim, Fridingen, Sigmaringen, Scheer, Mengen, Ertingen, Riedlingen, Munderkingen, Ehingen. Sie ergeben ein buntes Bild herrschaftlichen Ehrgeizes, sind aber nicht wie die Städte am bayerischen Donaulauf Ausdruck einer geschlossenen Städtelandschaft unter dem Blickpunkt einer konsequenten Territorialpolitik. Ein ganz anderes Bild ergeben die Städte zwischen Ulm und Lech: Ulm selbst (staufisch), dann nach Langenau (1301), Leipheim (1330 Stadtrecht) und Günzburg mit dem Fremdkörper Dillingen die staufischen Stadtgründungen und Stadterhebungen Gundelfingen, Lauingen, Wertingen, Höchstädt, Donauwörth, die 1268 mit dem Konradinischen Erbe an das Herzogtum Bayern gelangten, das über dem Lech nach Westen ausgriff.

Der Abschnitt der Donau zwischen *Lech und Passau* trägt anderen Charakter. Auch hier gilt, daß sich die Donau trotz aller Modifikationen des Detailbefundes bis zur römischen Zeit nicht als Kulturscheide erwies. Gerade in den beiden letzten Jahrzehnten trat durch Luftbildarchäologie und Notgrabungen für die vorgeschichtliche Zeit eine Befunddichte zutage, die die Donau als große und bestimmende Siedlungsachse zumindest ahnen läßt, auch wenn die Fragen nach der Kontinuität zwischen Latènekultur und römischer Zivilisation oder zwischen römischer Kultur und bajuwarischer Stammeswerdung noch immer offen stehen. Die riesigen urnenfelderzeitlichen Friedhöfe von Kelheim und Zuchering (Ingolstadt) verweisen in ihren großen Grabanlagen als flächige Bestattungen auf die späteren hallstattzeitlichen „Fürstengräber" im Westen der Donau. In der späten Latènezeit entstanden gerade hier – etwa auf dem Michaelsberg bei Kelheim und bei Manching – riesige „oppida". Der Zugriff der Römer auf die Donau als Grenze und schließlich deren Hinausschieben und Absicherung durch den obergermanisch-rätischen Limes findet in den Verhältnissen westlich der Lechmündung eine Entsprechung, wird aber gerade in Eining besonders bewußt, wo der Limes auf die Donaulinie traf. Erst in jüngster Zeit wurden bei einer Grabung bei Oberstimm Donauschiffe angeschnitten, deren Rettung dringend geboten scheint, ohne daß bis jetzt schon konkrete Schritte ins Auge gefaßt worden wären. Die Lebensbeschreibung des hl. Severin durch Eugippius mit der Schilderung des Exodus der römischen Bevölkerung in der zweiten Hälfte des 5. Jahrhunderts von Künzing nach Passau und schließlich Lorch an der Enns und endlich 448 nach Italien zählt zu den großen menschlichen Dokumenten der Geschichte des Donauraums.

In den zurückliegenden Jahrzehnten gingen in der Diskussion um das Entstehen des Stammes der Bajuwaren – Zuwanderung oder Stammesbildung aus örtlichem Substrat – die Wogen hoch, sie ist gerade aufgrund jüngster Befunde erneut in Bewegung geraten. Hatte man früher vom 6. Jahrhundert gesprochen, so mehren sich inzwischen Nachweise, die den Beginn immer näher an die Zeit um 400 zu schieben gestatten. Gerade die Donaulandschaft von Bittenbrunn bei Neuburg bis Straubing scheint eines der Kerngebiete baierischer Stammesbildung gewesen zu sein. Vom Ingolstädter Becken von Neuburg bis Kelheim sprach man nicht zu Unrecht als der größten zusammenhängenden Siedlungskammer im bayerischen Stammesherzogtum des 6. Jahrhunderts. Jahrhundertelang war das bayerische Donautal dann herzogliches beziehungsweise königliches Land. Herzogsgut und Königsgut findet sich im 8./9. Jahrhundert zu beiden Seiten des Flusses. Orte von Königspfalzen oder pfalzähnlichen Stützpunkten waren Neuburg, Ingolstadt, vielleicht auch Kelheim, herausgehoben Regensburg, dann Künzing/Osterhofen, Passau. Hinzu kamen die großen Reichsforste. Im Unterschied zum Donautal westlich des Lech entstanden östlich dieser Grenze Klöster aus meist herzoglicher Stiftung: Thierhaupten am Lech, Neuburg, Bergen, Münchsmünster,

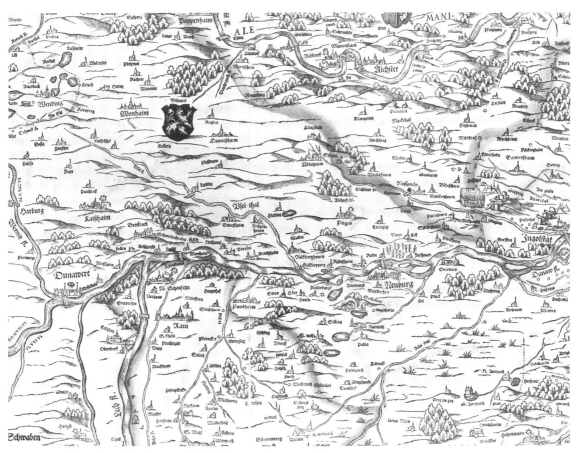

Der Donaulauf in Bayern. Aus: Philipp Apian, Bairische Landtaflen, Ingolstadt 1568. Foto: Stadtarchiv Ingolstadt

Weltenburg, Regensburg, Pfaffmünster, Metten, Niederaltaich, Passau. Bischofssitze waren: zunächst Neuburg, Regensburg, Passau. Doch griffen auf die Donau gerade bei Ingolstadt auch die Diözesen Augsburg und Eichstätt aus. Im 12. Jahrhundert gliederten sich in gewissem Abstand von der Donau im neu erschlossenen Land weitere Klöster aus Schenkungen des Adels an wie Biburg, Prüfening, Oberaltaich, Osterhofen, Aldersbach, Fürstenzell und andere.

Anders auch als im westlichen Teil der Donau verdanken sich hier die Städtegründungen des 13. Jahrhunderts, die noch heute den Altstädten Maß und Gesicht geben, einer übergreifenden landesherrlichen Konzeption: Rain am Lech, Neuburg, Ingolstadt, Neustadt an der Donau, Kelheim, Straubing, Bogen, Vilshofen. Wo sie nicht wittelsbachische Gründungen waren, wurden sie schon bald in die Donaulinie der herzoglichen Städte integriert, wie es 1268 auch mit den ehemals staufischen Städten westlich der Lechmündung geschehen war mit Gundelfingen, Lauingen, Wertingen, Höchstädt und Donauwörth. Hauptstadt, Handels- und Missionszentrum war Regensburg gerade im frühen und hohen Mittelalter, ihm vergleichbar war nur Passau als ein weit nach Osten ausstrahlendes kirchliches und handelspolitisches Zentrum. Einige der Städte erlangten als Residenzsitze fürstlichen Rang, von dem noch beachtliche Schlösser und Residenzkirchen Zeugnis geben: Neuburg, Ingolstadt, Straubing. Mit der 1472 gegründeten bayerischen Landesuniversität erhielt die obere Donau nicht nur den Anschluß an die wissenschaftliche Welt an einem zentralen Ort, sondern auch einen Gegenpol zur Universität Wien.

Ein anderes Kapitel blättern wir angesichts des letzten Abschnitts der oberen Donau von *Passau bis Wien* und zur March auf. Er zeigte schon in prähisto-

Aus: Zwey hundert vier und sechzig Donau-Ansichten nach dem Laufe des Donaustromes von seinem Ursprunge bis zu seinem Abflusse in das schwarze Meer. Sammt einer Donaukarte herausgegeben von Adolph Kunike, Wien

rischer Zeit teilweise abweichende Züge. Gewiß war auch hier die Donau vom Neolithikum bis zur Urnenfelderzeit trotz einzelner Modifikationen kein trennender Faktor. Dann jedoch bildete die Enns eine Scheidelinie zwischen der West- und Ostgruppe der Hallstattkultur, und in der Latènekultur scheint der Donau gerade im Bereich der Wachau doch eine trennende Funktion zugekommen zu sein.

In römischer Zeit war die Donau auch hier Reichsgrenze. Bayerisches Siedlungsland war das Donautal im 6. Jahrhundert zunächst bis zur Enns gewesen, bis zu einem gewissen Grad dann bis zum Wiener Wald. Zu berichten wäre über das herzogliche, später königliche Land vor und nach 788, über die karolingischen Schwerpunkte Linz, Krems, St. Pölten, Wien, schließlich über die 960/65 errichtete ottonische Mark an der Donau, die 1156 zum Herzogtum Österreich wurde.

Was Passau für die kirchliche Entwicklung des späteren Österreich bedeutete, geht schon daraus hervor, daß es in der zweiten Hälfte des 12. Jahrhunderts in Österreich 14 passauische Eigenklöster, wenn man das Kloster Niedernburg einbezieht, gab, ein Jahrhundert später noch mehr. Die Klosterlandschaft an der Donau trägt, von St. Florian abgesehen, relativ späte Züge, selbst was so herausragende Anlagen wie Wilhering (1146), Melk (11. Jahrhundert), Dürnstein (1289), Göttweig (11. Jahrhundert) und Klosterneuburg (um 1100) betrifft.

Zur Städtelandschaft wurde die Donau auch in diesem Bereich im 12. und 13. Jahrhundert, wiederum war die Donau die Kristallisationsachse, so daß man die Städte Krems, Tulln, Wien, Hainburg, deren Marktwerdung und Urbanisierung noch ins 11. Jahrhundert zurückreicht, nicht ohne Grund als die ältesten Städte Österreichs bezeichnet, wobei neben die passauischen Städte wie Eferding, Amstetten, Mautern Städte wie Linz, Enns, Grein, Ybbs und

1826. Links: „Kalkfelsen zwischen Weltenburg und Kellheim", bezeichnet rechts unten: „gez. v. J. Alt". Rechts: „Stadt Regensburg", bezeichnet rechts unten: „gez. v. J. Alt". Fotos: Stadtarchiv Ingolstadt

Pöchlarn traten. Wien freilich erlebte durch die Babenberger ab 1130/35 den Aufstieg zur glanzvollen Residenz, das neue Stadtrecht, das ihr 1278 Rudolf von Habsburg verlieh, gilt als „Höhepunkt der städtischen Freiheit und politischen Stellung im Mittelalter"; Wien wurde unter allen Donaustädten Fluchtpunkt, Höhepunkt und unvergleichliches völkerübergreifendes Zentrum aus der Perspektive der oberen wie der mittleren und unteren Donau.

Wie schon eingangs gesagt, hat man die Donau nicht nur als – mit den Regulierungen der jüngeren Zeit vielfach gestörten – Naturraum zu sehen, sondern als Kulturraum zu begreifen: als Siedlungsachse seit dem Neolithikum, als Schicksalsstrom gewiß, zumeist verbindender Art, nur zeitweise als Grenze. Die Zuflüsse wie Lech und Enns setzten wichtige siedlungsgeschichtliche Marken. Der Reisende nimmt die Vielfalt mitteleuropäischer Kultur staunend wahr: die mittelalterliche Klosterkultur, die vornehmlich dem 13. Jahrhundert zu verdankenden Städte, die herausragenden Zentren Ulm, Regensburg, Passau und Wien, die großen Dome, Herrschafts- und Bürgerkirchen in Ulm, Ingolstadt, Regensburg, Straubing, Passau und Wien; die geistigen Zentren, etwa die Universitäten Ingolstadt und Wien; die Aufgipfelung barocker Leistungen in den Asamkirchen Weltenburg und Ingolstadt und in den Kirchen und Klöstern Melk, Dürnstein und Göttweig, für die klassizistische Zeit: die Festungen Ulm und Ingolstadt, die Monumente Befreiungshalle und Walhalla. Man wird sich des Stroms als Verkehrs- und Handelsweg bewußt, nicht zuletzt im Blick auf Fernhandel, als Traum eines europaweiten Flußweges mit den Kanalprojekten von der „Fossa Carolina" bis zum Rhein-Main-Donau-Kanal von heute.

Literatur

BILLER, JOSEF H., Die Donau vom Schwarzwald bis Passau, Passau 1969.

BURGER, HANNES und KAPFINGER, HEINZ, Bayerns Weg zum Meer, Die Main-Donau-Wasserstraße, Passau 1992.

CHRISTLEIN, RAINER, Die Alamannen. Archäologie eines lebendigen Volkes, Stuttgart und Aalen 1992.

DANNHEIMER, HERMANN und GEBHARD, RUPERT, Das keltische Jahrtausend, Ausstellungskatalog, Mainz 1993.

Die Donau zwischen Lech und Altmühl. Geschichte und Gegenwart einer Kulturlandschaft, Ausstellungskatalog, Ingolstadt 1987.

Die Hallstattkultur – Frühform europäischer Einheit, Ausstellungskatalog, Steyr 1980.

Donau. In: Reallexikon der Germanischen Altertumskunde. VI, S 6–54, Berlin/New York 1986.

NEWEKLOWSKY, ERNST, Die Schiffahrt und Flößerei im Raume der Oberen Donau, Bd. I–III, 1952–64.

SCHNABEL, LOTHAR und KELLER, WALTER E., Vom Main zur Donau. 1200 Jahre Kanalbau in Bayern, Bamberg 1984.

ZEITLER, WALTHER, Durch Bayern nach Europa, Die Rhein-Main-Donau-Wasserstraße, Regensburg 1992.

Werner Josef Promintzer

Die österreichische Donau 1994

Es kommt, wie stets, auf den Standort an: Für den bayerischen Wasserbauer endet die „obere Donau" in Regensburg und die „untere Donau" in Passau. Wenn einer die Donau hingegen von Aschach aus sieht, dann gerät er in die gleiche Lage, und auch er hat seine „obere Donau", die für ihn allenfalls bis Grein reicht und alles, was dann noch kommt, das zählt er insgeheim schon zum Osten. Was ich damit sagen will: Jeder empfindet „seine" Donau als die Donau schlechthin und wenn schon nicht als die gesamte Donau, so doch als ihren allerwichtigsten Teil.

Aus ihrer Sicht haben natürlich die Gewässerkundler recht, wenn sie sagen, das mit der „oberen" und „unteren" Donau hierzulande das stimme alles nicht, der gesamte 350 km lange österreichische Donaulauf gehöre mit seinen 150 Gefällsmetern – bis hin zum Gefällsbruch von Gönyü – zur Gänze dem Oberlauf des Stromes an, und wir in Österreich hätten es im Grunde genommen bloß mit einem unbändigen Gebirgsstrom zu tun. Und den Leuten nahe des Deltas, die zu unserer Donau „Dunarea" oder „Dunav" sagen, denen wird es wohl überhaupt so vorkommen, als liege der österreichische Stromabschnitt gar nicht allzuweit von den Quellflüssen entfernt.

Und noch etwas: Wir sind es gewöhnt, bei Schlechtwetter ganz unwillkürlich eher stromauf zu blicken, in die Richtung gegen den Strom. Wir sind da wie die Fischreiher: Die schauen auch gegen die Strömung, wenn sie auf den Leitwerken stehen, weil sie sich ihr Gefieder nicht vom Wind zerzausen lassen wollen, der ja dann zumeist auch aus dem Westen kommt. Für uns kommen von dort die Hochwässer und mit ihnen die langen schlaflosen Nächte.

Der Begriff „Österreich" – ein Produkt der Donau

Aber „Oberlauf" hin, „Gebirgsfluß" her: Gerade für uns ist es der gesamte Strom, der uns und unsere Geschichte in einem Maße geprägt hat, daß dieses Land und seine Kultur auch heute noch jenen natürlichen Gesetzen folgt, die sich aus dem West-Ost-Verlauf des Stromes, der Vielzahl nationaler Kulturen und somit der Anforderung nach dem Verbindenden dieses „Überganges" ergeben. Anders gesagt: Ohne die Donau wäre Österreich als kultureller Begriff in dieser Form und in seiner Fortdauer über tausend Jahre wohl gar nicht denkbar, und das unterscheidet dieses Land doch ganz grundsätzlich von allen anderen Donauuferstaaten.

In Passau vereinigt sich die Donau mit dem Inn,

Fischreiher, Ardea cinerea

*Noch sind an manchen Stellen alte Fahrwasserbereiche als unversehrte Altwässer erhalten. Sie gelten in hohem Maße als schutzwürdig.
Foto: Wasserstraßendirektion*

und der macht die Donau erst zum wirklichen Strom. Er bringt viel Tirolerisches und Salzburgisches mit und dennoch: In Oberösterreich und besonders im Sauwald mutet alles noch ein wenig bayerisch an, und zuweilen hört man in Altbayern, das donaunahe Innviertel sei heutzutage bayerischer als der ganze Freistaat, und dabei käme es gar nicht so sehr auf die gleiche Sprache an. Nahe der Marchmündung hingegen, dort wo die Donau das österreichische Staatsgebiet verläßt, da spricht man freilich auch noch „Bayerisch-Österreichisch", aber die Dörfer des Marchfeldes haben so gar nichts Bayerisches mehr an sich, hier wird der Horizont weit und das Licht diesig. Im flachen Land verlieren sich die niedrigen Häuser, und nur an wenigen Stellen reichen Höhen und Hügel bis an die Ufer des Stromes. Schon bläst der Wind des Alfölds und die Donau richtet sich darauf ein, gesäumt von dichten Auwäldern mächtig und gemächlich zu werden.

In diesem West-Ost-Übergangsfeld sind die Passauer Bischöfe dem Lauf der Donau gefolgt, und das Patrozinium des hl. Stephanus hat dabei seine Spuren hinterlassen bis hin zur heiligen Stefanskrone und zur ungarischen Domkirche von Gran. Genau den gleichen Weg ist das werdende österreichische Landesfürstentum mit seiner „wandernden Residenz" gegangen, vorbei an Pöchlarn nach Melk und dann recht zaghaft nach Tulln und Klosterneuburg. Die legendäre Residenz auf dem Kahlenberg kommt uns wie ein verhaltenes Verweilen vor: Da mögen sie auf Wien hinabgeschaut und der Donau folgend den Blick nach Osten gerichtet und vielleicht ein wenig geahnt haben, daß sie mit ihrem Weg in die Ebene hinab diesem Land ein Schicksal auferlegten. Denn sobald sie einmal in Wien waren, da gab es kein Halten mehr, da gerieten sie in den Sog des Stromes, der sie nach Osten trieb und dann wieder leidvoll zurück, bis schließlich dieses ganze große östliche Reich, die „Donaumonarchie", die nicht zufällig und beiläufig so hieß, wieder auf ihre Ursprünge zurückgeführt war. Über all dem ist zuletzt noch die „Schöne blaue Donau" zur eigentlichen Nationalhymne dieses Volkes geworden. Aber der Weg die Donau entlang ist natürlich nicht ohne Wirkung geblieben, da blieb vieles davon im Osten zurück, vieles brachte man von dort mit und das alles lebt wohl hierzulande fort und wer weiß denn wirklich, wie es weitergeht.

Von Passau bis Hainburg – Vom Inn bis zur March

Es ist schon recht eigenartig, daß sich hierzulande die Grundzüge der erdgeschichtlichen Entwicklung bei der Entstehung der Donau auch in der Geschichte der Menschen wiederholen. Eine höchst widersprüchliche und wechselhafte Geschichte, sagen die Historiker, und das Gleiche sagen die Geologen, und tatsächlich, die Donau benimmt sich ganz anders als die anderen Ströme, die zumeist in einem Hochgebirge entspringen und dann einigermaßen geradlinig und im Kernraum Europas in nord-südlicher Richtung dem nächsten Meer zustreben. Nicht so die Donau: Sie fließt anders, von Westen nach Osten, entspringt in einem Mittelgebirge, wendet sich sodann dem Rande eines Faltengebirges zu, fließt entlang eines Grundgebirges, gräbt sich an einigen Stellen dort durch den harten Stein, obwohl es nur wenige Kilometer davon entfernt weiches Sedimentgestein und einen weniger mühevollen Weg gäbe. Das alles tut sie freilich nicht nur in ihrem österreichischen Stromabschnitt, das hat sie schon in Bayern geprobt und wiederholt es in ihrem Mittellauf im Osten. Nur, in Österreich sieht man es noch schöner als anderswo und man merkt hierzulande diese reizvolle wiederkehrende Abfolge von Durchbruchstälern mit ebenen Talniederungen auf Schritt und Tritt.

Drei dieser großen Durchbruchstäler gibt es an der österreichischen Donau, das zwischen Passau und Aschach, den Strudengau und die Wachau, und sodann einige kurze Engtäler und die beiden „Pforten", die Wiener und die Pannonische bei Hainburg, allesamt etwa 150 km lang. Es sind Talstrecken hohen landschaftlichen Reizes. Zwischen ihnen, auf den übrigen 200 Kilometern, weitet sich das Land und die Donau könnte sich hier mäandrierend und in viele Arme verzweigend ganz wie ein Niederungsstrom benehmen, wäre sie nicht vor Zeiten durch die Regulierungsarbeiten und dann von den Staustufen in ein engeres Korsett gezwängt worden, als es die felsigen Berge je vermocht hätten. Die großen Siedlungen liegen seit alters her am Beginn und am Ausgang der Durchbruchstäler, dort, wo man ein einheitliches Strombett vorfand und wo keine Arme und dichten Auwälder den Zugang für die Überquerung des Stromes, für das „Urfahr", verwehren. So entstanden und wuchsen die alten Donauübergänge und Maut- und Schifferorte Engelhartszell, Aschach, Ottensheim-Wilhering, Steyregg, Mauthausen, Grein, Ybbs und Melk, die großen Städte Linz, Enns und Krems und gar nicht viel anders die Metropole Wien, die das Wesen einer Donaustadt im 19. Jahrhundert einbüßte, als mit dem großen Durchstich die enge Bindung an den Strom verloren ging, die erst in unseren Tagen wieder auflebt. Die Beckenlandschaften hingegen, das Eferdinger und das Linzer Becken, das Machland, das Kremser Becken und das Tullnerfeld und schließlich das donaunahe Wiener Becken und das Marchfeld, sie alle waren einst siedlungsfeindlich, und die wenigen Städte und Märkte hielten sich in einem oft kilometerbreiten Respektabstand vom eigentlichen Strombett fern. Sie lagen dann zumeist auf der würmeiszeitlichen Niederterrasse, die ja stets hochwasserfrei war.

Zwischen Passau und Aschach, zwischen dem Nordwald und dem Passauerwald, den wir „Sauwald" nennen, folgt die Donau ziemlich geradlinig der „Donaustörung". Bis hin nach Schlögen! Da könnte man freilich meinen, wenn man zu Schiff stromabwärts fährt, hier sei die Welt zu Ende und die Donau müßte nun umkehren. Das tut sie tatsächlich und bildet dabei das grandiose Naturschauspiel der

"Schlögener Schlinge". Es heißt, hier zeige sich die österreichische Donau von ihrer allerschönsten Seite und mit diesem landschaftlichen Reiz kämen selbst die Wachau und das ganze Rheintal nicht mit. Das stimmt natürlich nicht ganz: Denn ebenso wie dem Struden- und Nibelungengau fehlt diesem Stromabschnitt etwas Entscheidendes, es fehlt die unvergleichliche Milde und Lieblichkeit, die der Wein der großartigen Natur- und Kulturlandschaft „Wachau" geschenkt hat. Den Wein hat es freilich vor Zeiten an klimabegünstigten Stellen auch hierzulande gegeben, und ein wenig spürt man das heute noch.

Stromab des Engtales liegt zu beiden Seiten des Stromes die Beckenlandschaft rings um Eferding. Mit einer bunten Bauernschüssel hat man dieses Land verglichen: Inmitten von reichen Getreide- und Gemüsefeldern liegen umgeben von Obstbäumen die großen Vierkanthöfe, und man könnte meinen, man lebe in einem einzigen großen Garten. Bei Katastrophenhochwässern aber, da müssen sie schauen, wo sie bleiben, die Bauern, die nicht oben am „Wagram", sondern in der überfluteten Donauebene leben, zuletzt und in besonderem Maße im Jahre 1954. Da quälten sie ihre Schweine und die eine oder andere Kuh über die Dachbodenstiege auf den Futterboden hinauf und da hörten sie dann nachts, wie unter ihnen in der Küche die strömende Brandung Tische und Stühle an die Decke schlug. Nicht anders war und ist es im Machland, da mischen zusätzlich die Traun und die Enns mit ihren häufigen und rasch ansteigenden Hochfluten mit, und das Ein- und Ausräumen der Wohnräume und das Verbringen des Viehs gehört hier beinahe zum Alltag. Und in den Weizen- und Maisfeldern liegt dann neuerdings eine Schicht von Schlamm, der, wie die Bauern sagen, vorher in den Stauräumen lag.

Überflutung einer Beckenlandschaft, hier im Eferdinger Becken, bei Katastrophenhochwasser. Bei steigender und fallender Welle wird die Bedrohung infolge des Verlustes von Hochwassergräben und Augebieten verstärkt. Gerade in solchen Bereichen wären mit Rückbaumaßnahmen gute Erfolge erzielbar

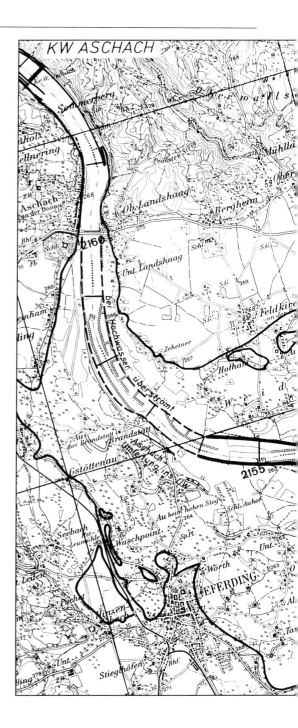

Wenn es dann überhaupt noch etwas zum Dreschen gibt, da sieht man schon von weitem die Staubwolken, und wenn ihnen die Wasserbauer und die Kraftwerksleute entgegnen, das müsse so sein, die Retentionsräume seien dafür da, daß die Donau hier ausufern könne, dann empfinden das die Bauern freilich kaum als Trost und sie rufen nach Dammaufhöhungen und Entschädigungen. In den niederösterreichischen Beckenlandschaften, da ist das alles nicht annähernd so bedrohlich, und das sollte zu denken geben: Denn hier haben sich die ausgedehnten Auwälder besser erhalten und diese Gebiete sind heute noch so weiträumig, daß sie die allermeisten Schadhochwässer gefahrlos abführen können. Das Kulturland, das hier nie bis an die Ufer des Stromes reichte, das konnte man durch den großen Marchfeldschutzdamm am Ende des 19. Jahrhunderts und in unseren Tagen durch die Dammkörper moderner Verkehrswege vor Hochwässern schützen.

Die „Kraftwasserstraße" und was dabei von der Donau übrig blieb

Mit Ausnahme der Wachau und des Strombereiches östlich von Wien, der letzten Naturreservate des Stromes gleichsam, ist die österreichische Donau heute eine „Kraftwasserstraße", und wenn die alten Treppelwege mit Schranken und den Hinweistafeln „Werksverkehr" versehen sind, so entsteht nur allzuleicht der Eindruck, der „ewige Strom" sei in unseren Tagen zu einer einzigen Fabrik geworden.

In dieser Generation wurde der Strom und seine Landschaft grundlegend verändert: Heute wird in weiten Bereichen das Stromregime der österreichischen Donau vom Bestand und Betrieb der Staustufen bestimmt. Wie rasch das Wasser steigt, wie sich Wellen überlagern, ob Hochwasserspitzen gekappt oder verstärkt werden, oder bei welchen Wasserführungen die Überströmstrecken „anspringen", das wird beileibe nicht zur Gänze, aber doch in Randbereichen in den Schaltwarten und Planungsbüros der Kraftwerke beeinflußt und entschieden. Das Gefühl, einem anonymen Apparat „ausgeliefert" zu sein, schafft im Verein mit einem unzureichenden Wissensstand Unbehagen. Dazu kommt die ökologische Auseinandersetzung, die dazu geführt hat, daß die Kraftwerksleute gar nicht mehr so naturnah und liebevoll planen können, als daß die Naturschützer nicht alles rundweg als ökologische Barbarei und oberflächliche Kosmetik abtun. Ein solches Urteil mußte sich selbst der schöne „Gießgang" in der Stockerauer Au gefallen lassen. Die Naturschützer argumentieren: „Naturnah" planen die Kraftwerksleute nur dort, wo sie sich um den Konsens für ein neues Kraftwerk bemühen müssen. Bei bestehenden Staustufen, da pochen sie auf ihre gültigen Bescheide und es bricht ihnen schier das Herz, wenn sie ein paarmal an der Kurbel der Dotationsbauwerke drehen und damit einige Kubikmeter Wasser für die verdurstende Au hergeben müssen. Mit dem Austrocknen der Au argumentieren freilich auch die Kraftwerksunternehmen: Die Eintiefung des Stromes gefährde die Au überhaupt in ihrem Bestand und könne einigermaßen wirtschaftlich nur durch Staustufen verhindert werden, was die Naturschützer ihrerseits natürlich bestreiten, gleichzeitig eine Fülle von technischen Alternativlösungen anbieten und auf ihrem Nationalpark beharren und – man wisse es ja – „no dams are built in National Parks". Also hüben wie drüben zumindest im verbalen Bereich beinahe idente Zielvorgaben für die Bewahrung der Natur. Das ist doch schon einiges! Man muß sich das nur einmal vorstellen: Noch vor einigen Jahren pilgerte das ganze Volk bewundernd und fortschrittstrunken nach Ybbs-Persenbeug und Kaprun, und in unserer Jugend schwärmten die Wasserbauer von der künftigen Donau als „Kanalstrecke", und das empfanden damals nicht nur die Donaukapitäne wie Labsal.

Es wird eng im Donautal

Gerade die Unberührtheit, die Einsamkeit der Landschaft, verleiht dem Durchbruchtal zwischen

Es wird eng im Donautal! Die Ansicht der Linzer Hafenanlagen läßt die intensive Nutzung und die Notwendigkeit der Konzentration auf Schwerpunktstandorte erkennen. Foto: Aigner, freigegeben BMLV 13083/167-1.6/86

Passau und Aschach seinen besonderen Reiz. Hier gibt es keine Durchzugsstraßen, keine Bahnlinien, und selbst die Kraftwerke konnten der Schönheit und Stille dieses Landes nichts anhaben, zumal den höheren Spiegellagen der Staustufe die einstigen Zillenbauer- und Kleinhäusleranwesen weichen mußten, an die heute nur mehr ein paar alte Obstbäume erinnern. Gerade die lassen uns die Abgeschiedenheit und Einsamkeit noch stärker empfinden.

Durch diese „Einsamkeit" radeln sie nun, zu vielen Tausenden, in Kolonne, Rad an Rad gleichsam, seitdem vor einigen Jahren der Radfahrboom erfunden und das Donautal zu einer Fremdenverkehrsregion ersten Ranges geworden war. Die Infrastrukturen folgten auf den Fuß.

Wir sind beim Thema: Es sind die Weichen für den künftigen „Lebensraum Donau" zu stellen, jetzt an der Schwelle der drohenden „Totalvermarktung", deren ökologische Auswirkungen jenen der „Ersten und Zweiten Donauregulierung" in nichts nachstehen werden.

Die Donau ist und war seit jeher ein Schiffahrtsweg, neuerdings eine „Großschiffahrtsstraße" zwischen Nordsee und Schwarzem Meer. Die Schiffe brauchen ihr Fahrwasser, je mehr Dezimeter, desto besser, natürlich auch in der Wachau und östlich von Wien, sie brauchen große Krümmungsradien und freilich auch Umschlagsanlagen. In unseren Tagen wurde auf diese Weise die Mündung eines der schönsten Alpenflüsse unter dem Titel „Schiffbarmachung der Enns" gemeinsam mit den alten Auen am Tabor zu einem einzigen großen aufstrebenden Hafen- und Betriebsansiedlungsgebiet. Mit all diesen Funktionen des Stromes als Schiffahrtsweg lassen sich die Interessen der Kraftwerkskette zumeist gut vereinbaren.

Die Donau ist aber auch einer der wichtigsten Erholungsräume für die Bewohner und Gäste dieses Landes, und die haben alle ganz unterschiedliche Ansichten darüber, wie man sich am besten erholt. Die einen brauchen dafür dröhnende Motoren und schnittige Boote, Slalomstrecken und Sprungschanzen, die anderen hingegen tiefe Waldesstille, das Rauschen des Stromes und einsame Heurigenschenken und Mostwirtshäuser. Wenn sich aber dann ein Sportbootfahrer selbst dem Land nähert, da wünscht er sich eine stille Bucht zum Verweilen und einen Liegeplatz möglichst vor der Haustür seines Zweitwohnsitzes oder einer klammheimlich zusammengenagelten Badehütte. Von „Schwerpunktstandorten" für Motorboote hält er zumeist nicht recht viel.

Die Donau ist aber auch ein einziger großer Fischteich mit stark wechselnden, stets jedoch besonders hohen Erträgen dort, wo gerade etwas verändert werden soll. Das ist wie mit den Zwetschkenbäumen beim Grundablösen im Straßenbau. Die Wasserrechtsnovelle 1990 hat den Fischern stärkere Rechte eingeräumt, derer sie sich seither eifrig erfreuen.

In den Donau-Bundesländern leben vier Millionen Österreicher, direkt am Strom freilich wesentlich weniger, aber immer noch eine Menge: Das sind die Anrainer. Die sind grundsätzlich gegen jede bauliche Veränderung, ausgenommen solche auf ihren eigenen Grundstücken. Gegen Bootshäfen und Radfahrwege bilden sie sofort Bürgerinitiativen, und ich habe schon durchaus alternativ wirkende Basisgruppenleute kennengelernt, die, kaum waren sie zu Anrainern geworden, Inselbiotope im Strom heftig bekämpften, weil dort nicht nur Schwarzstörche, sondern auch Gelsen zu erwarten wären.

In der Donau liegen aber auch noch große Mengen von Kies, und da ist trotz aller Alternativprojekte über laufende Zugaben in Eintiefungsbereichen noch keine Rede von „Schotter aus der Donau nur für die Donau". Die „Schotterbarone" baggern im Wettlauf mit der Zeit, von der auch sie wissen, daß sie ein geändertes Umweltbewußtsein und damit das Ende der Gewinnungsbaggerungen bringen wird. Einstweilen betrachten sie die Donau – trotz ihrer Eigenschaft als „öffentliches Gut" – noch als eine einzige große private Schottergrube.

Neidvoll blickt der Immobilienmarkt auf sie und denkt an Hongkong und an die Slums mit den vielen tausenden Hausbooten. An und in der Donau will man natürlich keine Slums, aber doch Hotel- und Restaurantschiffe, eine Schule mit Turnsälen, allenfalls Lager-, Ersatzteil- und Fabriksschiffe und vielleicht sogar ganze Geschäftsviertel im Donaukanal. Je höher die Grundstückspreise an Land hinaufklettern, desto bunter gestalten sich die Einfälle über die „Nutzung" der Donau als „Bauland".

Beinahe hätten wir bei dieser Fülle verschiedenster Sonderinteressen und Vermarktungspläne eines übersehen: Noch ist die Donau ein Naturparadies und an einigen Stellen beinahe unversehrt. Die österreichische Gesetzgebung hat im Jahr 1992 ausdrücklich normiert, die Donau mit ihren Uferbereichen müsse auch weiterhin ihre Funktion als Lebensraum für Pflanzen und Tiere erfüllen können. Alle Eingriffe in das Ökosystem des Stromes bedürfen heute schon behördlicher Bewilligungen. Nur, sie tun sich schwer, die Behörden, denn die Rechts„normen" scheinen dort immer mehr zu Rechts„ansprüchen" zu werden, wo alle Formalbedingungen erfüllt werden. Allmählich können jetzt in einigen Rechtsbereichen Verfahren nur dann eingeleitet werden, wenn zuvor eine Benützungsbewilligung für das öffentliche Gut erteilt wird. Dazu ist in Erfüllung des „Interessensausgleiches" die Wasserstraßendirektion mit ihren Wasserstraßenverwaltungen berufen. Wie dieser schwierigen und leidvollen Aufgabe und dem Gesetzesauftrag von 1992 in Hinkunft entsprochen wird, auch daran wird man wohl einst den Wert unserer Gesellschaft messen.

Áron Petneki
Die ungarische Donau

Die Donau ist in der Geschichte Ungarns nicht nur ein geographischer Begriff, sie bildet eine geometrische Achse, teilt das Land sowohl im Mittelalter wie heute in zwei Teile. Im Zeitraum von 1000 bis 1918 lief der Fluß von der Burg Theben/Dévény bei Preßburg bis nach Orsova fast tausend Kilometer (nach den Regulierungen im 19. Jahrhundert 997 km) auf dem Gebiet des Königreiches Ungarn. Heute ist die Donaustrecke in Ungarn von Rajka bis Mohács 417 km lang, davon bilden 143 Kilometer von Rajka bis Esztergom die Grenze zwischen Ungarn und der slowakischen Republik.

Wollte man die geschichtliche Rolle der ungarischen Strecke der Donau zusammenfassend darstellen, würde man einfach mit der gesamten politischen und kriegerischen Geschichte, der Wirtschafts- und Kulturgeschichte Ungarns konfrontiert.

Die Donau war immer eine der wichtigsten europäischen Straßen und hatte eine verbindende Funktion. Hier lief der große Pilgerweg zu Lande nach Jerusalem, der im 11. Jahrhundert wieder benutzt wurde. Die Donau hatte aber auch immer eine abgrenzende Funktion, schon seit der Römerzeit. Entlang des Flusses lief das Grenzfestungs-System des römischen Reiches, der Limes, gegenüber dem Gebiet der Barbaren, wo auch Brückenköpfe und römische Grenzkastelle standen. Diese Donau-Verteidigungslinie spielte noch während des Mongolensturmes 1241 eine entscheidende Rolle. In einem Brief des Königs Béla IV. an Papst Innozenz IV. wird die Donau als „aqua contradictionalis", das Wasser, das heißt der Fluß des Verhängnisses genannt: „Wir sind nach wiederholter Beratung mit den Unsrigen zu dieser Entscheidung gelangt, weil es uns besser für uns und Europa zu sein schien, die Donau durch Festungen zu sichern. Denn sie ist ja der Fluß des Verhängnisses. Hier traf Heraklius bei der Verteidigung des Römischen Reiches mit Chosrau zusammen, und hier kämpften auch wir, wenn auch unvorbereitet und zu dem Zeitpunkt schwer angeschlagen, zehn Monate lang mit den Tataren, während unser Reich fast völlig des Schutzes durch Burgen und Verteidiger entbehren mußte." (Aus dem Brief König Bélas IV. an Papst Innozenz IV. vom 11. November 1250, übersetzt von Hans Göckenjan). Entlang der Donau sind wichtige Zentren entstanden, schon zur Zeit Stephans des Heiligen (1000-1038) gibt es zwölf am Fluß liegende Sitze der Burggespannschaften, um die sich die späteren Komitate ausbildeten. Im Mittelalter bildete der Fluß keine Grenze innerhalb dieser territorialen Einheiten, die Komitate Raab/Győr, Komorn/Komárom, Gran/Esztergom und Pest hatten ihre Ausdehnung zu beiden Seiten der Donau. Die wichtigste Stadt und der frühe Königssitz des jungen ungarischen Staates war Gran/Esztergom, das gleichzeitig das wichtigste kirchliche Zentrum war und ist.

Mit der Gründung des Erzbistums Gran um 1000 wird Ungarn auch von Passau unabhängig. Das zweite Erzbistum ist einige Jahre später im Süden, im nicht weit von der Donau entfernten Kalocsa, entstanden. Die Bistumssitze Raab und Waitzen/Vác gehören auch zu den ältesten Städten Ungarns.

Politische Zentren sind immer mit Verteidigungsabsichten verbunden. Preßburg/Bratislava/Pozsony ist die wichtigste Burg gegenüber Österreich und eines der bedeutendsten Handelszentren schon im Mittelalter, hier ging der Transitverkehr nach dem Westen durch. Die reiche Stadt mit ihrer günstigen

Alte Ansicht von Preßburg

Lage (in der Nähe von Wien) war im 16. bis 18. Jahrhundert zur Haupt- und Krönungsstadt Ungarns geworden. In dem im Donauknie liegenden Burgkomplex Blindenburg/Visegrád hielten König Karl Robert Anjou (1307–1342) und sein Sohn Ludwig (1342–1382) Hof. Hier fand 1335 der Kongreß von Visegrád zwischen dem ungarischen, böhmischen und polnischen König statt – die heutige sogenannte Visegráder Gruppe, in die 1990 auf ungarische Initiative auch Polen und die damalige Tschechoslowakei eintraten, knüpft daran an. Man bewahrte die heilige Stephanskrone bis zu dem bekannten Diebstahl durch die Hofdame Helene Kottanerin (1440) für den Habsburger Ladislaus Postumus (reg. 1453–1457) in der Oberen Burg zu Visegrád. Der Ort war später Sommersitz der Könige und wurde hauptsächlich von Matthias Corvinus weiter ausgebaut. Seit dem Ende des 14. Jahrhunderts war Ofen die Hauptstadt Ungarns, Kaiser Sigismund von Luxemburg baute den Königspalast (den sogenannten frischen, das heißt neuen Palast) im gotischen, Matthias Corvinus im Renaissancestil aus. Matthias verdankte seine Macht gewissermaßen dem Fluß, als jüngster Sohn des Reichsverwesers Johann Hunyadi saß er noch in Prager Gefangenschaft, als ihn die Massen der Klein- und Mitteladeligen auf dem Eis der zugefrorenen Donau zum König wählten (24. Jänner 1458).

Die untere Donau bildete ein wichtiges Element im Verteidigungssystem des spätmittelalterlichen Königreiches. Kaiser Sigismund ließ eine Reihe von Burgen gegen die Türken ausbauen. Den Mittelpunkt der Verteidigungslinie bildete seit 1427 Belgrad/Beograd. Diese bedeutende Festung konnte 1456 dem Heer Mahomets II. noch trutzen, aber im Jahre 1521 fiel sie in türkische Hände. Nach der Eroberung Belgrads brach die Verteidigungslinie zusammen und die Mitte des Landes stand offen und wurde letztlich osmanische Provinz.

Die Hauptstadt des verbliebenen Teiles des Königreichs Ungarn wurde Preßburg, wo die Krönungen der ungarischen Könige (statt in dem 1543 gefallenen Stuhlweissenburg/Székesfehérvár) stattfanden, die erste die von Maximilian 1563, die letzte die von Ferdinand I./V. (dem „Gütigen") im Jahre 1835. Nicht nur Ungarns, sondern auch des Reiches wichtigste Grenzfestungen sind Raab und Komorn, die im 16. Jahrhundert ausgebaut und modernisiert wurden. Entlang der Donau fuhren die Gesandtschaften, kreuzten die Flottillen, kam der Nachschub der Türken herauf, schifften die unzähligen Gefangenen hinunter. Anstatt der kriegsgeschichtlichen Ereignisse möchte ich mit einer wenig bekannten Quelle die persönlichen Prüfungen der christlichen Kriegsgefangenen beleuchten, die von den Türken eingeschifft wurden: „ . . . wurden wir alsobald in ein dergleichen oben benentes Schiff-Cammerl, in welches wir von oben hinein durch ein viereckihtes Loch oder Fenster steigen müesten, commandiret, in selbigen hatten wir nun gleich Platz zum stehen und

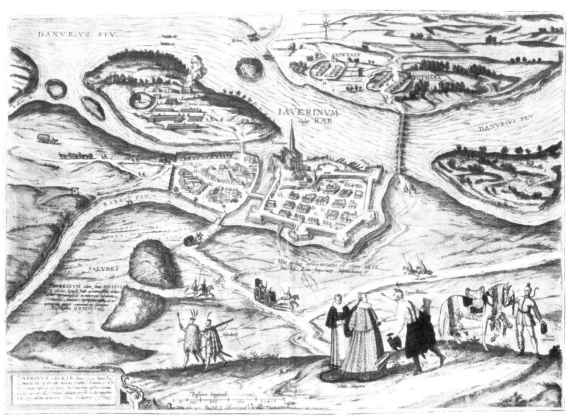

Raab. Georg Hoefnagel 1597.

sitzen, mit dem liegen aber gieng es sehr schwer her . . . lidten wir doch mitten im Wasser mangel am Wasser, und das also, weillen die Cammer aus ursach, das das Fenster, oder einige Loch, durch welches wir hineingestigen, oft eine Stundt lang zu Stunde, sehr dünstig war, also das wir schier vor Hitz erstiketen und deswegen grossen Durst hatten undt umb Wasser und Lufft schrien . . . Von dem Unflat und üblem Gestank bekame einer nach dem anderen die Seuche der Ruhr; die Kranken gantz kottig und unsinnig schrien umb Hülffe, die gesunden hatten Abscheu vor ihnen; die todten wurden stinkend und von den Maden, die gesunden schier lebendig von den Läusen gefressen". (Aus dem Tagebuch des Johann Ferdinand Auer, edler Bürger zu Preßburg 1664.)

Nach der Rückeroberung Ungarns am Ende des 17. Jahrhunderts brachte die Donau weniger Kriegsschiffe, als Barken mit Neusiedlern und Waren. Flußabwärts kamen Deutsche, flußaufwärts Serben. Die Donaustädte wie Raab und Waitzen, Ofen und Pest erhielten nun ein reiches Barockantlitz. Das 19. Jahrhundert setzt wieder mit kriegerischen Ereignissen an den Ufern der Donau ein. Die Heere Napoleons rückten immer näher zur ungarischen Grenze. Ende Dezember 1805 – nach der vernichtenden Niederlage von Austerlitz – unterschrieb Kaiser Franz den Frieden von Preßburg. Am 14. Juni 1809 wurde das letzte adelige Aufgebot (Insurrektion) von den Truppen Eugène Beauharnais zerschlagen, die Festung Raab kapitulierte am 24. Juni, Preßburg am 26. Juni vor den Franzosen.

Im Freiheitskampf 1848/49 spielte die Donaugegend ebenfalls eine strategische Rolle (Schlachten bei Waitzen, Komorn, Szöny, Acs, Peterwardein), als letztes Bollwerk der ungarischen Freiheit gegenüber den Habsburgern hielt sich die Festung Komorn mit ihren zahlreichen Befestigungen bis zum 2. Oktober 1849, längst nach der Kapitulation von Világos. Die Verteidiger, mit General Klapka an der Spitze, hatten freien Abzug, während die anderen, früher Kapitulierenden mit hohen Freiheitsstrafen oder Hinrichtungen büßten. Das 19. Jahrhundert brachte aber auch eine lange Periode des wirtschaftlichen Aufblühens, in dieser Entwicklung kam der Donauschiffahrt ein besonderer Stellwert zu.

In der Kriegsgeschichte des 20. Jahrhunderts bedeutete der Fluß nicht mehr so viel wie früher. Im Ersten Weltkrieg nahm die Donauflottille der Monarchie an der Belagerung von Belgrad und anderer serbischer Städte teil. Während der Räterepublik 1919 richtete die weiße Monitorflotte ihre Kanonen gegen das kommunistische Regierungshaus in Budapest, der Putsch blieb aber erfolglos. Im Zweiten Weltkrieg, als den Luftstreitkräften ein Fluß kein Hindernis bedeutete, rechnete man noch immer mit der Verteidigungsrolle der Donaulinie gegen die Russen. Obwohl die deutsche Wehrmacht die Brücke sprengen ließ und so die Rote Armee die Donau nur langsamer überqueren kann (Dezember 1944–Jänner 1945), ist die Eroberung des Landes nicht mehr aufzuhalten.

Man würde vielleicht denken, daß in den letzten Jahrzehnten keine neuen Konflikte an der Donau aufbrechen, jedoch können auch friedlich aussehende Bauarbeiten Ursachen für Feindseligkeiten sein. Seit den achtziger Jahren herrscht eine politische Spannung im Bereich des Naturschutzes: die Regierungen der ungarischen Volksrepublik und der tschechoslowakischen sozialistischen Republik hatten 1977 ein Abkommen geschlossen, im Rahmen der sozialistischen Planwirtschaft das Wasserkraftwerk Gabčikovo/Nagymaros aufzubauen. Dieser überdimensionierte „Donausaurier", geplant im Sinne des Prinzips „der Mensch besiegt die Natur", löste heftige Diskussionen und Einsprachen aus. Die Stellungnahme der ungarischen Akademie der Wissenschaften im Jahre 1983 wurde von der Regierung überhaupt nicht akzeptiert und der sogenannte Donaukreis wurde unter polizeiliche Beobachtung genommen und Schikanen ausgesetzt. Die Demonstrationen 1988 und im April 1989 hatten schon eine politische Dimension und wurden zu einer der Ursachen des Zusammenbruchs der kom-

Festung Gran. Georg Hoefnagel 1595

munistischen Macht. Die neue ungarische Regierung löste des Abkommen auf, entschloß sich, den Visegrád-Nagymaroser Damm abzubauen und wandte sich im Streit mit der slowakischen Republik, die inzwischen ein neues Donaubett gegraben und so den Verlauf der Grenzen verändert hatte, an den Haager internationalen Gerichtshof.

Brücken zwischen den Ufern

Nicht wenige der heutigen Donaustädte wurden ursprünglich an einer alten Überfahrt gebaut. Die Römer haben ihre Pfahlbrücken hauptsächlich für militärische Zwecke ausgenützt. Die mittelalterliche Fähre verband die beiden Ufer und bedeutete auch ein wichtiges Einkommen der Inhaber, wie beispielsweise bei den Dominikanerinnen auf der Margaretheninsel. Weil unterhalb von Regensburg keine ständige Donaubrücke bestand, plante Kaiser Sigismund eine steinerne Brücke zwischen Ofen und Pest, die aber bis zum 19. Jahrhundert nur ein Plan blieb. Erst die Türken verwirklichten die ständige Verbindung zwischen den beiden Städten in der Form einer Schiffsbrücke, die allerdings hauptsächlich militärischen Zwecken diente.

Eine neue (nach dem Schiffbaumeister Johann Matthias Hepp benannte) Schiffbrücke wurde im 18. Jahrhundert von der königlichen Statthalterei verwirklicht. Auf dieser Brücke konnte man auch bei hohem Wasserstand die Donau überqueren, wenn allerdings die ersten Eisschollen erschienen, mußte man sie bis zum Frühling abmontieren. Solche ständige Schiffbrücken standen bei Komorn und Neusatz, „fliegende Brücken" (Seilfähren) verbanden die Ufer bei Preßburg und Gran. Die Idee und der Wille zur Verwirklichung einer ständigen Brücke stammt von dem „größten Ungarn", Stephan Graf Széchenyi. Ausschlaggebend scheint, daß er im Dezember 1820, als sein Vater gestorben war, wegen des Eisganges nicht zu dessen Begräbnis gelangen konnte. Während einer Englandreise studierte er die Kettenbrücken sowie die Dampfschiffahrt und den Schiffsbau und machte auch Bekanntschaft mit William Thierny Clark, der später der Projektant der Budapester Kettenbrücke wurde. Die ersten Arbeiten begannen im September 1837, die unfertige Brücke wurde während der Belagerung von 1849 beschädigt und konnte schließlich am 20. November 1849 eröffnet werden. In der zweiten Hälfte des 19. Jahrhunderts entstanden die neuen Budapester Brücken, die Margarethenbrücke (1872–1876), die Franz-Joseph-Brücke (1894–96) und die Elisabethbrücke (1897–1903). Der Ausbau des Eisenbahnnetzes bedingte den Bau der großen Eisenbahn-Donau-

Festung Blindenburg/Visegrád. Georg Hoefnagel 1595

brücken in Ujpest (1973–77), in Komorn und Baja.

Donauregulierung und Schiffahrt

Der vernichtende Eisgang und die Überschwemmung am 18. März 1838 beschleunigten die Notwendigkeit, regulierte Kais und sichere Dämme zu bauen. Wie schon früher entsteht die Notwendigkeit, die überflüssigen Kurven durchzuschneiden und das felsige Flußbett der unteren Donau durch Sprengungen schiffbar zu machen. Diese Arbeiten nahm ebenfalls Graf Széchenyi auf, der auch Regierungskommissar der Regulierung der unteren Donau wird. Nach den Plänen des Ingenieurs Pál Vásárhelyi wird die sogenannte Széchenyi-Straße verwirklicht, die bei mittlerem Wasserstand auch die Dampfschiffe durchqueren können, eine allgemeine Regulierung wurde 1870 festgelegt.

Am 5. September 1818, nach dreitägiger Reise, landete das erste Dampfschiff, die „Caroline", aus Wien in Pest. Im Jahre 1836 gründete die DDSG eine Schiffswerft in Altofen/Obuda, damit beginnt die Schiffsproduktion in Ungarn, die bis zum Ende der achtziger Jahre unseres Jahrhunderts dauert. (Heute nur kleinere Reparaturwerften und eine Schiffswerft in Ujpest.) Die Werft in Altofen war die größte Binnenschiffahrtsfabrik in der österreichisch-ungarischen Monarchie. Als Ungarn im Friedensschluß von Trianon (1920) seine Meereshäfen verlor, war man gezwungen, die Verbindung zum Meer über die Donau herzustellen. Seit den dreißiger Jahren verkehren speziell gebaute Schiffe, sogenannte Donau-Meeresschiffe zwischen Budapest und dem Mittelmeer (via Schwarzes Meer und Dardanellen), die nicht zu tief tauchen und deren Maste und Schornsteine abbaubar sind, damit sie unter den Brücken durchfahren können. Es ist kaum zu glauben, daß Budapest seit den dreißiger Jahren bis heute ein Meereshafen (der sogenannte Freie Hafen auf der Insel Csepel) ist.

Die Donau als Kulturstraße

Die Donau vermittelte schon im Mittelalter nicht nur materielle, sondern auch geistige Güter. Die humanistischen Renaissancehöfe in Visegrád und Buda/Ofen, der Primassitz in Gran und die anderen kirchlichen Zentren sind die wichtigsten Stationen dieser Strömungen.

Von den drei kurzlebigen mittelalterlichen Universitäten in Ungarn sind zwei an der Donau entstanden. König Sigismund gründete eine Universität in Altofen (1395-1403 und 1410-1418), und in Preßburg gründete König Matthias die Academia Istropolitana (1467-72). Die erste bis heute kontinuierlich bestehende Universität Ungarns entstand unweit von Preßburg in Tyrnau/Trnava/Nagyszombat (heute Slowakei) als Gründung des Kardinals Péter Pázmány 1635. Mit der Auflösung des Jesuitenordens ließ Maria Theresia diese Institution nach Ofen, in die königliche Burg, übersiedeln. Kaiser Joseph II. verlegte die Institution nach Pest, in das Gebäude des aufgelösten Paulinerordens. Die Druckerei der Universität spielte eine besondere Rolle auch im Leben der ungarländischen Nationalitäten: hier wurden die meisten slowakischen, serbischen und rumänischen Bücher gedruckt.

Literatur

BEJJ, MIKLOS, Die königlichen Palais in Visegrád, Budapest 1970.
BENDA, KALMAN (Hg), Magyarország történeti kronológiája a kezedetektöl 1970-ig (Historische Chronologie Ungarns von den Anfängen bis 1970), 4 Bde., Budapest 1982.
Corpus Iuris Hungarici 1869-1871, Budapest 1896
DOBOS, LIDIA, RACZ, JUDIT und VIT, LASZLO, Utánunk az özönvíz (Nach uns die Sintflut) (=Materialien der internationalen wissenschaftlichen Konferenz des Donaukreises 2.–4. September 1988) Budapest 1989.
ERI, ISTVAN (Hg), Széchenyi és kora (Széchenyi und seine Zeit) (Katalog der Ausstellung im ungarischen Nationalmuseum) Budapest 1991.
GALL, IMRE, A budapesti Duna-hidak (Die Budapester Donaubrücken), Budapest 1984.
GÖCKENJAN, HANS und SWEENEY, JAMES R. (Hg), Der Mongolensturm. Berichte von Augenzeugen und Zeitgenossen = Ungarische Geschichtsschreiber 3, Graz–Wien–Köln 1985.
Jégszakadás és Dunának kiáradása Pest-Buda 1838 (Eisgang und Donauüberschwemmung. Ofen-Pest 1838) (Katalog der Ausstellung des Historischen Museums der Hauptstadt Budapest), Budapest 1980.
KÄFER, ISTVAN, Az Egyetemi Nyomda négyszáz éve (1577-1977) (Vierhundert Jahre Universitätsdruckerei 1577-1977), Budapest 1977.
LUKINICH, IMRE (Hg), Auer János Ferdinánd poszonyi nemes polgárnak héttoronyi fogságában írt naplója 1664 (Tagebuch des Johann Ferdinand Auer, adeligen Bürgers zu Preßburg, geschrieben in Jedikule 1664), Budapest 1923.
Maria Theresia als Königin von Ungarn (Katalog der Ausstellung in Schloß Halbthurn) Eisenstadt 1980.
VISY, ZSOLT, Der pannonische Limes in Ungarn, Budapest 1988.

Peter Csendes
Die Städte an der Donau

Bei der Entstehung und Ausbildung der Siedlungslandschaft kam stets den Flüssen große Bedeutung zu, wie nicht zuletzt die hohe Zahl von Siedlungen beweist, die ihren Namen von Gewässern ableiten. Flüsse waren die natürlichen Verkehrslinien, die den Siedlern den Weg wiesen, ihre Täler und Terrassen boten den Niederlassungen geeignete Standorte, ihre Wasser wichtige Lebensgrundlagen. Wo dies möglich war, entwickelte sich entlang der Wasserstraßen auch der frühe Handel und bewirkte so die Entfaltung von Wirtschaftsräumen, die in historischer Zeit selbst über politische Grenzen hinwegzureichen vermochten. Das Donautal, in dem sich seit prähistorischen Zeiten eine Kontinuität der Besiedlung nachweisen läßt – so hat die Donau sogar einer bestimmten jungsteinzeitlichen Kulturform den Namen gegeben –, bietet denn auch ein vorzügliches Beispiel für eine siedlungsgenetische Betrachtungsweise geschichtlicher Abläufe.

In römischer Zeit wurde die Donau zu einer markanten Grenzlinie gegen Norden. Wohl blieb sie weiterhin wichtiger Verkehrs- und Handelsweg, doch war sie vor allem ein schützendes Element für die militärischen Anlagen und Zivilsiedlungen, die seit dem ersten nachchristlichen Jahrhundert entlang der Limesstraße entstanden. So gab es eine erhebliche Anzahl von Lagern und Orten unterschiedlicher Dimension und Bedeutung von Raetien bis Pannonien, von Regensburg (Castra Regina) über Passau (Boiotro), Linz (Lentia), Pöchlarn (Arelape), Mautern (Favianae), Traismauer (Augustianis), Tulln (Comagenis), Wien (Vindobona/Vindomana), Györ (Arrabona), Szöny (Brigetio) bis Budapest (Aquincum) und weiter nach Dakien, die das Donautal mit pulsierendem Leben erfüllten.

Während aber die römische Herrschaft im 5. Jahrhundert zu Ende ging, die romanische Bevölkerung weitgehend aus dem gefährdeten Gebiet evakuiert wurde, boten die mächtigen Steinbauten der verfallenden Städte und Legionslager Verbliebenen wie auch Neuankommenden Schutz.

Eine allmählich zahlenmäßig wieder zunehmende Bevölkerung begann, diese Plätze nach den eigenen, bescheidenen Bedürfnissen zu adaptieren. Bevorzugt waren es jene Orte, die an Übergängen und damit an wichtigen Kreuzungen des Handelsverkehrs lagen. Diese besonderen Gegebenheiten führten dazu, daß sich auch an den gegenüberliegenden Anlegestellen am nördlichen Donauufer Siedlungen entwickelten, wie Urfahr – das seinen Namen dem Flußübergang verdankt –, Tabersheim/Steyregg und insbesondere Krems und Stein. Allein östlich des Wienerwalds erschwerte das ausgedehnte Auengebiet das Überschreiten der Donau, so daß das Marchfeld bis ins Hochmittelalter siedlungsarm blieb. Es kann als ein Ergebnis der Siedlungstätigkeit der karolingischen Epoche – des 8. und 9. Jahrhunderts, als das Reich seine Ostgrenze bis Pannonien vorzuschieben imstande gewesen war – festgehalten werden, daß – weitgehend auf römischen Grundlagen – eine Kette befestigter Plätze an der Donau entstanden war.

Betrachten wir die österreichischen Donaustädte nach den Kriterien der Siedlungsplanforschung, so können wir die eben skizzierte Entwicklung anhand der Stadtgrundrisse nachvollziehen. So lassen Pläne oder Luftbilder von Eferding – das nur im weiteren Sinn als Donaustadt anzusprechen ist –, Tulln oder Wien deutlich die Umrisse der römischen Lager erkennen, in Mautern oder Traismauer unterstützen dazu noch bedeutende architektonische Reste derartige Beobachtungen. In manchen Fällen vermögen archäologische Forschungen die Siedlungskontinuität zu beweisen, auch wenn wir im späteren Stadtbild diese Wurzeln nicht mehr klar zu erkennen vermögen, wie das etwa in Linz der Fall ist. Nicht immer blieb der alte Standort erhalten, manche Plätze wurden überhaupt aufgegeben, wie Carnuntum, oder man verlegte sie aus Gründen der Sicherheit, wie das Beispiel Lauriacum/Lorch–Enns eindrucksvoll zeigt.

Die Belege für den Donauhandel in karolingischer Zeit sind spärlich, allein das Zollweistum von Raffelstetten aus der Zeit um 903/06 gibt uns einen Einblick in dessen Organisation und seine wichtigsten Stützpunkte. Schon wenig später ging allerdings das Land östlich der Enns an die Ungarn verloren und konnte erst in der zweiten Hälfte des 10. und der ersten Hälfte des 11. Jahrhunderts bis an March und Leitha zurückerobert werden. Im Zuge dieser Kämpfe spielten feste Plätze wie Pöchlarn, Ybbs, Melk oder Hainburg eine wichtige Rolle. Allmählich vermochten jedoch die alten Siedlungen an der Donau zentrale Funktionen zu übernehmen, die über den militärischen Rahmen hinausgingen – als Standorte von Mutterpfarren und/oder als Marktplätze, die ein ausgedehntes Hinterland zu versorgen hatten.

Mit der Eingliederung Ungarns in die europäische Staatenwelt im 11. Jahrhundert gewann der Donauhandel naturgemäß an Bedeutung, wobei sich die oberdeutschen Kaufleute, insbesondere jene aus Regensburg und Passau – somit aus Städten, die im Unterschied zu jenen in den Markgebieten eine weitgehend ruhige und kontinuierliche Entwicklung hatten nehmen können – als dominierend erwiesen. Die österreichischen Anrainer der Donau bemühten sich hingegen, durch Anlegestellen und Umschlagplätze an diesem Handelsverkehr zu partizipieren. Da dies durch landesfürstliche Privilegien und Zwangsmaßnahmen unterstützt wurde (Niederlags- und Stapelrechte), konnte zumeist ein respektabler Wohlstand entfaltet werden, womit endgültig der ökonomische Aspekt den wehrtechnischen übertraf

und die urbane Entwicklung auch rechtlich zu einem Abschluß kam. Bürgergemeinden konstituierten sich als selbständige Schwurgemeinschaften neben der stadtherrlichen Gewalt und begannen über ihr eigenes Geschick zu bestimmen. Das erste große Stadtrechtsprivileg in Österreich erhielt 1212 mit Enns eine Stadt an der Donau.

Seit dem 13. Jahrhundert stieg allgemein im Land die Bevölkerungszahl an, die Binnenkolonisation wurde vorangetrieben. Die Städte an der Donau nahmen dabei eine wichtige Rolle ein, ihre zentralörtliche Stellung gewann an Bedeutung. Auch diesen Entwicklungsschritt vermögen wir in den Stadtgrundrissen nachzuvollziehen, die uns für diese Zeit nahezu überall namhafte Siedlungserweiterungen erkennen lassen. Lagen die älteren Siedlungskerne in der Regel auf erhöhten Punkten über dem Strom, so wagte man sich immer näher an das Ufer. Handelsquartiere, Beherbergungsstätten und Handwerkerviertel entstanden zwischen den ursprünglichen Kirchen- und Burgplätzen und den Anlegestellen. Können wir diese Aufwärtsentwicklung auch in nahezu allen Donaustädten beobachten – in einzelnen Fällen, wie etwa Mautern oder Traismauer, blieb allerdings die Bedeutung noch lange Zeit auf die Rolle des Burgplatzes beschränkt –, so heben sich doch zwei aufgrund ihrer verkehrsgünstigen Lage bereits deutlich von den anderen ab: Linz und Wien, wobei Wien infolge der außergewöhnlichen Förderung seitens der Landesfürsten eine für Österreich bis heute exzeptionelle Stellung erlangen sollte.

Dem Wachstum der Siedlungen im 13. Jahrhundert folgte im 15. und 16. Jahrhundert jene Ausformung ihres Erscheinungsbildes, welche die kleineren Donaustädte, die zumeist nur geringe Verluste an alter Bausubstanz erfahren haben, in einem wesentlichen Ausmaß bewahren konnten. Anlage und Verbauung der Länden zeugen vom regen Wirtschaftsleben, viele Bauwerke in den Gassen von der Lände zum Hauptplatz und zur Landstraße belegen den Reichtum der bürgerlichen Handelsherren des ausgehenden Mittelalters. So entsteht nicht allein ein

Abbild der einstigen sozialgeographischen Gliederung, das Alter der Häuser umschreibt auch deutlich den Zeitraum, in dem die Städte ihre größte Blüte entfalten konnten. Es ist dies eine Erscheinung, die auch in den Städten am Oberlauf der Donau an vielen Beispielen beobachtet werden kann, es sei nur auf Regensburg oder das malerische Straubing verwiesen.

Die regen Wirtschaftskontakte, die entlang der Donau bestanden, erschöpften sich nicht in Handelsgeschäften, es wurden auch vielfach persönliche Kontakte geknüpft, die zu Familienverbindungen führten. So waren Nürnberger Kaufleute in Linz, Wien, Preßburg und Ofen (Budapest), Wiener in Preßburg und Ofen versippt, aber auch zwischen Linz, Wien, Enns und Eferding oder Enns und Ybbs sind besonders im 15. und 16. Jahrhundert derartige Verbindungen mehrfach nachweisbar.

Generell, nicht nur an der Donau, beruhte das Spezifikum der Stadtwirtschaft auf dem Handel und der Spezialisierung des Handwerks. Die Schwerpunkte unter den Handelsgütern auf der Donau waren Wein, Salz, Getreide, Eisen und vor allem Holz. Dabei fungierten die Donaustädte als Umschlagplätze oder als Mautstellen, von denen aus nicht nur das Hinterland versorgt wurde, sondern auch der weitere Landtransport seinen Ausgang nahm. Gestützt auf landesfürstliche Privilegien, vermochten dabei die Bürger von Linz den Handel nach Böhmen, jene von Wien den Ungarn- und Venedigerhandel zu kontrollieren. Auch kleinere Städte konnten auf diese Weise zu einem gesicherten Gewinn kommen, wie etwa Pöchlarn und Ybbs, die vom Eisenhandel profitierten. Während naturgemäß Fischerei und Transportgewerbe (Schiff- und Fuhrleute) an der Donau ein gutes Auskommen fanden, war die Lage des Handwerks im österreichischen Raum im Mittelalter und der frühen Neuzeit allgemein nicht sehr günstig; ein Exportgewerbe war kaum vorhanden und hatte zudem unter der ausländischen Konkurrenz zu leiden, da die strengen Zunftbestimmungen Bedarfsanpassungen kaum zuließen. Das führte dazu, daß sich viele Handwerker auf den Zwischenhandel mit gewerblichen Produkten verlegten, insbesondere jedoch Weinbau und Weinhandel zunehmende Bedeutung für die Stadtwirtschaft erlangten. Die große Krise des Weinbaus im 16. Jahrhundert ließ erst erkennen, in welch hohem Ausmaß die städtische Wirtschaft an der Donau davon abhängig geworden war. Bis heute aber bestimmen noch Weingärten das Stadtbild von Dürnstein, Krems oder Klosterneuburg und haben auch in jenem Wiens ihren festen Platz.

Sofern es aber einzelnen Städten nicht gelang, für den Rückgang des Gewerbes im Weinbau oder im regionalen Zwischenhandel einen Ausgleich zu finden, setzte schon früh ein deutlicher Niedergang ein. Davon waren etwa Tulln und Hainburg betroffen, da beide Städte stark von der Getreideproduktion des Hinterlandes abhängig waren und daher die Agrarkrise des 16. Jahrhunderts mit allen Langzeitfolgen nachhaltig zu verspüren bekamen. Die wirtschaftsgeographische Situation bewirkte andererseits, daß einzelne Märkte, die den Rang einer Stadt nicht besaßen, alte Städte an Bedeutung zu überflügeln vermochten – als Beispiele seien Aschach mit seinem Weinbau, der Mautstätte und dem Transportgewerbe oder Stockerau genannt, das als Getreideladstätte eine wichtige Stellung erlangte, aber erst im 19. Jahrhundert zur Stadt erhoben wurde. Als zudem im 18. Jahrhundert durch die Verbesserung des Straßensystems der Landverkehr an Umfang zunahm, fielen viele der alten Städte in einen Dornröschenschlaf.

Die nachhaltigsten Veränderungen im Wirtschaftsgefüge des Donautals brachte das 19. Jahrhundert mit sich. So war es zunächst die Dampfschiffahrt, seit den dreißiger Jahren auf der Donau etabliert, die nicht nur das alte Gewerbe der Schiffleute verdrängte, sondern auch den Beherbergungsbetrieben an den traditionellen Landestellen schwere Einbußen zufügte. Nicht überall vermochte man sich so umzustellen wie in Grein, wo man auf die Herstellung von Holzwaren und später von Baustoffen

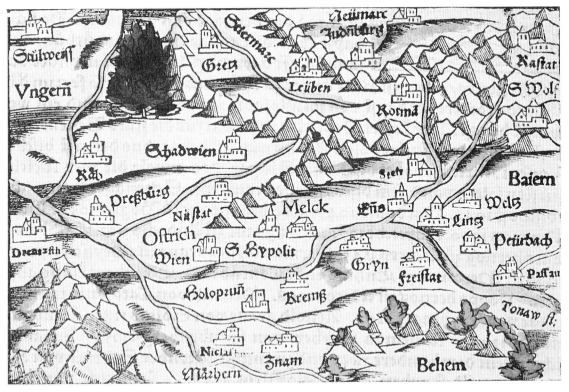

*Kartenfragment, koloriert, gesüdet, 1. Hälfte 16. Jahrhundert, Museum der Stadt Linz.
Foto: Stadtmuseum Linz Nordico, Archiv*

umstieg. Der zweite Schlag war für manche Städte die Anlage der Eisenbahnlinien, die den Vorteil der Lage am Strom weitgehend bedeutungslos machen konnten. So traten etwa durch die Trassenführung der Westbahn mit St. Pölten und Amstetten Städte fernab der Donau in den Vordergrund, während etwa die alte Eisenstadt Ybbs dadurch schwere Nachteile erfuhr. Bei Linz wurde das Donautal überhaupt verlassen. Tulln, Klosterneuburg, Korneuburg und Stockerau, in gewisser Weise auch Krems, vermochten hingegen von den Bahnen zu profitieren und erlebten einen merkbaren wirtschaftlichen Aufschwung. Erst die Entwicklung nach den beiden Weltkriegen schränkte diesen Vorteil ein, als die Verbindungen nach Norden (Nordwestbahn, Franz-Josefs-Bahn) ihren früheren Stellenwert einbüßten. In jüngster Zeit vermochte aber die Ausstrahlung des Großraums Wien dies zu kompensieren.

Auch für die Industrialisierung in den alten Städten war das Bahnnetz im Gegensatz zur Wasserstraße der Donau von entscheidender Bedeutung, so daß die bereits bestehenden lagebedingten Defizite vielfach zu einer weiteren wirtschaftlichen Benachteiligung führten. Nur in wenigen Fällen kam es zu einem Zusammenspiel von Eisenbahnknotenpunkt und Schiffsumschlagplatz; so in Linz – das vor allem in der Zeit des „Dritten Reichs" außerordentliche

Förderung erfahren hat – und Wien, in bescheidenerem Ausmaß auch in Krems.

Im Zuge des Eisenbahnbaus stellte sich mehrfach das Problem des Überbrückens der Donau (bei Linz, Mautern/Krems, Tulln und Wien). Bis dahin hatte es allein in Wien (seit 1439), Krems (seit 1463) und Linz (seit 1497), im 16. und 17. Jahrhundert vorübergehend auch zwischen Enns und Mauthausen, hölzerne Donaubrücken gegeben, was für diese Städte natürlich günstige wirtschaftliche Auswirkungen hatte. Nun nützte Tulln die Gelegenheit, die für die Franz-Josefs-Bahn notwendig gewordene Donaubrücke mit einer Straßenbrücke zu verbinden und brachte dafür auch selbst Mittel auf.

Die Lage am Strom bedeutete vor allem in früherer Zeit naturgemäß für die Städte eine ständige Gefahr, die Überschwemmungen führten auch immer wieder zu Veränderungen in der Landschaft. Als eindrucksvolles Beispiel sei das Auseinanderdriften der Städte Klosterneuburg und Korneuburg zu nennen, die bis zum Ende des 12. Jahrhunderts eine Siedlung gebildet hatten. Doch auch künstliche Eingriffe wie Regulierungsmaßnahmen im 19. und 20. Jahrhundert zeitigten Konsequenzen. Besonders deutlich wird das im Fall der Donauregulierung im Wiener Raum 1869 bis 1875, die bewirkte, daß das neue Strombett mit der angeschlossenen wirtschaftlichen Infrastruktur fernab des Stadtzentrums lag und dadurch der Donau ungeachtet der Eingemeindungen linksufriger Orte für viele Jahrzehnte keine

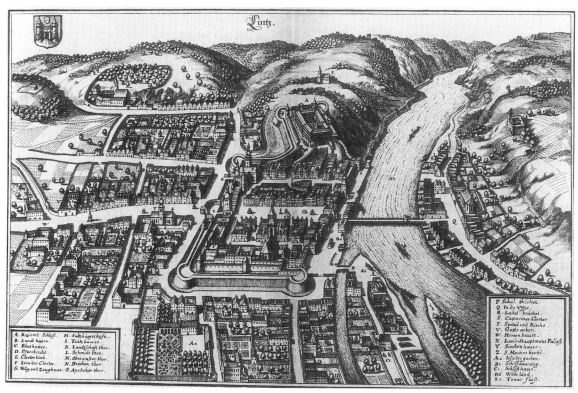

Linz und Urfahr mit Donaubrücke. Aus: Matthaeus Merian, Topographia Provinciarum Austriacarum, 1649. Foto: Stadtmuseum Linz Nordico, Archiv

Bedeutung im urbanen Leben zukam – ein auffallender Gegensatz etwa zu Budapest, wo zur selben Zeit (1872) die Donau zum verbindenden Element der Stadtteile Ofen (Buda) und Pest wurde. Erst in jüngster Zeit, durch die Nutzung der künstlichen Donauinsel und des neu entstandenen Entlastungsgerinnes als städtisches Erholungsgebiet, konnte eine Reintegration erzielt werden, die zugleich einen wesentlichen Impuls für die Entwicklung eines neuen Stadtteils im Norden des Stroms enthält.

Auch für andere Donaustädte haben wasserbauliche Maßnahmen – etwa im Zusammenhang mit dem Kraftwerksbau – merkbare Auswirkungen gezeigt. Im positiven Sinn ist dabei die Entstehung stadtnaher Erholungsräume anzuführen, die mitunter – insbesondere im Einzugsgebiet der Großstädte – überregionale Ausstrahlung entwickeln konnten. In diesem Zusammenhang ist auch generell auf die Bedeutung des Fremdenverkehrs für die urbane Landschaft an der Donau hinzuweisen, die seit dem 19. Jahrhundert zu einem wichtigen Wirtschaftsfaktor geworden ist.

Im 20. Jahrhundert erhielt der stagnierende Schiffsverkehr auf der Donau eine neue Belebung durch den Rhein-Main-Donaukanal, der besonders für die Zukunft einem traditionellen Aspekt der Donaulandschaft wieder zu Gewicht verhelfen und zur Ausbildung einer mitteleuropäischen Wirtschaftslandschaft beitragen könnte. Für die Donaustädte sollte dies eine bessere Auslastung bestehender Hafenanlagen bedeuten.

In einer Klassifizierungsskala der österreichischen Städte nach zentralörtlichen Kriterien begegnen jene an der Donau – abgesehen von Linz und Wien und mit deutlichem Abstand Krems und Tulln – durchwegs in der unteren Hälfte. Die Vorteile einer Lage am Strom erscheinen daher heute auf wenige Aspekte reduziert; es ist somit vornehmlich das Landschaftsbild, das in Verbindung mit dem historischen architektonischen Erbe die Identität der Donaustädte ausmacht, die aber so zu wichtigen Zeugen der österreichischen Geschichte werden.

Literatur

Bibliographie zur Geschichte der Städte Österreichs, hg von RAUSCH, WILHELM, Linz 1984.

BOBEK, HANS und FESL, MARIA, Das System der zentralen Orte Österreichs (Schriften der Kommission für Raumforschung der österreichischen Akademie der Wissenschaften 3), Wien–Köln 1978.

CSENDES, PETER, Die Donaustädte von Passau bis Preßburg. In: Die Stadt am Ausgang des Mittelalters (Beiträge zur Geschichte Mitteleuropas 3), Linz 1974, S 95–106.

–, Widmungsbezirke, Straßen, Fuhr- und Handelswesen von 1500 bis 1600. In: Österreichischer Volkskundeatlas, 4. Lieferung (1971), S 1–44.

GÜTTENBERGER, HEINRICH, Die Donaustädte in Niederösterreich als geographische Erscheinungen, Wien 1922.

KLAAR, ADALBERT, Die Siedlungsformen der österreichischen Donaustädte. In: Die Städte Mitteleuropas im 12. und 13. Jahrhundert (Beiträge zur Geschichte der Städte Mitteleuropas 1), Linz 1963, S 93–115.

KOEPF, HANS, Städte an der Donau. In: KOEPF, HANS, Hg, Stadterhaltung und Stadtgestaltung 6 (1985), S III–XVIII.

MASCHKE, ERICH, Die Brücke im Mittelalter. In: Die Stadt am Fluß, hg MASCHKE, ERICH und SYDOW, JÜRGEN, Stadt in der Geschichte. (Veröffentlichungen des Südwestdeutschen Arbeitskreises für Stadtgeschichtsforschung 4), Sigmaringen 1978, S 9–39.

NEWEKLOWSKY, ERNST, Die Schiffahrt und Flößerei im Raume der oberen Donau, 1–3 (Schriftenreihe des Instituts für Landeskunde von Oberösterreich), Linz 1952–1964.

SCHÖNFELD, ROLAND, Die Donau als Faktor der wirtschaftlichen Entwicklung Regensburgs. In: Die Stadt am Fluß (s. MASCHKE), S 110–124.

Städtebuch, Österreichisches, hg von der Österreichischen Akademie der Wissenschaften, I, Die Städte Oberösterreichs, Wien 1967; IV/1–3, Die Städte Niederösterreichs, Wien 1976–1988.

Peter Broucek

Die Donau als Raum politischer Auseinandersetzungen

Die Donau, diese wichtigste Verkehrsader zwischen Mittel- und Südosteuropa, war politisch und militärisch gesehen teilweise oder zeitweise eine Grenz- und Hindernislinie der an ihr gelegenen staatlichen Gemeinschaften, andererseits eine durch sie führende Transport- und Nachschublinie. An ihren Ufern konnte durch einfache oder doppelte Brückenköpfe Gebietskontrolle oder Landesverteidigung ausgeübt werden, durch Besatzungen von Transport-, Nachschub-, Wach- und Kriegsschiffen war es möglich, politischen Absichten Nachdruck zu verleihen. Ab dem Beginn des 19. Jahrhunderts wurde im „Europäischen Konzert" von den größeren und kleineren Mächten um die Verwirklichung der Idee der Schiffahrtsfreiheit – oder der Souveränität – auf der Donau gerungen. Alle diese Vorgänge sind Gegenstand der folgenden Skizze.

Wir können weder bei den in Höhensiedlungen lebenden Illyrern noch bei den Kelten, die sich in unserem Raum im Königreich Noricum zusammenschlossen, eine politische Wirksamkeit ausmachen, die mit dem Verlauf des Donauflusses zusammenhängt. Dies änderte sich anläßlich der Offensive der Heere des Caesar Augustus, die im Dienste der Machtentfaltung des Römischen Weltreiches in den Jahren 12 bis 9 vor Christus die Donau erreichten. Die Feldherren und die Imperatoren fanden sich sehr bald, vor allem aus militärischen und innenpolitischen Gründen, mit dem Fluß als Markierung eines neuen Grenzverlaufes ab.

Von der Mündung der Iller an nach Osten erstreckte sich am Strom eine im 1. Jahrhundert aufgebaute Grenzlinie, der Limes. Jenseits davon im Norden lagen Gebiete von Vasallen und Klientelen des Reiches. Am Südufer wurde eine Kette von Wachttürmen, Festungsgarnisonen, Auxiliarkastellen und schließlich auch Legionslagern aufgebaut. Im Bereich der oberen Donau war also der Strom vom rhätischen Limes an im Bereich der Provinzen Noricum und Pannonia Grenze, im Bereich der mittleren und unteren Donau lag seit dem Eroberungszug Trajans über den Strom hinweg die Provinz Dacia der Provinz Moesia gegenüber. Auch nahe dem Legionslager Vindobona war im Verlauf der Markomannenkriege 172 nach Christus eine Schiffsbrücke über die Donau gelegt worden. Aber das jenseitige Ufer wurde dann doch militärisch und politisch von den Römern wieder aufgegeben.

Neuerlichen Germanenangriffen Mitte des 3. Jahrhunderts, vor allem aber den Stürmen der sogenannten Völkerwanderung hielt der „Limes" im Oberlauf nicht stand. Unter Theodosius II. (408–450) wurde Pannonien den Hunnen überlassen, aus Noricum rief Odoaker die Romanen zurück; am Mittellauf war es der oströmische Kaiser Phokas (602–610), der zum letzten Mal angriffsweise den Strom in Richtung Norden überschritt.

Am Donauraum, an den Regionen, die die Donau durchfließt, hatten sodann die Stammesterritorien der Ostgoten, Alanen, Gepiden, Langobarden und Hunnen Anteil. Ein Vierteljahrtausend hindurch, nach dem Abzug der Langobarden (568), übte ein Khanat der Awaren im Karpathen-Donau-Becken die Herrschaft aus. Das Frankenreich unter Karl dem Großen ging von Süden und Westen gegen dieses Gebilde vor (788–803), wobei eine Flußflottille, die im bayerischen Regensburg gesammelt wurde, eine nicht unwichtige Rolle beim Vorrücken im Donautal spielte. Ein Mährerreich, zum Teil unter fränkischer

Hoheit, reichte im pannonischen Raum noch über die Donau.

Doch schon im 9. Jahrhundert konnte Pannonien im Kampf gegen weitere andrängende Völker, etwa die Bulgaren, kaum gehalten werden. Noch erfolgreicher als jene waren allerdings die Ungarn, die, im Karpatenbecken vordringend, bei Preßburg an der Donau die Bayern im Jahre 907 so entscheidend schlugen, daß diese nur mit Mühe die Ennsgrenze zu behaupten vermochten. Gerade um diese Zeit, man kann sie etwa mit den Jahren 843 bis 1204 eingrenzen, wandte sich eine wieder erstarkte Romanita (das byzantinische Reich) von Kleinasien ab und stieß erneut in den Donauraum vor. Sie war dort in Kämpfe mit den Ungarn und den Bulgaren verwickelt, die ein „Donaubulgarisches Reich" (zum Unterschied vom „Wolgabulgarischen Reich" so bezeichnet) ab dem 7. Jahrhundert aufgebaut hatten, im 11./12. Jahrhundert aber wieder unter byzantinischer Oberhoheit standen.

Neuerlich gab es von Westen her, im Donautal, ein langsames Vordringen durch das Vorfeld des um 1000 christlich gewordenen und konsolidierten ungarischen Reiches, das Vorschieben des Herrschaftsgebietes der Sachsen- und Salierkaiser, der Grafschaftsverfassung. In der Markgrafschaft der ottonischen Mark, bald erblich in der Verwaltung des Geschlechts der Babenberger, verlegte man den Verwaltungssitz von Pöchlarn nach Melk und weiter nach Osten. Zwei salische Neumarken, die Böhmische und die Ungarische Mark, blieben nur kurz eingerichtet. In Kämpfen mit den Ungarn sicherte schließlich eine Großburg am Hainburger Schloßberg die Grenze an der Donau. Um diese Zeit, als etwa 1042 auch eine Flottille der Ungarn in der Marchmündung zerstört worden war, verfestigte sich die Grenzzone zwischen der 1156 zum Herzogtum erhobenen Markgrafschaft Österreich und dem seit der Zeit um 1000 bestehenden Reich der Stefanskrone. Beide Länder erlebten im Zeitalter der Kreuzzüge den Durchzug dieser Scharen nach Osten. Sie wurden zum Teil auf der Donau transportiert, und im Gefolge dieser Fahrten belebte sich nicht unbeträchtlich der Handelsverkehr auf der Donau. Er wurde jedoch in der zweiten Hälfte des 14. Jahrhunderts – in Österreich regierten bereits die Habsburger –, als Venedig den Orienthandel dominierte, und im 15. Jahrhundert, als im Mittellauf der Donau die Islamisierung durch das Osmanische Reich einsetzte, weitgehend lahmgelegt. In der Nachfolge des immer mehr schrumpfenden byzantinischen Reiches entstanden im 14. Jahrhundert am Oberlauf der Donau die „Donaufürstentümer" der Moldau und der Walachei, die den griechisch-orthodoxen Glauben bewahren konnten, aber unter osmanische Oberhoheit gerieten.

Das ungarische Reich konnte sich die Herrschaft des Sultans in Istanbul (seit 1453) zuvor durch den sehr erfolgreichen Entsatz von Griechisch-Weissenburg, das spätere Belgrad (Beograd), im Jahre 1456 sowie durch Kämpfe in Bosnien noch vom Leibe halten. Der „nationale" König Matthias Corvinus ging zwecks Schaffung eines Großreiches sogar gegen Kaiser Friedrich III., Erzherzog von Österreich, entlang der Donau mit seinen Söldnerheeren vor. Er eroberte Korneuburg und schließlich Wien, wo er auch bis zu seinem baldigen Tod (1485) residierte. Kaiser Friedrichs Sohn Maximilian leitete nicht nur den Gegenstoß, der die alte Grenze wiederherstellte, sondern initiierte eine Politik der dynastischen Heiraten und Erbverträge mit den sodann in Ungarn zu Königen gewählten Jagellonen. Dies führte bald zur Neuorganisierung des Raumes, als Suleiman Belgrad nahm und das ungarische Heer nahe der Donau 1526 vernichtete, als er kurz vor Wien stand (1529) und schließlich in Ofen an der Donau ein Paschalik einrichtete.

Unter Kaiser Karl V. wurden mit dessen jüngerem Bruder Ferdinand Verträge abgeschlossen, laut denen eine spanische und eine österreichische (oder deutsche) Linie der Habsburger einander politisch stützen und sich die Verwaltung ihrer Länder aufteilen sollten. Letztere sollte vor allem neben der Herrschaft von Österreich die Herrschaft in den böhmi-

Die Donauschlinge bei Schlögen in Oberösterreich. Foto: Aigner, freigegeben BMLV 13083/190-1.6/87

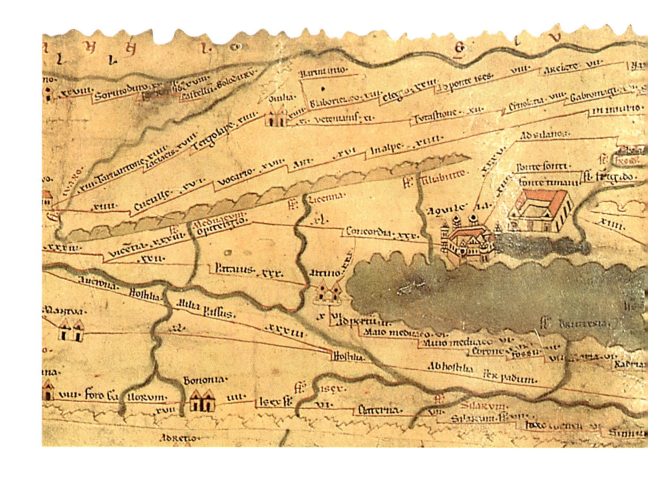

Verlauf der Donau zwischen Castellum Boiodurum (Passau/Innstadt) und Carnuntum. Ausschnitt aus der Tabula Peutingeriana, der mittelalterlichen Kopie einer römischen Weltkarte. Foto: ÖNB. Zu: Csendes, Die Städte an der Donau.

NORICVM / ISTERIA

Partial reading of Tabula Peutingeriana segment:

- **Upper region (along Danube):** Tr̃igisamo · VIII · Piro torto · VIII · Comagenis · VII · Vindobona · X · Allagar · III · Aequinoctio · XIII · Carnunto · XIII · ...vino · XXX · Scambant..· Sabar...
- Tartursano · X · Viscellis · Ad pontem · Boviae · XIII · Boreae · XIII · Matucaio · VIII ·
- Brauoniis · VIII · Tarnasici · VIII · Bedaidro · XIII ·
- ...neo · VI · Nauporto · XII · Tasinemeti · VIII · Saloca · Vacorio · XIII · Iuenna · XXII · Colatione · XVII · Vpellis · XIII · Celeia · XVIII · Ragandone
- Cmona · VIII · XVIII · Sauo fl · VI · Ad pub[licanos] · Ruemos · Adrante · XXVII ·
- **ISTERIA** — Parentio · Arsia fl · Acervone · XVIII · Ad protorium · XVI · Crucio · XVI ·
- Pola · VI · Aluona · XX · Tarsatica · Senia · XX · Auendone · X · Ad turres · XX ·
- Is. Pullaria · Port Planaticus · Is. Curica · Port Senia
- Augusta · Bittio · Ravenna · Ad Sabis · Ad nouas · III · Rubico fl · XX · Ariminio · fano Furtune · Pisauro · Matau...
- Foro Liuii · VIII · Foro Semproni · XII

Anton Hlávaček, Der Donaustrom vom Nußberg, 1881. Das Ölgemälde zeigt die regulierte Donau. Im Hintergrund das Stadtzentrum mit dem Donaukanal. In der Mitte ist die Kuppel der Rotunde erkennbar. Foto: Historisches Museum der Stadt Wien. Zu: Csendes, Die Städte an der Donau.

Bild links:
Die Wiener Schlagbrücke im 15. Jahrhundert. Darstellung Friedrich des Streitbaren aus dem Babenbergerstammbaum. Foto: Stift Klosterneuburg, Archiv. Zu: Csendes, Die Städte an der Donau.

Der Donauraum in Wien mit Donauinsel und Entlastungsgerinne. Im Bild rechts die UNO-City. Foto: Landesbildstelle Wien, FL 6616. Zu: Csendes, Die Städte an der Donau.

*Süßwasserqualle aus den Alkovener Donauauen.
Foto: Gangl*

*Die Spitzschlamm-schnecke findet man in ruhigen Augewässern.
Foto: Blatterer.
Zu: Weigl, Vielfalt ohne Zukunft?*

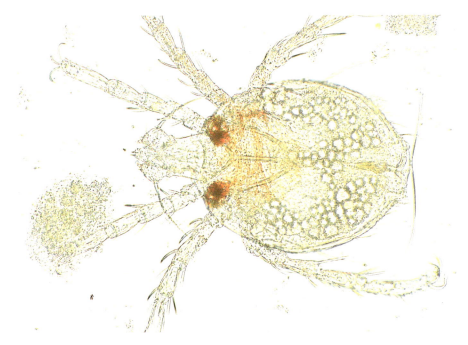

*Süßwassermilbe.
Foto: Blatterer*

In den Felshängen oberhalb der Donau brütet auch der Uhu erfolgreich. Foto: Plass. Zu: Weigl, Vielfalt ohne Zukunft?

Der Laubfrosch ist wie alle Amphibien durch Lebensraumzerstörung bedroht. Foto: Ferdiny

Sterlet – die letzte Störart, die bei uns noch vorkommt. Foto: Zauner. Zu: Weigl, Vielfalt ohne Zukunft?

Zingel – ein häufiger, aber oft übersehener nachtaktiver Bodenfisch. Foto: Pechlaner

Nase – eine Leitfischart der österreichischen Donau, die durch den Aufstau stark dezimiert wurde. Foto: Zauner. Zu: Weigl, Vielfalt ohne Zukunft?

Blick auf die Schlögener Schlinge – landschaftlich und auch naturwissenschaftlich ein Juwel ersten Ranges. Foto: Schwarz

Wie ein blühender Steingarten schaut dieses sonnige Felsband aus, bedeckt mit dem weißen Mauerpfeffer und der Karthäusernelke. Foto: Schwarz. Zu: Schwarz, Bunte Vielfalt in steilen Hängen.

Links oben:
Der Färber-Ginster, eine alte Färberpflanze, gedeiht in den warmen Eichenwäldern der Felsköpfe. Foto: Schwarz

Rechts oben:
An Waldsäumen und Lichtungen kommt der Großblütige Fingerhut vor und bildet wunderschöne Blütenaspekte. Foto: Schwarz

Nur mehr an ganz wenigen Stellen zu finden: das Kleine Knabenkraut, eine Pflanze ungedüngter Magerwiesen. Foto: Schwarz. Zu: Schwarz, Bunte Vielfalt in steilen Hängen.

schen Ländern und in Ungarn zu gewinnen suchen, was Erzherzog Ferdinand, dem späteren Kaiser Ferdinand I., nur zum Teil gelang. Denn durch Kroatien und das Donaubecken zog sich gegen die auch während der Waffenstillstände ab 1568 stets zu verheerenden räuberischen Einfällen geneigten osmanischen Grenztruppen eine „Militärgrenze" an befestigten Städten, Grenzhäusern und Burgen hin. Sie überschritt bei Komorn (Komárom, Komarno) die Donau, wo eine Festung nach italienischer Manier aufgebaut wurde.

Entlang der Donau gelang der kaiserlichen Armee und den Truppen aus dem Reich nach einem zweiten vergeblichen Versuch der Osmanen, Wien einzunehmen (1683), der Gegenstoß. Dabei ist als erster großer Erfolg die Einnahme der Festung Ofen (1686) anzusehen, welche die Wiedergewinnung Ungarns zur Folge hatte. Es folgte nach wechselvollen Kämpfen die Gewinnung der zweiten großen Donaufestung Belgrad, die allerdings nur 1717 bis 1739 in österreichischer Hand verblieb.

Bei den Kämpfen kamen erstmals kaiserliche Galeeren zum Einsatz – 1717 waren es zehn Stück, die in erster Linie von Niederländern gebaut und bemannt wurden. Wesentlich wendiger waren die schnellen Tschaiken (einheimische Flußboote). Ihre Besatzungen wurden zur Zeit Maria Theresias zum „Tschaikistenbataillon" zusammengefaßt.

Die Friedensschlüsse von Karlowitz (1699) und Passarowitz (1718) wurden erstmals auch durch Handelsverträge und durch erste formelle Abmachungen über die Nutzung der Donau ergänzt. Doch

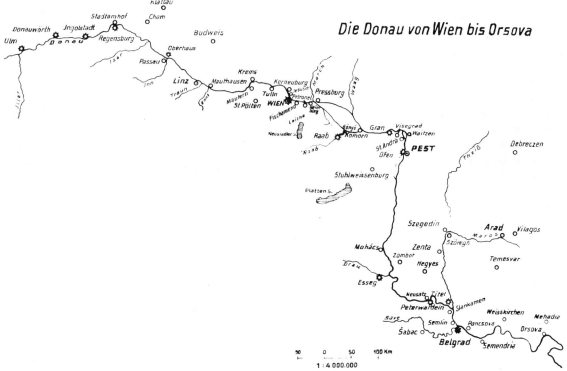

Die Donau von Wien bis Orsova. Aus: E. R. von Steinitz, Donaubrückenköpfe. Die Tuschzeichnung zeigt den Stand der Festungen um 1800

der Seehandel über Triest blieb dominierend. Allerdings wurden zu dieser Zeit, in der durch die Merkantilisten verschiedene Maßnahmen zur Förderung der österreichischen Volkswirtschaft erwogen wurden, die ersten Projekte eines Donau-Oder-Kanals ins Spiel gebracht.

Erst in der Zeit Maria Theresias und Josefs II., als sogar Kolonialunternehmungen in die Südsee gestartet wurden, entdeckte man die Donau als Welthandelsstraße sozusagen neu. Sie wurde von Österreichern und Deutschen immer stärker genützt, trotz der Gefahren ihrer Versandung auch im Oberlauf. Mit Förderung einer Hofkommission begann der deutsche Unternehmer Johann M. Hepp mit dem Schiffbau an der Kulpa bei Karlovac, er verfrachtete Salz, Getreide und Kupfer. 1785 wurde eine Schiffahrtsdirektion in Ofen errichtet. Allerdings blieb der türkische Getreidehandel auf der Donau vorherrschend. Als nach 1783 ein österreichisches Schiff durch die Donau ins Schwarze Meer und dann in die Dnjeprmündung einfuhr, wurde wohl erstmals eine österreichisch-russische politische Rivalität angesprochen. Ein Meilenstein der Schiffahrt mit beträchtlichen künftigen politischen und militärischen Auswirkungen war die 1829 erfolgte Gründung einer Donau-Dampfschiffahrtsgesellschaft nach einem vergeblichen Versuch zehn Jahre zuvor. Zwei Engländer hatten diesbezügliche Privilegien erworben, und österreichische Finanzkreise beteiligten sich am Projekt.

Bei den Denkschriften und politisch-militärischen Vorschlägen des österreichischen zeitweiligen Chefs des Generalquartiermeisterstabes, Josef Graf Radetzky, die ein gemeinsames Antreten des politischen Erbes des erschlaffenden Osmanischen Reiches zum Ziele hatten, spielte die Entwicklung des Dampfschiffverkehrs auf der Donau eine bemerkenswerte Rolle, ebenso der Gedanke eines Moldau-Donau-Kanals.

Diese „Orientalische Frage" sollte Europa das ganze 19. Jahrhundert beschäftigen, als das seit Zar Peter dem Großen zum Machtstaat erstarkte Rußland in einer Kette von Angriffskriegen beziehungsweise indirekter oder direkter Unterstützung von Aufstän-

Kaiserliche Galeere 1664. Aus: W. Aichelburg, Kriegsschiffe auf der Donau

den der Völker am Balkan gegen das Osmanische Reich auftrat. Im 18. Jahrhundert war es noch ein Verbündeter Österreichs. Bereits nach dem ersten Krieg, den die Heere Katharinas der Großen geführt hatten, brachte der Friede von Kütschük-Kainardsche (1776) Rußland die Djnestr-Mündung und damit einen schmalen Zugang zum Schwarzen Meer. Er wurde im zweiten Türkenkrieg Rußlands – entsprechend dem Frieden von Jassy (1792) – bis zur Dnjepr-Mündung erweitert. Das in diesem Krieg verbündete Österreich mußte das bereits eroberte Belgrad nach Bedrohung durch Preußen im Frieden von Sistowa (1791) wieder aufgeben. Nach sechsjährigem Türkenkrieg kam Rußland seinem Etappenziel, der Gewinnung der Donaufürstentümer, deren „Domni" ja immer noch die Rechtsnachfolge der „Basilei" von Byzanz beanspruchten, noch näher: es gewann Bessarabien und das Recht der freien Donauschiffahrt im Frieden von Bukarest (1812).

In jenem Krieg war eine neu errichtete russische Donauflottille erstmals in die Donau eingelaufen. Zeitweise hatte sich Rußland übrigens auch in Cattaro (Kotor) festgesetzt. Durch das obere Donautal und von der Poebene her waren 1805 und nochmals 1809 die Heere des französischen Imperators Napoleon nach Wien und noch weiter nach Mähren und Ungarn vorgedrungen, hatten aber Österreich nicht zu zerstören vermocht. In dieser Situation versuchte Frankreichs Außenminister Talleyrand seinen Kaiser und indirekt auch österreichische Persönlichkeiten wie Generalissimus Erzherzog Carl durch Denkschriften zu überzeugen, Österreich sollte sich von der Politik an Rhein und Po ab- und dem Versuch einer Vereinigung der Völker des Donauraumes zuwenden. Diese Vorschläge wurden beiseitegelegt, tauchten aber, was Frankreich betrifft, zur Zeit Napoleons III. wieder auf.

Auf dem Höhepunkt seiner Erfolge befand sich Rußland dann nach einem neuerlichen, allerdings äußerst mühsam erkauften militärischen Sieg, beim Abschluß des Friedens von Adrianopel (1829). Bis auf den St.-Georgs-Arm erhielt es das ganze Donaudelta mit den Haupthäfen Galatz und Braila, die

Kaiserliche Donau-Fregatte „Maria Theresia" 1768. Aus: W. Aichelburg, Kriegsschiffe auf der Donau

noch vom Schwarzen Meer aus angelaufen werden konnten, zugesprochen, sowie Handelsvorteile im ganzen Osmanischen Reich. Jahrelang blieben die Donaufürstentümer unter russischer Verwaltung. Dies berührte nicht nur die Interessen Österreichs, sondern auch jene Großbritanniens, das etwa 1847 5 Prozent seines Getreideimports von dort bezog. Erst 1840 konnte Österreich in St. Petersburg ein Abkommen herbeiführen, das auf dem Unterlauf der Donau die freie Schiffahrt sicherte.

Strategisch gesehen stand Rußland mit jenen territorialen Gewinnen vor der Landbrücke zwischen Donau und Schwarzem Meer, der Dobrudscha. Sie war bis etwa 1880 noch eine weitgehend unbewohnte Steppe, aber der kürzeste Landweg nach Istanbul, der an seiner engsten Stelle einstmals durch den Trajanswall gesperrt gewesen war. In den Kriegszügen 1828/29, 1854 und 1877/78 versuchten die Russen sozusagen den Ausfall aus jenem übergroßen Donaubrückenkopf. Dagegen hatte das Osmanische Reich (im heutigen Bulgarien) das Festungsviereck Ruščuk (heute Ruse) – Silistra – Varna – Schumla (heute Kolarovgrad) aufgebaut, das die Russen an ihren Absichten hindern sollte.

Mittlerweile war das bereits von dem berühmten Völkerrechtslehrer Hugo Grotius geforderte Prinzip der freien Schiffahrt auf Meeren und internationalen Flußläufen vom Conseil exécutiv provisoire des französischen Konvents 1792 mit der Forderung einer „propriété commune" des Ufers nachdrücklich in Erinnerung gerufen worden. Eine Verwirklichung erfuhren derartige Forderungen zunächst im Artikel 109 der Schlußakte des Wiener Kongresses von 1814/15, wo für Rhein, Schelde, Main, Mosel und Maas die freie Schiffahrt für Handelsschiffe festgelegt wurde. Derartige Prinzipien für die See-Donau – die Donau unterhalb von Galatz – wurden nach dem Krimkrieg beschlossen. Nach diesem Krieg, den die Mächte Frankreich, Großbritannien, das Osmanische Reich und Sardinien gegen Rußland führten, besetzte das neutrale Österreich zeitweise die Donaufürstentümer, eines der Ziele Nikolaus I.

Durch den Frieden kamen die Donaumündungen an das Fürstentum Moldau, das formell der Türkei unterstand. Im Frieden von Paris (1856) wurde laut Artikel 16 der Unterlauf der Donau einer Europäischen Donaukommission unterstellt, der Frankreich, Österreich, Großbritannien, Preußen, Rußland, Sardinien und die Türkei angehörten. Diese Kommission, die ein eigenes Völkerrechtssubjekt sein sollte und blieb, sollte die in der Wiener Schlußakte zum Ausdruck kommenden Rechtsanschauungen garantieren; weiters sollte sie die Verbesserung der Passage in Angriff nehmen und Rechtsstreitigkeiten schlichten. Sie befreite die Schiffahrt auch von allen im Vertrag nicht vorgesehenen Abgaben. Ihre Befugnisse wurden schließlich bis Braila ausgeweitet. Es gelang jedoch nicht, das Réglement bis zum Eisernen Tor auszudehnen. Hingegen trat 1883 infolge des Vertrages von Berlin der junge Staat Rumänien in die Kommission ein.

Laut Artikel 17 des Pariser Vertrages sollte auch eine „Ständige Uferstaatenkommission" gebildet werden, der Österreich, Bayern, Württemberg und die Türkei angehören sollten, an der also die halbsouveränen Staaten Serbien, Wallachei und Moldau nicht mitwirkten. Bis zum Ende der alten Staatenordnung, bis 1914, war es nicht möglich, aus dieser Kommission ein lebensvolles Gebilde zu formen, die Kräfte von Nationalismus, Anspruch auf internationale Zusammenarbeit und Großmächtepolitik auszubalancieren. Insbesondere Österreich wehrte sich fast verzweifelt gegen den Druck Großbritanniens, die Donau auf ihrem Territorium zu internationalisieren. Und andererseits gab eben Rumänien dem Wunsch Österreichs nicht nach, dies auf der Strecke Eisernes Tor – Braila zu tun. Immerhin leitete 1890 bis 1899 der österreichische Militärtechniker (und spätere General) Franz Herbert die Unterwassersprengungen zur „Verbesserung" des Eisernen Tores.

1867 hatte sich das Kaisertum Österreich in die Österreichisch-Ungarische Monarchie gewandelt. Für diese völkerrechtliche Realunion aus zwei

Staaten unter einem Herrscher setzten sich seit dieser Zeit im Sprachgebrauch die Ausdrücke „Donaumonarchie", auch „Doppelmonarchie", stark durch. Die Donau-Dampfschiffahrtsgesellschaft dieses Reiches hatte im Oberlauf und auch im Mittellauf fast ein Monopol. Mehrere bayerisch-württembergische Gesellschaften kamen ab 1835 hinzu, wurden wieder aufgelöst oder verkauft, bis 1913 die Bayerischer-Lloyd-Schiffahrtsgesellschaft m.b.H. gegründet wurde. Ebenso gab es eine rumänische Gesellschaft. Alle Donauschiffahrtsgesellschaften gingen in diesem Jahrhundert Tarifgemeinschaften ein.

Ein politisch-militärischer Einfluß, den das Habsburgerreich augenfällig ausübte, war 1854 die Mobilisierung von Teilen der Armee zur Besetzung der Donaufürstentümer. Die Truppen wurden gemäß Verträgen mit der DDSG mit Dampfern und Schleppern transportiert; diese standen bis zur Donaumündung im Einsatz.

Nach der Revolution von 1848 war das unter Maria Theresia zum Dienst in armierten Booten gegründete Tschaikistenbataillon in Verfall begriffen. Feldmarschall Radetzky, in seiner Jugend Kommandant eines Pionierbataillons, hatte bereits anläßlich des Kampfes gegen die Revolution in Venedig eine Lagunenflottille aufstellen lassen. Seeflottillen auf dem Comer See, dem Gardasee und dem Lago Maggiore folgten. Der Kommandant dieser Flottillenkorps in Italien setzte sich auch für die Schaffung einer Donauflottille ein, die das Tschaikistenbataillon ersetzen sollte und 1850 organisiert wurde. Sie hatte zeitweise eine Dampfjacht, drei Kriegsdampfer, sechs Kanonenboote, zwölf Patrouilleboote und sechs Schleppschiffe zur Verfügung. Aus Geldmangel wurde sie 1865 aufgelöst.

Im Krieg 1866 schien es in der letzten Kriegsphase zu einem Kampf um den Brückenkopf Wien zu kommen, es wurden von beiden Seiten Donauübergänge im Raum Wien-Preßburg in die operati-

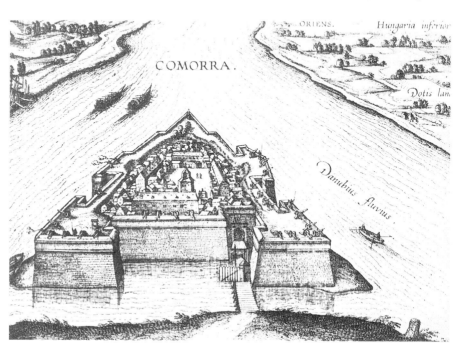

Festung Komorn um 1600. Aus: Ch. Duffy, Siege Warfare. The Fortress in the Early Modern World 1494–1660

ven Planungen einbezogen. Die k. k. Armee setzte beim Rückzug in Österreich und Ungarn zur Konzentration am rechten Donauufer ihre geschlagene Armee mit Schleppern und Dampfern der DDSG über. Der Mangel an bewaffneten Schiffen, die diese Übergänge schützen hätten sollen, erwies sich als Fehler in jeder Hinsicht.

Nach dem Beispiel des amerikanischen Bürgerkriegs und der dortigen Kriegführung am Mississippi und anderen Flüssen gab es 1870 auch in Österreich einen Neubeginn. Es wurden zwei „Monitore", niedrige gepanzerte und armierte Dampfer, in Bau gelegt. Die fertiggestellten Schiffe hatten ab 1872 Budapest als Heimathafen. Sie waren 1878 bei der Okkupation Bosniens und der Herzegowina artilleristisch und als Fähren im Einsatz.

Am 29. Juli 1914 eröffneten österreichisch-ungarische Donaumonitore mit der Beschießung Belgrads die Kampfhandlungen im Ersten Weltkrieg. Bis zum Ende dieses Krieges war die Flottille zeitweise auf zehn Monitore (mit mehreren Geschützen armiert), 15 Patrouillenboote (mit Maschinengewehren bewaffnet) sowie vielerlei Hilfsfahrzeuge angewachsen.

Die strategische und logistische Bedeutung des Verlaufes der Donau erwies sich in mancherlei Hinsicht als bedeutungsvoll. In den Jahren 1914/15, als nach den schweren Kämpfen der k. u. k. bewaffneten Macht in Galizien, am Balkan und an der Adria die Gefahr bestand, Russen oder Serben könnten nach Mähren oder in das Karpatenbecken eindringen, wurden bereits in Friedenszeiten vorbereitete Maßnahmen gesetzt. Die Brückenköpfe eines gedachten Zentralraumes an der Donau, nämlich Krems, Tulln, Wien, Preßburg, Komorn und Budapest wurden ausgebaut und armiert. Das Osmanische Reich drohte unter der Landung der Entente-Mächte auf Gallipoli und im Zweistromland zusammenzubrechen, und der Nachschub an Munition und an Kriegsmaterial durch die Mittelmächte 1915/16 wurde für sie von entscheidender Bedeutung.

Ähnliches war der Fall mit den Erdölmengen und den Ernteüberschüssen, die 1915/16 an die Mittelmächte auf der Donau geliefert wurden, solange Rumänien noch neutral war. 1918 fuhren Schiffe aus der Donau ins Schwarze Meer ein, um die österreichisch-ungarischen Truppen, die bis nach Odessa vorgestoßen waren, zu unterstützen.

Die Donaumonarchie wurde 1918 von ihren Staatsmännern aufgegeben, und weder Restaurationsversuche konnten sie wiederherstellen noch Hoffnungen auf die Erinnerung an das jahrhundertelange Zusammenleben der Völker. Eine der staatsrechtlichen Möglichkeiten, nämlich die einer „Donaukonföderation", wurde von französischen Staatsmännern mehrmals ins Spiel gebracht. Insbesondere aus wirtschaftlichen Gründen. Das bekannteste Projekt war wohl der sogenannte Tardieu-Plan, der 1932 die Staaten der Kleinen Entente mit Österreich und Ungarn zusammenführen wollte. Tschechen und Sudetendeutsche sträubten sich dagegen. Nach dem Scheitern der reichsdeutsch-österreichischen Zollunion 1931 sah auch ein politisierender österreichischer Gelehrter in jenem Plan „Gefahren".

Im Zweiten Weltkrieg wurden ab 1941 die Völker des Donauraumes zu einer kurzlebigen Schicksalsgemeinschaft namens „Festung Europa". Wieder wurde die Donau im Krieg Großdeutschlands gegen die Sowjetunion wichtige Nachschubstraße. Aus dem dabei eingesetzten Schiffpark wurden Anfang 1945 noch zwei (deutsche) Donauflottillen aufgestellt, eine Kampf- und eine Räumgruppe. Die Flottillen kapitulierten im Mai 1945 in Linz vor den US-Streitkräften.

Nach 1945 blieb nur die Erinnerung oder die wissenschaftliche Beschäftigung, was die politische, wirtschaftliche oder auch die militärische Zusammenfassung der Völker des Donauraumes betrifft. Die militärische Zusammenarbeit war mehrere Jahrzehnte hindurch zwangsweise im Warschauer Pakt der von der Sowjetunion beherrschten Staaten an der Donau gegeben. Die wissenschaftliche Darstellung brachte in manchen Buchtiteln die Absicht auch prominenter Autoren zum Ausdruck, eine Einheit in der

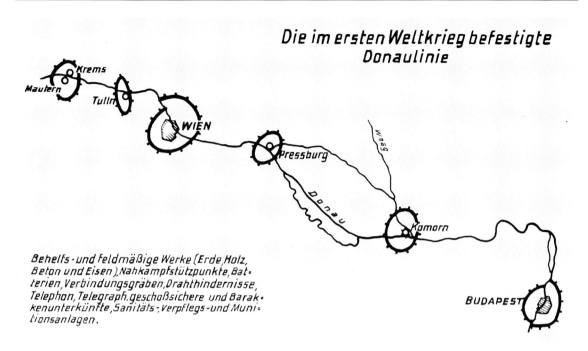

Die im Ersten Weltkrieg befestigte Donaulinie. Aus: E. R. von Steinitz, Donaubrückenköpfe

Vielfalt der Völker des Donauraumes anzunehmen, wie dies der bedeutende französische Historiker Victor Lucien Tapié in seinem Werk „Monarchie et peuples du Danube", Paris 1969, tat. Der bedeutende Wirtschaftswissenschafter Friedrich Hertz schrieb über die „Gemeinschaft der Donaunationen". 1956 wurde in Österreich zur Bündelung aller dieser politischen wie wirtschaftlichen Traditionen das heute noch bestehende „Forschungsinstitut für Fragen des Donauraumes" gegründet.

Die alltägliche Zusammenarbeit um den Strom selbst wurde auch nach 1918 fortgesetzt, allerdings mit sehr geänderten politischen Akzenten – und eben über den Alltag kaum hinausgehend. Am 22. Juli 1921 war ein „Donaustatut" unterzeichnungsreif, ausgearbeitet von einer Internationalen Kommission, der die Siegerstaaten Belgien, Frankreich, Großbritannien, Griechenland, Italien, Rumänien, Jugoslawien und Tschechoslowakei angehörten. Eine europäische Donaukommission mit Delegierten Rußlands, Großbritanniens, Frankreichs und Italiens sollte mit einer Internationalen Donaukommission zusammenarbeiten, deren Delegierte aus den „Uferstaaten", also auch Deutschland und Österreich, Großbritannien, Frankreich und Italien kommen würden. Die Rechte der Europäischen Kommission waren ausgedehnt auf die schiffbaren Nebenflüsse der Donau Thaya, March, Drau, Theiß, Save und Maros.

1936 stellte das Deutsche Reich seine Mitarbeit in der Internationalen Kommission ein. Im August 1938 wurden große Teile der Rechte auf einer Konferenz zu Sinaia auf Rumänien übertragen, an der Großbritannien, Frankreich und Rumänien teilnahmen. Im März 1939 wurde jedoch das Deutsche Reich in diese Europäische Kommission aufgenommen. Nach der Annexion Bessarabiens durch die UdSSR verließ diese die einheitliche Donaukommission.

Nach dem Zweiten Weltkrieg gründete die zeitweilige Besatzungsmacht oder Schutzmacht in den Ländern der unteren oder mittleren Donau, die Sowjetunion, eigene Schiffahrtsgesellschaften, jeweils mit Rumänien, Ungarn und Jugoslawien. Das Ausspringen Jugoslawiens aus dieser Abhängigkeit schuf dann erhebliche Probleme. Auf einer Belgrader Donaukonferenz 1948 wurde ein sowjetischer Vorschlag einer Donaukonvention angenommen. In bilateralen Verträgen sicherten einander einzelne Länder die in jener Konvention festgelegte freie Schiffahrt nochmals zu. Zum Unterschied vom Vertrag aus dem Jahre 1921 wurde allerdings die freie Schiffahrt auf den Hauptstrom beschränkt.

1959 konnte Österreich jener „Konvention über die Regelung der Schiffahrt auf der Donau" beitreten und in der 1948 neu geschaffenen Donaukommission mitarbeiten. Wieder wurden schiffahrtspolizeiliche Vorschriften geschaffen und einvernehmlich Fortschritte bei der Einführung neuer technischer Verfahren, wie der Radarschiffahrt, erzielt. Über die Herstellung von Empfehlungen für die Fahrwassertiefe wurde Einvernehmen erzielt. Die internationale Zusammenarbeit wirkte sich beim Bau des Kraftwerkes am Eisernen Tor 1964 bis 1972 aus. Für die Nutzung des vor der Fertigstellung stehenden Rhein-Main-Donau-Kanals wurden erhebliche Vorarbeiten geleistet.

Neue Probleme treten in der Frage der Fertigstellung und Nutzung des Kraftwerkes Gabčikovo-Nagymaros auf politischem und ökologischem Gebiet auf. Die Sanktionen der UNO gegen Restjugoslawien wirkten sich auf die Donauschiffahrt aus. Es ist zu hoffen, daß nach der Wende ein neuer Geist der Zusammenarbeit und nicht der machtvollen Durchsetzung von Interessen das Zusammenleben an der Donau prägen wird.

Literatur

AICHELBURG, WLADIMIR, Kriegsschiffe auf der Donau (=Militärhistorische Schriftenreihe, Heft 37), Wien 1978.
BROUCEK, PETER, Die militärische Bedeutung im Laufe der Jahrhunderte, in: Donaumuseum Schloß Petronell – Außenstelle der Naturwissenschaftlichen Abteilung des NÖ. Landesmuseums. Wien 1977, S 71–79.
BUCHMANN, BERTRAND M., Befestigungen an der Donau (= Militärhistorische Schriftenreihe, Heft 42), Wien 1981.
FRANZEL, EMIL, Österreichs Rhein- und Donaupolitik zur Zeit Napoleons, in: Der Donauraum, 17. Jg. 1971, S 203–215.
FRUCHT, RICHARD CHARLES, War, Peace and Internationality: The Danube 1789–1916. In: Southeast European Maritime Commerce and Naval Politics from the Mid-Eighteenth Century (ed. Béla K. Király) (= War and Society in East Central Europe, vol. XXIII.), Boulder/Colorado etc. 1988, S 79–97.
HALM, HANS, Die Entdeckung der Donau als Welthandelsstraße. In: Der Donauraum, 5. Jg. 1960, S 92–100.
HERTZ, FRIEDRICH, Die Gemeinschaft der Donaunationen – Rückblick und Ausblick. In: Der Donauraum, 2. Jg.1957, S 77–83.
MIEHSLER, HERBERT, Die Donau im Völkerrecht. In: Der Donauraum, 2. Jg. 1957, S 176–187.
MÜLLER, HANS GEORG, Die deutsche Donauschiffahrt in Vergangenheit, Gegenwart und Zukunft. In: Der Donauraum, 17. Jg. 1972, S 228–236.
PALOTÁS, EMIL, The Problems of International Navigation on the Danube in Austro-Hungarian Politics during the Second Half of the Nineteenth Century. In: Király, Southeast European Maritime ... Policies, S 99–115.
PERTISCH, HANS, Aufgaben und Tätigkeit der Donaukommission. In: Der Donauraum, 19. Jg. 1974, S 57–70.
POHL, WALTER, Die Awarenkriege Karls des Großen 788–803 (= Militärhistorische Schriftenreihe, Heft 61), Wien 1988.
POLATSCHEK, WALTER F., Donaukonvention und Donauschiffahrt. In: Der Donauraum, 17. Jg. 1972, S 237–239.
RANDA, ALEXANDER, Byzanz und der Donauraum. In: Der Donauraum, 3. Jg. 1958, S 145–156.
RAUCHENSTEINER, MANFRIED, Austro-Hungarian Warships on the Danube: From The Beginning of the Nineteenth Century to World War I. In: Király, Southeast European Maritime ... Policies, S 153–173.
REGELE, OSKAR, Radetzky und der Donauraum. In: Der Donauraum, 3. Jg. 1957, 1. Halbband, S 14–19.
SLEZAK, FRIEDRICH, Zur Geschichte der Donauschiffahrt (1765–1829). In: Der Donauraum, 19. Jg. 1974, S 77–81.
WIERER, RUDOLF, Der Föderalismus im Donauraum, Graz 1960.

Bernhard Gruber

Die Geburt der Donau

Ein Spiegelbild der geologischen Entwicklung des Alpenvorlandes

Gleichsam bewegt wie das Schicksal der Völker entlang dieses zentralen Stromes Europas, ist auch seine geologische Geschichte – spiegelt sich doch in ihr die Entwicklung des Alpenvorlandes wider.

Mit dem Zurückweichen des perialpinen Meeres, der Paratethys, zur Zeit der Unteren Süßwassermolasse, an der Wende vom Oligozän zum Miozän aus dem schweizerischen und westbayrischen Molasseland, nimmt die Geschichte der Donau ihren Anfang.

Durch die einsetzende Hebung der Westalpen bedingt, durchzog ein träge dahinströmendes, von großen Tümpeln begleitetes östlich gerichtetes Flußsystem, das als Prädonau zu bezeichnen ist (siehe Tollmann 1986 cum lit., wie Peschel, 1990), das Alpenvorland. Es mündete im Raum von München in das westliche Ende des Molassemeeres (vergleiche Lemkcke, 1973 und 1984 cum lit.). Gespeist wurde dieses Fußsystem aus Zuflüssen der Alpen, die im Westen bis aus dem Gebiet des heutigen Genfer Sees kamen.

Vor ungefähr 22 Millionen Jahren (an der Wende Eger/Eggenburg), drang im Rahmen einer Anhebung des Meeresspiegels das Mittelmeer von der Rhône kommend bis in die Westschweiz, die Paratethys aus dem Raum München heraus nach Westen vor. Das Flußsystem der Prädonau versank, wie zum größten Teil auch die Schwarzwald-Aare-Schwelle.

Im Badenien, Mittelmiozän, fiel erneut ein großer Bereich der Molassezone trocken, und, bedingt durch eine starke Abkippung des Alpenvorlandes

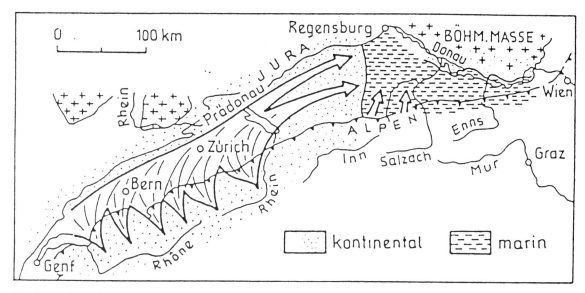

Katalog-Nr. I. 3. Phase 1

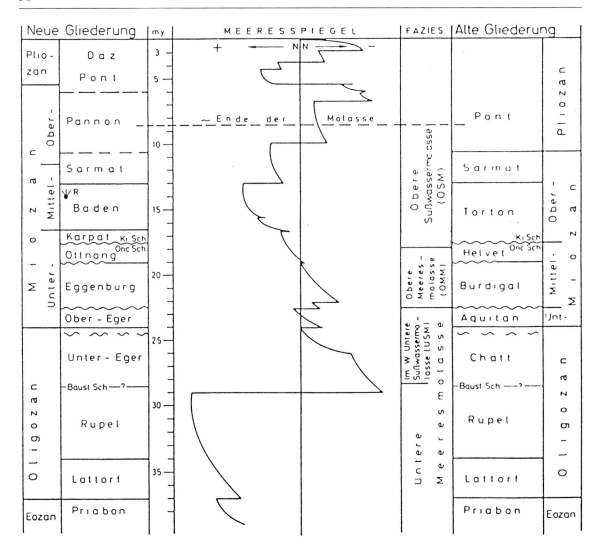

Stratigraphische Molassegliederung und eustatische Meeresspiegelschwankungen (aus Steininger et. al 1976, Vail & Hardenbol 1979, wie Lemcke 1984). Onc. Sch. = Oncophoraschichten, Ki. Sch. = Kirchberger Schichten, R = Einschlag des Ries-Meteoriten, Schlangenlinie = Transgression

nach Westen hin, begann sich eine westlich gerichtete Entwässerung dieses Gebietes, ein sogenanntes Prärhône-System, auszubilden. Sein Quellgebiet war im Osten im Gebiet der Schwelle von Amstetten zu suchen. Gespeist wurde dieses Flußsystem unter anderem, wie dies aus Schwermineralanalysen ersichtlich ist, von einer Ur-Enns und einer Ur-Salzach, aber auch durch Zuflüsse aus dem Massiv der Böhmischen Masse. Dies wird durch die „Glimmersandschüttungen" belegt. Das Stromsystem mündete nach der Durchquerung der südlichen Ausläufer des Französischen Kettenjura in das Mittelmeer.

Im Schweizer Abschnitt des alpinen Raumes ereignet sich im Mittleren Badenien eine überdimensionale Bergsturzkatastrophe (vergleiche Büchi und Schlanke, 1977). Nach dem Durchbruch der aufgestauten Wassermassen eines Sees durch den Bergsturzriegel ergoß sich das Gesteinsmaterial in Form eines gewaltigen Murenabganges in das Alpenvorland.

Eine zweite Großkatastrophe, im Oberen Badenien, prägte ebenfalls die Flußgeschichte; der riesige Flächen Mitteleuropas verwüstende Impakt eines Meteoriten im Nördlinger Ries (vergleiche Lemcke, 1981). Bis in die Oehninger-Schichten der Schweiz und bis nach Augsburg sind Blockhorizonte verfolgbar. Ebenso erlischt die Materialzufuhr der Enns in das Alpenvorland. Erst im bayerischen Raum werden wieder die axialen Flußablagerungen, und zwar von der Salzach, gespeist. Da die Enns nicht plötzlich versiegt sein kann, muß sie damals woandershin abgeflossen sein, wobei aber Niederösterreich aufgrund der Schwelle von Amstetten und des Fehlens kennzeichnender Schwermineralassoziationen in den Ablagerungen nicht in Frage kommt. Hingegen werden Schüttungen mit typischen Schwermineralvergesellschaftungen der Enns im Unter Sarmat des Grazer Beckens (Lemcke 1984, siehe aber auch Kritik Mackenbach, 1984) nachgewiesen. Daraus läßt sich schließen, daß der Enns infolge des Impaktgeschehens etwa im Bereich der Gesäuseberge durch einen gewaltigen Bergsturz der Weg nach Norden verschlossen wurde. So mußte sie

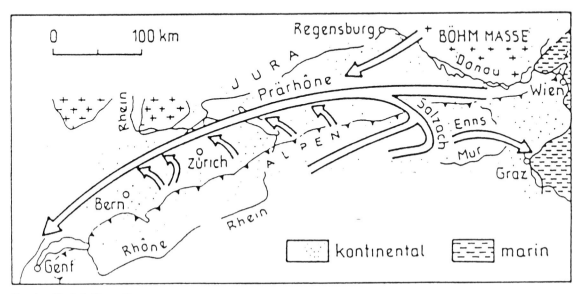

Katalog-Nr. I. 3. Phase II

nach Südosten über die Palten-Schober-Furche ausweichen und mündete nun im Bereich des Grazer Beckens in das Meer.

Die Geschichte der heutigen Donau setzt im untersten Pannon, vor ungefähr elf Millionen Jahren ein. Im Zuge der generellen Abkippung des Alpenvorlandes gegen Osten hin wurde einerseits die Grundlage für eine west-östlich gerichtete Entwässerung der Molassezone (siehe Mackenbach, 1984, ostgerichteter Transport der Kobernaußer- und Hausruckschotter; Materialtransport aus dem Zuflußgebiet der Naab, vergleiche Kalogiannidis, 1984), andererseits durch das Absinken der Schwelle von Amstetten – sie verlor damit die Funktion als Wasserscheide – Raum für Zuflüsse aus dem Westen, geschaffen. Es tritt die Urdonau als direkter Ahne der heutigen Donau in Erscheinung.

Diese Urdonau gewann die Enns, die ungefähr drei bis vier Millionen Jahre nach dem Ries-Ereignis ihren Weg wieder nach Norden gefunden hatte, im untersten Pannon als ersten Zufluß dazu. Im Pont, vor ungefähr sechs Millionen Jahren flossen bereits die Salzach und der Inn in dieses Flußsystem, das jetzt im Wiener Becken in die zurückweichende Paratethys mündete. Im mittleren Pliozän erreichte diese Urdonau ihren weitesten gegen Westen gerichteten Einzugsbereich, zu dem nun der Oberrhein, das Westschweizer Aareflußsystem wie das Quellgebiet der Rhône zu zählen waren. Sie mündete zu dieser Zeit bereits in das Schwarze Meer, sogar etwas östlich der heutigen Küste. An der Wende Tertiär/Quartiär brach die Oberrheinische Tiefebene ein, so daß der Urdonau ihre westlichsten Quelläste wieder verlorengingen.

Die Wurzeln des Erscheinungsbildes des Laufes der heutigen Donau liegen im Pleistozän (siehe Hantke, 1993, cum lit.). Viele Fragen warf aber der Umstand auf, daß auf weiten Strecken, zum Beispiel im Bereich Passau–Schlögen–Aschach und Ottensheim–Linz, sowie auch in einigen Abschnitten ihres niederösterreichischen Verlaufes das Tal der Donau in dem harten Sockel des Kristallins der Böhmischen Masse eingetieft ist, anstatt hier in den angrenzenden Ablagerungsraum der Molassezone mit seinen wei-

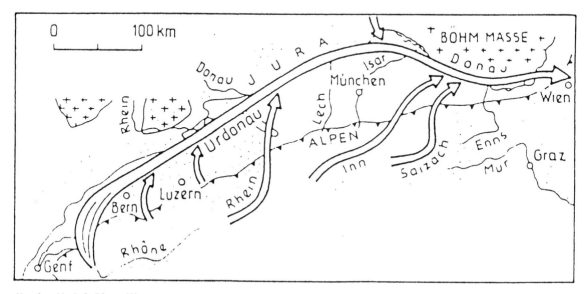

Katalog-Nr. I. 3. Phase III

cheren Sedimenten auszuweichen. Es dürften hiebei eine Fülle von Faktoren ausschlaggebend gewesen sein; so stellt sicherlich die spätvariszische bruchtektonische Gliederung des Böhmischen Massivs einen sehr wichtigen Faktor dar, aber auch die Vorstellung von lokalen Antezedenzen, wie die Exhumierung alter lokaler Talanlagen.

In den pleistozänen Abfolgen des oberösterreichischen Alpenvorlandes beherrschen Moränen und Schotterfluren als eiszeitliche Serien das Ablagerungsgeschehen. Auf Akkumulationsphasen während der Kaltzeiten folgten Phasen der Tiefenerosion. Dadurch wird hier der Donaulauf durch ein vielfältiges Terrassensystem begleitet. Grob eingeteilt können, entsprechend der großen alpinen Gletschervorstöße, vier solcher Terrassen unterschieden werden. Die höchstgelegene Terrasse bilden die älteren Deckenschotter der Günzzeit. Dann folgen die jüngeren Deckenschotter der Mindel-, die Hochterrasse der Riß-, und die Niederterrasse der Würmzeit. Mit Ausnahme der Niederterrasse treten auf diesen Lösse, in denen immer wieder Reste von Großsäugern gefunden werden (Mammut, Wollhaarnashorn und andere), und lößartige Sedimente mit Paläoböden auf.

Die Niederterrasse (NT) liegt 10 bis 12 m über dem Mittelwasser der heutigen Donau. Zwischen der Traun- und Enns-Mündung gliedert sie sich (siehe Kohl, 1991) deutlich in zwei Niveaus, in die Obere (ONT) und die Untere Niederterrasse (UNT), mit einem Erosionsrand von 3 bis 6 m. Sie besteht aus mächtigen Schottern mit groben Geschieben, basal mit quarz- und kristallinreichen Lagen. Nach oben hin führen sie mehr an Karbonat- und zuoberst an Flyschkomponenten. Zur Zeit der letzten maximalen Vergletscherung der Alpen, vor zirka 19.000 Jahren, war auch der Höhepunkt der Aufschotterung, das heißt Bildung des Bereiches der Oberen Niederterrasse; die Donau floß noch 10 bis 12 m über dem heutigen Niveau. In sommerzeitlichen Schmelzwasserperioden überflutete sie die ganze Talbreite. Dies wird durch die zerstörte und von Schottern eingebettete paläolithische Station Berglitzel in Gusen, etwa 12 km östlich von Linz (siehe Kohl und Burgstaller, 1992) belegt. Wie nach den vorangegangenen Kaltzeiten, setzte auch nach der jüngsten (Würmeiszeit) eine Tiefenerosion ein. Dabei wurden Schotter ausgeräumt und umgelagert wie in einem Klimarückschlag das tiefere Niveau der Niederterrasse, die Untere Niederterrasse, gebildet.

Der Aufbau der nächsttieferen Stufe, des Oberen Hochflutfeldes (OHF) [heute nur bei Katastrophenhochwässern gefährdet], unterscheidet sich von dem der Niederterrasse. Die Schotter sind quarzreicher und ärmer an Karbonat- und Flyschkomponenten. Über einer Blocklage an der Basis liegen in 10 bis 12 m Tiefe die tiefsten Horizonte mit subfossilen Eichenstämmen, die ein Alter von 4800 bis 5000 Jahren aufweisen. Anscheinend änderte sich das bis dahin vorherrschende Flußregime. Wie archäologi-

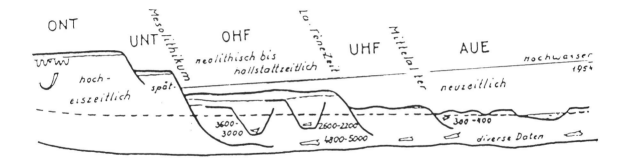

sche Grabungen in Gusen bestätigten, stieg die Zahl der Hochwässer, und es setzte eine neue Sedimentationsperiode ein. Eine mesolithische Kulturschicht wurde teils durch Hochwässer abgebaut und umgelagert, neolithische Schichten bis 5 m über dem heutigen Hochwasserstand mehrmals mit Feinsedimenten überlagert. Die Donauauen mußten vor der neolithischen Auflandung schon tiefer gelegen sein, denn die bei Gusen etwas tiefer aufgefundene mesolithische Kulturschicht zeigt große Humusanhäufungen.

Im Neolithikum, in der Bronze- und noch in der Hallstattzeit wurde der Humus lokal überflutet. Das komplex aufgebaute Obere Hochflutfeld war niveaumäßig zum Ende der Hallstattzeit erreicht. Die zunehmende Zahl der Hochwässer vom Neolithikum bis zur Hallstattzeit war wohl der Grund, daß die tieferen Terrassen weder Siedlungsreste noch Gräberfelder aus diesen prähistorischen Zeiten aufwiesen. Wie die Unterschiede zwischen Oberem und Unterem Hochflutfeld (UHF) zeigen, ist es schon vor dem Aufbau des Unteren Hochflutfeldes (hier kann es jährlich Überschwemmungen geben) zu einer Tiefenerosion gekommen.

Im deutschen Donauraum zeigen Baumstammdaten auch für die Römerzeit ein Ansteigen der Zahl der Hochwässer und der Sedimentationsrate. Kann mit der Zunahme der Überschwemmungen die Verlegung des Römerlagers von Albing auf die Niederterrasse von Lorch zusammenhängen?

In der zweiten Hälfte des 7. Jahrhunderts findet man erstmals ein baierisches Gräberfeld – das von Linz-Zizlau – auf dem anscheinend schon damals hochwasserfreien Oberen Hochflutfeld. Das frühe Mittelalter war eher eine Zeit der Eintiefung, so daß karolingische Orte am Rande des Oberen Hochflutfeldes für Schiffahrt und Handel bedeutend werden. Wann, ob zur Römerzeit oder erst im Hochmittelalter, das Untere Hochflutfeld erreicht war, kann derzeit noch nicht festgelegt werden.

Nach Phasen von Katastrophenhochwässern kam es erneut zur Erosion, ehe mehrere Meter mächtige neuzeitliche Sedimente abgelagert wurden. Auf sie gehen die Auen vor der Donauregulierung (siehe Promintzer, 1990) zurück.

Mit der Regulierung dieses Stromes und mit dem Bau von Kraftwerken wurden nun völlig neue Erosions- und Sedimentationsbedingungen geschaffen. Welche Auswirkungen diese Eingriffe auf seine Entwicklung haben werden, wird uns die Zukunft weisen.

Literatur

Büchi, A., und Schlanke, S., Zur Paläogeographie der schweizerischen Molasse. Erdöl-Erdgas-Zeitung 93 (Sonderausgabe), Hamburg/Wien 1977, S 57–69.

Hantke, R., Flußgeschichte Mitteleuropas. Skizzen zu einer Erd-, Vegetations- und Klimageschichte der letzten 40 Millionen Jahre, Stuttgart 1993.

Kalogiannidis, K., Geologische Untersuchungen zur Flußgeschichte der Naab (NO-Bayern). Geol. Inst. Univ. Köln, Sonderveröff. Nr. 40, 1981.

Kohl, H., Die Veränderungen der Flußläufe von Donau, Traun und Enns seit prähistorischer Zeit. Forsch. Gesch. Städte Märkte Österr. 4, Linz 1991, S 1–9 Abb. 4.

Kohl, H., und Burgstaller, E., Eiszeit in Oberösterreich – Paläolithikum – Felsbilder, Spital am Pyhrn 1992.

Lemcke, K., Zur nachpermischen Geschichte des nördlichen Alpenvorlandes. Geol. Bavarica, 69, München 1973, S 5–48.

–, Das Nördlinger Ries, Spur vor einer kosmischen Katastrophe. Spektr. d. Wiss., Jg. 1981/1, Weinheim 1981, S 110–121.

–, Geologische Vorgänge in den Alpen ab Obereozän im Spiegel vor allem der deutschen Molasse. Geol. Rundsch. 73, Stuttgart 1984, S 371–397, Abb. 14.

Mackenbach, R., Jungtertiäre Entwässerungsrichtungen zwischen Passau und Hausruck (OÖ). Geol. Instit. Univ. Köln, Sonderveröff. Nr. 55, Köln 1984.

Peschel, R., Die Donau aus geologischer Sicht. In: Pröll, E. (Red.): Katalog Donau Welle. Ausstellung im Stadtmuseum Linz-Nordico, Linz 1990, S 7–12.

Promintzer, W. J., Visionen einer Stromlandschaft: Die alte Donau-Schiffahrt und die erste Regulierung des Stromes. In: Pröll, E. (Ed.): Katalog Donau Welle, Ausstellung im Stadtmuseum Nordico, Linz 1990, S 13–39.

Steininger, R., Rögl, F. und Martini, E., Current Oligocene/Miocene biostratigraphie concept of the Central Paratethys (Middle Europe). Newsl. Stratigr., 4, Berlin/Stuttgart 1976, S 174–202.

Tollmann, A., Geologie von Österreich (Gesamtübersicht). Bd. 3, Wien 1986, S 219–231.

Vail, P. R., und Hardenbol, J.: Sea-level changes during the Tertiary. Oceanus 22, 1979, S 71–79.

Frederick Watzik
Hochwasser

Stets wiederkehrende Hochfluten und Überschwemmungen haben in vielen Fällen enorme Schäden an Sachwerten verursacht und allzuoft Menschenleben gefordert. Hochwassermarken und zahlreiche alte Aufzeichnungen zeugen davon, daß diese Naturereignisse in der Vergangenheit sehr beachtliche Höhen und Ausmaße erreichten.

Die Donau, nach der Wolga der zweitgrößte Strom Europas und seit jeher die wichtigste westöstliche Handels- und Verkehrswasserstraße des Kontinentes, hatte schon zu Urzeiten unter großen Hochwasserereignissen zu leiden. Je weiter allerdings auf vergangene Perioden zurückgegriffen wird, desto spärlicher und unverläßlicher werden die Angaben über die Katastrophen. So ist aus dem ersten nachchristlichen Jahrtausend nur bekannt, daß bereits die Römer, wie auch andere Völker, mit dem Strom ihre Schwierigkeiten gehabt haben dürften, wie am Beispiel des Vorgängerlagers von Lorch-Lauriacum am rechten niederösterreichischen Donau-Ennsufer in Albing oder am späteren Kastell Quintanis-Künzing in der Ebene des Gäubodens zwischen Passau und Regensburg zu sehen ist. Beide Siedlungen wurden laut Überlieferung ein Opfer der Donaufluten. Auch in Oberösterreich sucht man vergebens nach der ehemaligen Römersiedlung Joriacum sowie nach dem 500 Jahre jüngeren Zollort Rosdorf, beide im Raum Aschach gelegen. Berichtet wird auch von einem prähistorischen Friedhofskirchen-Hochwasser in Aschach, welches an Höhe alles bisher Bekannte übertroffen haben soll. Hier stellt sich aber auch zwangsläufig die Frage, ob sich nicht die Donausohle im Laufe der vielen Jahrhunderte permanent eingetieft hat. Dadurch wären frühere Angaben über extrem hohe Wasserspiegellagen oder auch eine Reihe anderer Ungereimtheiten in der Donaulandschaft, wie etwa schwer zu erklärende Lagen von Orten an der Donau und Aufzeichnungen über Wasserverbindungen zum Strom, die heute alle eher undenkbar erscheinen, besser zu erklären.

Hochwässer an der Donau können durch die Verschiedenartigkeit des großen Einzugsgebietes praktisch zu allen Jahreszeiten auftreten. Während in den Monaten Oktober und November eher wenige bis gar keine Hochwässer zu erwarten sind, ereignen sich die meisten Hochwässer im Zeitraum von Juni bis August. Diese sogenannten Regenhochwässer werden vor allem von der Größe des überregneten Einzugsgebietes, von der Dauer der Niederschläge und von deren Intensität geprägt, wobei weitere Faktoren, wie etwa ein durch Vorregen gesättigter Boden und hohe Ausgangswasserstände in den Hauptzubringern, das Katastrophenausmaß zusätzlich nachteilig beeinflussen können. Im Gegensatz dazu stehen die Taufluten im Winter und Frühling, deren Ausmaß und Größe außerdem durch schwankende Temperaturverhältnisse in verschiedenen Höhenlagen, durch gefrorenen Boden in den Niederungen und durch Schmelzwässer verschärft werden. Nicht zu vergessen sind die durch Eisstöße entstandenen Eishochwässer, zumeist lokal begrenzt, die in allen Jahrhunderten in den Wintermonaten enorme Schäden anrichteten und Menschenleben forderten.

Vom Hochwasser des Jahres 1012 liegen die ersten halbwegs erhaltenen Aufzeichnungen vor, wohl deshalb, weil es sich um ein offenbar sehr ausgebreitetes und verheerendes Ereignis gehandelt haben dürfte. Zwischen dieser Hochflut und dem bislang denkwürdigsten Katastrophenwasser des 20. Jahrhunderts im Jahre 1954 ereigneten sich allein

116 bedeutende und bemerkenswerte Hochwässer an der Donau, die alle größere Sachschäden verursachten und fallweise Todesopfer forderten, wie etwa der Eisgang vom Februar 1342, bei welchem angeblich 6000 Menschen zugrunde gegangen sind. Es ist auch eine Häufung extremer Hochwässer in bestimmten Zeitabschnitten zu beobachten, wobei etwa das 12. Jahrhundert mit zehn verheerenden Hochfluten und zwei großen Eisstößen besonders hervorzuheben ist. Von den Hochfluten des 13. Jahrhunderts sei vor allem die Hochflut im Jahre 1210 genannt, welche die damalige Stadt Neuburg in das heutige Klosterneuburg am rechten Donauufer und in die Stadt Korneuburg links der Donau teilte. Im 14. und 15. Jahrhundert wird in den Aufzeichnungen von insgesamt 29 bedeutenden Ereignissen berichtet, von denen die Hochwässer der Jahre 1344, 1402 und 1466 besonders katastrophal waren. Bei der Katastrophe im Jahre 1490 waren mehrere Ortschaften im Tullnerfeld dem Untergang geweiht.

Das zweifellos größte und denkwürdigste Ereignis wahrscheinlich des gesamten zweiten Jahrtausends nach Christus war das Himmelfahrts-Hochwasser vom August 1501, dessen verheerender Verlauf von Regensburg stromabwärts entlang der ganzen Donau durch unzählige Hochwassermarken dokumentiert ist. Durch ihre Markierung läßt sich diese außerordentliche Hochflut für die gesamte Donau gut rekonstruieren. Untersuchungen von Dr. E. Neweklowsky ergaben, daß die maximalen Hochwasserstände des Jahres 1501 bei Engelhartszell um über 2 Meter, bei Linz um mehr als 1 Meter und bei Wien um mehr als 2 Meter über dem Katastrophenwasser vom Juli 1954 lagen. Wie bei den meisten großen Donauhochwässern war auch im August 1501 die intensive und langandauernde Überregnung des Donaueinzugsgebietes für dieses Jahrtausendhochwasser maßgebend, wobei sich die Scheitelabflüsse von Inn, bayerischer Donau, Traun und Enns überlagerten. Berechnungen des Hydrographischen Zentralbüros in Wien ergaben, daß 1501 die maximale Durchflußmenge bei Wien rund

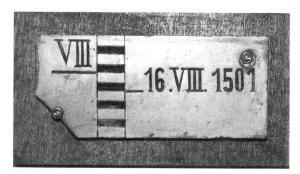

Katalog-Nr. I.4.6. Foto: Archiv Watzik

14.000 m^3/s betrug; im Vergleich dazu die Durchflußmenge der historischen Hochflut des Jahres 1899 mit etwa 10.500 m^3/s und der vom Jahre 1954 mit zirka 9600 m^3/s. Wenn man diese gigantischen Wassermengen bei Wien dem dortigen Niederwasserdurchfluß von etwa 830 m^3/s und dem Mittelwasserdurchfluß von rund 1700 m^3/s gegenüberstellt, so erhält man eine annähernde Vorstellung von der Größe und Gewalt dieser Naturvorgänge. Vielleicht gerade hier ist erwähnenswert, daß die oberösterreichische Donau bei Linz den Charakter eines Gebirgsflusses hat und mit einem Einzugsgebiet von 79.490 km^2 nur etwa ein Zehntel des Gesamteinzugsgebietes bei ihrer Mündung ins Schwarze Meer (817.000 km^2) aufweist, sich aber die rechnerischen Höchstabflüsse beim Pegel Linz mit etwa 10.500 bis 11.000 m^3/s zu rund 17.000 m^3/s bei der Donaumündung wie zwei zu drei verhalten.

Für das 15. bis 18. Jahrhundert sind von der Bedeutung und Größe her speziell die Hochwässer der Jahre 1572, 1598, 1670, 1682, 1705, 1730 und 1786 zu nennen. Besondere Erwähnung verdient die Hochflut im Spätherbst des Jahres 1787, die als Allerheiligenhochwasser in die Geschichte eingegangen ist. Diese Hochflut ereignete sich zu einem Zeitpunkt, an dem sich die Donau normalerweise in einem Übergangsstadium zu den winterlichen Wasserständen befindet und in der Regel eine niedere Wasserführung aufweist. Der Einfluß von Enns und

Traun war 1787 so gravierend, daß unterhalb von Mauthausen noch höhere Wasserstände auftraten als im Jahre 1954. Das 18. Jahrhundert ist aber nicht nur wegen dieser Hochflut bemerkenswert, sondern es verzeichnete auch insgesamt zehn außerordentlich große Eisstöße, von denen jene der Jahre 1744 und 1768 besonders anzuführen sind, weil ganze Siedlungen und Stadtteile von Wien in den Fluten untergingen.

Seit 1821 gibt es in Linz kontinuierliche und verläßliche Beobachtungen der Wasserstände an der Donau, und 1828 wurde auch in Stein-Krems und Wien mit den regelmäßigen Pegelbeobachtungen begonnen. Nach etwa 30 Jahren ohne nennenswerte Ereignisse war das Jahr 1862 durch eine Tauflut Ende Jänner, mit einer Höchstwassermenge von rund 9864 m^3/s bei Wien, gekennzeichnet, welche den Impuls für die Donauregulierung im Raum Wien in den Jahren 1869 bis 1876 gab und den weiteren Ausbau und die Verdichtung des bestehenden Pegelnetzes entlang des Stromes bewirkte. Nach größeren Hochfluten in den Jahren 1883 und 1890 folgte ein extremes Hochwasser im Jahre 1897, welches den vierten Rang unter den Hochwässern der letzten rund 130 Jahre – nach 1862, 1899 und 1954 – einnimmt. Die nur zwei Jahre darauf folgende Hochflut des Jahres 1899 war für das Donaugebiet unterhalb von Mauthausen die größte Katastrophe. Nur im oberösterreichischen Donaubereich wurde diese Flut von jener des Jahres 1954 übertroffen. Das Hochwasser 1899 ist das erste exakt registrierte und erfaßte Geschehen nach der Gründung und Einrichtung des Hydrographischen Dienstes im Jahre 1893.

Die nächsten 50 Jahre waren verhältnismäßig ruhig, bis es zur Hochwasserkatastrophe vom Juli 1954 kam, welche für den Abschnitt von Passau bis Linz die größte seit 1787 war und einem 140jährlichen Ereignis gleichkam. Diese Katastrophe, die vielen von uns noch in lebendiger Erinnerung ist, wurde nach ausreichendem Vorregen durch ein nach Nordosten ziehendes Adriatief mit intensiver Überregnung des gesamten Einzugsgebietes ausgelöst.

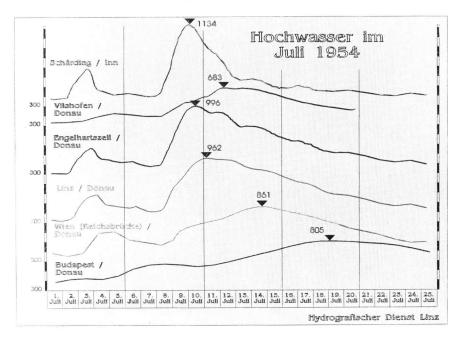

Wasserstandsganglinien der Hochwasserkatastrophe von 1954.
Foto: Archiv Watzik

Die Nibelungenbrücke in Linz während des Hochwassers von 1954. Foto: Archiv Watzik

Neben den Zubringern Traun und Enns beeinflußte vor allem der Inn den Hochwasserablauf entscheidend. Aber auch von der bayerischen Donau, die meist einige Tage nachläuft, wurden in diesem Fall durch eine Vorwelle sehr große Wassermengen geliefert. In Linz wurde ein Wasserstand von 962 cm, der einer Durchflußmenge von etwa 8800 m^3/s entspricht, gemessen, welcher 55 cm über dem des Jahres 1899 und nur 123 cm unter dem des Hochwassers von 1501 lag. Keines der nach 1954 folgenden Hochwasserereignisse, auch nicht die Fluten von 1965, 1981, 1985 oder 1991, erreichten auch nur annähernd die Größenordnung des Hochwassers von 1954.

Nach seiner Gründung im Jahre 1893 erhielt der Hydrographische Dienst Osterreichs durch das vom k.k. Ministerium des Inneren im Dezember 1894 erlassene Organisationsstatut seinen Wirkungsbereich zugewiesen und feiert somit in diesen Tagen sein 100jähriges Bestehen. Die Aufgaben des Hydrographischen Dienstes sind im 58. Bundesgesetz vom 25. Jänner 1979 (Hydrographiegesetz) aufgelistet und geregelt. Im Hochwasser- und Krisenfall haben für die rechtzeitige Durchführung des Hochwassernachrichtendienstes sowie für die Weitergabe der Wasserstände und die Erstellung der Hochwasservorhersagen an der Donau und ihren Nebenflüssen die hydrographischen Landesabteilungen von Oberösterreich, Niederösterreich und Wien insoweit zu sorgen, als dies für die Schiffahrt, die Wassernutzung und besonders die Abwehr von Gefahren für Leben und Eigentum notwendig erscheint. Die katastrophalen Hochwässer zu Ende des vorigen Jahrhunderts waren Anlaß dafür, daß die wichtigsten Pegel an der Donau ausgebaut und die Nachrichtendienste weiterentwickelt und ständig verbessert wurden. Bereits 1910 wurde in Linz eine Nachrichtenzentrale mit automatischen Fernmeldestellen errichtet. Verbreiteten bei den Hochwasserkatastrophen 1897 und 1899 noch Strommeister, Klauswärter und Boten telegraphische Meldungen und Daten von Ort zu Ort an die Unterlieger, so wurden diese Aufgaben später immer mehr von fernmeldetechnischen Einrichtungen übernommen. Nach dem Zweiten Weltkrieg wurde ab dem Jahre 1955 die in Linz stationierte Fernmeldezentrale schrittweise aufgelassen und durch eine neue, dem jeweiligen Stand der Technik entsprechende Anlage ersetzt, die heute über die modernsten Geräte und Apparaturen zur Aufzeichnung, Auswertung und Weitergabe von fernübertragenen Wasserstands- und Niederschlags-

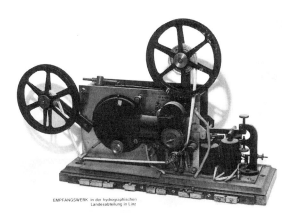

Katalog-Nr. I.4.4. Foto: Archiv Watzik

daten aus dem Fernmeldenetz des Hydrographischen Dienstes verfügt.

Ein von der Technischen Universität Wien entwickeltes und laufend nachgeeichtes, computergesteuertes Hochwasservorhersagemodell ermöglicht

Fernmeldezentrale des Hydrographischen Dienstes für Oberösterreich in Linz.
Foto: Archiv Watzik

im Katastrophenfall die mindestens sechs- bis neunstündige Vorhersage der Wasserstände für bestimmte Pegelstandorte an der österreichischen Donau. Die Einleitung des Hochwassernachrichtendienstes in den Fernmeldezentralen der einzelnen Bundesländer erfolgt, wenn ein Ansteigen der Donau oder ihrer wichtigsten Zubringer das Erreichen oder Überschreiten genau festgelegter Grenzwerte für den Durchfluß und den Wasserstand erwarten läßt. Ab diesem Zeitpunkt sind die Zentralen der Hydrographischen Dienste auch in den Nachtstunden durchgehend besetzt und stehen unter Zugrundelegung genau vorgegebener Einsatz- und Alarmpläne mit den jeweiligen Benützern der Wasserstandsdaten und -vorhersagen im ständigen Kontakt.

Wenn die meteorologischen und hydrologischen Situationen zusammenpassen, sind große Hochwasserkatastrophen nach wie vor jederzeit möglich. Die vielen menschlichen Eingriffe in die Landschaft und in den Wasserhaushalt in diesem Jahrhundert haben den Ablauf und die Häufigkeit, vor allem kleinerer Hochwässer, sicher nicht unmerklich erhöht. Bei den gewaltigen Naturvorgängen aber, die zum Entstehen von Höchstabflüssen führen, werden Kräfte frei und Größenordnungen erreicht, die durch anthropogene Eingriffe nicht mehr entscheidend beeinflußt werden können.

Literatur

BOHDANOWICZ, FRANZ-XAVER, Hochwasser in Linz, Linzer Volksblatt, Mai 1933.

K.k. Hydrographisches Zentralbüro, Beiträge zur Hydrographie Österreichs, Heft Nr. 9, Hochfluten des Donaustroms, Wien 1908.

KRESSER, WERNER, Die Hochwässer der Donau. Schriftreihe d. ÖWWV, Heft 32/33, Wien 1957.

PROMINTZER, WERNER JOSEF, Visionen einer Stromlandschaft. Katalog Nr. 50 (Donau-Welle), Stadtmuseum Linz-Nordico, Linz 1990, S 28–34.

–, Heimatbuch und Landeskunde – Aschach a. d. Donau, Bd. I, Linz 1989, Kapitel 3, 8, 5.

ROSENAUER, FRANZ, Wasser und Gewässer in OÖ., Schriftreihe der oö. Landesbaudirektion, Nr. 1. Wels 1946, S 157–172.

Stephan Weigl

Vielfalt ohne Zukunft?
Zur Tierwelt des oberösterreichischen Donauraumes

Entlang der oberösterreichischen Donau lassen sich grundsätzlich zwei sehr unterschiedliche Naturräume feststellen. Das sind zum einen die Donau-Engtäler zwischen Passau und Aschach, oberhalb von Linz und im Strudengau, die bis 300 m tief in das Granit-Gneishochland des Böhmischen Massivs eingegraben sind, und zum anderen drei große Ebenen, das Eferdinger und das Linzer Becken und das Machland.

Naturgemäß ist das Flußbett der Donau in den Durchbruchstälern eingeengt. Die steil ansteigenden Hänge sind aufgrund ihrer Unzugänglichkeit noch heute zum Teil mit naturnahen Wäldern bewachsen. Ganz anders ist die Situation in den Ebenen, wo die Donau die Möglichkeit hatte, ihr Bett auszuweiten und ein Netz von sich ständig verändernden kleineren und größeren Wasserläufen auszubilden. Im Einflußbereich der Hochwässer entwickelten sich Auen mit einem Mosaik von Lebensräumen wie Schotterbänken, Steil- und Flachufern, Auwäldern und Auengewässern. Genau diese Vielfalt an unterschiedlichen Lebensräumen, die miteinander eng verzahnt sind, erlaubt es einer großen Zahl von Tier- und Pflanzenarten, darunter auch vielen Spezialisten, sich hier anzusiedeln.

Als Wanderstraße spielt die Donau für viele Tier- und Pflanzenarten, sowohl Land- als auch Wasserbewohner, eine bedeutende Rolle. Innerhalb eines geschlossenen Bandes vergleichbarer Biotope konnten Arten sogar aus dem Einzugsgebiet des Schwarzen Meeres bis nach Mitteleuropa vordringen.

Dieser ursprüngliche Zustand ist nicht mehr gegeben. Das ist bekannt. In welchem Ausmaß die Veränderungen stattgefunden haben, ist aber nur den wenigsten tatsächlich bewußt. So wird die Donau auch bei uns seit mehr als 100 Jahren zum Schifffahrtskanal, Vorfluter und Elektroenergiespender degradiert. Vom „stolzen Donaustrom" blieb in Wahrheit nur noch ein Torso. Die ursprüngliche Naturlandschaft wurde allmählich und unwiederbringlich zerstört. Sogar die wenigen naturnahen Reste sind nach wie vor von wirtschaftlichen Interessen bedroht. Zum Strom gehören nicht nur sein mehr oder weniger mäandrierendes Strombett, sondern auch die jährlich ein- oder zweimal überfluteten Stromauen. Kennzeichnend ist weiters eine stark wechselnde Wasserführung mit einer hohen Strömungsgeschwindigkeit von 2 bis 3 m/sec. Dadurch werden grobes Geröll und feines Sediment am Flußboden oder als Schwebstofffracht in großen Mengen transportiert. Hochwässer formen den gesamten Lebensraum, Flußbett, Talsohle und Stromauen. Sie graben Seitenarme, schaffen Altwässer, tragen Sedimente ab und lagern neue an. Das Grundwasser steht hoch, und die länger trockenfallenden Böden sind mit dichtem Auwald bedeckt.

Diese Verhältnisse wurden durch Regulierungsmaßnahmen und die Errichtung von Stauseen weitgehend verändert. Der visuelle Charakter der Donaubecken-Landschaft ist heute gänzlich anders, und die ökologischen Bedingungen haben sich gewandelt. Wo sich einst großflächige dynamische Auen erstreckten, findet man heute Äcker, Industriekomplexe und Siedlungsgebiete. Die größten Regulierungseingriffe erfolgten in der zweiten Hälfte des 19. Jahrhunderts. Laufbegradigung und Abtrennen der Altarmsysteme bewirkten einen rascheren Abfluß, eine stärkere Sohlenerosion und ein Sinken des Grundwasserspiegels.

Im Durchbruchstal der Donau zwischen Passau und Aschach blieb der ursprüngliche Charakter des Stromes bis zur Mitte dieses Jahrhunderts erhalten. Abgesehen von einigen kleinen Augebieten unterhalb von Passau war die Donau hier über weite Strecken durch Inseln und Schotterbänke strukturiert, die ihre Form durch den starken Geschiebetrieb ständig veränderten. Zwischen 1954 und 1978 wurde die Donau in Oberösterreich in eine geschlossene Kette von Stauseen verwandelt. Der Einstau bewirkte den Verlust ökologisch wertvoller Flachwasserzonen, über den Schotterbänken lagerten sich gewaltige Mengen von Feinsedimenten ab. Durch die energiewirtschaftliche Nutzung der Donau und ihrer Zubringer wurde das Flußkontinuum unterbrochen und der Geschiebetrieb über lange Strecken unterbunden, wie zum Beispiel im Stauraum Aschach. Die Verringerung der Fließgeschwindigkeit verursacht den Verlust des Lebensraumes vieler rheophiler (strömungsliebender) Organismen, die sich im Lauf der Evolution an die Gegebenheiten, die ein Gewässer mit hoher Fließgeschwindigkeit bietet, angepaßt haben.

Auenbereiche und Pionierstandorte, wie freie Schotterflächen oder der schnellfließende Wasserkörper, sind Lebensraum für unterschiedlichste Organismen. Das Schwergewicht der Artenfülle macht die unscheinbare Welt der Kleinlebewesen aus. Die allbekannten Raritäten wie Eisvogel, Silberreiher, Fischadler und andere, von denen Naturliebhaber schwärmen, sind real betrachtet nur die mit freiem Auge sichtbaren Spitzen einer komplexen Pyramide. Die auffälligen Arten sind auch im Freiland leicht zuzuordnen, während die Mehrzahl der Arten ohne Spezialkenntnisse und -apparate weder sichtbar noch beurteilbar ist.

Unter den einzelligen Tieren sind besonders die wasserlebenden Formen der Flagellaten, Amöben und Ciliaten hervorzuheben. Sie haben wesentlichen Anteil an der Selbstreinigungskraft der Gewässer und stellen gleichzeitig eine wichtige Nahrungsbasis für Wasserinsekten und Jungfische.

Die selten über einen Millimeter messenden Rädertiere sind die Leitformen der Auengewässer. Viele davon haben sehr spezifische Lebensraumansprüche, sind aber an die Gewässerdynamik optimal angepaßt. Sie können einfrieren oder im lufttrockenen Zustand verweht werden und Monate inaktiv überleben.

Neben den äußerst unscheinbaren Süßwasserpolypen wurden im Bereich des Eferdinger Beckens in Baggerseen mehrfach Süßwasserquallen beobachtet. Diese Quallen treten nach längeren Schönwetterperioden im Spätsommer auf. Sie stammen aus Brasilien und gelangten Ende des vorigen Jahrhunderts über Wasserpflanzenimporte nach Europa. Für den Menschen sind sie völlig harmlos.

In der oberösterreichischen Donau konnten bisher zwei Arten von Flußmuscheln nachgewiesen werden: die Teichmuschel und die Malermuschel. Diese Filtrierer bilden bei geeigneten Umweltbedingungen den Hauptanteil der Biomasse der Bodenlebewesen. Begünstigt durch Kanäle konnte sich die Wandermuschel seit knapp 200 Jahren aus der unteren Donau nach Mittel- und Westeuropa ausbreiten. Im Winter dienen diese Muscheln vielen Wasservögeln als Nahrung. Daneben kommt noch eine Reihe von Kleinmuscheln vor (Kugel- und Erbenmuscheln), die oft nur wenige Millimeter groß werden und das Bodenlückensystem besiedeln.

Der Großteil der heimischen Wasserschnecken lebt meist in Oberflächennähe stehender oder langsam fließender Gewässer. Die bekanntesten sind die Schlamm- und die Tellerschnecken.

Es gibt aber auch einige Arten, die den Bereich der Stromsohle besiedeln, beispielsweise die Fluß-Napfschnecke. In den Schlammablagerungen der Sturäume bilden Weichtiere und verschiedene Würmer den Großteil der Biomasse.

Spinnentiere sind in den Auwäldern arten- und individuenreich vertreten. Die Gewässer selbst sind für Spinnen von geringer Bedeutung, wenn man von Spezialisten wie der Wasserspinne, die unter Wasser lebt, absieht. Zu den Spinnentieren zählen auch die räuberisch lebenden Süßwassermilben, die mit zahlreichen Arten vor allem kleinere pflanzenreiche Auengewässer bewohnen.

Neben dem Flußkrebs, dessen Bestand seit der Krebspest zusammengebrochen ist, besiedeln zahlreiche kleine Krebsarten den Bereich der Donau. Flohkrebse, Asseln, Blattfüßer, Wasserflöhe und Ruderfußkrebse bilden oft wesentliche Bestandteile der Nahrungskette.

Die Artenfülle der Insekten erscheint auf den ersten Blick unüberschaubar. Kaum eine Insektenordnung hat nicht zumindest einige Vertreter, die in irgendeiner Beziehung zu Gewässern stehen. Die amphibische Lebensweise ist bei den Wasserinsekten besonders ausgeprägt, da sie nach ihrer Larvenzeit den Wasserraum verlassen müssen oder können. Durch den Einstau der Donau wurden die ursprünglich den Bodenschotter bewohnenden Eintags- und Köcherfliegenlarven stark dezimiert. Ein Massenschwärmen dieser Tiere, wie es früher an manchen Sommertagen zu beobachten war, ist heute kaum mehr zu sehen. In den weniger der Strömung ausgesetzten Bereichen, wie den Zwischenräumen der Blockwurf-Uferbefestigung und in den Stauräumen dominieren Zuckmückenlarven, Schnecken, Muscheln und Würmer, die ursprünglich eher in den Augewässern zu finden waren. Wasserläufer, Schlammfliegen, Wasserkäfer, Gnitzen, Schnaken und Libellen runden das Bild der Wasserbewohner ab.

Für die Wirbeltiere stellen (stellten) die Donauauen einen der bedeutendsten Lebensräume Österreichs dar. Hier finden wir die arten- und individuenreichsten Säugetierhabitate, in denen ein Großteil der heimischen Insektenfresser (Igel, Maulwurf, Spitzmäuse), Fledermäuse und Nagetiere vertreten sind. Die Donauform des Bibers wurde Mitte des vorigen Jahrhunderts ausgerottet. Als äußerst anpassungsfähig hat sich die aus Nordamerika eingeführte Bisamratte erwiesen, die im gesamten Bereich vorkommt.

Eine Besonderheit in den Donauauen unterhalb von Linz war bis zum Ende der sechziger Jahre ein Auhirschvorkommen. Aus vorwiegend forstlichen Gründen wurde dieser Bestand aber ausgerottet. Nicht viel besser erging es den Wildschweinen dieses Gebietes. Durch die Einengung ihres Lebensraumes beim Kraftwerksbau Abwinden-Asten fielen die letzten Überlebenden der Jagd zum Opfer. Von den Marderartigen tritt besonders der Iltis in Erscheinung. Leider ist auch bei ihm ein Bestandsrückgang feststellbar. Bemerkenswert ist ferner das Auftreten einer in Oberösterreich neuen Säugetierart: Der Goldschakal konnte 1990 erstmals bei Puchenau nachgewiesen werden. Vom Balkan aus erfolgt zur Zeit eine nach Nordwesten gerichtete Ausbreitungswelle, wobei das Donautal anscheinend eine Wanderroute darstellt.

Auwälder weisen die höchsten Artendichten von Vögeln an Brütern, Durchzüglern und Gästen auf. So findet man in den Auenresten zwischen Linz und Enns, trotz der relativ geringen Größe, etliche „Rote-Liste-Arten" wie Gänsesäger, Weißsterniges Blaukehlchen, Schwarzmilan und Eisvogel als Brutvögel. Der Kormoran wurde als Brutvogel 1955 ausgerottet. Aber auch als Rastplatz und Überwinterungsareal für Zugvögel hat der Donauraum zum Teil unersetzlichen Wert. Vom Seeadler über Zwergtaucher und verschiedenste Enten bis zum Wasserpieper zieht sich das Spektrum der Überwinterer. Seit dem Bau der Kläranlage Asten wird jährlich in den Klärschlammbecken eine Reihe von durchziehenden Watvogelarten beobachtet, die so manchen Ornithologen ins Schwärmen bringen. Tatsächlich aber sollte uns dieses Beispiel vor Augen führen, wie weit wir unsere Naturlandschaft bereits zerstört haben. Strukturen wie Seichtwasserbereiche, Schlick- und Schotterflächen sind in ihrer natürlichen Erscheinungsform nicht mehr vorhanden, und die Zugvögel müssen sich geradezu in diesem Ersatzbiotop mit hoher Schwermetallbelastung konzentrieren. Außerhalb der Auengebiete haben auch die zum Teil noch recht naturnahen Hangwälder der Durchbruchstäler mit ihren Felsformationen als Brutgebiet für Schwarzstorch, Uhu und Wanderfalke Bedeutung.

Reptilien sind in den Auen nur durch die noch verhältnismäßig häufige Ringelnatter vertreten. In den trockenen Donautalhängen trifft man regelmäßig die bis zu 2 m lange Äskulapnatter und die ungiftige Schlingnatter. Eine Besonderheit des oberen Donautals stellt das Vorkommen der Smaragdeidechse dar, die die klimatisch begünstigten Blockhalden der südexponierten Hänge besiedelt. Die Mauereidechsenpopulation im Gebiet der Urfahrer Wänd geht auf einen Aussetzungsversuch zurück.

Alle Amphibienarten Österreichs sind zumindest in ihren Jugendstadien an das Vorhandensein von Stillgewässern gebunden. Auen weisen daher die an Arten und Individuen höchsten Lurchdichten auf. In Oberösterreich finden wir entlang der Donau Kammolch, Teichmolch, Feuersalamander, Gelbbauchunke, Knoblauchkröte, Erdkröte, Wechselkröte, Laubfrosch, Springfrosch, Grasfrosch und Teichfrosch.

Die Fischfauna der Donau zeichnet sich durch eine hohe Artenanzahl aus – an die 50 Fischarten sind es alleine in Oberösterreich.

Aus ökologischer Sicht ergibt sich der Artenreichtum durch das Nebeneinander von Abschnitten starker Strömung in den Durchbruchstälern und der Tieflandflußsituationen in den Becken. In unmittelbarer Nachbarschaft kann man strömungsliebende Arten wie Bachforelle, Äsche und Elritze finden, wenige Kilometer weiter tummeln sich Stillwasserarten wie Rotfedern, Schleien und Bitterlinge.

Die großen Wanderfische wie Hausen, Waxdick und Sternhausen, die zum Laichen vom Schwarzen Meer bis Bayern aufstiegen, sind schon im vorigen Jahrhundert wegen Überfischung stark zurückgegangen. Vollständig verschwunden sind sie, seit 1971 die Donau am Eisernen Tor – dem Donaudurchbruch zwischen den Südkarpaten und dem ostserbischen Gebirge – durch einen Kraftwerksdamm abgeriegelt wurde. Von den ursprünglich sechs Störarten ist nur mehr der Sterlet übriggeblieben. Nicht viel besser ergangen ist es dem Huchen, einer großen, wandernden Lachsfischart, die nur im Donaueinzugsbereich vorkommt. Die Restpopulationen, die auf Gebirgsflüsse wie etwa die Drau zurückgedrängt wurden, sind auch dort durch Kraftwerksbauten akut bedroht. Das Vorkommen von Aal, Regenbogenforelle, Coregone und Amur ist ausschließlich auf Besatz zurückzuführen und ökologisch nicht unbedenklich.

Allgemein kann eine Verschiebung der Häufigkeit des Auftretens von strömungsliebenden Fischarten zugunsten von weniger spezialisierten Arten und solchen, die Stillgewässer bevorzugen, festgestellt werden. Diese Tendenz läßt sich auch aus den „Roten Listen" der gefährdeten Tiere Österreichs herauslesen, wo der Großteil der typischen Fließgewässerarten als bedroht eingestuft wird. Deshalb dürfen die verhältnismäßig hohen Artenzahlen, die durch jüngste Erhebungen ermittelt werden konnten, nicht über die tatsächlichen Probleme hinwegtäuschen. Einige Arten konnten nur in Einzelexemplaren nachgewiesen werden, was als massive Beeinträchtigung dieser Bestände gewertet werden muß.

Den Eindruck der ursprünglichen Fischfauna in Oberösterreich erhält man am ehesten durch Vergleich mit den verbliebenen Fließstrecken in der Wachau und unterhalb von Wien. Im Fließwasser dominiert die Nase, es folgen Barbe, Aitel und Blaunase, im Staubereich hingegen Brachse, Rotauge und Güster. Die Nase stellte in früheren Zeiten einen nicht unbedeutenden Wirtschaftsfaktor dar, da sie während der Laichwanderungen massenhaft gefangen wurde. Dieser ehemals auf dem Linzer Fischmarkt häufigste Fisch wurde oft als Brat- oder Stöckerlfisch verkauft. Heute haben die Nasenbestände massive Einbrüche erlitten – ihre Wanderrouten sind durch Dämme versperrt, Kies- und Schotterbänke, wo sie Nahrung finden und ablaichen können, sind überstaut.

Langfristig liegt die größte Gefahr für die Artenvielfalt in der Zerstörung der Laichplätze. Für die Krautlaicher (zum Beispiel Hecht, Brachsen) haben sich die Entwicklungsmöglichkeiten wegen des

Wegfallens vieler Altarme und Auengewässer stark verschlechtert. Den Kieslaichern (beispielsweise Störartige, Forellen, viele „Weißfische") sind durch Einstauung viele ihrer Kinderstuben verlorengegangen. Es gibt jedoch auch rheophile Fischarten, die mit den geänderten Bedingungen anscheinend besser zurechtkommen, so etwa der Nervling, die Blaunase und die Donaubarsche. Aufgrund jüngster Untersuchungen ist anzunehmen, daß die nur in der Donau vorkommenden Donaubarsche Streber, Zingel und Schrätzer noch häufiger sind als früher angenommen. Sie sind Bodenfische, die jeweils Bereiche verschiedener Strömungsgeschwindigkeit besiedeln. Über ihre Ansprüche bezüglich der Fortpflanzung ist noch zu wenig bekannt, um von einem gesicherten Fortbestehen der Bestände sprechen zu können.

Durch die vielfältigen Veränderungen sind die ursprünglichen Tiergesellschaften, die sich aus dem dynamischen Urzustand ergeben haben, verschwunden. Um die noch verbliebenen Arten zu erhalten, sind geeignete Biotopschutzmaßnahmen dringend erforderlich. Das bedeutet, die letzten Reste an noch intaktem Lebensraum vor weiterer Vernichtung zu bewahren, aber auch durch Renaturierungs- und Strukturierungsmaßnahmen neue Refugialräume zu schaffen. Als Beispiel sei hier das „Biotop Windstoß" erwähnt: Im Stauraum Aschach wurde ein verästelter, seichter Ruhigwasserbereich künstlich geschaffen, der in Verbindung mit dem Hauptstrom steht. Bereits nach einem Jahr konnten 101 Arten an Bodenlebewesen festgestellt werden. Dies ist die größte Artendichte im gesamten Stauraum.

Wie bereits erwähnt, vergrößert sich die Artenvielfalt beim gleichzeitigen Vorhandensein verschiedener Lebensraumtypen auf engem Raum. Fehlende oder mangelhafte Kenntnisse ökologischer Zusammenhänge sind wohl der Hauptgrund, warum die gut gemeinten Aktionen zur Schaffung von Ersatzlebensräumen derzeit lediglich als Experimente eingestuft werden dürfen. Das Überleben der zur Zeit noch vorhandenen Arten ist in einer „Natur aus zweiter Hand" nicht gewährleistet.

Literatur (Auswahl)

FITTKAU, E. J., REISS F., Versuch einer Rekonstruktion der Fauna europäischer Ströme und ihrer Auen. In: Arch. Hydrobiol. 97/1, Stuttgart 1983, S 1-6.

FORSTNER, M., Zur jagdlichen Situation der Industriestadt Linz. In: ÖKO-L Jg. 13/2 Linz 1991, S 3-17.

GEPP, J., Auengewässer als Ökozellen, Grüne Reihe des Bundesministeriums für Gesundheit und Umweltschutz, Bd. 4, Wien 1985.

KAINZ, E., Zur fischereilichen Situation der Gewässer im Bereich Linz. In: ÖKO-L 13/2, Linz 1991, S 18-35.

KERSCHNER, T., Der Linzer Markt für Süßwasserfische, insbesondere in seiner letzten Blüte vor dem ersten Weltkrieg. In: Naturkdl. Jb. Stadt Linz 1956, S 119-155.

MAYER, G., Ökologische Bewertung des Raumes Linz – Enns nach dem Bestand an Vogelarten, Natur und Landschaftsschutz in Oberösterreich, Bd. 4, Linz 1977.

RUSSEV, B., Das Zoobenthos im Österreichischen Donauabschnitt unter dem Einfluß der Staulagen, in NAIDENOW, W. (ed): Die Auswirkung der wasserbaulichen Maßnahmen und der Belastung auf das Plankton und das Benthos der Donau, Sofia 1985, S 113-129.

SCHIEMER, F., WAIDBACHER H., Strategies for Conservation of a Danubian Fish Fauna. In: BOON P. J., P. CALOW, G. E. PETTS, Hg, River Conservation and Management, 1992, S 363-382.

WAIDBACHER, H., ZAUNER G., KOVACEK H., MOOG O., Fischökologische Studie Oberes Donautal. Im Auftrag der Wasserstraßendirektion, Wien 1991.

Friedrich Schwarz

Bunte Vielfalt in steilen Hängen
Die Pflanzenwelt der Donauleiten zwischen Engelhartszell und Aschach

Das bayerisch-oberösterreichische Donautal – auch „Passauer Tal" oder „Oberes Donautal" genannt – zählt wohl zu den markantesten und eindrucksvollsten Landschaften, die dieses Bundesland außerhalb der Alpen zu bieten hat. Mit ihrem eigenartig gekrümmten Stromverlauf, den steil abfallenden, dicht bewaldeten Hängen, den hoch über dem Fluß thronenden Schlössern, Burgen und Ruinen, den kleinen Dörfern und Weilern an den Ufern und der berühmten „Schlögener Schlinge" im Zentrum des Gebietes kann diese Region wohl zu Recht als landschaftliches Juwel bezeichnet werden. Trotz der klimatischen Begünstigung (im Donautal ist es wesentlich gemäßigter als auf den umliegenden Hochflächen des Mühlviertels und des Sauwaldes) war es immer schon schwierig, die steilen Hänge zu bewirtschaften: Auf den südorientierten, felsdurchsetzten, flachgründigen und nährstoffarmen Böden, die zudem sehr schnell austrocknen, können die Bäume nur sehr langsam wachsen, weshalb sich eine intensive Forstwirtschaft vor allem auf der Mühlviertler Seite nie richtig gelohnt hat. Dort, wo die Böden besser sind (besonders in den rechtsufrigen Donauhängen), wurden die Naturwälder heute leider fast durchwegs durch standortfremde Fichtenmonokulturen ersetzt. Die felsigen Steilhangwälder der Donauleiten und die tief eingeschnittenen Seitentäler haben jedoch nur wenig von ihrer Ursprünglichkeit und natürlichen Vielfalt eingebüßt, die anderen Landschaften vielfach geraubt wurde oder nur mehr in Resten vorhanden ist. Das Donautal ist damit ein echtes Refugium bemerkenswerter Pflanzenarten und Vegetationstypen in Oberösterreich. Dieser Umstand sollte eigentlich Anlaß dafür sein, intensive Schutzbestrebungen einzuleiten, um diese Vielfalt der Nachwelt zu erhalten! Entsprechende Vorarbeiten existieren, und erste Schritte, um Naturschutzgebiete auszuweisen, wurden von der Naturschutzabteilung der oberösterreichischen Landesregierung bereits gesetzt.

Wenn wir die Flora und Vegetation näher betrachten, müssen wir besonderes Augenmerk auf die *Wälder* des Gebietes werfen, die vor allem auf der Mühlviertler Seite außergewöhnlich naturnah und artenreich sind. Es ist nicht ein einheitlicher, homogen zusammengesetzter Wald, der uns hier begegnet. Die Natur hat je nach Standort (feucht – trocken, nährstoffreich – nährstoffarm, kühl – warm, felsig – blockig) die unterschiedlichsten Waldgesellschaften entstehen lassen. Beim Durchwandern der Hänge bemerkt der aufmerksame Naturbeobachter, wie sich das Waldbild oft auf engstem Raum ändert.

Zuallererst fallen die steil abfallenden Felswände, im Volksmund „Stoawänd" genannt, auf. Als besonders markante Beispiele seien der „Steiner Felsen" in der Schlögener Schlinge und der Felshang bei Hinteraigen zwischen Ober- und Untermühl genannt. Sie werden in erster Linie vom Trauben-Eichen-Wald besiedelt: Die *Trauben-Eiche* ist – zum Unterschied von der häufigeren Stiel-Eiche – in Oberösterreich eine Rarität, da sie nur in wärmsten Klimalagen vorkommt. In Gemeinschaft mit den Eichen wachsen ebenfalls wärmeliebende Pflanzenarten: der *Schwarzwerdende Geißklee*, der *Deutsche* und der *Färber-Ginster*, drei typische Zwergsträucher. Extrem felsige Grate und Wände kann nur mehr die sehr genügsame *Rot-Föhre* besiedeln. Lediglich im „Steiner Felsen" in der Schlögener Schlinge konnten der *Blut-Storchschnabel* und das *Wimper-Perlgras* nachgewiesen werden, zwei Arten aus dem kontinentalen Osten. Ebenfalls nur ganz wenige Standorte in Felsspalten besitzt der *Schwarzstielige Streifenfarn*, ein unscheinbares Gewächs, das erst 1972 von Franz Grims neu für Oberösterreich entdeckt wurde.

Im Verein mit den Eichen-Wäldern der Felsen sind immer wieder stark besonnte Felsbänder anzutreffen, die von *Felsrasen* besiedelt werden. Auffälligstes Kennzeichen dieses Vegetationstyps sind die blaugrünen Horste des *Bleich-Schwingels*, der zusammen mit dem *Berglauch* das Bild dominiert. Im Frühsommer zieren sich diese Felsbänder mit den leuchtend roten Blüten der *Pech- und Karthäusernelken* wie in einem Steingarten. Manchmal kommt der *Weiße Mauerpfeffer* oder das zarte Blau des *Sandglöckchens* hinzu. Mit Vorliebe halten sich auf diesen warm-trockenen Wildwiesen seltene Tiere wie Smaragd-Eidechsen oder Äskulapnattern auf. Im Saum des Trockenwaldes kommt oft gehäuft der *Großblütige Fingerhut* und der aus dem atlantischen Westeuropa stammende *Salbei-Gamander*, der im Donautal seine östlichsten Vorposten besitzt, vor.

Der am häufigsten anzutreffende Waldtyp ist der *Eichen-Hainbuchen-Wald*. Es läßt sich eine feuchte, nährstoffreiche Unterhangvariante unterscheiden, in der viele bekannte Frühlingsblüher aufscheinen: *Leberblümchen*, *Haselwurz*, *Lungenkraut*, *Frühlings-Platterbse* und andere. Als floristische „Zuckerl" kommen in diesem Waldtyp die *Türkenbundlilie*, *Alpen-Zyklame* und das *Langblättrige Waldvöglein*, eine Orchideenart, vor. Manchmal trifft man an Waldrändern auch auf die *Pimpernuß*, ein wärmeliebender Strauch mit auffällig aufgeblasenen, luftgefüllten Früchten, in denen eine eßbare Nuß sitzt. An klimatisch besonders begünstigten Standorten stellt sich der trockene, wärmeliebende Eichen-Hainbuchen-Wald ein, welcher Lebensraum für zahlreiche Wärmezeiger wie *Ästige Graslilie*, *Straußblütige Wucherblume*, *Schwalbenwurz* oder das *Stattliche Knabenkraut* ist. Auch seltene Straucharten kann man mit etwas Glück entdecken:

die *Filz-Rose* oder die *Elsbeere*, eine besondere Rarität unseres Bundeslandes.

Je weiter man die Hänge hinaufsteigt, desto mehr gerät man in den Einflußbereich des kühleren Hochlagenklimas. Hier beginnt das Reich des *Rot-Buchen-Waldes*. Es handelt sich meist um einen dicht geschlossenen, artenarmen Wald. Die Arten der Krautschicht zeigen Bodenverhagerung an: Der gelb blühende *Wiesen-Wachtelweizen*, ein Halbparasit, der sich aus den Wurzeln anderer Pflanzen seine Nährstoffe holt, die silbrig behaarten Blätter der *Weißen Hainsimse* und die haarfeinen Blattpolster der *Drahtschmiele* sind charakteristisch für diesen Waldtyp.

Neben den typischen Felsburgen und Steinwänden tritt eine zweite geomorphologische (landschaftliche) Besonderheit auf: Es sind dies unbewaldete, nahezu vegetationslose *Blockhalden*. Eine der größten und eindrucksvollsten befindet sich direkt gegenüber Engelhartszell in mittlerer Hanghöhe. Es mutet eigenartig an, wenn sich nach Durchquerung eines dicht bewaldeten Hanges plötzlich eine mit riesigen dunkelgrauen, lose geschlichteten Felsbrocken bedeckte Lichtung auftut. Auf den ersten Blick machen Blockhalden einen völlig wüstenhaften und öden Eindruck. Bei näherer Betrachtung jedoch wird deutlich, daß jeder Quadratzentimeter Felsfläche von Flechten und trockenheitsliebenden Moosen bedeckt ist. Die Haldenränder werden von wärmeliebenden Sträuchern vom umgebenden Wald abgeschirmt: *Liguster*, *Berberitze*, *Kreuzdorn*, *Weißdorn*, *Pfaffenkäppchen*, *Wolliger Schneeball* sind nur Beispiele dafür. Wenn Blockhalden bereits vom Wald eingenommen wurden, sind auffallend viele Linden, insbesondere die seltenere *Sommer-Linde* am Waldaufbau beteiligt.

Während sich in den der Donau zugewandten Hängen die klimatischen Einflüsse wie Hitze, Austrocknung und auch nächtliche Abkühlung stark auswirken, ist in den schluchtartig eingeschnittenen Seitentälern das Gegenteil der Fall. Hier ist die Temperatur gemäßigt, kühl, die Luft relativ feucht, die Böden sind durch Sickerwasser stets gut mit Wasser versorgt und nährstoffreich. Die rauschenden Wildbäche, die diese Täler gebildet haben, zeigen meist noch ihre urwüchsige Kraft. Hier ist die Heimat des *Eschen-Ahorn-Ulmen-Schluchtwaldes,* ein urtümlich anmutender Waldtyp, der besonders gut in der Rannaschlucht ausgebildet ist. Leider ist dieser einzigartige Wald durch ein geplantes Speicherkraftwerk der OKA bedroht. Dort befindet sich sogar ein einzigartiges Vorkommen eines *Kondenswassermoores:* Aus dem Untergrund austretende kühle Luft kondensiert an der Bodenoberfläche, die Feuchtigkeit begünstigt das Wachstum von Torfmoosen. Solche Moore besitzen aufgrund ihrer Seltenheit internationale Bedeutung und sind absolut schützenswert! Aber auch sonst gibt es eine Reihe von botanischen Kostbarkeiten in den Schluchtwäldern: Auffallend sind die riesigen Wedel des *Straußfarns* oder die dunkelroten Blüten der *Alpen-Heckenrose.* Eine typische Schluchtpflanze ist das *Wilde Silberblatt,* ein violett blühendes Kreuzblütengewächs, dessen Früchte (eigentlich die Mittellamellen der Schoten) im trockenen Zustand auffallend silbrig glänzen. Auch zwei nicht alltägliche Gehölzarten kommen in den Schluchten vor: Die *Flatter-Ulme* ist in Oberösterreich außerordentlich selten, ebenso rar – zumindest außerhalb der Alpen – ist die *Schwarze Heckenkirsche.* Erwähnenswert sind noch die vielen Moos- und Flechtenarten, die in den feuchten Tälern beheimatet sind. Von den Flechten sei besonders das Vorkommen der beinahe schon ausgestorbenen *Lungenflechte* im Rannatal genannt. Entdeckt wurde diese Zeigerart für Reinluftgebiete übrigens vom Gemeindearzt von Kopfing, Herrn Dr. Franz Berger. Auch dieser Standort ist durch das oben erwähnte Kraftwerksprojekt leider bedroht.

Mit diesem kurzgefaßten Einblick in die Pflanzenwelt des Donautales möchte ich Sie als Besucher dieser Landschaft ein wenig auf die umgebende Natur aufmerksam machen, eine Natur, die hier noch in weiten Teilen intakt ist und die unserer Nachwelt erhalten bleiben sollte. Treten wir gemeinsam dafür ein!

Literatur

GRIMS, FRANZ, Das Donautal zwischen Aschach und Passau, ein Refugium bemerkenswerter Pflanzen in Oberösterreich. In: Linzer biologische Beiträge 9/1, Linz 1977, S 5–80.
–, Die Flora des Sauwaldes und der umgebenden Täler von Pram, Inn und Donau. In: JbOÖMV 115, 116, 117, Linz 1970–1973.
SCHWARZ, FRIEDRICH, Das oberösterreichische Donautal und seine Vegetation. In: Donauwelle, Ausstellungskatalog Stadtmuseum Nordico, Linz 1990, S 85–97.
–, Xerotherme Vegetationseinheiten im Donautal zwischen Engelhartszell und Aschach (Oberösterreichischer Donaudurchbruch). Diss. an der Universität Wien 1991.

Felix Schneeweis

Gold und Perlen aus der Donau

Selbstverständlich spielt die Gewinnung von Nahrung (Fischfang) und Energie (Kraftwerke) eine weitaus größere wirtschaftliche Rolle im Zusammenhang mit der Donau als die Gewinnung von Flußgold und Flußperlen, dennoch handelt es sich um zwei nicht zu vernachlässigende Kapitel der Wirtschaft, die auch kulturhistorisch interessant sind. Perlen wurden aus der Flußperlmuschel (Margaritana margaritifera), die etwa 10 cm lang wird und oval geformt ist, gewonnen. Durch ein Sandkörnchen entsteht eine Stelle, an der die Muschel Perlmutter ablagert, bis eben eine Perle entsteht, ein Prozeß, der 15 bis 20 Jahre dauert. Diese selten zu findenden Flußperlen – unter 500 bis 2000 Muscheln ist nur eine mit einer Perle – sind wasserklar, milchweiß, kohlschwarz, bläulich, rot oder grün. Die Donau ist in diesem Zusammenhang weniger bedeutend als die Nebenflüsse, vor allem aus dem Norden, da „sanfte, seichte, weiche Forellengewässer", die aus Urgestein kommen, die Voraussetzungen für das Gedeihen der Flußperlmuschel bieten. Perlbäche dürfen nicht zuviel Kalk enthalten, daher sind die im Bayerischen Wald und im Böhmerwald entspringenden Gewässer früher die idealen Perlgewässer gewesen. Vor allem in der Diözese Passau wurde die Perlgewinnung recht systematisch betrieben, und die „Passauer Perlen" erfreuten sich lange Zeit großer Beliebtheit. Viele Schmuckobjekte sind mit Flußperlen – aus der Donau und ihren Nebenflüssen, aber auch aus der Moldau – geschmückt, etwa die Mitra der Linzer Stadtpfarrkirche. In den zwanziger Jahren unseres Jahrhunderts stellte Prof. Gustav Riedl Versuche mit Zuchtperlen an – ähnlich wie bei der Methode des Japaners Mikimoto wurden künstliche Kerne eingesetzt, jedoch ging das Unternehmen nach dem Tod Riedls 1935 bald bankrott.

Wichtiger ist sicherlich die Goldgewinnung aus der Donau, die ebenfalls auf den passauischen Besitzungen mit Eifer betrieben wurde. Ortsnamen wie Goldwörth an der Donau, das bis ins 11. Jahrhundert zurückzuverfolgen ist, geben davon Zeugnis. Das Goldwäscherhäuschen von Goldwörth ist auch auf einem Notgeldschein abgebildet. Erst unterhalb von Eferding begann die Donau erhebliche Mengen an Gold zu führen. Außer auf der Donau wurde in der Salzach, im Inn und in der Enns Gold gewaschen. Die Methoden waren sehr einfach. Durch ein Holzgitter wurde Schotter auf einen Waschtisch – ein rund zwei Meter langes und 50 Zentimeter breites, mit Rändern auf beiden Seiten versehenes Holzbrett, das mit einem haarigen Wolltuch bedeckt war – geworfen. Der Schotter blieb im Gitter hängen, der Sand wurde über das Brett geschwemmt, Goldflitter und Mineralkörner blieben im Stoff hängen. Dieser Stoff wurde, wenn er voll war, in Wasser geschwemmt, der leichtere Sand wurde so ausgewaschen, die verbliebenen Magneteisensteinkörner schließlich hat man mit einem Magnet entfernt. Der nunmehr gebliebene Goldschlich wurde mit Quecksilber amalgamiert, in einen Lederbeutel gefüllt, das Quecksilber wurde durchgepreßt und das Gold blieb im Beutel. Abschließend wurde es noch erhitzt, um letzte Quecksilberreste zu beseitigen.

Der bekannte Schriftsteller Wolf Helmhard von Hohenberg berichtet in seiner Georgica curiosa (1701): „Es gibt auch hin und wieder etliche Flüsse / Ströme und Bäche / die Gold-Sand führen / wie ich selbsten einstmal an der Donau / ohnfern von Ascha/ als ich mit weiland Herrn Sigmund Friederichen / Graven von Salburg seligen / von Rainariedl nach Lintz an der Donau fuhr / auf einem Werder einen solchen Goldwascher angetroffen / zu dem wir zugeländet (ausgestiegen) und zugesehen. Der hat etliche Hand voll solches Sand-Grundes aus dem Fluß in Moldern und anglänglichst hölzerne Geschirr gethan / solche am Wasser abwärts geneigt / und die Erden und Sand allmählich mit immerdar nur mit der Hand ausgeschöpfftem Wasser aussgeflösset. Also hat er die leichte Erden, Koth und Sand herabgewaschen / und ist Allein der schwere Gold-Sand / Liegen blieben / den hat er hernach / wie gebräuchlich schmelzt."

Der Ertrag dieser mühsamen Prozedur war denkbar gering, der Goldgehalt des Donauschotters und Donausandes in der ungarischen Tiefebene liegt zwischen 0,005 g Gold und 1 g Gold pro Tonne. Der Jahresertrag eines erfolgreichen Goldwäschers war ein haselnußgroßes Goldklümpchen. „Man nimmt an, daß bis zur Mitte des 19. Jahrhunderts die gesamte Ausbeute aus der Donau etwa 20 kg gewaschenes Gold waren." (Seibezeder) Dennoch sind vor allem historisch eine Reihe von Goldwäschen an der österreichischen Donau und dann auch in Ungarn belegt. Die Urbare der Herrschaft Steyregg machen solche Angaben für das späte 15. und frühe 16. Jahrhundert. 1733 wurden 93,3 g Linzer Waschgold bei der Wiener Münze eingelöst, in Mauthausen gab es eine bescheidene Goldgewinnung noch im 19. Jahrhundert, die vor allem von Zigeunern betrieben wurde. Seit 1530 hat ein gewisser Leopold Scherenpeundtner bei Säusenstein gewaschen, er wurde 1576 von Kaiser Maximilian II. zum einzigen Goldwäscher an der niederösterreichischen Donau bestellt. Ähnliche Nachrichten über Goldwäscher haben wir aus dem Jahre 1695 aus Melk, genauer Bescheid wissen wir über die Versuche von Felix Endlicher, 1827/29 Gold zu waschen. Er hat 2,17 g Gold für 7 Gulden 50 Kreuzer der Kammer in Wien abgeliefert, eine Probe seiner Bemühungen findet sich im Stift Herzogenburg.

In Bayern wurden Flußdukaten geprägt, die auf einer Seite den Flußgott mit Aufschrift Ex Auro Danubii (auch Oeni oder Isarae) zeigen, zwischen 1756 und 1830 gibt es verschiedene Prägejahre. Auch kirchliche Objekte sind erwiesenermaßen aus Donaugold, so der Meßkelch des Prälaten Ernst Perger des Stiftes Klosterneuburg, der erstmals am Leopolditag 1736 verwendet wurde, und der Silberkelch des Abtes Johann V. Dizent von Göttweig (1688), der mit Donauwaschgold vergoldet ist.

Literatur

FREH, WILHELM, Oberösterreichs Flußgold, In: OÖHbl 4. 1950, S 17–32.
HUTER, FRANZ, Eine Donaugold-Wäscherei bei Melk. In: Das Waldviertel 15, 1966, S 128–130.
MAYRHOFER, ROBERT J., Goldwäscherei in Niederösterreich. In: Jahrbuch für Landeskunde von Niederösterreich NF 40, 1949–1952, S 19–41.
MELION, GRETE, Gold aus der Donau. In: Korneuburger Kulturnachrichten 1969, Heft 1, S 26–32.
RIEDL, GUSTAV, Die Flußperlmuscheln und ihre Perlen. Zur Förderung der Zucht der Flußperlenmuschel in Österreich. In: JbOÖMV 82, 1928, S 257–358.
SEIBEZEDER, FRANZ, Aus der Donau Gold waschen. In: Das Waldviertel 34, 1985, S 154–155.

Günther Nenning

Noch 40 Kilometer
Hainburg als Beispiel für Umgang mit Natur

Oh mutiger Rückschritt zur Vernunft

Ja darf man das überhaupt? Von der Landesregierung rief ein höflicher Herr an. Schreiben Sie was für unsere große Ausstellung „Die Donau" (1994). Einerseits bin ich ja Demokrat, gewaltlos auch gegenüber jeder Landesregierung. Anderseits bin ich Moralist, Widerständler. Man darf sich nicht anpatzen. Alle Intimität mit der Dame Regierung ist unhygienisch. Ich schreib was, das sie bestimmt nicht bringen wollen dürfen werden! Verlaß ist drauf keiner. Die bringen es grad zu Fleiß.

„Echte Avantgarde", sagte Karl Kraus, „ist der mutige Rückschritt zur Vernunft." – Es rauschte und roch ein Strom namens Donau: oh mutiger Rückschritt! Es steht und stinkt eine Kloake namens Donau: oh freier Fortschritt!

Welcher Wissenschaft bedarf es, zu wissen, was meine Nase ohnehin weiß? Komm ich aus dem lieblichen Hügelland Niederösterreichs hinunter zur gestauten Donau – stinkt's.

Wasserkraft ist doch sauber! Für Experten ist das unerforschlich, für mich nicht. Sie rechnen, ich rieche.

Engelhartszell, unterhalb Passau – abgelegener Ort der großen Donau-Ausstellung, riecht mir immer noch nach meiner Kindheit. Hier war mein Onkel Zahnarzt, ich Stadtkind und Sommerfrischler. Endlose Ferien, bis im September die Hände kalt werden auf der Lenkstange des Fahrrads.

Technische Bauten gab's an der Engelhartszeller Donau keine, außer den Felsen von Jochenstein, Technik Gottes, an der sich der Strom brach, nicht staute. Hier wurde in den fünfziger Jahren ein Kraftwerk gebaut. Kraftwerksketten an der Donau und in den Alpen; Hermann-Göring-Werke in Linz; Autobahnen und „Hochleistungs"-Eisenbahn – nahtlos setzte Österreich fort, was auf großdeutschen Reißbrettern geboren wurde. Die Nazis haben nicht nur Menschenmillionen massakriert, sie begannen auch mit dem Mega-Massaker an der Natur.

Die kloakisierte Donau steht mürrisch und still. Sie singt nicht mehr. An das Singen der Steine in der Tiefe des Stromes habe ich eine tiefe Erinnerung, und an die Gebirgskälte des Wassers, die dich hinten am Nacken packt mitten im hundsheißen August.

Wir Kinder, gerade kräftig genug hiefür, schwammen vom rechten, österreichischen Ufer aufs linke, bayrische. Im Mund hatten wir ein bißchen deutsches Geld, aus dem bißchen Fremdenverkehr, den's damals schon gab. An der Badehose ein Stück Schnur. Beim Wirt in Jochenstein kauften wir eine Flasche bayrisches Bier, der Kräftigste band es sich mit der Schnur an den Leib, für den Onkel Zahnarzt.

Er sagte, das deutsche Bier sei besser als das österreichische. Er war ein Nazi, aber ein anständiger Mensch.

Der Badeplatz, einige Radlminuten stromaufwärts vom Markt Engelhartszell, war ein Stück Wiese, uneingezäunt grenzend an einen Acker mit Erdäpfeln. Hier holten wir welche zum Braten am Strand, im selbstgebauten steinernen Ofen.

Alljährlich zerstörte ihn der Strom, wenn er im Frühjahr anschwoll. Alljährlich bauten wir ihn wieder auf, mit verbesserter Technologie. Wichtig war, daß wenig Schwemmholz viel Asche produzierte, silbergrau mit kleinen Glutnestern, worin die Erdäpfel kohlschwarz und köstlich gerieten.

Für den Nachtisch war wichtig Herr David Rosenblatt, Süßwarenhändler aus Wien. Er war der einzige jüdische Sommerfrischler in Engelhartszell, wahrscheinlich der einzige überhaupt im ganzen, früh schon braun werdenden Oberösterreich. Wir Kinder, an deren Fahrräder Hakenkreuzfähnchen flatterten, schätzten die Schoko-Schnitten aus Herrn Davids brauner Aktentasche, worin sie nebst Badehose und Handtuch verwahrt waren.

Vorerwähnter Backofen war für uns das einzig augenfällige Stück menschlicher Technologie an der Engelhartszeller Donau. Von Wien nach Engelhartszell fuhren wir auf dem Dampfschiff, „Franz Schubert" oder „Johann Strauß", einen ganzen Tag und eine ganze Nacht, ohne Staustufen.

Die Zukunft war damals noch verlängerbar. Es gab wenig Geld und viele Arbeitslose, aber daß dies besser würde durch Stau der Donau, sauber begrünte Dämme rechts und links, hübsche Radfahrwege für bunt bekleidete Freizeitmenschen – lag im Nirgendwann und Nirgendwo. Immer würde der Fluß fließen, das Schaufelrad des Dampfers sich mühen, die Erdäpfel bruzzeln.

Kameradschaftsbund Hainburg?

Nicht damals, sondern gerade erst vor zehn Jahren – doch wehe, wenn Naturschützer zu Kameradschaftsbündlern degenerieren! Wo warst du in der Hainburger Au? Aha, im Lager 2. Ich war im Lager 1. Weißt noch, wie die Gendarmerie unsere Barrikade... Nein, die *Zukunft* ist unser Naturschutzgebiet.

Die Zukunft wächst aus der Vergangenheit, die Vergangenheit wächst aus der Natur. Die Österreicher und überhaupt alle Donaubewohner sind ursprünglich Kelten und Illyrer. Deren heiliges Tier ist der Hirsch. Plötzlich war er in meiner Reichweite, die braune Decke zwar aus Plastik, das Geweih aus Papiermaché. Aber er war's, Cernunnus, der Hirschgott.

Niemand wollte das schwere Kostüm tragen, angefertigt von einer schönen Kunstgewerblerin zwecks Werbung für die Hainburger Au. Ich nahm's.

„Pressekonferenz der Tiere". Günther Nenning mit Hirschmaske, April 1984. Foto: Suchefort

Ich trag's seither. Jetzt reicht schon das Unsichtbare: Ich bin der Au-Hirsch.

Damals im Jahr 1984 des Sieges der Guten über die Bösen, der Auschützer über die Kraftwerksbauer – aber auf nichts ist weniger Verlaß als auf den Sieg der Guten über die Bösen. Längst ist die Hainburger Au wieder bedroht, alle restliche Au, alle restliche Donau. Es gibt gerade noch 40 Kilometer, wo der Fluß noch fließt wie ihn Gott geschaffen.

Das mit den Guten und den Bösen ist Ironie, Selbstkritik, Aufschrei des gequälten Herzens. Schön war's damals, als die österreichischen Prominenten, statt prominent zu sein, Tierkleider trugen. Peter Turrini war die Rotbauchunke und trug eine Tafel beim Demonstrieren, drauf stand:

„Die Unke Bombina bombina
Gibt's nur noch in Hainburg und China"

Peter Handke zitierte aus dem Talmud den Rabbi Gamaliel; „Seid vorsichtig mit der Obrigkeit, denn sie kommt Menschen nur aus Eigennutz nahe. Sie erscheint freundlich zur Stunde ihres Vorteils, aber sie steht nicht zu den Menschen in der Stunde ihrer Bedrängnis."

Friedensreich Hundertwasser hatte damals gerade den großen Österreichischen Staatspreis bekommen. Vorsichtshalber zerriß er die Urkunde öffentlich.

„Aber ich, wenngleich verachtet,
Weil ich nicht groß war,
Kämpfte, Ihr Bäume, in Euren Reihen."

Lied des keltischen Barden Gwion, „Die Schlacht der Bäume". Die Kelten sind Weltuntergängler. In der Tat ist der Weltuntergang wahrscheinlich. Wenn wir Widerstand leisten, findet er trotzdem nicht statt.

Wunder macht der liebe Gott nur noch, wenn wir hart dran arbeiten.

Kraftwerks-Neurose

Die ästhetische Strafe für den ökonomischen Größenwahn: der Verlust von Schönheit – ist eine zu milde Strafe. Der moderne Mensch, seit früher Jugend gedrillt auf Häßlichkeit, merkt den Verlust gar nicht. Drum muß die Strafe drastischer sein. Der Größenwahn wird bestraft dort, wo's wehtut: durch ökonomische Pleite.

Das Geprotze mit Größe und Stärke erweist sich

„Fest der Tiere in der Au". Von links: Othmar Karas, Herbert Reiner, Peter Turrini, Günther Nenning.
Foto: Archiv des Verfassers

als Schwachsinn. Trotz Milliarden Steuergelder, die zum Beispiel in die Atomindustrie flossen und fließen, ist diese unrentabel. Auf lebensgefährliche Weise Atom spalten, um in einem großen Kessel heißes Wasser zu erzeugen, und der Dampf treibt ein Mühlrad, genannt Turbine – das ist eine so primitive Technik, daß man damit keinen Profit machen kann.

Die kommende und gehende, immer mehr aber bleibende Wirtschaftskrise hat als tiefste Ursache: eine natur- und menschenzerstörende Wirtschaftsform bringt auf Dauer auch ökonomisch nichts.

Auch auf den Kronen der Donau-Staudämme weht die Narrenfahne des ökonomischen Schwachsinns. Die armselige Technik: riesige Mengen Beton in die Gegend gießen, damit gestautes Wasser Räder treibt – produziert armseligen ökonomischen Ertrag:

Ja, die Stromerzeuger verdienen fett. Aber der Kraftwerksbau bringt relativ weniger Arbeitsplätze. Das fertige Kraftwerk bringt fast überhaupt keine. Zehntausende hochwertige Arbeitsplätze wären drin, wenn man an Stelle des altertümlichen Kraftwerksbaus modernste, technologisch fortgeschrittene Geräte erzeugt – vom Kochherd und Kühlschrank bis Bügeleisen und Beleuchtung.

Das bringt Energie-Ersparnis, tönen die Fachleute im Chor, von plus minus 50 Prozent. Aber Energie-Einsparung beflügelt die ökonomische und technologische Fantasie viel weniger als Schändung der Mutter Natur.

Wenn das Kraftwerk gebaut ist, braucht sich der Manager keine Sorgen zu machen – eine Schlacht ist gewonnen im Krieg für Selbstvernichtung. Industriegesetzlich ist Natur dazu da, vernutzt zu werden. Ein fließender Fluß, freies Wasser, das nicht arbeiten muß – ist eine untragbare Provokation.

Kanal-Neurose

Die arme Donau, ausgekratzt auf 800 Kilometern, ist seit Herbst 1992 Teil des Rhein-Main-Donau-Kanals. Er verschlang gigantische Mengen Natur und runde 4 1/2 Milliarden Mark (über dreißig Milli-

In der Au von Stopfenreuth. Günther Nenning und der indische Wildschützer Sundekal Bahuguna, rechts, umarmen die Bäume. Foto: Kronenzeitung

arden Schilling). Jeder *Meter* kostete über 23.000 Mark (rund 160.000 Schilling).

Damit sich der Kanal rentiert, müßte er pro Jahr 15 bis 20 Millionen Tonnen Güter transportieren. *Optimisten* rechnen mit fünf bis sieben.

„Die Nordsee ist doch längst mit dem Schwarzen Meer verbunden", wußte im vorigen Jahrhundert der deutsche Ökonom Friedrich List, als der Rhein-Main-Donau-Kanal noch bloßes Projekt war. List meinte die Meeresverbindung durch Gibraltar und den Bosporus. „Mit diesem natürlichen Weg kann eine künstliche Binnenstraße nicht konkurrieren."

Der Mann hat nun, da es den Kanal gibt, doppelt recht: Durch den ganzen Kanal dauert der Gütertransport 35 Tage (16 Schleusen!), übers Meer keine 14 Tage. Und ist um die Hälfte billiger. An der

Kanal-Neurose ändert das nichts: Nach dem Rhein-Main-Donau-Kanal kommt jetzt der Donau-Oder-Kanal.

„SOS Donau"

Hainburg hat mein Leben verändert. Ich flog wegen Anführung der Fortschrittsfeinde in der Au aus Gewerkschaft und Partei, knapp vor Erhalt der Victor-Adler Plakette für 40jährige SPÖ-Mitgliedschaft. Ich flog nach einjährigem Versuch, alle Flöhe unter meinen Hut zu bringen, gleich auch bei den Grünparteilern. Seither flieg ich, ein vogelfreier Schrift-, Rede- und Tatsteller.

„Die heilige Donau", schrieb ich vor fünf Jahren: „Hainburg war hoffnungslos und wurde gewonnen. Jetzt muß das nächste Hoffnungslose angegangen und gewonnen werden: die Erhaltung der Donau, der letzten Reste ihrer Schönheit."

Nationalpark – das ist, außer wunderbares Ziel, schon auch der letzte Kompromiß. Eigentlich sollte ja die *ganze* Donau geschützt werden.

Politiker werden für ein paar Jahre gewählt, Schaden können sie anrichten für Jahrhunderte. Als Bundeskanzler Sinowatz am 19. Dezember 1984 die Anführer der Au-Besetzung zu sich holte, brummte er: „Ja, was wollt's? Wenn ma' nix bauen kann, kann die Republik zusperr'n".

„Besetzung der Hainburger Au", Dezember 1984. Rechts neben Günther Nenning Freda Meissner-Blau. Foto: Schröpfer

„Herr Bundeskanzler", sagte ich rechthaberisch, „die Republik ist keine Baufirma."

Und aus dem fruchtbaren Nichts entstehen Zeltdörfer. Kolonnen von Muttis bringen Biskuitrouladen. In diesem Lager ist Österreich. Scheinwerfer, niederkrachende Baumriesen. Vieltausendstimmiges Rufen: „Aufhör'n! Aufhör'n!"

Die Polizisten können so wenig dafür wie wir. Einer wünscht mir alles Gute. Dann kommt das Gute knüppeldick. Auch Frauen und Kinder werden geschlagen. Einem jungen Mann mit rotweißroter Fahne wird diese um den Hals gewürgt zwecks leichterer Festnahme. Wir singen die Bundeshymne. Zur Begleitung bellen die Polizeihunde. Welch staatsbürgerlicher Unterricht!

Vor Polizisten in Bürgerkriegsrüstung steht aufrecht und schwankend ein Schüler mit Blut überm Gesicht. Er hat Schule geschwänzt. Demnächst hat er Reifeprüfung. Hier hat er sie schon bestanden.

Gespräch mit Bundespräsident Kirchschläger. Er soll was tun. „Der Bundespräsident steht der Regierung näher als Ihnen", sagt er. „Sie sind vom *Volk* gewählt", sage ich leise. Freda Meissner-Blau hat mehr Temperament. Sie schlägt die hohe, weißgoldene Flügeltür krachend zu.

Damals sagte der Gewerkschaftspräsident Anton Benya jenen Satz, der ihn, wenn nichts sonst, überleben wird: „Der Auwald, das ist kein Wald, das ist Wildwuchs. Wenn wir ihn wegreißen, werden wir das begrünen und neupflanzen, dann wird das Bild schöner sein."

Damals schrieb ich den Aufruf für das Konrad-Lorenz-Volksbegehren und las ihn in der „Pressekonferenz der Tiere", Hirschgeweih auf dem Kopf:

„Die bisherige Politik hat in einem entscheidenden Punkt versagt: Statt Österreichs letzte Reste von Kultur- und Naturlandschaft zu schützen, werden sie zerstört. Blind wird vernichtet, was nicht uns gehört, sondern unseren Kindern und Kindeskindern… Jeder Augenschein lehrt, wie die Schöpfung in unserer Heimat Stück für Stück sinnlos geopfert wird. Gesunder Menschenverstand und tiefinneres Gefühl sagen: Halt! Jetzt ist's genug! Gemeinsam wollen wir uns mit allen demokratischen Mitteln wehren. Wir wollen ein positives Konzept, neue Formen von Politik…"

Gedenken mag ich nicht. Jetzt gedachte ich also doch. Da läutet zum Glück das Telefon. Ja, natürlich, endlich, sehr gut, sage ich. Eine „*Plattform SOS Donau*" hat sich gebildet – mit allen und für alle, die demokratische Hände und Füße haben, Hirn, Herz und Bauch. Seien wir auf alles gefaßt. Angriff ist die beste Verteidigung.

Manfred Pertlwieser

Eine gewaltlose Eroberung
Die urzeitliche Besiedlung des Donautales

Das erste Auftreten des Menschen im Donauraum fällt – soweit bisher aufgrund archäologischer Funde nachweisbar – in die letzte Eiszeit (Würm 120.000 bis 12.000 vor Christus). Die Donauniederung, deren Sohle wesentlich höher – etwa auf der Höhe der heutigen Niederterrasse – lag, war Steppenlandschaft (die sogenannte Donau-Kaltsteppe). Den Anreiz für das frühe Auftreten altsteinzeitlicher Jägergruppen boten die Donausteppe durchstreifende eiszeitliche Großtierherden.

Von aufgelesenen Einzelfunden abgesehen, die auf ein gelegentliches Durchstreifen der lößbedeckten Randhöhen des Donautales schließen lassen, sind einige Fundpositionen besonders erwähnenswert.

1931 entdeckte man in der Lehmgrube der damaligen Ziegelei Reisetbauer am Linzer Froschberg in 6 m Tiefe neben einem von Menschenhand gefertigten Feuersteingerät auch Knochen von Mammut, Bison, Wildpferd, Riesenhirsch und Höhlenbär.

Schon im Jahre 1900 fanden Steinbrucharbeiter in der Lößdecke über dem Granitsteinbruch von Gusen Schädel und Halswirbel eines Fellnashorns (Coelodonta antiquiatis). Weitere Relikte dieses Steppentieres wurden im Donautal bei Linz und in Dornach bei Grein entdeckt.

Im selben Jahr stieß man beim Abgraben der Lößdecke über dem heute stillgelegten „Heinrichsbruch" in Mauthausen auf Mammutknochen und Stoßzähne gemeinsam mit Silexabschlägen (bearbeiteter Feuerstein) und offenbar auch Spuren von Feuerstellen. Die Mammutknochen wurden isoliert (in keinem Skelettzusammenhang) gefunden, und es handelt sich dabei ausschließlich um die großen Arm- (Vorderbein) und Schenkelknochen verschiedener Tiere. Sie zeigen zum Teil erkennbare Brandspuren, manche sind auch – wohl zur Gewinnung des Knochenmarks – am Gelenksende aufgeschlagen.

Leider erfolgte nie eine ausreichende Untersuchung der Fundstelle. So bleibt heute nur die begründete Vermutung, daß sich auf dem inzwischen abgebauten Höhensporn am östlichen Ortsende von Mauthausen eine sicher bedeutende Jagdstation der Eiszeitjäger befand, die als solche unerkannt zerstört wurde. Wie man inzwischen aus Befunden von anderen Fundstellen weiß, dienten Fell, Stoßzähne und Großknochen schließlich zum Zelthüttenbau in altsteinzeitlichen Niederlassungen.

Gemäß seiner Existenzform als den jahreszeitlich bedingten Tierwanderungen folgender Gruppenjäger nahm der altsteinzeitliche Mensch nur kurzzeitig Quartier, benutzte wohl auch unterschiedliche Sommer- und Winterlager.

1952 stieß man beim Ausbaggern von Schotter im Bereich des heutigen Pichlinger Badesees neben einem Mammutstoßzahn auch auf eine menschliche Schädelkalotte und einen Oberarmknochen. Im Jahr darauf wurde aus 5 bis 7 m Tiefe ein menschlicher Oberschenkelknochen ausgebaggert. Es sind die für Oberösterreich bisher einzigen Relikte, die vom Eiszeitmenschen selbst zu Tage gekommen sind. Stromaufwärts, noch in Sichtweite des erwähnten Fundplatzes von Mauthausen, am donauseitigen Rande der Ortschaft Gusen, erhebt sich aus der hier weiter werdenden Ebene der Austufe ganz unvermutet ein heute etwa 12 m hoher Hügel – die „Berglitzl". Mit Recht müßte man gerade diesen kleinen Hügel als das Dokument, als wahres Denkmal der urzeitlichen Besiedlungsgeschichte des Donautales bezeichnen. Von 1965 bis 1974 vom Oberösterreichischen Landesmuseum durchgeführte Aus-

Aus der Donauniederung bei Gusen ragt „die Berglitzl" – ein Denkmal der urzeitlichen Besiedlungsgeschichte. Foto: M. Pertlwieser

grabungen führten dort zu bemerkenswerten Ergebnissen. Unter den späteiszeitlichen Schwemmsandschichten der Hügelkuppe stieß man auf eine von Menschenhand aus Felstrümmern errichtete Pflasterfläche. Charakteristische Steinwerkzeuge bestätigen die Plateaupflasterung als Jagdlager einer späteiszeitlichen Jägergruppe.

Der Hügel, der in der letzten Eiszeit noch gar kein Hügel war, verdankt seine Existenz einer aus dem heutigen Niveau der Flußniederung aufsteigenden Granitaufragung, die seinen harten Kern bildet. Erst die nacheiszeitliche Stromeintiefung ließ ihn zum Hügel in der heutigen Gestalt werden. Diese Eintiefung in Form von Flußschotterabtragungen durch die Schmelzwässer der nacheiszeitlichen Wärmeperiode ging – nach damaligen Zeitläufen gemessen – vergleichsweise rasch vor sich.

Die Spuren der nächstfolgenden Menschheitskultur, des Mesolithikums (Mittlere Steinzeit, etwa 12.000 bis 6000 vor Christus) fanden sich an der östlichen Hügelflanke bereits wesentlich tiefer gelegen – etwa im unteren Drittel der heutigen Hanghöhe. Es war ein unmittelbar am Ufer des damaligen Donaulaufes angelegter Werkplatz zur Herstellung der nun üblichen besonders kleinformatigen Silexgeräte. Das nunmehr ausgesprochen warme Klima, damit das Ausbleiben der kaltzeitlichen Großtiere, bewirkte eine einschneidende Veränderung der menschlichen Lebensform. Neben den stark reduzierten Möglichkeiten der Jagd kam nun dem Fischfang und der Pflanzenwelt bezüglich Nahrungsbeschaffung wachsende Bedeutung zu. So bildete der mesolithische Mensch als „Sammler und Wildbeuter" eine Übergangsform zwischen den altsteinzeitlichen Jägernomaden und dem bereits seßhaften jungsteinzeitlichen Bauerntum, für welches er durch die als Wildgetreidesammler erlangten Erfahrungen die Voraussetzung schuf.

Linearbandkeramische Funde der darauffolgenden älteren Jungsteinzeit (6. bis 5. Jahrtausend vor Christus) fanden sich in den Schwemmsandsteinschichten unmittelbar über dem mesolithischen Werkplatz der Berglitzl. Der zugehörige Siedlungshorizont war durch Überflutung vernichtet. Es folgen weitere reichhaltige Fundhorizonte der mitteljungsteinzeitlichen Lengyelkultur (5. bis 4. Jahrtausend vor Christus), des Jungneolithikums und der Kupferzeit (3. bis frühes 2. Jahrtausend), sodann der frühen und mittleren Bronzezeit (2. Jahrtausend vor Christus). In wiederholter Folge stets neu errichtete oder ergänzte aufwendige Steinbauten – Flankenpflasterungen, stützmauerartige Konstruktionen aus Felstrümmern und Flächenpflaster aus Rollsteinen – weisen auf das beharrliche Bestreben, den immer wieder vom Wasser umspülten Hügel vor weiteren Bodenabtragungen zu schützen. Erstaunlich große Mengen von keramischen Funden, von Tierknochen (als Mahlzeitresten), Stein- und Knochengeräten bestätigen eine wiederholte und sehr intensive Nutzung der weit in den Überschwemmungsbereich vorgeschobenen Erhebung. Manches deutet darauf hin, daß es sich aber nicht um einen regulären Siedlungsplatz im üblichen Sinn – dafür wäre die zur Verfügung stehende Fläche wohl auch zu bescheiden gewesen –, sondern vielmehr um eine oft benutzte Rückzugsposition, eine Art Rettungsinsel im Fall von Überflutung des eigentlichen Siedlungs-, Acker- und Weideniveaus gehandelt haben wird. Diese Bedeutung hat die Berglitzl offenbar zumindest bis in die mittlere Bronzezeit beibehalten, ohne daß aus der Fundchronologie eine nennenswerte Unterbrechung feststellbar wäre.

Im Hinblick auf die offensichtliche Bestimmung als oft gebrauchter letzter Zufluchtsort ist weiter nicht verwunderlich, daß sich dort zahlreiche teils eindringliche Hinweise auf ein ausgeprägtes Kultgeschehen fanden. Immer wiederkehrende, in unterschiedlichen Bodenschichten übereinandergelagerte Befundsituationen von weitgehend übereinstimmender Art lassen brauchtumsartige Opferrituale vermuten, die mit Feuer und Wasser in enger Verbindung standen und nach gewissen Zeitpausen – vielleicht in jahreszeitlicher Abhängigkeit – in gleicher Form regelmäßig wieder gepflogen wurden. Wenigstens innerhalb der Bronzezeit – vermutlich aber schon früher – stand im Mittelpunkt der erwähnten Handlungen ein sogenannter Schalenstein, im vorliegenden Fall ein Felsblock von dreieckigem Grundriß, der, am tieferen Hang aufragend, schiffbugartig in die damalige Uferzone vorragte. Seine flache Oberfläche weist eine schalenförmige Eintiefung auf. Die hangwärts gelegene Rückseite des Felsblocks, der bis zum Zeitpunkt der Ausgrabung meterhoch von Schwemmboden bedeckt war, ist stark brandgerötet. Nach geologischem Gutachten kann die rückseitige relativ tiefreichende Rötung nur durch oftmals unterhaltene starke Feuer entstanden sein. Wasserseitig war der Block von einer Anzahl im Ufergestein verkeilter bronzezeitlicher Gefäße umgeben.

✳

Die jungsteinzeitliche Besiedlung ist charakterisiert durch eine bereits beträchtliche Anzahl von bäuerlichen Ansiedlungen, die – zumeist auf den lößbedeckten Randhöhen gelegen – das Donautal flankieren. Die Mehrzahl dieser Siedlungsplätze ist vorerst lediglich durch Kartierung von Fundaufsammlungen bekannt geworden. Ausreichende Ausgrabungsbefunde oder durch andere Umstände beobachtete erkennbare Siedlungsobjekte liegen (neben Gusen) bisher vor für Wilhering-Fall, insgesamt sechs Niederlassungen innerhalb der heutigen Linzer Stadtgrenze (Freinberg, Hofgasse-Hauptplatz, Waldegg, Neu-Scharlinz, Scharlinz, Ebelsberg-Wachtberg), weiter für Mauthausen, Mitterkirchen, Baumgartenberg und Saxen-Dornach. Dazu kommen jungsteinzeitliche Bestattungsplätze aus Scharlinz (Schnurkeramik), Scharlinz (Glockenbecherkultur),

Ebelsberg-Ufer und Mitterkirchen (beide Lengyelkultur).

Als gerade aktuell und für den Südrand des Donautales sehr bedeutend wäre nicht zuletzt auch die in jüngster Zeit entdeckte mittelneolithische Ringgrabenanlage innerhalb einer ausgedehnten zeitgleichen Siedlung von Ölkam/Gemering (Gemeinde St. Florian) zu erwähnen, die seit 1992 von der prähistorischen Abteilung des Oberösterreichischen Landesmuseums systematisch ergraben wird. Ihre Lage auf einem hohen, stromwärts geneigten Lößrücken erlaubte einen weiten Ausblick über das hier bereits breite Donautal und gleicht diesbezüglich einer ganzen Reihe von Siedlungsplätzen, wie sie die Randhöhen des Südufers, besonders zahlreich aber jene des Nordufers besetzten.

Die älteste Niederlassung aus dem hier behandelten Bereich ist – abgesehen von der andersgearteten Situation von Gusen – jene von Ebelsberg-Wachtberg. Sie gehört der Linearbandkeramik des donauländischen Kulturkreises an. Die randliche Position auf einer hohen, flußseitig steil abfallenden Lößterrasse ist kennzeichnend für den Typus der Höhensiedlung, wobei der Steilabfall nicht nur freien Ausblick bot, sondern eine natürliche Sicherung darstellte, so daß nur die landeinwärts gelegene Seite durch Schutzbaue begrenzt werden mußte.

Daß aber auch die Stromniederung mit ihren fruchtbaren Böden und Weidegründen, nicht zuletzt wohl auch wegen der unmittelbaren Wassernähe großen Anreiz bot, bestätigen unter anderem jüngere Ausgrabungsergebnisse aus der Machlandebene bei

Der Schalenstein von Gusen-Berglitzl mit bronzezeitlichen Steinsetzungen. Foto: M. Pertlwieser

Auf den südlichen Randhöhen des Donautales liegt die jungsteinzeitliche Kreisgrabenanlage Ölkam.
Foto: G. Aigner

Mitterkirchen, wo am flußseitigen Rand der oberen Donau-Austufe (im Areal des bekannten hallstattzeitlichen Hügelgräberfeldes) – kaum über der heutigen Hochwassergrenze gelegen - eine ausgedehnte, landeinwärts durch ein Grabenwerk begrenzte Siedlung der Lengyelkultur festgestellt wurde.

※

Urzeitliche Ansiedlungen waren Niederlassungen auf Zeit. Heute nimmt man an, daß etwa ein jungsteinzeitliches Bauerndorf nach spätestens 20 bis 30 Jahren verlassen, beziehungsweise der Standort gewechselt wurde. Grund dafür war hauptsächlich die nachlassende Ertragsfähigkeit der – per Hackbau, später mit dem einfachen hölzernen Hakenpflug – nur sehr seicht bearbeiteten Ackerböden. Die unmittelbar an das Dorf grenzenden Flächen waren wohl aus Gründen der notwendigen Bewachung ohnehin der Viehweide vorbehalten. So mußten alsbald ertragsarm gewordene Äcker in ständig zunehmende Entfernung verlegt werden. Wurde die Entfernung schließlich zu groß, rückte – vereinfacht ausgedrückt – das Dorf den Äckern nach. Auf archäologischen Fundkarten benachbart erscheinende Siedlungen waren demgemäß mitunter durchaus keine zeitgleich funktionierenden Nachbardörfer, sondern zeitlich aufeinanderfolgende „Nachfolgedörfer".

Dieses Aufgeben, Fortziehen und Wiedererrichten war aber keinesfalls so unerträglich, wie dies aus unserer heutigen Perspektive des festverteilten Mehrgenerationenbesitzes erscheinen mag. Einerseits vermochten die Häuser aufgrund ihrer Bauweise (Rundsteherkonstruktionen mit geflochtenen, lehmverkleideten Wänden) ohnehin schwerlich einen größeren Zeitraum als die angenommenen 20 bis 30 Jahre zu überdauern, andererseits dürfte auch das Durchschnittsalter des Jungsteinzeitmenschen kaum 30 Lebensjahre überschritten haben.

Der wichtigste Schritt zur Besiedlung des Donauraumes war mit der Gründung der beidseitig das Stromtal begleitenden jungsteinzeitlichen Dorfanlagen getan. Die erste – und gleichzeitig vielleicht auch schon die letzte – gewaltlose Eroberung eines bis heute so bedeutenden Siedlungsraumes war in groben Zügen erreicht. Alles weitere war – wenngleich ohne unmittelbare Kontinuität – eher Erweiterung, innerer Ausbau und Fortentwicklung unter materialtechnisch verbesserten Voraussetzungen. So werden bevorzugte Siedlungsplätze der Jungsteinzeit in den darauffolgenden metallzeitlichen Kulturen wiederholt neu belegt. Unter den in dieser Arbeit angeführten Lokalitäten zum Beispiel Wilhering-Fall, Kürnberg, Linz-Waldegg, Ebelsberg-Wachtberg, Ölkam und Mauthausen-Heinrichsbruch durch eine bronzezeitliche Niederlassung. Dazu kommen

Rekonstruktionsmodell einer jungsteinzeitlichen Ufersiedlung, Ausschnitt. Foto: Th. Pertlwieser

bronzezeitliche Siedlungsbefunde von Linz-Froschberg und Saxendorf. Weitere Siedlungen sind durch bronzezeitliche Gräberfunde belegt: Urfahr-Furth, Linz-St. Peter, Scharlinz, Linz-Wegscheid, Plesching, Enns-Kristein, Lorch, Enns-Moos, Enns-Stadt, Mauthausen-Hinterholz, Ried in der Riedmark und Plesching.

Aus der spätbronze- und frühhallstattzeitlichen Urnenfelderkultur (1300 bis 750 vor Christus) stammen Siedlungshinweise von Schönering-Scharmerhügel, weitere Siedlungsgründungen erschließen bereits gehabte topographisch hervorragende und bewährte Positionen aufs Neue. Beiderseits der Donau entstehen durch mächtige Wälle und sonstige Wehrbauten befestigte Anlagen (am linken Ufer Linz-Gründberg und Steyregg-Luftenberg, am rechten Ufer Wilhering-Kürnberg und Linz-Freinberg). Bestattungsplätze liegen bisher vor aus Altlichtenberg, Linz-Katzbach, Linz-Kreuzschwestern, -Wahringerstraße, -Schörgenhub, -St. Peter, Au bei Kleinmünchen, Abwinden, Gusen-Eichkogel, Schwertberg, Naarn und Ponegген. Zudem wurden Bronze-Depotfunde bekannt aus Landshaag-Klausberg, Hartkirchen, Freinberg, Linz-Reisetbauer, Luftenberg, Asten und St. Florian.

Aus der frühen Eisenzeit (Hallstattkultur, 750 bis 400 vor Christus) stammen festgestellte Niederlassungen am Freinberg, in Mauthausen und Auhof bei Perg. Bestattungen liegen vor aus fünf verschiedenen Begräbnisplätzen in Linz-Stadt, ein großes Gräberfeld aus Linz-St. Peter, sodann am Nordufer aus Ottensheim, Gusen, Mitterkirchen und Saxendorf.

Aus der La-Tène-Periode (400 bis Christi Geburt) Siedlungen am Gründberg bei Linz (mit Abschnittswall), Freinberg, Asten und Pulgarn. Gräber: Wilhering-Mühlbach, Schönering, Linz-Stadt (zwei Bestattungsplätze), Kleinmünchen-Au, Linz-St. Peter, Asten und Enns.

✷

Obwohl es bereits in der Jungsteinzeit mitunter erstaunlich weitreichende Kulturbeziehungen und daraus resultierend einen bescheidenen Warenaustausch zwischen verschiedenen Kulturgruppen gab (andere, fremdartige Produktionen übten eben damals schon besondere Anziehung aus), lebte man in den frühen Bauerndörfern völlig autonom. Mit der neuen Materialkultur der Metallzeiten trat alsbald eine grundlegende Veränderung ein. Die Produktion war zunehmend nicht mehr ausschließlich auf die Befriedigung des Eigenbedarfs ausgerichtet. Das Handwerk der Bronzegießer und frühen Eisenschmiede lag in den Händen von qualifizierten Spezialisten, deren Angebot an materialtechnisch verbesserten Geräten, Waffen und Luxusgütern vermehrte Nachfrage schuf.

Es entstanden weitreichende Transport- und Handelswege, die im behandelten Gebiet vorwiegend entlang des Stromtales, der Strom- und Seitenflußterrassen führten – und somit weitgehend ident mit den späteren „Flößersteigen" waren. Die traditionellen Handelsstraßen riefen in ihrem Verlauf wiederum die Gründung weiterer Niederlassungen hervor. Auch der Transport zu Wasser gewann wohl spätestens mit dem Salzhandel zumindest abschnittsweise zunehmend an Bedeutung. Damit kam es im Stromverlauf zu Anlandungsstellen und Ufersiedlungen, die zum Teil auch zu Umschlagplätzen wurden. Auf einen derartigen Umschlagplatz für den Salzhandel einerseits weiter donauabwärts, besonders aber auch in nördliche Richtung (Böhmen, Mähren), dürften die eindrucksvollen Bestattungen aus dem hallstattzeitlichen Hügelgräberfeld von Mitterkirchen im Machland hinweisen. Ähnliches darf bezüglich des Handels am Südufer für das im Mündungsbereich der Traun gelegene St. Peter in Anspruch genommen werden.

Die späteisenzeitliche La-Tène-Kultur (etwa ab 400 vor Christus) bringt unter anderem schließlich eine neuerliche Ausbauphase der umwallten Befestigungsanlage auf dem Freinberg, entwickelt hinsichtlich Eisengewinnung, Keramik- und Metallhandwerk „frühindustrielle" Methoden und erste Ansätze zu stadtähnlichen Siedlungen.

Im Jahre 15 vor Christus besetzt die II. italische Legion das Südufer der Donau. Die weitere Entwicklung war eher politischer Art. Sie führte schließlich zu den „dunklen Jahrhunderten" der Völkerwanderung – und letztlich zu einer neuerlichen „Landnahme" durch den Stamm der Baiern.

※

Ein Bereich, der im archäologischen Fundgut keinen geringen Anteil einnimmt, steht mit der Besiedlungsgeschichte zwar nur in indirektem Zusammenhang, soll aber – weil hinsichtlich des gegebenen Donauthemas recht reizvoll – wenigstens kurz angerissen werden. Es sind die urzeitlichen Flußopfer.

Schon aus der Jungsteinzeit stammt eine auffallende Materialgruppe von Steinbeil- und Streitaxtfunden, die (durch Flußtransport) mehr oder weniger abgerollt, im Flußbett der Donau gefunden wurden und in ihrer Häufigkeit nicht ohne weiteres als zufällig zu erklären sind. Vollends auffällig wird die betreffende Befundgruppe aber durch ebenso zahlreiche Bronzeaxt- und Schwertfunde der Bronze- und frühen Hallstattzeit. Sie markieren Flußübergänge oder auch besondere Gefahrenstellen.

Nach heutigem götterlosen Verständnis waren es Elementeopfer, zutreffender aber Beschwichtigungsgaben für den personifizierten Machthaber über das einerseits so unentbehrliche, andererseits so vernichtend tobende Wasser, – eine Schutzgebühr gegen göttliche Willkür. Wohl waren die Opfergaben eigens als solche angefertigt und von hervorragender Qualität, hatten keinem profanen Gebrauch gedient, – waren „jungfräulich" ...

In unserer eigenen Jugend begegneten wir ihm wieder. Damals noch voll Schaudern: dem guten, bösen Wassermann, – dem „jungfrauenfordernden" schrecklichen „Donaufürst"! – Über welch weite Zeitläufe mag wohl die direkte, die mündliche Überlieferung zurückreichen, bevor er endlich seine letzte Ruhe fand – im Buch der Donausagen?

Literatur

ADLER, HORST, Das Gräberfeld Linz-St. Peter, Linzer Archäologische Forschungen, Bd. 2.

–, Frühe Bronzezeit in Linz St. Peter, Linz Archäologische Forschungen, Band 3.

KNEIDINGER, JOSEF, Ein neuer Fundplatz der Hallstattzeit im Mühlviertel, JbOÖMV 112. Bd., Linz 1967.

KLOIBER, ÄMILIAN, PERTLWIESER, MANFRED, Die urgesch. Fundgeschichten auf der Berglitzl in Gusen, JbOÖMV Bd. 114, 1969.

PERTLWIESER, MANFRED, Zur prähistorischen Situation der Berglitzl in Gusen, JbOÖMV Bd. 118, 1973.

–, Ein neuer urgeschichtlicher Kultplatz an der oö. Donau, Gusen, in: Mannus, Zeitschrift für deutsche Vorgeschichte, Jg. 40, H. 3/4, 1974.

–, Ergänzungen, Fakten und Überlegungen zum Kultplatz Berglitzl in Gusen, OÖ., in: Mannus, Deutsche Zeitschrift für Vor- und Frühgeschichte, 42. Jg., H. 1., 1976.

–, Hallstattzeitliche Grabhügel b. Mitterkirchen, Pol. Bez. Perg, OÖ., JbOÖMV 127, 1982.

–, Frühhallstattzeitliche Herrschaftsgräber bei Mitterkirchen, in: Antike Welt, Zeitschrift für Archäologie und Kulturgeschichte, 18. Jg., 1987.

–, Prunkwagen und Hügelgrab, Kultur der frühen Eisenzeit von Hallstatt bis Mitterkirchen, Katalog OÖ. Landesmuseum, Neue Folge, Bd. 13./1988.

–, Ein Prozessionsweg im frühhallstattzeitlichen Hügelgräberfeld von Mitterkirchen, OÖ., in: Echo, Innsbrucker Beiträge zur Kulturwissenschaft, Bd. 27, 1990.

–, Urgeschichtliche Fundstätten um Ebelsberg, Ebelsberg, Geschichte und Gegenwart in Einzelbeiträgen, 1982.

PERTLWIESER, MANFRED, TOVORNIK, VLASTA, Ein urgesch. Siedlungsplatz auf dem Wachtberg bei Ebelsberg, JbOÖMV 115, 1970.

REITINGER, JOSEF, Die Ur- und Frühzeitgeschichtlichen Funde in Oberösterreich. Linz 1968.

TOVORNIK, VLASTA, Der Schalenstein am urgesch. Opferplatz auf der Berglitzl in Gusen, JbOÖMV 119, 1974.

URBAN, O. H., Keltische Zentren an der Donau, Medizinisch diagnost. Labor des Österr. Apotheker Verbandes, Wien 1993.

Christine Schwanzar

Die Donau, ein Grenzfluß zur Römerzeit

Fast mehr als 500 Jahre dauerte die Römerherrschaft in unserem Land. Damals bildete Oberösterreich den nordwestlichen Teil der Provinz Noricum. Im Norden stellte die Donau eine naturentlehnte Grenze gegen die Barbaren, wie die Römer alle Nichtreichsbewohner bezeichneten, dar. Im Westen waren der Inn und im Osten der Wienerwald Grenzen zu den anschließenden Provinzen Rätien und Pannonien. Im Süden trennte der Alpenhauptkamm die Provinz vom italischen Mutterland.

Drei Staatsstraßen durchzogen den oberösterreichischen Teil Noricums. Sie dienten alle zum raschen Truppentransport und zur Sicherung der Versorgung. Die älteste, die sogenannte norische Hauptstraße kam von Aquileia, führte durch Kärnten und erreichte Oberösterreich von der Steiermark über den Pyhrnpaß. Sie folgte einem uralten Handelsweg von Windischgarsten über Micheldorf nach Linz. Die zweite Staatsstraße stellte die Verbindung zu den benachbarten Provinzen her, sie wies einen ähnlichen Verlauf wie die heutige Bundesstraße 1 auf, kam von Lauriacum (Enns-Lorch) und führte über Lentia (Linz) nach Ovilava (Wels) und weiter nach Juvavum (Salzburg). Der dritte und zuletzt gebaute Verkehrsweg war die sogenannte Limesstraße, welche alle Donaukastelle miteinander verband.

Wenn wir an die Römerzeit denken, dann stellen wir uns sehr oft ein dichtes Netz von Kastellen und Wachtürmen entlang der Donau vor. Dabei vergessen wir, daß die Donau bei uns anfangs keineswegs als Grenzfluß gedacht war. Kaiser Augustus wollte die Grenzen des römischen Imperiums bis zur Elbe, March und Donau vorschieben. In diesem Zusammenhang wurde das befreundete regnum Noricum okkupiert, ohne daß es dabei zu Kampfhandlungen gekommen wäre. Erst nach der vernichtenden Niederlage im Teutoburger Wald und dem nur mit Mühe unterdrückten Aufstand der pannonischen Stämme sah man von jeder militärischen Operation nördlich von Rhein und Donau ab.

Von da an wird die Donau Grenzfluß, eine Entwicklung, die sich unter Kaiser Claudius verstärkte (41–54 nach Christus). Damals wurden in Rätien einige Auxiliarkastelle an die Donau verlegt. Das einzige Militärlager auf österreichischem Boden zu dieser Zeit stand in Carnuntum, welches aber zur Provinz Pannonien gehörte. Noricum erhielt nach fast 60 Jahren Okkupation den Status einer kaiserlichen Provinz, die von einem Prokurator verwaltet wurde. Das neue Verwaltungszentrum war Virunum in Kärnten und nicht mehr der Magdalensberg.

In flavischer Zeit kam es zu einem verstärkten und systematischen Ausbau der Rhein- und Donaugrenze sowie zur Anlage des eigentlichen Limes, der trockenen Grenze zwischen den beiden Flüssen. Unser Raum hatte im Gegensatz zum niederösterreichischen Donauabschnitt noch keine strategische Bedeutung. Den Römern schienen offenbar die dichten Wälder des Mühlviertels und das gut funktionierende Klientelstaatensystem, durch das sie auf benachbarte Germanenstämme Einfluß in Form von Bündnisverträgen ausübten, ausreichenden Schutz für diese Grenze zu bieten.

Einzig und allein in *Lentia (Linz)* errichtete man erst gegen das Ende des 1. Jahrhunderts nach Christus, wie neuere Forschungen zeigten, ein kleines Holz-Erde-Kastell, im Bereich des heutigen Landestheaters gelegen. Dieses sollte den bereits angesprochenen N–S laufenden, bis nach Böhmen führenden Handelsweg sperren. Etwa in der Mitte des 2. Jahrhunderts wurde dieses Kastell vergrößert und aus Stein gebaut. Ob und in welchem Umfang in *Eferding* damals schon ein Kastell vorhanden war, läßt sich bis jetzt nicht sagen. Man lokalisiert hier das Kastell *Ad Mauros*. Zusätzlichen Schutz boten diesem Donauabschnitt seit flavischer Zeit das Kastell in Boiodurum (Passau-Innstadt) im Westen und Wallsee im Osten.

So kamen vor allem Händler und Kaufleute zu uns sowie kleinere Gruppen Soldaten. Ihre Spuren finden wir in Form zahlreicher Kleinfunde, beispielsweise Terra Sigillata, das feine Tafelgeschirr der Römer, Glas aus Aquileia, Ton- und Bronzelampen, diverse andere Bronzegegenstände sowie römische Münzen. Aus dem langsamen Verschmelzen von einheimischen und römischen Elementen entstand eine für die Provinz typische, als provinzialrömisch bezeichnete Kultur. Aufgrund der überlegenen Technologie der Römer in allen Bereichen, sei es Handwerk oder Landwirtschaft, Haus- oder Straßenbau, sowie wegen der geordneten Verwaltung und des weitläufigen Handels erlebten die ehemals keltischen Gebiete südlich der Donau einen gewaltigen wirtschaftlichen und kulturellen Aufschwung. Nördlich der Donau dagegen überlagerten und verdrängten die Germanen allmählich die hier ansässigen Kelten.

Anläßlich einer Reise in die Provinz verlieh Kaiser Hadrian (117–138 nach Christus) zwei Städten das Stadtrecht: *Cetium (St. Pölten)* und *Ovilava (Wels)*. Die freigeborenen Bewohner dieser

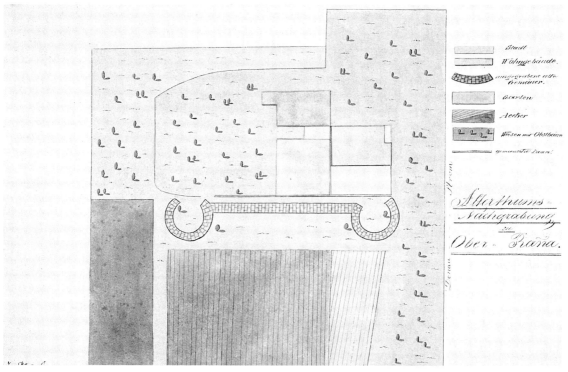

Oberranna, kolorierte Zeichnung, Grabungsverein Schlögen 1840. Original im Oberösterreichischen Landesmuseum. Foto: OÖLM, Gangl

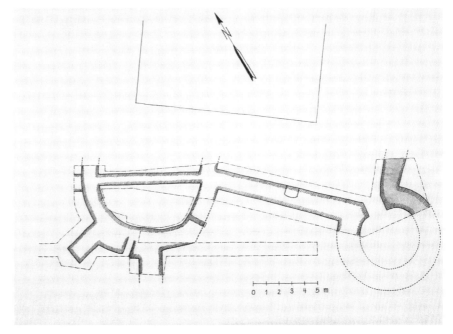

Oberranna, Grabungsplan 1960, Lothar Eckhart. Original im Oberösterreichischen Landesmuseum. Foto: OÖLM, Gangl

Städte erhielten das latinische Bürgerrecht als Vorstufe zum römischen, das sie erwerben konnten, wenn sie ein öffentliches Amt bekleideten. Da die einheimische Bevölkerung in die Verwaltung der Städte sehr stark eingebunden war, stellten diese Stadtrechtsverleihungen genauso wie der Militärdienst ein wichtiges Mittel zur Romanisierung der Provinzen dar.

Diese friedliche Phase ging etwa 170 Jahre nach der Okkupation schlagartig zu Ende. Für die Römer nicht unerwartet, aber doch zu einem äußerst ungünstigen Zeitpunkt, da das Heer geschwächt war (167 nach Christus) überfielen die Markomannen Pannonien und Noricum. Während in Noricum relativ rasch wieder Ruhe einkehrte, dauerten die Kämpfe insgesamt fast zwanzig Jahre. Zerstörungen aus diesen Überfällen konnte man auch im Kastell in Lentia beobachten in Form einer Brand- und Zerstörungsschicht.

Damals wurden die zwei Legionen, die zum Schutz des italischen Mutterlandes ausgehoben worden waren, an die wichtigsten noch zu schützenden Flußübergänge verlegt und dort für ständig stationiert. Die *III. italische Legion* kam nach Castra Regina (Regensburg) und die *II. italische Legion* zuerst nach Albing und bald nachher vermutlich aufgrund der ständigen Hochwassergefährdung nach *Lauriacum* (Enns-Lorch), wo der Bau des neuen Lagers um 205 nach Christus abgeschlossen war. Damals änderte sich auch die Verwaltung der Provinz, unter anderem wurde ein Teil der zivilen Verwaltung von Virunum nach Ovilava verlegt. In Lauriacum hatte bereits seit dem 1. Jahrhundert nach Christus eine Ansiedlung bestanden. Das früher vermutete Kastell aus dieser Zeit konnte durch neuere Forschungen bis jetzt allerdings nicht nachgewiesen werden. Rund 200 Meter westlich dieses Lauriacum I genannten vicus entstand die große Zivilstadt, die zusammen mit dem Kastell angelegt worden war und 212 nach Christus das Stadtrecht verliehen bekam.

Nach Markomannenüberfällen kam es noch zu

einigen anderen neuerrichteten militärischen Anlagen. So entstand am Ende des 2. Jahrhunderts nach Christus der *römische Wachturm* im *Kürnbergwald* bei Linz. Neuere Untersuchungen ergaben auch, daß das Kastell in *Schlögen (Ioviacum)* ebenfalls erst im 3. Viertel des 2. Jahrhunderts errichtet wurde. Im Westen vorgelagert etwas erhöht lag das Lagerdorf, wo die Soldaten außerhalb der Dienstzeit wohnten. Interessant ist, daß in nächster Nähe des Lagers römische Kaimauern und Vertäuungssteine zutage kamen. Der eigentliche Hafen lag etwas stromaufwärts, wo eine Schotterinsel einen Seitenarm mit fast ruhig stehendem Gewässer bildete. Vielleicht läßt sich auch die erste Bauphase in *Oberranna*, wo ein Teil eines Kleinstkastells angeschnitten wurde, in diese Zeit des ausgehenden 2. Jahrhunderts setzen. Es scheint, als wäre damals der bisher nur gering befestigte Teil der Donau in unserem Land gesichert und mit einer verbessert ausgebauten Staatsstraße verbunden worden. Davon berichtete auch die Inschrift eines heute verschollenen Meilensteins, der bei Engelhartszell zutage kam. Sie besagte, daß Kaiser Caracalla eine Straße entlang der Donau anlegen ließ.

Diese neuen Grenzschutzanlagen und vor allem der Straßenbau hingen mit einem neuen Feind zusammen, den Alamannen, die im Nordwesten des Reiches auftauchten und von nun an eine ständige Bedrohung darstellten.

Als bedrohte Grenze schenkte man der Donau seitens der römischen Kaiser ständige Aufmerksamkeit. Es waren hier sowohl Hilfstruppen als auch die *II. italische Legion* stationiert. Letztere gehörte zu der Eliteeinheit der römischen Provinzarmee. Die

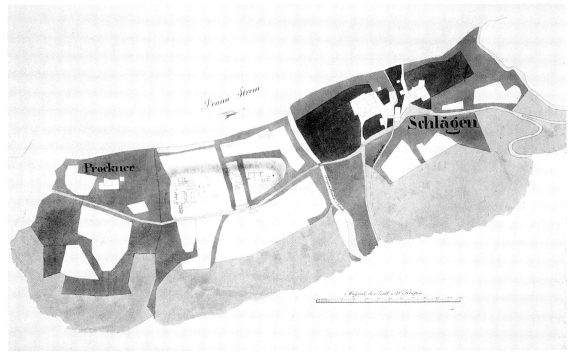

Schlögen, kolorierte Zeichnung, Grabungsverein Schlögen 1838. Original im Oberösterreichischen Landesmuseum. Foto: OÖLM, Gangl

Hilfstruppen, anfänglich Truppen, die die Verbündeten den Römern im Krieg zur Verfügung stellten, wurden in der Kaiserzeit eine ständige Einrichtung des römischen Berufsheeres. Man rekrutierte die Soldaten aus den freien Bewohnern der Provinzen. Sie erhielten nach 25 Dienstjahren und ehrenvoller Entlassung das römische Bürgerrecht. Die Hilfstruppen (auxilia) umfaßten verschiedene Truppengattungen, die angesehenste Einheit bildete die Kavallerie (ala), es gab auch Infanterie (cohortes peditatae) sowie teilweise berittene Kohorten (cohortes equitatae). Jede Truppe führte eine Nummer und war meist nach dem Volk benannt, aus dem sie ursprünglich rekrutiert worden war. Ihre durchschnittliche Mannschaftsstärke variierte zwischen 500 und 1000 Mann. Noch kleinere Einheiten bildeten Grenzwachtruppen (numeri), dazu wurden Leute aus den Grenzprovinzen eingezogen. Sie waren Grenzpatrouille und stellten auch die Besatzung von Kleinkastellen in den Gebieten, wo der Einsatz regulärer Hilfstruppen zu kostspielig gewesen wäre.

Der Dienstort aller Soldaten war das *Militärlager,* wo sie während der Dienstzeit auch wohnten. Diese Kastelle hatten im ganzen römischen Reich ein ähnliches Aussehen. Ein Legionslager benötigte einen durchschnittlichen Flächeninhalt von 20 ha, ein Hilfstruppenlager zwischen 1,4 ha und 6 ha. Zwei senkrecht aufeinander stehende, von den Landvermessern im Gelände ausgefluchtete Achsen, cardo und decumanus, bildeten den Ausgangspunkt für die Anlage eines Kastells. Die zwei wichtigsten Lagerstraßen folgten diesen Achsen, die via principalis dem cardo und die via praetoria, die im hinteren Lagerteil decumana hieß, der zweiten Achse.

Römischer Wachturm im Kürnbergwald, Gemeinde Wilhering, 1991. Foto: OÖLM, Ecker

Katalog-Nr. II.2.66.
Foto: OÖLM, Gangl

Im Mittelstreifen eines Kastells lagen das Stabsgebäude (principia), das Haus des Kommandeurs (praetorium), eventuell ein Lagerspital (valetudinarium), Werkstätten (fabricae) sowie Getreidespeicher (horrea). Im vorderen und hinteren Teil des Kastells befanden sich Mannschaftsbaracken, Ställe und Speicher. Das Stabsgebäude war durch die Größe und die zentrale Lage besonders hervorgehoben und im Idealfall dreiteilig. In diesem Gebäude waren unter anderem das Fahnenheiligtum, die Schreibstube sowie die Kassa der Truppe untergebracht, ebenso die Waffenkammern.

Eine Mannschaftsbaracke für die Infanterie enthielt für gewöhnlich zehn Stuben (contubernia), um die 80 Mann einer Centurie unterzubringen. Das Quartier für jeweils acht Mann bestand meist aus zwei Räumen, einem hinteren zum Wohnen und Schlafen sowie einem vorderen zum Aufbewahren der Ausrüstung. Das gesamte Lager war von einer großen Mauer umgeben, mit Toren an den Achsen. Innen gab es außerdem einen begehbaren Umgang, oft waren Tor-, Eck- und Zwischentürme vorhanden. Wachtürme (burgi) dienten als Beobachtungs- und Signaltürme, waren bei uns aus Stein gebaut, oft dreistöckig mit einer hölzernen Galerie im Obergeschoß. Ihre Besatzung bestand durchschnittlich aus sechs Soldaten, die im Falle eines Grenzübertritts von Feinden die Besatzung des nächstgelegenen Kastells durch optische oder akustische Signale warnen konnten.

Trotz der Anwesenheit so vieler Soldaten kam es das ganze 3. Jahrhundert zu Überfällen seitens der Alamannen und Juthungen, die vielerorts Brand- und Zerstörungsspuren hinterließen. Dem gesamten römischen Reich machte eine Wirtschaftskrise schwer zu schaffen. So versuchte Kaiser Diokletian (284–305 nach Christus) mit Hilfe einer Verwaltungs- und Heeresreform die Lage besser in den Griff zu bekommen. Für unser Gebiet war dabei wichtig, daß er die Provinz in Ufer- und Binnennoricum teilte, sowie die zivile und militärische Gewalt trennte. Diokletian betonte auch wieder stark den Kaiserkult, und so kam es unter dem Statthalter Aquilinus zu Christenverfolgungen. Damals erlitt der hl. Florian, ein pensionierter Kanzleibeamter, den Martyrertod. Man stürzte ihn am 4. Mai 304 mit einem um den Nacken gebundenen Mühlstein in Lauriacum von der Brücke in den Ennsfluß. Bereits unter Diokletians Nachfolger, Kaiser Konstantin (324–337 nach Christus) wurde das Christentum Staatsreligion, in Ufernoricum setzte sich das Christentum bereits im 4. Jahrhundert durch.

Der letzte römische Kaiser, der dieser Grenze mit ihren Militärbauten noch starke Aufmerksamkeit schenken konnte, war Valentinian I. (364–375 nach Christus). Während seiner Regierungszeit kam es zu vielen Umbauten sowie Neuanlagen von Kastellen und Wachtürmen. Das Kastell in Oberranna mit seinen runden Ecktürmen stammt vermutlich aus der Zeit, Schlögen war voll funktionsfähig, ebenso der Wachturm in Kobling bei Schlögen sowie auch der Wachturm im Kürnbergwald, den man mit größerem Umfang neu baute. Baumaßnahmen in Eferding, Linz und Enns-Lorch zeigen, wie sehr man danach trachtete, die Grenze instand zu setzen. Der damalige Grenzgeneral hieß Ursicinus, und seinen Namen finden wir auf vielen römischen Ziegelstempeln im ober- und niederösterreichischen Gebiet.

Ganz allmählich verschlechterte sich das Leben in diesem Grenzraum immer mehr, und das Gebiet wird im 5. Jahrhundert zum Durchzugsland verschiedener Völker. Die Bewohner zogen sich bei Überfällen hinter schützende Lager- oder Stadtmauern zurück. Über die Zustände in dieser letzten Phase der römischen Provinz erfahren wir viel durch die Vita Sancti Severini des Eugippius. Er schildert, wie sich Romanen unter der Führung des Heiligen immer weiter nach Osten zurückzogen, einige Zeit in Lauriacum lebten und, als auch diese Stadt nicht mehr zu halten war, sich nach Mautern begaben, wo sie noch mehrere Jahre unter dem Schutz der Rugier lebten. 488 wurden die Romanen von König Odoaker aufgefordert, die Provinz zu verlassen und nach Italien zurückzukehren. Nicht alle folgten diesem Befehl, sondern führten hier ihr bescheidenes Leben weiter.

Literatur

Es werden nur zusammenfassende Arbeiten zitiert. In allen diesen Arbeiten finden sich umfangreiche Angaben zu älterer oder weiterführender Literatur.

ALFOLDI, GEZA, Noricum. In: The Provinces of the Roman Empire 3, London – Boston 1974.

GENSER, KURT, Der österreichische Donaulimes in der Römerzeit. Ein Forschungsbericht. In: Der römische Limes in Österreich 33, Wien 1986.

KANDLER, MANFRED und VETTERS, HERMANN, Der römische Limes in Österreich, Ein Führer, Wien 1986.

Oberösterreich – Grenzland des römischen Reiches. Ausstellungskatalog des OÖ. Landesmuseums, Linz 1986.

ZINNHOBLER, RUDOLF, Kirche in Oberösterreich bis zur Wende des 1. Jahrtausends, Strasbourg 1992.

Vlasta Tovornik

Der oberösterreichische Donauraum im frühen Mittelalter

Nach dem Abzug der Römer (488) aus der Provinz Noricum verblieb eine Mischbevölkerung, bestehend aus einheimischen (vorkeltischen und keltischen) und romanisierten Elementen. Infolge der politischen und kriegerischen Unruhen zogen in die römischen Ansiedlungen südlich der Donau auch Gruppen germanischer Völkerschaften. Die fünf Jahrhunderte der Römerherrschaft in Noricum prägten der Bevölkerung ihre Kultur, Zivilisation und Lebensform ein, welche über längere Zeit nachhielt. Die von den Römern erbauten Verkehrswege, zum Beispiel die bedeutende norische Binnenstraße und die Limesstraße an der Donau sowie das übrige Straßennetz im Landesinnern dienten noch einige Jahrhunderte weiter.

Nach dem Tod Theoderichs (526) und dem Verfall der gotischen Vorherrschaft nördlich der Alpen kam das Alpenvorland unter fränkischen Einfluß. Infolgedessen kam es um 600 nach Christus an der oberen Donau zur Bildung des Baiernstammes. Die einwandernden Baiern hielten sich zunächst an die vorhandenen Verkehrsstraßen der Römerzeit. Das beweist abermals eine jüngst (1992) entdeckte baierische Reihengräbergruppe in Asten, knapp an der Bundesstraße Enns-Linz (hier fast deckend mit der alten römischen Binnenstraße) auf der Höhe von Raffelstetten. Vermutlich handelt es sich bei den Bestatteten um Angehörige einer frühbaierischen Gruppe, die mit der Bewachung des urkundlich erwähnten Donauüberganges bei Raffelstetten (Zollurkunde 903) in Verbindung stand. Die dort untersuchten acht Gräber (eine unbekannte Anzahl war bereits zerstört) waren West-Ost orientiert, in Reihen angelegt, erreichten eine imposante Bestattungstiefe (bis 1,60 m), und sie zeigen noch heidnische Bestattungssitte mit schönen Beigaben. Sie verfügen zum Teil über einen aufwendigen hölzernen Grabbau, besonders bei dem beraubten Frauengrab und dem daneben bestatteten Knaben. Es handelt sich um massive holzverkleidete Kammergräber mit runden Eckpfählen, die vermutlich den hölzernen Aufbau eines Totenhauses trugen. Es wäre vorstellbar, daß die baierischen Einwanderer, die ihre Gräber an der römischen Binnenstraße unweit der ehemaligen civitas Lauriacum angelegt haben, noch römische Grabaediculen als Vorbild für die ihnen eigene Holzarchitektur genommen haben. Mit der Überschreitung der nach dem bisherigen Forschungsstand bekannten baierischen Traun-Krems-Grenzlinie und des bislang östlichsten baierischen Siedlungsortes Linz-Zizlau, gilt die Fundstelle bei Asten als erster archäologischer Nachweis für die Baiernsiedlung zwischen der Traunmündung und Lauriacum.

Wegen der natürlichen strategisch günstigen Lage und durch die Jahrhunderte bekannten Wirtschaftswege, erwachte im 7. Jahrhundert an der Traunmündung ein reges Siedlungs- und Handelsleben. Ein Nachweis dafür ist der große frühbaierische Bestattungsplatz im oberen Traunmündungswinkel. Auf dem heutigen VOEST-Gelände wurde seit 1938 die Nekropole mit über 200 untersuchten Gräbern ausgegraben. Die Belegungsdauer des Fundplatzes (Zizlau I und II) läßt sich zwischen 630 und 700 nach Christus eingenen. Die dazu entsprechende Siedlung wird auf dem Gelände der ehemaligen Ortschaften Zizlau und St. Peter vermutet. Innerhalb der mitunter reichen Grabinventare sind neben den rein baierischen Beigaben auch Gräber mit Schmuck und Bestattungsriten anderer Herkunft bemerkbar: solche byzantinischer, langobardischer, awarischer

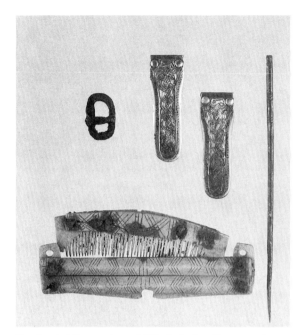

Trachtzubehör aus einem frühbaierischen Frauengrab von Asten, Grabung 1992, 1. Hälfte 7. Jahrhundert. Foto: OÖLM

Hauptriemenzunge, Bronzeguß, awarisches Kulturgut, Enns, 2. Hälfte 8. Jahrhundert. Foto: OÖLM

und slawischer Herkunft. Dies deutet auf rege Kultur- und Handelsbeziehungen.

Obwohl es zu erwarten wäre, konnte im Ennser Raum bisher kein gesicherter baierischer Bestattungsplatz nachgewiesen werden. In bezug auf die vermeintlich lückenhafte Besiedlungskontinuität in Lauriacum könnten die neuentdeckten Gräber bei Asten als ein klärender Beitrag dienen. Warum lassen sich die Baiern an der norischen Binnenstraße, vor den Toren von Lauriacum, nieder, während in Lauriacum ihre Gräber nicht nachweisbar sind? Das Fehlen der beigabenführenden frühbaierischen Bestattungen ist vielmehr dadurch zu erklären, daß in der alten frühchristlichen Metropole Lauriacum eine wohl ungebrochene christliche Organisation bestand (nach der Überlieferung durch Eugippius gab es dort eine größere christliche Gemeinde, zwei Kirchen, von denen eine Bischofskirche gewesen sein muß, dort residierte der pontifex Constantius). Von dieser Seite wurde wohl getrachtet, die Ausübung der ohnehin allgemein untersagten heidnischen Bräuche zu unterbinden. Damit übernahm die kirchliche Organisation die Aufgabe, für das Seelenheil der Verstorbenen zu sorgen. Man brauchte keine Beigaben mehr für das Jenseits. Statt dessen wurde die Kirche für ihre Dienste beschenkt. Auch der in Asten mit heidnischen Bräuchen angelegte Bestattungsplatz wurde alsbald, weil im Nahbereich der christlichen Metropole gelegen, nicht mehr belegt. Es ist anzunehmen, daß weitere Begräbnisse in einem neuangelegten kirchlichen Friedhof stattfanden. Damit wird der archäologischen Forschung jede Erkennbarkeit entzogen, die Bestatteten verlieren ihre Persönlichkeit und bleiben anonym.

Damit ist aber die Bekehrungsgeschichte bei

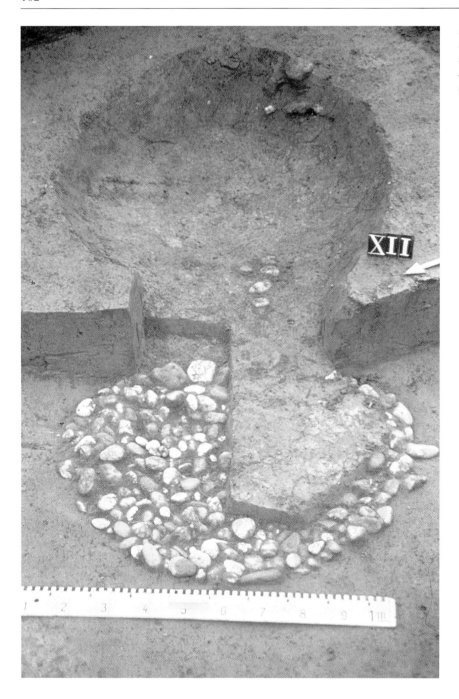

Brot-Backofen aus der slawischen Siedlung bei Mitterkirchen, Basis mit Aschengrube, 8. Jahrhundert. Foto: OÖLM

Plattenfibel, Brosche, mit Heiligenbildnis aus einem Frauengrab von Auhof/Perg, Kupferblech vergoldet, 2. Hälfte 8. Jahrhundert. Foto: OÖLM

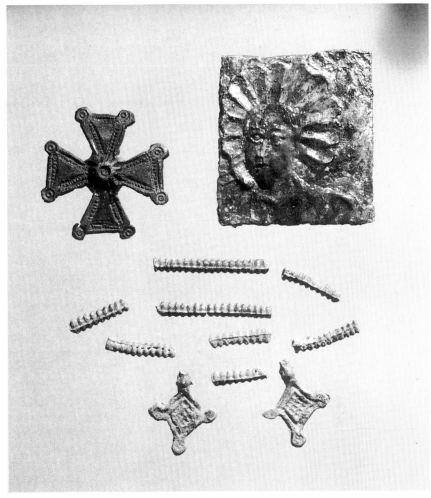

weitem nicht abgeschlossen. Am nördlichen Donauufer begegnen wir hundert Jahre später, im 8. Jahrhundert, den heidnischen Begräbnisplätzen der allmählich einsickernden Gruppen einer slawischen Bevölkerung. In Oberösterreich konnten durch jüngere Forschungen markante urkundliche Zeugnisse zur Frühgeschichte der Slawen untermauert und ergänzt werden. Neben der allgemein bekannten Gründungsurkunde Kremsmünsters (777) (Schenkungsurkunde Tassilos III.), welche zu den wertvollsten Quellen für die Frühgeschichte der Slawen zählt, liegt für die Region nördlich der Donau das Placitum von Puchenau (827) vor. In beiden Urkunden wird ein ähnlicher Gesellschaftsaufbau geschildert. Wegen Grenzstreitigkeiten im Raum Puchenau, das unter baierische Oberherrschaft kam, tritt eine Slawengruppe zur Verhandlung mit einer autorisierten verhandlungsfähigen Person gegenüber den Baiern auf.

Die gesellschaftliche Gliederung der Slawen im

baierischen Grenzgebiet wird in Übereinstimmung mit den schriftlichen Quellen auch aus den archäologischen Befunden sichtbar. Die slawischen Sippenverbände sind unter der Leitung eines aus ihren Reihen stammenden Anführers zugewandert. Dieser wurde nicht nur von der eigenen Gesellschaft anerkannt, sondern auch von baierisch-fränkischen Seiten als verhandlungs- und verantwortungsfähiger Partner akzeptiert. Als Zeichen seiner Funktion durfte der verantwortliche Führer öffentlich ein Schwert tragen, wohl war er auch beritten. Für die bisher untersuchten Gräberfelder dieser eingesickerten Slawengruppen ist jeweils eine einzige Bestattung eines Waffenträgers an einem prominenten Platz charakteristisch.

Die Anwesenheit slawischer Siedler beweist eine Kette von Gräberfundstellen, die sich entlang des nördlichen Donauufers an den Höhenrücken und stromseitigen Hängen aneinanderreihen. Von den 14 Bestattungsfundplätzen des unteren Mühlviertels (zwischen Rodl und Grein) sind zwei größere Gräberfelder Auhof/Perg (mit 127) und Gusen/Berglitzl (mit 186 Bestattungen) archäologisch untersucht. Wichtigstes Merkmal ist das Festhalten an der umfassenden Beigabensitte. Die tierischen Knochenfunde der Speisebeigaben zeigen das Spektrum der Haustierhaltung (Hühner, Ziegen, Schafe und Schweine, seltener Rinder, vereinzelt Fischgräten und Wildtierknochen als Zeugnisse für Fischfang und Jagd).

Durch Ausgrabungen der achtziger Jahre konnten in Lehen bei Mitterkirchen (Machland) auch Objekte einer slawischen Siedlung untersucht werden. Es handelt sich um den erstmaligen Fund einer frühmittelalterlichen Siedlungsanlage in Oberösterreich. Horizontalstratigraphisch wurde eine Wohnanlage (mit Grubengruppen, darunter Speicher und Backöfen) und ein Werkstättenbezirk (mit Kohlenmeiler, Röstfeueranlage und Schmiedewerkstätte) erkannt.

Während das Gräberfeld von Gusen durchwegs heidnischen Bestattungsritus erkennen läßt, zeigen sich im jüngsten Teil des Gräberfeldes von Auhof Übergangstendenzen zur christlichen Bestattungsweise. Im Grab eines Mädchens lag neben der heidnischen Gefäß- und Fleischbeigabe eine Kreuzfibel westlicher Provenienz. Auf dem Bestattungsplatz von Windegg konnte ähnliches beobachtet werden. Das Auftreten der Kreuzanhänger und -fibeln ist ein Beleg für das fortschreitende Christentum sowie für Taufgeschenke der baierischen Missionare.

Weiterführende Literatur

HAIDER, SIEGFRIED, Geschichte Oberösterreichs, Wien 1987.
LADENBAUER-OREL, HERTA, Linz-Zizlau, das baierische Gräberfeld an der Traunmündung, Wien 1960.
PERTLWIESER, MANFRED, Die frühmittelalterlichen Gräberfeld-Grabungen des OÖ. Landesmuseums, in: Baiern und Slawen, Symposion 1978. Schriftenreihe des OÖ. Musealvereines, Gesellschaft für Landeskunde, Bd. 10, S 44–80.
TOVORNIK, VLASTA, Die frühmittelalterlichen Gräberfelder von Gusen und Auhof bei Perg in Oberösterreich, Teil 1–2. In: Archäologia Austriaca 69–70, Wien 1985/86.
–, Zum Stand der Frühmittelalterforschung in Oberösterreich. In: 18. österreichischer Historikertag, Linz 1990, S 42.
–, Notbergung einer baierischen Gräbergruppe bei Asten. In: Archäologie Österreichs 4/1, 1993, S 33. (Mitteilungen der Ö. Gesellschaft für Ur- und Frühgesch., Jg. XLIII).
UBL, HANSJÖRG, Die archäologische Erforschung der Severinorte und das Ende der Römerzeit im Donau-Alpen-Raum. In: Severin zwischen Römerzeit und Völkerwanderung, Austellungskatalog, Enns 1982, S 71.
ZELLER, KURT, Kulturbeziehungen im Gräberfeld Linz-Zizlau. In: Baiernzeit in Oberösterreich, Ausstellungskatalog, Schloßmuseum Linz 1977, S 75–88.
–, Zu einigen „baierischen" Ohrringen aus Lauriacum. In: Baiern und Slawen in Oberösterreich, Symposion 1978. Schriftenreihe des OÖ. Musealvereins, Gesellschaft für Landeskunde, Bd. 10, S 133.

Walter Pohl

Im Zeichen des Kreuzes
Missionierung und Christianisierung im Donauraum

„Die Völker der Hunnen, schrecklich in ihrer alten Wildheit und Macht, hat Christus deinen für seine Ehre streitenden Szeptern unterworfen, in zuvorkommender Gnade ihre einst so stolzen Nacken unter das Joch des heiligen Glaubens gebeugt und in ihre seit alters blinden Sinne das Licht der Wahrheit ausgegossen." Das schrieb im Jahr 796 der angelsächsische Gelehrte Alkuin an Karl den Großen (ep. 110), nachdem fränkische Heere das Reich der Awaren unterworfen hatten – eine Großmacht, die fast ein Vierteljahrtausend lang den Donaulauf von der Ennsmündung bis in die Gegend des Eisernen Tores beherrscht hatte. Im selben Jahr trat, im Schutz der siegreichen Heere der Karolinger, irgendwo in Pannonien am Ufer der Donau ein Konzil fränkischer und bayerischer Kleriker zusammen und beriet, wie das „schwierige Werk" der Mission in Angriff zu nehmen sei. Der bei Petőháza gefundene Kelch gehörte wohl einem der Kirchenmänner, die sich in den folgenden Jahren und Jahrzehnten in das immer noch unruhige Pannonien zu Awaren und Slawen aufmachten – er trägt die Inschrift des Goldschmiedes: „Cundpald fecit", Cundpald hat ihn gemacht.

Es war nicht das einzige Mal in jenen Jahrhunderten, daß das Schwert über das Schicksal der Kirche an der Donau entschied, ihrer Organisation neue Räume und neue Seelen erschloß oder wieder entriß. Eine machtpolitische Entscheidung Kaiser Konstantins hatte auch im frühen 4. Jahrhundert die Durchsetzung des Christentums im Römischen Reich ermöglicht. Vorausgegangen war freilich die beharrliche Überzeugungsarbeit vieler Generationen früher Christen und vor allem ihre Bereitschaft, für ihren Glauben in den Tod zu gehen, das Martyrium auf sich zu nehmen: Wie es auch der heilige Florian getan hatte, der um 300 bei der Christenverfolgung Kaiser Diokletians in der Enns ertränkt worden sein soll. Seine Verehrung hat sich am Ort kontinuierlich über die Jahrhunderte behauptet: Sogar als um 615 Eustasius aus Burgund auf Missionsreise nach Bayern kam, führte er bei seiner Rückkehr im Kloster Luxeuil die Florian-Verehrung ein. Viele der Heiligen, die an der Donau verehrt wurden und werden, sind einheimische oder auswärtige frühchristliche Märtyrer, allen voran der „Erzmärtyrer" Stephanus, Patron des Passauer und des Wiener Doms, dessen Namen auch der heilige Ungarnkönig um 1000 trug.

Als sich im Lauf des 5. Jahrhunderts das Christentum an der Donau gefestigt hatte, war es durch kriegerische Ereignisse schon bedroht. Die Lebensschilderung des 482 gestorbenen Severin gibt davon eindrucksvolles Zeugnis. „Als die Städte Ufernoricums an der oberen Donau noch bestanden, aber fast kein Kastell von Barbarenüberfällen verschont blieb, erstrahlte der Ruf des heiligen Severin weithin so sehr, daß ihn die einzelnen Kastelle um die Wette zu ihrem Schutz einluden." (c. 11) So schrieb in der Rückschau Severins Schüler Eugippius im Exil bei Neapel. Severin hatte um 460 ein Kloster bei Mautern gegründet; wie er in einer schwierigen Zeit Existenz und Glauben der romanischen Bevölkerung an der Donau zwischen Straubing und dem Wienerwald zu bewahren half, erschien vielen als Wunder. Dennoch half es nur vorübergehend: Schließlich mußte sich die Bevölkerung der stromaufwärts gelegenen Kastelle vor Alemannen, Herulern und anderen Angreifern ins kirchliche Zentrum Lauriacum-Lorch an der Ennsmündung zurückziehen,

Severin handelte für sie den Schutz der bei Krems siedelnden Rugier aus. 487/88 zerschlug Odoaker, der in Italien den letzten weströmischen Kaiser gestürzt hatte, das Rugierreich und zwang die norische Bevölkerung an der Donau zum Abzug nach Italien. Damit war auch dem christlichen Leben hier für lange Zeit die Grundlage genommen.

In der folgenden Zeit verfiel die Kirchenorganisation entlang des gesamten Donaulaufes: Im bayerischen Herzogtum, das im 6. Jahrhundert zwischen Lech und Enns entstand, ebenso wie im Reich der Awaren, die 568 Pannonien von den Langobarden übernahmen; bald nach 600 mußte auch die christliche Bevölkerung der Kastelle an der unteren Donau vor awarischem und slawischem Druck weichen. In all diesen Gebieten erhielten sich wohl lokale Gemeinschaften, die Christus verehrten; spätere Missionare erschraken freilich über den eigenwilligen Glauben dieser versprengten „Christen". Nicht nur das Konzil an der Donau von 796 hatte mit dem Problem zu kämpfen, ob die von „schriftunkundigen Klerikern" und ohne die korrekte Formel gespendete Taufe gültig sei oder ob sie wiederholt werden müßte. Doch überall galt in den Jahrhunderten nach der Christianisierung: Wo nicht eine schlagkräftige Kirchenorganisation und staatliche Zwangsgewalt zusammenwirkten, blühte unter der christlichen Oberfläche bald eine Vielfalt von Glaubensformen. Manche heidnische Vorstellungen wußte die Kirche ins Christentum zu übernehmen: Daten und Riten alter Fruchtbarkeitskulte flossen ins Weihnachts- und Osterfest ein, Heilige lösten in der Verehrung heidnische Götter ab, Kirchen wurden oft an alten Kultorten errichtet, und mancher vorchristliche Brauch hat bis heute überlebt (etwa die Perchten). Andere Formen des „Aberglaubens" wurden erst in den Hexenverfolgungen der frühen Neuzeit mit einer systematischen Grausamkeit ausgerottet, die das frühe Mittelalter in Glaubensdingen noch nicht kannte.

Bis um 700 verirrten sich nur selten Glaubensboten an die Donau. Einer davon war der Aquitanier Amandus, der bei den Slawen an der Donau erfolglos predigte, ja nicht einmal des Martyriums gewürdigt wurde. Um 700 begannen unter dem Bayernherzog Theodo gezielte Bemühungen, das bayerische Christentum zu erneuern und zu verbreiten. 695/96 holte Theodo aus Worms den Bischof Rupert in seine Residenz Regensburg, um in Bayern ein Missionszentrum zu errichten, wo er wollte. Nicht zufällig fuhr Rupert zuerst die Donau hinab in den ehemaligen Bischofssitz Lorch, wo sich eine christliche Gemeinde erhalten hatte (wie auch die Grabungsergebnisse zeigen). Doch zog er von der Awarengrenze weiter nach Salzburg, das im Lauf des folgenden Jahrhunderts nicht nur zum Missionszentrum für die Ostalpen, sondern auch zur kirchlichen Metropole ganz Bayerns ausgebaut wurde. Salzburg gab auch die Richtung der Missionsbemühungen des 8. Jahrhunderts vor, nämlich über die Alpen nach Karantanien. Der Donauweg wurde noch nicht benützt, solange an der Enns die „sichere Grenze" zum Awarenreich verlief. Als 711/12 der Heilige Emmeram über Lorch zu den Awaren auf Missionsreise gehen wollte, hielt ihn Herzog Theodo in Regensburg zurück; die sonst so friedlichen Beziehungen zu den östlichen Nachbarn seien gerade durch Grenzkonflikte getrübt.

In den folgenden Jahrzehnten wurden, mit Hilfe des päpstlichen Legaten und „Erzbischofs Germaniens" Bonifatius und zum Teil auch gegen ihn, die bayerischen Bischofssitze Regensburg, Passau, Freising und Salzburg bleibend eingerichtet. Schon vor der endgültigen Regelung von 739 hatte es in Regensburg mit Erhard und später in Passau mit Vivilo Bischöfe gegeben. Zahlreiche Klöster wurden gegründet, darunter Niederaltaich, Mondsee (vor 748), Kremsmünster (777) und Mattsee (784).

Erst die siegreichen Heere Karls des Großen öffneten der bayerisch-fränkischen Mission ab 796 den Donauweg über die Enns hinaus. „Im selben Jahr 796 schickte Karl (der Große) seinen Sohn Pippin mit einem großen Heer ins Hunnenland ... dieser betraute den Salzburger Bischof Arn damit, den Teil

Katalog-Nr. III. 1. 4.
Foto: ÖNB, Bildarchiv

des unteren Pannoniens am Plattensee und jenseits der Raab und von dort bis zur Drau und weiter bis zur Mündung der Drau in die Donau, soweit er Gewalt besaß, zu verwalten und das Volk, das von den Hunnen (= Awaren) zurückblieb, in der christlichen Lehre zu unterrichten und das kirchliche Leben zu organisieren", so schrieb zwei Generationen später die „Conversio Bagoariorum et Karantanorum" (c. 6), ein Rechenschaftsbericht der Salzburger Kirche. Man sieht, wie sehr sich die Missionare am Donaulauf orientierten. Im Hinblick auf die großen Missionsaufgaben im Osten wurde Salzburg, wo man auf ein halbes Jahrhundert Erfahrung mit den Karantaner Slawen zurückblicken konnte, 798 zum Erzbistum erhoben – auch wenn der erste Erzbischof Arn sich nur zögernd im Wilden Osten engagieren mochte. Auch die anderen bayerischen Bistümer wurden herangezogen; an der Donau bis hinunter zur Raabmündung war, nach einer Entscheidung von 828/30, der Bischof von Passau zuständig.

Aber die fränkischen Waffen hatten nicht nur den Missionaren den Weg geöffnet; die Gottesboten hatten umgekehrt auch die Herrschaft der Karolinger zur Geltung zu bringen. Taufe und Unterwerfung der Machthaber eines besiegten Volkes gingen Hand in Hand. Der Khagan und weitere Anführer der Awaren, der Dänenkönig, mährische und andere slawische Fürsten, sie alle unterwarfen sich im 9. Jahrhundert einem solchen politischen Taufritual wie schon vor 800 die Karantanenfürsten und die überwundenen Sachsen. Die Taufe verpflichtete wiederum in der Regel zur Leistung des Zehents an die Kirche, was ihre Attraktivität nicht gerade erhöhte, wie schon Karl des Großen Berater Alkuin bemerkte: „Wenn dem allzuharten Sachsenvolk mit ebensoviel Nachdruck das leichte Joch Christi und seine süße Last gepredigt würde, wie die Ablieferung des Zehnten (...) gefordert wird, würden sie vielleicht das Taufsakrament nicht scheuen", schrieb er an Karls Schatzmeister (ep. 111). Gerade als die

Katalog-Nr. III. 1. 14.
Foto: Gattinger

Macht der Karolinger in der zweiten Hälfte des 9. Jahrhunderts abnahm, wirkte die Verflechtung der Kirche mit machtpolitischen Interessen nachteilig; der Widerstand gegen fränkische Herrschaft richtete sich oft auch gegen die bayerisch-fränkische Kirche.

Eine Möglichkeit für die Völker an der Donau bot die Rivalität zwischen dem Papst, dem Kaiser im Westen und Patriarch und byzantinischem Kaiser in Konstantinopel. Die endgültige Trennung zwischen der „katholischen" Kirche unter päpstlicher Führung und der „orthodoxen" kam zwar erst 1054; doch schon im 9. Jahrhundert war die Entfremdung beträchtlich, die Konkurrenz in der Slawenmission scharf. Die bayerisch-fränkischen Missionare hatten nur langsame Fortschritte unter den Slawen an der Donau, im Inneren Pannoniens und vor allem in Mähren erzielt (die einfachen Bleikreuze, die vor allem im mährischen Machtbereich gefunden wurden, sind Spuren davon). Byzanz verschaffte sich einen entscheidenden Vorteil dadurch, daß man flexibler auf slawische Ansprüche einzugehen wußte. Besonders Konstantin (auch Cyrill genannt) und Method schufen durch die Enwicklung einer slawischen Schrift und Liturgie neue Möglichkeiten. Das widersprach der päpstlichen Position, die der slawischen Sprache nicht solchen Raum geben wollte. Die Wirkung Cyrills und Methods reichte bis in das schon länger von der bayerischen Kirche missionierte Mähren: „Es geschah damals, daß die Morawanen (Mährer) in der Erkenntnis, daß die deutschen Priester, die bei ihnen lebten (...), Ränke gegen sie schmiedeten, alle vertrieben...", berichtet eine Lebensbeschreibung Methods. Und eine Biographie Konstantins erzählt: „Als er (Cyrill) nach Mähren kam, empfing ihn Rostislaw mit großer Ehre... Bald übersetzte er die ganze Kirchenordnung, lehrte sie die Frühmette, die Stundengebete, die Messe, auch die Vesper und den geheimen Dienst... Gott freute sich darüber sehr und der Teufel schämte sich." 863 waren die beiden Slawenapostel nach Mähren gekommen, wo sie einige Jahre blieben; 867/68 kamen sie nach Rom und wurden zeitweise sogar vom Papst unterstützt, der Method zum Erzbischof des längst verlassenen Sirmium an der unteren Save ernannte. Dennoch brachten ihn die Bayern, die Mähren kirchlich und politisch nicht aufgeben wollten, 870 in ihre Gewalt und hielten ihn jahrelang fest. Als Method 885 gestorben war, konnte sich die slawische Liturgie an der mittleren Donau, trotz vorübergehender Erfolge, nicht behaupten. Die sogenannten Freisinger Denkmäler, slawische Bußformeln und Predigttexte, zeigen allerdings, daß auch westliche Priester sich auf die Slawen einstellen mußten.

Zukunftweisend wurde das Werk Cyrills und Methods jedoch weiter südöstlich. Dabei hatten die Bulgaren sich zunächst kirchlich nach Westen orientiert, um wiederum dem byzantinischen Einfluß zu entgehen, genauso wie die Mährer gegen die karolingische Kontrolle um Missionare aus Konstantinopel angefragt hatten. In beiden Fällen setzten sich die nähergelegenen Kirchen durch; Bulgaren und später auch Serben und Russen orientierten sich an Byzanz und übernahmen slawische Liturgie und cyrillische Schrift. Die Slawen oberhalb Belgrads dagegen anerkannten den Papst und pflegten, wie er es forderte, die lateinische Liturgie.

Zwischen Wienerwald und Eisernem Tor gingen die mühsam erlangten Erfolge der umstrittenen Christianisierung um 900 allerdings wieder verloren, als hier die heidnischen Magyaren ihr Reich errichteten. 907 ging bei Preßburg ein bayerisches Heer zugrunde, wobei Erzbischof Theotmar von Salzburg sowie die Bischöfe von Freising und Säben (im heutigen Südtirol) den Tod fanden. Wieder wurde die Enns zur Ostgrenze des christlichen Europa. Allerdings bestanden trotz aller Kriege die Kontakte entlang der Donau weiter, wie die Fahrt des Freisinger Bischofs Drakulf beweist, der auf dem Weg donauabwärts, wohl in diplomatischer Mission, 926 im Greiner Donaustrudel ertrank.

An einen Wiederaufbau der kirchlichen Strukturen östlich der Enns konnte erst nach der ungarischen Niederlage auf dem Lechfeld (955) gedacht werden; wieder waren Passau, daneben Salzburg und Freising aktiv. Alte Rechte wurden wiederbelebt, neue erworben, was auch Rivalitäten hervorrief. Etwa hinderte Bischof Pilgrim von Passau den heiligen Wolfgang, der kurz darauf, 972, Bischof von Regensburg wurde, an einer Missionsreise donauabwärts. Um den Vorrang des Erzbischofs von Salzburg wettzumachen, fälschte Pilgrim eine Serie von Urkunden, die beweisen sollten, daß er als Nachfolger der spätantiken Bischöfe von Lorch (von denen er aus dem Leben Severins wußte) sich ebenfalls Erzbischof nennen könne. Die Ansprüche des hochgebildeten Passauers setzten sich nicht durch, doch blieb Passau für den Donaulauf bis zur ungarischen Grenze (am Wienerwald, seit der zweiten Hälfte des 11. Jahrhunderts an der Leitha) zuständige Diözese. Salzburg und Freising behielten an der Donau manche Rechte, engagierten sich aber stärker in Karantanien.

Etwa zur selben Zeit begann die Christianisierung der Ungarn mit der Taufe König Gezas (973); der Durchbruch kam mit dem 996 getauften Stephan, der von Kaiser und Papst die Errichtung einer eigenen Erzdiözese in Gran erreichte. Immer noch waren für heilige Männer die Länder an der Donau nicht ungefährlich: Der irische Pilger Koloman erlitt bald nach 1000 nördlich von Stockerau das Martyrium, weil er für einen Spion gehalten wurde; bald jedoch begann man ihn als Heiligen, sogar als österreichischen Schutzpatron zu verehren. Im Lauf des 11. Jahrhunderts konnte sich das Christentum überall an der Donau endgültig durchsetzen. Die Christianisierung an der Donau hatte fast ein Jahrtausend gedauert, von den Anfängen im Römischen Reich bis zum christlichen Europa des Hochmittelalters.

Literatur (Auswahl)

ANGENENDT, ARNOLD, Das Frühmittelalter. Die abendländische Christenheit von 400 bis 900, Stuttgart 1990.
BRUNNER, KARL, Herzogtümer und Marken. Geschichte Österreichs, 907–1156 (in Vorbereitung).
FRIESINGER, HERWIG, VACHA, BRIGITTE, Die vielen Väter Österreichs. Römer – Germanen – Slawen, Wien 1987.
Geschichte Salzburgs. Bd. I, 1, hg von DOPSCH, HEINZ, Salzburg 1983.
Kirchengeschichte als Missionsgeschichte. Bd. 2, 1, hg von SCHÄFERDIEK, KNUT, München 1978.
LOTTER, FRIEDRICH, Severinus von Noricum. Legende und historische Wirklichkeit, Stuttgart 1976.
POHL, WALTER, Die Awaren. Ein Steppenvolk in Mitteleuropa, 567–822 n. Chr., München 1988.
–, „Das sanfte Joch Christi": Zum Christentum als gestaltende Kraft im Mitteleuropa des Frühmittelalters. In: Karantanien und der Alpen-Adria-Raum im Frühmittelalter, hg. von HÖDL, GÜNTHER, GRABMAYER, JOHANNES, Wien–Köln–Weimar 1993, S 259–280.
WOLFRAM, HERWIG, Die Geburt Mitteleuropas. Geschichte Österreichs vor seiner Entstehung, 378–907, Wien 1987.
–, Conversio Bagoariorum et Carantanorum, Wien 1979.
Ausstellungskataloge: Baiernzeit in Oberösterreich (1977); Severin – zwischen Römerzeit und Völkerwanderung (1982); Die Bajuwaren. Von Severin bis Tassilo 488–788 (1988).

Georg Heilingsetzer

Burgen und Schlösser im Donauraum
Das „Eferdinger Land" als Beispiel

Immer wieder wurde die Donaulandschaft beschrieben, und ihre besonderen Schönheiten erregten die Bewunderung berühmter Künstler und Dichter. Die Zahl der Reisenden aus allen sozialen Schichten und aus aller Herren Länder, die von der reizvollen Umgebung ergriffen wurden, ist Legion, und so mancher hat seine Empfindungen auch zu Papier gebracht. Friedrich Nicolai, der bedeutende Vertreter der Berliner Aufklärung, stellte 1781 etwas trocken das Vorhandensein zahlreicher „Klöster, Städte und Ruinen von alten Schlössern" fest. Im Zeitalter der Romantik wurden die Beschreibungen enthusiastischer, und gerade zu den Burgen, Schlössern und Ruinen bestand ein besonderes Verhältnis. Ludwig Uhland schildert in einem Brief an seine Frau (1838) die Fahrt von Regensburg flußabwärts und freut sich über den raschen Wechsel schöner Landschaftsbilder: „Milde und fruchtbare Gegenden mit der Aussicht auf nahes und fernes Gebirge wechseln mit wilden Felspartien, wie besonders der Strudel und Wirbel der Donau, der Burg Dürrenstein usw. Einen eigentümlichen Reiz hatte für mich auch die fortlaufende Erinnerung an die Fahrten Kriemhildens und der Nibelungen". Annähernd zur selben Zeit vergleicht der damals noch nicht tief pessimistische Nikolaus Lenau – wie so viele – den Rhein mit der Donau, wobei er persönlich der Donau den Vorzug gibt, aber es erscheint auch eine düstere Komponente, die der Dichter durchaus genießt, wenn er feststellt: „Man sieht's den Bergschlössern in unserem Lande wohl an, daß hier der Haß mit nervigerer Hand die Steine gefügt und getürmt. Dazu die düstere Waldumschattung; das ist prachtvoll . . ."

Das Bedürfnis nach umfassender Information hingegen wurde durch gedruckte Reisebeschreibungen, die auch historische und kunsthistorische Informationen enthielten, befriedigt. In einem der zahlreichen Erzeugnisse dieser Gattung, der von dem Beamten Kaspar Norbert Klein verfaßten „Beschreibung der bei der Donau-Reise von Linz bis Wien ersichtlichen Ortschaften, Schlösser etc." (Linz 1846) heißt es, daß das Donautal in diesem Abschnitt eine reiche Abwechslung von Szenarien biete, „wo irgend ein Fels sein Haupt empor hebt, blickt graues verfallenes Gemäuer herab und fast an jeder Stelle des Stromes, wo derselbe sich im scharfen Winkel krümmt, steht eine verfallene Raubfeste. Und so gleicht die Dampfschiffreise auf dieser Donaustrecke der flüchtigen Zeit."

Viele dieser Burgen und Schlösser sind durch ihre prominenten Besitzer und Bewohner mit der allgemeinen Geschichte verbunden, viele historische Persönlichkeiten und manche Ereignisse bildeten auch den Stoff für Sagen und Legenden. Nur einige Beispiele sollen hier herausgegriffen werden. Das wohl bedeutendste ist die Episode der Gefangenschaft des englischen Königs Richard Löwenherz, der während des dritten Kreuzzuges im Heiligen Land eine Auseinandersetzung mit dem Babenbergerherzog Leopold V. von Österreich hatte, auf seiner Rückkehr durch das Gebiet seines Kontrahenten erkannt und gefangengenommen und vom Herzog den Kuenringern übergeben wurde, die ihn auf ihrer Feste Dürnstein in sicherem Gewahrsam hielten. Die Gefangenschaft in Dürnstein dauerte allerdings nicht so lange, wie oft angenommen wird, nämlich nur vom Ende des Jahres 1192 bis Ostern 1193, als der König dem römisch-deutschen Kaiser Heinrich VI. ausgeliefert wurde. Die rührende Geschichte des Sängers Blondel, der seinen Herrn nach langer

Suche durch die Kenntnis einer ganz bestimmten Weise aufspürte, ist übrigens erst später in französischen Erzählungen aufgetaucht und wurde in England durch den Dichter Oliver Goldsmith im 18. Jahrhundert populär. Die Frage des Lösegeldes wurde sogar noch in den zwanziger Jahren des 20. Jahrhunderts erörtert, und Frances Trollope, eine Dame, die eine interessante Reisebeschreibung: „Vienna and the Austrians" (London 1838) verfaßt hatte, notierte anläßlich des Anblickes der Burg Dürnstein vom Donauschiff aus, diese habe durch ihre Lage auf einem Felsen ein „schreckliches Aussehen". Ein starkes Gefühl des Mitleides und Schauderns habe alle englischen Reisenden erfaßt „und wir fühlten, daß Richard unser König war, gleich als hätte er erst gestern geherrscht".

Eine besonders tragische Geschichte, die immer wieder Dichter und Komponisten angeregt hat (Friedrich Hebbel, Carl Orff), ist das Schicksal der schönen Augsburgerin Agnes Bernauer. Es heißt, daß sie die Tochter eines Baders gewesen sei, die die Liebe des jungen Bayernherzogs Albrecht erlangte, der sie zum Entsetzen seines Vaters sogar zu seiner rechtmäßigen Gattin nahm. Das junge Paar hielt Hof in den Donauschlössern in Vohburg und Straubing, schließlich aber schritt der regierende Herzog Ernst, der um den Weiterbestand des Herzogtums fürchtete, zur Tat. Er ließ die verhaßte Schwiegertochter gefangennehmen und 1435 in der Donau ertränken. Ein schwerer Vater-Sohn-Konflikt war die Folge, schließlich söhnten sich beide aber doch wieder aus, und der Vater ließ seinem schuldlosen Opfer eine schöne Kapelle beim Friedhof zu St. Peter in Straubing errichten.

Als Besitzer der Donauburgen scheinen nicht nur die österreichischen Landesfürsten (Babenberger und Habsburger) sowie einheimische Adelige auf, im 19. Jahrhundert gingen viele Objekte in fremde Hände über, und auch bürgerliche Familien strebten danach, eine Burg oder ein Schloß zu besitzen. So kam die Greinburg im Strudengau an die Herzöge von Sachsen-Coburg-Gotha und nach dem Tode des Gemahls der englischen Königin Viktoria, des Herzogs Albert, war für einige Zeit sogar die Queen zu einer Hälfte Besitzerin des Schlosses (1876). Ein Angehöriger ihres Hofstaates, der königliche Hofkurier Josef Julius Kanné, erwarb 1868 die nahe gelegene Ruine Werfenstein. Von den Erben des zwanzig Jahre später in London verstorbenen Kanné kaufte im Jahre 1907 ein gewisser Adolf Lanz das Gemäuer, ein gebürtiger Wiener und ehemaliger Mönch des Zisterzienserstiftes Heiligenkreuz, der sich nunmehr Dr. Georg (Jörg) Lanz von Liebenfels (1874–1954) nannte. Er veranstaltete auf seinem neuen Besitz mystische Zusammenkünfte einer von ihm gegründeten Bruderschaft des neuen Templerordens. Lanz ist aber auch als Verfasser von zahlreichen Schriften hervorgetreten, in denen ein krauses rassistisches Gedankengut vertreten wurde, und seine „Ostara"-Hefte (ab 1905) wirkten nachweislich mächtig auf den jungen Adolf Hitler ein, so daß der Autor dieser „Briefbücherei der Blonden und Mannesrechtler" seit den fünfziger Jahren als der „Mann, der Hitler die Ideen gab" (Wilfried Daim) gelten konnte.

An der Donau liegen auch die großen Residenzen wie das Zentrum des Habsburgerreiches, die Hauptstadt Wien, ebenso wichtige Festungen, die in den Türkenkriegen des 17. und 18. Jahrhunderts eine große Rolle spielten; hier ist an Ofen zu denken, vor allem aber an das immer wieder seine Besitzer wechselnde Belgrad. Daneben gab es eine große Anzahl von kleineren Residenzen, vor allem an der oberen Donau, man denke etwa an Donaueschingen, das im 18. Jahrhundert Hauptsitz der Grafen und Fürsten von Fürstenberg wurde, Dillingen, die Hauptstadt des Hochstifts Augsburg, Neuburg, seit 1505 Mittelpunkt einer jüngeren Linie der pfälzischen Wittelsbacher, der Herzöge von Pfalz-Neuburg, Ingolstadt, zeitweise Sitz einer selbständigen Linie und eines bayerischen Teilherzogtums (15. Jahrhundert) und schließlich Passau als Residenz der Fürstbischöfe. Überall bildete eine Burg den Ausgangspunkt der Herrschaft und des Machtzentrums.

Wolf Huber, Der Donaustrudel, 1531. Aus: A. Marks, Oberösterreich in alten Ansichten

Das Zeitalter der eigentlichen Burgen begann im hohen Mittelalter. Aus einfachen Wehranlagen entwickelte sich vor allem im 12. Jahrhundert die auf einer Anhöhe gelegene Burg, besonders zu militärischen Zwecken, aber auch als Wohnung des Besitzers und Zentrum einer Herrschaft über abhängige Dienstleute und Bauern. Diese Höhenburgen – als Gegensatz zu einem anderen Burgentyp, den Wasserburgen – bestanden im allgemeinen aus einem Bergfried (Hauptturm), einem Palas (Wohngebäude), eventuell einer Kapelle und mehreren Nebengebäuden. All dies wurde von einer Ringmauer umgeben unter möglichster Ausnützung des bestehenden Geländes. Im 13. und 14. Jahrhundert wurden diese Anlagen vielfach erweitert durch Hinausrücken an den Rand des Felsens oder Bergabhanges, wobei auch den Anforderungen einer verfeinerten Belagerungstechnik Rechnung getragen werden mußte.

Im 15. und 16. Jahrhundert veränderten sich durch den Siegeszug der Feuerwaffen die Aufgaben der Burgen, die nur in den seltensten Fällen zu modernen Festungen ausgebaut wurden, während auch für den Adel die alten ererbten Sitze nicht mehr attraktiv waren, da sie den gesteigerten Wohn- und Repräsentationsbedürfnissen nicht mehr entsprachen. Die alten Höhenburgen wurden vielfach aufgegeben, es erfolgte eine Übersiedlung in die befestigten Städte oder die Errichtung eines neuen Schlosses in einer verkehrsmäßig günstigen oder angenehmen Lage.

Im 17. und 18. Jahrhundert wurde dieses adelige Repräsentationsbedürfnis sogar noch stärker, und es entstanden zusätzliche Jagd- und Lustschlösser. Ein Beispiel ist der von Prinz Eugen südlich von Budapest auf der Donauinsel Csepel im Jahre 1702 begonnene Bau des Schlosses Rackeve, als dessen Architekt er den jungen Johann Lukas von Hildebrandt gewonnen hatte. Der Verfall der mittelalterli-

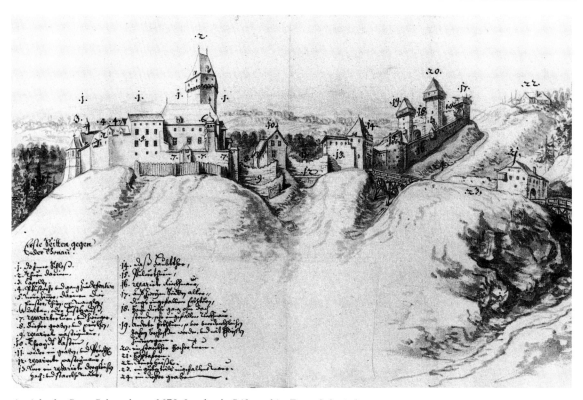

Ansicht der Burg Schaunberg, 1670. Lambach, Stiftsarchiv. Foto: Schmitsberger

chen Anlagen, die vielfach sogar als Steinbrüche benutzt wurden, setzte sich zu dieser Zeit weiter fort, und erst das 19. Jahrhundert hat hier eine Bewußtseinsänderung gebracht. Jetzt setzten nicht nur Konservierungsmaßnahmen ein, sondern es wurden auch Neubauten errichtet, die im Stil der Gotik gehalten waren. Beispiele sind etwa Greifenstein, seit 1818 aus einer Ruine neu erstanden, Grafenegg, eine neugotische Schöpfung des Grafen Breuner (1840 – 1873) und schließlich Kreuzenstein, eine Burg des Grafen Hans Wilczek, die 1874 bis 1907 unter Verwertung kunsthistorischer Erkenntnisse errichtet wurde, nachdem die ältere Anlage schon 1645 von der abziehenden schwedischen Armee gesprengt worden war.

Diese kurzen Betrachtungen über ein Thema, das vielerlei Zugangsmöglichkeiten bietet, sollen nun anhand eines regionalen Beispiels weitergesponnen werden. Das „Eferdinger Land", also das Gebiet, das etwa die Ausdehnung der heutigen Bezirkshauptmannschaft Eferding umfaßt, hat einen relativ großen Anteil an der Donau. Die Interessen des Bischofs von Passau, der österreichischen Landesfürsten und des hier dominierenden Adelsgeschlechtes der Schaunberger bestimmten lange Zeit die historische Entwicklung. Der Donaustrom ist im Aschach-Eferdinger Becken relativ breit und war früher in viele Arme verzweigt. Man findet die Burgen und Schlösser daher auch nicht unmittelbar am heutigen Ufer, sondern in einiger Entfernung, die älteren Objekte waren im Sinne der schon geschilderten Entwicklung auf den Anhöhen anzutreffen.

Trotz ihres ruinösen Charakters ist die *Schaunberg* auch heute noch eine imponierende Anlage, die geeignet ist, die Bedeutung ihrer einstigen Besitzer erkennen zu lassen. Die Burg liegt am Rande eines Steilabhanges gegen die Donauebene zu, erstreckt sich auf einer Fläche von rund 17.500 m^2 und ist damit die größte Burganlage Oberösterreichs. Ihre Entstehung fällt in die Mitte des 12. Jahrhunderts, als Heinrich aus dem Geschlecht der bayerischen Herren von Julbach sich an dieser Stelle festsetzte und bald auch nach dieser Burg benannte (1161). Der mächtige fünfeckige Bergfried stammt im Kern aus dieser Zeit, im 14. Jahrhundert aber wurde die Burg in großzügiger Weise ausgebaut, sogar die Burgkapelle hat eine über das übliche Ausmaß weit hinausgehende Größe. Die Schaunberg selbst war der Mittelpunkt eines Herrschaftskomplexes, der von der bayerischen Grenze bis vor die Tore von Linz reichte und zeitweise weitere Besitzungen im Mühlviertel, in Bayern und anderswo umfaßte. Seit Beginn des 14. Jahrhunderts ist von einer „Grafschaft Schaunberg" die Rede, und die Grafen gingen daran, sich ein eigenes unabhängiges „Land" zwischen Österreich und Bayern zu schaffen. Hier liegt die tiefere Wurzel, wenn man heute noch vom Schaunberger Land oder vom Eferdinger Land oder Ländchen spricht. Die Verkleinerungsform deutet aber darauf hin, daß es eben nicht gelungen ist, die Selbständigkeit zu bewahren. Die Schaunberger mußten sich nach blutigen Fehden den Habsburgern geschlagen geben, obwohl ihre stolze Feste 1380/81 auch einer Belagerung standhielt, und alle ihre Besitzungen vom österreichischen Herzog zu Lehen nehmen.

Eine zweite Burg der Schaunberger, die ebenfalls in der Mitte des 12. Jahrhunderts errichtet wurde, war *Stauf*, nach der sich einzelne Familienmitglieder auch zeitweise nannten. Die Anlage im Aschachtal

Johann Adam Klein, Ruine Aggstein, Federzeichnung 1813. Foto: ÖNB, Fonds Albertina

war kleiner als die Schaunberg, mußte jedoch 1380/81 ebenfalls eine Belagerung durch die Habsburger überstehen. Sie wurde dann meist von Pflegern verwaltet.

Seit 1367 besaßen die Schaunberger einen weiteren Herrschaftsmittelpunkt, als sie vom Bischof von Passau die im Nibelungenlied erwähnte Stadt *Eferding* zusammen mit einer darin befindlichen Feste erwerben konnten. 1416 wird eine „Neue Feste" erwähnt, die wohl mit dem Nordtrakt des heutigen Schlosses identisch ist, und um 1500 verlegten die Schaunberger ihre Residenz nach Eferding, wo sie eine fürstlich zu nennende Hofhaltung führten. Vor allem Graf Georg von Schaunberg († 1554) war für seine Prachtliebe und seine Verschwendungssucht berühmt. Mit dem jüngeren, Graf Wolfgang, starben die Schaunberger in männlicher Linie aus (1559). Aus den langen Prozeßstreitigkeiten ergab sich schließlich, daß die Starhemberger und Liechtensteiner die Haupterben waren.

So kamen die schon gänzlich verfallene Burg Stauf und der Markt Aschach an die Liechtensteiner, während die Starhemberger alles übrige gewannen. Die Starhemberger fühlten sich den Grafen von Schaunberg auch ideell verpflichtet und nahmen deren Wappen in das ihre auf. Die Burgen Schaunberg und Stauf sind in der Folge immer mehr dem Verfall preisgegeben worden, denn die Liechtensteiner verlegten den Herrschaftsmittelpunkt in den Markt *Aschach* und errichteten dort ein neues Schloß. Dieses blieb allerdings nicht lange im Besitz der Liechtensteiner, sondern gelangte über die Jörger, die sich 1618/20 am Aufstand gegen Kaiser Ferdinand II. beteiligt hatten, an die gräfliche Familie Harrach. Diese baute das Schloß im 17. und 18. Jahrhundert aus, wobei vor allem die Wirksamkeit des schon genannten Architekten Johann Lukas von Hildebrandt für den Grafen Alois Thomas Raimund von Bedeutung ist. Das Schloß wurde im 19. Jahrhundert mehrfach umgestaltet, nicht immer zu seinem Vorteil, erhielt aber 1825 einen ausgedehnten englischen Park nach dem Vorbild des Harrachschlosses in Bruck an der Leitha, der seinesgleichen in Oberösterreich suchte. Dies kann man heute nur mehr erahnen, denn Schloß und Park befinden sich in einem beklagenswerten Zustand.

Auch das vielleicht bedeutendste Denkmal der Renaissancearchitektur von Oberösterreich befindet sich im Eferdinger Land: Schloß *Hartheim*. Der Erbauer des Renaissanceschlosses war Jakob Aspan († 1610), der 1595 in den Freiherrenstand erhoben wurde und über 70.000 Gulden für den Bau ausgab. Es handelt sich um eine rechteckige Anlage mit vier neuneckigen Ecktürmen. In der Mitte des Gebäudes befindet sich ein Hof, der in seinen drei unteren Geschossen Arkaden aufweist, im vierten Geschoß einen Gang mit toskanischen Säulen. Von den reichen Verzierungen und Malereien der Entstehungszeit ist heute fast nichts mehr zu erkennen, auffällig sind nur die schmiedeeisernen Wasserspeier in den Ecken. Der Bauherr, der mit einer Starhembergerin verheiratet war, wollte offensichtlich als Mäzen mit seinen Schwägern Reichard und Erasmus von Starhemberg, die ihre Schlösser Riedegg und Eferding ausbauten, sowie mit Hans Wilhelm von Zelking auf Weinberg wetteifern. Er konnte eine reinere Renaissancearchitektur verwirklichen, da er nicht auf Geländeformationen oder ältere Bauteile Rücksicht nehmen mußte. Allerdings wurde Schloß Hartheim, das von den Starhembergern 1896 als Pflegeheim für behinderte Kinder gewidmet wurde, im 20. Jahrhundert zu einem Ort des Schreckens, als es während der NS-Zeit als Euthanasie-Vollzugsanstalt diente und als Vernichtungslager für KZ-Häftlinge.

Die Starhemberger bauten das von den Schaunbergern übernommene Schloß Eferding um 1600 weiter aus, vor allem den Nordflügel, das „alte Schloß". Sie machten Eferding zu einem Zentrum des Protestantismus im Lande und waren am Aufstand der protestantischen adeligen Stände gegen den Habsburgerkaiser führend beteiligt, was nach 1620 zum Verkauf der Herrschaft führte. Erst 1660 gelang es der Familie, den Besitz zurückzukaufen.

Inzwischen waren die Starhemberger aber wieder in den Schoß der katholischen Kirche zurückgekehrt, und einige Vertreter des Geschlechtes, das 1643 die Reichsgrafenwürde erlangt hatte, bekleideten einflußreiche Positionen am Kaiserhof und in der Verwaltung. Besonderen Ruhm erlangten Graf Ernst Rüdiger, der Verteidiger der Haupt- und Residenzstadt Wien gegen die Türken im Jahre 1683, Guido († 1737), Komtur des Deutschen Ordens und erfolgreicher General im Spanischen Erbfolgekrieg, und Gundaker Thomas († 1745), Finanzexperte, Staatsmann und Berater dreier Kaiser und der jugendlichen Maria Theresia. Georg Adam († 1807) diente als Diplomat in Frankreich und bevollmächtigter Minister in Brüssel und wurde schließlich 1765 mit der Reichsfürstenwürde ausgezeichnet. Er baute Schloß Eferding 1785/88 in seiner heutigen Form um, wobei die südliche Front mit einer repräsentativen Schauseite in Richtung Stadtplatz ausgestattet wurde. Es handelt sich hier um einen der wenigen klassizistischen Bauten in Oberösterreich, der etwas an französische und belgische Vorbilder erinnert. Das Schloß beherbergt das Stadtmuseum Eferding und das Familienmuseum der Starhemberger und bietet einzigartige Sammlungen zur Geschichte Österreichs vom Mittelalter bis ins 20. Jahrhundert.

Der einzige Sohn Georg Adams, Ludwig († 1833), der mit einer Prinzessin von Arenberg verheiratet war, lebte lange Jahre in England als österreichischer Gesandter während der Zeit der Auseinandersetzungen mit dem revolutionären und napoleonischen Frankreich. Er wurde in London und Twickenham an der Themse, wo er einen reizenden Landsitz bewohnte, zum großen Bewunderer englischer Staatskunst und englischer Kultur.

Unweit von Eferding befand sich bis 1884 ein kleiner Ansitz, *Gstettenau,* auf dem im Mittelalter schaunbergische Dienstleute saßen. In den vierziger Jahren des 17. Jahrhunderts diente es dem protestantisch gebliebenen Erasmus von Starhemberg († 1648) als Refugium, wo er seinen religiösen Betrachtungen nachgehen und über den Lauf der

Schloß Eferding, Südfront. Foto: OÖLR, Aigner

Welt nachdenken konnte. Dort plante Fürst Ludwig Starhemberg ein Schloß in gotischem Stil inmitten eines Parks mit seltenen Pflanzen und Tieren und einem See, in dem sich das Schloß spiegeln sollte. Er mußte sein Vorhaben allerdings aufgeben, da er sich in prekären finanziellen Umständen befand. Derselbe Fürst, der wahrscheinlich die größte und exquisiteste Sammlung von „gothic novels" (Ritter- und Schauerromane) außerhalb der britischen Inseln sein eigen nannte, war auch der Besitzer des Schlosses Dürnstein in der Wachau und ließ auf der Burgruine Aggstein Stufen anlegen, um die Besichtigung für Interessierte zu ermöglichen. Wie schon sein starhembergischer Vorgänger im 17. Jahrhundert, suchte auch er zeitweise die Ruhe und Einsamkeit des Schlosses Gstettenau. Dieses verfiel in der Folge allerdings zusehends, und seine Reste wurden 1884 auf Anordnung des Fürsten Camillo Heinrich abgetragen.

Dieses letzte Beispiel ist auch geeignet, uns vor Augen zu führen, daß nicht alle Bauprojekte, die der menschliche Geist ersonnen hat, verwirklicht wurden und daß wir dadurch um einige Attraktionen ärmer sind, darüber hinaus aber auch so manches durch den Menschen selbst wieder zerstört worden ist. Umso mehr sollten wir uns heute um die vorhandene Substanz kümmern, was allerdings ein allgemeines Verständnis voraussetzt, das nicht zuletzt durch die Kenntnis der historischen Zusammenhänge erreicht wird.

Literatur (Auswahl)

BAUMERT, HERBERT ERICH und GRÜLL, GEORG, Burgen und Schlösser in Oberösterreich. Innviertel und Alpenvorland, Wien ²1985.

BÜTTNER, RUDOLF, Burgen und Schlösser an der Donau, Wien 1977.

COMMENDA, LUDWIG, Aschach, Eferding, Waizenkirchen und Umgebung, Linz 1905.

DAIM, WILFRIED, Der Mann, der Hitler die Ideen gab. Von den religiösen Verirrungen eines Sektierers zum Rassenwahn des Diktators, München 1958.

GÖTTING, WILHELM und GRÜLL, GEORG, Burgen in Oberösterreich, Linz 1967.

HAGENEDER, OTHMAR, Die Grafschaft Schaunberg. In: Mitteilungen des Oberösterreichischen Landesarchivs 5 (1957), S 189–264.

HAINISCH, ERWIN, Denkmale der bildenden Kunst, der Geschichte und der Kultur im politischen Bezirke Eferding, Linz 1933.

HEILINGSETZER, GEORG, Aristokratie, Aufklärung und Architektur. Fürst Georg Adam Starhemberg und die Neugestaltung des Schlosses Eferding durch Andreas Zach. In: Mitteilungen des Oberösterreichischen Landesarchivs 13 (1981), S 249–287.

KLEIN, KASPAR NORBERT, Beschreibung der bei der Donau-Reise von Linz bis Wien ersichtlichen Ortschaften, Schlösser etc., Linz 1846.

LUDWIG, V. O., Die Nibelungenstraße, Kultur im Spiegel der Landschaft, Wien 1931.

MARKS, ALFRED, Oberösterreich in alten Ansichten, Linz o. J. (1966).

PIPER, OTTO, Burgenkunde, Bauwesen und Geschichte der Burgen zunächst innerhalb des deutschen Sprachgebietes, München–Leipzig ²1905.

PROMINTZER, WERNER JOSEF, Aschach an der Donau. Donauvolk und Schiffleutleben in diesem „berühmten Markt Aschach im Lande Schaunberg", 2 Bände, Aschach–Linz 1989.

SCHWEIGER-LERCHENFELD, FREIHERR VON, AMAND, Die Donau als Völkerweg, Schiffahrtsstraße und Reiseroute, Wien–Pest–Leipzig 1896.

TROLLOPE, FRANCES, Briefe aus der Kaiserstadt, Frankfurt 1980.

WENINGER, PETER, Niederösterreich in alten Ansichten, Salzburg 1975.

WERTHEIMER, PAUL, Des Berliner Freidenkers Friedrich Nicolai bedeutsame Aufzeichnungen über das katholische Deutschland 1781, Regensburg, Passau, Linz, Wien, Leipzig–Wien 1921.

Oskar Feldtänzer

Die deutsche Ostsiedlung im Donauraum

Die Niederlage des türkischen Heeres in der Schlacht am Kahlenberg (1683) führte nach dem Entsatz von Wien zur stufenweisen Zurückdrängung des osmanischen Herrschaftsbereiches und zur Befreiung des Donauraumes.

Die mit großen Opfern und unter Beteiligung von königstreuen Ungarn und Kontingenten der Militärgrenze erfochtenen Siege der kaiserlichen Armeen unter fähigen Truppenführern bildeten nach 160jähriger Türkenherrschaft die Voraussetzungen für den Wiederaufbau. Hugo von Hofmannsthal sagte in einem Vortrag über den Prinzen Eugen: „Er erobert, und wo er erobert, dort sichert er; er gewinnt Provinzen mit dem Schwert zurück und gewinnt sie auch wirklich. Unversehens blühen ihm unter schöpferischen Händen und überall aus kriegerischen Taten die Werke des Friedens hervor. Hinter seinem Heer geht der Pflug und im Walde die Axt des Kolonisten."

Wien hatte sich 1683 nicht nur als Bastion gegen die Expansion der türkischen Militärmacht bewährt, sondern wurde auch zum Ausgangspunkt eines politischen, kulturellen und wirtschaftlichen Aufbaus bis in die äußersten Tiefen des ungarischen Raumes. Noch mitten im Kriege wurde für die Erarbeitung von Vorschlägen eine Kommission eingesetzt, an deren Spitze am 29. Juli 1688 Kardinal Kolonitsch (1613–1707), damals Bischof von Raab, berufen wurde.

Dieser legte das „Einrichtungswerk des Königreichs Hungarn in Sachen des status politici, cameralis et bellici" (die Denkschrift ohne die Beilagen umfaßt 445 Seiten) am 15. November 1689 Kaiser Leopold I. vor: Vor allem die Wiederbevölkerung der volklosen Gebiete, besonders der neuerworbenen, sei anzustreben. Viele Menschen seien im Türkenkrieg teils niedergehauen, teils fortgeschleppt worden. Durch den Hin- und Herzug der Truppen, durch Belagerungen, Einquartierungen, Kontributionen und Exzesse eigener und fremder Soldaten wurden viele Leute fortgedrängt; viele flohen in die Wälder, wo sie sich verbargen und wo viele verschmachteten. Das erste sei also die Populierung, denn „ubi populus ibi obulus" (wo Volk, da Geld). Es handle sich nur um die rechte Weise, das Land zu bevölkern, nämlich durch freundliche Einladung an fremde Völker, sich in Ungarn anzusiedeln. Noch 1689 wurde das erste habsburgische Impopulationspatent „zur besseren Aufhelfung, Wiedererhebung und Bevölkerung des fast gänzlich zugrunde gerichteten und abgeödeten Erbkönigreichs Hungarn" erlassen.

1722/23 richteten die ungarischen Stände auf dem Landtag zu Preßburg an Leopold I. die mit Gesetzeskraft ausgestattete Forderung, „daß freie Personen jeder Art ins Land gerufen werden, die von jeder öffentlichen Steuer für 6 Jahre zu befreien sind . . .". Der Monarch wurde gebeten, entsprechende Patente im römischen Reich und auch in anderen benachbarten Ländern verlautbaren zu lassen. Das Kolonisationswerk wurde auf friedlichem Wege und im Einverständnis mit den Landgebern – ja sogar aufgrund ihres ausdrücklichen Wunsches – in Angriff genommen und durchgeführt. Die Einwanderer folgten dem Ruf der ungarischen Stände und Grundherren. Unter den Siedlern aus mehreren Völkern waren die deutscher Herkunft eine wichtige und von Hofkammer und Grundherren bevorzugte Gruppe.

Im Laufe des 18. Jahrhunderts gelangten über 150.000 Einwanderer aus verschiedenen deutschen

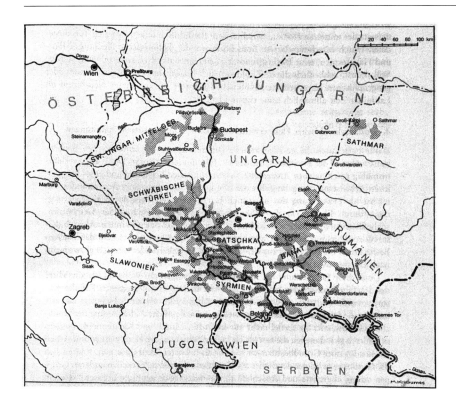

Katalog-Nr. III.10.1.

Rechts:
Katalog-Nr. III.10.8.
Aufnahme: Archiv des
Verfassers

und österreichischen Territorien in die Siedlungsgebiete Ungarns in seinen damaligen Grenzen. Für diese Ansiedler und deren Nachkommen hat die Völkerkunde später die Stammesbezeichnung „Donauschwaben" geprägt, da viele der ersten Auswanderer aus Schwaben kamen, das zu den vorderösterreichischen Gebieten gehörte. Träger der Kolonisation waren zunächst private ungarische Grundherren, die deutsche Bauern auf ihren wüsten Ländereien ansiedelten, um aus diesen Nutzen ziehen zu können.

Im späteren Verlauf des 18. Jahrhunderts nahm in diesen Abläufen die zentrale staatliche Planung des absolutistischen Zeitalters immer mehr eine Monopolstellung ein. Die Festlegung der Ansiedlungsbedingungen, die Leitung des Ansiedlerstromes und die Betreuung der Kolonisten, die Planung der Dorfanlagen und Kolonistenhäuser wurden von der kaiserlichen Hofkammer in Wien und der ungarischen Hofkammer in Preßburg durch deren nachgeordnete Dienststellen vollzogen.

Die Einwanderungen, die sich über das ganze 18. Jahrhundert erstreckten, erreichten in den Jahren 1723 bis 1726, 1764 bis 1771 und 1784 bis 1787 drei Höhepunkte. Statt dem vermeintlich gelobten Land, wie es ihnen die Werber ausmalten, erwarteten die Wanderer, vor allem in der Frühphase der Kolonisation, in den Bergwerken und Schmelzbetrieben des Berglandes und in der sumpfigen Tiefebene harte Lebensbedingungen, die Generationen hindurch Anforderungen an sie stellten, denen viele Familien durch Seuchen, Krankheiten und Entbehrungen zum Opfer fielen.

Die Entstehung von zahlreichen neuen, sauberen

und gepflegten Dörfern, eine beträchtliche Steigerung der landwirtschaftlichen und gewerblich-industriellen Produktion sowie die Vermehrung der Staatseinnahmen waren als ein positives Ergebnis konsequent verfolgter Siedlungspolitik zu verzeichnen. So wurden die Voraussetzungen geschaffen, daß sich die pannonische Tiefebene unter wesentlicher Mitwirkung der Siedler des 18. Jahrhunderts und ihrer Nachkommen zur Kornkammer der Donaumonarchie entwickeln konnte.

Unter den Einwanderern bewahrten die im Banater Bergwerksdistrikt ansässig gewordenen eine deutliche Eigenständigkeit in Mundart und beruflicher Struktur. Die Neuankömmlinge waren zum größten Teil Bergleute, Schmelzer, Köhler, Forst- und Holzfachleute, die schon bald nach dem Ende der Türkenzeit und später ins Banat gerufen wurden, um die darniederliegenden Kupfer-, Silber- und Eisenbergwerke sowie die dazugehörigen Hütten wieder in Betrieb zu setzen. Die meisten von ihnen kamen aus den österreichischen Alpenländern (Tirol, Steiermark, Oberösterreich und Kärnten). Durch ihre Pionierleistungen legten diese Banater Berglanddeutschen die Grundlage für die Entstehung der größten Hütten- und Industrieregion Südosteuropas im 19. Jahrhundert mit einem bedeutenden Steinkohlenbergbau und einer leistungsfähigen Montanindustrie.

Es kann daher die Leistung dieser alpenländischen Einwanderer im Banat der kolonisatorischen Arbeit der Banater Schwaben, die das versumpfte, aber fruchtbare Land zur Kornkammer der Donaumonarchie umwandelten, würdig an die Seite gestellt werden. Reschitz, Steierdorf-Anina, Franzdorf, Wei-

Katalog-Nr. III.10.9.

denthal, Wolfsberg und Lindenfeld sind, oder besser gesagt, waren die wichtigsten Ansiedlungen der vornehmlich aus dem steirischen und oberösterreichischen Salzkammergut sowie dem Böhmerwald ins Banater Erzgebirge gezogenen Berg- und Forstleute.

Ein schmerzliches Kapitel der Siedlungsgeschichte des 18. Jahrhunderts stellen zweifellos die „Transmigrationen" der Landler nach Siebenbürgen dar. Wegen dem Festhalten an ihrem evangelischen Religionsbekenntnis wurden in der ersten Hälfte und um die Mitte des 18. Jahrhunders zahlreiche Familien aus Oberösterreich, der Steiermark und Kärnten nach Siebenbürgen deportiert. Eine Ausweisung oder den Wegzug der Transmigranten in protestantische Gegenden des Reiches, wie es der Religionsfriede von Augsburg (1555) und der Friede von Osnabrück (1648) an und für sich vorsahen, wollte der Wiener Hof aus politischen Gründen vermeiden, aus Furcht, damit die wirtschaftliche Kraft seines Rivalen Brandenburg-Preußen zu stärken. Mit einer Ansiedlung in Siebenbürgen dagegen, wo es eine evangelische Landeskirche gab, glaubte man andererseits die Voraussetzungen gewahrt, diese Menschen dem eigenen Staat und seiner Wirtschaftskraft zu erhalten. Einen Überblick über den zeitlichen Ablauf und die Zahl dieser Transmigrationen liefert folgende Zusammenstellung:

1) Transmigrationen Kaiser Karls VI. (1734–1737):
insgesamt 805 Personen
Davon:
a) aus dem landesfürstlichen
   Salzkammergut (1734–1737):   625 Personen
b) aus der Herrschaft Paternion in
   Kärnten (1734–1736):   180 Personen

2) Transmigrationen Kaiserin Maria Theresias (1752–1758):
insgesamt 2974 Personen
Davon:
a) aus dem Lande ob der Enns
   (1752–1756)   2042 Personen
b) aus Steiermark (1752–1756)   82 Personen
c) aus Kärnten (1752–1758)   850 Personen

3) Transmigrationen aus Stadl an der Mur
(1773–1776):
insgesamt 188 Personen

Die von den Transmigranten aus Oberösterreich zusammengestellten Transporte nahmen ihren

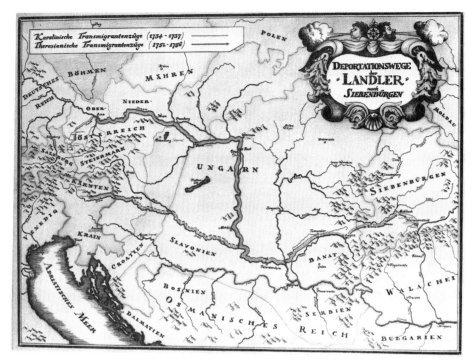

Katalog-Nr. III.10.10

Ausgang in Linz oder Ybbs und fuhren die Donau hinunter bis zur Theißmündung, von dort über den Unterlauf der Theiß und den Begakanal nach Temeschwar. Die letzte Reiseetappe nach Siebenbürgen in die Gegend von Hermannstadt wurde auf dem Landweg zurückgelegt.

Neben mannigfachen widrigen Umständen und Härten behinderte die verspätete oder gar unterbliebene Überweisung ihrer zurückgelassenen Vermögenswerte die Ansiedlung vieler Landler. Wie bei den anderen Migrationen des 18. Jahrhunderts forderten die andersgearteten Lebensbedingungen ihren Tribut bei der Anpassung an den neuen Lebensraum durch hohe Menschenverluste und Abwanderungen. Nur einem Drittel war die Eingliederung als freie

Katalog-Nr III.10.13
Foto: Ortner

Bauern in den drei geschlossenen Landlersiedlungen Neppendorf, Großpold und Großau möglich, wo sie inmitten ihrer sächsischen Nachbarn bis auf unsere Tage ihre eigene Tradition und Mundart bewahrten.

Literatur (Auswahl)

BAUMANN, JULIUS A., Geschichte der banater-berglanddeutschen Volksgruppe, Wien 1989.

BUCHINGER, ERICH, Die Landler in Siebenbürgen, München 1980.

FELDTÄNZER, OSKAR, Joseph II. und die donauschwäbische Ansiedlung, München 1990.

KALLBRUNNER, JOSEF, Das kaiserliche Banat, München 1958.

NOVOTNY, ERNST, Die Transmigration ober- und innerösterreichischer Protestanten nach Siebenbürgen im 18. Jahrhundert, Jena 1931.

SCHÜNEMANN, KONRAD, Österreichs Bevölkerungspolitik unter Maria Theresia, Berlin 1935.

SENZ, JOSEF VOLKMAR, Geschichte der Donauschwaben, München 1987.

TAFFERNER, ANTON, Quellenbuch zur donauschwäbischen Geschichte, 4 Bde., München–Stuttgart 1974–1982.

Karl Vocelka
Die „Donaumonarchie"

Der von der Dynastie der Habsburger beziehungsweise Habsburg-Lothringer zusammengehaltene Staat, den man gemeinhin die „Donaumonarchie" nennt, bestimmte durch Jahrhunderte die Geschicke Mitteleuropas. Die Habsburger stammten nicht von der Donau, sondern waren an einem anderen der großen europäischen Ströme, am Rhein, zu Hause. Sie übernahmen allerdings Ende des 13. Jahrhunderts Gebiete an der Donau, die der Kern der später so mächtigen Donaumonarchie werden sollten.

Ihre Vorgänger in diesem Gebiet (etwa das heutige Niederösterreich, Oberösterreich und die Steiermark), die Dynastie der Babenberger, hatten ihre Herrschaft zunächst entlang der Donau entfaltet. Schon die Residenzen der Babenberger folgten – mit kleinen Ausnahmen – dem Donaulauf, von Melk über Klosterneuburg nach Wien verlegten sie ihre Sitze mit der Ausbreitung des von ihnen beherrschten Gebietes nach Osten. Nach dem Aussterben der Babenberger bestand für einen historischen Augenblick die Möglichkeit, daß sich in Zukunft das Herrschaftszentrum Mitteleuropas von der Donauachse wegbewegen könnte. Die Herrschaftsübernahme in den babenbergischen Ländern durch den Böhmenkönig Přemysl II. Ottokar veränderte die politische Orientierung Europas. Ottokars Utopie einer Herrschaft von der Ostsee bis zur Adria hatte ihr Gravitationszentrum in Prag – eine Moldaumonarchie war im Entstehen begriffen, deren politische Achse von Norden nach Süden verlief und damit im Gegensatz zu den West-Ost-Orientierungen der späteren Habsburgermonarchie stand.

Seit die Habsburger nach der Niederlage Přemysl Ottokars in der Schlacht von Dürnkrut und Jedenspeigen 1278 – nicht an der Donau, sondern an der March gelegen – die ehemals babenbergischen Länder als Hausmacht übernahmen, war und blieb ihr Herrschaftszentrum Wien, wenn auch in der frühen habsburgischen Zeit der Oberrhein und im 16. Jahrhundert Prag eine große Rolle in der Politik der Dynastie spielten. Bei aller Westorientierung der Familie bildeten dennoch die Donauländer – nicht zuletzt nach dem Verlust der Stammlande der Habsburger in der Schweiz an die Eidgenossen nach 1291 – das wichtigste Kerngebiet habsburgischer Macht bis 1918.

Doch von dieser so entstandenen Kernzelle des Habsburgerreiches würde niemand als Donaumonarchie sprechen. Im späten Mittelalter konzentrierte sich die Politik der Dynastie auf die heutigen österreichischen Länder, die im wesentlichen bis zum Jahre 1500 unter die Herrschaft der Habsburger gebracht werden konnten. Sieht man von einem kurzen Intermezzo unter Albrecht II./V. in den Jahren 1438/39 ab, dem es gelang, Böhmen, Ungarn und die Krone des Reiches zu erwerben, bewegten sich die Dimensionen habsburgischer Herrschaft im späten Mittelalter im großen und ganzen im Raume des heutigen Österreich.

Dennoch verlor die Dynastie das Ziel der Erwerbung der Nachbarländer Böhmen und Ungarn nie aus den Augen. Verschiedene Erbverträge und Absprachen zu politischen Hochzeiten hatten schon im späten Mittelalter zu Möglichkeiten der Machterweiterung geführt, die alle – aus unterschiedlichen Gründen – fehlschlugen. Zu dieser Serie gehört auch die Wiener Doppelhochzeit von 1515, die den Grundstein zu jenem Gebilde legte, das man als Donaumonarchie bezeichnet. Kaiser Maximilian I. verheiratete seine Enkelin Maria mit dem jungen

Sohn des böhmischen und ungarischen Königs (Wladislaw Jagiello), Ludwig II. Aufgrund eines 1515 erfolgten Eheversprechens heiratete später Ferdinand I., der in der Erbteilung mit seinem Bruder Karl V. die österreichischen Länder zugewiesen bekam, Anna, die Schwester Ludwigs.

Das politische Schicksal der Jagiellonen entschied sich an der Donau. 1526 kehrte Ludwig II. aus der Schlacht bei Mohács – ganz in der Nähe der Donau gelegen –, in der die Osmanen den Ungarn eine vernichtende Niederlage bereitet hatten, nicht mehr zurück; vermutlich ist er in den Sümpfen ums Leben gekommen. Damit war der Weg zur Donaumonarchie frei, denn sein Schwager, der Habsburger Ferdinand, beerbte Ludwig und hatte damit auch das Recht, Böhmen und Ungarn zu erwerben. Doch in der Praxis gestaltete sich die habsburgische Herrschaftsübernahme keineswegs unproblematisch.

Während man in Böhmen relativ schnell einen Kompromiß mit den adeligen Landständen, die im Falle des Dynastiewechsels auf ihr Wahlrecht pochten, erreichen konnte, war die Lage in Ungarn, dem eigentlichen Donauland, das zur Erwerbung anstand, viel schwieriger. In Ungarn kam es 1527 zu einer Doppelwahl, indem ein Teil der Stände zwar den Habsburger Ferdinand zum König wählte, ein anderer Teil allerdings den Wojwoden von Siebenbürgen, Jan Zápolya. In die militärische Auseinandersetzung der beiden um die Herrschaft mischten sich die Osmanen ein, und es kam um 1540 zu einer Dreiteilung des Königreiches Ungarn (das gegenüber dem heutigen Ungarn auch die Slowakei, Teile Rumäniens, des ehemaligen Jugoslawiens und das Burgenland umfaßte). Die Habsburger konnten nur einen schmalen Streifen im Westen, von der Slowakei bis an die Adria reichend, beherrschen, Zápolya regierte in Siebenbürgen, und die Osmanen setzten sich im Zentrum Ungarns, der Donau-Theiß-Tiefebene, fest. Budapest (Ofen und Pest) war von 1540 bis 1686 eine osmanische Provinzhauptstadt, Residenz des Paschas von Ofen.

Während dieser langen Auseinandersetzung mit den Osmanen, die zweimal die Residenz der Habsburger an der Donau, die Stadt Wien, belagerten, spielte der Donauraum zwar nicht als Herrschaftszentrum, wohl aber als wichtigster Kriegsschauplatz eine entscheidende Rolle. Das politische Gravitationszentrum der Habsburgermonarchie bewegte sich in dieser Zeit allerdings vom Donauraum weg, während Prag neben Wien in der Zeit Ferdinands I. (1522–1564) und Maximilians II. (1564–1576) eine gleichbedeutende Rolle spielte, verlegte Rudolf II. (1576–1612) im Jahre 1583 die Residenz gänzlich nach Prag. Wien wurde damit für einige Jahrzehnte zu einer Provinzstadt, und die Macht ging nicht von der Donau, sondern von der Moldau aus.

Das änderte sich unter den Nachfolgern Rudolfs allmählich wieder, und die barocke Residenz der Habsburgermonarchie war unbestritten Wien. Die Abnahme der Türkengefahr trug dazu ebenso bei wie die Auseinandersetzungen in Böhmen während des Dreißigjährigen Krieges. Wien war also seit dem 17. Jahrhundert politisches Zentrum der Dynastie, doch die Stadt war wirtschaftlich ebenso geschwächt wie die anderen österreichischen Donaustädte. Zwar hatte der Handel mit Ungarn entlang der Donau im späten Mittelalter die Stadt reich gemacht, aber die politische Situation des Königreichs der Stephanskrone seit dem 16. Jahrhundert schränkte diese Aktivitäten Wiens erheblich ein. An der langen – im rechten Winkel zum Donaustrom verlaufenden – Grenze zwischen dem Reich des Kaisers, der die Donau bis östlich von Komárom beherrschte, und dem Reich des Sultans, der den Unterlauf des großen Stroms kontrollierte, herrschte permanent ein Kleinkrieg, der gelegentlich von größeren Auseinandersetzungen (wir nennen das die Türkenkriege) unterbrochen wurde.

Doch auch in dieser Zeit der Dreiteilung Ungarns lag das Zentrum des habsburgischen Ungarn an der Donau, die heutige slowakische Hauptstadt Bratislava/Preßburg/Poszony nahm lange Zeit die Funktion der Krönungsstadt der ungarischen Könige und damit gewissermaßen eine Hauptstadtfunktion wahr.

Karte der Donaumonarchie, OÖLA. Foto: R. Mair

Also ging selbst in dieser Zeit schlimmer Bedrängnis des Königreichs Ungarn die Macht von einer Stadt an der Donau aus.

Erst gegen Ende des 17. Jahrhunderts, nachdem es den Türken 1683 noch einmal gelungen war, Wien zu belagern, konnte die Donaumonarchie, wie sie seit 1526 in der Theorie bestand, als real von den Habsburgern beherrschter Staat entstehen. Nach dem Dreißigjährigen Krieg kam es, langsam zwar, aber letztlich doch, zu einer Umorientierung der habsbur-

gischen Politik vom Schwerpunkt Westeuropa zum Schwerpunkt Balkan. 1683, die „Entscheidung an der Donau", wie ein anläßlich des 300-Jahre-Jubiläums dieses Ereignisses erschienenes Buch betitelt ist, war sicherlich ein Wendepunkt dieser Konflikte. In einem 1683 beginnenden langen Krieg, in dem 1686 die Hauptstadt Ungarns, Budapest, vom Kaiser erobert werden konnte, schlug man die Osmanen zurück und eroberte das Land um die Donau bis vor die Tore Belgrads, wobei die Stadt allerdings im Friedensschluß von Karlowitz/Sremski Karlovci 1699, in dem ganz Ungarn (mit kleinen Einschränkungen) an den Kaiser kam, dem Sultan verblieb. Doch aus Belgrad, dem „Haus des Krieges" von einst, der wichtigsten Festung des Osmanischen Reiches am Balkan, war nun eine Grenzbastion geworden, die Prinz Eugen wenige Jahre später auch wirklich dem Kaiser „wieder kriegte". Im Friedensschluß von Passarowitz/Požarevac 1718 wurde nicht nur Belgrad kaiserlich, sondern auch der Banat, das letzte Gebiet nördlich der Donau, das der Sultan nach 1699 hatte halten können. Trotz mancher Rückschläge für die habsburgische Politik in den nächsten Jahrzehnten – so ging Belgrad wieder verloren – blieb dieser Banat bei der Donaumonarchie.

Hand in Hand mit der militärischen Ausdehnung im Donauraum ging die wirtschaftliche Durchdringung, Neubesiedlung und Neueinrichtung des durch die lange Kriegsperiode verwüsteten und erschöpften Königreiches Ungarn. (Von den Siedlungsmaßnahmen ist an anderer Stelle in diesem Katalog die Rede.) Erst seit der Eroberung Ungarns, seit dem Vordringen der Habsburgermacht entlang der Donau tief hinein in den Balkanraum, kann man wirklich von einer voll ausgebildeten Donaumonarchie sprechen.

Dieses Staatsgebilde, das so bunt zusammengewürfelt und nur durch die gemeinsame Dynastie verbunden war, wurde in den Reformen des aufgeklärten Absolutismus des 18. Jahrhunderts etwas zentralisiert, wobei diese Zentralisierung eher die böhmisch-österreichischen Kernländer betraf, denn das stets schwierig zu beherrschende, eigene Wege gehende Ungarn stand als Adelsnation einer Eingliederung in den Gesamtstaat skeptisch und oft genug auch rebellisch gegenüber.

Mit dem Wiener Kongreß des Jahres 1815, der die Zeit der Auseinandersetzung der konservativen Donaumonarchie mit dem revolutionären und napoleonischen Frankreich beendete, wurde die letzte Phase, das letzte Jahrhundert dieses Staatengebildes eingeleitet. Der Wiener Kongreß brachte eine Festigung der Monarchie, was die Grenzen und beherrschten Gebiete betraf: Die Kernländer bildeten nach wie vor die Erbländer (etwa das heutige Österreich), Böhmen und Ungarn (von denen nur das erste und das letzte ein Donauland waren). Daneben gab es weitab von der Donauachse liegende Territorien wie Galizien-Lodomerien und die Bukowina im Norden oder das lombardo-venezianische Königreich im Süden, die einen integrativen Bestandteil der Monarchie des Vormärz bildeten.

Doch die politischen Schwerpunkte der Entwicklung lagen – das zeigen die Ereignisse des Jahres 1848 deutlich – im Donauraum: Wien und Ungarn waren das Zentrum dieses gescheiterten Versuchs der Modernisierung und Demokratisierung der Donaumonarchie. Auf den Spitzen der Bajonette der siegreichen Armee begann Franz Joseph seine Herrschaft, unter den ersten Dokumenten seiner Regierung sind die Todesurteile gegen Revolutionäre vielleicht die wichtigsten. Schon im Vormärz hatte sich neben dem Ideengut des Liberalismus – Konstitution, Pressefreiheit, Bürgerrechte – auch das des Nationalismus bemerkbar gemacht.

Bis zum späten 18. Jahrhundert, bei einzelnen Völkern der Monarchie sogar noch länger, waren nationale Identifikationsmuster von untergeordneter Bedeutung, obwohl es natürlich so etwas wie Protonationalismus gab, der nicht so sehr mit dem Sprechen der gleichen Sprache als mit Abstammungsmythen und Religion zu tun hatte. Identifikationen mit sozialen oder konfessionellen Gegebenheiten waren jedenfalls stärker und wichtiger. Mit der Entstehung des modernen Nationalismus – für den Grillparzers oft zitierter Spruch: „Von der Humanität über die Nationalität zur Bestialität" auch aus unserem aktuellen Erleben bemerkenswert weitsichtig war – brachen in der Habsburgermonarchie Konflikte auf, deren Bewältigung zunehmend schwieriger wurde.

War es während der Frühen Neuzeit vielleicht noch in manchem gelungen, die äußeren Feinde – die Türken als „Erbfeinde der Christenheit" und die

Katalog-Nr. III. 12. 3.

Franzosen als „Erbfeinde des Kaisers" – zur Mobilisierung solidarischer Gefühle einzusetzen, waren in dieser Zeit Kaiser und Kirche verbindende und verbindliche Elemente des gesamtstaatlichen Denkens gewesen – wobei auch das eher anzuzweifeln ist –, so zerbrach der Nationalismus endgültig die Grundfesten der Donaumonarchie. Zwar konnten die Folien von Kaiser und Vaterland noch immer instrumentalisiert werden, doch dahinter zeigten sich schon deutlich die Risse, die immer tiefer und breiter wurden.

Franz Joseph gilt in der Literatur und in populären Geschichtsbildern oft als Integrationsfigur dieser letzten Phase der Donaumonarchie. Dabei muß man sich allerdings klarmachen, daß diese Geschichtsbilder von den Deutschen und gegebenenfalls auch von den Ungarn der Monarchie tradiert wurden, also von den Privilegierten der Monarchie. Viel weniger in unser Bewußtsein eingedrungen sind die Bilder und Vorstellungen der Unterprivilegierten der Monarchie, der Tschechen, die Franz Joseph als Hofrat Prochazka verspotteten, der Slowenen, Kroaten, Serben, Polen und Ruthenen, der Rumänen und Italiener. Auch die verklärende Wirkung der Vergangenheit, die unkritische, selektive Nostalgie haben das Ihre getan, um Franz Joseph zu einer verklärten Figur zu machen.

Die Regierung dieses Monarchen ist, betrachtet man es nicht vom verbreiteten deutschzentralistischen Standpunkt aus, eine Serie von Versäumnissen. Die Lösung des Nationalitätenproblems ist sicherlich – wie uns die Gegenwart deutlich zeigt – keine leichte Aufgabe. Dennoch ist zu bedenken, daß die heutigen Probleme auch die Versäumnisse der Vergangenheit spiegeln, wiederholen und als Motive der Gegenwart verwenden. Unterdrückung von einst ist ein starkes, nicht zu unterschätzendes politisches Motiv für heute. Im 19. Jahrhundert hätte es mehr Chancen gegeben, diese Probleme in ihrer ersten Phase anders zu gestalten, viele der Hypotheken der Geschichte hätten nicht entstehen müssen.

Interessant ist die Tatsache, daß auch die Nationalitätenpolitik, der Ausdruck des Trennenden der Monarchie, mit dem Donaustrom eng verbunden ist. Ist es Zufall, daß die einzigen beiden Nationen, die auf Kosten aller anderen Privilegien erhalten, gerade die an der Donau wohnenden sind? Deutsche und Ungarn bilden seit 1867, dem Ausgleich, der zum Entstehen der Doppelmonarchie, der österreichisch-ungarischen Monarchie führte, die privilegierten Völker des Reiches. Dieser Status des Jahres 1867, der auf die zögernde und engstirnige Politik des Kaisers zurückfällt, wird im wesentlichen, mit kleinen Veränderungen, bis zum Ende der Monarchie zementiert.

Das Bild des nationalen Haders, der die Endphase der Donaumonarchie durchzieht und der so auffällig mit der kulturellen Hochblüte der Fin-de-siècle-Kultur in Wien, Budapest und Prag kontrastiert, darf nicht darüber hinwegtäuschen, daß die Donaumonarchie auch andere Facetten hatte. Friedliches Zusammenleben, Heirat und Liebe zwischen den Nationalitäten gab es ebenso wie das Vergessen der nationalen Probleme wegen des täglichen Kampfes ums Dasein, gegen Hunger, Not und Ausbeutung, wie es vor allem die Arbeiter des sich schnell industrialisierenden Staates bitter erlebten.

Sicherlich gab es in der Habsburgermonarchie auch positive Elemente, wenn sie auch nicht allen zugute kamen. Der große Wirtschaftsraum und die Ausgewogenheit der agrarischen und industriellen Produktion waren ein nicht zu unterschätzender Vorteil, die Versuche der Konstitutionalisierung und Ausdehnung der politischen Mitbestimmung sind anzuerkennen, wenn sie auch spät und zögernd erfolgten. Dennoch blieb in der tagespolitischen Diskussion das Nationalitätenproblem bestimmend. Alle Regierungen – sofern sie nicht unter Ausschaltung des Parlamentes durch den § 14 der Verfassung, den sogenannten Notverordnungsparagraphen, regierten – scheiterten letztlich an dieser Frage.

Der Ausgleich mit den anderen Nationen, allen voran den Tschechen und Südslawen, mißlang. Die

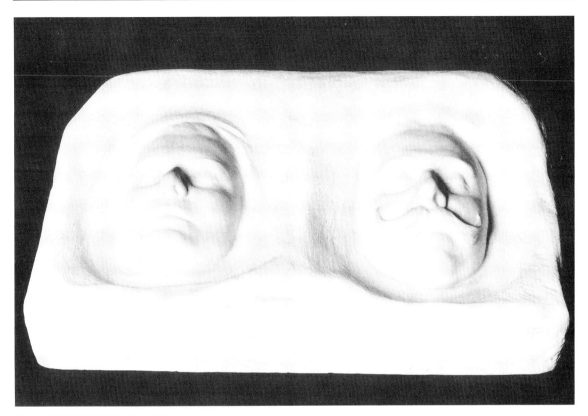

Katalog-Nr. III. 12. 28. Foto: Seilern

Eskalation des Nationalitätenproblems führte schließlich zu den Schüssen von Sarajewo und zur Auflösung der Monarchie nach dem Ersten Weltkrieg. Die Südslawen vereinigten sich im Königreich der Serben, Kroaten und Slowenen unter der Führung der serbischen Dynastie, die Tschechen und Slowaken gründeten die tschechoslowakische Republik, die Rumänen schlossen sich Rumänien, die Italiener Italien an, die Polen vereinigten sich im wiederbegründeten polnischen Staat – die beiden Donauländer Österreich und das kleingewordene Ungarn von Trianon trugen die gesamte Last des verlorenen Krieges. Alle diese sogenannten Nationalstaaten waren kleine Abbilder der multinationalen Donaumonarchie, und die Ereignisse seit 1989 vor allem in der Tschechoslowakei und – weitaus erschütternder – im ehemaligen Jugoslawien zeigen, wie weit auch unsere Gegenwart von einer Lösung dieser Probleme entfernt ist.

Weiterführende Literatur

CSENDES, PETER, Das Zeitalter Franz Joseph I. Österreich 1848–1918. Das Tagebuch einer Epoche, Wien ²1991.
Die Habsburgermonarchie 1848–1918. Hg WANDRUSZKA, ADAM und URBANITSCH, PETER, Wien 1973 ff.
  [Bisher 6 Bde. erschienen: Wirtschaftliche Entwicklung 1973, Verwaltung und Rechtswesen 1975, Die Völker des Reiches

1980, Die Konfessionen 1985, Die bewaffnete Macht 1987, die Habsburgermonarchie im System der internationalen Beziehungen 1989]

JOHNSTON, WILLIAM M., Österreichische Kultur- und Geistesgeschichte. Gesellschaft und Ideen im Donauraum 1848–1938 (Forschungen zur Geschichte des Donauraumes 1), Wien-Graz-Köln ²1980.

KANN, ROBERT, A., Geschichte des Habsburgerreiches 1526–1918 (Forschungen zur Geschichte des Donauraumes, 4), Wien-Köln-Graz 1977, Neuausgabe 1990.

–, Das Nationalitätenproblem der Habsburgermonarchie. Geschichte und Ideengehalt der nationalen Bestrebungen vom Vormärz bis zur Auflösung des Reiches im Jahre 1918, Graz-Köln ²1964.

Der österreichisch-ungarische Ausgleich von 1867. Seine Grundlagen und Auswirkungen (Buchreihe der südostdeutschen historischen Kommission 20), München 1968.

Prinz Eugen und das barocke Österreich. Ausstellungskatalog Schloßhof und Niederweiden, Wien 1986.

Die Türken vor Wien. Europa und die Entscheidung an der Donau 1683, Salzburg-Wien 1982.

UHLIRZ, KARL und MATHILDE, Handbuch der Geschichte Österreichs und seiner Nachbarländer Böhmen und Ungarn, 4 Bde., Graz-Leipzig-Wien 1927–1944.

VACHA, BRIGITTE (Hg), Die Habsburger. Eine europäische Familiengeschichte, Graz-Wien-Köln 1992.

ZÖLLNER, ERICH, Geschichte Österreichs. Von den Anfängen bis zur Gegenwart, Wien ⁸1990.

Hellmuth Straßer
Die Internationalisierung der Donau

Freiheit der Schiffahrt

„Donaublockade", „Donauschiffahrt bedroht" – solche und ähnliche Schlagzeilen lenkten während des jüngsten Balkankrieges im ehemaligen Jugoslawien die Aufmerksamkeit auf ein Thema, das trotz seiner Bedeutung für die Donauländer aus unserem Bewußtsein verdrängt worden war: das Prinzip der Freiheit der Schiffahrt auf der Donau. Dabei war es ein langer und schwieriger Weg, bis sich die Staaten Europas entschieden, die Donau auf ihrer gesamten Strecke für „international" zu erklären und festzulegen, daß die Handelsschiffahrt für alle Staaten frei und offen ist.

Auf der Donau hat es schon immer Handelsschiffahrt gegeben. Sie hatte jedoch überwiegend lokale oder regionale Bedeutung. Langstreckenverkehr bis zum und vom Schwarzen Meer war aus nautischen und schiffstechnischen Gründen schwer, ist doch die Donau bis Preßburg ein Gebirgsfluß und bis zur Mündung ein mäandernder Strom der Ebene. Auch hinderten am Oberlauf Maut- und Stapelrechte (beispielsweise Wien 1225) und am Unterlauf das Fehlen größerer Städte den wassergebundenen Transithandel. Dazu kamen politische Probleme, welche dem Strom überwiegend eine Grenzfunktion einräumten und die Achsenfunktion nahmen. Im 15. und 16. Jahrhundert hatten sich am Unterlauf bereits die Osmanen festgesetzt, wodurch Pläne der deutschen Kaiser (Sigismund wollte mit einem Donauprojekt 1418 das Handelsmonopol Venedigs lockern; Maximilian I. hob 1515 das Wiener Stapelrecht und das Verbot des Handels unter Ausländern auf), den durchgehenden Handel auf der Donau zu fördern, vereitelt wurden.

Erst nach dem Sieg über die Türken vor Wien (1683) und Budapest (1686) begann eine neue Entwicklung, die noch nicht abgeschlossen ist: die Nutzung der Donau als internationaler Transportweg und die Unterstellung ihres gesamten schiffbaren Laufes unter das Völkerrecht.

Es war aber nicht allein die Zurückdrängung des osmanischen Einflusses entlang der Donau, die diese Entwicklung auslöste. Wichtig war auch, daß es zur Verbreitung neuer Ideen bezüglich der Freiheit der Schiffahrt kam, wie sie erstmals vom Begründer der Völkerrechtswissenschaft Hugo Grotius in seinem Werk „Mare librum" (1609) für die hohe See erwähnt und in der Folge, bedingt durch die holländischen und britischen Außenhandelsinteressen, auch auf jene großen Ströme übertragen wurden, die entweder die Grenze zweier Staaten bilden oder mehrere Staaten durchfließen und vom Meer aus einen unmittelbaren Zugang haben und daher für den internationalen Waren- und Personenverkehr wichtig sind.

Doch auch die junge Wissenschaft von der Volkswirtschaft griff die Idee der Schiffahrtsfreiheit auf den großen Strömen auf. Ihr bedeutendster Vertreter Adam Smith vertrat in seinem Hauptwerk „The Wealth of Nations" (1776) die Auffassung, der Handel auf einem Fluß könne nie beträchtlich sein, solange sich mehrere Staaten diesen Fluß teilten und so die Macht hätten, die Verbindung zwischen den Oberliegern und dem Meer zu behindern. Er nannte ausdrücklich die Donau als Beispiel, deren Schiffahrt für Bayern, Österreich und Ungarn nur dann von großem Nutzen sei, wenn der gesamte Donaulauf bis zum Schwarzen Meer unter einer einheitlichen Verwaltung stünde.

Sogar der Nationalkonvent der Französischen Revolution forderte 1792 neben der Freiheit, der Gleichheit und den Menschenrechten für den Einzelnen auch Grundrechte für die Völker, darunter Verkehrsfreiheit und das Recht auf freie Schiffahrt auf internationalen Flüssen.

Ein Fluß – ein Regime

Der Boden war somit gut vorbereitet, als 1814/15 der Wiener Kongreß nach den Napoleonischen Kriegen zur Neuordnung Europas tagte und unter anderen wichtigen Beschlüssen die „Allgemeinen Grundsätze über die Schiffahrt auf den Strömen" (Artikel 108–116 der Wiener Kongreßakte) verabschiedete. Diese „Flußschiffahrtsverordnung des Wiener Kongresses" enthält zwar nur Richtlinien, die von den Staaten beachtet werden sollten, doch sind diese Grundsätze so bedeutsam, daß sie das Flußschiffahrtsrecht in Europa noch heute mitbestimmen. Das gilt insbesondere für den Grundsatz, daß auf der schiffbaren Strecke eines internationalen Flusses die (Handels)Schiffahrt völlig frei sein soll und niemandem verwehrt werden kann. Stapelrechte und andere Zwangsrechte dürfen nicht mehr eingeführt werden.

Interessanterweise wurde für die Donau beim Wiener Kongreß noch keine spezielle internationale Regelung getroffen. Österreich unter Metternich und die Hohe Pforte, welche den Ober- und Unterlauf beherrschten, wollten ihren Einfluß entlang des Stromes zunächst nicht mit den übrigen Mächten teilen. Als aber nach dem Frieden von Adrianopel (1829) die Türkei und Rußland die Donaumündung dem Welthandel öffnen mußten und die Ausbreitung der Dampfschiffahrt die technischen Voraussetzungen für die Ausweitung des Waren- und Personenverkehrs auf der Donau bis und von Konstantinopel schuf, änderte sich das Bild sehr rasch.

Und so akzeptierte schließlich auch Österreich mit vierzigjähriger Verspätung im Pariser Frieden (1856) die Internationalisierung der Donau für ihre gesamte Strecke, jedoch mit dem Vorbehalt einer zweigeteilten Verwaltung durch die Staatengemeinschaft.

Europäische Donaukommission und Uferstaatenkommission

Für die „Seedonau", das ist für die versandete Mündung bis Isaccea (später bis Braila) schuf man die „Europäische Donaukommission", für den restlichen Lauf die „Uferstaatenkommission". Erstere hatte das politisch größere Gewicht und echten internationalen Charakter, denn neben Rußland und der Türkei umfaßte sie auch Nichtuferstaaten (Österreich, Frankreich, Großbritannien, Preußen und Sardinien). Anders die Uferstaatenkommission, wo Österreich neben der Türkei, Bayern und Württemberg die dominierende Rolle spielte. Sie führte daher auch ein Schattendasein und beschränkte ihr Wirken weitgehend auf die Vereinheitlichung des Schiffahrts- und Flußpolizeirechtes. Dazu kam, daß auf der Binnendonau die volle Schiffahrtsfreiheit, das heißt, der Verkehr zwischen den Häfen desselben Landes, den Anrainern vorbehalten blieb, was die Schaffung einer Monopolstellung der schon 1830 gegründeten „Ersten Österreichischen Donau-Dampfschiffahrtsgesellschaft" förderte. Hingegen galt auf der Seedonau und für den durchgehenden Verkehr zwischen den Donauhäfen und dem offenen Meer für die Schiffe aller Staaten die volle Verkehrsfreiheit.

Die Europäische Donaukommission war überraschend erfolgreich bei der Herstellung verbesserter und einheitlicher technischer, rechtlicher und gesundheitspolizeilicher Bedingungen für die Schiffahrt vom Unterlauf zur hohen See. Unter anderem gelang es ihr, innerhalb weniger Jahre die Schiffahrtsrinne des Sulinaarmes, der für die internationale Schiffahrt ausgebaut wurde, von 8 Fuß (2,44 m) auf 24 Fuß (7,31 m) zu vertiefen und damit Hochseeschiffen zu öffnen, was zu einem gewaltigen

Anwachsen des Waren- und Personenverkehrs auf der gesamten Donau führte.

Ohne Zweifel hat sich die internationale Verwaltung der Donau, wie sie im 19. Jahrhundert eingerichtet wurde – trotz Aufsplitterung in verschiedene Flußkommissionen mit unterschiedlichen Zuständigkeiten – insgesamt bewährt. Die Donau als Verkehrsweg war ein ruhender Pol und eine berechenbare Größe geworden. Die Siegermächte des Ersten Weltkrieges zögerten daher nicht, dieses System, vorerst natürlich unter Ausschluß der Mittelmächte, ohne wesentliche inhaltliche Änderungen im Wege der Friedensverträge aufrechtzuerhalten.

Die Donau und der Eiserne Vorhang

Das internationale Donauregime ist freilich stets auf friedliche, völkerrechtlich abgesicherte Bedingungen angewiesen. Es enthält keine Bestimmungen für den Kriegsfall und ist eine Friedensordnung. Es wurde für die Dauer sowohl des Ersten als auch des Zweiten Weltkrieges unwirksam, da die Donau von den Kriegsparteien sofort in Beschlag genommen wurde. Eine Neutralisierung der Donau für Kriegszeiten wäre jedoch kein abwegiger Gedanke.

Die alliierten Sieger des Zweiten Weltkrieges fanden jedoch, daß die Donau ehestens wieder allen Nationen, ihren Schiffen und ihren Produkten zum friedlichen Verkehr offen stehen sollte. So trafen sie sich 1948 in Belgrad zur Ausarbeitung eines neuen Donauregimes, obgleich der Kalte Krieg schon voll im Gange war und die Sowjetunion die Donau von der Mündung bis zum Inn (am Nordufer) und bis zur Enns (am Südufer) politisch und militärisch kontrollierte. Es überraschte nicht, daß die Sowjetunion bei dieser Konferenz keine Neigung zeigte, den teilnehmenden Westalliierten (USA, Frankreich, Großbritannien) – wie von ihnen erhofft – künftig Einfluß auf die Donau einzuräumen. Nach heftigen Debatten wurde eine neue „Konvention über die Regelung der Schiffahrt auf der Donau" unterzeichnet, jedoch nur von den Anrainerstaaten Sowjetunion, Bulgarien, Jugoslawien, Rumänien, der Tschechoslowakei, Ungarn und der Ukraine. Österreich, das zur Belgrader Konferenz als Beobachter geladen war, trat der Konvention erst nach Abschluß des Staatsvertrages bei. Die Bundesrepublik Deutschland ist auch heute noch nicht Mitglied, obwohl sie mit Experten seit Jahrzehnten an den rein technischen Arbeiten teilnimmt. Nichtuferstaaten, auch wenn sie – wie Frankreich und Großbritannien – früher Mitglieder waren, sind nicht mehr zugelassen worden. Sie hatten übrigens, wenngleich vergeblich, vorgeschlagen, das neue Donaustatut in enger Beziehung zu den eben erst gegründeten Vereinten Nationen zu gestalten. Diese hätten damit ein Mitspracherecht bei der Verwaltung eines der bedeutendsten Flüsse der Welt erhalten. Man wird sich 45 Jahre später an diese Forderung wieder erinnern, wenn nach dem Zerfall der Sowjetunion und Jugoslawiens die Vereinten Nationen über Drängen der USA, Frankreichs und Großbritanniens erneut Interesse zeigen, zur Durchsetzung der Sanktionen gegen Serbien und Montenegro Kontrolle an der Donau auszuüben.

Die in Belgrad beschlossene, den Uferstaaten vorbehaltene Donaukommission nahm im Bereich Strom-Km 0 (Sulina) bis Strom-Km 2414 (Ulm, praktisch bis Kehlheim) ihre Tätigkeit auf, und zwar im wesentlichen mit den gleichen Aufgaben wie die Vorgängerorganisationen. Damit gab es – und gibt es noch immer – erstmals in der Geschichte der Internationalisierung der Donau bloß eine Verwaltung und ein Rechtssystem für den gesamten schiffbaren Lauf. Obwohl die Mitgliedstaaten verschiedenen Gesellschaftsordnungen angehörten und es zwischen ihnen gelegentlich schwere politische Differenzen gab – man denke nur an den Konflikt Stalin/Tito –, herrschte hinsichtlich der gemeinsamen Nutzung der Donau weitgehend Konsens, der sich freilich am kleinsten gemeinsamen Nenner orientierte. Die Donaukommission und die Uferstaaten konnten daher relativ rasch die Folgen des Krieges (Minen, Wracks) beseitigen und den Strom sowohl für Flußschiffe als auch – auf den hiefür in Frage kommenden Abschnitten – für Seeschiffe in einen schiffbaren Zustand versetzen. Damit wurden, trotz des Eisernen Vorhanges, der die Donauländer teilte, die Voraussetzungen für den Wiederaufschwung der Schiffahrt nach dem Zweiten Weltkrieg geschaffen, was sich in einer Verachtfachung der Transportleistungen zwischen 1950 und 1990 manifestierte.

Donau und gesamteuropäische Integration

Der jüngste politische Wandel in Ost- und Südosteuropa sowie die Einführung der Marktwirtschaft im ehemaligen sowjetischen Machtbereich hat, ebenso wie der Krieg in Jugoslawien und die UNO-Sanktionen, zu einem Rückgang des Schiffsverkehrs auf der Donau geführt. Vermutlich ist dies nur ein vorübergehender Trend, denn die langfristigen Prognosen rechnen mit einer Zunahme des Welthandels und insbesondere des Warenaustausches zwischen Ost- und Westeuropa. Da es aber gerade in dieser Relation immer mehr Engpässe beim Schienen- und Straßentransport gibt, müssen die bestehenden Transportkapazitäten der Donau mehr als in der Vergangenheit genützt werden. Auch wurde die Donau durch die Eröffnung des Main-Donau-Kanals im Jahre 1992 als Verkehrsweg zwischen Ost und West, Nord und Süd entscheidend aufgewertet, da sie nunmehr direkt an die wichtigsten westeuropäischen Industrie- und Verbraucherzentren und an die Häfen der Nordsee angebunden ist. Um sicherzustellen, daß die Donau für diese Aufgaben gerüstet ist, bedarf es unverändert einer internationalen Zusammenarbeit der interessierten Länder bezüglich der Donaunutzung.

Aus diesem Grunde haben sich die Donaustaaten, darunter jene, die erst vor kurzem unabhängig wurden, im Herbst 1993 getroffen, um eine diplomatische Staatenkonferenz vorzubereiten, die das bestehende Donauregime der kommenden Rolle der Donau in einem gesamteuropäischen Wirtschaftssystem anpassen soll. Diese Konferenz wird nicht nur darüber entscheiden müssen, welche Staaten an der internationalen Verwaltung teilnehmen sollen – nur Uferstaaten oder auch Nichtuferstaaten –, sondern ob neben der Schiffahrt zusätzliche Aufgaben wie Energie, Umweltschutz, Infrastruktur, Fremdenverkehr und andere Gegenstand gemeinsamer Donaupolitik sein sollen.

Der internationale Status der Donau, die durch zehn Staaten fließt und fünf Hauptstädten Leben verleiht, wird also voraussichtlich erhalten bleiben; damit auch das Prinzip der Freiheit der Schiffahrt für alle Länder. Ob unter dem Schutz der Anrainerstaaten oder gesamteuropäischer Institutionen oder gar der Vereinten Nationen ist nicht so wichtig. Entscheidend ist, daß der internationale Charakter der Donau bleibt, denn er ist ein Teil der Weltoffenheit der Donauländer.

Literatur

LEDERLE, ALFRED, Die Donau und das internationale Schiffahrtsrecht, Berlin 1928.
PICHLER, FRANZ, Die Donaukommission und die Donaustaaten: Kooperation und Integration, Wien 1973.
PISECKY, FRANZ, Die Donau, Österreich und Ungarn 1835–1985. In: Schiffahrt und Strom Nr. 103/04, 1985.
Sonderpublikation des Österreichischen Wasserstraßen- und Schiffahrtsvereines, Österreich und Rhein-Main-Donau, September 1992.
SUPPAN, C. V., Die Donau und ihre Schiffahrt, Wien 1917.
TONCIC-SORINJ, LUJO, Die Geschichte der Internationalisierung der Donau, München 1961.

Harry Slapnicka

Zwischen „Anschluß" und Befreiung
Die Ideologisierung der Donau am Beispiel von Linz und von „Oberdonau"

Nach dem „Anschluß" von 1938 propagierte die nationalsozialistische Führungsschicht Oberösterreichs den Gau, der bald den Namen „Oberdonau" tragen sollte, vor allem als „Heimatgau des Führers", und Leonding mit den Gräbern der Eltern Adolf Hitlers wurde sozusagen erster Wallfahrtsort des Gaues, auch die nationalsozialistische Prominenz des Reichs hatte bei ihren zahlreicher werdenden Besuchen in der nunmehrigen „Ostmark" jeweils auch einen Kurzbesuch im Friedhof von Leonding abzustatten.

Schon bei diesem Begriff des „Heimatgaues des Führers" gab es manche Variationen und Eskapaden. Gaupresseamtsleiter Dr. Anton Fellner sprach von „Oberdonau" als der „engeren Heimat des Führers", der Dichter und damalige Kulturschriftleiter Arthur Fischer-Colbrie schrieb über das „Jugendland des Führers". Und DDr. Eduard Kriechbaum, Gauheimatpfleger des Gaues „Oberdonau", schrieb, ehe er noch von Hitlers Aversion gegen seine Waldviertler „Ahnenheimat" wußte: „Die Ahnenheimat Adolf Hitlers ist zwar das Waldviertel, die *Jugendheimat* des Führers aber liegt zur Gänze innerhalb unseres Gaues Oberdonau." Im selben Beitrag wird Hitler noch als „Kind unseres altbajuwarischen Gaues" bezeichnet. Kriechbaum führte übrigens die von Dr. Adalbert Depiny 1919 gegründete Zeitschrift „Heimatgaue" weiter, die jetzt allerdings umbenannt wurde in „Der ‚Heimatgau'". Man berücksichtigte dabei Hitlers nun sichtbares Wohlwollen für sein Geburtsland, erwähnte dabei aber nicht, daß er seinerzeit bei der oberösterreichischen Landesregierung um seine Entlassung aus der österreichischen Staatsbürgerschaft angesucht hatte und daß er in den zwanziger und vor allem in den dreißiger Jahren, als hier die NSDAP aufgebaut wurde, jeweils einen großen Bogen um Linz und Oberösterreich gemacht hatte.

Die zweite Blickrichtung in diesem Jahr 1938 aber ist die Donau; mehr noch: der „Nibelungenstrom" und eben Linz an der Donau. Die neuen Gau-Namen „Oberdonau" und „Niederdonau" stellten übrigens die einzige Gau-Umbenennung dieses Jahres dar. Sie war insofern nicht unverständlich, als in den beiden bisherigen Namen der Länder das nunmehr verpönte Wort „Österreich" vorkam. Bei der Entscheidung Hitlers vom 25. April 1938 und der entsprechenden Anordnung von Reichskommissar Gauleiter Josef Bürckel vom 31. Mai 1938 über die Gaueinteilung scheint zum erstenmal der Name „Oberdonau" auf. Man kann heute nicht sagen, wer für diese Umbenennung zuständig war. Vermutlich war es Bürckel selbst oder sein maßgeblicher Mitarbeiter Christian Opdenhoff, der zwischen 1940 und 1945 als Stellvertretender Gauleiter in Linz wirkte. Opdenhoff hat vermutlich die alte Bezeichnung des Landes „Ober der Enns" (Ob der Enns) gar nicht gekannt und die Namen der ihm geläufigen französischen Departements wie Haute-Marne, Haute-Rhin oder Haute-Loire nun in der „Ostmark" zum Vorbild genommen. Wie bei anderen Entscheidungen dieser Jahre gab es keinerlei Widerstand, lediglich Teile der Wirtschaft realisierten die Anpassung ihres Namens (etwa „Bank für Oberösterreich und Salzburg") zögernd und schleppend. Eine bescheidene und damals kaum bekanntgewordene Kritik kam von dem schon erwähnten DDr. Kriechbaum, der anläßlich der Vorstellung seiner Zeitschrift schrieb: „Im Vordergrund der gesamten Heimat- und Volkskundearbeit unserer Zeitschrift [Der Heimatgau] wird aber

Modell einer der geplanten Nibelungen-Figuren auf dem Linzer Brückenkopf: Foto: Stadtmuseum Nordico, Archiv

immer unser eigenes Land bleiben, das einmal die ausgezeichnete Benennung „Land ob der Enns" trug, dann leider auf den unklaren Namen Oberösterreich umgetauft wurde und heute – urkundlich gesehen nicht ganz richtig – als Ober-Donauland bezeichnet wird". Hatte man im bisherigen Namen der Länder Ober- und Niederösterreich den Fluß berücksichtigt, der von Süden nach Norden floß und Oberösterreich von Niederösterreich trennte, die Enns, so war jetzt der beherrschende Strom, die Donau, Namensgeber.

Noch kommen die Nationalsozialisten dazu, einen (bescheidenen) Schritt von der Ideologie und Theorie zur Praxis zu tun, zumindest an der Donau und im Bereich von Linz. Der erste von Hitler befohlene Neubau – und einer der wenigen realisierten öffentlichen Bauten insgesamt – wird die Linzer Nibelungenbrücke, die anstelle der alten Eisenbrücke gebaut wird und Linz mit der einstigen Stadt Urfahr, die nach dem Ersten Weltkrieg in Linz eingemeindet worden war, verbindet. Ähnlich wie bei dem Namen „Oberdonau" wissen wir auch hier nicht, von wem der Vorschlag zur Namensgebung stammt. Hier dürfte es wohl Hitler selbst gewesen sein, denn gleich bei den ersten Berichten über den geplanten Brückenneubau wird der Name „Nibelungenbrücke" genannt. Die Vermutung dürfte nicht abwegig sein, wenn man bedenkt, daß Hitler bei allen maßgeblichen Dingen, die den Gau „Oberdonau" oder die Stadt Linz betrafen, gehört werden mußte, wobei die Parteikanzlei, also anfänglich Rudolf Heß und nach dessen Flucht nach England Martin Bormann, als Anfrage- und Beantwortungsstelle fungierten. So war dies bei den Kandidaten eines Linzer Oberbürgermeisters; bei Heß wurde rückgefragt, ob Leonding in Groß-Linz eingemeindet werden könne. Und bis zuletzt wurde Bormann in allen Fragen kontaktiert, die Hitlers Linzer Galerie betrafen.

Mit dem Bau der Linzer Nibelungenbrücke war der Generalinspekteur für das deutsche Straßenwesen betraut, die Baupläne der Brücke stammen von zwei deutschen Architekten, wie bei der späteren Verbauung von Linz nie ein österreichischer Architekt vorgesehen war. Aber Hitler war mit dieser „Nibelungenbrücke" nicht zufrieden, die er als gute Autobahnbrücke wertete, nicht aber als städtische Brücke. Zur Brückenverkleidung entwarf deshalb später der für Linz tätige (deutsche) Bildhauer Bernhard Graf Plettenberg Tafeln mit Halbreliefs, deren Themen dem Nibelungenlied entnommen waren. Man kann wohl annehmen, daß Hitler diese Entwürfe nie zu Gesicht bekommen hat, zumal weder der Linz-Planer Roderich Fick noch Bildhauer Plettenberg in den letzten Jahren jemals zu Hitler vordringen konnten. Aber Hitler persönlich hatte Graf Plettenberg mit der Gestaltung von vier Brückenfi-

Modell der Nibelungenbrücke. Foto: OÖLA

guren beauftragt, den Reiterstatuen von Siegfried, Kriemhild, Gunter und Brunhild. Zwei weitere Figuren der Nibelungen-Sage, Hagen und Volker, sollte Plettenberg noch für das Aufmarschgelände nördlich der Donau gestalten. Zwei Gipsmodelle – sechseinhalb Meter hohe Attrappen – waren übrigens schon aufgebaut und wurden von Hitler und von Speer besichtigt. Auf eine vorsichtige Kritik Speers meinte Speers Konkurrent Hermann Gießler beschwichtigend, es wären keine „freien Plastiken", sondern „dekorative Sinnbilder".

Insgesamt wäre also hier am „Nibelungenstrom", durch die Linzer Nibelungenbrücke und auch durch die relativ reiche figurale Ausschmückung ein deutlicher Schwerpunkt entstanden.

Hitlers Traum von „seinem Linz" sah aber weit mehr vor. Linz wurde sehr rasch in die vorrangig zu berücksichtigenden „Hitler-Städte" (neben Berlin, München und Nürnberg) aufgenommen, bei denen allein der finanzielle Aufwand – noch war ja der Zweite Weltkrieg nicht ausgebrochen! – gigantisch gewesen wäre. Das war nicht unverständlich, denn von den 125 erhaltenen persönlichen Bauskizzen Hitlers entfielen rund ein Viertel auf Linzer Bauvorhaben.

Die von Hitler wesentlich gestaltete Linz-Planung zeigt zwei Schwerpunkte: den Donauraum und das Kunstviertel, das von der Blumau aus ostwärts der Wiener Reichsstraße entstehen und bis zum neu zu errichtenden Bahnhof reichen sollte. Vor allem aber sollte die Donau ähnlich großzügig wie in Budapest verbaut werden. Die bisherige Donauverbauung betraf eigentlich nur jeweils wenige hundert Meter beiderseits der damaligen Donaubrücke. In der ersten Planungsphase sollten vor allem an der Donau praktisch alle bekannten deutschen Architekten, soweit sie Hitlers Gunst genossen, beteiligt werden: Paul Bonatz, der Schöpfer des Stuttgarter Hauptbahnhofes, sollte eine Kettenbrücke planen; Oswald Bieber, ein Spezialist für militärische Bauten, sollte beim Bau des Linzer Heereskommandos eingesetzt werden; Hermann Gießler hatte das Rathaus zu errichten; Wilhelm Jost und später Paul Schmitthenner und schließlich Hermann Gießler waren für die Pläne der Technischen Hochschule (am Pöstlingberghang später an der Donau) zuständig; Abschluß

Hitler auf der Linzer Donaulände mit den Architekten Speer, links, und Giesler. Foto: OÖLA

der Donau-Ufer-Bauten hätte das seinerzeit für Bingen vorgesehene Bismarck-Denkmal von Wilhelm Heinrich Kreis bilden sollen; Kreis hätte noch das Waffenmuseum und die Gauanlage an der Donau zu errichten gehabt.

Abseits der Donau wären noch als Planer Paul Baumgartner (Opernhaus), Leonhard Gall (Neue Bibliothek), Josef Lukas (Hauptbahnhof) und Albert Speer (Stadion) eingesetzt worden.

Bei aller Uniformiertheit nationalsozialistischer Bauten hätten diese Architekten aber doch ihre Individualität einbringen können. All dies änderte sich, als Speer aufhörte, als Architekt und Planer zu wirken und nach dem Tod von Fritz Todt Reichsminister für Bewaffnung und Munition wurde. Unmittelbar vorher war Speer aber noch sehr entscheidend in Aktion getreten. Er hatte wie wenig andere erkannt und von der ersten Stunde an beobachten können, wie sehr Hitler die Linz-Planungen am Herzen lagen; er hatte auch immer Hitler bei seinen Linz-Fahrten begleitet. Und zu Hitlers 52. Geburtstag im Jahre 1941 hatte er ihm eine Adresse überreicht, die etwa auch die Unterschriften der damals angesehensten deutschen Bildhauer Thorak und Breker enthielten und in der sie Hitler baten, „im edlen Wettstreit mitwirken zu dürfen am Neubau der Stadt Linz".

Hitlers Lieblingsarchitekt war Rüstungsminister geworden, wo völlig andere Aufgaben (und Gegner) seiner harrten, und im Bereich der Linz-Planungen arrondierte sich Gießler, der mit der München-Planung reichlich eingedeckt gewesen wäre, immer neue Gebiete. Bei dem nicht uninteressanten Streit der beiden Stararchitekten jener Jahre, Speer und Gießler, ist für unsere Betrachtung wesentlich, daß Gießler allmählich für die ganze Donau-Verbauung zuständig wurde. Der Linz-Planer Fick war weithin beiseitegeschoben. Die erhaltenen Modelle und Fotos stammen durchwegs aus dieser Gießler-Planung; gegenüber der ursprünglichen Planung wäre eine weitere Uniformiertheit eingetreten.

So sehr Speer und Gießler über die Tatsache stritten, wo Hitler begraben werden sollte (in Linz oder München), so wenig wurde angezweifelt, daß Hitler seinen Alterssitz („Führerpfalz" mit Archiv) in der Nähe des Linzer Schlosses mit dem Blick zur Donau gewählt hatte. All dies, auch die Modelle der Linzer Donauverbauung, die Gießler noch in den letzten Kriegsmonaten in die Bunker unter der Berliner Reichskanzlei gebracht hatte, wo sie Hitler, um sich vom sonstigen dramatischen Geschehen zu erholen, immer wieder betrachtete, versanken im Chaos der ersten Mai-Tage 1945, versanken im Geschehen des Kriegsendes.

Hitler und Speer vor der Nibelungenbrücke.
Foto: OÖLA

Was blieb, war – für die nächsten zehn Jahre – eine zerstückelte Donau, eine Donau, in der sich Schiffe aller nur möglichen Balkan-Staaten auf engem Raum am Südufer der Donau zusammendrängten, eine Donau, die, zumindest im oberösterreichischen Bereich, nur schwer überschritten werden konnte und die amerikanische und die russische Besatzungsmacht Oberösterreichs trennte.

Literatur

GIESSLER, HERMANN, Ein anderer Hitler. Bericht eines Architekten, Leoni/Starnberger See ²1977.

Heimatgau, Der, Zeitschrift für Volks- und Landeskunde, sowie für Geschichte des Oberdonau-Landes, 1938–1943.

MAYRHOFER, FRITZ, Linz im Dritten Reich, in: Geschichte der Stadt Linz, 2 Bände, Linz 1990.

Oberdonau, Zeitschrift, Linz 1941–1944.

SARLEY, WERNER, Die Nibelungenbrücke, in: Oberdonau 1/Feber-März 1941.

SLAPNICKA, HARRY, Oberösterreich – Zwischen Bürgerkrieg und Anschluß, Linz ²1975.

–, Oberösterreich – als es „Oberdonau" hieß (1938–1945), Linz 1978.

–, Hitlers Linz-Planungen und der Wettlauf der Architekten, In: Kunstjahrbuch der Stadt Linz 1977, S 94–106.

SPEER, ALBERT, Erinnerungen, Berlin 1969.

WUTZEL, OTTO (Hg), Die Linzer Donaubrücken, Linz 1977.

Arnold Suppan
Nationalitätenkonflikte im Donauraum 1918 bis 1993

Das „kurze 20. Jahrhundert" geht zu Ende. Es begann mit der unangemessenen Reaktion Österreich-Ungarns auf die Schüsse von Sarajewo Ende Juni 1914 und es endete mit der unerwarteten Reaktion der Bevölkerung Rumäniens auf die Schüsse von Temesvar Ende Dezember 1989. Dazwischen lagen acht Dekaden mit zwei totalen Kriegen, mit einer Fülle von totalitären Regimen, mit totalen Vernichtungen ganzer ethnischer, konfessioneller und sozialer Großgruppen, mit totalen Zusammenbrüchen von menschenverachtenden Herrschaftssystemen und mit totalen Konfrontationen in einem vierzigjährigen „Kalten Krieg". Der Donauraum pendelte zwischen einem extremen rechtsgerichteten und einem extremen linksgerichteten Radikalismus, zwischen offener kapitalistischer Marktwirtschaft und geschlossener kommunistischer Planwirtschaft, zwischen pluralistischer Demokratie und monokratischer Volksdemokratie, nicht zuletzt zwischen Nationalismus und Internationalismus. Als einer der roten Fäden dieser Geschichte des „kurzen 20. Jahrhunderts" ist jedenfalls die Auseinandersetzung zwischen multinationalen Staaten und Nationalstaaten, zwischen den einzelnen Nationalstaaten selbst sowie zwischen den Staatsnationen und Nationalitäten festzuhalten.

Betrachtet man die Konfliktzonen im Zeitraum zwischen 1918 und 1993, so sind als schwerste Nationalitätenkonflikte aufzuzählen:
• der magyarisch-rumänische Konflikt in Siebenbürgen;
• der magyarisch-slowakische Konflikt in der südlichen Slowakei;
• der serbisch-kroatische Konflikt im ehemaligen Jugoslawien;
• der serbisch-albanische Konflikt im Kosovo;
• der deutsch-slowenische Konflikt in Unterkärnten und in der Untersteiermark;
• der serbisch-muslimisch-kroatische Konflikt in Bosnien-Herzegowina;

Als Ursachen all dieser Nationalitätenkonflikte lassen sich generalisierend zusammenfassen:
• Alle Konflikte hatten und haben mit Grenzfragen zu tun, meist mit Grenzziehungen, wie sie nach dem Ersten Weltkrieg in den Pariser Vorortverträgen festgelegt wurden. Alle Staaten verstanden sich als alte oder neue „Nationalstaaten", strebten die Identität zwischen Nation und Staat an und negierten Gruppenrechte für andere Nationalitäten.
• Alle Konflikte waren von mehr oder weniger schweren militärischen Auseinandersetzungen gekennzeichnet, vielfach unmittelbar nach dem Ersten Weltkrieg, teilweise auch während und nach dem Zweiten Weltkrieg. Mit den militärischen Konflikten waren meist auch Übergriffe gegen Zivilpersonen und deren Eigentum verbunden.
• Für alle Konfliktzonen galt nach dem Ersten Weltkrieg internationales Minderheitenrecht unter Patronanz des Völkerbundes. Nach dem Zweiten Weltkrieg wurde dieses Recht nur mehr in den Friedensverträgen mit Ungarn, Rumänien, Bulgarien und Finnland festgehalten. Freilich entsprach die Rechtswirklichkeit in keiner Konfliktzone dem geschriebenen Recht.
• In vielen Konfliktzonen spielte nicht nur der sprachliche, sondern auch der konfessionelle und gesamtkulturelle Gegensatz eine wesentliche Rolle, so in Siebenbürgen, in Bosnien-Herzegowina, im Kosovo, nicht zuletzt zwischen Serben und Kroaten.
• Entscheidend wurden in den meisten Konflikt-

zonen allerdings die gesellschaftlichen Konfliktlagen, die Differenzen in der Sozialstruktur, vor allem die Abgrenzungen in mentaler Hinsicht.

Für die Zeit zwischen den beiden Weltkriegen, aber auch nach 1945, sind im wesentlichen zwei Aspekte festzustellen, die die Nationalitätenkonflikte von innen heraus und von außen her anheizen: die Verknüpfung mit gesellschaftspolitischen Maßnahmen in den neuen Nationalitätenstaaten und die außenpolitische Einflußnahme unter dem Prinzip des Selbstbestimmungsrechtes der Nationen.

Die neuen „Staatsnationen" erwarteten sich von der nationalen Befreiung, von der nationalen Vereinigung, von der staatlichen Selbständigkeit vor allem die Verbesserung ihrer Lebensbedingungen. Ihre politischen Führer gingen von der falschen Auffassung aus, daß die nationale Frage die einzige Quelle sozialer und wirtschaftlicher Rückständigkeit und Einschränkung der Freiheit darstellte und daß ihre Lösung daher alle Probleme beseitigen würde. Daher wurden zum Teil notwendige wirtschaftliche und soziale Reformen häufig auch in nationalem Sinn eingesetzt – vor allem bei den Bodenreformen und bei den „Nationalisierungen" in der Industrie. Ethnisch „fremde" Großgrundbesitzer und Unternehmer wurden zugunsten von landhungrigen Bauern und aktienhungrigen Bürokraten enteignet. Davon waren die Deutschen in der Tschechoslowakei, in Ungarn und in Jugoslawien betroffen, die Magyaren in Rumänien, der Tschechoslowakei und Jugoslawien, die Juden in allen ostmitteleuropäischen Staaten. Die politische Führungsschicht der neuen Nationalitätenstaaten, bestehend vor allem aus der bürokratisch-politischen Klasse von hohen Beamten und Militärs, Professoren und Diplomaten, Kulturschaffenden und Kulturvermittelnden sah sich beständig von den alten Ober- und Mittelschichten der Minderheiten herausgefordert, sowohl vom grundbesitzenden Adel als auch vom Besitz- und Bildungsbürgertum. Das zeigte sich bei den Auseinandersetzungen um Staatsposten, bei der Zulassung zu Hochschulstudien, bei der Bewilligung von Vereinsgründungen, bei Zensurmaßnahmen gegenüber Zeitungen von Minderheiten. Ein immer wieder eingesetztes Mittel war natürlich das Verlangen nach ausschließlicher Verwendung der „Staatssprache" – im Amt und vor Gericht, in der Schule und in der Öffentlichkeit, auf Landkarten und bei Geschäftsaufschriften. Das Übergehen von Bestimmungen aus den Minderheitenverträgen wurde hiebei meist mit bürokratischen Ausreden zu kaschieren versucht.

Die neuen Nationalitätenstaaten von 1919/20 waren nicht in der Lage, die nationale Frage zu lösen, weil sie falsch dachten und deshalb falsch handelten. Die neuen politischen Eliten waren auf dem Feld der Mentalitäten, der Einstellungen und des Denkens vom Bewußtsein eines Anders- und Besondersseins gegenüber Außengruppen beherrscht, das sie ein spezifisches ideologisches Rollenbild mit eigenen Wert-, Aufgaben- und Zielvorstellungen ausformen ließ. Die neuen Nationalitätenstaaten wurden daher nicht – wie etwa die Schweiz – als Heimat mehrerer Nationalitäten begriffen, sondern als „Nationalstaaten" mit einer „Staatsnation", die die Minderheiten bestenfalls als „Gäste", meist aber als „Fremde" oder als „Kolonisten" begriff. Aus solchen Einstellungen und Haltungen konnte auch keine Verwirklichung der Minderheitenrechte erfließen. Gleichzeitig wurden – wie im Falle der Kroaten und Slowaken – Nationalitäten gegen ihre politischen und kulturellen Interessen zur „Staatsnation" gezählt, um mit Hilfe der serbo-kroatischen und der tschecho-slowakischen Nation eine entsprechende statistische Mehrheit dokumentieren zu können.

Der zweite Hauptaspekt für die Nationalitätenkonflikte zwischen den beiden Weltkriegen und nach 1945 lag im permanenten potentiellen Revisionismus verankert, einerlei, ob tatsächlich oder vermeintlich, ob nachweisbar oder lediglich befürchtet. Die stärksten Befürchtungen gingen natürlich vom Deutschen Reich einerseits, von Sowjetrußland andererseits aus – und die slowakischen Befürchtungen hinsichtlich der südlichen Slowakei waren ebenso berechtigt wie die rumänischen Befürchtungen hinsichtlich Siebenbürgens. Freilich zeigen Plebiszitergebnisse, daß ethnisch „gerechtere" Grenzen den einen oder anderen Nationalitätenkonflikt vermeiden hätten können. Das gilt zum Teil sicherlich für die Grenzen von Trianon-Ungarn, da ein erklecklicher Teil der magyarischen Minderheiten unmittelbar jenseits der neuen Staatsgrenzen lebte. So sorgte die Mehrzahl der Grenzziehungen – zum Beispiel auch zwischen Italien und Jugoslawien oder zwischen Jugoslawien und Österreich – für weiterbestehende territoriale Ansprüche, für Minderheitenforderungen, jedenfalls für „irritierte nationale Psychologien". Da half es den Minderheiten wenig, wenn sie auf die Reziprozität ihres Problems hinweisen konnten, ganz im Gegenteil: die Reziprozität eines Minderheitenproblems führte meist zu „reziproken Rekriminationen" der Staaten gegen die Minderheiten des anderen Staates, so geschehen zwischen Ungarn und der Tschechoslowakei. Sowohl hinsichtlich neuer, unbestrittener Grenzziehungen als auch hinsichtlich einer positiven Reziprozität ist nur auf ganz wenige Beispiele hinzuweisen: einerseits auf die neue österreichisch-ungarische und die neue jugoslawisch-rumänische Grenze, andererseits auf den Brünner Vertrag 1920 zwischen der Tschechoslowakei und Österreich sowie auf ein rumänisch-jugoslawisches Schulabkommen.

Die nationalsozialistische Lebensraum- und Rassenpolitik führte zu einer weiteren Verschärfung der verschiedenen Nationalitätenkonflikte im Donauraum, denn die Rolle der deutschen Minderheiten wurde je nach Bedarf neu festgelegt: Stärkung der Rechtsposition als Volksgruppe in der Slowakei, Ungarn, Rumänien und Kroatien, Rückführung ins „Großdeutsche Reich" aus Wolhynien, Ostgalizien, der nördlichen Bukowina, Bessarabien und der Dobrudscha. Entscheidend für das weitere Schicksal der deutschen Minderheiten wurde die eindeutige Verschlechterung des psychologischen Klimas im Zusammenleben zwischen Mehrheit und Minderheit, vor allem zwischen Tschechen und Deutschen, Magyaren und Deutschen sowie Serben und Deutschen. Dafür war freilich nicht nur die NS-Aggressionspolitik im allgemeinen verantwortlich, sondern auch das immer selbständigere Auftreten der neuen Volksgruppenführungen gegenüber den einzelnen Nationalregierungen, die zunehmend die deutsche Minderheit als „Staat im Staate" sahen. Die Rekrutierungen der deutschen Wehrpflichtigen zur SS verschärften die psychologischen Barrieren zwischen den „Staatsnationen" und deutschen Minderheiten. Als ab Herbst 1944 die Vorstöße der Roten Armee in den Donauraum die Deutschen von der Karpato-Ukraine bis nach Slawonien zu Fluchtbewegungen im großen Stil veranlaßten, war das jahrhundertelange Zusammenleben zwischen den Nationen des Donauraumes und den deutschen Minderheiten schon weitgehend gestört, sieht man vielleicht von den Siebenbürger Sachsen und den Karpatendeutschen ab. Tschechen und Slowaken, Magyaren und Rumänen, Serben, Kroaten und Slowenen akzeptierten daher auch die Ausgrenzungsmaßnahmen ihrer Regierungen gegen die Deutschen und befürworteten die Aussiedlungsbeschlüsse der Potsdamer Konferenz im August 1945. Als Fazit von Flucht, Vertreibung und Aussiedlung von über 12 Millionen Deutschen aus den Gebieten östlich der Oder, Neiße, des Böhmerwaldes, der Leitha und der Mur blieben nicht nur die menschlichen Tragödien und das Unrecht kollektiver Bestrafung, sondern auch der Verlust einer kenntnisreichen und arbeitswilligen Bauern-, Gewerbe- und Gebildetenbevölkerung, den kein ostmittel- und südosteuropäischer Staat bis heute wettmachen konnte. Gebündelt mit dem millionenfachen Verlust der Juden in den NS-Vernichtungslagern, der ebenfalls den Ausfall einer qualifizierten Handels-, Gewerbe- und Gebildetenbevölkerung bedeutete, stellen diese beiden minderheitenfeindlichen Erscheinungen den mit Abstand schwersten Eingriff in die Sozial- und Wirtschaftsordnungen der ostmittel- und südosteuropäischen Regionen seit der zweiten Hälfte des 18. Jahrhunderts dar; für manche Regionen – wie beispielsweise die Untersteiermark, die böhmischen Länder, die Slowakei und Siebenbürgen – waren es die schwersten Eingriffe seit dem Spätmittelalter.

Auch die magyarischen Minderheiten waren von der politischen Entwicklung zwischen 1938 und 1947 maßgeblich betroffen. Der Erste und Zweite Wiener Schiedsspruch sowie die Annexion der Karpato-Ukraine und der Batschka versammelte zwar 1941 die überwiegende Mehrheit der Magyaren wieder im ungarischen Staat, der aber nun über 1,1 Millionen Rumänen, 720.000 Deutsche, 560.000 Ukrainer, 270.000 Slowaken und Tschechen, 440.000 Südslawen, über 500.000 Juden und 75.000 Roma als Minderheiten aufwies. Das vergrößerte Ungarn war also wieder im größeren Ausmaß Nationalitätenstaat geworden, allerdings mit einer Sonderstellung der deutschen Volksgruppe. Die neuen Grenzziehungen entschärften freilich nicht die bisherigen Konfliktzonen, sondern verschärften vielmehr die Gegensätze zwischen Magyaren und Rumänen, Magyaren und Slowaken, Magyaren und Serben. So flohen schon 1940 etwa 100.000 Rumänen, hauptsächlich Beamte und Intellektuelle, aus Nordsiebenbürgen nach Rumänien, und bis 1944 folgten weitere 100.000. Aus Südsiebenbürgen flohen andererseits 100.000 bis 150.000 Magyaren nach Ungarn, da sie mit rumänischen Diskriminierungsmaßnahmen rechnen mußten. Fazit der negativen reziproken Nationalitätenpolitik war jedenfalls eine deutlichere Verschlechterung der Lebensumstände für alle Bevölkerungsteile Siebenbürgens. Unfreiwillige Bevölkerungsmigrationen gab es auch in der südlichen Slowakei und in der Batschka, problematischer waren freilich bewaffnete Übergriffe ungarischen Militärs gegen rumänische Zivilbevölkerung in Nordsiebenbürgen sowie gegen serbische und jüdische Bürger der Stadt Neusatz/Újvidék/Novi Sad. Somit wurde auch das Zusammenleben der Magyaren mit ihren Nachbarn empfindlich gestört und führte ab Herbst 1944 zu Racheaktionen: zuerst übten Maniu-Gardisten in Nordsiebenbürgen Vergeltung gegen einige Dörfer des Szeklerlandes, und rumänische Polizei und Gendarmerie verhafteten und internierten zehntausende Magyaren; dann begannen serbische Partisanen mit Übergriffen gegen die magyarische Zivilbevölkerung der Batschka; schließlich wurden Magyaren aus der südlichen Slowakei vertrieben. Aufgrund eines Vertrages über den Bevölkerungsaustausch zwischen Ungarn und der Tschechoslowakei wurden zwischen 1946 und 1948 – unter Einbeziehung schon vorher Geflüchteter – 89.000 Magyaren und 73.000 Slowaken umgesiedelt. Die Minderheitenprobleme zwischen den Magyaren und ihren Nachbarn wurden mit all diesen gewaltsamen Aktionen natürlich nicht gelöst; die Maßnahmen hatten insgesamt in erster Linie zur Verarmung der betroffenen Bevölkerungsgruppen, aber auch der betroffenen Regionen, beigetragen.

Besonders schwere nationale Hypotheken hinterließ der Zweite Weltkrieg in Jugoslawien. Im zwischen den Okkupationsmächten Deutschland, Italien, Ungarn und Bulgarien aufgeteilten Staat hatte es zwischen 1941 und 1945 nicht nur den bewaffneten Kampf zwischen den fremden Truppen und nationalen Widerstandsgruppen gegeben, sondern auch Bürgerkriege mit mindestens ebenso vielen Opfern:

• Im „Unabhängigen Staat Kroatien" verfolgte das Ustaša-Regime Serben und Juden (KZ Jasenovac) und wurde im Verlauf des Krieges immer heftiger von den multiethnischen, kommunistisch geführten Partisanen bekämpft;

• aus dem besetzten Serbien agierten die königstreuen Četnici gegen Partisanen, Muslime und Kroaten;

• in Bosnien ging die muslimische Handžar-SS-Division sowohl gegen Serben als auch gegen Kroaten vor;

• in Slowenien bekämpften sich kommunistischer und bäuerlich-katholischer Widerstand. Die Verluste aus den Widerstandskämpfen und den innerjugoslawischen Bürgerkriegen waren außerordentlich und betrugen etwa eine Million Personen, davon 500.000

Serben, 200.000 Kroaten und 100.000 bosnische Muslime. Gerade diese Kriegstoten werden heute wieder aus ihren Gräbern geholt und von den verschiedenen nationalistischen Gruppen gegeneinander aufgerechnet.

Dabei hatte der Staatsgründer Tito schon 1948 geglaubt, daß die nationale Frage in der Föderativen Volksrepublik Jugoslawien gelöst sei, und zwar „zur allseitigen Zufriedenheit unserer Nationen". Denn schon der Volksbefreiungskrieg gegen die deutsche Besatzung sei unter der Parole „Brüderlichkeit und Einheit" geführt worden. Titos Behauptung aber war einem Wunschdenken entsprungen, das zur offiziellen Staatsdoktrin erhoben wurde. Denn ein gesamtjugoslawisches Gemeinschaftsgefühl – aufbauend auf dem Jugoslawismus des 19. Jahrhunderts – entwickelte sich nur in den Führungsgruppen des Staates: im Bund der Kommunisten Jugoslawiens, besonders unter den höheren Funktionären, und in der Jugoslawischen Volksarmee, besonders in den Offiziersrängen, darüber hinaus unter den Kadern der Sozialistischen Allianz und unter den Führungsorganen der vergesellschafteten Betriebe. Seit den sechziger Jahren befand sich der sozialistische „Jugoslawismus" wieder in der Defensive, denn partikuläre Interessen der sechs Nationen und neun Nationalitäten Jugoslawiens drängten erneut an die Oberfläche. Das zeigte bereits der serbische Konflikt 1966, dann der kroatische 1971, schließlich der albanische 1981. Der Verwaltungszentralismus und die dominierende Stellung der Serben in Zentralbürokratie, Diplomatie, Armee, Polizei und Geheimdienst waren ebenso als Ursachen feststellbar wie das wirtschaftlich-soziale Entwicklungsgefälle vom Nordwesten nach Südosten, das die Spannungen unter den Teilrepubliken seit dem ersten Ölpreisschock ansteigen ließ. Sowohl die Funktionärsschichten der Kommunistischen Parteien als auch die akademische Intelligenz in den einzelnen Teilrepubliken traten immer stärker für eine Dezentralisierung des Staates, für mehr Gleichberechtigung im wirtschaftlichen und kulturellen Bereich ein, was schließlich in die Verfassung von 1974 einfloß. Den immer zahlreicher werdenden Albanern war schließlich auch diese Autonomie für das Kosovogebiet zu wenig, und sie begannen, den Nationsstatus mit einer eigenen Teilrepublik zu fordern. Auf die albanische Massenexplosion von 1981 folgte die serbische nationale Mobilisierung seit 1986, die schließlich zur Auflösung Jugoslawiens und zu den verheerenden Kriegen in Kroatien und Bosnien führte. Zwar sind sich serbische Politik und serbische Öffentlichkeit weitgehend über das harte Vorgehen gegen Albaner, Kroaten und Muslime einig, wollen aber nun nicht erkennen, daß ihre serbischen Konnationalen in Kroatien und Bosnien ähnliche Autonomie- und Unabhängigkeitsforderungen stellen wie die Albaner im Kosovo. Somit ist ein klassisches Paradoxon des übersteigerten Nationalismus gegeben: Die nationalistischen Gefühle der eigenen Nation werden meist positiv beurteilt, die der anderen Nation meist negativ.

Welcher Mittelweg ist zwischen dieser neuerlichen uneingeschränkten Bejahung des Nationalstates und seiner Überwindung duch supranationale Institutionen denkbar? – Der Nationalismus, ein „gesundes Nationalbewußtsein", muß in ein größeres Wertesystem eingeordnet werden, in dem Werte wie Humanität, Menschenrechte, Minderheitenrechte und Religion zumindest gleichgewichtig verankert sind. Dann kann der Nationalstaat sukzessive auf ihm zugefallene Aufgaben verzichten und sie an supranationale Organisationen wie auch an regionale Institutionen übertragen. In gewandelter Gestalt und mit neu definierten Funktionen könnte der Nationalstaat als Bestandteil einer neuen Weltordnung weiterbestehen.

Literatur

BEHSCHNITT, WOLF D., Nationalismus bei Serben und Kroaten 1830–1914, München 1980.
BEREND, IVAN T., Central and Eastern Europe in the „Short 20th Century". In: Modern Age – Modern Historian. In memoriam György Ránki, hg von GLATZ, FERENC und PÓK, ATTILA, Budapest 1990, S 225–238.

FLACHBARTH, ERNST, System des internationalen Minderheitenrechtes, Budapest 1937.

GROTHUSEN, KLAUS-DETLEV, Jugoslawien. Aspekte der Gegenwart – Perspektiven der Zukunft, Stuttgart 1979.

HERTZ, FREDERICK, The Economic Problem of the Danubian States. A Study in Economic Nationalism, London 1947.

HORAK, STEPHAN M., Eastern European National Minorities 1919/1980, Littleton/Colorado 1985.

KOĆOVIC, BOGOLJUB, Žrtve drugog svetskog rata u Jugoslaviji (Die Opfer des Zweiten Weltkrieges in Jugoslawien), London 1990.

KÖPECZI, BÉLA und SZÁSZ, ZOLTÁN (Hg), Kurze Geschichte Siebenbürgens, Budapest 1990.

PEARSON, RAYMOND, National Minorities in Eastern Europe 1848–1945, London 1983.

ROTHSCHILD, JOSEPH, East Central Europe between the Two World Wars, Seattle & London 1977.

SCHIEDER, THEODOR et alii (Hg), Dokumentation der Vertreibung der Deutschen aus Ost-Mitteleuropa: I/1–2: Die Vertreibung der deutschen Bevölkerung aus den Gebieten östlich der Oder-Neiße, II: Das Schicksal der Deutschen in Ungarn, III: Das Schicksal der Deutschen in Rumänien, IV: Die Vertreibung der deutschen Bevölkerung aus der Tschechoslowakei, V: Die Vertreibung der deutschen Bevölkerung aus Jugoslawien, Bonn 1953–1962.

SUNDHAUSEIN, HOLM, Experiment Jugoslawien. Von der Staatsgründung bis zum Staatszerfall, Mannheim 1993.

SUPPAN, ARNOLD, Jugoslawien – Historische Hintergründe des Zerfalls Jugoslawiens, Wien 1993.

TEICHOVA, ALICE, Kleinstaaten im Spannungsfeld der Großmächte. Wirtschaft und Politik in Mittel- und Südosteuropa in der Zwischenkriegszeit, Wien 1988.

Vertreibung und Vertreibungsverbrechen 1945–1948. Bericht des Bundesarchivs vom 28. Mai 1974, Bonn 1989.

WANDRUSZKA, ADAM und URBANITSCH, PETER (Hg). Die Habsburgermonarchie 1848–1918, Band III: Die Völker des Reiches, Wien 1980.

ŽERJAVIC, VLADIMIR, Gubici stanovništva Jugoslavije u drugom svjetskom ratu (Die Verluste der Bevölkerung Jugoslawiens im Zweiten Weltkrieg), Zagreb 1989.

ŽUDEL, JURAJ und OČOSKÝ, ŠTEFAN, Die Entwicklung der Nationalitätenstruktur in der Südslowakei. In: Im Spannungsfeld von Nation und Staat, Wien 1991, S 93–123.

Emil Brix

Mitteleuropa als Kulturraum und politische Landschaft

Die Geschichte Europas nach dem Zweiten Weltkrieg war bis vor wenigen Jahren davon bestimmt, daß es einen scheinbar eindeutigen Westen und einen ebenso eindeutigen Osten gab. Selbst für Österreich, dessen Geschichte diesen Vorstellungen nicht entspricht, war es mit der Zuordnung zum Westen zur Voraussetzung für politisches Handeln geworden, daß sowohl die europäische politische Integration als auch die kulturelle Zusammenarbeit sich weitgehend an dieser Zweiteilung des Kontinentes zu orientieren hatten.

Als 1989 der Eiserne Vorhang fiel und damit die seit dem Ende des Zweiten Weltkrieges gebräuchliche Unterscheidung zwischen West- und Osteuropa ihre ideologische Grundlage verlor, stellte sich bald heraus, daß damit für weite Bereiche Europas nicht ein Ende der Geschichte gekommen war, sondern eine Rückkehr zahlreicher verdrängter geschichtlicher Erfahrungen in das politische und kulturelle Leben der Mitte Europas begonnen hatte. Der Begriff Mitteleuropa wurde zum politischen Schlagwort für die Annäherung bisher ideologisch getrennter Staaten von der Ukraine bis Österreich und von Polen bis Kroatien. In ihrem Kern wurde die Diskussion in den achtziger Jahren von oppositionellen Intellektuellen in Ungarn, Polen und im tschechischen Teil der ehemaligen Tschechoslowakei unter Beteiligung österreichischer, oberitalienischer und deutscher Stimmen geführt. Unterstützt wurde diese Diskussion auch von Intellektuellen, die sich aufgrund ihrer Herkunft (Eugène Ionesco) oder aufgrund ihrer Vorstellungen über Europa (André Glucksmann) mitteleuropäischen Traditionen verbunden fühlten. Umstritten bleiben bis heute die Grenzen dieses imaginären Mitteleuropas. Deutschland kann als Partner im mitteleuropäischen Dialog nicht ausgeschlossen werden, es wird aber zumeist nicht als Bestandteil des mitteleuropäischen Kulturraumes gesehen. Ähnliches gilt für die serbischen Gebiete sowie für Rumänien und Bulgarien.

Schon diese geographische Eingrenzung zeigt, daß die oft versuchte Gleichsetzung der Begriffe Mitteleuropa und Donauraum nicht dem aktuellen Diskussionsstand über wiederaufgetauchte Regionalbezüge in Europa entspricht. Dennoch besteht eine Verknüpfung zwischen den beiden Begriffen. Der einzige Fluß, der in seinem Verlauf der Ost-West-Teilung nicht entsprochen hatte, war die Donau, und es ist daher nicht überraschend, daß seiner Geschichte und seinem Verlauf gerade unter diesem Gesichtspunkt auch eine symbolische Bedeutung zugeschrieben wurde. Der italienische Literaturwissenschaftler Claudio Magris beschreibt die Kultur dieses Raumes in seinem Buch „Donau. Biographie eines Flusses", und der ungarische Schriftsteller Peter Esterhazy setzt diese symbolische Deutung der Donau in dem Roman „Donau abwärts" fort. In beiden Büchern wird die Donau als Metapher für ein kulturelles Netzwerk gesehen, das sich an den historischen Traditionen Österreich-Ungarns orientierte. Das Nachdenken über den Donauraum ist aber ebenso historisch und geographisch ungenau wie die oft verwendete Bezeichnung „Donaumonarchie" für die Habsburgermonarchie, die zu wesentlichen Teilen nicht dem Donauraum zugeordnet werden konnte (Böhmen, Mähren, Schlesien, Galizien, oberitalienische Gebiete).

Bedeutung kommt dem Donauraum im Zusammenhang mit der internationalen Zusammenarbeit der Donauanrainerstaaten über gemeinsame, die

Donau betreffende Fragen zu. Für die völkerrechtlichen Fragen der Nutzung der Donau, der Grenzregelungen und des Umweltschutzes ist der Donauraum eine reale Größe. Jenseits dieser pragmatischen Zusammenarbeit hat der Begriff „Donauraum" heute keine Bedeutung. Dies ist umso auffallender, als Donauraumkonzepte sowohl nach dem Ersten wie auch nach dem Zweiten Weltkrieg wiederholt aus verschiedenen Ländern vorgebracht wurden: Sich mit dem Namen eines Flusses zu identifizieren, klingt liebenswürdig und scheint harmlos. Ein Fluß weckt zumeist positive Assoziationen. Sie können romantisch sein. Es kann an Herausforderungen gedacht werden, an Stromschnellen und Strudel, die zu überwinden sind, an die wirtschaftliche Nutzbarmachung oder an die Möglichkeit, „Brücken" zu bauen. Bei all diesen positiven Assoziationen darf aber nicht darauf vergessen werden, daß der Begriff Donauraum auch eine historisch-politische Dimension hat. In der Zwischenkriegszeit war er Teil paneuropäischer Überlegungen und damit Teil einer Strategie der kulturellen Missionierung des Ostens Europas durch das Deutschtum. Nach dem Zweiten Weltkrieg und dem Scheitern der in manchen alliierten Stäben überlegten Ideen zur Bildung einer Donaukonföderation in Mitteleuropa lebte in Österreich eine vage Idee des Donauraumes als Erinnerung an eine Bedeutung Österreichs jenseits der Grenzen der Republik fort.

Für die aktuelle mitteleuropäische Zusammenarbeit stellt die Donau keine überzeugende geistige Klammer dar, weil sie wesentliche Regionen mit gemeinsamen kulturellen Traditionen (etwa die städtischen Bereiche Triest, Krakau, Lemberg) nicht umfassen kann und sie im kollektiven historischen Gedächtnis auch als „Grenze" empfunden wird (zum Beispiel zwischen Rumänien und Bulgarien und aktualisiert im Streit zwischen der Slowakei und Ungarn über die Errichtung eines Großkraftwerkes auch zwischen diesen beiden Staaten).

Als zentraler Begriff der politischen Zusammenarbeit und der kulturellen Verbundenheit der Staaten in der Mitte Europas setzte sich Anfang der achtziger Jahre die Bezeichnung „Mitteleuropa" durch. Trotz der historischen Belastung dieses Begriffes, die von Friedrich Naumanns Konzept der deutschen wirtschaftlichen Expansion nach Osten während des Ersten Weltkrieges stammt, wurde Mitteleuropa für den Protest der Menschen östlich des Eisernen Vorhanges gegen die Fremddefinition „Osteuropa" zur Hoffnung auf Wandel.

Keine intellektuelle Diskussion über Europa konnte in den achtziger Jahren das Thema Mitteleuropa ausklammern, ohne sich dem Vorwurf auszusetzen, daß mit einer solchen Leugnung des Kulturraumes Mitteleuropa auch ein Verrat an den Menschen in Osteuropa verbunden sei, die für ihren Protest gegen die Wirklichkeit des realen Sozialismus die Erinnerung an ein imaginäres „Mitteleuropa" wachhielten. Vor 1989 war für die Opposition gegen die herrschende Wirklichkeit im östlichen Teil des geteilten Europas der Hinweis auf ein die Blockgrenzen überschreitendes kulturelles Zusammengehörigkeitsgefühl nicht nur wichtig für das kulturelle Selbstverständnis des Raumes und seiner Kulturschaffenden, sondern es war dies auch eine überzeugende Metapher des Protestes gegen die Zweiteilung des Kontinentes und gegen den Versuch, im Osten Europas ein kommunistisches Menschen- und Weltbild zu etablieren.

Dieser kulturelle Protest der Intellektuellen gegen die scheinhafte Wirklichkeit eines zum Osten gestempelten Raumes trug entscheidend zum Ende des realen Sozialismus bei. Heute stellt sich allerdings die Frage, ob bei der Neuordnung Europas nach den Prinzipien der Demokratie, der Rechtsstaatlichkeit und der Marktwirtschaft das Nachdenken über eine mitteleuropäische Kultur weiterhin eine positive Rolle erfüllen kann.

Zu unterschiedlich scheinen die wieder auflebenden „nationalen" Interessen der einzelnen Länder, die nach dem Westen, nach Europa streben und das Thema Mitteleuropa bestenfalls als Trittbrett oder Eintrittskarte für die angestrebte Mitgliedschaft bei der Europäischen Union und bei der NATO ansehen. In der neuen Konkurrenzsituation von Staaten wie Tschechien, Slowakei, Polen, Ungarn, Slowenien und Kroatien sollte sich sehr rasch erweisen, ob jahrhundertelange kulturelle Traditionen auch in Zeiten eines radikalen politischen Wandels positiv wirksam sein können. Die Werte der mitteleuropäischen Kultur sind nicht leicht zu bestimmen und schon gar nicht präzise zu definieren. Sie liegen im Bereich von kollektiven Erfahrungen, von der Lebensnotwendigkeit, permanent mit Gegensätzen auszukommen, Fremdes und Unterschiedliches so weit zu akzeptieren und in die eigene Haltung zu integrieren, daß es gelingt, das eigene Leben möglichst konfliktfrei zu gestalten. Wenn aus derartigen Anforderungen der Geschichte dieses Raumes eine besondere Fähigkeit zur Synthese oder zumindest zu dem von Robert Musil formulierten „Möglichkeitsdenken" entstanden ist, so müßte eine derartige Fähigkeit wohl gerade in der aktuellen Situation des Aufbrechens alter und überkommen geglaubter Konflikte zum Tragen kommen.

Die einzelnen Elemente der kulturellen Gemeinsamkeiten und Konflikte sind das Produkt der historischen Entwicklung der Mitte Europas. Sie sind entstanden in der Auseinandersetzung um die eigene Nation und um andere Formen des Patriotismus. Sie wurden ausgebildet in der Auseinandersetzung um die sprachliche und ethnische Vielfalt und haben dabei geschichtswirksame Besonderheiten angenommen, wie dies etwa in einer evidenten, aber umso merkwürdigeren Sehnsucht nach „Assimilation" deutlich wird. Erinnert sei hier an die Assimilationssehnsucht des mitteleuropäischen Judentums, aber auch an die aktuelle Sehnsucht vieler Menschen in den ehemals osteuropäischen Staaten nach neuen Geborgenheiten, die sich nicht nur national konstruieren. Deutlich wird dies etwa an der Galiziennostalgie im südpolnischen Raum.

Die kulturellen Vernetzungen dieses Raumes zeigen sich auch in einer intensiven Auseinandersetzung um das, was im Westen politische Kultur genannt wird und das der ungarische Schriftsteller György Konrád „Antipolitik" nennt. Die Art der Darstellung ist oft sehr romantisch, das Ziel ist jedenfalls ein geordneter Umgang mit Konflikten und der Versuch, Demokratie und Kultur auf einer Ebene – dort, wo sie die Menschen berühren – zu diskutieren.

All dies unterstreicht die ungebrochene Präsenz der Geschichte als moralische Kategorie oder zumindest als eine positiv empfundene Form der Nostalgie. Es findet dabei der Habsburgermythos noch genauso Platz wie die notwendige Aufarbeitung jener gemeinsamen historischen Probleme, die in der Zeit des realen Sozialismus tabuisiert waren. Für viele Menschen dieses Kulturraumes ist die Gleichzeitigkeit von Ungleichzeitigem eine tägliche Lebenserfahrung.

Die Gegenwart unterscheidet sich dabei nur graduell, nicht aber in der Substanz von der Vergangenheit. Wie rasch sich scheinbar stabile politische Situationen ändern können, zeigt das Beispiel des ehemaligen Jugoslawien. War bis vor wenigen Jahren dieses Land noch weit von den übrigen tristen Erfahrungen der osteuropäischen Staaten entfernt (wofür es vom Westen auch gelobt wurde), so sehen sich die neuen Staaten auf dem Gebiet des ehemaligen Jugoslawien heute in einer viel schlechteren Position als die anderen Staaten dieses Raumes. Vielleicht kann aus einer solchen Lebenserfahrung der zeitgebundenen Relativität der eigenen Situation gelernt werden. Jedenfalls ist der mitteleuropäische Raum stets mit solchen Erfahrungen konfrontiert und kann sich nicht dauerhaft auf die Sicherheit eines Nationalstaates oder einer sonstigen ideologischen Vereinfachung zurückziehen.

Aus dieser permanenten Unsicherheit entsteht auch eine besondere Rolle der Intellektuellen. Es wäre daher unklug, nun nach den Revolutionen deren Rückzug aus der Politik zu fordern und ihnen den unmißverständlichen Auftrag zu geben, sich kulturell um den Aufbau der jeweils gewünschten Identitätsmuster zu kümmern. Selbstverständlich werden sie in der Mehrzahl neue Aufträge wahrnehmen. Sie werden gegen wachsende Nationalismen anschreiben und den Mythos Europa kritisch durchleuchten.

Für die Kultur Mitteleuropas insgesamt werden die politischen Veränderungen im östlichen Teil des Kontinents neue Erfahrungshorizonte eröffnen. Die möglichen Gefahren einer „Europaeuphorie" liegen für Europa nicht nur in einer zu hohen wirtschaftlichen Erwartungshaltung, sondern auch in dem vorübergehenden Verzicht auf manche der mitteleuropäischen Kulturtraditionen, die bewußt in Abgrenzung zur politischen Realität „Osteuropas" bewahrt und weiterentwickelt wurden. Wenn sich auch die Zukunft der mitteleuropäischen Kultur nicht einfach und schlüssig definieren läßt, so wird sie doch irgendwo dort zu suchen sein, wo neuerlich der eine oder andere der verlockend einfachen Vorstellung einer Teilung Europas in ein Entweder-Oder zu erliegen droht. Die Kultur Mitteleuropas leistet vielleicht damit ihren größten Beitrag zur Zukunft dieses Kontinentes, wenn sie darauf hinweist, daß in den Revolutionen des Jahres 1989 nicht die Kultur des Westens gegen die Kultur des Ostens gesiegt hat, sondern daß sich die wichtigsten Elemente der europäischen Kultur im ehemaligen Osten bewährt und durchgesetzt haben.

Wie immer die europäische Neuordnung in den nächsten Jahren aussehen wird, sie wird in jedem Fall die Wirklichkeit Mitteleuropas nicht leugnen können. Nachdem jahrzehntelanges Erleben unterschiedlicher politischer Systeme mitteleuropäische Kulturtraditionen nicht aufheben konnte, werden auch die großen wirtschaftlichen Unterschiede zwischen den neuen Demokratien im Osten und dem übrigen Europa die kulturellen Gemeinsamkeiten nicht beseitigen.

Die Rolle Mitteleuropas kann nicht unabhängig von allen sich seit 1989 ständig ändernden Voraussetzungen in den Staaten in der Mitte Europas beurteilt werden, aber die neuen Herausforderungen einer mitteleuropäischen Standortbestimmung beruhen im wesentlichen auf drei Voraussetzungen: dem Wegfall des Eisernen Vorhanges, der deutschen Vereinigung und der neuen Dynamik des europäischen Einigungsprozesses.

Diese strategisch-politischen Veränderungen in Europa verlangen nach grundlegenden Anpassungen und vielleicht auch neuen Instrumenten der institutionellen Architektur Europas. Trotzdem ist das wesentliche Merkmal des neuen Europa die radikale Änderung der Wirklichkeit und nicht die radikale Bedeutungsänderung langwirkender europäischer Prinzipien und Traditionen. Mitteleuropa ist heute jener Punkt, an dem die veränderte Lebenswirklichkeit und das Set an europäischen Prinzipien und Traditionen am offensichtlichsten und radikalsten aufeinanderstoßen.

Der Versuch, Prinzipien mitteleuropäischer Gemeinsamkeiten zu formulieren und in die Europapolitik einzubringen, erscheint heute wichtiger als vor 1989, weil mit dem Ende des Ost-West-Gegensatzes die Gefahren regionaler Konflikte zunehmen. Diese Prinzipien lassen sich thesenhaft formulieren:

1. Die Geschichte ist der Reichtum Mitteleuropas, weil sämtliche europäischen Erfahrungen stets verfügbar scheinen. Gleichzeitig bedeutet dies auch seine permanente Gefährdung.
2. Das gestaltende Prinzip liegt in der Vielfalt. Die Notwendigkeit, mit Pluralität und mit „Anderssein" permanent leben zu müssen, ist eine tiefverwurzelte mitteleuropäische Erfahrung, die in der Geschichte zu Kriegen und anderen Katastrophen geführt hat, aber auch die Chance der Verständigung enthält.
3. Freiheit verlangt nach Anerkennung der Gleichheit. Nach der Erringung der politischen Freiheit besteht die Hauptaufgabe der neuen demokratischen Regierungen in der Herstellung „gleicher Chancen". Das erzwungene Gleichheitsgebot der ehemaligen kommunistischen Regime verbindet sich mit den klassischen demokratischen Gleichheitsvorstellungen zu einem politischen Auftrag,

der als Ziel soziale Gleichberechtigung („soziale Marktwirtschaft) verwirklichen soll.
4. Mitteleuropa besitzt als gemeinsamer Kulturraum eine gemeinsame Hierarchie der Werte, die den europäischen Dialog insgesamt erleichtert.
5. Die Demokratien in der Mitte Europas werden ein eigenes Profil entwickeln, das zumindest in den ersten Jahren vor allem in Auseinandersetzung mit prinzipiellen Fragen der Demokratie entstehen wird. In Ungarn, Polen oder der Tschechischen Republik befassen sich die politischen Eliten auch in ihrer Alltagsarbeit mit Fragen der politischen Kultur, mit dem Verhältnis von Ethik und Politik und mit der Ausgestaltung einer bürgerlichen Gesellschaft (civil society). Politik wird nicht als wertfreier Apparat zur Erhaltung und Ausweitung von Macht mittels sozialtechnischer Instrumente gesehen.
6. Das neue Bild von Europa entsteht zuerst in den Staaten Mitteleuropas, weil traditionelle Problemlösungen in diesen Staaten nicht ausreichen, um die notwendigen Umgestaltungen zu verwirklichen. Regionale und föderative Ansätze spielen dabei eine zentrale Rolle, weil das Bewußtsein der notwendigen Subsidiarität angesichts der politischen und ökonomischen Erfahrungen im realen Sozialismus besonders ausgeprägt ist.
7. Der Nation kommt als Identifikationsmerkmal der staatlichen Souveränität eine entscheidende Rolle zu. Nationale Konzepte sind als Gestaltungselemente menschlichen Zusammenlebens nicht an sich negativ oder positiv zu beurteilen, sondern die realen Ausformungen dieser Konzepte (von umfassender nationaler Gleichberechtigung bis zum Völkermord) sind zu untersuchen und zu beurteilen.
8. Die reale wirtschaftliche, politische und soziale Lage der neuen Demokratien in Mittel- und Osteuropa läßt eine Zunahme der nationalistischen und chauvinistischen Strömungen erwarten. Dies umso mehr, wenn es nicht gelingt, die beträchtlichen ökonomischen Hoffnungen der Völker dieser Länder in angemessener Zeit zu erfüllen. Ähnliches gilt für das westliche Europa. Dort lösen die neuen Wanderungsströme Verunsicherungen und Xenophobien aus, die gleichfalls nationalistische Überzeugungen unterstützen. In dieser Hinsicht beinhalten nationale Konflikte eine „Infektionsgefahr" für den gesamten Kontinent.
9. Wer den Nationalismus als ein überholtes und gefährliches Konzept des 19. Jahrhunderts kritisiert, sollte nicht den Fehler machen, mit einem Konzept des 18. Jahrhunderts, dem uniformierenden, aufklärerischen Rationalismus, sich eine Lösung des Problems zu erwarten. Zwischen der Aufklärungseuphorie und dem übersteigerten Nationalismus besteht ein innerer Zusammenhang, der nicht nur, aber auch darin besteht, daß die Losung der Freiheit, der Mündigkeit und der Selbstbestimmung beiden gemeinsam ist – hier für das Individuum, dort für das Kollektiv. Nur in einer gesellschaftlichen Situation, in der Pluralität und Widersprüche als positive gesellschaftliche Werte an sich angenommen werden, ist die gefährliche Absolutsetzung des zur Einheit und damit auch zur Ab- und Ausgrenzung orientierten Konzeptes der Nation zu vermeiden. Die Erforschung der durch Jahrhunderte gewachsenen kulturellen Vielfalt des mitteleuropäischen Raumes und der produktiven Widersprüche in der europäischen Geschichte ist damit eine Voraussetzung für den Abbau von Nationalismus und Chauvinismus in Europa.

Mitteleuropa ist als Kulturraum und politische Landschaft jene regionale Einheit, der Österreich aufgrund seiner Geschichte, seiner geographischen Lage und seines kulturellen Selbstverständnisses angehört. Die Chancen und Probleme, die aus dieser Tatsache erwachsen, haben seit dem Ende der Ost-West-Teilung dramatisch zugenommen. Wenn auch die Donau kein umfassendes Symbol für Österreichs Lage in Mitteleuropa sein kann, so zeigt doch der Verlauf dieses Stromes die neue Situation Europas:

Er entspringt in der EG, an seinen Ufern wurde der Beginn der Eigenstaatlichkeit der Slowakei gefeiert, seine energetische Nutzbarmachung löst zwischenstaatliche Konflikte zwischen der Slowakei und Ungarn aus, er fließt durch Belgrad, die Hauptstadt eines neuen Staates, der mit militärischen Mitteln seine territorialen Ansprüche sichern möchte, und er mündet in ein Meer, in dem die Nachfolgestaaten der ehemaligen Sowjetunion um die Aufteilung der Kriegsmarine streiten. Österreichs Lage an der Donau und in Europa ist damit seit 1989 eine gänzlich andere geworden.

Literatur

AGNELLI, ARDUINO, La Genesi dell'idea di Mitteleuropa, Mailand 1971.

BRAUDEL, FERNAND (Hg), Europa: Bausteine seiner Geschichte, Frankfurt/Main 1989.

BUSEK, ERHARD und BRIX, EMIL, Projekt Mitteleuropa, Wien 1986.

ESTERHÁZY, PÉTER, Donau abwärts, Salzburg–Wien 1992.

FORST DE BATTAGLIA, OTTO, Zwischeneuropa. Von der Ostsee bis zur Adria, Frankfurt/Main 1954.

FUKUYAMA, FRANCIS, Das Ende der Geschichte. Wo stehen wir? München 1992.

HALECKI, OSKAR, Europa. Grenzen und Gliederung seiner Geschichte, Darmstadt 1957.

HERTERICH, FRANK und SEMLER, CHRISTIAN (Hg), Dazwischen. Ostmitteleuropäische Reflexionen, Frankfurt/Main 1989.

KONRÁD, GYÖRGY, Antipolitik. Mitteleuropäische Meditationen, Frankfurt/Main 1985.

MAGRIS, CLAUDIO, Donau. Biographie eines Flusses, München–Wien 1988.

Mitteleuropa? (Dialog, Beiträge zur Friedensforschung, Bd. 15 Heft 2) Stadtschlaining 1989.

PAPCKE, SVEN, und WEIDENFELD, WERNER (Hg), Traumland Mitteleuropa? Beiträge zu einer aktuellen Kontroverse, Darmstadt 1989.

PRIBERSKY, ANDREAS (Hg), Europa und Mitteleuropa. Eine Umschreibung Österreichs, Wien 1991.

SCHLÖGEL, KARL, Die Mitte liegt ostwärts, Berlin 1986.

SZÜCS, JENÖ, Les trois Europes, Paris 1985.

Transit, Europäische Revue, Heft 2 Sommer 1991, Rückkehr der Geschichte, Frankfurt/Main 1991.

WIERER, RUDOLF, Der Föderalismus im Donauraum (Schriftenreihe des Forschungsinstituts für den Donauraum, Bd. I).

SCHNEEFUSS, WALTER, Donauräume und Donaureiche, Wien–Leipzig 1942.

Die Zukunft Mitteleuropas (Politicum, 11. Jg. Heft 50) Graz 1991.

Felix Schneeweis
Fischerei

Bereits die ältesten Spuren von menschlicher Siedlung an der Donau weisen auf die Nutzung ihres Fischreichtums hin – Funde von Fischstechern lassen auf den Fang von Stören schon 3500 Jahre vor Christus schließen. Reste von Netzen aus der Eisenzeit wurden an der Theißmündung gefunden, und zur Römerzeit gab es bereits eine hochentwickelte Fischerei, wie Plinius der Ältere, der 45 nach Christus an der Donau weilte, in seiner „Historia naturalis" vom Fischfang in diesem Fluß berichtet, wobei er besonders auf den wohlschmeckenden Hausen hinweist. Diese bis zu 9 m lang und 1500 kg schwer werdenden Fische und andere Störarten konnten damals ungehindert vom Donaudelta weit stromaufwärts ziehen und gewährleisteten zusammen mit zahlreichen anderen Fischarten eine einträgliche Fischerei. Auch Albertus Magnus erwähnt im 13. Jahrhundert in seinem umfangreichen zoologischen Werk „De animalibus" den Fischreichtum der Donau und hebt hervor, daß hier der Hausen mit dem Dreizack erbeutet wurde. Einzelne Nachrichten melden den Fang großer Fische, so am 9. September

Katalog-Nr. I.9.10. Foto: Museum Ingolstadt

1500 in Ulm, da „ward ein großer fysch in der Tanau gefangen, ein ster genannt, wog ob 100 lb", oder die Kunde von einem 163 Pfund schweren Hausen, der 1605 bei Vilshofen gefangen wurde. Kein Wunder, daß Wolfgang Schmeltzl, Schulmeister bei den Schotten in Wien, von einem Besuch des Wiener Fischmarktes im Jahr 1548 zu einem Gedicht inspiriert wurde, in welchem er mehr als fünfzig dort feilgebotene Fischarten erwähnt, von denen nur einige wenige nicht aus dem Donaubereich stammten. Die strengen Fastengebote der Kirche waren eine Hauptursache für den großen Bedarf an Fischen und die Existenz großer Fischmärkte in den Städten (in Wien befand er sich auf dem Hohen Markt; in Linz ist bereits im 15. Jahrhundert ein Fischkalter in der Donau nachgewiesen, in dem die Fische bis zum Verkauf lebend gehältert wurden).

Schon im Mittelalter überwachten die weltlichen und geistlichen Obrigkeiten nicht nur den Fischverkauf, sondern auch den in früheren Zeiten für jedermann freien Fischfang, so daß sich bald die meisten Fischereirechte in herrschaftlichem oder klösterlichem Besitz befanden. Ausgeübt wurden diese Rechte von Berufsfischern, die ihrerseits wie andere Handwerker in Zünften, Zechen und Bruderschaften organisiert waren. Die Obrigkeiten erließen sehr bald zum Schutz und zur Erhaltung des Fischbestandes strenge Vorschriften, in denen bestimmte Fanggeräte verboten und Mindestmaße und Schonzeiten vorgeschrieben wurden. Das bedeutsamste derartige Patent ist die Fischereiordnung Kaiser Maximilians I. vom 24. Februar 1506, welche den obersten Fischmeister in Österreich ober und unter der Enns zur Durchführung zahlreicher Maßnahmen zur Hege des Fischbestandes verpflichtet.

Im Laufe der Zeit bildeten sich für die Fischer je nach den von ihnen verwendeten Geräten unterschiedliche Berufsbezeichnungen heraus: die „Segner" fischten mit Zug- und anderen Großnetzen, die „Reuscher" legten Reusen aus, trichterförmige Fangvorrichtungen, die ursprünglich aus Ruten geflochten und erst später aus Netzen hergestellt wurden. Daneben gab es noch „Lainer", „Scherrer" und „Streitperler", die wieder andere, meist kleinere Geräte verwendeten. Angefertigt wurden die Fanggeräte, besonders die Netze, zum größten Teil von den Fischern und ihren Familien selber. Der von den Frauen zum Faden gesponnene Hanf wurde von den Männern mit Hilfe einer Netznadel zu Netzwänden gestrickt, aus denen dann unter Hinzufügung von Schwimmern, Gewichten und anderem Zubehör das eigentliche Fanggerät hergestellt wurde. Ein ungewöhnliches Spezialgerät ist das in der oberen Donau und ihren Zubringern verwendete Hucheneisen. Der früher in diesen sauberen und schnellfließenden

Katalog-Nr. I.9.9. Foto: Museum Ingolstadt

Fischfang mit dem Zugnetz. Reproduktion aus: Herman, A Magyar halászat könyve

Gewässern zahlreich vorkommende Huchen, ein räuberischer Großsalmonide, wurde zwischen den netzbespannten Bügeln dieses Abzugeisens gefangen, wenn er den lebenden Köderfisch packte. Andere, sowohl von Berufsfischern als auch von den berechtigten und nichtberechtigten Gelegenheitsfischern („Schwarzfischern") verwendete Fanggeräte waren die unterschiedlichsten Hebe-, Senk-, Wurf- und Streichnetze, aber auch Legangeln, Stecher, Schlingen und Giftpräparate standen (und stehen zum Teil noch) in Gebrauch. Fischzäune aus Ruten oder Schilf kann man heute noch im Donaudelta sehen, früher wurden sie auch am oberen Lauf der Donau in den zahlreichen Nebenarmen und Altwässern errichtet.

Die erwähnten Fischereiordnungen und zahlreiche nachfolgende Schutzbestimmungen konnten jedoch nicht verhindern, daß der intensiv betriebene Fischfang zu einem allmählichen Rückgang der natürlichen Fischbestände führte, und immer stärkere Eingriffe des Menschen in die Natur – Flußregulierungen, Staustufen und Wasserverschmutzungen – führten dazu, daß die Berufsfischerei in vielen Abschnitten der Donau im ausgehenden 19. Jahrhundert mehr oder weniger zum Erliegen kam. Auch die starke Konkurrenz der Meeresfischerei, die dank der Entwicklung der Kühltechnik auch die Märkte im Binnenland beliefern konnte, und das immer laxere

Katalog-Nr. I.9.4. Foto: Schneeweis

Katalog-Nr. I.9.13. Foto: Dobrowolskji

Einhalten der Fastenzeiten trugen zu dieser Entwicklung bei. An Stelle der Erwerbsfischerei entwickelte sich jedoch aus der seit der Zeit Maximilians I. betriebenen „Lustfischerey" die Sportfischerei als Freizeitvergnügen breiter Kreise. Alle erdenklichen Arten von Angeln mit den unterschiedlichsten Ködern – vom Regenwurm bis zur künstlichen Fliege – finden dabei Verwendung, daneben aber auch noch das Krandaubel, ein Hebenetz, welches üblicherweise vom Ufer oder von einer Fischerzille ins Wasser gesenkt wird, im Wiener Raum aber gern auf fest am Ufer vertäuten kleinen Hausbooten montiert wird.

Literatur

BRUSCHEK, E., Huchenfang mit dem „Hucheneisen" am unteren Inn. In: Österreichs Fischerei, Bd. 15, Wien 1962, S 138–140.
CERNY, ADOLF, Die Fischereiwirtschaft in Österreich, Wien 1947.
GRANER, HANS PETER, Nationalpark Donau-March-Thaya-Auen. Wien 1991. Darin vor allem das Kapitel: Fischerei, S 143–148.
HERMAN, OTTO, A Magyar halászat könyve, Budapest 1887.
JUNGWIRTH, MATTHIAS, Die Fischerei in Niederösterreich. Wissenschaftliche Schriftenreihe Niederösterreich (6), St. Pölten-Wien 1975.
MATZ, HANS und TUSCHULK, HERBERT, Fischerei im alten Wien. Wiener Geschichtsblätter, Beiheft 4, Wien 1979.
MERWALD, FRITZ, Die Netze der Donaufischer bei Linz. In: Naturkundliches Jahrbuch der Stadt Linz, Linz 1964, S 283–298.
THIELE, ROLAND, Lehenfischer und Fischerzünfte an der Donau. In: Die Donau zwischen Lech und Altmühl, Ingolstadt 1987, S 92–97.
WACHA, GEORG, Fische und Fischhandel im alten Linz. In: Naturkundliches Jahrbuch der Stadt Linz, Linz 1956, S 61–117.
–, Zur Geschichte des Fischhandels in Oberösterreich. In: Mitteilungen des Oberösterreichischen Landesarchivs, 8. Band, Graz– Köln 1964, S 416–442.

Siegfried Haider

Die Donauschiffer und ihre Zünfte

Bereits die Raffelstettener Zollordnung aus den Jahren 903/05, eine der wichtigsten frühmittelalterlichen Geschichtsquellen für den oberösterreichischen Raum, gibt zu erkennen, daß unser Fluß um die Mitte des 9. Jahrhunderts ein bedeutender Verkehrsbeziehungsweise Schiffahrtsweg war. Neben Schiffen aus dem Westen und aus dem Traungau werden Salzschiffe mit drei Mann Besatzung und Steuerleuten erwähnt. Diese Schiffsmannschaften waren wie zu allen Zeiten erfahrene Fachleute in ihrem Beruf, mußten sie doch die vielfältigen, damals noch nicht durch technische Errungenschaften gezügelten Tücken des Stromes überwinden. Mit der Ausweitung der Donauschiffahrt, seit im hohen Mittelalter und besonders seit dem 14. Jahrhundert Pferde für den Gegenzug der Schiffe stromaufwärts eingesetzt wurden, entstanden neue Funktions- und Aufgabenbereiche. Parallel dazu bildete sich im Rahmen des vom österreichischen Landesfürstentum vornehmlich mittels Privilegien und Vorrechten gelenkten spätmittelalterlichen Wirtschaftssystems ein eigener Berufsstand der Schiffleute. So verlieh der böhmische König Přemysl Ottokar II. als österreichischer Landesherr 1261 den Tullner Schiffern dieselben Rechte, welche die Wiener Schiffleute offenbar schon länger besaßen. Im 14. Jahrhundert treten dann im Bereich der Donau wirtschaftlich, sozial und religiös motivierte genossenschaftliche Berufsvereinigungen, sogenannte Zechen oder Bruderschaften, später auch Zünfte oder Innungen, in Erscheinung: 1302 und 1322 die Nikolaus-Zeche in Mautern, 1328 die St.-Anna-Zeche in Enns, 1399 die „Bruderschaft der Schiffleutzeche" in Passau. Diese Zunftorganisationen entsprachen jenen der Handwerker, die im späten Mittelalter wichtige Faktoren im Wirtschaftsleben und in der Gesellschaft, insbesondere der Städte und der Marktorte, darstellten. Sie kontrollierten die Zulassung zum Beruf sowie die berufliche Ausbildung, versuchten, dem eigenen Berufsstand in enger Anlehnung an das geistliche Bruderschaftswesen durch eingehende, bis in die private und religiöse Sphäre reichende Regelungen eine sittliche Lebensweise zu vermitteln, und waren bestrebt, den Mitgliedern Arbeit und Verdienst zu sichern, auswärtige Konkurrenz auszuschalten, die vorhandene Arbeit gerecht auf die Mitglieder aufzuteilen und unter letzteren Streitigkeiten zu vermeiden oder gütlich zu schlichten. Nicht zuletzt schufen sie aber auch ein reiches, in das Feld der Kunst hineinwirkendes Brauchtum. Schriftliche, von der zuständigen Herrschaft beziehungsweise Obrigkeit genehmigte und erlassene Ordnungen kennen wir allerdings erst aus teilweise viel späterer Zeit wie etwa die ältesten Zunftordnungen der Schiffleute von Wien (1531), Stein und Krems (vor 1650), Linz (1646), Ybbs (1695) oder von Aschach (1746).

In diesen Ordnungen werden nach ihrer Tätigkeit im Schiffahrtswesen und nach ihrem Rang verschiedene Zechenmitglieder angeführt. An der Spitze standen die Schiffmeister, die selbständigen Schiffahrtsunternehmer, deren ursprüngliche Berufsbezeichnung bis in das 17. Jahrhundert Schiffmann lautete. In Regensburg, wo Schiffer und Fischer in einer Zunft vereinigt waren, wurde auch die Bezeichnung Fischer in derselben Bedeutung amtlich gebraucht. Nicht selten übten die Schiffmeister neben diesem ihrem Beruf noch einen anderen aus, zumeist als Gastwirt, Weinhändler oder in sonst einem Handelsgewerbe. Allmählich wurde es üblich, auch die Bediensteten der Schiffmeister, die Schiffknechte, als Schiffmann, Schiffleute und Schiffmänner zu benennen. Da sich diese Gruppe funktions- und rangmäßig unterschieden hat, finden wir in den neuzeitlichen Schifferordnungen für die verschiedenen Tätigkeiten unter anderen folgende hauptsächlich gebräuchliche Berufsbezeichnungen: Schiffmeister, Sößthaler, Vorreiter, Seilträger, Nauferger, Nachkehrer, Steurer, Ober- und Unterschiffknechte. Der Nauferg/Neuförg/Neufahrer war der Führer eines stromabwärts (= nauwärts) fahrenden Schiffes, der Sößthaler leitete einen Schiffszug im Gegentrieb stromaufwärts. Nicht völlig geklärt ist die Funktion der sogenannten Mehringer, die zu den ranghöheren Chargen zählten. Daneben fanden in der Donauschiffahrt Beschäftigung: die Spezialisten für die gefährliche Fahrt durch den Struden, die im Mautamt Struden bereitstanden – nach einer kaiserlichen Verordnung aus dem Jahre 1679 sechs Kranzler, fünf Aufleger, acht Zwergseiler und zwei Steuermänner –, die Schiffschreiber, Vertreter des Schiffmeisters in finanziellen Angelegenheiten, die Zillenhüter oder Zillenbewahrer an den Ländestellen in Linz, Mauthausen und Zizlau, die Wässerer oder Wasserknechte, die die Zillen „auswasserten", die Zillenräumer in Wien und natürlich die an zahlreichen Orten benötigten Fährleute (Förgen, Fergen), die allerdings in der Regel nicht zur Zeche der Schiffleute gehörten, sondern der örtlichen Grundherrschaft oder Obrigkeit unterstanden.

Eine ungefähre Vorstellung von der Zahl der in der Donau-Ruderschiffahrt tätigen Gewerbeinhaber mögen die folgenden Angaben vermitteln. In Ulm soll es im Jahre 1819 57 Schiffmeister gegeben haben. Die Regensburger Schiffleute-Zunft umfaßte höchstens 24 Schiffmeister. In Passau sind um 1600 fünf Schiffmeister und fünf Schiffleute verzeichnet. In Eferding galten in der zweiten Hälfte des 17. Jahrhunderts die drei Marktförgen als Schiffmeister. In Linz sind im Jahre 1566 neun, an der Wende vom 16. zum 17. Jahrhundert 17, später durchschnittlich fünf bis sechs Meister bekannt. Für kleinere oberösterreichische Donauorte gibt der Franziszeische Steuerkataster im dritten Jahrzehnt des 19. Jahrhunderts einen Schiffmeister in Engelhartszell, zwei in Obermühl, einen in Untermühl, zwei in Urfahr, zwei in Mauthausen, zwei in Grein und drei in St. Nikola an, neben denen es auch in ganz kleinen Orten wie Kramesau, Zizlau und Staffling Schiffmeister gab. Auch in Tulln existierten im 17. und 18. Jahrhundert nur ein oder zwei Schiffmeister. In der Haupt- und Residenzstadt Wien schwankte die Zahl der Schiffmeister zwischen vier (1742), 13 (1817) und fünf (1848). Hier verzeichnete das „Versammlungsbuch für die Herren Schiffmeister" aus dem Jahre 1799 als Zunftmitglieder insgesamt sieben Meister, eine Meisterswitwe, sieben Meistersöhne, 19 Nauführer, neun Schreiber, 221 Knechte und einen Fischmeister. Dazu hat man später noch einen Stockerauer Schiffmeister und einen „Landschiffmeister zu Albern" nachgetragen.

Für den Geltungsbereich der Schifferzünfte kam in der Neuzeit der Begriff Pymbwerch/Bimwerckh/Pimberg auf, der sich wohl von einem Ausdruck mit der ursprünglichen Bedeutung „Grenze, Grenzzeichen" herleitet. Um die Mitte des 18. Jahrhunderts war der Begriff „Lintzerisches Pimbwerk" bereits auf die Zunft selbst übertragen worden, und 1767 begegnet er in einem kaiserlichen Befehl erstmals in der etymologisch falschen, aber entwicklungsgeschichtlich konsequenten Neuformulierung „Bindwerk". Diese Bezeichnung behielt man fortan in Österreich unter der Enns offiziell bei, während man ob der Enns seit 1802 von „Bundwerken" sprach. Im 18. Jahrhundert bestanden solche Innungen in Linz, Enns, Ybbs, Stein und Wien. Sachlichpraktische Überlegungen dürften dazu geführt haben, daß man bei dieser Art des Zusammenschlusses der Schiffmeister nicht starr an den Landesgrenzen festhielt, sondern großräumige Verbände bildete. So gehörten die Schiffmeister der oberösterreichischen Stadt Grein, der oberösterreichischen Märkte Struden, St. Nikola und Sarmingstein sowie von Hirschenau zum niederösterreichischen Bindwerk Ybbs, das außer den Ybbser Schiffmeistern auch jene von Willersbach, Freienstein, Hößgang, Ardagger, Wallsee, Persenbeug, Marbach, Krummnußbaum, Kleinpöchlarn, Ebersdorf, Weitenegg, Melk und aus der Stadt Pöchlarn umfaßte. Das niederösterreichische Bindwerk Stein vereinigte die Schiffmeister von Stein, Emmersdorf, Schönbühel, Aggsbach, Schwallenbach, Spitz, Arnsdorf, Weißenkirchen, Rossatz, Mautern, Krems, Fucha, Hollenburg, St. Georgen an der Traisen, St. Johann bei Grafenwörth, Zwentendorf, Neuaigen, Trübensee, Tulln, Langenschönbühel, Kronau, Greifenstein und Stockerau.

Das kleinräumige Linzer Pimberg beziehungsweise spätere Bundwerk umfaßte dagegen nur den Bereich „zwei Meilen Wegs von dem Wilheringer Urfahr bis in die Zizlau" einschließlich des Marktes Urfahr. Mit der Linzer Schiffmeisterzunft und mit der ältesten Schiffordnung, die ihr Kaiser Ferdinand III. am 5. Mai 1646 „den gesamten Schiffleuten zu Linz und den im Urfahr daselbst, auch desselben ganzen Pimbergs zugetanen, gehörig zu vernehmen" gegeben hat, wollen wir uns im folgenden beispielhaft und auszugsweise etwas genauer befassen, bietet sie doch verschiedentlich interessante Einblicke in die Zunftorganisation, in das Berufsleben sowie in das Brauchtum und die Lebensweise der Donauschiffer.

Die Linzer Schiffordnung von 1646 beruht im wesentlichen auf einem Entwurf aus dem Jahre 1612, den die Linzer Schiffmeister Erzherzog Matthias zur Bestätigung vorgelegt hatten und der von dem Linzer Mautner Hans Mayr für die niederösterreichische Regierung und Kammer begutachtet worden war. Die landesfürstlichen Mautamtleute (Mautner) beziehungsweise das Mautamt fungierten nämlich als Aufsichtsbehörde der Linzer Schifferzunft bis zu den Reformen Maria Theresias und Josefs II., in deren Folge die Funktion der Innungsvogtei vom Magistrat der Stadt Linz übernommen wurde. Auch im Falle der Ennser St.-Anna-Zeche ging sie vom ärarischen Salzbeförderungsamt in Enghagen auf den Stadtmagistrat über.

Eiserne Zechbüchse der St.-Anna-Zeche. Enns, Museum Lauriacum. Foto: Cisar

Der Ordnungs-Entwurf von 1612 war hauptsächlich daran gescheitert, daß „damahlen die mehristen Schüffmaister und ihre Leüth in dem uncatholischen (Glauben) hardtnekig verharret unnd beforderist die Gotteßdienst oder Jahrßtag nach alt herkhombenen Catholischen Brauch unnd Solennität zu halten verweigert hetten". Der Einfluß der Gegenreformation zeigt sich auch in der vom Kaiser genehmigten

Schiffordnung von 1646 deutlich, da es gleich im ersten Artikel heißt, alle Schiffleute im ganzen Pimberg sollten „der katholischen Religion zugetan sein, am Fronleichnamsumzug teilnehmen, eine Zechfahne samt Kerzen beschaffen und am Sonntag nach Dreikönig einen ordentlichen Jahrtag halten". Fernbleiben, „außer durch Gottesgewalt", wurde bestraft mit Erlag von Wachs für die Beleuchtung jener Kirchen, denen die Zunft auf verschiedene Weise, sei es durch Stiftungen, Altäre und anderes, verbunden war. Das Strafmaß war, wie auch sonst bei allen anderen Verstößen, nach Rang und Stellung abgestuft: Ein Meister hatte drei, ein Sößthaler ein und ein gemeiner Knecht ein halbes Pfund Wachs zu geben.

Der Jahrtag mit feierlichem Dank- und Bittgottesdienst in der Stadtpfarrkirche war der wichtigste Versammlungstermin für die gesamte Zunft. Auf ihm wurden die beiden Zechmeister genannten Zunftvorsteher aus dem Kreis der Schiffmeister gewählt, neue Mitglieder aufgenommen („einverleibt"), jedesmal die Schiffordnung vorgelesen und ihr entsprechend die Angelegenheiten der Zunft geregelt. Die gewählten Zechmeister bedurften der Bestätigung durch den kaiserlichen Mautner. Einer von ihnen verwahrte als Oberzechmeister die Zunftlade (Truhe), die alle schriftlichen Unterlagen und Urkunden sowie das Geld der Zunft enthielt und die nur mit den beiden verschiedenen Schlüsseln der Zechmeister geöffnet werden konnte. Ausgaben von den Zunftgeldern mußten mit ordentlichen Scheinen, die von drei Zech- und Schiffmeistern unterschrieben waren, belegt werden. Auch für die versperrte Zunftbüchse, in welche die laufenden Einzahlungen gemacht wurden, besaßen lediglich die Zechmeister Schlüssel. Sie durfte nur in Anwesenheit eines oder zweier Schiffleute geöffnet werden, ihr Inhalt mußte von diesem Personenkreis gezählt und in die Lade gelegt werden. Im allgemeinen aber hatten die Zechmeister für „gute Ordnung" innerhalb der Zunft zu sorgen. Wer gegen „Gebühr und Ordnung" verstieß, mußte eine Wachsstrafe erlegen und obendrein an das kaiserliche Mautamt Buße zahlen. Vor allem jedoch waren die Zechmeister für die „Billigkeit", das heißt Angemessenheit oder Gerechtigkeit, der Schiffmieten und der Löhne verantwortlich. Meister und Knechte durften nicht zu hohe Forderungen stellen, „damit sich die Kaufleute nicht zu beschweren brauchten"; sie mußten „sich vielmehr mit dem begnügen, was ein ausländischer Schiffmeister im Verhältnis" nahm. Verstöße dagegen wurden bei Meistern mit sechs Pfund und bei Knechten mit zwei Pfund Wachs sowie mit Bestrafung durch das Mautamt geahndet. Weiters hatten die Zechmeister die Aufgabe, die Tauglichkeit der Zillen und das zulässige Gewicht der Ladung zu kontrollieren. Für den Fall ihrer Abwesenheit mußten die Zechmeister aus dem Kreis der Schiffmeister Vertreter bestellen, die zur Annahme dieser Funktion unter Androhung einer Wachsstrafe verpflichtet waren.

Wer in die Zunft neu aufgenommen (einverleibt) werden wollte, mußte am Jahrtag an die Zechmeister Einschreib- oder Einkaufgeld entrichten: ein Meister zehn Gulden und zwei Pfund Wachs, ein Sößthaler oder Nauferge einen Gulden, ein Seiltrager oder Steurer einen Gulden und ein gemeiner Knecht vier Kreuzer. Für Meisteranwärter galten die Bedingungen, daß sie im Linzer Pimberg wohnhaft, ehrlich und verheiratet waren sowie als Unternehmer mindestens „auf 10 Roß mit Schöff und Geschirr versehen" waren. Darüber hinaus mußten sie ihr fachliches Können beweisen, indem sie eine mittelmäßige Frachtfuhre persönlich nach Wien brachten und auch die Gegenzug-Schiffahrt in einem sogenannten Mehringer-Satz beherrschten; sie mußten von den älteren Schiffmeistern für tauglich befunden und zugelassen werden, „auf- oder abwärts zu fahren, zu dingen, zu stellen und zu verrichten".

Die Einnahmen der Zunft waren nicht unbeträchtlich. Sie bestanden, wie schon erwähnt, aus den Aufnahme- und den Strafgeldern, aber auch aus dem von allen Mitgliedern am Jahrtag zu leistenden Jahrschilling (Meister 20 Kreuzer, Sößthaler, Vorreiter, Naufergen, Nachkehrer und Steurer einen Schilling,

Zunfttruhe der Aschacher Schifferzeche, 1746. Aschach, Marktgemeindeamt. Foto: Archiv Promintzer

gemeine Knechte 15 Pfennig), vor allem jedoch aus den Gebühren, die alle Schiffmeister für jede Fuhre ab Linz je nach Beschaffenheit und Größe der Schiffe oder der Ladung zahlen mußten. Sie betrug beispielsweise für eine Hohenau mit mehr als 40 Pferden zwei Gulden, mit ein bis zwei Pferden 15 Kreuzer, für eine große Achterin einen Gulden, für eine Viererin oder Dreierin 15 Kreuzer und für eine kleine Plätte sechs Kreuzer. Von fremden und ausländischen Schiffleuten und Nichtmitgliedern der Zunft, die nur während der Freiung zur Zeit der beiden großen Linzer Jahrmärkte (Ostermarkt und Bartholomäimarkt) in Linz Ladung aufnehmen durften, wurde die doppelte Gebühr eingehoben. Auch die Bediensteten der Schiffmeister, das Schiffspersonal, hatte für seinen Arbeitseinsatz Zahlungen an die Zunft zu leisten, die nach Schiffsart und Funktion verschieden waren: zum Beispiel der Nauferg einer Achterin 15 Kreuzer, der Nauferg einer Siebnerin oder Plätte zehn Kreuzer und ein gemeiner Knecht auf denselben Fahrzeugen sechs beziehungsweise vier Kreuzer. Diese Gelder wurden von einem eigenen Kassier, den die Zechmeister bestellten, vor dem Ablegen der Schiffe eingesammelt und in die Zunftbüchse gegeben.

Aus allen diesen Einnahmen bestritt die Schifferzunft ihre laufenden Ausgaben und Verpflichtungen; die Überschüsse sollten „zur Ehre Gottes, Unterhaltung der Kerzen sowie für die armen, kranken und notleidenden Schiffmeister und Knechte verwendet werden", denen die Zunft damit eine frühe Art von Sozialversicherung bot. Und in Notlage konnte man in diesem gefährlichen Beruf sehr leicht geraten! Dennoch brachte es beispielsweise die St.-Anna-Zeche der Ennser Schiffleute zu ansehnlichem Gemeinschaftsvermögen, das auf zahlreichen Grundstücken, auf Hausbesitz, auf damit verbundenen Renten und Einkünften sowie auf zusätzlichen Einnahmen durch Siegelgelder und Verlassenschaftsgebühren beruhte. Die Zeche konnte Ennser

Aschacher Schiffmeisterhaus Nr. 76. Foto: Archiv Promintzer

Bürgern Gelddarlehen gewähren, errichtete in der Lorcher Pfarrkirche St. Laurenz eine St.-Anna-Kapelle, in der ein eigener Kaplan eine Meßstiftung erfüllte, und ließ in der Ennser Stadtpfarrkirche vier Quatembermessen für verstorbene Mitglieder und zwölf Seelenmessen für die Zechstifter lesen.

Zur guten Ordnung gehörte aus der Sicht der Linzer Schifferzunft und ihrer vorgesetzten Behörde auch die Ausschaltung von Konkurrenz und unlauterem Wettbewerb. So durften Fremde und Nichtzunftmitglieder, wie bereits erwähnt, nur während der Freiung zur Zeit der beiden Linzer Jahrmärkte Schiffsladungen aufnehmen und diese auch in den zwei jeweils an die Marktzeit anschließenden Tagen noch verladen. Außerhalb dieser Zeiten waren alle Fuhren im Bereich des Linzer Pimbergs den Mitgliedern der Linzer Zunft vorbehalten. Dies galt nicht für jene Schiffleute, die den Landständen der Prälaten, Herren und Ritter ob der Enns untertänig waren. Letztere durften mit ihren eigenen Leuten ihre eigenen Produkte frei transportieren (sogenannte Herrenfuhren), nicht aber Kaufmannsgüter in Truhen, Fässern oder Ballen. Dafür stand eine Strafe von zehn Pfund Wachs. Ein eigener Artikel der

Schiffordnung von 1646 betraf die Schiffleute von Steyr und jene Güter, die aus dieser Stadt in das Reichsgebiet verschifft wurden. Nach altem Brauch mußten sie auch weiterhin von den Steyrer Schiffleuten, die eine eigene Zunft bildeten, ennsabwärts und donauaufwärts bis Linz geführt werden, wo sie umgeladen und von den Linzer Schiffmeistern nach Regensburg und anderwärts weitertransportiert wurden. In dieser Hinsicht war es in der ersten Hälfte des 17. Jahrhunderts als Folge der konfessionellen Auseinandersetzungen im Lande ob der Enns zum Schaden der Linzer Zunft und der Stadt Linz üblich geworden, entweder schon in Enghagen/Enns umzuladen oder überhaupt von Steyr bis in den Zielhafen durchzufahren.

Aber nicht nur vor auswärtigen Konkurrenten suchte sich die Linzer Zunft zu schützen, auch im innerzünftischen Bereich war unredlicher Wettbewerb verpönt. In Aschach sprach man in diesem Zusammenhang sogar vom „Schiffneid" – auch einen „Fischneid" soll es gegeben haben. Die diesbezüglichen Verbote der Schiffordnung von 1646 spiegeln sicherlich die Wirklichkeit wider. So war es den Linzer Schiffmeistern bei einem Pönale von zehn Pfund Wachs zusätzlich einer Bestrafung durch das Mautamt untersagt, in irgendeinem Pimberg mit Wirten, Kellnern und Hausknechten die Anwerbung von Fuhren zu verabreden oder ein anderes Zunftmitglied um eine bereits vereinbarte Fuhr zu bringen. Weiters ermöglichte die Schiffordnung von 1646 der Linzer Schifferzunft die Beherrschung des Gewerbes der Schopper = Schiffbauer dadurch, daß im gesamten Linzer Pimberg nur die „einverleibten" Schiffmeister große und kleine Zillen kaufen durften. Wenn jene keine benötigten, sollten die Zechmeister mit Zunftgeld wohlfeile Zillen erstehen und bei Bedarf mit Gewinn weiterverkaufen. Das heißt, daß sich die Linzer Schifferzunft 1646 das Handelsmonopol mit neuen Schiffen sichern konnte.

Die Ruderschiffahrt auf der Donau war ein harter, kräfteraubender und gefahrvoller Beruf, der das Leben der Beschäftigten und ihrer Angehörigen

Porträt des Linzer Schiffmeisters Paul Lüftenegger von Paul Burger, 1844. Linz, Stadtmuseum Nordico. Foto: Archiv Nordico

stark prägte. Das begann mit der Tatsache, daß die Schiffmänner, wenn sie Arbeit fanden, die meiste Zeit des Jahres unterwegs und damit von ihren Familien getrennt waren. Dies erklärt wiederum eine relative Eigenständigkeit der Schifferfrauen, die den Haushalt auf sich allein gestellt zu bewältigen hatten. Übrigens zeigen vereinzelte Beispiele, daß, wie bei anderen Gewerben auch, alleinstehende Witwen von Schiffmeistern das Schiffmeister-Gewerbe führen durften und konnten. Man kennt sogar den Fall eines Aschacher Nauförgen, der von seiner Zunft bestraft wurde, „weil er selbst eine Fuhr nach Wien hatte, eine andere wegnahm und durch sein Weib verrichten ließ". Was die sozialen Verhältnisse betrifft, muß man generell zwischen der führenden Oberschicht der unternehmerischen Schiffmeister, die im allgemeinen wohlhabende Bürger waren, und ihren Bediensteten, insbesondere den Knechten am untersten Ende der beruflichen Skala, unterscheiden. Bedeutende Linzer Schiffmeister-Familien waren etwa die Scheibenpogen, Rosenauer und Lüftenegger. Matthias Feldmüller aus Persenbeug (1770–1850) wurde als „Admiral der Donau" berühmt. Die für die meisten wohl schwierigste, weil witterungsbedingt weitgehend beschäftigungslose Jahreszeit war der Winter. Die Schifferzechen hielten daher traditionellerweise zu Beginn des neuen Jahres ihre Jahresversammlung, den Jahrtag, ab – die Linzer Schiffleute am Sonntag nach dem Dreikönigsfest, „zu welcher Zeit die meisten Schiffmeister und das Gesinde zu Haus zu finden sind". Unter den Schiffleuten an Salzach und Inn entstand beispielsweise in der Winterpause vielfach eine derartige Not, daß sie ihren kargen Lebensunterhalt durch verschiedene Darbietungen (Heischebräuche) bei der benachbarten Landbevölkerung zu verbessern trachteten. Vom Magistrat beanstandete weihnachtliche Theateraufführungen der Linzer Schiffknechte sind bereits in der zweiten Hälfte des 17. Jahrhunderts bezeugt. Wie schwierig das Leben zumal der einfachen Schiffleute war, deutet etwa der bekannte Vierzeiler an: „Dirndl heirat koan Schöffmann, Du heiratst in d'Not. Hast im Summer koan Mann und im Winter koan Brot". Das ständige Unterwegssein mit anderen Männern, der häufige Aufenthalt in Gasthäusern, das Ausgesetztsein dem Wasser und der Naturgewalt sowie die stete Gefahr – man darf nicht vergessen, daß anscheinend die überwiegende Mehrheit der Schiffer nicht schwimmen konnte; von manchen Schiffmeistern heißt es, daß sie nur Nichtschwimmer eingestellt hätten, die Schiff und Ladung bei drohender Gefahr nicht sofort verließen – scheinen einen unter Schiffleuten üblichen rauhen Umgangston bewirkt zu haben, der durch eine beinahe charakteristische, oft bezeugte Neigung zum Trinken verstärkt worden sein dürfte.

Betrunkene („überweinte") Schiffleute, die mitunter sogar die Fässer ihrer Ladung anzapften, trugen nicht selten Schuld an Schiffsunglücken und Unfällen. Dementsprechend erfreute sich der ganze Berufsstand keines besonders guten Rufes. So sprach etwa der berühmte Prediger Abraham a Sancta Clara († 1709) unter anderem von „Ruder- und Ludergesellen . . .", die weder Gott noch Menschen fürchten" mit „erharteten Gewissen".

Die von Kaiser Ferdinand III. 1646 genehmigte Schiffordnung ist die älteste der Linzer Schifferzunft. Diese Ordnung wurde 1682 von Kaiser Leopold I., 1708 von Kaiser Josef I., 1713 von Kaiser Karl VI. und 1742 von Maria Theresia erneuert, wobei im allgemeinen bloß geringe Anpassungen an die Erfordernisse der Zeit vorgenommen wurden. In der zweiten Hälfte des 18. Jahrhunderts, der Zeit der Reformen Maria Theresias und Josefs II., deren merkantilistische Wirtschaftspolitik den Zünften und dem von ihnen vertretenen Zunftzwang alles andere als gewogen war, scheint dann die traditionsreiche Linzer Schifferzunft wie die niederösterreichischen Verbände in Ybbs und Stein ein Ende gefunden zu haben. Im Gegensatz zu Niederösterreich, wo die Bindwerke Ybbs und Stein 1798 zur „Beförderung der Ehre Gottes" von Kaiser Franz II. wiedererrichtet wurden, hatten ähnliche Bemühungen in Oberösterreich allerdings keinen Erfolg, obwohl 1805 und 1832 von den betroffenen Schiffmeistern Entwürfe für neue Schiffer-Bundwerksordnungen vorgelegt worden waren. Vor allem gelang es nicht, dem Wunsche der Landesregierung entsprechend alle berechtigten oberösterreichischen Schiffmeister in einer einzigen Vereinigung zusammenzufassen. Nach 1848 bedeuteten die verfassungsmäßigen und rechtlichen Umwälzungen auch das Ende des Zunftwesens. Demgemäß gründete sich 1849 ein neuer „Schifferverein der k. k. Provinzial-Hauptstadt Linz und Urfahr", dem sechs Meister, vier Schreiber, 32 Nauführer und 58 Schiffleute angehörten. Die tiefgreifenden Veränderungen in der Donauschiffahrt seit der Einführung von

Dampfschiffen hatten schließlich in der zweiten Hälfte des 19. Jahrhunderts die Auflösung des Gewerbes der Schiffmeister zur Folge. In Linz endet die lange Reihe der Schiffmeister mit der bedeutenden Persönlichkeit Ignaz Mayers (1810–1876), des Gründers der Linzer Schiffswerft, der einen neuen Typ von Schiffahrtsunternehmer verkörperte, welcher die Zeichen der Zeit erkannt hatte und sich auch politisch betätigte. In Aschach übte zuletzt Michael Getzendorfer (1831–1892) diesen Beruf aus; die dortige Zunft-Bruderschaft löste sich nach dem Ersten Weltkrieg auf. Die letzten sechs Mitglieder der Ennser beziehungsweise Enghagener Schiffleute-Bruderschaft übergaben im Jahre 1952 die alte Zunftlade der ehemaligen St.-Anna-Zeche mit dem historischen Archiv, den Zunftzeichen und der Zunftfahne dem Museum Lauriacum-Enns.

Literatur (Auswahl)

NEWEKLOWSKY, ERNST, Die Schiffahrt und Flößerei im Raume der oberen Donau Bd. 1, Linz 1952; Bd. 2, Linz 1954; Bd. 3, Linz 1964 (Schriftenreihe des Institutes für Landeskunde v. OÖ. 5, 6 und 16).

–, Die oberösterreichischen Schifferzunftfahnen. In: OÖHbl 14, 1960, S 188ff.

–, Die Schiffmeister von Linz. In: Jahrbuch der Stadt Linz 1950, 1951, S 227ff.

–, Die Linzer Schiffsmeisterzunft. In: Jahrbuch der Stadt Linz 1949, 1950, S 149ff.

PROMINTZER, WERNER JOSEF, Aschach an der Donau. Donauvolk und Schiffleutleben in diesem „berühmten Markt Aschach im Lande Schaunberg", 2 Bde., Aschach 1989.

Rechtsquellen der Stadt Linz 799–1493, hg von MAYRHOFER, FRITZ (Fontes rerum Austriacarum III/11), Wien–Köln–Graz 1985, S 17ff. und S 69ff. Nr. 5.

STRASSMAYR, EDUARD, Die St.-Anna-Zeche der Schiffleute in Enns und ihr Archiv. In: Mitteilungen des OÖ. Landesarchivs 3, 1954, S 220ff.

VANGEROW, HANS-HEINRICH, Schiffleute und Schiffbestand an der Donau von Passau bis Wien anno 1566. In: HistJb Linz 1985, 1986, S 481ff.

ZINNBURG, KARL, Salzschiffer und Schifferschützen von Laufen–Oberndorf, Salzburg 1977.

Roman Sandgruber

Handel auf der Donau

Als Handelsweg hat die Donau nie die Bedeutung erlangt, die ihr ihrer Größe nach eigentlich zukommen müßte und die andere europäische Ströme wie Rhein und Elbe, Rhone und Po, ja selbst Weichsel und Moldau einnahmen und einnehmen. Sicherlich, die Donau entlang entstanden zahlreiche Städte, die ohne die Donau als Lebensader nie zu ihrer Größe und wirtschaftlichen Bedeutung anwachsen hätten können. Aber die Donaumonarchie war als Wirtschaftsraum viel weniger auf die West-Ost-Linie der Donau als auf die Nord-Süd-Verbindung von Prag und Krakau über Wien nach Triest ausgerichtet, und auch die übrigen Handelsstädte an der oberen Donau bezogen ihre Kraft sehr viel mehr daraus, zwischen Nord und Süd zu vermitteln als zwischen West und Ost. Das galt für Passau, Linz und auch Krems. Als die Eisenbahnen kamen, gab die Donau fürs erste einmal recht kraftlos ihre Stellung als Handelsweg ab. Krems rückte gegenüber St. Pölten ins Abseits, und auch Linz hatte mächtig zu kämpfen, um nicht wirtschaftlich von dem wichtigen Eisenbahnknotenpunkt Wels überflügelt zu werden.

Die Donau gilt in Österreich noch als Gebirgsfluß, unbändig und gar nicht leicht zu befahren, und was als Nachteil am schwersten wog und wiegt, sie fließt in die falsche Richtung und ins falsche Meer. Im Zeitalter der Ruderschiffahrt war dies ein sehr entscheidender Nachteil. Eine Bergfahrt war entweder gar nicht möglich oder sehr teuer. Massengüter hätten leicht flußabwärts befördert werden können, wo sie aber nicht gebraucht wurden. Umgekehrt waren die im südöstlichen Europa und auch in Ostösterreich erzeugten Produkte, vornehmlich Wein und Getreide, donauaufwärts nur mit sehr hohen Kosten zu verkaufen. Nach dem Aufkommen der Motorschiffe hätte zwar die Fließrichtung keine so einschneidende Rolle mehr gespielt, es fehlten aber weiter die Anschlüsse zu den dicht besiedelten und hochentwickelten Zentren West- und Nordeuropas.

Eine Anbindung der Donau an andere europäische Wasserstraßensysteme gelang, obwohl sie immer wieder diskutiert wurde, erst in unserer unmittelbaren Gegenwart. Einerseits war es die Verbindung zum Rhein, die im Früh- und Hochmittelalter – als im Fränkischen und Deutschen Reich die West-Ost-Richtung politisch wie kommerziell dominierte – schon in den Überlegungen der Planer eine Rolle spielte, im 19. Jahrhundert mit dem Ludwigskanal auf sehr unvollkommene Weise erstmals zustande kam und erst mit der Fertigstellung des Rhein-Main-Donau-Kanals im Jahr 1992 ökonomisch realisiert werden konnte.

Als Pendant zum Rhein-Main-Donau-Kanal bestand für die Nord-Süd-Richtung schon seit dem Mittelalter immer wieder der Wunsch einer Verbindung zwischen dem Mittelmeer, der Donau und der Moldau, Elbe oder Oder. Es gab zahlreiche, höchst utopische Vorschläge. 1786 wurde ein Plan des belgischen Ingenieurs F. J. Maire vorgelegt, von Wien aus Wasserstraßen zu allen Meeren Europas zu führen, der auch einen Kanal zur Umgehung der Alpen von Wien zur Adria vorsah. Das einzige im heutigen Österreich davon tatsächlich verwirklichte Stück eines Schiffahrtskanals blieb der Wiener Neustädter Kanal mit etwa 60 km Länge, der ursprünglich Teil der anvisierten Verbindung zur Adria sein sollte, aber nicht über Wiener Neustadt hinaus gedieh und dann tatsächlich der Versorgung Wiens mit Brennholz und mit der am Ödenburger Brennberg abgebauten Kohle diente.

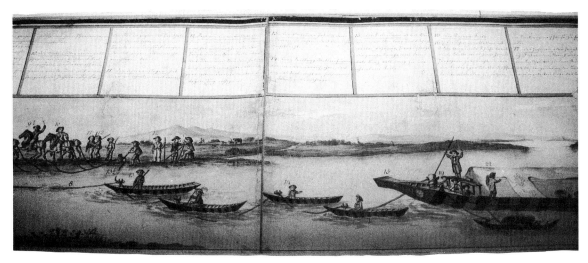

Katalog-Nr. 11. 5. 4. Foto: Lang

Vorindustrieller Donauhandel

Die Straßen der Römer wurden ins Mittelalter weitgehend ungebrochen und unverändert übernommen. Die Donaulinie, die in der Römerzeit wegen der Grenzlage eine eher unbedeutende Verkehrswertigkeit eingenommen hatte, erlangte im frühen Mittelalter als West-Ost-Verbindung ungemein große Bedeutung. Solange mit Konstantinopel ein Schwergewicht kultureller Leistungen und demographischer Konzentration im Osten Europas lag, das Mittelmeer durch die Sarazenen relativ unsicher war und die Verhältnisse auch in der Nord- und Ostsee recht unübersichtlich waren, gab es entsprechende Anreize für einen Fernhandel auf der Donau.

Im 9. und 10. Jahrhundert trieben Juden einen für damals weltumspannenden Handel zwischen China und dem Ärmelkanal. Nachgewiesenermaßen verliefen wichtige von ihnen benutzte Handelsrouten entlang der Donau und vom Donautal aus in die nördlich und nordöstlich gelegenen slawisch besiedelten Länder. Eines der wichtigsten Zeugnisse für die Bedeutung des Donauhandels unmittelbar vor dem Ungarneinfall bietet die Raffelstettener Zollordnung. Unter den gehandelten Waren erscheinen Salz, Sklaven, Pferde, Rinder, Lebensmittel und Wachs. Bemerkenswert ist, daß die die Schiffahrt betreffenden Bestimmungen jene bezüglich des Landverkehrs deutlich an Zahl übertreffen. Jedenfalls ist die Zollordnung ein Beleg für eine Handelstätigkeit und Schiffahrt am Beginn des 10. Jahrhunderts, die durch den Ungarneinfall eine jähe Unterbrechung erfuhr.

Im 12. Jahrhundert ist die Donau wieder als wichtiger Weg nach Osten und nach dem Orient belegt. Allerdings machte sie der Aufstieg der Schiffahrt im Mittelmeer und in der Ostsee als Fernhandels- und Verkehrsweg in den Osten immer mehr entbehrlich.

Dem nach Ungarn und in die slawischen Gebiete ziehenden Handel kam nun Priorität zu: Textilien und sonstige Industrieprodukte in die eine Richtung, die klassischen Warengattungen des Ostens, Häute, Pelze, Wachs, Honig, in der Gegenrichtung. Die wertvolleren Tuche kamen aus Flandern und Brabant, die einfacheren aus den Rheinlanden, aus der Wetterau und aus Oberdeutschland. Der Handel

*Mautvectigal aus dem Jahr 1604 mit einer Aufstellung von Waren, die die Linzer Mautstelle passieren.
Foto: Stadtarchiv Linz*

mit Tuch lag zunächst vorwiegend in der Hand der Regensburger Kaufleute. Hauptumschlagsplatz war Wien, von wo aus Ungarn mit Tuchen versorgt wurde. Im 14. Jahrhundert verdrängten Nürnberg und Augsburg Regensburg aus seiner Vorrangstellung im Tuchhandel. Vornehmlich über den Textilhandel, in dem im Spätmittelalter auch schwäbischer Barchent und Golschen eine große Rolle spielten, drangen die kapitalkräftigen oberdeutschen Kaufleute in das Wirtschaftsleben der habsburgischen

Länder ein, wo sie im Laufe des 15. Jahrhunderts gegenüber den Bürgern der Städte des Landes eindeutig in den Vordergrund traten.

Im Gegenzug wurde im Spätmittelalter und in der frühen Neuzeit aus Osteuropa vor allem Vieh bezogen. Solche Viehtriebsstrecken verliefen sowohl nördlich wie südlich der Donau. Auch Wein wurde zu einem wichtigen Exportgut von Niederösterreich nach dem Westen. Mit dem umfangreichen Weingartenbesitz bayerischer und westösterreichischer Klöster war dafür bereits im Hochmittelalter die Grundlage gelegt worden. Für das Entstehen der Weinbaulandschaft an der Donau war der Wasserweg wichtig. Schon seit dem ausgehenden 12. Jahrhundert ist der Weintransport auf der Donau nachweisbar. Er wurde von klösterlichen Eigenleuten betrieben, die mit „Schiffslehen" ausgestattet waren und die Schiffe stromaufwärts zu ziehen hatten. Der mit Pferden durchgeführte Gegentrieb auf der Donau ist erst mit der zweiten Hälfte des 13. Jahrhunderts nachweisbar.

Die jährliche Ausfuhr von Wein betrug im frühen 15. Jahrhundert etwa 100.000 hl, was gegenüber dem 13. Jahrhundert eine Steigerung auf das Fünffache bedeutete. Neue Studien kommen zu dem Schluß, daß sich die Mitte des 15. Jahrhunderts in Wien und Umgebung produzierte und nach Westen ausgeführte Weinmenge mit der damals in Köln, dem „Weinhaus der Hanse", umgeschlagenen Menge messen konnte und der niederösterreichische Weinexport auf der Donau nach Westen im 16. Jahrhundert ebenso groß war wie der aus der Gironde in derselben Epoche.

Im 17. und 18. Jahrhundert kam es zu einem erheblichen Rückgang dieses Exportes, vor allem im Vergleich zur zweiten Hälfte des 16. Jahrhunderts. Die Ausdehnung der Bierproduktion und des Bierkonsums in Bayern und Böhmen war eine der Ursachen, die relative Verbilligung des Bieres und dessen steuerliche Begünstigung in den Weinimportländern die andere.

Wenn noch um 1450 Wien hinter Köln als bedeutendste Handelsstadt Deutschlands bezeichnet wurde, so folgte bald durch politische Veränderungen in Osteuropa, aber auch durch die Verlagerung der kommerziellen Schwerpunkte an den Atlantik ein geradezu sprunghafter Abstieg. Auch die Linzer Messen, die im 16. und 17. Jahrhundert in mittelalterlicher Tradition im Verkehr mit Tuch, Leinwand, Fellen und Häuten zentrale Bedeutung in Österreich erreicht hatten, erlebten seit der Mitte des 17. Jahrhunderts durch politische Ereignisse, verfehlte Zollpolitik und Umlenkung der Handelsströme diesen Niedergang, auch wenn sie noch bis in die zweite Hälfte des 18. Jahrhunderts als das wirtschaftliche „Kleinod" des Landes Oberösterreich angesprochen wurden.

Die Lage am Wasser war auch für den Erfolg des Salzbergbaues entscheidend. Hallstatt und Hallein hatten gemeinsam, daß der Großteil des produzierten Salzes auf dem Wasserweg abgesetzt wurde. Betrug in Hallein das Verhältnis der Wasserfracht zur Landfracht am Ausgang des Mittelalters etwa 2:1, so dürfte in Gmunden das über den Landweg vertriebene Salz noch einen wesentlich geringeren Anteil gehabt haben. Der Vertrieb erfolgte über das Flußnetz der Donau. An den Ladstattorten entlang der Donau wurde einerseits der lokale Bedarf gedeckt, andererseits die Versorgung der salzarmen Gebiete Böhmens und Mährens befriedigt. Der erbitterte Kampf der salinenbesitzenden Landesherren um Absatzgebiete führte im Verlauf des Spätmittelalters zu einer Abgrenzung und Neufixierung der Versorgungsgebiete.

Hallein, seit dem 13. Jahrhundert führend, hielt noch Ende des 15. Jahrhunderts mit einer Produktion von 26.000 t die Spitze: das war fast so viel wie alle habsburgischen Salinen zusammen. Trotz verkehrsgünstiger Lage und technischer Vorbildlichkeit geriet Hallein immer mehr in Schwierigkeiten, weil der Absatz politisch schwer zu sichern war. Für den Vertrieb des Halleiner Salzes hatte Passau die bessere Position, vor allem auf dem Weg nach Böhmen. Für das mit dem Salzburger Salz aus

Hallein konkurrierende Habsburger Salz aus dem oberösterreichischen und steirischen Salzkammergut, das auf der Traun nach Linz-Zizlau kam und von hier einerseits auf dem Donauweg nach Niederösterreich und weiter nach Mähren vertrieben wurde, andererseits auf dem Landweg über Freistadt nach Böhmen kam, hatten die österreichischen Städte schon wegen der geographischen Situation das Sagen. 1398 verdrängten die Habsburger das Halleiner Salz aus Österreich südlich der Donau, nach 1490 sukzessive auch aus dem Gebiet nördlich der Donau. Die Konkurrenz drehte sich vor allem um den böhmischen Markt, der durch die Erwerbung Böhmens 1526 dem habsburgischen Salz eröffnet worden war und im 17. Jahrhundert von Österreich immer stärker und 1706 gänzlich monopolisiert werden konnte.

Damit gewannen die Wege von Linz über Freistadt an Bedeutung. So wurde das Salz auch ausschlaggebend für den Wunsch nach einem leistungsfähigen Verkehrsweg von der Donau zur Moldau. Salz deckte etwa die Hälfte des Frachtaufkommens der 1832 statt einer immer gewünschten Kanalverbindung eröffneten Pferdeeisenbahn Linz-Budweis, die andere Hälfte verteilte sich auf Getreide, Eisen, Kohle und Holz.

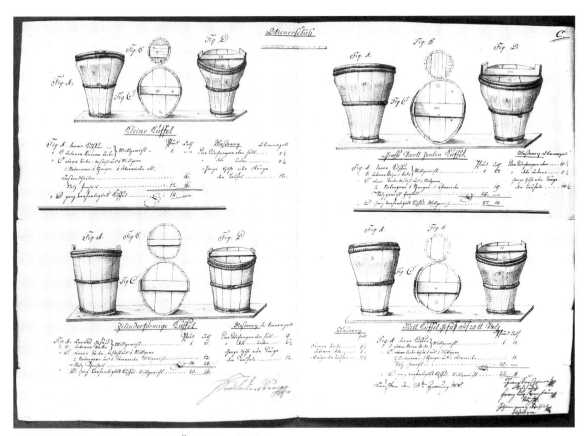

Salzküfel, Federzeichnung 1805, OÖLA. Foto: R. Mair

Auch für die steirisch-österreichische Eisenindustrie war es ein unschätzbarer Vorteil, für den Vertrieb den Wasserweg zur Verfügung zu haben. Hinsichtlich des Absatzgebietes des steirischen Eisens wurde schon im 13. Jahrhundert eine strenge Teilung vorgenommen. Dem Innerberger Eisen von der nördlichen Seite des Erzbergs waren die Länder ob und unter der Enns zugewiesen sowie die von hier donauauf- und -abwärts erreichbaren Gebiete, dem Vordernberger oder Leobener Eisen der Markt südlich des Alpenhauptkammes.

Das Absatzgebiet des Innerberger Eisens umfaßte also einerseits den ober- und niederösterreichischen Raum, die Länder der böhmischen Krone, ferner Polen und die baltischen Länder, Ungarn und Rußland bis in den Nahen Orient. Andererseits stand ihm donauaufwärts der Weg zu den großen süddeutschen Verbrauchszentren offen, aber auch weiter nach Westeuropa und Übersee. Legorte für Eisen von Steyr aus waren in Oberösterreich Enns, Wels, Linz und Freistadt, in Niederösterreich Emmersdorf, Melk, Krems und Wien.

Das mengenmäßig weitaus wichtigste Produkt des vorindustriellen Donauhandels war aber Holz. Bis ins 19. Jahrhundert der weitaus wichtigste Energieträger, ließ es sich auf den vorhandenen Wasserstraßen flußabwärts billig transportieren, so daß sich ein kostengünstiges Verteilungssystem etablieren konnte. Das zur Trift benutzte Gewässernetz war naturgemäß viel dichter als das zur Flößerei oder gar Schiffahrt verwendbare. Es umfaßte neben zahlreichen kleineren Wasserläufen auch zahlreiche künstlich hergestellte Gerinne und Kanäle.

Nachdem die Holzversorgung von Bergwerken und Hüttenwerken schon früh aufwendige Holzbringungsanstalten erforderlich gemacht hatte, war das Stadtwachstum, vor allem das Wachstum Wiens, im 18. Jahrhundert nochmals Anlaß für gewaltige Aufwendungen zur Deckung des rasch steigenden Brennholzbedarfs dieser Agglomerationen. Der Brennholzbedarf Wiens hatte sich in der zweiten Hälfte des 18. Jahrhunderts verdoppelt. Die 900.000

Katalog-Nr. II. 5. 1. Foto: Kranzmayr

bis 1,000.000 m^3 (250.000 bis 260.000 Klafter) Brennholz, die zu Ende des 18. Jahrhunderts jährlich im Durchschnitt nach Wien zugeliefert werden mußten und auch in der ersten Hälfte des 19. Jahrhunderts Jahr für Jahr gebraucht wurden, konnten nur auf dem Wasserweg bereitgestellt werden.

Wien benötigte um die Mitte des 19. Jahrhunderts etwa eine Million m^3 Holz. Davon konnten auf dem Wiener Neustädter Kanal etwa drei bis vier Prozent beschafft werden. 20 bis 22 Prozent konnten im Wienerwald aufgebracht werden. Die restlichen drei Viertel wurden im wesentlichen auf dem Donauweg herangeschafft.

Die Residenzstadt bezog ihr Brenn- und Nutzholz durch Jahrhunderte größtenteils über die Donau und ihre flößbaren Nebenflüsse bis Bayern, Tirol und sogar Württemberg. Genutzt werden konnten nur die flußnahen Wälder, während im Landesinneren noch im 18. Jahrhundert weite Urwälder vorhanden waren, deren Hölzer an Ort und Stelle vermoderten. Im ausgehenden 18. Jahrhundert wurden auf allen einigermaßen geeigneten Flüssen und Bächen Schwemmeinrichtungen geschaffen. Eine der kompliziertesten Anlagen war die Erlauf-Schwemme. Auf der Pielach war 1745 mit dem Schwemmbetrieb begonnen worden, auf der Traisen 1767 beziehungsweise 1818.

Besonders wichtig war die Holzbringung aus dem Mühl- und Waldviertel. Die Isper-Schwemme, 1723 unter dem damaligen Gutsherrn Josef Philipp Hoyos eingerichtet, war 1802 an die kaiserliche Familie übergegangen. Um 1750 hatte man auch begonnen, die Reserven des Böhmerwaldes anzuzapfen, sowohl im oberösterreichischen Mühlviertel als auch im Gebiet des Bistums Passau. Die in der zweiten Hälfte des 18. Jahrhunderts auf den Mühlviertler Donauzuflüssen eingerichteten Triftanlagen dienten fast ausschließlich der Brennholzversorgung von Wien. Vor allem waren es die größeren Nebenflüsse, die Große Mühl, die Aist und die Naarn. Aber auch auf den kleineren Flüssen wurde geschwemmt, auf der Ranna, der Kleinen Mühl und der Rodl.

Für die Große Mühl hatte Fürst Schwarzenberg in der zweiten Hälfte des 18. Jahrhunderts das Schwemmprivileg erworben. Er ließ 1787/89 einen Kanal aus dem Böhmerwald zur Großen Mühl bauen, der durch einen Tunnel auch die Wasserscheide zur Moldau übersetzte und an die 240.000 Joch Urwald der Nutzung erschloß. Im Unteren Mühlviertel war 1756 die Angersche Schwemmkompagnie mit der Naarn-Schwemme privilegiert worden. Auch auf dem Sarmingbach wurde seit 1765 getriftet. Die Aist-Schwemme wurde seit 1799 durch Fürst Schwarzenberg mit Hilfe des Rosenauer,

Ignaz Rode, Linz, Untere Donaulände, Lithographie um 1837. Foto: Stadtmuseum Nordico, Michalek

der auch dem Mühlschwemmkanal gebaut hatte, eingerichtet.

In der zweiten Hälfte des 19. Jahrhunderts reduzierte sich der Wiener Brennholzverbrauch trotz des Stadtwachstums auf ein Drittel der früheren Höhe. Das war die Folge der nun stattfindenden Umstellung auf Mineralkohle. Von der in Wien auf der Donau ankommenden Warenmenge machte Holz 1835 im Gewicht 88 Prozent aus, 1867 49 Prozent, 1874 noch einmal 50 Prozent. Von dem Holz, das zwischen 1860 und 1865 nach Wien geliefert wurde, kamen 52 Prozent auf der Donau, 23 Prozent per Eisenbahn, 5 Prozent auf dem Wiener Neustädter Kanal, der Rest per Wagen. Das 1877 bis 1880 auf die Legstätten der Stadtgemeinde Wien gelieferte Brennholz war zu 49 Prozent auf der Donau herangeschafftes sogenanntes Wasserholz, das von den nieder- und oberösterreichischen Schwemmen stammte. Der Rest kam per Eisenbahn, und zwar das harte Holz aus Unterungarn (Banat) und Kroatien, das weiche aus Mähren und den Karpathen, dem Salzkammergut und aus Bayern. Der Brennholzhandel auf der Donau, wie das gesamte Geschäft mit Brennholz, ging unaufhaltsam dem Ende zu.

Der Donauhandel im Industriezeitalter

Dampfschiffahrt und Eisenbahn veränderten den Handel und Warenverkehr auf der Donau grundlegend. Einerseits wurde mit der Dampfschiffahrt der Warenverkehr flußaufwärts wesentlich erleichtert, andererseits war mit den Eisenbahnen eine Konkurrenz entstanden, die dem Donauhandel wichtige Positionen entzog. Als Handels- und Schiffahrtsweg hat die Donau dabei eher an Bedeutung verloren.

Zwischen Wien und Linz blieb der Schiffahrtsverkehr trotz Dampfkraft vorläufig bescheiden und konzentrierte sich vor 1850 mehr auf Personen als auf Waren. Vom Transportvolumen der DDSG auf der Donau im Jahre 1847 von insgesamt etwa 170.000 t entfielen nur etwa 10 Prozent auf die Strecke Wien–Linz, 41 Prozent auf Wien-Pest und 35 Prozent auf Pest–Orsowa. Die Dampfschiffahrt gewann vor allem für die Getreideausfuhr von Ungarn nach Österreich Bedeutung. Allerdings scheint um die Mitte der fünfziger Jahre noch weniger als die Hälfte der ungarischen Getreideexporte mit Dampfschiffen abgewickelt worden zu sein.

Die mit der Dampfschiffahrt konkurrierende Ruderschiffahrt und Flößerei dominierte weiter die Beförderung von Holz, Baumaterial und landwirtschaftlichen Produkten flußabwärts. Auf der oberen Donau, im Bereich Wien–Linz–Engelhartszell wurden 1849 bis 1858 im Durchschnitt rund 300.000 t Güter befördert. Die Ruderschiffahrt hatte mit 96 Prozent den größten Anteil, doch stieg im Laufe dieses Jahrzehnts der Anteil der Motorschiffahrt von 0,7 auf 7,25 Prozent. 96 Prozent des Transportvolumens erfolgte talwärts. Doch auch hier war der Anteil der Bergfahrt im Zunehmen. Holz dominierte bei weitem. Donauaufwärts überwog das Getreide. In der gründerzeitlichen Hochkonjunktur nahm die Ruderschiffahrt noch einmal einen Aufschwung, vor allem durch die verstärkten Steintransporte nach Wien und Budapest.

Vor Beginn des Eisenbahnzeitalters bedeutete die Dampfschiffahrt den einzig wirklich leistungsfähigen Anschluß an das überregionale Handelsgeschehen. In Linz erhöhte sich das Volumen der an der Donau verladenen Produkte mit dem Beginn der Dampfschiffahrt sprunghaft. Mit der Eröffnung der Kaiserin-Elisabeth-Westbahn 1858 erwuchs aber der Dampfschiffahrt eine neue, sehr spürbare Konkurrenz.

Mit der Dampfschiffahrt wurde Getreide zum wichtigsten Handelsprodukt auf der Donau. Ungarisches Getreide gelangte zwar bereits in den achtziger Jahren des 18. Jahrhunderts fallweise donauaufwärts bis nach Tirol. Aber solche Transporte über weite Strecken waren nur in absoluten Teuerungsjahren rentabel.

Bereits 1802 beschäftigte man sich in Wien mit Plänen zur Errichtung einer Dampfmühle. Aber erst

1841 war die erste große Dampfmühle der Monarchie am Wiener Donaukanal errichtet worden, die Mühle der k. k. privilegierten Dampfmühlenaktiengesellschaft, die mit der Verarbeitung ungarischen Weizens begann. Seit der Mitte der fünfziger Jahre stieg der Getreideexport aus Ungarn lebhaft an. Die Zahl der Getreidehändler in Wien wuchs nun rasch. Anfang der siebziger Jahre übersiedelten zahlreiche Exporteure von den ungarischen Stapelplätzen nach Wien. Innerhalb weniger Jahre war Wien ein Getreidehandelsplatz von europäischer Bedeutung geworden.

Über die Initiative dreier landwirtschaftlicher Industrieller, eines Bierbrauers, eines Mühlenbesitzers und eines Spirituserzeugers, war 1878 im Gasthof „Zur Stadt Frankfurt" die Linzer Fruchtbörse gegründet worden. Der Aufschwung des Getreidehandels und die Entstehung von Großmühlen machte Linz in der Zeit vor dem Ersten Weltkrieg zu einem Zentrum des Getreidehandels, das von Kaufleuten aus Ungarn, Böhmen, Galizien und dem östlichen Niederösterreich besucht wurde.

Auf der österreichischen Donau stieg der Güterverkehr von 1,5 Millionen t im Jahr 1900 auf 1,64 Millionen t im Jahre 1909 und erreichte 1912 mit 2,59 Millionen t einen Vorkriegshöchststand. Der

Verladung der Pflastersteine in Mauthausen. Foto: Archiv Poschacher

Elbeumschlag lag bedeutend höher. Während mehr als zwei Drittel des Transportvolumens auf der Elbe auf Kohle entfielen, daneben auch auf industrielle Vorprodukte, war auf der Donau das Getreide dominierend. Der Güterverkehr auf der gesamten Donau machte 1912 etwa 14,6 Millionen t aus, davon entfielen auf Bayern 433.000 t, auf Österreich 2,590.000 t, auf Ungarn 5,093.000 t, Rumänien 5,837.000 t und Bulgarien 669.000 t. Der Gesamtverkehr auf dem Rhein erreichte damals rund 104,9 Millionen t, auf der Elbe 19,5 Millionen t.

Waren vor dem Ersten Weltkrieg Getreide und in der Zwischenkriegszeit Getreide sowie Öl und Erdölprodukte die Hauptmassengüter auf dem Strom, so nahmen nach dem Zweiten Weltkrieg Kohle, Erze, industrielle Erzeugnisse und Vormaterialien für die Industrie die dominierende Stellung ein. Auf der österreichischen Donau wurde 1961 mit 5,5 Millionen t mehr als die dreifache Menge von 1937 transportiert. Der österreichische Hafenumschlag hatte sich mit 5,53 Millionen t ebenfalls mehr als verdreifacht. Die führende Position nahm dabei mit 3,15 Millionen t Linz ein. 1970 war der Gesamtgüterverkehr auf der Donau auf 55,5 Millionen Jahrestonnen gestiegen, das war nahezu das Fünffache der Zwischenkriegszeit, auf Österreich entfielen etwa 7,42 Millionen t.

Dominierten vor dem Zweiten Weltkrieg Getreide und Öl, so ist inzwischen auch die Donau zu einem Massengutweg für industrielle Rohstoffe geworden und andererseits zu einer Transportverbindung für Erzeugnisse der Industrie. Landwirtschaftliche Produkte spielen heute auf der Donau sogar eine geringere Rolle als auf dem Rhein. Vorherrschend sind Erz, Kohle, Baustoffe und Industrieerzeugnisse.

Dem Gütertransport auf der Donau kommt in der Gegenwart nur für einzelne Bereiche eine wichtige gesamtwirtschaftliche Bedeutung zu. In mittlerer Zukunft wird aber diese Bedeutung steigen, einerseits durch die Fertigstellung des Rhein-Main-Donaukanals und den zu erwartenden EG-Beitritt, andererseits durch die Öffnung nach Osten, auch wenn derzeit die Auseinandersetzungen im ehemaligen Jugoslawien für den Donauverkehr erhebliche Schwierigkeiten bedeuten. Damit könnte ein wesentlich größerer Teil des Transportbedarfs zwischen den Industriezentren West- und Mitteleuropas und den Wirtschaftsräumen in Ost- und Südosteuropa auf dem Wasserweg abgewickelt werden.

Während auf den ca. 870 Schiffahrtskilometern des Rheins jährlich 270 bis 280 Millionen t Güter befördert werden, sind es auf der nahezu dreimal so langen Donau lediglich 90 bis 95 Millionen t. Dieses wesentlich geringere Verkehrsaufkommen hat vielfältige Ursachen, die geringere Siedlungs- und Industriedichte, die dramatisch geringere Beteiligung der Donauregion am Welthandel, der nur etwa ein Fünfundzwanzigstel ausmacht, verglichen mit dem Anteil von einem Fünftel, den die Rheinregion hat. Es sind an der Donau vorwiegend Agrarländer, gehemmt durch staatlichen Dirigismus, der allerdings die Schwerindustrie entsprechend gefördert hat. Daher hat sich der Gesamtgüterverkehr auf der Donau gegenüber der Zwischenkriegszeit wesentlich gesteigert und beträgt etwa das Zehnfache, während er sich auf dem Rhein nur verdreifacht hat. Die Verbindung der beiden großen Stromsysteme wird hier beträchtliche kommunizierende Wirkungen auslösen.

Literatur

BADER, WOLFGANG, Die Verbindung von Rhein und Donau. Zur Geschichte eines bemerkenswerten Wasserstraßenprojektes (Abhandlungen und Berichte/Deutsches Museum 50,2), München 1982.

CSENDES, PETER, Die Wiener Salzhändler im 15. und 16. Jahrhundert. In: Jahrbuch des Vereines für Geschichte der Stadt Wien, 27, 1971, S 7ff.

–, Zur Wiener Handelsgeschichte des 16. Jahrhunderts. In: Wien an der Schwelle zur Neuzeit, Wien 1974, S 44ff.

FISCHER, F., Die blauen Sensen. Sozial- und Wirtschaftsgeschichte der Sensenschmiedezunft zu Kirchdorf-Micheldorf bis zur Mitte des 18. Jahrhunderts, Graz 1967.

GRÖSSING, HELMUT, FUNK, ERNST ULRICH, SAUER, MANFRED, BINDER, JOHANNES, Rot-Weiß-Rot auf blauen Wellen. 150 Jahre DDSG, 1979.

HARTINGER, WALTER (Hg), Passau und das Salz, Passau 1990.

HASSINGER, HERBERT, Der Außenhandel der Habsburger Monarchie in der 2. Hälfte des 18. Jahrhunderts. In: Die wirtschaftliche Situation in Deutschland und Österreich um die Wende vom 18. zum 19. Jahrhundert, hg von F. LÜTGE, 1964, S 61ff.

KNITTLER, HERBERT, Das Verkehrswesen als Ausgangspunkt einer staatlichen Infstrastrukturpolitik. In: Von der Glückseligkeit des Staates, hg von H. MATIS, 1981, S 137ff.

MITTERAUER, MICHAEL, Wirtschaft und Verfassung in der Zollordnung von Raffelstetten, Mitteilungen des Oberösterreichischen Landesarchivs 8, 1964, S 344ff.

NEWEKLOWSKY, ERNST, Die Schiffahrt und Flößerei im Raum der oberen Donau und ihrer Nebenflüsse, 3 Bde., Linz 1952–64.

Österreich und Rhein-Main-Donau. Sonderpublikation des Österreichischen Wasserstraßen- und Schiffahrtsvereines, hg von FRANZ PISECKY, Wien 1992.

PACH, SZ. P., Zur Geschichte der Handelsbeziehungen zwischen Österreich und Ungarn im 15. und 16. Jahrhundert, MÖSTA 25, 1972, S 244–256.

PICKL, OTHMAR, Die Rolle der habsburgischen Ostalpenländer im West-Ost-Handel von der Mitte des 15. Jahrhunderts bis zur Mitte des 17. Jahrhunderts. In: Domus Austria. Festschrift Hermann Wiesflecker, Graz 1983.

–, Die Zeit der großen Kanalprojekte (1765–1780) und der Flußverkehr im 18./19. Jahrhundert. In: SCHÖPFER, GERALD (Hg), Menschen & Münzen & Märkte. Katalog der Steirischen Landesausstellung 1989, Fohnsdorf 1989, S 123ff.

–, Handel an Inn und Donau um 1630. In: H. KELLENBENZ, J. SCHNEIDER (Hg), Beiträge zur Wirtschaftsgeschichte 5, Bamberg 1978, S 205–243.

–, Österreichisch-ungarische Handelsbeziehungen entlang der Donau vom 15. bis zum 18. Jahrhundert. HistJb Linz 1987, S 11–40.

PISECKY, FRANZ, 150 Jahre Eisenschiffbau an der österreichischen Donau, Linz 1990.

–, Die europäische Bedeutung der Donau seit dem Aufkommen der Dampfschiffahrt, HistJb Linz 1987.

–, Die größte Binnenreederei der Welt, Tradition 15, 1970.

–, Größe und Bedeutung der österreichischen Donauschiffahrt bis zum Jahre 1918, Wien 1968.

RAUSCH, WILHELM, Handel an der Donau, Linz 1969.

ROTH, P. W., (Hg), Erz und Eisen in der Grünen Mark, Graz 1984.

VANGEROV, H. H., Linz und der Donauhandel des Jahres 1627, HistJb Linz 1962, S 223–332, 1963, S 255–377, 1964, S 41–98.

WINCKLER, JOHANN, Übersicht des Schiffs- und Waarenverkehrs auf der oberen Donau zu Wien, Linz und Engelhartszell, Wien 1870.

WOLFBAUER, JOSEF M., Die Donau und ihre volkswirtschaftliche Bedeutung, Wien 1880.

Werner Josef Promintzer
Die historische Ruderschiffahrt und die „Schopperei"

Gar so lange ist das noch nicht her, drei, vier Generationen vielleicht, daß es auf der österreichischen Donau Kapitäne, Zahlmeister und Matrosen gibt, die auf „Remorqueuren" fahren, nach dem „Manöver" „Rondeau" machen und einem „Bergfahrer" oder einem „Talfahrer" womöglich „backbord oder steuerbord" begegnen. Bis in unsere Zeit herauf hieß der Zahlmeister „Second-Capitain" und der „Dampfer" setzte sich nur mühsam gegen den ursprünglichen „Steamer" durch.

Was ich damit sagen will: Bodenständig ist das alles nicht. Die Dampfmaschinen, die Ingenieure und natürlich auch die „Dampfschiffahrtskapitäne", sie alle stammten ursprünglich aus England, und so kommt es, daß sich die Technologie der Kraftschiffahrt auf der Donau von der auf anderen großen Strömen nur wenig unterscheidet. Aber nach und nach wurde die jahrhundertelange Tradition der alten Schiffahrt doch auch bei den „Dampflern" heimisch. Denn: In den Jahrhunderten zuvor hatte die Donau eine ganz besondere Schiffahrtsform hervorgebracht, die durch ein hohes Maß an technischer Vollkommenheit, durch eine reiche Fülle von Brauchtum und durch eigenständige gesellschaftliche Strukturen geprägt war. Dabei sind die „Schöffleute" der historischen Ruderschiffahrt gar nicht so sehr von den Donaumatrosen verdrängt worden, denn da hat es Spuren einer Kontinuität schon deshalb gegeben, weil ja so mancher „Nauführer" und „Sößtaler" zur „Firma" der Kraftschiffahrt gegangen ist. Außerdem hat sich die Fahrt der Holzschiffe jahrzehntelang zäh gehalten, freilich in verkümmerten Formen und zumeist nur im lokalen Bereich. Mit dem „ehrsamen Handwerk der bürgerlichen Schifflut" war es allerdings schon um 1850 zu Ende gegangen. Das endgültige „Aus" brachte aber erst die Eisenbahn und ihr immer dichter werdendes Netz von Nebenlinien.

Die Anfänge

Wie das Schiff ausgesehen hat, mit dem der hl. Wolfgang vor 1000 Jahren nach Pupping gekommen ist, darüber wissen wir gar nichts, ebensowenig

Schiffsreiter vom Modell des Schiffszuges im Passauer Oberhausmuseum. Foto: Oberhausmuseum Passau

wie über die Menschen und die Formen der Donauschiffahrt der Römer und des Mittelalters. Unser Wissen beschränkt sich darauf, daß es diese Schifffahrt seit jeher gegeben hat und daß wir den Darstellungen von Donauschiffen dieser frühen Zeit keinen allzu großen dokumentarischen Wert beimessen dürfen. Urkundliche Nachweise beziehen sich häufig auf Unglücksfälle, und da hören wir vom Freisinger Bischof Drakolf, der 926 im Greiner Strudel umgekommen ist. Die Zollordnung von Raffelstetten läßt auf eine rege Handelsschiffahrt schließen, und daß auf der Donau immer wieder Soldaten in den Krieg ziehen mußten, das wissen wir auch. Viel mehr aber schon nicht. Vielleicht noch, daß es die Querschifffahrt, das „Urfahr", lange vor der Längsschiffahrt gegeben hat, daß auch die größten Holzschiffe hierzulande unsere bescheidene „Waidzille" zum Vorbild hatten und daß Schiffe der oberen Donau stets einen flachen Boden und keinen Kiel besaßen.

Das „Naufahren" und das „Treiben" der leeren Holzschiffe

Am Anfang stand das „Naufahren", das Fahren stromab, „unter der Hand", wie wir heute sagen würden. Das kann man sich noch zur Not vorstellen, wenngleich das einer können mußte, diese schweren, bis zum „Rafl" getauchten Zillen, Plätten und Mutzen so richtig ins „schwere Wasser" bringen, sie so „rinnen" zu lassen, daß sie einen ordentlichen „Gang" bekamen, und sie beim Zufahren durch

„Prospekt bey Marckt Aschau vor Linz". Häuser von Aschacher Schiffleuten. Die hohen Stangen mit den Buschen bedeuten, daß hier ein Schiffmann auf Arbeit wartet. Foto: Archiv Promintzer

"Umtauchen" aus dem Stromstrich heraus zu nehmen und an die "Gschlacht" zu bringen. Während der Fahrt hieß es höllisch aufpassen, denn so ganz genau wußte man nie, wieviel Wasser man über den Felskugeln hatte. Die "Haufen" mußte man "hoch anfahren", wollte man nicht am gegenüberliegenden Prallhang-Ufer "ländfahren". Ein echter Schiffmann bewegte dabei den schweren Ruderbaum fürs Steuern nur sehr sparsam.

Die allermeisten dieser "naufahrenden Schiffe" haben ihre "Heimat" nach dieser einen Fahrt nie mehr gesehen. Sie waren recht einfach gebaut und man sagt, nur der Wasserdruck hätte sie zusammengehalten. Am Zielort kamen sie zum "Plättenschinder", der sie zu Brennholz zerschlug. Mit dem höheren Frachtaufkommen wurden diese Schiffe aber immer größer, mußten daher sorgfältiger gebaut werden, und da meinte man, es wäre doch schade, sie nur ein einziges Mal fahren zu lassen. Sie wurden also als leeres "G'schirr" oder "G'schwemm" stromauf von Pferdegespannen gezogen, und dieses "G'schirrtreiben" unterschied sich vom großen Gegenzug eigentlich nur mehr durch die geringere Last. Das "Naufahren" hat schließlich selbst die Blütezeit der Gegenschiffahrt überdauert. Auch in den ersten Jahrzehnten der Kraftschiffahrt hat man noch "Leergeschirr" zu Berg gefahren. Nur ging jetzt alles viel leichter: Die Holzschiffe wurden von den Dampfern in Anhang genommen, sie wurden "aufgegeben", wie man das nannte.

Die Personenschiffahrt hat sich in den meisten Fällen auf die Naufahrt beschränkt, und das wird für Fürstlichkeiten und Personen "von Stand" eine recht vergnügliche Sache gewesen sein. Wenn aber einer "von Distinction" auf ein "Ordinarischiff" geriet, da nahm das Jammern und Klagen kein Ende – über die Trunksucht und Rohheit der Schiffleute

Schema eines Schiffszuges mit der "Hohenau", dem Gransel des "Nebenbei", den Furkelzillen und den ersten Pferden im Zug

und der Mitreisenden und über die viele Zeit, die mit „Nebel- und Windfeiern" unnütz vertan wurde. Behaglicher reiste man mit dem „Fliestein". Der war mit einer heizbaren Hütte „zugerichtet" und man konnte damit sogar stromauf reisen, denn neben der Hütte gab es einen kleinen Stall, in dem ein Pferd gemütlich mitfuhr, das den „Fliestein" auf der Rückreise zu Berg zog.

Der „Gegenzug" oder: Die „Hohe Nau"

Dieses ganze „Naufahren" ist natürlich eine recht einseitige Sache gewesen, eine „Einbahn" gleichsam. Das steigende Frachtaufkommen von Getreide, Salz und Wein in der Ost-West-Richtung gab dann den Anstoß für die entscheidende technologische Wende in der Ruderschiffahrt. Es gibt eine Menge Namen dafür: Schiffzug, Gegenzug, Gegenschiffahrt, Hohenauern, Roßzug. Aber es ist immer dasselbe, und diese erstaunliche nautische Vollkommenheit hatte auf keinem anderen Strom ihresgleichen. Heute mutet uns das alles recht romantisch an, wie die „Mehringer-Schiffleute" auf ihren schönen hölzernen Großschiffen wohnten, kochten und schliefen und wie die „Roßleute" abends ums Feuer saßen und ihre braven Pferde grasen ließen. Wenn aber dann die Schiffe in der schweren Strömung lagen und von 60 berittenen und „ledigen" Pferden gegenwärts gezogen wurden, dann war das alles, so schön es klingen mag, nichts anderes als eine entsetzliche Schinderei.

Die *Menschen:* Ein solcher Gegenzug war straff geführt. Die Stellung jedes einzelnen im hierarchischen System war fest umrissen: vom Söstaler über den Seilträger, den Bruckknecht, den Stoirer, den Nebenbei- und Schwemmerfahrer bis hin zu den „Unterläufln", zum „Bock" und zum Koch. Nicht anders war es bei den Schiffreitern. Ihr Kommandant war der Vorreiter, der den Weg und die Wassertiefen mit einer „Schaln" erkundete, ordnend eingriff und wohl auch antrieb. Die anderen Reiter trugen Namen, die heute alle schon vergessen sind:

Marstaller, Hundsseilreiter, Aufstricker, Aufklampfreiter, Spaneller. Die „besseren" Schiffleute und einige Schiffreiter gehörten zu den „Mehringern", und das war an der Donau schon beinahe ein Adelstitel. Bis hin zum letzten Seilknecht herrschte eine strenge Ordnung, bei den Zünften in den Heimatorten ebenso wie während der Fahrt: Jeder wußte, wo er aß und schlief, wie seine Hütte eingerichtet war, was er zu essen bekam und wie er nach altem Herkommen zu entlohnen war. Einer, der schwimmen konnte, wurde erst gar nicht aufgenommen, mußte der Schiffmeister doch annehmen, daß er im Falle eines „Malheurs" das Schiff dem Untergang preisgeben und „ausschwimmen" würde. Ganz früher war es noch strenger ritueller Brauch gewesen, Pferde, die vom „Buasenseil" in die Donau gerissen wurden, und Schiffleute, die ins Wasser stürzten, nicht zu retten, sondern schweigend und tatenlos zuzusehen, wie sie hilflos ertranken.

Die *Schiffspferde:* Der Söstaler war der allgewaltige Kommandant des Schiffszuges. Er saß auf einer Schiffertruhe hoch oben auf der „Hohenau". Noch vor der Morgendämmerung gab er das Zeichen zum Aufbruch. Er schrie: „Auf überall in Gottes Namen", und man sagt, die Pferde seien die allerersten gewesen, die freudig an ihre Arbeit gegangen sind. Überhaupt die Schiffspferde! Es waren gute Tiere und sie gehorchten aufs Wort und was sie nicht alles lernen mußten: Dieses schräge Gehen im Zug und das Klettern über felsige Uferböschungen! Überronnene Haufen mußten sie durchwaten, Altwässer durchschwimmen, und wenn sie übergesetzt wurden, mußten sie in die Einstellplätten „einspringen". Tagaus, tagein mußten sie sich ihren Weg durch dichtes Gestrüpp bahnen, gequält von den Gelsen, derer sie sich kaum erwehren konnten, hatte man ihnen doch die Schweife abgeschnitten, damit die Reiter nicht immer bespritzt und durchnäßt wurden. Nur ganz schwere Pferde taugten für den Schiffszug, aber so kräftig sie auch waren, sie mußten sich trotzdem entsetzlich plagen, die Schiffsreiter waren keine feinen, und jeder von ihnen führte eine Peitsche.

Dafür aber wurden die Pferde reichlich gefüttert. Hafer bekamen sie, soviel sie wollten.

Die *Schiffe:* Ein richtiger großer Schiffszug bestand nie bloß aus einem einzigen Schiff. Es war vielmehr ein gewaltiger Schiffsverband, der da in der schweren Strömung lag. So sah er etwa aus: Das erste und größte Schiff, das am „Buasen", dem Hauptseil zu den Pferden, hing, das Flaggschiff des Verbandes gleichsam, war die „Hohenau" mit dem Sößtaler. Vom Schiffstyp her war sie eine „Kehlheimerin", 42 und mehr Meter lang, über sieben Meter breit. Sie trug über 3500 Zentner, gemessen nach dem alten 56er Maß. „An der Stoir (dem Heck) der Hohenau gehalten" fuhr das zweite große Schiff, der „Nebenbei", eine „Gams", und die war auch nicht viel kleiner als die „Kehlheimerin". Ein bis zwei Seillängen zurück hing an der Hohenau das dritte Großschiff, der „Schwemmer", der fallweise ein viertes großes Schiff „beigeschwabbelt" führte, das man den „Schwemmer-Nebenbei" nannte. Beide Schwemmerschiffe waren auch zumeist „Gamsen" und beinahe ebenso groß wie die beiden Hauptschiffe. Das war aber beileibe noch nicht alles, was da am „Buasen" hing: Da waren die Seilmutzen und die Einstellplätten, die Furkelzillen, die das Hauptseil über Wasser hielten, und überdies mehrere Waidzillen, die man fürs Seilführen und zum „Ausfahren" brauchte.

Mühevoll war die Reise: Von Wien nach Linz brauchte man 25 Tage, von Linz nach Passau acht, und ein Schiffszug von Preßburg nach Rosenheim am Inn dauerte zwölf Wochen. Von März bis spät in den Oktober waren die Schiffleute ständig unterwegs. Kein Wunder, daß es hieß: „Dirndl, heirat koan Schiffmann / Du heiratst in d'Not / Host im Summa koan Mann / Und im Winta koa Brot".

Ein Wort noch zu den „Schiffmeistern": Das waren eher Kaufleute und Handelsherren als Schiffleute. Sie verfrachteten Waren auf eigene Rechnung und nahmen Frachtaufträge entgegen. Selbst gefahren sind sie nur selten. Der bedeutendste von ihnen war Matthias Feldmüller aus Persenbeug.

Das späte Fahren der Ruderschiffe

Als 1837 der „Ludwig I." als erstes Dampfschiff die oberösterreichische Donau befuhr, da werden die Schiffleute zusammengerannt sein und geschaut haben. Ernst genommen haben sie diese neumodische Sache zunächst nicht, und doch ging es sehr rasch: Im Jahr 1858 passierten noch 1419 Holzschiffe die Grenze bei Engelhartszell, aber wir wissen, daß 95 Prozent davon an ihrem Zielort zerschlagen wurden. Im Jahr 1862 gab es insgesamt nur mehr 123 Schiffszüge, gegen einige tausend ein paar Jahre zuvor. Zu Beginn des Jahres 1864 waren in

Die Maut-, Gerichts-, Gast- und Schiffmeisterhäuser der „Goldenen Zeile" in Aschach künden vom Reichtum der Schiffleute und von der Blüte des alten Schiffahrtsgewerbes

Aschach 181 Plätten und Zillen „patentiert", deren Zahl im Laufe dieses Jahres auf 33 sank. Wer sich von den Schiffmeistern nicht rechtzeitig umstellte, der ging zugrunde oder beschränkte sich auf sein Nebengeschäft, die Gastwirtschaft zumeist. Die Schiffleute, soferne sie bei den „Dampflern" kein Unterkommen fanden, wanderten ab, verließen den Beruf und endeten oft im Elend.

Wo es entlang der Donau keine Bahnlinien gab, wie etwa im Durchbruchstal von Passau nach Aschach und im Eferdinger Becken, dort kam der Niedergang, ohne daß sie es so recht merkten. Und es gab Marktnischen: Obst, Gemüse und Fische wurden noch jahrzehntelang mit Traunern und Plätten nach Linz gebracht. Die Brandstatt bei Eferding war einige Jahre lang die Donaulände mit der höchsten Anzahl an- und abfahrender Schiffe an der oberösterreichischen Donau. Zwischen Aschach und Obermühl hielten sich „Schiffmeister", die mit ihren „Scheiterfuhren" so sehr auf das Frachtgut Brennholz eingestellt waren, daß man sie gemeinhin nur „Holzhändler" nannte. Einer von ihnen, Hermann Leidinger aus Neuhaus, besaß noch nach dem Zweiten Weltkrieg eine Siebnerin, die bergwärts von Pferden aus dem Haus Schaller in Aschach „getrieben" wurde. An eines dieser Schiffspferde können sich ältere Aschacher noch gut erinnern. „Fanny" hieß die braune Stute, und die konnte das noch, dieses schräge Gehen im Zug. Das Holzausstreifen verstand sie wie keine andere, behutsam und langsam zog sie an und nie sprang sie ins Geschirr, wenn auch die Last noch so sperrig war. Das muß einer nur einmal versucht haben, das Floßholzausstreifen mit ungeübten Pferden! Auch der „Koaser" hielt noch nach dem Zweiten Weltkrieg ein Schiffspferd, das auf einem langen schmalen Holzstegladen gehen konnte, der über den Haufen zum Schiff führte. Das „Koaserpferd" zog zuweilen den leeren „Pleinling" des Bursenmüllers stromauf, wenn er damit sein Mehl nach Aschach oder Linz gebracht hatte. Die Bursenmühle war die letzte der zahllosen Schiffmühlen an der österreichischen Donau gewesen. Vom Hochwasser 1954 wurde sie zerstört und nicht wieder aufgebaut.

Bis in die Jahre der beginnenden Motorisierung war das Donautal von regem Leben erfüllt. Denn: Verachtet mir die Waidzille nicht! Sie war das Auto, der Traktor, das Moped jener ruhigen Tage an der Donau, wenn es galt, Scheiter oder Erdäpfel zu führen, ein Kalb oder ein Schwein auf den Markt zu bringen, ausgiebig einzukehren wohl auch. Gegenwärts hieß es dann freilich mühevoll „stacheln", wenn man nicht seine Frau dabei hatte, die eine Zille zu „treiben" verstand. Dann aber konnte man gemütlich und sachkundig in der Zille sitzen und brauchte nur mit dem Schwengelruder ein wenig „nachzukehren", während die Ehefrau vom Treppelweg aus mühevoll die Zille zog.

Auch schwere Lasten vermochten die kleinen Holzschiffe zu tragen: Für die Verfuhr der

Foto um 1900: Ein Schiffszug aus der späteren Zeit der Ruderschiffahrt, als alles schon ein wenig bescheidener war. Foto: Archiv Promintzer

Dreschmaschine blieb eigentlich nur der Wasserweg, ebenso wie für das Übersetzen einer Kuh. Da hängte man drei Waidzillen zusammen, und wenn die Kuh einigermaßen still hielt, dann konnte nicht recht viel passieren. Zillenunfälle gab es aber immer wieder, und am Treppelweg stehen noch die alten Gedenkkreuze und Marterln und erinnern an jene, die einst in der Donau ertrunken sind.

Üblicherweise hat damals die Strombauleitung ihre Bruchsteine in einer Art Hybridverkehr in die Profile gebracht: Die getauchten Siebnerinnen wurden von den dampfgetriebenen Dienstschiffen gezogen. Für kleine Uferschäden genügte aber oft die Ladung eines Trauners. Da fuhr man dann nauwärts „unter der Hand", und für die Rückfahrt wurde ein Schiffspferd angemietet. Die alte Buschin von der Schopperwerkstätte in Inzell erinnerte sich an eine solche Fahrt in ihrer Kindheit, als ihr das Schiffspferd während des Gegenzuges vom Schlag getroffen wurde und sie hilflos zusehen mußte, wie es auf dem Treppelweg elend zugrunde ging, während es noch am „Storzseil" des Trauners hing.

Das große Werk der Donauregulierung brachte während der zweiten Hälfte des 19. Jahrhunderts eine späte Blüte: Für die vielen „Wassersporne" brauchte man Unmengen von Wurfsteinen, die nur auf dem Wasserweg in die Profile gebracht werden konnten. So entstanden entlang der Donau und sogar in den Hinterhöfen der Markthäuser zahlreiche kleine Steinbrüche, in denen die Hausleute mit einfachen Mitteln Steine aus der Wand gebrochen und zu Wasserbausteinen „zersetzt" haben. Dabei lernten sie so nebenbei das „Würfelmachen", die Erzeugung von Granitsteinen für die Pflasterung der städtischen Straßen, und die wurden dann „naufahrend" bis hin nach Wien und Pest verfrachtet. Mit dem Steinbruch-Abraum wurden in den Märkten neue Uferanlagen vorgeschüttet.

Alles was von der alten Ruderschiffahrt damals noch einigermaßen schwimmen konnte, das fuhr nun für den „Arar", wie man sagte. Aber ebenso wie sich überall in den Donaumärkten Unternehmer für die Steinerzeugung gefunden hatten, so entstanden nun um 1850 an Stelle der bäuerlichen und kleingewerblichen Schopperwerkstätten große Betriebe und Hellinganlagen, wo nun die Siebnerinnen, Trauner und Plätten gleichsam vom Fließband ins Wasser gelassen wurden.

Die „Schopperei", der Bau der alten Ruderschiffe

Ihren Namen tragen sie nach dem schwierigsten Teil ihrer Arbeit, dem Abdichten der Fugen zwischen den Holzpfosten, dem „Schoppen" mit Miasbeil und Einspann, mit Moos, Zain und Klampfeln. Das mußte einer lange gelernt haben, damit er ja keine „Miaslöcher" übersah. Zimmerleute und ungelernte Arbeiter durften zwar bei der groben Holzarbeit mithelfen, ans Schoppen wurden sie aber nicht herangelassen. Eifersüchtig achteten die Schopper auf ihren „Vortel". Es war streng verboten, Schopperwerkzeug herzuleihen, und wenn ihnen ein Fremder beim Schoppen zusah, hörten sie auf der Stelle mit der Arbeit auf. Daran hat sich bis in unsere Tage nichts geändert. Das läßt uns heute noch das Fortleben alter zünftischer Tradition erkennen. Schopperzünfte gab es vor allem am Inn, an der Salzach und im Salzkammergut. Die größten Schopperplätze entlang der Donau lagen in und bei Aschach, Linz, Mauthausen, Grein, Persenbeug, Aggsbach, Dürnstein-Rossatz, Wien und Bad Deutsch Altenburg. Die großen Schiffe des Gegenzuges, die mächtigen Kehlheimer und Gamsen, die wurden früher vor allem in Bayern gebaut, in Kehl-

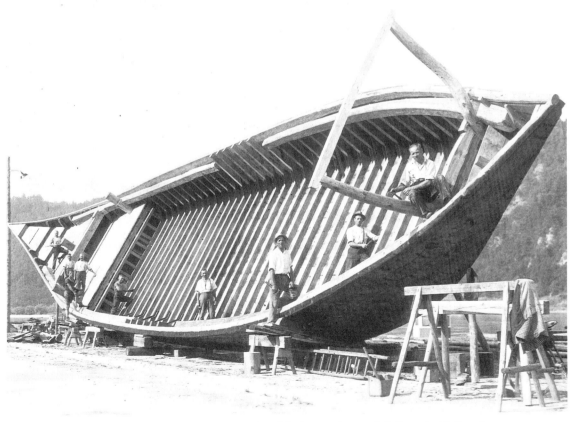

Eine „Siebnerin" in Bau. Sie ist aufgelehnt, weil der Schiffsboden geschoppt wird. Foto: Archiv Promintzer

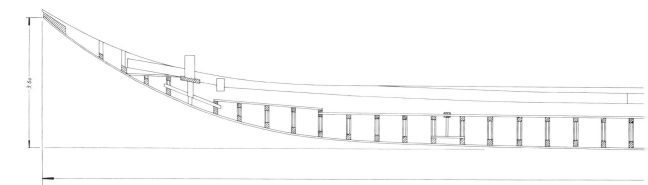

Schnitt durch eine „Siebnerin", wie sie bis nach dem Zweiten Weltkrieg gebaut wurden

heim und in dem kleinen Ort Windorf, wo es um 1830 noch acht Schoppermeister und 130 Schopperknechte gab. An der oberösterreichischen Donau

Die letzten „echten" Schopper und Schiffleute an der oberösterreichischen Donau, Strombauleitung Aschach. Foto: Archiv Promintzer

waren es nicht die Handwerker der bürgerlichen Siedlungen, sondern die „Wandler", die sich am besten aufs Schoppen verstanden, die Bewohner der Engtäler auf ihren kleinen, bäuerlichen Anwesen, wo sie den Winter über aus dem zähen Holz, das auf ihren steilen „Leiten" wuchs, Waidzillen und Plätten bauten. Der eine oder andere Schopper hat sich dort bis heute gehalten.

Sehen wir uns die alten Donauschiffe noch einmal an: Zunächst das bunte Volk der Plätten und Mutzen. Sie wurden zumeist nach ihrem Verwendungszweck benannt: Salzplätten, Überfuhrmutzen, Einstellplätten, Steinmutzen, Hausplätten, Futterplätten. Aber auch nach dem Herkunftsort: Salzburger-, Ulmer-, Haller- und Tirolerplätten. Dann jene Schiffe, die ihre Bezeichnung vom verwendeten Schiffsbauholz ableiteten: Die Tannen, Puechen und Aschen, aus denen, wenn sie aus Hall in Tirol kamen, ein Hallasch oder gar ein Halbarsch wurde. Zuletzt die ganz großen Donauschiffe, die Kehlheimer und die Gamsen, die ihrerseits wieder nach Herkunftsorten unterschieden wurden: Kehlheimer-, Passauer- oder Wachauergamsen. Einzig und allein die Inngamsen sind in der Erinnerung lebendig geblieben. Es waren schlanke Fahrzeuge mit einem besonders schönen Gransel. Am Inn dienten sie der Steinverfuhr, und wenn sie altersschwach geworden waren, kamen sie zum Scheiterführen an die Donau und dann erst zum „Plättenschinder".

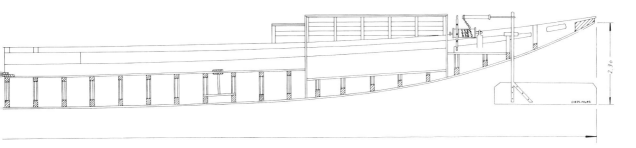

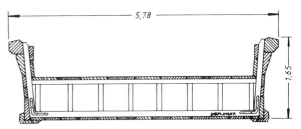

Und dann geschah um 1850 etwas Sonderbares: Innerhalb weniger Jahre kamen alle diese alten Donauschiffe außer Gebrauch und wurden schließlich allesamt durch Traunschiffe ersetzt. Es begann in Stadl-Paura, und das kam so: Als es mit der Traunschiffahrt zu Ende ging, begannen die Stadlinger Schoppermeister Schiffe für die Donauregulierung zu bauen. Als sich ihre Schiffe bewährten, wurden sie an die Donau berufen, zunächst nach Mauthausen, wo Anton Poschacher in großem Maßstab Steine erzeugte und Schiffe für ihre Verfuhr baute. Waren es aber wirklich Traunschiffe, die von den Stadlingern für die Donau gebaut wurden, oder waren es nicht doch noch die alten Kehlheimerinnen, die nur ein wenig schlanker und schöner gebaut und mit neuen Schiffsnamen versehen wurden? Damals entstand die legendäre „Siebnerin", der ihre Übersiedlung an die Donau gut getan hatte: Sie wurde zum elegantesten Schiff, das je die Donau befuhr.

Was Poschacher in Mauthausen getan hatte, Steine brechen und große Holzschiffe bauen, das teilte er sich in Aschach mit zwei Schiffmeistern. Das hatte nun mit der alten handwerklichen Schopperei in Aschach nur mehr wenig zu tun. Das Schiffsholz wurde mit einer Dampfsäge geschnitten, und auf den Schopperplätzen am „Prügelhaufen" bauten Dutzende Schopper eine Siebnerin nach der anderen. Die von der k.k. Statthalterei geprüften „Nauführer" und „Granselmeister" nahmen sie unmittelbar nach dem „Auf in Gott's Nam" unter das Ruder. Man sagt, gerade die Aschacher Siebnerin wäre die schönste an der ganzen Donau gewesen mit ihrem hoch aufgeschobenen Gransel.

1895 etwa war die Erste Donauregulierung fertiggestellt. An der Donau wurde es still. In Aschach konnten die alten Schiffmeister auf ihren Schopperplätzen nicht mehr weiter, und so übernahm die Strombauleitung der „k.k. Oberösterreichischen Wasserbauverwaltung" die Anlagen, die Gattersäge und die Instandhaltung der Regulierungsbauwerke.

So kam es, daß in Aschach noch einmal zwei Generationen lang große Ruderschiffe gebaut wurden, ganz nach der alten Schoppertradition. Auf die Schiffleute der Strombauleitung ist die jahrhundertelange Tradition des „Ehrsamen Handwerks der bürgerlichen Schöffleuth von Aschach" ungebrochen und nahtlos übergegangen, die erst in unseren Tagen zu verlöschen droht. Der Trauner 20.10, der am 22. Oktober 1993 „zu Wasser gelassen" wurde, gleicht seinen zahllosen Vorgängern aufs Haar. Gemeinsam mit Mitarbeitern der Wasserstraßendirektion und der Österreichischen Donaubetriebs-AG wurde er aber von Schoppern gebaut, die sich bereits im Ruhestand befinden.

Literatur

Die folgenden Arbeiten enthalten ausführliche Hinweise auf die weiterführende Literatur

MEISSLINGER, OTTO, Die historische Donauschiffahrt, Melk 1990.
NEWELOWSKY, ERNST, Die Schiffahrt und Flößerei im Raume der oberen Donau, 3 Bände, Linz 1952–1964
PROMINTZER, WERNER JOSEF, Aschach an der Donau, Donauvolk und Schiffleutleben, 2 Bände, Aschach 1989.
Stadtmuseum Linz-Nordico, Katalog zur Ausstellung „Donauwelle", Linz 1990.

Die Schopper und Zimmerleute der Strombauleitung Aschach in den zwanziger Jahren. Mit den Schoppern, die noch bei diesen alten Handwerksmeistern gelernt hatten, heute im Ruhestand leben und 1993 den Zehnertrauner für die Landesausstellung gebaut haben, erlischt die jahrhundertelange Tradition. Foto: Archiv Promintzer

Franz Pisecky

Mit Dampf in die Zukunft
Schiffahrt, Schiffbau, Häfen, Industrie, Fähren, Brücken ab 1830

Die Donau ist mit 2888 km Länge nach der Wolga nicht nur der zweitlängste, sondern zugleich der wasserreichste Fluß Europas. Die Kataraktenstrecke durch den Karpatenbogen zwischen Alt-Moldova und Turn-Severin beziehungsweise das „Eiserne Tor" bildete bis in das 19. Jahrhundert eine beinahe unüberwindliche Barriere zwischen unterer und mittlerer Donau, während die obere Donau, die auch in der Zeit der Ruderschiffahrt erst ab Ulm regelmäßig befahren wurde, bis zur „ungarischen Pforte" oberhalb Gönyü geographisch überhaupt als Gebirgsfluß gilt und mit ihrer starken Strömung, wechselnden Wasserständen und mächtigen Geschiebeführung bis zur Regulierung unter Kaiser Franz Joseph und dem Kraftwerksausbau der letzten Jahrzehnte mit Recht als ein „gigantischer Wildbach" bezeichnet wurde. So dauerte es auch vom ersten kaiserlichen Privileg von 1813 für ein mit mechanischer Kraft angetriebenes Schiff nahezu zwei Jahrzehnte, die von immer wieder neuen Versuchen, kurzfristigen Probefahrten, neuerlichen Privilegien und Mißerfolgen gekennzeichnet waren, bis es 1828 zur Privilegiumserteilung an die Engländer John Andrews und Joseph Prichard und ein Jahr später zur Gründung der „Ersten k. k. priv. österreichischen Donau-Dampfschiffahrtsgesellschaft" kam, deren Aktien von Mitgliedern des Kaiserhauses, der Hochfinanz und unter anderen auch vom Staatskanzler Metternich gezeichnet wurden. Am 4. September dieses Jahres unternahm der erste, noch aus Holz erbaute Dampfer „Franz I." seine vielbejubelte Eröffnungsfahrt von Wien nach Pest. Sie war der Auftakt eines wechselvollen, aber unaufhaltsamen Aufstiegs der die noch junge Erfindung der Schiffsdampfmaschine nutzenden Kraftschiffahrt auf dem Strom, so daß 1832 ein Generalversammlungsbericht der DDSG feststellen konnte: „Die Zweifel ..., daß die Dampfschiffahrt auf der Donau nicht anzuwenden sei, ... sind behoben". Daß diese Zweifel in Anbetracht der noch weithin ungezügelten Beschaffenheit des Stromes gar nicht so unbegründet waren, läßt sich an den vielen Widrigkeiten erkennen, welche bewältigt werden mußten, um der DDSG bei ihrer ungeheuren Pionierleistung zum Durchbruch zu verhelfen, den europäischen Südosten, der sich verkehrsmäßig noch im Stadium des Saumpfades und der Karawanenrouten befand, zu erschließen und den Weg zum Schwarzen Meer und in die Levante zu öffnen. Die Donauschiffahrt wurde hiebei auch zu einem Instrument der Orientpolitik des österreichischen Kaiserreiches, das in den Weiten des Balkans und der Mündungsregionen der Donau nicht nur auf die Interessenssphären der Türkei, sondern vor allem auch Rußlands, Großbritanniens und Frankreichs traf. Alle wirtschaftlichen, technischen und politischen Probleme überwindend, stieg die DDSG binnen weniger Jahrzehnte zur „größten Binnenreederei der Welt" auf – mit einem Liniennetz von mehr als 4100 km, Agentien in allen Ländern Mittel- und Südosteuropas sowie des östlichen Mittelmeerraumes, mehr als 1000 Schiffen, eigenen Werften, Kohlenbergwerken, Bahnlinien und rund 12.000 Mitarbeitern. Die dem Seeverkehr dienenden Schiffe und Einrichtungen wurden in den vierziger Jahren an den 1832 gegründeten Österreichischen Lloyd in Triest abgetreten, der, gestützt auf diese Basis, innerhalb weniger Jahre sich zur größten Dampfschiffahrtsreederei des Mittelmeeres entfaltete.

Ein großer Förderer und Mentor der DDSG war

Graf Stefan Szechenyi, der „größte Ungar" seiner Zeit, erfüllt von nationaler Begeisterung für sein Heimatland und den kulturellen sowie ökonomischen Aufstieg, nichtsdestoweniger aber auch ein treuer Anhänger des Kaiserhauses und Verfechter dessen Großmachtpolitik. Durch seine Initiativen und Maßnahmen als königlicher Kommissar für den Donauausbau und später für das gesamte ungarische Verkehrswesen erschloß er die Strecke des „Eisernen Tores" für die Passage mit Dampfschiffen, forcierte er den Bau neuer Schiffe und die Einrichtung neuer Linienverkehre, gründete er 1835 die erste DDSG-Werft in Ofen (Obuda) und schuf er die 1848 in Budapest vollendete Kettenbrücke, welche die bisher den Dampferverkehr behindernde Pontonbrücke ablöste. Ihre in England bestellten Glieder wurden bereits über den Ludwigs-Main-Donau-Kanal (1845) auf die Donau gebracht.

Sowohl in der Schiffahrt als auch im Schiffbau an der Donau wurde mit zunehmender Dominanz das Holz vom Eisen, die Ruderschiffahrt von der Dampfschiffahrt abgelöst. Ein bedeutsames Jahr in dieser Hinsicht war 1840, als, drei Jahre nach der Ankunft des ersten Dampfschiffes „Maria Anna" in Linz und der Eroberung der bayerischen und österreichischen Donau für das neue Verkehrsmittel, der Linzer Schiffmeister und Handelsmann Ignaz Mayer nächst der Landeshauptstadt des „Erzherzogthums ob der Enns" eine Schiffswerft gründete und das erste aus Eisen hergestellte Schiff an der oberen

Mit der Ankunft des ersten DDSG-Dampfers „Maria Anna" in Linz am 17. September 1837 wurde die oberösterreichische Donau für die Dampfschiffahrt erschlossen

Donau bauen ließ. Es war noch ein Güterkahn für den Treidelzug mit Pferden, wurde auf „Stadt Linz" getauft und benötigte für die Beförderung von 600 Meterzentnern ein Drittel weniger Zugpferde, ein Achtel weniger Zugmannschaft und ein Fünftel weniger Zeit zum Bergtransport.

Nach einigen Jahren ging Ignaz Mayer auch auf den Bau von Dampfschiffen und Schleppkähnen über. Die DDSG errichtete außerdem Filialwerften in Turn-Severin und Korneuburg. Mehrere Jahre hindurch unterhielt Ignaz Mayer gemeinsam mit dem Schiffmeister Michael Fink aus Braunau und Johann Georg Riedl aus Neuötting eine eigene Reederei, die auf der Donau von Passau bis Budapest und auf dem Inn bis Rosenheim verkehrte, aber ebenso wie die „Kgl. bayerische Donau-Dampfschiffahrtsgesellschaft" schon in den sechziger Jahren von der DDSG übernommen wurde. Auch inzwischen gegründete ungarische Dampfschiffahrtsgesellschaften gingen nach relativ kurzem Bestehen in der DDSG auf, deren Vorherrschaft auf dem Strom trotz späterer neuer Reedereien in Ungarn, Bayern und den Ländern an der unteren Donau bis zum Ersten Weltkrieg bestimmend war. Sie vereinigte auf sich 33 Prozent der auf der Donau verkehrenden Dampfschiffe und 48 Prozent der Güterkähne mit 41 Prozent der Tonnage – die österreichisch-ungarische Monarchie in ihrer Gesamtheit 75 Prozent aller Dampfschiffe mit rund 86 Prozent aller Güterkähne und der Tonnage.

Die Linzer Werft, die 1873 auf der Wiener Weltausstellung mit Großprojekten vertreten war und 1886 anläßlich eines Binnenschiffahrtskongresses in Wien ein erstmaliges Tafelwerk über „Schiffstypen auf der Donau" veröffentlichte, nahm trotz mancher konjunkturbedingter Rückschläge und Besitzerwechsel immer wieder von neuem einen beachtlichen Aufschwung, ähnlich die ursprünglich nur als Reparaturwerft gedachte DDSG-Werft Korneuburg, welche um die Jahrhundertwende in wachsendem Umfang auch Schiffsneubauten, und zwar sowohl Dampfer als auch Güter- und Tankkähne, fertigte.

Ein DDSG-Schubverband auf der Donau oberhalb Linz

Gleichlaufend mit der Expansion der Schiffswerften an der Donau und dem Fortschritt im Eisenschiffsbau änderte sich auch das technisch-wissenschaftliche Niveau im Konstruktions- und Fertigungsbereich. 1912/13 wurde an der Technischen Hochschule in Wien eine Abteilung für Schiffbau eingerichtet, 1916 nahm die Schiffbautechnische Versuchsanstalt in Wien ihre Tätigkeit auf, die bis heute hohen internationalen Ruf genießt.

Obwohl nach dem Ersten Weltkrieg die DDSG zwei Drittel ihres Flottenbestandes an die Siegermächte und die Nachfolgestaaten der Monarchie verlor, war ihr in der Zwischenkriegszeit auch wiederum eine Konsolidierungs- und Aufstiegsperiode beschieden, die in weitreichendem Sinne bereits durch einen Übergang vom Dampfer-Schleppzug zum Motorzug- und Motorgüterschiff gekennzeichnet war. An dieser Entwicklung hatten die österreichischen Werften mit ihren Neukonstruktionen entscheidenden Anteil. So wurde unter anderem mit dem Dreischraubenschiff „Amsterdam" in Linz 1928 das bisher stärkste Motorzugschiff auf der gesamten Donau fertiggestellt und zwei Jahre später der erste voll geschweißte Schiffskörper, während man sich in Korneuburg vor allem der Konstruktion der ersten 1000-Tonnen-Güterkähne und von Motorgüterschiffen widmete, die zugleich als Zugschiffe eingesetzt werden konnten.

Das vielgestaltige Besitztum und Stützpunktesystem der DDSG in Südosteuropa ging erst 1945, de jure sogar erst durch den österreichischen Staatsvertrag von 1955 verloren. Sämtliche Vermögenswerte (1,2 Milliarden Schilling) mußten entschädigungslos an die UdSSR abgetreten und außerdem zwei Millionen Dollar als Ablöse für die Anlagen im östlichen Österreich gezahlt werden. Neuerdings gingen außerdem 64 Prozent des Schiffsbestandes verloren; die damals zweite österreichische Reederei, die COMOS, die späterhin von der DDSG übernommen wurde, büßte 85 Prozent der Zugkraft und 70 Prozent des Frachtraumes ein.

Im Zuge des wirtschaftlichen Wiederaufbaus Österreichs setzten auch für die Donauschiffahrt

Ausschnitt aus dem Handelshafen der Stadtbetriebe Linz.

Die von den Bundesländern Oberösterreich und Niederösterreich links- und rechtsufrig zu einem künftigen Industriehafenzentrum gestaltete Ennsmündung im Ausbauzustand. Freigg. v. BMLV. 13083/315 – 1. 6. 92

neuerliche Erholungs- und Expansionsphasen ein, die zugleich charakterisiert waren durch die endgültige Ablöse des Dampfschiffes durch den Motorantrieb und den Übergang vom traditionellen Zugverband zur Schubschiffahrt. In der Personenschiffahrt rückten an die Stelle des linienmäßigen „Post-" und „Eil"-Schiffes der Ausflugsverkehr und Donaureisen mit dem Kabinenschiff. Die jüngste Entwicklung ist die Kombination zwischen Donauschiff und Fahrradtourismus.

Der Flottenstand unter österreichischer Flagge erreichte 1992 28 Motorgüter- und Motorgüterschubschiffe sowie Schubaggregate, ein Motortankschiff, sechs Motortankschubschiffe, 18 Zugschiffe, vier Schubschiffe, 168 Güter- und Tankkähne beziehungsweise Schubleichter sowie zwölf Passagierschiffe. Die derzeit vorangetriebene Privatisierung der DDSG erfolgt gleichlaufend mit einer Trennung der Personenschiffahrt von der Frachtschiffahrt und einer internationalen Kooperation in unternehmerischer und organisatorischer Hinsicht.

Die beiden Schiffswerften in Linz und Korneuburg wurden in den siebziger Jahren zur „Österreichischen Schiffswerften AG" fusioniert und durch ihr hohes technisches und innovatives Leistungsniveau zu überwiegend exportorientierten Betrieben, die sowohl für europäische Flüsse und Seen als auch für solche in anderen Kontinenten und auch für die Seeschiffahrt modernste Kabinenschiffe und alle Arten von Güter-, Fischerei- und Spezialschiffen sowie Tiefseebagger und dergleichen lieferten. Der Umstand, daß in den EG-Ländern der Schiffbau staatlich hoch subventioniert wird, und der Verlust der Ostmärkte haben in jüngster Zeit zu einer starken Reduzierung des Werftbetriebes an der österreichischen Donau geführt. Korneuburg mußte stillgelegt werden. Die Linzer Werft ist jedoch nach wie vor für Reparaturen und für Neubauten jedweder Art ausgestattet. Von 1840 bis 1992 wurden allein von den beiden genannten Werften an der österreichischen Donau mehr als 2300 Einheiten von Stapel gelassen.

Naturgemäß vollzieht sich seit jeher der Gütertransport auf dem Strom und auch die Personenbeförderung in unmittelbarer Wechselwirkung mit der Siedlungsentwicklung, den Produktionsstätten und dem Warenumschlag an seinen Ufern. Die Be- und Entladung der Schiffe und Frachtkähne zur Zeit der Ruder- und der frühen Dampfschiffahrt war fast ausschließlich ein Ländenumschlag. Neben Holz, Steinen, Eisenwaren, Getreide, Wein und dergleichen wurden ja auch vielerlei Güter des täglichen Bedarfs, vor allem landwirtschaftliche Produkte für die lokale Versorgung, angeliefert. Die Wiener und Linzer Märkte wurden beispielsweise zu einem erheblichen Teil auf dem Donauweg mit Gemüse und anderen bäuerlichen Erzeugnissen versorgt. In Wien herrschte am heutigen Donaukanal reges Leben, in Linz konzentrierte sich dieses vor allem beim Brückenkopf, wo ja auch das Hauptzollamt situiert wurde und sich eine Vielzahl angesehener Gasthöfe und Hotels ansiedelte, zumal es vor der Eröffnung der Kaiserin-Elisabeth-Westbahn (1858) außer der Postkutsche nur das Donau-Dampfschiff als Transportmittel für Fernreisen gab. Mit Eröffnung der Pferdeeisenbahn Gmunden-Linz-Budweis entstand hier der erste „Hafenbahnhof" an der Donau. Lediglich in der Zizlau – unterhalb der Stadt – gab es eine gleichartige Umschlagstelle.

Leistungsfähige Umschlagsländen mit Dampfkränen, Hauptbahnanschluß und Lagerhäusern wurden in Linz und Wien erst nach der allgemeinen Donauregulierung in der zweiten Hälfte des 19. Jahrhunderts geschaffen, in Linz in Verbindung mit der Zuschüttung des „Strasserarmes" und dem Bau der

Übersicht über den niederösterreichischen Donauhafen Krems

„neuen" Eisenbahnbrücke um die Jahrhundertwende, in Wien im Anschluß an die „große Donauregulierung" und der Anlage des Handelskais. Der Donaukanal wurde nur als „innerstädtische" Wasserstraße für kleinere Schiffe ausgebaut, bot aber immerhin bis in die Zwischenkriegszeit Umschlagsländen für den Expreßgüterschiffsverkehr.

Als Hafenbecken waren früher lediglich die als „Schutzhäfen" genutzten natürlichen Seitenarme und Buchten des Stromes vorhanden, ebenso wie in Linz zumeist als „Winterhäfen" bezeichnet. An die Anlage eigener Hafenbecken und ihrer Ausstattung für den Güterumschlag dachte man erst in den zwanziger Jahren, bereits im Hinblick auf industrielle Ansiedlungsprojekte und in Erwartung einer weiteren Belebung durch den künftigen Rhein-Main-Donau-Verkehr. In ihrem vollen Umfang realisiert wurden die heutigen Hafenanlagen von Linz, Krems und Wien jedoch erst in den vierziger und fünfziger Jahren, wobei das große Hochwasser von 1954 den endgültigen Anstoß zur Auflösung des Ländenumschlages gab. Bis dahin war die Absiedlung der Länden vielfach noch immer umstritten, insbesondere seitens der Schiffsbesatzungen. Obwohl bereits in Zusammenhang mit dem Aufbau der Linzer Schwerindustrie weitgehend ausgebaggert, nahm aus wasserbautechnischen Gründen der Werkshafen der VOEST ALPINE erst in den schziger Jahren den Betrieb auf und wurde umschlagmäßig zum größten Donauhafen Österreichs sowie zu einem der größten an der gesamten Donau. Hiedurch – auf den Industriehafen entfallen mehr als vier Fünftel des Linzer Gesamtumschlages – ist die oberösterreichische Landeshauptstadt nach den Mündungshäfen Ismail, Reni und Galatz der viertgrößte Umschlagplatz am Strom.

Der österreichische Donauumschlag erreichte in den späten achtziger Jahren – vor der gegenwärtigen Wirtschaftsrezession, der Wende im Osten mit ihren Umstellungsschwierigkeiten auf marktwirtschaftliche Verhältnisse und der Jugoslawienkrise – acht bis neun Millionen Jahrestonnen, das ist rund die fünffache Menge der Vorkriegszeit. Etwa 55 Prozent entfallen auf Linz, 23 Prozent auf Wien und 5 Prozent auf Krems, der Rest auf übrige Länden und Umschlagsstellen, darunter auch bereits auf die Ennsmündung, die in den letzten Jahren als Hafen ausgebaut wurde und wo in Zusammenarbeit der Bundesländer Oberösterreich und Niederösterreich ein Industriehafenzentrum mit beiderseitigen Hafenbecken, Kaimauern, Gleisanschlüssen und dergleichen im Entstehen ist, dessen Nutzungsflächen zum größten Teil schon vergeben sind.

Waren die Donauhäfen bisher überwiegend Umschlagplätze für Massengut wie Kohle, Erze, Getreide, Baustoffe und Mineralölprodukte, so werden sie nun immer mehr Zentren des Universal-

Donau-Seeschiff im Hafen Wien-Freudenau an der überdeckten Verladelände

Güterverkehrs und Schnittstellen zwischen den großen Verkehrsträgern Binnenschiffahrt, Schiene und Straße. Containerterminals, Verladerampen für den Ro/Ro-Verkehr der „schwimmenden Landstraße", Gefahrengutlager, Autosilos für Kraftfahrzeugtransporte und anderes kennzeichnen sie als Schaltstellen des „kombinierten" Verkehrs und einer modernen Transportlogistik, die auch zahlreiche Dienstleistungen wie Vorbearbeitung mancher Güter oder besondere Verpackung beinhaltet, ohne elektronische Datenverarbeitung nicht mehr denkbar ist und sich zum Ziele setzt, die bei „normaler" Konjunkturentwicklung noch immer in steiler Kurve ansteigenden Gütermengen des internationalen Handelsverkehrs in möglichst umweltschonender Weise zu befördern und aufzuteilen.

Stets war und ist die Donau auch eine entscheidende Größe für die Standortwahl von Gewerbebetrieben und Industrieansiedlungen. Hiebei spielten die Möglichkeiten des Gütertransports, die Nutzung der Wasserkraft – nicht nur für die alten Schiffsmühlen am Strom, sondern auch für Industrien im Mündungsbereich der Donau-Zuflüsse – das große Nutzwasserangebot sowie nicht zuletzt die früher als geradezu unbeschränkt angenommene Entsorgungsfähigkeit der Donau eine ausschlaggebende Rolle. Die Straßen von Wien und Budapest wurden zum größten Teil mit Granit aus Steinbrüchen an der oberösterreichischen Donau gepflastert, bei Linz, um die Residenzstadt Wien und in weiteren Regionen entstanden große Mühlenbetriebe und Textilfabriken, die Mineralölverabeitung siedelte sich am Strom an, und im Raume Linz entwickelte sich das größte österreichische Zentrum der Schwerindustrie und der chemischen Produktion. So fand in den letzten hundertfünfzig Jahren eine industrielle Massierung im unmittelbaren Donaubereich statt – zugleich im Kreuzungsfeld der Wasserstraße mit den wichtigsten Fernverbindungen von Schiene und Straße, was dazu führte, daß heute rund zwei Drittel der Industriepotenz Österreichs und ebenso der Siedlungsdichte in diesem Raum zusammengedrängt

sind. Besonders stark ausgeprägt ist dies in Oberösterreich, das durch diese Entwicklung heute weit überproportional zu seiner Größenordnung mit mehr als einem Fünftel an der österreichischen Industrieproduktion und zu rund einem Viertel an der Exportkapazität Anteil nimmt. Es ist in diesem Zusammenhang etwa symptomatisch, daß für die Erzeugung und Rohbearbeitung einer Tonne Rohstahl 115 bis 220 Tonnen oder Kubikmeter Brauchwasser benötigt werden. Nicht minder kennzeichnend ist es aber auch, daß die Abwasserabfuhr durch einen großen Fluß keineswegs mehr eine so wesentliche Komponente ist wie einst, sondern gerade der industrielle Ballungsraum Linz der Hauptfaktor dafür ist, daß die oberösterreichische Industrie mit zehn Milliarden Schilling innerhalb von etwa fünf Jahren ein Viertel der Aufwendungen der gesamtösterreichischen Industrie für Maßnahmen der Wasserreinhaltung und des Umweltschutzes erbringt.

Die Donau trennt und verbindet zugleich. Die Überfuhr ist die wahrscheinlich älteste Form des Verkehrs auf dem Wasser und läßt sich bis in die Frühgeschichte zurückverfolgen. Im Mittelalter war das „Urfahrrecht" landesfürstliches Regal, das verliehen wurde. Zur Überfuhr wurden Zillen und Plätten eingesetzt, welche um die Mitte des 19. Jahrhunderts vielerorts von sogenannten fliegenden Brücken abgelöst wurden, bestehend aus zwei durch eine gemeinsame Brücke verbundenen Schiffen, die an einem langen im Strom verankerten Seil befestigt waren, das über eine Reihe von „Furkelzillen" geleitet wurde, welche es über Wasser hielten. Durch die Strömung und eine entsprechende Rudereinstellung wurde die Fähre an das gegenüberliegende Ufer gedrückt. Um die Wende vom 19. zum 20. Jahrhundert ging man auf das System der „Rollfähren" oder „Drahtseilbrücken" über, die für gewöhnlich aus zwei Pontons oder eisernen Schiffen bestehen, welche durch eine gemeinsame Plattform überdeckt und mittels eines Seiles mit „Laufkatze" an dem über den Strom in entsprechender Höhe gespannten Drahtseil beweglich verheftet sind. Im Gefolge des

Baues von Kraftwerksstufen an der österreichischen Donau und der damit verbundenen Entstehung strömungsarmer Stauräume, aber auch infolge der starken Vermehrung der Brücken und der Motorisierung des Straßenverkehrs ging die Zahl der Rollfähren von in der Zwischenkriegszeit zwanzig derartigen Anlagen auf heute nur mehr vier Fähren zurück. Die Rollfähre war und ist nur für den Oberlauf der Donau typisch, da an der mittleren und unteren Donau der Fluß für eine Überspannung zu breit und die Strömung zu gering ist. Es herrscht daher der motorisierte Überfuhrbetrieb vor. Eine Besonderheit ist die Eisenbahnfähre zwischen dem rumänischen Calafat und dem bulgarischen Donauhafen Vidin (bei Stromkilometer 995 und 991).

Eine technische Abhandlung über Donaubrücken ist von kompetenter Seite an anderer Stelle dieser Publikation enthalten. Die nachfolgende Kurzbetrachtung beschränkt sich daher auf einen historischen Überblick: Die von Appolodorus von Damascus 105 nach Christus erbaute „Trajansbrücke" von Dobreta (Turnu Severin) galt als ein Wunderwerk antiker Baukunst. Die Römer übersetzten die Donau aber auch mit Pontonbrücken, so etwa bei Carnuntum. Im Mittelalter wurde in Regensburg 1135 bis 1146 die Steinerne Brücke als erster fester Donauübergang erbaut. Es folgte 1439 die erste Wiener Donaubrücke aus Holz. Infolge der Auffächerung des Stromes in eine Vielzahl von Donauarmen entstand im Wiener Bereich ein ganzes System von

Die „Erzseite" des Werkshafens der VOEST-Alpine Linz. Sämtliche Fotos: Archiv des Verfassers

Flußübergängen. 1463 und 1497 erhielten Krems-Stein und Linz aus Holz konstruierte Donaubrücken. Die Linzer Brücke wurde 1832 die zugleich erste Eisenbahnbrücke über den Strom (Pferdeeisenbahn Linz–Budweis). 1837/38 entstand in Wien die erste Nordbahnbrücke – ebenfalls noch aus Holz. Die erste Wiener Kettenbrücke wurde 1824/25 als „Sophienbrücke" über den Donaukanal errichtet. 1848/49 wurde in Budapest die bekannte Kettenbrücke dem Verkehr übergeben. Zur Jahrhundertwende erfolgte die Eröffnung einer der längsten Brücken über den Strom, der König-Carl-Eisenbahnbrücke bei Cernavoda. Gab es 1936 von Passau bis zur Donaumündung, beziehungsweise dem letzten Übergang bei Cernavoda 29 Brücken, hievon zwölf Straßenbrücken, 14 Eisenbahn- und drei Eisenbahn- und Straßenbrücken, so sind es heute 69 Übergänge (46 Straßen-, elf Eisenbahn-, neun Eisenbahn- und Straßenbrücken sowie drei Pipeline-Brücken). In Österreich überquerten 1936 insgesamt zwölf Brücken den Strom; ihre Zahl hat sich inzwischen auf 27 erhöht – hievon 17 Straßen-, sechs Eisenbahn-, zwei Eisenbahn- und Straßenbrücken sowie zwei Pipeline-Überführungen.

Literatur

BENEDIKT, HEINRICH, Die wirtschaftliche Entwicklung in der Franz-Joseph-Zeit, Wien 1958.
Danube. „Le Danube international" Zeitschr., Jahrg. 1920.
Donau „Die freie Donau" Zeitschrift, Wien Jg. 1916–20.
ECKERT-LABIN, JOSEF, Aus der Entwicklung des Schiffbaues. Antrittsrede des Rectors magnificus, Technische Hochschule in Wien, Wien 1952.
FORGATSCH, FREIHERR V., LUDWIG, Die schiffbare Donau von Ulm bis zum Schwarzen Meer, Wien 1849.
HUDECZEK, CARL, Die österreichische Volkswirtschaft und ihr Wiederaufbau, Wien 1946.
KRETSCHMER, LEOPOLD, Schiffbau und Schiffsbauforschung in Österreich. Jahrb. d. Schiffbautechn. Ges. Bd. 65, Berlin 1971.
KROPF, RUDOLF, Oberösterreichs Industrie 1873–1938, Linz 1981.
NEWEKLOWSKY, ERNST, Die Schiffahrt und Flößerei im Raume der oberen Donau. Bd. I–III. Linz 1952, 1954, 1964.
PISECKY, FRANZ, Die größte Binnenreederei der Welt. Zeitschrift Tradition. H. 2/3, 1970, München 1970.
–, Wirtschaft, Land und Kammer in Oberösterreich. Bd. I, Linz 1976.
–, Die europäische Bedeutung der Donau seit dem Aufkommen der Dampfschiffahrt, Hist. Jb. d. Stadt Linz, Linz 1987.
–, 150 Jahre Eisenschiffbau an der österreichischen Donau, Linz 1990.
Rot-Weiß-Rot auf blauen Wellen. 150 Jahre DDSG. Grössing, Funk, Sauer, Binder, Wien 1979.
SALOMON, G., Ignatz Mayer, der Gründer der Linzer Schiffswerft. Heimatgaue, Zeitschr., 12. Jg. Linz 1931.
SUPPAN, C. V., Wasserstraßen und Binnenschiffahrt. Berlin-Grunewald 1902.
WINCKLER, JOHANN, Bearb.: Übersicht des Schiffs- und Waren-Verkehrs auf der oberen Donau zu Wien, Linz und Engelhartszell, Wien 1870.

Erhard Kargel

Die Donaubrücken von der Mündung bis Regensburg

In der Geschichte diente die Donau den Völkern als militärische Grenze und als Zugstraße. Sie war Leitlinie für geopolitische und kulturgeographische Entwicklungen, in deren engen Zusammenhang der Bau der Brücken stand.

Die technischen Möglichkeiten veränderten sich im Lauf der Zeit. Die Ingenieure paßten ihre Konstruktionen den jeweiligen Verkehrslasten, den topographischen und geologischen Verhältnissen an und gestalteten die Entwürfe auch nach ästhetischen Kriterien. Kein Wunder also, daß bei der Verschiedenartigkeit der Landschaft entlang 2857 Stromkilometern der Brückenkatalog aussieht wie ein Lehrbuch der Geschichte und der Systeme des Brückenbaus. Abgesehen von Alter und Nutzung unterscheiden sich die rund hundert Objekte von der Mündung bis Regensburg in ihren Baustoffen, dem Konstruktionssystem, der Lage der Fahrbahn im Querschnitt, der Art der Herstellung und in ihren Abmessungen.

Das am häufigsten verwendete Material ist Stahl. Der in der Geschichte der Donaubrücken noch als jung zu bezeichnende Spannbeton fand zunehmend, auch bei großen Brücken, Anwendung. In den Verbundkonstruktionen wurden die beiden Baustoffe Stahl und Beton zu gemeinsamer Tragwirkung herangezogen. Die einzige Steinbrücke befindet sich in Regensburg. Sie wurde 1135 erbaut und ist der älteste funktionsfähige Donauübergang. Das vor der industriellen Revolution vorwiegend eingesetzte Holz ist völlig verschwunden. Von der, wie man annimmt, aus Holz errichteten Traiansbrücke bei Drobeta Turnu-Severin aus dem Jahr 105 nach Christus künden nur noch Ruinen einiger Pfeiler.

Nach der Lage der Fahrbahn im Brückenquerschnitt spricht man von Trogbrücken, wenn die Fahrbahn zwischen den tragenden Teilen liegt, und von Deckbrücken, wenn sie oben liegt. Auch zweigeschossige, Doppeldeck-Brücken, kommen vor. Bei den Konstruktionssystemen sind alle Möglichkeiten vertreten, mit Ausnahme der meist nur zu Behelfszwecken eingesetzten Schwimmbrücken. Von den Balken- über die Fachwerk- und Bogenbrücken erstreckt sich eine wunderbare Formenvielfalt bis zu den Hänge- und Schrägseilbrücken.

Ideenreich sind auch die Wege der Herstellung der Überbauten. Stahltragwerke können mit großen Kränen eingehoben, über Pfeiler oder Hilfsstützen eingeschoben, mit Lastkähnen eingeschwommen oder frei vorgebaut worden sein. Das Verfahren des freien, also gerüstlosen, abschnittsweisen Vorbaus wurde auch bei Brücken aus Spannbeton angewandt. Diese Bauweise ist unabhängig von der Wasserführung und behindert nicht die Schiffahrt. Das Betonieren auf Lehrgerüsten und die Anwendung von Fertigteilen war bei kleinen Spannweiten möglich. Die Entwicklung geht weiter. Die Zahl der Donaubrücken nimmt zu; mehrere sind in Bau. Später werden auch sie Auskunft geben über unsere Zeit.

Graf István Széchény, Initiator der Buda und Pest verbindenden, ersten stählernen Donaubrücke schrieb uns ins Stammbuch:

„Eine Brücke stellt mehr dar als Stein und Stahl. Sie ist Ausdruck der kreativen Bemühungen der Menschheit, ihrer Ideale und Ziele. Sie überspannt trennende Hindernisse und ermöglicht so die enge Verbindung der Völker. Sie trägt Lasten, um die Bürde der Menschen zu erleichtern."

Literatur

IVÁNY, MIKLÓS e. a., Bridges on the Danube, Proceedings, Bridge Catalogue and Final Report of the International Conference 7.–12. 9. 1992, Vienna, Bratislava, Budapest 1992.

PISECKER, MAXIMILIANE, Donaubrücken im Raum Österreich und Bayern ab Regensburg, Zusammenstellung und Vergleich, Diplomarbeit, ausgeführt am Institut f. Stahlbau der TU Wien.

Die Donaubrücken von der Mündung bis Regensburg

Blatt 1

Land	Nr.	km	Name	Baujahr	Zweck	Baustoff	System	Lage der Fahrbahn	Herstellung	Feldanz.	Gesamtlänge	max. Stützw.	Breite/Anzahl d. Gleise
R	1	237	Giurgeni – Vadu Oll	1970	Straße	Stahl	Balken	Deck	Einschwimm.	13	1464 m	160 m	17,3 m
R	2	300	Cernavoda „König Karl I"	1895	Straße	Stahl	Fachwerk	Trog	Einheben	20	1661 m	190 m	11,0 m
R	3	300	Cernavoda	1987	Str.+B.	Stahl	Fachwerk	Trog	Freivorbau	16	1593 m	190 m	34,4 m/2
BG-R	1	488	Rousse-Giurgiu „Freundschaft"	1954	Str.+B.	Stahl	Fachwerk	Doppeld.		37	2224 m	160 m	9,5 m/1
Ehem. YU-R	1	863	„Eisernes Tor II"	1984	Straße	Beton	Balken	Deck	Fertigteile	27	1165 m	40 m	10,4 m
Ehem. YU-R	2	928	Turnu-Severin „Traian" (zerstört)	105	Straße	Holz	Bogen	Deck		23	978 m	51 m	14,7 m
Ehem. YU-R	3	942	„Eisernes Tor I"	1972	Straße	Beton	Balken	Deck	Fertigteile	15	466 m	26 m	11,2 m
Ehem. YU-R	4	1045	Moldova Noua	1992	Straße	Stahl	Fachwerk	Trog	Freivorbau	11	726 m	160 m	8,5 m
Ehem. YU	1	1112	Smederevo – Kovin	1976	Straße	Stahl	Balken	Deck	Freivorbau	12	1229 m	171 m	12,0 m
Ehem. YU	2	1112	Smederevo	1974	Rohrbr.	Stahl	Hängebr.			3	865 m	479 m	29,7 m/2
Ehem. YU	3	1166	Belgrad – Pancevo	1964	Str.+B.	Stahl	Fachwerk	Trog	Freivorbau	5	809 m	162 m	14,4 m
Ehem. YU	4	1232	Beska	1975	Straße	Beton	Balken	Deck	Freivorbau	43	2250 m	210 m	19,0 m/1
Ehem. YU	5	1254	Novi Sad	1961	Str.+B.	Beton	Bogen	Deck	Lehrgerüst	4	466 m	239 m	7,9 m
Ehem. YU	6	1255	Novi Sad „Marschall Tito"	1945	Straße	Stahl	Fachwerk	Trog		6	345 m	130 m	27,6 m
Ehem. YU	7	1257	Novi Sad „Sloboda"	1981	Straße	Stahl	Schrägseil	Deck	Einschwimm.	5	591 m	351 m	10,9 m
Ehem. YU	8	1297	Backa Palanka – Ilok	1981	Straße	Stahl	Balken	Deck		9	720 m	160 m	/1
Ehem. YU	9	1366	Bogojevo – Erdut	1911/1946	Bahn	Stahl	Fachwerk	Trog		7	620 m	103 m	12,0 m
Ehem. YU	10	1366	Bogojevo – Erdut	1980	Straße	Stahl	Balken	Deck	Einheben	7	640 m	155 m	11,2 m
Ehem. YU	11	1424	Bezdan – Batina	1974	Straße	Stahl	Balken	Deck		10	636 m	169 m	17,6 m/1
H	1	1480	Baja	1909/1950	Str.+B.	Stahl	Fachwerk	Trog		7	570 m	103 m	8,6 m/1
H	2	1560	Dunaföldvar	1930/1951	Str.+B.	Stahl	Fachwerk	Trog	Einheben	5	509 m	136 m	22,0 m
H	3	1632	Budapest „Mo"	1990	Straße	Verbund	Balken	Deck	Einheben	9	770 m	108 m	2x7,5 m/2
H	4	1643	Budapest, Südbahn	1877/1913/53	Bahn	Stahl	Fachwerk	Trog	Einschieben	9	476 m	98 m	25,6 m
H	5	1644	Budapest „Petöfi"	1937/1952	Straße	Stahl	Fachwerk	Deck	Freivorbau	7	514 m	154 m	20,1 m
H	6	1645	Budapest „Szabadsag"	1896/1946	Straße	Stahl	Fachwerk	Trog	Einheben	3	333 m	175 m	27,5 m
H	7	1646	Budapest „Erzsebet"	1903/1964	Straße	Stahl	Hängebr.	Deck	Einschwimm.	3	378 m	290 m	
H	8	1647	Budapest „Szechenyi – Lanchid"	1849/1915/49	Straße	Stahl	Hängebr.	Deck	Lehrgerüst	3	380 m	202 m	14,5 m
H	9	1647	Budapest „Kossuth" (zerstört)	1946/1963	Straße	Stahl	Fachwerk	Trog		12	371 m	80 m	13,7 m
H	10	1648	Budapest „Margit"	1876/1937/79	Straße	Stahl	Bogen	Deck	Einschieben	8	613 m	87 m	25,4 m
H	11	1651	Budapest „Arpad"	1950/1984	Straße	Stahl	Balken	Deck	Lehrgerüst	12	928 m	103 m	35,3 m
H	12	1654	Budapest „Ujpest"	1896/1955	Bahn	Stahl	Fachwerk	Trog	Einheben	8	672 m	92 m	10,0 m/1
H-SK	1	1718	Esztergom – Sturova (zerstört)	1895	Straße	Stahl	Fachwerk	Trog	Lehrgerüst	5	496 m	119 m	11,0 m
H-SK	2	1767	Komarom – Komarno „Elisabeth"	1892/1951/80	Straße	Stahl	Fachwerk	Trog		4	412 m	100 m	10,8 m
H-SK	3	1770	Komarom – Komarno	1909/1954	Bahn	Stahl	Fachwerk	Trog	Einschieben	5	495 m	103 m	5,2 m/1
H-SK	4	1806	Vamosszabadi – Medvecov	1942/1973	Straße	Stahl	Fachwerk	Trog		3	361 m	133 m	12,4 m

Die Donaubrücken von der Mündung bis Regensburg   Blatt 2

Land	Nr.	km	Name	Baujahr	Zweck	Bau-stoff	System	Lage der Fahrbahn	Herstel-lung	Feld-anz.	Gesamt-länge	max. Stützw.	Breite/ Anzahl d. Gleise
SK	1	1866	Bratislava „Helden v. Dukla Paß"	1985	Str.+B.	Stahl	Fachwerk	Doppeld.	Freivorbau	4	460 m	204 m	29,4 m/2
	2	1868	Bratislava		Bahn	Stahl	Fachwerk	Trog		7	456 m	91 m	6,0 m/1
	3	1868	Bratislava		Straße	Stahl	Fachwerk	Tog		7	456 m	91 m	9,7 m
	4	1869	Bratislava „Slovak. Aufstand"	1972	Straße	Stahl	Schrägseil	Doppeld.	Einschieben	3	431 m	303 m	21,0 m
	5	1871	Bratislava „Lafranconi"	1991	Straße	Beton	Balken	Doppeld.	Freivorbau		761 m	174 m	29,4 m
A	1	1886	Hainburg	1972	Straße	Stahl	Schrägseil	Deck	Freivorbau	3	426 m	228 m	13,4 m
	2	1914	Wien „Barbara"	1957	Rohrbr.	Stahl	Hängebr.			3	506 m	320 m	
	3	1917	Wien „Mannswörth"	1960	Rohrbr.	Stahl	Hängebr.			3	490 m	260 m	
	4	1924	Wien „Ostbahn"	1933	Bahn	Stahl	Fachwerk	Trog	Einschieben	4	317 m	79 m	9,3 m/2
	5	1925	Wien „Prater"	1970	Straße	Stahl	Balken	Deck	Freivorbau	3	412 m	210 m	31,3 m
	6	1928	Wien „Reichsbrücke"	1980	Str.+UB.	Beton	Balken	Doppeld.	Freivorbau	10	865 m	169 m	26,1 m
	7	1930	Wien „Brigittenau"	1982	Straße	Stahl	Balken	Deck	FVB/Einschw.	3	355 m	174 m	32,2 m
	8	1931	Wien „Nordbahn"	1959	Bahn	Stahl	Fachwerk	Trog	Lehrg./FVB	3	330 m	82 m	9,4 m/2
	9	1931	Wien „Floridsdorf"	1978	Straße	Stahl	Balken	Deck	FVB/Einschw.	3	332 m	167 m	31,4 m
	10	1932	Wien „Nord"	1964	Straße	Verbund	Balken	Deck	Einschieben	4	332 m	83 m	20,6 m
	11	1963	Tulln	1939/1951	Straße	Stahl	Fachwerk	Trog	Einheben	5	440 m	90 m	13,2 m
	12	1963	Tulln	1905/1948	Bahn	Stahl	Fachwerk	Trog		5	435 m	88 m	/2
	13	1999	Krems	1972	Straße	Stahl	Balken	Deck	Freivorbau	4	458 m	168 m	24,8 m
	14	2001	Krems	1949/1989/91	Bahn	Stahl	Fachwerk	Trog	Einschwimm.	4	328 m	82 m	5,2 m/1
	15	2003	Stein – Mautern	1895	Straße	Stahl	Fachwerk	Trog		4	328 m	82 m	9,7 m
	16	2034	Melk – Emmersdorf	1972	Straße	Beton	Balken	Deck	Freivorbau	9	818 m	190 m	13,9 m
	17	2060	Ybbs – Persenbeug	1958	Straße	Stahl	Balken		Freivorbau	8	281 m	34 m	10,0 m
	18	2080	Grein	1967	Straße	Beton	Balken	Deck	Freivorbau	3	252 m	106 m	11,5 m
	19	2111	Mauthausen	1940	Bahn	Stahl	Fachwerk	Trog		4	319 m	80 m	4,9 m/1
	20	2111	Mauthausen	1961	Straße	Stahl	Fachwerk	Trog	Freivorbau	4	319 m	80 m	9,3 m
	21	2127	Steyregg	1926	Bahn	Stahl	Fachwerk	Trog	Einschieben	5	393 m	78 m	6,6 m/1
	22	2127	Steyregg	1979	Straße	Stahl	Schrägseil	Deck	Freivorbau	5	453 m	161 m	24,8 m
	23	2133	Linz, Voest	1972	Straße	Stahl	Schrägseil	Deck	Freivorbau	4	407 m	215 m	34,8 m
	24	2133	Linz, Eisenbahn	1899	Str.+B.	Stahl	Fachwerk	Trog		3	249 m	83 m	6,9 m/1
	25	2135	Linz „Nibelungen"	1940	Straße	Stahl	Balken	Deck	Einschieben	3	250 m	100 m	29,9 m
	26	2159	Aschach	1962	Straße	Verbund	Balken	Deck	FVB/Einschw.	3	325 m	132 m	11,5 m
	27	2194	Niederranna	1980	Straße	Verbund	Balken	Deck	Einschwimm.	3	319 m	137 m	13,5 m

Die Donaubrücken von der Mündung bis Regensburg

Blatt 3

Land	Nr.	km	Name	Baujahr	Zweck	Bau-stoff	System	Lage der Fahrbahn	Herstellung	Feld-anz.	Gesamt-länge	max. Stützw.	Breite/ Anzahl d. Gleise
	1	2223	Kräutelstein	1949	Bahn	Stahl	Fachwerk	Trog	Einschieben	2	222 m	111 m	/1
	2	2225	Passau, „Luitpold"		Straße	Stahl	Hängebr.	Trog	Einschieben	2	156 m	126 m	11,7 m
	3	2226	Passau, „Schanzl"	1970	Straße	St./Bet.	Balken	Deck	Einziehen	6	250 m	149 m	29,5 m
	4	2230	Passau, „Fr. J. Strauß"	1988	Straße	Stahl	Bogen	Trog	Einziehen		213 m	131 m	18,0 m
	5	2230	Passau, Steinbach	1943	Bahn	Stahl	Fachwerk	Trog		4	213 m	70 m	/1
	6	2234	Passau, Schalding	1973	Straße	Stahl	Balken	Deck	Vorschieben	8	1020 m	171 m	30,8 m
	7	2249	Vilshofen	1980	Straße	Stahl	Balken	Deck	Einschwimm.	9	266 m	64 m	11,0 m
	8	2266	Winzer, „Donau-Wald"	1976	Straße	Stahl	Balken	Deck		3	277 m	152 m	14,0 m
	9	2282	Deggendorf, Deggenau	1975	Straße	Stahl	Schrägseil	Deck	Einschieben	2	440 m	290 m	31,8 m
	10	2284	Deggendorf, „Maximilian"	1926	Straße	Stahl	Bogen	Trog		10	440 m	80 m	10,5 m
	11	2285	Deggendorf, Fischerdorf	1991	Straße	Verbund	Bogen	Deck	Einziehen	1	102 m	102 m	24,3 m
	12	2285	Deggendorf	1945	Bahn	Stahl	Fachwerk	Trog		6	360 m	60 m	/2
	13	2290	Metten	1981	Straße	Beton	Schrägseil	Deck	Einschieben	8	613 m	145 m	30,0 m
D	14	2308	Bogen, Bogenberg	1986	Straße	Beton	Balken	Deck	Freivorbau	8	604 m	154 m	14,0 m
	15	2311	Bogen	1895	Bahn	Stahl	Fachwerk	Trog		20	557 m	60 m	/1
	16	2316	Straubing-Ost	1977	Straße	Stahl	Bogen	Trog	Einschieben	1	200 m	200 m	15,5 m
	17	2319	Straubing, „Agnes-Bernauer"	1981	Straße	Stahl	Bogen	Trog	Einschieben	1	152 m	152 m	16,6 m
	18	2321	Straubing, „Schloß"	1948	Straße	Stahl	Bogen	Trog		1	91 m	91 m	14,1 m
	19	2324	Straubing	1989	Straße	Beton	Balken	Deck	Fertigteile	9	202 m	27 m	16,7 m
	20	2353	Platter, Wörth	1961	Straße	Stahl	Balken	Deck		6	520 m	150 m	12,0 m
	21	2358	Wörth	1979	Straße	Beton	Balken	Deck	Einschieben	3	404 m	168 m	30,0 m
	22	2369	Donaustauf	1986	Straße	Stahl	Fachwerk	Trog	Einschieben	3	280 m	140 m	15,6 m
	23	2376	Regensburg, Schwabelweis	1981	Straße	Stahl	Bogen	Deck	Einziehen	1	207 m	207 m	32,9 m
	24	2376	Regensburg, Schwabelweis	1859	Bahn	Stahl	Fachwerk	Trog		5	244 m	50 m	/2
	25	2378	Regensburg, „Nibelungen"	1937	Straße	Stahl	Balken	Deck		2	152 m	96 m	16,4 m
	26	2379	Regensburg, „Eiserne"	1991	Straße	Stahl	Balken	Deck	Einschwimm.	3	82 m	34 m	16,8 m
	27	2379	Regensburg, „Steinerne"	1135	Straße	Stein	Bogen	Deck	Lehrgerüst	14	310 m	22 m	6,7 m
	28	2380	Regensburg, „Eiserner Steg"		Gehweg								
	29	2381	Regensburg, Pfaffensteiner	1967	Straße	Beton	Balken	Deck		7	539 m	95 m	15,0 m
	30	2385	Mariaort	1950	Bahn	Stahl	Fachwerk	Trog		3	195 m	65 m	/2
	31	2386	Sinzing	1874	Bahn	Stahl	Fachwerk	Trog		3	243 m	81 m	/1
	32	2387	Sinzing	1966	Straße	Stahl	Balken	Deck	Einschieben	9	835 m	129 m	14,7 m

Nicht enthalten: Querungen im Zuge von Kraftwerken, die nicht für den öffentlichen Verkehr zugänglich sind.

Stand 1992

Karl Vodrazka

Die Donau als Postweg
Ein Überblick

Im folgenden soll ein kurzer Überblick über die Postbeförderung auf der Donau gegeben werden. Dieser Überblick erstreckt sich nur auf die *Briefpost*, das heißt die Beförderung von Briefen, Zeitungen und Drucksachen, und nicht auf die *Fahrpost*, die Geld- und Wertpapiersendungen, Frachtstücke und Reisegepäck umfaßt. Es wird ferner nur die *Längsschiffahrt* und nicht auch die *Querschiffahrt*, das sind die Überfuhren, behandelt werden.

Postbeförderung auf Ruder- und Segelschiffen

Einer solchen Postbeförderung standen vor allem auf der *Flußdonau*, also auf dem Strom oberhalb von Brăila, und seinen Nebenflüssen zahlreiche Hindernisse entgegen:
• Die Schiffahrt ruhte für eine durch die Witterung bestimmte und damit im voraus unbekannte Zeit, der Postdienst muß aber das ganze Jahr über aufrechterhalten werden. Die Schiffsbeförderung von Post ersparte daher nicht Einrichtungen des Postdienstes, wobei hier vor allem an die Postillione, die Pferde, die Ställe und die Wagen gedacht wird.
• Wetter und Wasserstand machten das Schiff zu einem Fahrzeug mit ungewisser Reisezeit.
• In der Schnelligkeit des Transports waren Boten zu Fuß und zu Pferd und Wagen bei hinreichender Organisation des Postdienstes durch Wechsel der Boten und Pferde in den Poststationen der Schiffahrt auch in der Naufahrt weit überlegen.

Es ist daher verständlich, daß in den Akten zur Postgeschichte die Schiffahrt fast nur im Zusammenhang mit dem Verbot der Postbeförderung und mit „Briefschwärzungen", also mit unerlaubtem Zuwiderhandeln gegen das Postregal, vorkommt. Nur ausnahmsweise wird Post auf der Donau befördert, die auch der Nürnberger Bote für seine Fahrt nach Wien benützte. Die Durchsetzung des Postregals 1752 auch gegen „ausländische Reichsboten" brachte das Ende seiner Fahrten nach Wien.

Anders als auf der Flußdonau ist die Situation auf der *Seedonau*, also auf dem Stromabschnitt unterhalb von Brăila, einschließlich des Măciner-Kanals von Măcin an, und des Deltas zu sehen. Für Posttransporte auf der Seedonau sprechen die Schnelligkeit der Segelschiffe auf dem Meer, die schwierigen Wegverhältnisse zu Lande und deren Unsicherheit, aber auch die engen Beziehungen der Donaufürstentümer zum übrigen Osmanischen Reich.

Postbeförderung auf Dampf- und Motorschiffen

Auch dieser Postbeförderung auf der Donau standen Hindernisse entgegen. Dies gilt vor allem für den Winterstand. Der Transport zu Schiff war schneller als Boten und Wagen und im europäischen Teil des Osmanischen Reichs auch sicherer als zu Land. Diese Vorteile wurden aber durch die Eisenbahn und später das Kraftfahrzeug wettgemacht. Behinderungen dieser Transportmittel führten nach dem Ende des Zweiten Weltkrieges zur vorübergehenden neuerlichen Nutzung der Donau als Postweg.

Wiederum ist längere Zeit ein Vorsprung der Postbeförderung auf der *Seedonau* gegenüber der *Flußdonau* zu bemerken, für die bedeutende Strecke nach Constantinopel wurde aber auch für die Hafenstädte Brăila und Galaţi die Bahnbeförderung mit der Eröffnung der Bahnlinie von Bukarest über die

Brücke von Cernavoda nach Constanța 1895 vorteilhafter.

Im folgenden sollen kurz einzelne Postverwaltungen und Schiffahrtsunternehmen behandelt werden, die auf der Donau Post beförderten und in geringem Maße dies noch tun. Philatelistisch bedingte Beförderungen werden dabei nicht erwähnt.

• Erste Donau-Dampfschiffahrts-Gesellschaft (DDSG)

Die DDSG übte den Postdienst von 1836 bis 1844 auf der *Seedonau* aus, ab 1846 auf der *Fluß- und Seedonau* von Semlin (Zemun), Basiasch (Baziaș) und Orsova (Orșova) aus bis 1855 bis Galatz, ab 1856 bis Sulina, ab 1857 auch im Kilia-Arm. 1858 kamen das bosnische (bis 1878 türkische) und das serbische rechte Saveufer hinzu. Außerdem wurde 1856 der Dienst über das Schwarze Meer nach Odessa aufgenommen.

1866 entschloß sich die DDSG zur Ausgabe von Briefmarken und erweckte vor allem damit philatelistisches Interesse.

Der Postdienst der DDSG wurde in den Anrainerstaaten der genannten Flußabschnitte ab 1872 eingeschränkt und kam 1880 zu einem Ende.

• Österreichischer Lloyd (Lloyd Austriaco)

Nach dem Erwerb der Seeschiffahrt der DDSG 1845 und der damit verbundenen Eröffnung des Verkehrs auf der *Seedonau* übte der Österreichische Lloyd den Postdienst auch auf dieser Strecke aus, soweit die Post zwischen fremden, also außerösterreichischen Häfen befördert wurde. Dieser Postdienst fand 1858 sein Ende.

• Österreichische und ungarische Post, k. k. Feldpost, Post der Militärgrenze

Soweit die Beförderung durch den Österreichischen Lloyd ab 1845 auf der *Seedonau* von und nach österreichischen Seehäfen erfolgte, geschah sie für die österreichische Post. 1846 wurde der Verkehr mit den *österreichischen Levantepostämtern* in Gallacz (Galați), Ibraila (Brăila) und weiter nach Constantinopel auf die *Flußdonau* und auf die Schiffe der DDSG ausgedehnt. Ab 1849 kamen auch *Inlandsstrecken* der Donau, des Szt. Endreer Donauarmes, der Theiß und der Maros hinzu. Ab 1850 wurde auf

Brief von Lom-Palanka (Lom) nach Wien aus dem Jahre 1875, von der DDSG bis Báziás und von dort ab von der ungarischen und österreichischen Post befördert

Brief von Constantinopel nach Wattwyl aus dem Jahre 1869, von der österreichischen Post in der Levante über Varna und Rustschuk (Russe) und auf der Donau bis Bazias befördert

der Donau durch Briefpaketschlüsse zwischen Regensburg, Linz und Wien eine Verbindung zwischen der bayerischen und der österreichischen Post hergestellt.

Im *Inland* verdrängten Eisenbahn und Kraftfahrzeug in Österreich und Ungarn (einschließlich der Militärgrenze) die Schiffe in der Postbeförderung, diese erfolgte aber noch lange Zeit zu und von jenen Stationen zu Wasser, zu denen Eisenbahn und Kraftfahrzeug nicht vorgedrungen waren. Die Bezeichnung „Postschiff" für Schiffe, die alle Stationen anlaufen, bis zum Zweiten Weltkrieg weist darauf hin.

Zu, von und zwischen den österreichischen und ungarischen *Levantepostämtern* an der Donau, in Bukarest, auf der Strecke nach Constantinopel, in der osmanischen Hauptstadt, und über diese hinaus und den österreichischen Feldpostämtern in den Donaufürstentümern während des Krimkrieges wurde die Verbindung bis zu deren Schließung, längstens aber bis 1877, unter anderem über die Donau aufrechterhalten. Lediglich die 1879 geschlossenen österreichischen Postämter in der Dobrudscha und das 1880 geschlossene österreichische Postamt in Widdin (Vidin) bildeten noch kurz eine Ausnahme. Möglicherweise ging österreichische Post von 1878 bis 1880 ebenso wie deutsche teilweise von Constantinopel über Galatz und damit über die *Seedonau* in den Westen. Auch der Verkehr nach Odessa erfolgte teilweise über die Donau.

• Bayerische Post

Als zeitlich präzise Quelle für die Verwendung von Donauschiffen durch die bayerische Post können nur die österreichischen Postverordnungsblätter genannt werden, die diese 1850 und 1851 ab Regensburg und 1852 bis 1858 ab Donauwörth belegen.

• Britische Post

Das britische Postamt in Constantinopel konnte ab 1865 die österreichischen Beförderungswege – und damit die Donau – verwenden, wenngleich dies nur wesentlich seltener als beim deutschen, das anschließend zu erwähnen ist, geschah.

• Post des Norddeutschen Postbezirks und des Deutschen Reiches

Das deutsche Postamt in Constantinopel bediente

sich ab seiner Errichtung 1870 der österreichischen Postrouten und damit bis 1875 auch der Donau, soweit auf dieser österreichische Post von und nach Constantinopel befördert wurde. Für 1878 bis 1880 wird noch der Weg von Constantinopel über Galatz und Lemberg – und damit über die *Seedonau* – genannt.

• Russische Post

An der Donau belegt ist das *russische Levantepostamt* in Galaţi für die Zeit von 1849 bis 1868, wobei aber mindestens bis 1856 ungewiß ist, ob die Briefe zu Land oder zu Wasser befördert wurden. Bei späteren russischen Abstempelungen von Galaţi handelt es sich am ehesten um die Übernahme des Stempels des russischen Postamtes durch die sogleich zu besprechende ROPiT. Für die Zeit von 1892 bis zum Ersten Weltkrieg sind Abstempelungen von Schiffen und Agentien russischer Schiffahrtsgesellschaften auf der Donau bekannt, mit welchen Briefmarken der Absendestaaten (Rumänien und Rußland) entwertet wurden.

• Russische Gesellschaft für Dampfschiffahrt und Handel (ROPiT)

Diese Gesellschaft wurde 1856 gegründet und nahm sogleich den Postdienst auf. Sie ist an der *Seedonau* durch Abstempelungen der Agentie in Tulcea in den Jahren 1879 bis 1883 belegt. In der Literatur wird ferner eine Entwertung der Agentie Galaţi genannt. Auf die mögliche Übernahme des Stempels des russischen Postamtes Galaţi wurde zuvor hingewiesen.

• Französische Post

Nach einem Probebetrieb 1856 wurde 1857 ein französischer Linienverkehr zwischen Constantinopel und den Häfen der *Seedonau* aufgenommen. Damit verbunden wurden französische Postämter eingerichtet. Über deren Schließung herrscht Unklarheit. Am wahrscheinlichsten ist für die Postämter in Galatz und Ibraila 1875, für jene in der Dobrudscha 1879.

• Griechische Post

Nur kurz und mit geringem Postaufkommen

Brief von Constantinopel nach Dresden aus dem Jahre 1870, dem Postamt des Norddeutschen Postbezirks übergeben und auf Grund des Datums und der Zeit der Aufgabe auf der Donau befördert

bestanden griechische Postämter in Brăila (1857–1866), Bukarest (1857 bis Ende 1863 oder Anfang 1864) und Galaţi (1860–1866). Für das griechische Postamt in Sulina (1871–1875) fehlt es an eindeutigen Belegen für dessen Tätigkeit.

- T. B. Morton & Co

Diese Gesellschaft wurde 1855 gegründet und war bis 1873 tätig. Sie unterhielt einen Liniendienst mit Postbeförderung zwischen Constantinopel, dem Sitz ihrer Geschäftsleitung, und der *Seedonau*. Ab 1869 gab sie Briefmarken heraus. Sie bezeichnete sich zunächst als „Constantinople & Danube Line of Steamers" und ab 1870 als „Danube & Black Sea Line of Steamers" (D & B.S.L.S.). Ihr Postaufkommen war eher bescheiden.

- Rumänische Post

Ab 1869, dem Jahr der Schließung der österreichischen Levantepostämter in Rumänien, benützte die rumänische Post die Schiffe der DDSG zur Postbeförderung. Von 1875 an, dem Jahr der Einstellung des Postdienstes der DDSG in Rumänien, waren auf diesen Schiffen rumänische Postbedienstete tätig, die Schiffspoststempel verwendeten. Nach der Errichtung der rumänischen Schiffahrt „Navigaţia Fluvială Română" (NFR) 1890 diente diese der Postbeförderung, und auf deren Schiffen wurden ebenfalls Schiffspoststempel gebraucht.

Auch in Rumänien drängten Eisenbahn und Kraftfahrzeug die Schiffspost zurück. Die Strecken, die dieser verblieben, sind: Orşova – Ada Kaleh (bis zum Untergang der Insel im Stausee des 1972 eröffneten Kraftwerkes Eisernes Tor), Călăraşi – Ostrov, Brăila – Măcin und das Delta, für welches Schiffspoststempel noch bis 1971 belegt sind.

- Post der deutschen Militärverwaltung in Rumänien

Die Post der deutschen Militärverwaltung in Rumänien 1917 bis 1918 bildete ein Zwischenspiel innerhalb der rumänischen Post. Soweit in Rumänien Post mit Schiffen befördert wurde und die Verhältnisse während des Krieges es zuließen, geschah dies auch in dieser Zeit.

- Bulgarische Post

Mangels einer donauparallelen Eisenbahnlinie und einer entsprechenden Straße lag es für die Post Bulgariens seit der Selbständigkeit 1879 nahe, sich der Donau als Postweg zu bedienen. Zwar kam es erst 1935 zur Aufnahme eines fahrplanmäßigen Ver-

Brief von Constantinopel nach Galatz aus dem Jahre 1874, von der französischen Post in der Levante befördert

kehrs zwischen Russe und Vidin durch bulgarische Schiffe, für den Postdienst standen aber die österreichischen und ungarischen Fahrgastschiffe zur Verfügung. Die bulgarische Post verwendete auch Schiffspoststempel. Diese können von 1888 bis 1942 belegt werden.

• Serbische Post

Die schlechten Verkehrswege zu Land am serbischen Ufer der Donau unterhalb von Golubac veranlaßten die Postbeförderung mittels der Schiffe. Dies geschah auch mit Schiffspostämtern auf Schiffen der DDSG. Der Personenverkehr der 1894 gegründeten „Ersten königlich serbischen Schiffahrtsgesellschaft" erstreckte sich vor dem Ersten Weltkrieg nämlich nur auf die Save.

• Deutsche und österreichisch-ungarische Feldpost

Die Kriegsführung auf dem Balkan und im Süden Rußlands im Ersten Weltkrieg führte dazu, daß auch die deutsche und österreichisch-ungarische Feldpost in diesem Raum tätig wurden. Die Bedeutung der Donau als Verbindungsweg und damit der Donauflottillen in diesem Krieg heißt aber nicht, daß die Feldpost regelmäßig oder auch nur häufig über die Donau geleitet wurde. Dies kann nur selten nachgewiesen werden.

Roman Sandgruber

Wirtschaftsraum Donau

Die Donau als Wasserstraße begünstigte die Ansiedlung verschiedenster Wirtschaftszweige: Agrarprodukte konnten auf dem Wasserweg verschickt werden. Das war für den Weinbau interessant, dessen Entwicklung entlang des Flusses sehr wesentlich von der über den Wasserweg gegebenen Möglichkeit des Vertriebs bedingt war. Natürlich war auch für die vorindustrielle Holzwirtschaft ein Standort an der Donau oder in Donaunähe Goldes wert. Auf dem Donauweg konnte Ungarn sein Getreide verschiffen, auch wenn diese Möglichkeit erst mit der Entwicklung der Dampfschiffahrt rentabel wurde.

Wo Rohstoffvorkommen entlang des Donauweges verfügbar waren, konnten sie schon vor der Entwicklung leistungsfähiger Landverkehrswege abgebaut und auf billigem Wege an die Verbraucher herangebracht werden. Das betraf vor allem Steine und Erden. Mit dem raschen Wachstum Wiens in der Gründerzeit der zweiten Hälfte des 19. Jahrhunderts erlebten die zahlreichen Steinbrüche des Mühlviertels, von denen auf der Donau Granit nach Wien und Budapest geliefert wurden, eine hervorragende Konjunktur.

Für die Industrie wurde der Donaustandort vor allem nach dem Aufkommen der Dampfschiffahrt interessant: Rohstoffe konnten billig herangeschafft und die erzeugten Produkte auf dem Wasserweg kostengünstig versendet werden. Das war vor allem für transportintensive Branchen von Bedeutung, die Mühlenwirtschaft, die Eisen- und Stahlindustrie, die Schwerchemie.

Nicht zuletzt wurde die Donau zum Energieproduzenten ausgebaut. Sie liefert Brauch- und Kühlwasser für verschiedenste Produktionsverfahren und war und ist noch immer ein billiger Weg zur Entsorgung von Abfällen der Produktion.

Schiffswerften

Es war logisch, daß sich zuerst der Schiffsbau am Strom ansiedelte. Im Zeitalter der Ruderschiffahrt war das Schiffsbauergewerbe entlang der Donau und insbesondere der schiffbaren Nebenflüsse Inn, Salzach und Traun von großer Bedeutung, da ein großer Teil der talwärts fahrenden Schiffe am Zielort als Brennholz verkauft wurde. Diese Arbeitsplätze gingen verloren. 1840 wurde die Schiffswerft Linz von dem Linzer Geschäftsmann Ignaz Mayer zum Bau eiserner Donau-Frachtkähne gegründet. Vorher konnten eiserne Schiffe nur in der Werft der DDSG in Alt-Ofen gebaut werden. Die 1852 von der DDSG als Reparaturwerft gegründete Schiffswerft Korneuburg gewann erst in der Zwischenkriegszeit Bedeutung, als die DDSG nach dem Verlust ihrer Budapester Werft (1919) ihre Schiffsbauaktivitäten in Korneuburg konzentrierte.

Die Linzer Schiffswerft, die im frühen 20. Jahrhundert nach der Übernahme durch das größte Schiffsbauunternehmen der Habsburgermonarchie, die „Stabilimento Tecnico Triestino" nach modernen Kriterien ausgebaut worden war, geriet in den späten zwanziger Jahren in eine ernsthafte Krise. 1938 stand das Unternehmen still. Die Auflösung war bereits beschlossen, aber zum Zeitpunkt des deutschen Einmarsches noch nicht durchgeführt. Nach dem Anschluß gewann die Werft für den geplanten Ausbau der Donauschiffahrt wieder Bedeutung und wurde ebenso wie die DDSG und deren Korneuburger Werft in den Hermann-Göring-Konzern eingegliedert. Die Werften wurden kräftig ausgebaut und voll in den Dienst der Rüstung gestellt. Als Deutsches Eigentum wurde die Korneuburger Werft 1945 von der Sowjetunion übernommen, die sie in den USIA-Konzern einbezog. Die Linzer Schiffswerft konnte nach dem Zweiten Weltkrieg als selbständige Gesellschaft innerhalb der Verstaatlichten Industrie lange Zeit eine sehr erfolgreiche Geschäftsentwicklung auf dem heimischen Markt und auf verschiedenen Exportmärkten verzeichnen und auch über den Schiffsbau hinaus in verschiedene Bereiche des Maschinen- und Fahrzeugbaus diversifizieren. 1955 wurde auch die Korneuburger Werft in die Verstaatlichte Industrie übernommen, beide Schiffswerften wurden aber als eigenständige Unternehmen geführt und erst 1974 in der Österreichischen Schiffswerften AG Linz-Korneuburg (ÖSWAG) zusammengefaßt. Die weltweite Krise des Schiffsbaus, die Krise der osteuropäischen Wirtschaften im besonderen und interne Strukturprobleme haben den bis 1988 erstaunlich erfolgreichen Schiffsbau in den vergangenen Jahren fast völlig zusammenbrechen lassen.

Porträt Ignaz Mayer, Schiffmeister und Handelsmann (1810–1876). Handelskammer Oberösterreich.
Foto: Schepe

Die Schwerindustrie

Die traditionelle Eisenindustrie war zwar auf Standorte am Wasser angewiesen, um die Wasserräder betreiben und das benötigte Holz billig heranschaffen zu können. Die Donau allerdings war dafür viel zu groß. Die Rad- und Hammerwerke nutzten die Kraft der kleinen Nebenflüsse und Bäche. Erst mit der Verwendung von Mineralkohlen und Dampfmaschinen setzte ein Konzentrationsprozeß ein.

Die Eisenbahnen hatten die Standortvoraussetzungen für die österreichischen Eisenhütten massiv geändert. Zuerst kam es zu einem Konzentrationsprozeß in Erzbergnähe und an der Südbahnlinie. Die Donau, auf halbem Weg zwischen dem steirischen Erz und der mährisch-schlesischen Kohle, schien sich als Standort einer neuen Eisenverhüttung anzubieten: Die Versuche in den siebziger Jahren des 19. Jahrhunderts, die Eisenindustrie nach Wien und an die Donau zu verlegen, verliefen allerdings nicht erfolgreich. Die Standorte Wien/Zwischenbrücken, Jedlersdorf, Kaisermühlen und Schwechat konnten sich nicht durchsetzen. Statt dessen wurde die Eisenindustrie noch enger um den Erzberg, in Donawitz und in der Mur-Mürz-Furche konzentriert.

Nach 1920 ließ die Alpine Montangesellschaft wiederum Pläne ausarbeiten, ein modernes Hüttenwerk in Donaunähe zu errichten. Die Ausführung scheiterte aber wie so vieles im Österreich der Zwischenkriegszeit am Kapitalmangel.

Die Wirtschaftsplaner des Großdeutschen Reiches griffen das alte Konzept der Donaunähe wieder auf. In den imperialistischen Zielen im Südosten war der

Donau eine wichtige Funktion zugedacht. Der Vierjahresplan sah den großzügigen Ausbau der Binnenschiffahrt auf der Donau vor. In seiner programmatischen Rede vom 26. März 1938 auf dem Wiener Nordwestbahnhof stellte Göring den Ausbau der Binnenschiffahrt als wichtiges Ziel im angeschlossenen Österreich dar.

Auch die Hochofenkapazität Österreichs sollte ausgebaut werden, wobei „der Neubau eines Hochofenwerkes an frachtgünstigem Standort vorzusehen" sei, um die übrigen deutschen Hütten mit Roheisen versorgen zu können. Dazu sollten auch die österreichischen Stahlwerke eine Kapazitätserhöhung erfahren. Bereits am 16. März 1938 legte Paul Pleiger, der Vorstandsvorsitzende der Reichswerke Hermann Göring, seine Pläne dar. Danach sollten von den drei im Hermann-Göring-Konzern geplanten Hüttenstandorten in Salzgitter, Amberg und Donaueschingen die zwei letzteren nicht realisiert werden und statt dessen an der Donau im Raum Linz eine Eisenhütte errichtet und auch mit entsprechenden Kapazitäten zur Weiterverarbeitung versehen werden.

Die Standortwahl wurde einerseits mit der verkehrsgünstigen Lage an der Donau, mit der Nähe zur böhmischen und oberschlesischen Kohle und zum mitteldeutschen und steirischen Erz begründet. Der Standort an der Donau war nicht zuletzt auch in Erwartung des Ausbaus des Rhein-Main-Donau-Kanals gewählt worden. Linz wurde wegen der Verkehrslage, wegen der, so glaubte man, leicht verfügbaren Arbeitskräfte des agrarischen Hinterlandes und wegen des vorgesehenen Ausbaus zu einer der fünf Führerstädte als ideal angesehen. Die Rohstahlkapazität der Hütte Linz sollte nach Fertigstellung mehr als eine Million Tonnen betragen. Die Beliefe-

Linzer Hafenbecken und Zollfreizone in den fünfziger Jahren. Foto: Museum Nordico, Archiv

rung mit Erzen sollte vornehmlich aus der Steiermark geschehen. Man kalkulierte sehr bald aber auch mit dem ukrainischen Erz aus Kriwoj Rog, das auf der Donau angeliefert werden sollte.

Da der Staatskonzern „Reichswerke Hermann Göring" auch Einfluß auf die Schiffswerften in Linz und Korneuburg und auf die DDSG gewinnen konnte, wurde damit auch die Donauschiffahrt und der Ausbau der Donau von den Reichswerken bestimmt. Der Vierjahresplan sah darüber hinaus die Erzeugung von Stickstoff vor, war doch dafür in Österreich zuvor keine Produktionsanlage vorhanden und in der Landwirtschaft gegenüber Deutschland ein beträchtlicher Nachholbedarf gegeben. Die Entscheidung, eine ursprünglich für Bayern geplante Anlage in Linz anzusiedeln, stand in unmittelbarem Zusammenhang mit der Errichtung der Eisenhütte und deren Kokereianlage.

Ein ähnliches Konzept wurde mit dem Aufbau der Hütte Krems verfolgt. Die Rottenmanner Eisenwerke AG waren vor dem Anschluß Österreichs an das Deutsche Reich zu 90 Prozent im Besitz der Familie Schmid-Schmidsfelden. Der Plan zur Errichtung einer neuen Produktionsstätte an der Donau geht bereits ins Jahr 1937 zurück. Die Bauarbeiten wurden im Jahr 1939 begonnen. Die Inbetriebnahme erfolgte 1941. Das Werk wurde nach Kriegsende mit der Begründung, daß es vorwiegend mit deutschem Kapital errichtet worden sei, dem USIA-Konzern eingegliedert und verblieb nach 1955 im Verband der Verstaatlichten Industrie.

Die großdeutschen Wirtschaftskonzepte sahen den Ausbau der Donau zu einer Wirtschaftsstraße nach Südosten vor: Linz, Enns, das Nibelungenwerk in St. Valentin, in späteren Kriegsjahren das größte Jagdpanzerwerk des Reiches, Mauthausen, Pöchlarn, Melk, Krems, der Ausbau der Raffinerie in Moosbierbaum, die Flugzeugwerke in Schwechat und Fischamend, die Industriezone um Hainburg und vor Preßburg belegen die wirtschaftliche Bedeutung, die man dem Donauraum beimaß. Zwei Großprojekte an der Donau, das Leichtmetallwerk der IG Farben in Moosbierbaum, für 20.000 Arbeiter berechnet, und das Aluminiumwerk in Berg bei Engerau, gediehen über das Planungsstadium nicht weit hinaus.

Die Planung war einerseits auf den Ausbau der Wasserkräfte und Wasserwege an der Donau ausgerichtet, andererseits auf das wirtschaftliche Expansionsziel Südosten. Dem Rhein-Main-Donau-Kanal und dem Donau-Oder-Kanal wurde bei einer auf Rohstoffe und Halbfabrikate ausgerichteten Produktionsstruktur hohe Priorität eingeräumt, um die Verbindung mit den wichtigsten Industriezentren des Reiches herzustellen.

Zu Kriegsende war diese Industrie ein Trümmerhaufen und Torso. An den Donaustandorten Niederösterreichs bot sich wenig Chance eines Neuanfanges. Nach dem Krieg hatten sich die Ausgangsbedingungen für den Donauraum als Industriestandort tiefgreifend geändert. Es war klar, daß steirisches Erz allein nicht genügte, um eine konkurrenzfähige Produktion aufzubauen. Die Donau als billiger Transportweg zum Heranbringen von Ruhrkohle blieb so lange illusorisch, als der Rhein-Main-Donau-Kanal nicht existierte. Entgegen den Annahmen der Nationalsozialisten, die den Absatzmarkt im Südosten sahen, bildeten Westeuropa, insbesondere die Bundesrepublik Deutschland, die Hauptabnehmer. Die VOEST entwickelten sich als Blecherzeuger zu einem wesentlichen Zulieferer der deutschen und westeuropäischen Autoindustrie. Im Inland fehlten entsprechende Großabnehmer.

Wasserstraße und Kraftwerkskette

Sollte die Donau als Industriestandort interessant sein, brauchte es neben einem entsprechenden Ausbau der Wasserstraße auch Hafenanlagen, in deren Nachbarschaft sich Industriezonen entwickeln konnten. Auch die Planungen für moderne Hafenanlagen für Linz, Krems und Wien waren bereits zwischen den beiden Weltkriegen sehr intensiv vorangetrieben worden, waren aber an der Wirtschaftskrise gescheitert. 1938/40 wurde an allen drei Standorten

Linz, Industriesilhouette an der Donau. Foto: Wöhry

mit konkreten Baumaßnahmen begonnen. Nach 1945 erfolgten der Weiterbau und die Komplettierung.

Um die riesige Dimension der Wasserkraft der Donau nutzen zu können, waren die zahlreichen, bis ins 19. Jahrhundert an der Donau errichteten Schiffsmühlen völlig unzureichend. Erste Projekte, die Wasserkraft der Donau für die Elektrizitätserzeugung heranzuziehen, wurden schon vor dem Ersten Weltkrieg präsentiert. Ein 1909 von Ing. Helmut Schubert vorgelegtes Vorhaben sah die Nutzung der Wasserkraft auf der rund 140 km langen Flachstrecke zwischen Krems und der Marchmündung in mehreren Laufkraftwerken vor. 1910/11 wurden auch für die oberösterreichische Donaustrecke Projekte ausgearbeitet. Von tatsächlicher Bedeutung für den späteren Ausbau wurde das 1924 von Ing. Oskar Höhn konzipierte Projekt einer Staustufe bei Ybbs-Persenbeug, die gleichzeitig auch den Greiner Strudel entschärfen sollte.

Das ging schon damals nicht konfliktfrei ab. Wenn das Projekt auch an der wirtschaftlichen Realität der dreißiger Jahre scheiterte, so ist doch festzuhalten, daß die Planung von heftigen Kontroversen um die ökologische und ökonomische Vernunft begleitet war. In einem Leitartikel der „Reichspost" wurde anläßlich der Konzessionsverhandlungen im Jahre 1928 beklagt, daß damit der Charakter des Donautals auf einer Strecke von 60 km von Grund auf verändert werde und der entstehende Stausee das Bild einer in Europa einzigartigen Flußlandschaft zerstöre. Von Seite der Befürworter wurde dem entgegengehalten, daß damit nicht nur äußerst preisgünstiger Strom in entsprechender Menge gewonnen würde, sondern der Bau auch für vier bis fünf Jahre Beschäftigung böte und durch den Rückstau gefährliche Schiffahrtshindernisse beseitige.

Anfang der dreißiger Jahre gab es bereits Konzepte für den einheitlichen Ausbau der gesamten österreichischen Donaustrecke von Passau bis zur March, die zwischen elf und dreizehn Staustufen vorsahen. Nach dem Anschluß wurden auf der Grundlage der von Ing. Höhn ausgearbeiteten Pläne die Bauarbeiten in Ybbs-Persenbeug begonnen, diese aber kriegsbedingt bald eingestellt. Die 1947 gegründete Österreichische Donaukraftwerke AG wurde mit der Erarbeitung eines neuen Ausbauplanes betraut, der in einer ersten Fassung 1953/54 vorlag und elf Staustufen vorsah. Weitergebaut werden konnte in Ybbs-Persenbeug erst, nachdem mit der russischen Besatzungsmacht eine Einigung erzielt worden war. Zwischen 1957 und 1959 konnte der Betrieb aufgenommen werden. Von 1959 an wurden an der Donau in zwei- bis vierjährigen Intervallen acht weitere Laufkraftwerke errichtet.

Neben den Laufkraftwerken war die Donaunähe auch für thermische Kraftwerke von Vorteil, nicht so sehr wegen der Versorgung mit Kohle als wegen des vorhandenen Kühlwassers. Nicht zuletzt deswegen war der Standort des dann nicht in Betrieb genommenen Atomkraftwerkes Zwentendorf in Donaunähe gewählt worden und wurde statt dessen in der unmittelbaren Nachbarschaft wiederum in Donaunähe das thermische Großkraftwerk Dürnrohr errichtet.

Der Donauraum, der etwa zwei Drittel der österreichischen Industriekapazität umfaßt, kann in einem vereinten, erstmals nach West- und Osteuropa politisch wie schiffahrtsmäßig offenen Kontinent als Wirtschaftsstandort nur gewinnen.

Literatur

FIEREDER, HELMUT, Die Hütte Linz und ihre Nebenbetriebe von 1938 bis 1945. In: HistJb Linz 1985, Linz 1986.
LACKNER, HELMUT und STADLER, GERHARD A., Fabriken in der Stadt. Eine Industriegeschichte der Stadt Linz, Linz 1990.
MALZACHER, HANS, Österreichs Eisen in Vergangenheit und Zukunft, Linz o. J.
MEYER, A., Das Syndikat. Reichswerke „Hermann Göring", Braunschweig 1986.
MOSER, JOSEF, „Die Vereinigten Staaten von Oberdonau". Zum Wandel der Wirtschafts- und Beschäftigtenstruktur einer Region während der nationalsozialistischen Herrschaft am Beispiel Oberösterreichs, Diss. Linz 1991.
PISECKY, FRANZ, 50 Jahre Hafen Krems. In: Schiffahrt und Strom, 36. Jg, 1990, 133. Folge, S 4f.
–, 150 Jahre Eisenschiffbau an der österreichischen Donau, Linz 1990.
SCHWAAR, MARC, Stromzeiten. In: Lichtjahre. 100 Jahre Strom in Österreich, Wien 1986.

Katalog-Nr. I.1.13. Foto: Kitlitschka

Katalog-Nr. I.1.16. Foto: R. Mair. Zu: Schneeweis, Gold und Perlen aus der Donau.

Rekonstruktion des Prunkwagens aus einem hallstattzeitlichen Grabhügel von Mitterkirchen. Foto: Ecker. Zu: Pertlwieser, Eine gewaltlose Eroberung.

Ohrgehänge aus der baierischen Nekropole Linz-Zizlau, Goldarbeit, byzantinischer Einfluß, 1. Hälfte 7. Jahrhundert. Foto: OÖLM. Zu: Tovornik, Der oberösterreichische Donauraum im frühen Mittelalter.

Albrecht Altdorfer, Donaulandschaft mit Schloß Wörth bei Regensburg. München, Alte Pinakothek. Foto: Artothek, Blauel/Gnamm. Zu: Heilingsetzer, Burgen und Schlösser im Donauraum.

Katalog-Nr. III.1.5. Foto: Germ. Nationalmuseum. Zu: Pohl, Im Zeichen des Kreuzes.

Katalog-Nr. III.12.2. Zu: Vocelka, Die „Donaumonarchie".

Rechts:
Katalog-Nr. I.2.7.
Foto: Cisar. Zu:
Haider, Die Donau-
schiffer und ihre
Zünfte.

Miniatur aus der Obernberger Naufletzer-Ordnung, 1583. OÖLA. Foto: R. Mair. Zu: Haider, Die Donauschiffer und ihre Zünfte.

Joseph Edlbacher, Das Obermautamt Linz von der Donaulände aus gesehen. Handkolorierte Lithographie, Mitte 19. Jahrhundert. Foto: Stadtmuseum Linz. Zu: Sandgruber, Handel auf der Donau.

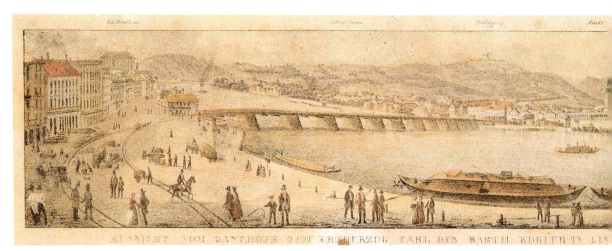

Joseph Hafner, Die Donaulände in Linz, Lithographie, 1844/46. Links die auf die Holzbrücke zulaufenden Schienen der Pferdeeisenbahn, rechts die Anlegestelle des Dampfschiffes. Foto: Stadtmuseum Linz.

*Katalog-Nr. II.5.8.
Fotos: Werkgarner.
Zu: Sandgruber,
Handel auf der
Donau.*

Joseph Smutny, Tabakfabrik Linz bei Hochwasser. Aquarell um 1880, Österreichisches Tabakmuseum, Wien. Foto: Tabakmuseum. Zu: Sandgruber, Handel auf der Donau.

Werner Josef Promintzer

Donauregulierung und Hochwasserschutz

„Der beste Schutz gegen Hochwasser wäre, das Überschwemmungsgebiet zu meiden", schrieb der Altmeister der Donaukunde Ernst Neweklowsky, einer der Amtsvorgänger des Autors dieses Beitrages, damals, als eigentlich schon alles „gelaufen" war, als die „Erste Donauregulierung" fertiggestellt war und die „Zweite Donauregulierung" bereits begonnen hatte. Es war die Zeit, als man alles für machbar hielt und auch fest entschlossen war, die verfügbaren technischen Mittel uneingeschränkt einzusetzen. Den Begriff ökologischen Verhaltens gab es bestenfalls in wissenschaftlichen Arbeiten.

Neweklowsky hat die österreichische Donau so beschrieben: „Die Donau oberhalb Passau ist ein in seiner Wasserführung sehr ausgeglichener Fluß, der jedoch durch den Zufluß des hochalpinen Inn zu einem Gebirgsfluß mit der für einen solchen kennzeichnenden Abflußverteilung wird". Auch auf das starke Gefälle der österreichischen Donau hatten Regulierungs- und Hochwasserschutzmaßnahmen zu allen Zeiten Bedacht zu nehmen.

Bis 1830: Der natürliche Strom

Um 1830 sah die Donau gar nicht viel anders aus als viele tausend Jahre zuvor. In den Beckenlandschaften war das Strombett viele Kilometer breit, mit mächtigen Armen, Schotterbänken und Haufen, bewaldeten Inseln, Tümpeln und beschatteten Altwässern. Die ohnehin kärgliche Schiffahrtsrinne, die

Wasserbau im Barock: Sprengen und Heben von Felskugeln im Greiner Struden zu Ende des 18. Jahrhunderts

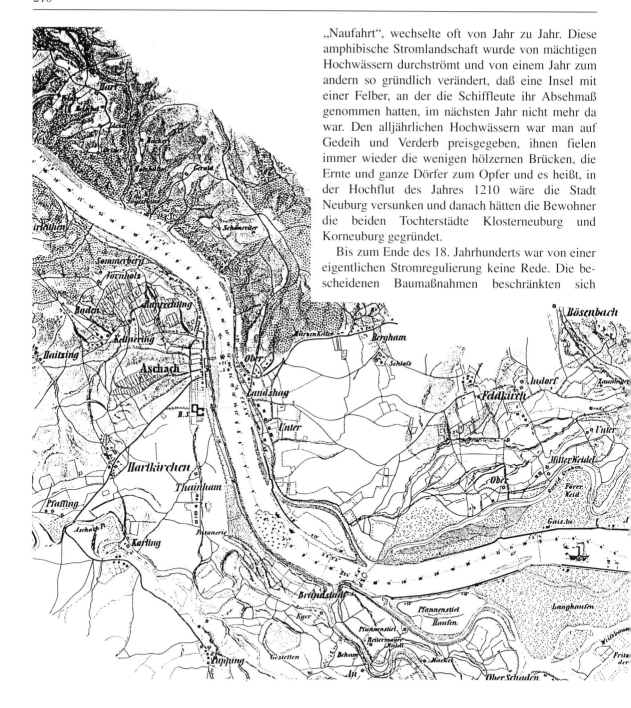

"Naufahrt", wechselte oft von Jahr zu Jahr. Diese amphibische Stromlandschaft wurde von mächtigen Hochwässern durchströmt und von einem Jahr zum andern so gründlich verändert, daß eine Insel mit einer Felber, an der die Schiffleute ihr Absehmaß genommen hatten, im nächsten Jahr nicht mehr da war. Den alljährlichen Hochwässern war man auf Gedeih und Verderb preisgegeben, ihnen fielen immer wieder die wenigen hölzernen Brücken, die Ernte und ganze Dörfer zum Opfer und es heißt, in der Hochflut des Jahres 1210 wäre die Stadt Neuburg versunken und danach hätten die Bewohner die beiden Tochterstädte Klosterneuburg und Korneuburg gegründet.

Bis zum Ende des 18. Jahrhunderts war von einer eigentlichen Stromregulierung keine Rede. Die bescheidenen Baumaßnahmen beschränkten sich darauf, „Raittstecken" und „Streifbäume" an den Länden und den „Hufschlag" zu erhalten, den Treppelweg für die Pferde der Schiffszüge. Um die „Schlacht", die Sicherung der Ufer, hatten sich zunächst die Anrainer selbst zu kümmern, und wir wissen, daß schon im Jahr 1583 ein Bürger von Urfahr seinen Schotterhaufen, „damit es weiter und besser anschütte", dadurch gesichert hat, daß er junge Felbern in das Ufer „gestessen" hat. Die gewaltigen Aschacher „Donaugstöttenmauern" von 1649 mußten von den Bürgern selbst erhalten werden. Nur nach schweren „Eis- und Wassergüßschäden" sprangen das Marktkammeramt und das Mautamt helfend ein.

Im Greiner Struden, dem Schrecken aller Schiffleute, ging man seit 1773 mit der Einsetzung der „Navigationsdirection" etwas beherzter vor. Der

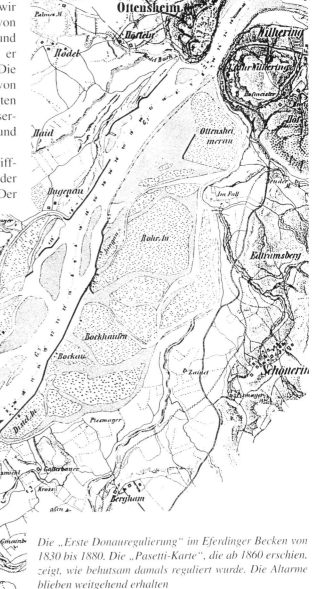

Die „Erste Donauregulierung" im Eferdinger Becken von 1830 bis 1880. Die „Pasetti-Karte", die ab 1860 erschien, zeigt, wie behutsam damals reguliert wurde. Die Altarme blieben weitgehend erhalten

Niederwasserregulierung in Oberösterreich: Im Aschacher und Brandstätter Kachlet wäre bis 1973 die Schiffahrt ohne fortlaufendes Heben von Felskugeln zum Erliegen gekommen. Foto: Archiv Promintzer

Jesuit Josef Walcher ließ eine große Zahl von Felsklippen sprengen, was die Fahrt über den „Strudel" und den „Wirbel" aber kaum weniger gefährlich machte. Noch im Jahr 1854 wäre hier die kaiserliche Jacht „Adler" beinahe untergegangen. Die andere große Stromregulierung im Raume Oberösterreich brachte noch geringere Erfolge: Es hieß sogar, die „Treibbuhnen" der „k. k. Landesbau- und Navigationsdirektion" der Jahre 1791 bis 1809, die den Aschacher Haufen vor der Schifflände „gehend" machen sollten, hätten das genaue Gegenteil bewirkt, und der Haufen wäre immer größer geworden.

Die „Erste Donauregulierung" und der Marchfeldschutzdamm

Das ist schon einmal so, wenn auslösende Ereignisse zeitlich übereinstimmen, da weiß man dann nicht mehr so recht, was für den Beginn der Donauregulierung wirklich entscheidender war: der Eisstoß von 1830, dem die halbe Wiener Leopoldstadt zum Opfer gefallen ist, oder die Fahrt des „Franz I" im selben Jahr. Jedenfalls erkannte man bald, daß mit den Fahrwasserverhältnissen, die der alten Ruderschiffahrt zur Not genügt hatten, die neue Schifffahrtstechnologie keinesfalls das Auslangen finden konnte. Von der Zusammenfassung der vielen „verwilderten" Stromarme in ein einheitliches Bett versprach man sich nicht nur mehr Flottwasser für die Schiffahrt, sondern auch eine Verbesserung der Hochwasserverhältnisse, eine Hoffnung, die sich dann freilich nur für die Eisfluten erfüllte.

Was sich im Jahr 1810 der „k. k. Hofbauraths-Director" Schemerl so schön vorgestellt hatte, den völlig verwilderten Wiener Stromverlauf in einem „Durchstich" zusammenzufassen, darauf mußte die Haupt- und Residenzstadt Wien 65 Jahre lang warten, weil man sich nicht und nicht auf ein Projekt einigen konnte. In den Eröffnungsreden wurde aber dann doch die „Neue Donau" als eine Meisterleistung „österreichischer Ingenieurkunst" gepriesen, und man war besonders stolz darauf, daß die Donauufer nun ganz so aussahen, als wären sie mit dem Lineal in die Landschaft gezogen.

Im selben Jahr 1875 war man hingegen an der oberösterreichischen Donau mit den Regulierungsarbeiten im wesentlichen schon fertig. Hier wurde ganz anders gebaut, ohne viel Erdaushub, naturnah, zeitgemäßer möchte man beinahe sagen. Schon 1806/08 hat die „k. k. Provinzial-Bau- und Navigationsdirektion" in Linz erste Projekte vorgelegt. Mit dem Bau wurde im Eferdinger und im Linzer Becken begonnen: 1830 im Aschacher Kachlet und in der Hagenau bei Ottensheim, 1832 beim „Panglmayer" in Linz. Im Gegensatz zum Wiener Durchstich ließen die oberösterreichischen Wasserbauer die Donau selbst für sich arbeiten, so wie es ihnen die alten Schiffleute vorgemacht hatten: In die Profile der projektierten Uferlinie wurden „Wassersporne" geworfen, die das neue Strombett von den Altwasserbereichen trennten, die dann allmählich verlandeten und nur mehr von Hochwässern durchströmt wurden. Dann mußte man nur mehr so lange warten, bis diese Sporne die gegenüberliegenden Ufer abgetragen hatten und die neue Uferlinie erreicht war. Der „k. k. Rath und Landesbaudirektor" Josef Baumgartner hat damit bewirkt, daß 1859 der neue Stromverlauf beinahe überall schon erkennbar war. Nur in Linz dauerte es ein wenig länger, denn Baumgartner hätte die „Straßerinsel" und damit das geteilte Fahrwasser in Fabriksarm und Hauptstrom gerne erhalten, woraus dann schließlich doch nichts wurde.

Entlang der Donau entstanden damals zahlreiche Steinbrüche, denn für die „Wassersporne" und Uferdeckwerke brauchte man Unmengen von Bruchsteinen. Ihre Verfuhr durch die „Schöffleute" der alten Ruderschiffahrt verlieh den Donaumärkten eine späte Blüte.

Daß man sich in Wien mit dem Regulieren 50

Für die „Wassersporne" und Uferdeckwerke der „Ersten Donauregulierung" wurden große Mengen von Wurfsteinen benötigt. Bis 1967 hat man sie mit den „Siebnerinnen" der alten Ruderschiffahrt in die Profile gebracht.
Foto: Archiv Promintzer

Jahre lang Zeit gelassen hatte, das erwies sich bis in unsere Tage herauf unversehens als ein Vorteil, den die baufreudigen Oberösterreicher nie mehr ganz wettmachen konnten. Denn in der „Donauregulierungskommission" waren das Reich, das Kronland Niederösterreich und die Stadt Wien, nicht aber das Kronland Oberösterreich vertreten, und so entstanden nur zwischen der Ysper- und der Marchmündung umfassende Hochwasserschutzanlagen, allen voran der „Marchfeldschutzdamm", dem es zu verdanken ist, daß der weiträumige Abflußbereich des Auwaldes bis hin zur „Stopfenreuther Au" erhalten blieb. In Oberösterreich dagegen wurde mangels dieser „Sperre" der Augürtel immer schmäler. Die ersten wirksamen Hochwasserdämme entstanden hierzulande erst zu Beginn des Zweiten Weltkriegs. Die dienten vor allem dem Schutz der neuen Industrie- und Hafenanlagen.

Von der ersten zur „Zweiten Donauregulierung", zur Kraftwerkskette

Um die Jahrhundertwende war die Bordwasserregulierung für das Mittelwasser im wesentlichen abgeschlossen. Die Zusammenfassung der verfügbaren Welle in ein einheitliches Bett hatte jedoch keine ausreichenden Fahrwasserverhältnisse für Niederwasser zu bewirken vermocht, zumal die Schiffahrt aufgrund ihrer technologischen Weiterentwicklung immer höhere Ansprüche stellte. Damals wurde die Niederwasserregulierung der Donau durch Baggerungen von Furten, den Einbau von Leitwerken, Buhnen und Grundschwellen und nicht zuletzt durch das Sprengen und Heben von Felskugeln in Kachletstrecken in Angriff genommen. So konnte in den fünfziger Jahren diese „Feinregulierung" des Stromes so weit abgeschlossen werden, daß den Empfehlungen der Donaukommission fast überall entsprochen wurde. Im Jahr 1928 hat man die bis dahin für die Donauregulierung zuständigen Kommissionen und Dienststellen zu einer einheitlichen bundesstaatlichen Organisation zusammengeführt. So entstand das Bundesstrombauamt, aus dem im Jahr 1985 die Wasserstraßendirektion hervorging.

Es ist eigentlich sonderbar, daß es Großkraftwerke an der Donau nicht schon viel früher gab. An der fehlenden Technologie lag es nicht, hatte man doch die neuen Erkenntnisse im Wasser- und Turbinenbau und in der Elektrotechnik schon vor der Jahrhundertwende zur technischen Reife geführt. Es lag vielmehr daran, daß die Kundschaft noch fehlte und sich der viele Strom damals nicht verkaufen ließ. Eine Vielfalt von Projekten gab es bereits vor dem Ersten Weltkrieg, und da erging man sich in gigantischen Stauhöhen, in Triebwasserstollen quer durch die Berge und in viele Kilometer langen Seitenkanälen. Erst 1942 hat die „Reichswasserstraßendirektion" einen ernstzunehmenden Stufenplan erstellt, der nach dem Krieg als Grundlage für die spätere Rahmenplanung der Österreichischen Donaukraftwerke AG diente.

Die „Kraftwasserstraße" und der „verbesserte Hochwasserschutz"

Die Errichtung der Kraftwerkskette bewirkte einen ganz wesentlichen Eingriff in das Stromregime und die Ökologie der Donau. Er steht den Folgen der „Ersten Donauregulierung" mit ihrer Laufverkürzung, der Gefällsverteilung, der Sohleneintiefung und dem Verlust von Altarmen und Wasserflächen in nichts nach. Dabei geht es gar nicht so sehr um die geringere Fließgeschwindigkeit, die Stauraumverlandungen durch Feinsedimente und alle jene Veränderungen, die sich aus der Regelbarkeit der Abläufe ergeben. Man sagt vielmehr, es sei der natürliche „Atem des Stromes", der nun fehlt, das Ausufern auch geringerer Wasserführungen und dieses ständig wiederkehrende Ansteigen und Fallen des Wasserspiegels. Das alles könnte durch noch so gut gemeinte „naturnahe" Vorkehrungen nicht ersetzt werden. Noch etwas ist dazu gekommen: In den Jahren des Kraftwerksbaus hat man überall am „verbesserten Hochwasserschutz" gearbeitet. Man hielt sich

Die für die Donauregulierung erforderlichen Wurfsteine wurden in vielen kleinen Steinbrüchen gebrochen. Das Bild zeigt einen Bruch im Hinterhof eines Aschacher Markthauses um die Jahrhundertwende. Foto: Pitschmann

dabei vor allem in Wien und östlich davon an die Werte des ärgsten bekannten Hochwasserereignisses, der verheerenden „Himmelfahrtsgieß" des Jahres 1501, und so kam man auf die 14.000 m³/sec, deren Höhe nun das Maß des Wiener Entlastungsgerinnes und der Dammkronen bestimmte. Einen ähnlich „absoluten" Hochwasserschutz hatten und haben die Dammbauten und Baggerungen im Bereich von Linz und Krems zum Ziel. In einigen Fällen wurden die Straßendämme moderner Verkehrswege für den Hochwasserschutz bis zum 100jährlichen Ereignis herangezogen. Trotz der erforderlichen Retentionsräume dienen auch die Kraftwerke dem Hochwasserschutz. Sie führen Ereignisse geringeren Ausmaßes schadlos ab, und viele Siedlungen verdanken ihre weitgehende Hochwasserfreiheit den Staustufen. Wie sehr Hochwasserschutzmaßnahmen auch in unserer Zeit das Wesen eines gesamten Lebensraumes verändern können, das haben der in der Projektsphase noch umstrittene, ja sogar zuweilen belächelte „doppelte" Strom und die „Donauinsel" von Wien bewiesen. Heute ist sie aus dem Leben der Stadt nicht mehr wegzudenken.

Eine „Dritte Donauregulierung"?

Von Staustufe zu Staustufe haben sie sich um mehr Naturnähe und mehr öffentliche Akzeptanz bemüht und vorgesorgt, die Kraftwerksleute. Nur mit einem hatten sie nicht gerechnet, mit der „Hainburger Au" und den Weihnachtstagen des Jahres 1984. Mit der Fertigstellung des Kraftwerkes Greifenstein ist trotz des „Nachzüglers" Freudenau die Ära der „Zweiten Donauregulierung" zu Ende gegangen. Es begann die Zeit der „Nachdenkpause". Nun denken alle nach und alle wissen: Wir haben nun mit den neun Staustufen und den Fließstrecken Wachau und „östlich von Wien" eine Kraftwerkskette, die in der Mitte unterbrochen und am unteren Ende offen ist, und alle kennen die Gefahren für die Stromsohle und die Auwälder. Anderseits hat der „Baustopp" die beiden letzten „Naturreservate" an der Donau in die neunziger Jahre herübergerettet.

In der Wachau scheint es nach dem „Kraftwerkssturm" ruhig geworden zu sein. Hier ging es auch um Fahrwassertiefen für die immer größer werdenden Schiffe. Der Arbeitskreis „Schutz der Wachau" hat Ideen eingebracht und der Wasserstraßendirektion ist es gelungen, durch Baggerungen und Buhnenbauten Fahrwassertiefen von 25 dm zu erreichen. Das sollte fürs erste genügen.

Im Strombereich östlich von Wien sind sich alle einig: Es müsse eine Art Nationalpark geben, die Donau dürfe sich nicht weiter eintiefen, die Au müsse erhalten bleiben und die Schiffahrt brauche ausreichende Fahrwassertiefen. Gar nicht einig sind sie sich darüber, wie man denn alle diese Ziele gleichzeitig und gleichermaßen erreichen kann. Es gibt eine Fülle von Antworten: Die Kraftwerksanhänger meinen, ohne Stauhaltung ginge es nicht, aber man könnte zwei Stufen bauen, und die ließen sich dann umweltfreundlicher gestalten und die Dotierung durch ein „Gießgangsystem" würde die Au reichlich durchfeuchten. Auf der Gegenseite steht das „Flußbauliche Gesamtkonzept des Nationalparks Donau", welches sich eine Sohlstabilisierung durch den Einbau von Grobgeschiebe vorstellen kann und die Erreichung von etwa 32 dm Fahrwassertiefe durch herkömmliche Regulierungsmaßnahmen für durchführbar hält. Zusätzlich sollten die Uferbereiche strukturiert und der Strom mit seinen Nebengewässern so vernetzt werden, daß dieses Gesamtsystem regelmäßig und kräftig durchströmt werden kann.

Die Ergebnisse der Großversuche werden wohl künftige Weichen stellen. In der Zwischenzeit versuchen beide Seiten, neue Lösungen zu finden und ihre Projektsvarianten der Öffentlichkeit nahezubringen.

In den bestehenden Staustufen bemühen sich seit Jahren die Leute der Wasserstraßendirektion und der Donaukraftwerke um „Regulierungsarbeiten" für Uferstrukturierungen, Insel- und Uferbiotope und um Dotationsprojekte für die Durchfeuchtung von

Augebieten nach der Art des Stockerauer Gießganges.

Von jener überzeugenden Art des „absoluten Hochwasserschutzes", den Neweklowsky gemeint hat, die „Überschwemmungsgebiete zu meiden", indem man gefährdete Wohn- und Wirtschaftsobjekte absiedelt, von dieser Möglichkeit wurde bisher recht zaghaft Gebrauch gemacht. Vielleicht könnte es der Strukturwandel in der Landwirtschaft in Hinkunft erleichtern, hochwassergefährdete Flächen aus der bisherigen Produktion zu nehmen und sie in Wiesen, Ökoflächen oder Auwälder umzuwidmen.

Alles in allem: Die Regulierungsarbeiten an der österreichischen Donau sind noch nicht abgeschlossen. Die „Nachdenkpause" hält an.

Literatur

NEWEKLOWSKY, ERNST, Die Schiffahrt und Flösserei im Raume der oberen Donau, 3 Bände, Linz 1952 bis 1964 und Die Donau bei Linz und ihre Regelung.

„Österreichische Wasserwirtschaft", Jg. 21, Heft 1/2, Februar 1969: Sondernummer 40 Jahre Bundesstrombauamt und Jg. 30, Heft 9/10, Oktober 1978: Sondernummer 50 Jahre Bundesstrombauamt mit Beiträgen zu diesem Thema von Kandl, Niesner, Bitterer, Geitner, Prazan u. a.

PROMINTZER, WERNER J., Aschach an der Donau, Donauvolk und Schiffleutleben, Aschach 1989. Band II. enthält Literaturhinweise auf die oberösterreichische Donauregulierung.

Die Regulierung der Donau in Niederösterreich, Monographie der nö. Donauregulierungs-Kommission, Wien 1909.

Die Dienstschiffe „Linz" (Baujahr 1903) und „Donau" (Baujahr 1908) der oberösterreichischen Wasserbauverwaltung standen als Inspektions- und Zugschiffe seit 1928 dem Bundesstrombauamt, der nachmaligen Wasserstraßendirektion, zur Verfügung. Auf dem Bild aus den sechziger Jahren warten sie, bereits außer Dienst gestellt, auf ihre Verschrottung.
Foto: Archiv Promintzer

Franz Pisecky

Die Donau im gesamteuropäischen Wasserstraßensystem

Historische Entwicklung, Gegenwart und Zukunftsaussichten

Das Einzugsgebiet der Donau umschließt etwa 817.000 km², das ist ein Zwölftel Europas. Es ist rund viermal so groß wie das Flußgebiet des Rheins. Vom ersten Jahrhundert nach Christus bis zur Zeit der Völkerwanderung hatte das Römische Reich die Vormachtstellung inne. Als nach den Stürmen der Völkerwanderungsepoche das Frankenreich zum Erbe des Weströmischen Reiches wurde, in welchem die Flüsse und Ströme die wichtigsten Verkehrsadern waren, trachtete Karl der Große 793, vor Beginn eines neuen Feldzuges gegen die Awaren, über den Lauf des Mains, der Rednitz und der schwäbischen Rezat das Stromgebiet des Rheins durch einen schiffbaren Kanal zur Altmühl mit jenem der Donau zu verbinden. Das Projekt blieb jedoch infolge technischen Unvermögens, witterungsbedingter Schwierigkeiten und politischer Ereignisse unvollendet.

Keineswegs nur militärisch-strategische, sondern vorwiegend bereits ökonomische Ziele verfolgte der luxemburgische Kaiser Karl IV., der im 14. Jahrhundert den Plan hegte, Moldau und Elbe durch einen künstlichen Wasserweg mit der Donau zu vereinen. Aber auch für dieses Unternehmen war die Zeit noch nicht reif. Erst die Konstruktion von „Kammerschleusen" durch Leonardo da Vinci sowie zur gleichen Zeit in den Niederlanden ermöglichte die Schaffung leistungsfähiger Kanalsysteme.

Das 17. sowie das 18. Jahrhundert, das Zeitalter des Merkantilismus, wurde in Europa die erste große Ära des Baues von weiträumigen Netzen des Wasserstraßenverkehrs, so insbesondere in England, in den Niederlanden, in Frankreich und im Norden des Deutschen Reiches. Aber auch am Wiener Hof kursierten Projekte, die sich mit der Anlage von Schiffahrtskanälen und unter anderem auch mit der Wiedererweckung des Vorhabens „wayland Kaiser Caroli Magni" befaßten. Das Haus Habsburg war zur einigenden Macht des mitteleuropäischen Raumes geworden und hatte mit Erfolg begonnen, die Heere des Sultans nach Osten zu drängen. 1668 schrieb der Kaiserliche Rat Johann Jakob Becher seinen „Politischen Diskurs über die Utilitäten der Vereinigung von Donau und Rhein über Wernitz und Tauber", wobei er auch an eine Verbindung nach Süden über den Inn dachte. In Nürnberg und Eichstätt prüfte man ähnliche Projekte, wie sie Becher vorschlug. Kaiser Leopold I. gab zudem seinem Statthalter in Mähren den Auftrag, zur Hebung des Orienthandels eine Donau-Oder-Wasserstraße in Angriff zu nehmen.

In der zweiten Hälfte des 18. Jahrhunderts war Österreich zur Großmacht des Donauraumes aufgestiegen. Und unter dem Reformer Josef II. arbeitete der belgische Ingenieur Maire ein Konzept aus, das Wien zum Mittelpunkt eines europäischen Wasserstraßennetzes machen sollte und Verbindungen der Donau mit der Adria, dem Etsch sowie mit Main, Moldau, Oder, Weichsel, Dnjestr und Aluta plante. Dieser Entwurf wurde aber nur bruchstückartig verwirklicht. Die Verbindung Wien – Triest gedieh über die Anfangsstrecke des „Wiener Neustädter Kanals" nicht hinaus. Die Donau-Moldau-Verbindung wurde hingegen – wenn auch in bescheidenem Maße – realisiert, und zwar durch den Schwarzenbergschen Holzschwemmkanal, der, von Josef Rosenauer 1789 bis 1822 erbaut, von der oberen Moldau zur Großen Mühl führte und über diese bei Neuhaus die Donau

Zeitgenössische Karte des Ludwig-Main-Donau-Kanals aus 1835

erreichte. Er wurde bis 1891 für die Holztriftung benützt.

Dem Ziel, den mühsamen Salztransport vom Salzkammergut nach Böhmen zu beschleunigen, sollte ein von Linz durch den Haselgraben über Leonfelden nach der Joachimsmühle bei Hohenfurt zur Moldau führender und von dem aus Linz gebürtigen Professor am Wiener Polytechnikum und Navigationsbaudirektor Josef Walcher geplanter Schiffahrtskanal entsprechen. Die großen technischen Probleme – so wären nicht weniger als 275 Schleusen erforderlich gewesen – veranlaßten jedoch den Direktor des

Prager Polytechnischen Institutes, Professor Franz Josef Ritter von Gerstner, zur Projektierung der ersten Überlandbahn des Kontinents, Gmunden–Linz–Budweis, die sodann von seinem Sohn, Franz Anton Ritter von Gerstner in ihrer ersten Teilstrecke von Budweis nach Kerschbaum 1826 bis 1829 verwirklicht wurde. Gerstner plante bereits für den Dampfbetrieb, während seine Nachfolger, Matthias Schönerer und Franz Zola, welche bis 1836 die Linienführung bis Linz und Gmunden vollendeten, sich aus finanziellen Gründen mit der billigeren Trassierung einer Pferdebahn begnügten.

Dem ersten überregionalen Schienenstrang des Kontinents haftete somit bereits zur Zeit der Fertigstellung in ähnlicher Weise die Tragik des technischen Überholtseins an wie ein Jahzehnt später der erstmaligen Verwirklichung der Rhein-Main-Donau-Verbindung durch König Ludwig I. von Bayern. Als nach jahrelangen Debatten der Plan zum „Ludwigskanal" endlich 1834 zum Gesetzentwurf gedieh, war er bereits in Konkurrenz mit jenem einer Dampfeisenbahn geraten. 1833 hatten Bürger von Nürnberg und Fürth eine Eisenbahngesellschaft ins Leben gerufen, die zwei Jahre später den Betrieb zwischen den beiden Städten aufnahm. Der 1845 eröffnete Ludwigskanal, welcher nur den Verkehr mit Schiffen bis zu 120 Tonnen Tragfähigkeit und zunächst lediglich den Treidelzug mit Pferden erlaubte sowie 103 Schleusen aufwies, war technisch von Anfang an kaum mehr zeitgemäß. Schon 1850 hatte der Güterverkehr auf dem Ludwigskanal mit 196.000 Jahrestonnen den Wendepunkt erreicht. Von da ab ging die Frequenz zurück und wurde es auf dem Gewässer immer stiller. Immerhin wurden aber noch im Zweiten Weltkrieg unter anderem Marineboote, die in Linz für die Donau stationiert werden sollten, auf dem alten Kanal vom Rhein und Main herangebracht.

Drei Viertel der Fläche der einstigen Habsburgermonarchie gehörten dem Einzugsgebiet der Donau an. Kein anderer Großstaat Europas war in seinem Flußnetz so stark auf eine, fast alle wichtigen Gewässer sammelnde Hauptader konzentriert wie das alte Österreich. Der österreichisch-ungarische Donauabschnitt erreichte zudem mit 1340 km fast die Hälfte der Gesamtlänge des Stromes und etwa zwei Fünftel der mit Dampfern schiffbaren Strecke. Das Liniennetz der DDSG, die damals zur größten Binnenreederei der Welt aufgestiegen war, reichte auf der Donau von Regensburg bis Sulina und erstreckte sich einschließlich der schiffbaren Nebenflüsse und Verbindungskanäle über mehr als 4100 km. Allerdings hatte die Monarchie mit Böhmen auch am Einzugsgebiet eines zweiten bedeutsamen europäischen Stromsystems Anteil, nämlich an dem der Elbe mit ihrem Mündungshafen Hamburg, einem Tor zum Weltverkehr. Die wirtschaftliche Struktur der Monarchie brachte es mit sich, daß die Verkehrspolitik vor allem auf dem Ausbau von Nord-Südtransversalen, auf Wege nach Triest, dem wichtigsten Seehafen des Reiches, ausgerichtet war.

Das unter der Regierung Ernst v. Koerber am 1. Juni 1901 von Kaiser Franz Joseph sanktionierte österreichische Reichsgesetz „betreffend den Bau von Wasserstraßen und die Durchführung von Flußregulierungen" sah folgende Projekte vor:
1. Den Bau eines Donau-Oder-Kanales.
2. Den Bau eines Schiffahrtskanales von der Donau bis zur Moldau und deren Regulierung von Budweis bis Prag.
3. Die Errichtung einer Schiffahrtstraße vom Donau-Oder-Kanal zur mittleren Elbe sowie deren Ausbau von Melnik bis Jaromer.
4. Die Herstellung einer Verbindung zum Stromgebiet der Weichsel und bis zum Dnjestr.

Dieses weitgespannte Programm kam jedoch vor 1914 nicht mehr zur Verwirklichung.

Unter dem Eindruck der Blockade, der die „Mittelmächte" im Ersten Weltkrieg unterworfen waren, richtete sich das Interesse neuerlich auf eine Großschiffahrtsverbindung vom Rhein zur Donau, wobei 1916 von einer deutsch-österreichischen Donaukonferenz in Budapest entscheidende Impulse zu der wenige Jahre später erfolgten Gründung der Rhein-Main-Donau-AG ausgingen, ferner auf das Projekt des Konstanzakanals von Cernavoda zum Schwarzen Meer und schließlich auf einen Zugang zur Adria. Unter anderem wurde auch die Schaffung eines kombinierten Donau-, Land- und Seeweges nach Indien erwogen.

Die geschichtlichen Ereignisse des Jahres 1918 prägten Österreich geographisch und wirtschaftlich noch stärker zum „Donauland" als es die frühere „Donaumonarchie" war. Und der „Donauraum" blieb eine Realität in der europäischen Politik und im Wirtschaftsverkehr. Bereits 1924 erreichte der Anteil der unteren Donauanlieger 44 Prozent des österreichischen Imports und 39 Prozent des Ausfuhrvolumens.

1921 war durch einen Staatsvertrag zwischen dem Deutschen Reich und dem Freistaat Bayern die Rhein-Main-Donau-AG. gegründet worden, deren Aufgabe es wurde, zugleich mit dem Energieausbau an Main und Donau die Großschiffahrtsstraße zu realisieren. In Österreich wurden in diesen Jahren großzügige Hafen- und Industrieprojekte in Wien, Krems und Linz entwickelt, hiefür auch bereits Areale bereitgestellt und Ausbauvorhaben für Donaustufen erarbeitet – all dies schon in Erwartung der großen Europatransversale. Viele dieser Pläne konnten jedoch erst im Rahmen des wirtschaftlichen Wiederaufbaues nach dem Zweiten Weltkrieg im wiedererstandenen Österreich fortgeführt und vollendet werden, zeitlich parallel mit der Wiederaufnahme der Bauarbeiten am Main-Donau-Kanal in den Jahren 1949/50.

Damals entwickelte sich auf der oberen Donau erstmals nach dem Kiege auch wieder in nennenswertem Umfange ein grenzüberschreitender Güterverkehr, zunächst vor allem zwischen Regensburg und dem wiedererstehenden Industriezentrum Linz,

Mitteleuropäische Wasserstraßenkarte mit Ausbauzustand und Planungen der Jahre vor dem Ersten Weltkrieg. Wien 1917

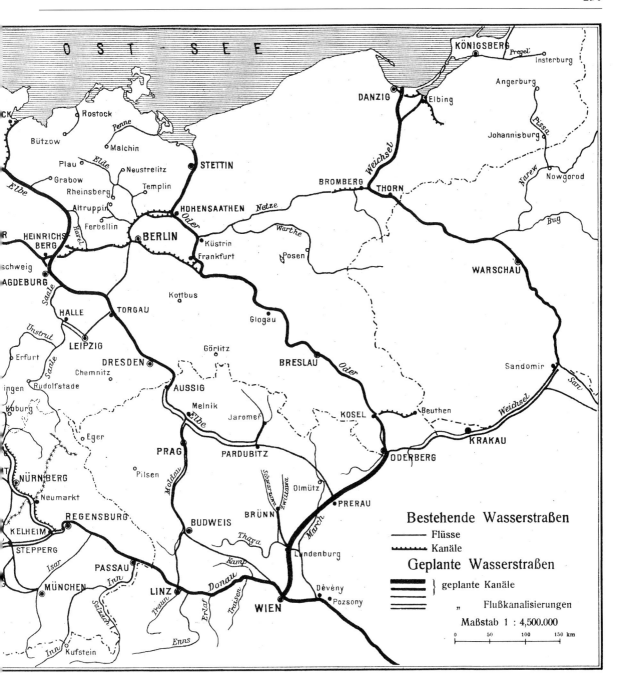

in den Jahren nach dem österreichischen Staatsvertrag (1955), aber auch von und nach dem Osten, das heißt donauabwärts.

Der österreichische Donauumschlag erhöhte sich bis Ende der achtziger Jahre auf rund das Sechsfache der Zwischenkriegszeit, das sind 8 bis 9 Millionen Jahrestonnen. Zwei Drittel des gesamtösterreichischen Siedlungs- und Industriepotentials konzentrieren sich im unmittelbaren Einzugsbereich des Stromes.

Die ab 1990 erfolgte Öffnung der ehemals staatswirtschaftlichen Länder brachten neue Chancen und Entwicklungsmöglichkeiten, aber – unter anderem durch den Ausbruch der Jugoslawienkrise und die Umstellungsschwierigkeiten zu einer freien marktwirtschaftlichen Struktur – auch Rückschläge im Verkehrs- und Handelsgeschehen. In dieser Situation wurde am 25. September 1992 der Main-Donau-Kanal fertiggestellt und feierlich eröffnet. Von der damit für den Großschiffahrtsverkehr mit 1900-Tonnen-Schiffen und 3500-Tonnen-Verbänden erschlossenen „Europa-Transversale" entfallen zwei Drittel, nämlich etwa 2400 km auf die Donau und ein Drittel auf den Rhein und den ausgebauten Main, beziehungsweise die Kanalstrecke, wobei die verkehrspolitische Dynamik der nun direkten Verbindung zu den großen Nordseehäfen sich vor allem auf die europäische Mitte, auf Bayern, Österreich, Tschechien, die Slowakei und Ungarn konzentrieren wird. Die zu gewärtigende wirtschaftliche Katalysatorwirkung erklärt sich unter anderem daraus, daß der Rhein die dichtest befahrene Schiffahrtsstraße der Welt ist – mit einem Jahresvolumen von rund 270 bis 300 Millionen Tonnen – und die Rheinregion am Welthandel zu einem Fünftel Anteil nimmt, hingegen die ungleich größere Donauregion nur mit einem Fünfundzwanzigstel. Auf der Donau, etwa dreimal so lang wie der Rhein, wurden in den achtziger Jahren 80 bis 90 Millionen Jahrestonnen befördert. Zur Zeit ist aus den schon erwähnten Gründen das Volumen stark zurückgegangen.

Nach Bewältigung der Umstellungsschwierigkei-

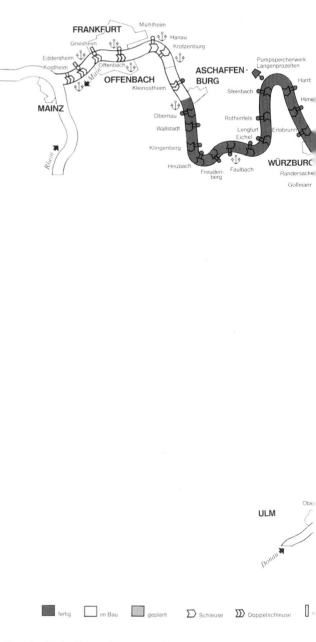

Plan der Main-Donau-Wasserstraße.
Rhein-Main-Donau AG, München 1992

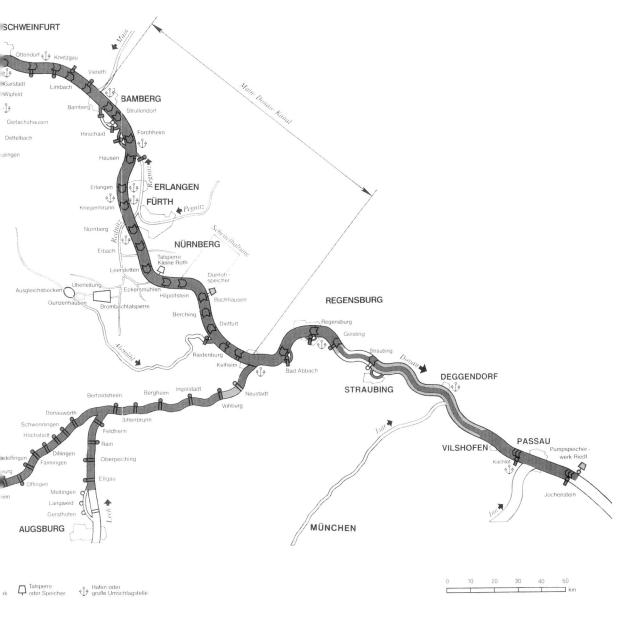

ten in den Wirtschaftssystemen der postkommunistischen Länder Mittel-, Ost- und Südosteuropas sowie der gegenwärtig weltweiten Rezession ist mit einer Expansion des europäischen Warenaustausches zwischen West und Ost auf rund das Achtfache der Zeit vor der Wende zu rechnen, im alpenüberquerenden Nord-Süd-Transit, der vielfach schon die Kapazitätsgrenzen der Schienen- und Straßenverbindungen erreicht hat, bis Anfang des nächsten Jahrtausends mit einer Verdoppelung. Um diese Entwicklung in den Griff zu bekommen und einen Verkehrsinfarkt zu vermeiden, beziehungsweise die hieraus resultierenden Probleme der Umweltbelastung in einem erträglichen Rahmen zu halten, ist die Inanspruchnahme des leistungsfähigen und umweltschonenden Binnenschiffahrtsverkehrs ein daseinswichtiges Erfordernis. Mit einem PS Leistung lassen sich auf der Straße 150 kg, auf der Schiene 500 kg und auf dem Wasser nicht weniger als 4000 kg befördern.

Die Prognosen für den Rhein-Main-Donau-Güterverkehr lauteten auf sechs bis acht Millionen Jahrestonnen nach einigen Jahren Anlaufzeit. 1993 wird der Gesamt-Güterverkehr auf der Transversale bereits vier Millionen Tonnen, das sind zwei Drittel der für die Zukunft geschätzten Menge erreichen. Über den Scheitelabschnitt werden zwei bis zweieinhalb Millionen Tonnen transportiert werden, hievon etwa 60 Prozent Österreich-Anteil. Bemerkenswert ist hiebei schon jetzt die starke Entwicklung des kombinierten Verkehrs, also des Transports von Landfahrzeugen und Containern auf dem Wasser.

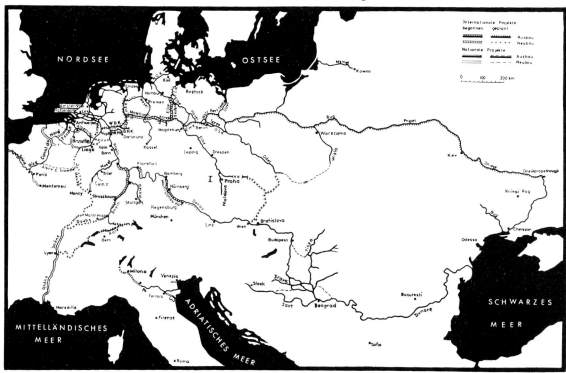

Übersichtskarte der europäischen Wasserstraßen. Stand Ende der achtziger Jahre. Der Main-Donau-Kanal ist noch als „im Ausbau" eingezeichnet. Aus: Zeitschrift Schiffahrt und Strom, Heft 125/1988

Wesentlich ist das Binnenschiff auch für die Beförderung von Schwerstgütern, welche im Industrieanlagenbau eine zunehmende Rolle spielen.

Die Rhein-Main-Donau-Verbindung ist eine Schlüsselkommunikation in einem gesamteuropäischen Wasserstraßensystem, das einschließlich der Ukraine und Weißrußlands 34.500 km aufweist, von denen allerdings nur rund ein Drittel mit Schiffen mit mehr als 1000 Tonnen Tragfähigkeit befahren werden kann. Das Transportvolumen betrug vor der Rezession rund 820 Millionen Tonnen, hievon fünf Sechstel auf dem 17.000 km umfassenden Wasserstraßennetz der westeuropäischen Länder. Es ist hier also noch ein gewaltiger Aufholbedarf gegeben. Die zweite große West-Ost-Transversale, die Donau-Oder-Elbe-Verbindung ist – von einigen Ansätzen aus den ersten vierziger Jahren abgesehen – noch immer im Planungsstadium. Die Aufnahme des Bauvorhabens ist, vor allem wegen der damit verbundenen Finanzierungsprobleme, erst auf längere Sicht zu gewärtigen, wobei letztlich nur ein Zubringer von der Donau in den mährischen Raum als realistisches Projekt erscheint.

Literatur

BADER, WOLFGANG, Die Verbindung von Rhein und Donau, München (Deutsches Museum: Abhandlungen und Berichte, Heft 2.), Düsseldorf 1982.

BERGMEIER, WALTER, Das europäische Wasserstraßennetz und die Binnenschiffahrt – Aufgaben und Entwicklung, Darmstadt 1987.

BURGER, HANNES, KAPFINGER, HEINZ, Bayerns Weg zum Meer, Passau 1992.

HANTOS, ELEMER, Mitteleuropäische Wasserstraßenpolitik, Budapest 1929.

HEINRICH FERDINAND, Erzherzog, Die Wasserstraße Mitteleuropas, Wien – Leipzig 1917.

HOFMANN, HANS HUBERT, Kaiser Karls Kanalbau, München 1969.

PISECKY, FRANZ, Österreich und die Donau, Wien 1968.

–, Die historischen Grundlagen der Situation des Donaulandes Österreich im europäischen Wasserstraßensystem (Verkehrsannalen Heft 5/1970), Wien 1970.

–, Österreich im Rahmen eines europäischen Wasserstraßensystems (ÖVG-Spezial, Bd. 20), Wien 1988.

–, Umbruch im Osten und seine Auswirkungen auf den europäischen Wasserstraßenverkehr (Zeitschr. Schiffahrt u. Strom, Folge 136/1991), Wien 1991.

Reichsgesetzblatt für die im Reichsrathe vertretenen Königreiche und Länder, Jg. 1901.

SUPPAN, C. V., Die Donau und ihre Schiffahrt, Wien 1917.

URBANITZKY, R., Denkschrift über den Donau-Moldau-Elbe-Canal, Linz 1897.

Helmut Federspiel

Kraftwerksbau und Elektrizitätswirtschaft

Elektrizitätswirtschaft

Die Entwicklung der österreichischen Elektrizitätswirtschaft ging nach dem Ersten Weltkrieg und in der Zwischenkriegszeit, bedingt durch die Weltwirtschaftskrise, nur sehr schleppend voran. Im Jahr 1938 wurde die Alpen-Elektro-Werke-AG gegründet und man begann mit dem systematischen Ausbau der Wasserkraft. Projekte an der Drau und am Inn, die Hauptstufe Kaprun und Obervermunt in den Alpen, um nur einige zu nennen, wurden in Betrieb genommen. Außerdem nahm man den Bau von Kraftwerken an der Enns in Angriff.

Nach dem Ende des Zweiten Weltkriegs war ein rascher Wiederaufbau der Elektrizitätswirtschaft für die Sicherstellung der elektrischen Energie unerläßlich. Da in Österreich primäre Energiestoffe wie Kohle, Öl oder Gas nur in geringen Mengen vorhanden sind, mußte die Wasserkraft verstärkt genutzt werden.

Bereits im Herbst 1945 wurde von der Alpen-Elektro-Werke-AG und den Landesgesellschaften ein Österreichisches Elektrizitätswirtschaftskomitee zur Vorbereitung einer nach einheitlichen Grundsätzen aufgebauten Elektrizitätswirtschaft gegründet. Durch das zweite Verstaatlichungsgesetz vom 26. März 1947 wurde die Elektrizitätswirtschaft mit Ausnahme von kleineren Stromlieferungsunternehmen (bis 200 kW Leistung) und den industriellen Eigenversorgungsanlagen (bis 100.000 kWh Jahresarbeit) in die öffentliche Hand übergeführt.

Die Errichtung von großen Speicherkraftwerken wie Kaprun Oberstufe, Reißeck-Kreuzeck, Lünersee und Flußkraftwerken wie Schwarzach, Braunau, Jochenstein waren in der damaligen Zeit eine international anerkannte Pionierleistung und für die österreichische Volkswirtschaft von großer Bedeutung.

Die österreichische Donau – Energieträger

Die Donau ist heute für Österreich eine große nicht versiegende Energiequelle – sie liefert etwa 25 Prozent der Stromerzeugung – für den Transport von Massengütern von Ost nach West und für den Gütertransitverkehr eine Schiffahrtsstraße mit Zukunft und nicht zuletzt eine Tourismusattraktion von besonderer Bedeutung.

Die Energienutzung der Donau begann, von örtlichen kleinen Nebenanlagen (etwa Schiffsmühlen) abgesehen, im Jahre 1927. Damals ging das Kraftwerk „Kachlet" oberhalb von Passau, von der 1921 gegründeten Rhein-Main-Donau-AG errichtet, in Betrieb. Bereits dieses erste Donaukraftwerk, das in seiner Entstehungszeit als Großkraftwerk galt, zeigte deutlich die Doppelfunktion dieser Kraftwerke auf: Stromerzeugung und Verbesserung der Schiffahrtsverhältnisse. Das nächste Bauvorhaben in zeitlicher Reihenfolge war bereits „Ybbs-Persenbeug", das 1938 in Angriff genommen wurde, doch mußte der Bau 1944 aus kriegsbedingten Gründen eingestellt werden.

Die ersten Ansätze zu einem lückenlosen Ausbau der österreichischen Donau und zu einer geschlossenen Ausbauplanung zeigten sich bereits 1930 in dem von Grünhut entworfenen Stufenplan, der mit 13 Kraftwerken eine Ausnützung der Rohfallhöhe von 32 Prozent plante. Der Stufenplan der Wasserstraßendirektion aus dem Jahre 1942 sah bereits eine Ausnutzung von 65 Prozent mit 17 Staustufen vor und der Entwurf der Alpen-Elektro-Werke im Jahre 1945 eine Ausnutzung der Rohfallhöhe von 67 Prozent bei elf Staustufen. Bei allen diesen Überlegungen wurde stets die Verbesserung der Schiffahrtsverhältnisse sowie die ganzjährige Befahrbarkeit mit Großschiffen berücksichtigt.

Im August 1947 wurde die „Österreichische Donaukraftwerke AG" (Donaukraft) als Sondergesellschaft zum Weiterbau des Großkraftwerkes Ybbs-Persenbeug gegründet, doch konnte das Projekt erst im Frühjahr 1953, nach der Freigabe der Baustelle durch die russische Besatzungsmacht, zur Ausführung gelangen. Am 1. Oktober 1954 wurde mit den Bauarbeiten begonnen.

In der Zwischenzeit begann jedoch auch der Ausbau der Donau-Grenzstrecke zwischen Österreich und Deutschland. Als erste Donaustaustufe nach dem Zweiten Weltkrieg ging 1955 das von beiden Staaten gemeinsam errichtete Kraftwerk Jochenstein in Betrieb. Diese Anlage war vielfach Vorbild für die österreichischen Kraftwerke.

In den Jahren 1953 bis 1956 wurde von der Donaukraft ein Plan für eine österreichweite Kraftwerkskette ausgearbeitet, unter der Berücksichtigung der Gesichtspunkte der Stromerzeugung, der Schifffahrt, der Wasserversorgung, der Abwasserbeseitigung sowie des Umwelt-, Natur-, Denkmal- und Hochwasserschutzes. Die Wertigkeit der einzelnen Interessen unterliegt im Wandel der Zeit starken Verschiebungen. In den fünfziger Jahren hatte die kostengünstige Stromerzeugung Priorität. Heute dominieren der Landschaftsschutz und die Erhaltung der Kulturlandschaft.

Der im Jahre 1956 vorgelegte Rahmenplan wurde im Laufe der Zeit mehrmals überarbeitet, so daß die danach errichteten Kraftwerke das Rohgefälle zu 83 Prozent ausnützen. Ebenso wurde die Ausbauwassermenge der einzelnen Kraftwerke erhöht. War beim Kraftwerk Ybbs-Persenbeug als Ausbauwassermenge noch die „100tägige Wasserführung" maßgebend (das bedeutet an 100 Tagen in einem mittleren Jahr kann das ankommende Wasser nicht alleine mit den Turbinen abgearbeitet werden), so wurden die danach errichteten Kraftwerke auf eine 50tägige Wasserführung und die Kraftwerke Melk, Greifenstein und das in Bau befindliche Kraftwerk Freudenau sogar noch höher ausgebaut. Auch beim Kraftwerk Ybbs-Persenbeug wird gerade durch den Einbau eines großen siebenten Maschinensatzes der Ausbaugrad erhöht.

Kraftwerksbau an der österreichischen Donau

Der Ausbau der österreichischen Donaustrecke wurde mit dem Donaukraftwerk Ybbs-Persenbeug begonnen, das im September 1957 erstmals Strom ins Netz lieferte. In weiterer Folge wurden die Staustufen Aschach (1959–1964), Wallsee-Mitterkirchen (1965–1968), Ottensheim–Wilhering (1970–1974), Altenwörth (1973–1976), Abwinden-Asten (1976–1979), Melk (1979-1982) und Greifenstein (1982–1985) errichtet und in Betrieb genommen. Im Juli 1992 wurde mit dem Bau des 9. Donaukraftwerkes, des Kraftwerks Freudenau in Wien, begonnen. Die Kraftwerke Aschach und Ybbs sowie das in Bau befindliche Kraftwerk Freudenau wurden direkt im Fluß in der sogenannten Naßbauweise errichtet. Alle anderen Staustufen wurden in einer einzigen Baugrube neben dem Fluß in Trockenbauweise gebaut.

Ein Donaukraftwerk besteht im wesentlichen aus einem Krafthaus (in Ybbs-Persenbeug sind es zwei) zur Erzeugung des elektrischen Stromes, aus einer Wehranlage mit fünf bis sechs Wehrfeldern zur Wasserabfuhr bei Hochwasser und einer Schiffsschleusenanlage mit zwei Schleusenkammern. Büro- und Sozialräume, Schaltwarte und Werkstätten sind zumeist im Krafthaus integriert.

Im Krafthaus wird die potentielle Energie des aufgestauten Wassers in von Turbinen angetriebenen Generatoren in elektrische Energie umgewandelt. Je nach Kraftwerk wird die Donau bei Mittelwasser zwischen neun und fünfzehn Meter aufgestaut. Das aufgestaute Wasser kann nun durch seinen Druck und durch gezielte Lenkung beim Abfließen eine Turbine antreiben. Nach Durchfließen des Turbinenrechens gelangt das Wasser zu den Leitschaufeln und weiter zu den Laufschaufeln der Turbine. Die Leitschaufeln können verstellt werden und regulieren so die Wassermenge, die durch die Turbine abgeführt wird. Die Wassermenge in Kubikmeter pro Sekunde multipliziert mit der Fallhöhe (Differenz zwischen dem Wasserspiegel vor und nach dem Kraftwerk) in Meter und dem Faktor 9,0 ergibt, vereinfacht ausgedrückt, die Leistung der Turbine in Kilowatt. Bei niedriger Fallhöhe und großen Wassermengen werden für die optimale Ausnutzung der Wasserkraft Kaplan-Turbinen eingesetzt.

Direkt an die Turbinenwelle angekoppelt ist der Generatorrotor. Durch die Drehung des im Rotor induzierten Magnetfeldes wird in den Wicklungen des Generatorständers der elektrische Drehstrom mit einer Spannung von etwa 10.000 Volt erzeugt. Nach Hochspannen in großen Transformatoren auf 110.000 oder 220.000 Volt wird der Strom über Schaltanlagen, Leitungen oder Kabel ins Hochspannungsnetz eingespeist. Für das Betreiben dieser Maschinensätze mit Einzelleistungen von 20.000 bis 60.000 kW je Kraftwerk sind natürlich viele Nebenanlagen erforderlich.

Der zweite Bauteil ist die Wehranlage. Sie wird gewöhnlich zwischen Krafthaus und Schleusenanlage mitten in den Strom gebaut, um eine möglichst ungehinderte Hochwasserabfuhr zu erreichen. Sie besteht aus fünf bis sechs 24 m breiten Öffnungen, die durch zweiteilige, bewegliche „Wehrverschlüsse" abgesperrt sind.

Bei den älteren Kraftwerken sind die Wehrverschlüsse als Hakendoppelschütze mit elektromechanischem Antrieb (Getriebe und Kette), bei neueren als Segment mit aufgesetzter Klappe und ölhydraulischem Antrieb (Hydraulikzylinder) ausgebildet. Die Wehranlage läßt jene Wassermenge abfließen, die von den Turbinen nicht mehr geschluckt werden kann. Sie muß so ausgelegt werden, daß extreme Hochwässer problemlos abgeführt werden können

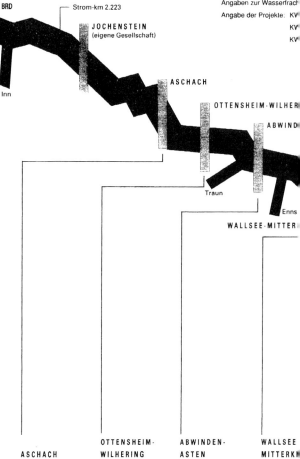

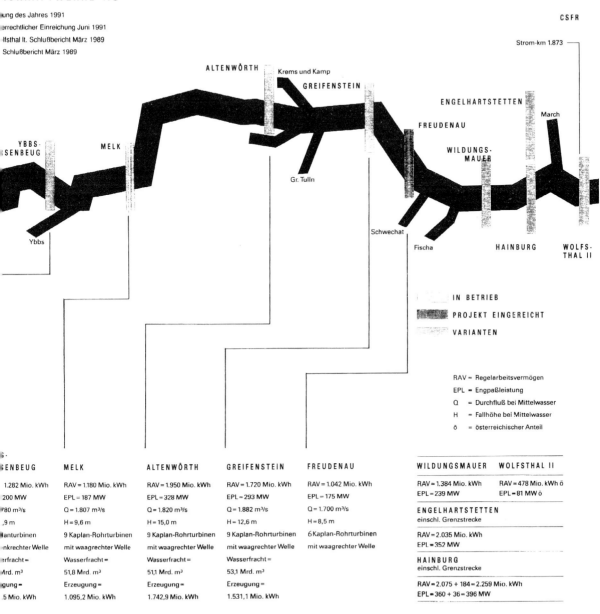

und Turbinenausfälle durch Schnellabsenken der Verschlüsse ohne Sunk im Unterwasser und ohne Schwall im Oberwasser ausgeregelt werden können.

Der dritte Bauteil eines Donaukraftwerkes sind die Schiffsschleusen. Die Republik Österreich trat am 7. Jänner 1960 der Belgrader Konvention (Donaukonvention) bei, einer Vereinbarung für den Ausbau der internationalen Schiffahrt-Wasserstraße Donau. 1962 wurden von der Donaukommission endgültig einheitliche Ausbauparameter festgelegt, die die Wassertiefe, Brückendurchfahrtshöhen, Mindestabmessungen der Schleusenanlagen und dergleichen regeln.

Bei allen Kraftwerksanlagen an der österreichischen Donau wurden die Schleusenanlagen mit zwei Schleusenkammern ausgestattet. Entsprechend den Empfehlungen der Donaukommission ist jede Schleusenkammer 24 m breit, die Nutzlänge der Schleusenkammer beträgt 230 m, beim Kraftwerk Freudenau 275 m, die Mindestwassertiefe mißt 4,0 m. Jede Anlage besitzt im Ober- und Unterwasser einen Vorhafen. Die Vorhäfen werden hauptsächlich zum Umgruppieren der Verbände benutzt. Für wartende Schiffsverbände sind im Ober- und Unterwasser der Schleusenanlage Warteländen vorhanden. Seitens der Schiffahrt wurde für die immer mehr an Bedeutung gewinnende personalsparende Schubschiffahrt die Ausbildung von durchgehenden Leit- und Ländemauern vorgeschlagen, welche die Einfahrt des Schubverbandes in die Schleusenkammern erleichtern sollen. Dieser Forderung ist man beim Kraftwerk Ottensheim-Wilhering bereits nachgekommen. Mit Ausnahme des Kraftwerkes Ybbs-Persenbeug erfolgt die Füllung und Leerung der Schleusenkammern über ein eigenes Füll- und Entleerungssystem, wodurch es in den Vorhäfen zu keinen Behinderungen der Schiffszüge bei der Ein- und Ausfahrt kommt.

Im Schleusenoberhaupt wird die Kammer durch ein Hub-Senk-Tor, im Unterhaupt durch ein Riegelstemmtor verschlossen. Die Schleusenkammern sind mit Schwimmpoller, Nischenpoller, Steigleitern und einer Schiffsfangvorrichtung ausgestattet. Auf den Schleusenmauern sind Plattformpoller angeordnet.

Die Schleusen stehen Tag und Nacht ohne Unterbrechung der Schiffahrt zur Verfügung. Jedes eintreffende Schiff, das eine Schleusung benötigt, ist kostenlos zu schleusen. Bei allfälligen Kollisionen, Beschädigungen oder anderen Störungen des Schiffahrtsbetriebes wirkt der schleusendiensthabende Beamte als strompolizeiliches Aufsichtsorgan. Die direkte Verbindung zu den Schiffen ist akustisch über Lautsprecher oder optisch über Radar und Television möglich. Über Fernsehkameras werden die Verschlußbereiche überwacht und die Torbewegungen im Zusammenhang mit der Lage der Schiffseinheiten kontrolliert.

Im Winter sind die Dichtungsflächen, Dichtungen und Hydraulikzylinder beheizt. Für Eisaufbrucharbeiten stehen in allen Stauräumen der Kraftwerke ein bis zwei Eisbrecher bereit. Sie kommen jedoch nur zum Einsatz, um im Eis festsitzende Schiffe in den nächsten Hafen zu bringen oder um bei einsetzendem Tauwetter die Wiederaufnahme der Schiffahrt zu beschleunigen.

Bei großen Hochwässern müssen auch die Schleusenkammern zur Wasserabfuhr herangezogen werden, was für die Anlagenteile eine echte Höchstbeanspruchung darstellt.

Elektrizitätserzeugung der österreichischen Donaukraftwerke AG

In den acht bestehenden Kraftwerken werden in einem mittleren Jahr 11.271 Millionen Kilowattstunden Strom erzeugt. Im Jahre 1992 betrug die Jahreserzeugung 11.354 Millionen kWh, das sind um etwa 0,7 Prozent mehr als es dem Regeljahr entspricht. Damit betrug der Donaukraftanteil an der öffentlichen Elektrizitätserzeugung Österreichs 25,6 Prozent. Von dieser Jahreserzeugung wurden 5.297 Millionen kWh oder 46,7 Prozent im Winterhalbjahr produziert. Seit Bestehen der Donaukraftwerke wurden bis Ende 1992 223.486 Millionen kWh erzeugt. Damit hätte Oberösterreich 36 Jahre lang mit Strom versorgt werden können.

Diese Zahlen zeigen, wie wichtig die Stromerzeugung aus der Donau für die österreichische Volkswirtschaft, aber auch für die Umwelt ist. Eine Energieerzeugung, die keine Treibhausgase (CO_2, NO_X und andere) verursacht und keine Ressourcen verbraucht, ist von unschätzbarem Wert. Daher sollte auf den weiteren Kraftwerksbau an der Donau nicht verzichtet werden.

Umweltschutz – Donaulandschaft

Der Kraftwerksbau hat die Landschaft im Donautal erheblich verändert. Viele Bereiche sind heute hochwasserfrei, in anderen Uferbereichen konnte der Grundwasserspiegel so angehoben werden, daß wieder Auwälder entstanden. Die Rückstaudämme und Gräben wurden so gestaltet, daß die „Natur aus zweiter Hand" vergessen läßt, daß hier vor 20, 30 Jahren Bagger gefahren sind.

1976 hat Konrad Lorenz in seinem Vorwort zu dem Buch „Grüne Wildnis am großen Strom" von Elfrune Wendelberger geschrieben: „Der Weiterbestand der Au wird nicht zuletzt davon abhängen, ob es möglich sein wird, sie vom Rückstauraum der Kraftwerke aus regelmäßig zu überfluten, damit ihre wichtigste ökologische Voraussetzung erhalten bleibt. Mit diesen steuerbaren Zuflüssen, von denen einige schon realisiert sind, bestünde sogar die Möglichkeit, bereits verlandete Altwässer zu durchströmen und damit die nachteiligen Folgen der Stromregulierungen wenigstens teilweise aufzuheben."

Literatur

FEDERSPIEL, H. und LEITNER, K., Der Kraftwerksbau an der österreichischen Donau. In: Sonderpublikation des Österreichischen Wasserstraßen- und Schiffahrtsvereines, September 1992.

FENZ, ROBERT, Wasserkraftnutzung an der Donau. In Donaustrom, Juli 1973.

FRISCHLER, KURT, Lebendiger Strom. Die Donaulandschaft heute, Wien 1983.

KÖNIG, OTTO, Naturschutz an der Wende, Wien 1990.

SEQUENZ, H., Der Wiederaufbau der österreichischen Elektrizitätswirtschaft nach dem Ende des 2. Weltkrieges. In: ÖZE, Jg. 30, Heft 3, März 1977.

Walter Halling

Die ersten Kraftwerke im oberösterreichischen Donauraum

Die Rechtsvorgänger der heutigen Landesgesellschaft „Oberösterreichische Kraftwerke AG" errichteten in den Jahren 1923 bis 1925 zwei Kraftwerke, das Mühlkraftwerk Partenstein und das Rannakraftwerk. Von hier aus wurde bis zur Mitte der fünfziger Jahre der Donauraum bis Wien mit elektrischer Energie versorgt.

Partenstein, das erste Großkraftwerk Österreichs

1903 erreichte der Wiener Großindustrielle Franz Hiller eine Konzession für die Nutzung der Wasserkraft an der Großen Mühl. Erst 1916 wurde vom Rechtsnachfolger die „Mühlwasserkraft Ges. m. b. H." gegründet, die einen Schweizer Ingenieur mit der Ausarbeitung eines Gesamtprojektes beauftragte. Inzwischen war jedoch das Grundkapital der Gesellschaft durch kriegsbedingte Geldabwertung zu knapp geworden, und mit einer Kapitalaufstockung trat an die Stelle des ursprünglichen Einbringers der Konzession die „Elektrizitätswerke Steyr Ges. m. b. H.". Wegen der Wichtigkeit des Projektes kam es trotz des Währungsverfalls nach Kriegsende zum Ankauf weiterer Anteile durch das Land Oberösterreich, die Stadt Linz und die Waffenfabriks-Gesellschaft. Doch auch diese Gesellschaft trat in Liquidation. Auch unter der Nachfolgegesellschaft, der OWEAG, der als Gesellschafter die Republik Österreich beitrat, hätte – obwohl das Kapital auf 50 Millionen aufgestockt wurde – der Bau keine Aussicht auf Verwirklichung gehabt, wenn nicht die Bereitschaft ausländischer Geldgeber bestanden hätte.

Die Große Mühl hat ihr Quellgebiet im Böhmischen Massiv am bayerischen Abhang des Dreisesselberges. Während ihr Oberlauf ein nur unbedeu-

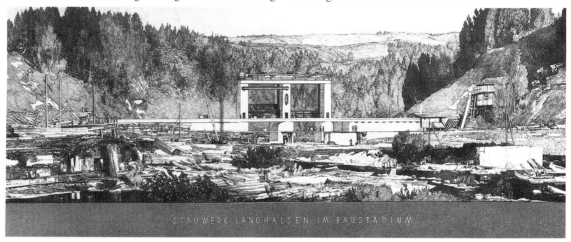

Klemens Brosch, Stauwerk Langhalsen im Baustadium 1925

tendes Gefälle hat, fließt sie ab Neufelden steil zur Donau hinab. Oberhalb dieses Knickpunktes wurde der Stauweiher des Kraftwerks in Langhalsen geplant. Mit dem in Österreich erstmaligen Einstau einer Siedlung wurde die Baugesellschaft mit einem vollkommen neuen Problem konfrontiert. Der künstliche See ist bei Vollstau etwa drei km lang, das Einzugsgebiet umfaßt 506 km².

Im September 1919 wurden der Unterwasserkanal, die Zufahrtsstraße und der Maschinenhausaushub in Auftrag gegeben und ein Hilfskraftwerk errichtet. Für den schwierigsten Bauabschnitt, den 5600 m langen Stollen, mußte man den mächtigen Granitriegel zur Donau durchbohren, was bis Ende 1923 dauerte. Es war der erste Druckstollen mit Kreisprofil. Entgegen früherer Methoden wurde die Druckrohrleitung erstmals geschweißt. Für den Transport der überdimensionalen Rohre wurden Raupenschlepper eingesetzt. Die 40 Tonnen schweren Trafos und Maschinenaggregate wurden auf dem Wasserweg von der DDSG gebracht. Den Maschinenkran mit 50 Tonnen hat die Schiffswerft Linz geliefert. Für die Namensgebung des Großprojektes stand das kleine Grenzlandschlößl Partenstein Pate.

Zur Erhaltung der Eigenständigkeit der Mühlviertler Landschaft wurde für die Anlage der Architekt und Schüler Otto Wagners, Mauriz Balzarek, um den Entwurf gebeten. Balzarek suchte keine Beziehung zu historischen Modellen, das Kraftwerk wurde in einem „secessionistischen Befreiungsakt" zu einem eigenen Thema und signalisiert durch seine Monumentalität und seine einfache Geometrie Würde.

Zwei „Kraftwerksmaler" arbeiteten zur Bauzeit Partensteins bei der OWEAG. Klemens Brosch hielt die entscheidenden Bauetappen bildlich fest, von Leo Adler, der später durch Bilder von Ybbs-Persenbeug, Kaprun oder der Dobrasperre bekannt wurde, sind Zeichnungen der Staumauer mit dem Wehrverschluß erhalten.

1923/24 wurde das Umspannwerk in Wegscheid gebaut, in erster Linie für die Verteilung der Energie-

Vollaushub des Maschinenschachtes 1923

lieferung nach Wien, Linz und Steyr. Die 31 km lange 110.000-Volt-Leitung quert die Donau bei Wilhering mit einer Spannweite von 330 Metern. Der erste Vollstau erfolgte im August 1924, das Anlaufen der Maschinen im September. Am 30. Oktober war Betriebseröffnung. Beim Bau sind einige Kunstwerke als Zeugen der Zeit vor der Werkserrichtung erhalten geblieben, sie werden noch heute von der OKA betreut: ein Kapellenbildstock von 1775, eine Schwanthaler-Nepomukstatue, ein Barockbrunnen aus dem ehemaligen Schloß Langhalsen und die Annakapelle.

Kraftwerk Ranna: Vom Hochdruck-Laufkraftwerk zum Pumpspeicherkraftwerk

Der Schweizer Ingenieur, der Partenstein bearbeitet hatte, legte 1919 der Behörde ein Projekt des Kraftwerks Ranna vor, das annähernd dem heutigen Erscheinungsbild gleicht. Infolge der Inflation der Nachkriegszeit trat zwei Jahre später die bislang nur im Salzkammergut operierende Elektrizitätsgesellschaft Stern & Hafferl AG als Nachfolger auf, die sich vorerst mit einem Laufkraftwerk mit 9000 PS begnügen mußte.

Die Ranna ist der erste linksufrige Nebenfluß der Donau in Österreich. Ihr Einzugsgebiet von 166 km² liegt zum Großteil in Bayern. Etwa vier km unterhalb der Ortschaft Oberkappel beim Übergang zum Steilabfall plante man das erste kleine Wehr, von dem das Wasser durch einen 3600 m langen Druckstollen und eine 360 m lange Druckrohrleitung zum Krafthaus auf das Hochufer der Donau bei Kramesau gelangen sollte. Der Druckstollen wurde in herkömmlicher Weise zum Teil händisch, später durch Gesteinsbohrmaschinen aus den Granitfelsen ausgebrochen. Nach Aufstellung von zwei 3950-kW-Francis-Zwillingsturbinen und zugehörigen Generatoren konnte am 30. Oktober 1925 der Betrieb aufgenommen werden. Nach dem Zweiten Weltkrieg, als die Kohlelieferungen aus dem Ausland ausblieben, die E-Werke größtenteils zerstört und die Stromleitungen unterbrochen waren, startete das

Transport der Druckrohrleitung mit Dienstschiff „Linz" der Oberösterreichischen Wasserbauverwaltung 1924

*Hochwasserabfuhr Rannasperre.
Foto: Kropf*

Bundesministerium für Energiewirtschaft und Elektrifizierung ein Sofortprogramm für eine völlige Umgestaltung und Ausrichtung der Energiewirtschaft auf rein österreichische Bedürfnisse. Die Investitionen wurden zum Großteil aus Mitteln der ERP-Kredite bestritten.

1947 wurde mit der Errichtung einer Talsperre in Ranna begonnen, die bis heute die höchste Talsperre der Oberösterreichischen Kraftwerke AG ist. 1950 wurde die Gewölbestaumauer, für die 30.000 m² Beton benötigt wurden und die 45 m hoch ist, zum Vollstau freigegeben. Über die 180 m lange Mauerkrone führt eine Straßenbrücke. Das Kraftwerk an der Donau wurde ab 1949 ebenfalls erweitert. Für den damals fast 11 m schwankenden Donauspiegel bei Hoch- und Niederwasser wurde eine zweistufige Anordnung zusätzlicher Turbinen eingerichtet. In den Jahren 1953 und 1954 wurden außerdem noch Speicherpumpen eingebaut, womit Ranna in ein Pumpenspeicherkraftwerk umgewandelt worden war, das mit einer Leistung von 19 Megawatt aufwarten kann.

Literatur

ACHLEITNER, FRIEDRICH, Katalog „Lichtjahre", Wien 1986, S 219ff., S 22.
DIETACHMAIR, FRIEDRICH, „Österr. Reichtum Elektrizität", OKA-Hauszeitung Folge 12, 1965.
„DOK" – Referat der OKA, diverse Unterlagen und Prospekte.
FORSTHOFER, FRANZ, „Unser WKW Ranna einst und jetzt", OKA-Hauszeitung, August 1955.
KOTSCHI, FRANZ, Die OKA, 4. Jahrgang 1931, S 35ff.
Das Mühlviertel, Katalog, Linz 1988, S 285.
Mühlviertler Bote, 4. 12. 1963 und 16. 6. 1973.
Mühlviertler Nachrichten, 25. 11. 1965.
Nordico-Mitteilungen, 357/1987, Klemens-Brosch-Ausstellung Jänner 1992.
OKA-Intern, 10/1986, 12/1988, 2/1992.
Protokoll „Stau und Kraftwerk Ranna", Verhandlungsschrift 10. 12. 1919.
Rohrbacher Notizen, Nov./Dez. 1975.
SCHACHERMEYR, HANS, Festschrift zur Eröffnung, Innsbruck 1924.
Vier Jahre Wiederaufbau, Wien 1949.

Susanne Schaber

Donausagen

„Wer viel glaubt, dem widerfährt viel."

Wer kennt sie nicht, die Nixen, Wassermänner, Quellgeister, den bösen Nix, die Wasserjungfern und Donauweibchen? Die Sagenhelden rund um die Donau sind, wen wundert's, im Nassen zu Hause und gehen ungern an Land. Dort freilich haben sie die Jahrhunderte recht unbeschadet überdauert und sind immer noch im täglichen Leben präsent – in einer Vielfalt, die sich gegen voreilige Klassifizierungen sperrt: jede Sage ein Einzelstück, und doch fast jede archetypisch und motivisch mit Sagenkrei-

Ludwig Schnorr von Carolsfeld, „Undine in des Fischers Hütte", Radierung nach Entwurf von Karl Joseph Fürst von Clary-Aldringen, Leipzig 1816. Foto: ÖNB, Bildarchiv

sen verwoben, wie sie in ähnlichen Flußlandschaften entstanden sind.

Der Strom mit seinen Geheimnissen, Ufer mit unerwarteten Klippen, plötzliche Wirbel, seltsame Felsformationen, die aus den Fluten ragen: Die Donau hat die Phantasie des Volkes seit jeher angeregt und seinem Bedürfnis, sich die engste Umgebung bis ins Detail zu erklären, reichlich Nahrung gegeben. Gleichzeitig hat die Deutung von Naturerscheinungen ein Weltgebäude entstehen lassen, in dem sich, ausgehend von menschlichen Schwächen und Tugenden, das Alltägliche, Reale mühelos mit dem Übersinnlichen, Mythischen verbindet. Nicht von ungefähr sah sich der Sagenerzähler lange Zeit in der Rolle, seine Zuhörer zu belehren, zu warnen und Anliegen plastisch zu exemplizieren, die als wahr empfunden wurden – im Unterschied etwa zu Märchen und Schwank.

Wassermänner und Nixen, in Wirbeln, Stromschnellen und Quellen daheim, stehen der Sage mit magischen Erklärungshilfen zur Seite, als menschliche Gegenspieler oder Freunde dieser Wassergeister fungieren Fischer, Schiffer oder Fährleute. Als Bösewichte entlang der Donau treiben sich Wegelagerer und Raubritter herum, die zu erratischen Felsblöcken versteinert oder als umherirrende arme Seelen weiterleben müssen; um Erlösung flehen Ertrunkene, die ihren Frieden erst finden, wenn ihnen ein frommer Mensch zu Hilfe kommt: Die Sage weiß, wo Gut und Böse daheim sind und wartet mit einer leicht faßlichen Moral auf. Daß diese Lehren im Dickicht des Volksglaubens verankert sind und dort ihre Blüten treiben, vermochte erst der aufkeimende Rationalismus aufzudecken.

Weitergetragen wurden die Donausagen mit ihren irrationalen Einsprengseln auch nach der Hinwendung zur Vernunft. Mehr noch: Größte überregionale Verbeitung haben sie erfahren, als man einige von ihnen zu Beginn des 19. Jahrhunderts in die bekanntesten deutschen Sagensammlungen, allen voran die der Brüder Grimm und Gustav Schwabs, aufgenommen hat. Auch die Literatur bediente sich solch

Moritz von Schwind, „Nixen, einen Hirsch tränkend". München, Schackgalerie

volkstümlicher Stoffe: Die Sage vom Donauweibchen etwa hat im gesamten deutschsprachigen Raum eine breite Rezeption erlebt, ausgelöst durch Friedrich Henslers „Donauweibchen", das als Ahnfrau vieler Undinen und Melusinen gilt. „Ein romantisch-komisches Volksmärchen mit Gesang in drei Aufzügen nach einer Sage der Vorzeit" nennt Hensler (1751-1825) sein Schauspiel, in dem er Motive aus

Gustav Klimt, „Wasserschlangen II", Detail, um 1904/07

dem donauländischen Sagenkreis mit Elementen des barocken österreichischen Volkstheaters und der zeitgenössischen Oper zu verbinden wußte. Von Ferdinand Kauer (1751-1831) vertont und 1798 in Wien uraufgeführt, bescherte das Drama um die verliebte, aber rachsüchtige Donaunixe Hulda dem heute vergessenen Autor ungeahnte Erfolge: Als ihr Liebster, Ritter Albrecht vom Waldsee, nicht einwilligt, seiner Gespielin aus dem Wasser auch nach seiner Verheiratung mit Bertha drei Tage im Jahr zu Diensten zu stehen, entführt sie ihn unter Blitz und Donner in ihre Nixengrotte am Grunde der Donau, wo er in ihren Armen „himmlische Lust" erlebt – Szenen unter und über Wasser, die das Naturgefühl der Romantik vorwegnehmen.

„Das Donauweibchen" hat in der Folge stark auf die romantische Kunst eingewirkt und taucht bis in unsere Tage in verschiedenster Gestalt in der Dichtung auf, wo sich Volks- und Hochliteratur durchdringen: Ludwig Tieck verfaßte 1808 ein Jambendrama, „Das Donauweibchen", Friedrich de la Motte Fouqué veröffentlichte 1811 seine „Undine", die er kurz darauf für E.T.A. Hoffmann zu einem Opernlibretto umarbeitete, später vertont von Albert Lortzing. Spuren dieses Sujets entdeckt man im Libretto „Melusina", das Franz Grillparzer für Ludwig van Beethoven vorgesehen hatte, und, um in unsere Tage hinüberzuwechseln, in Ingeborg Bachmanns Erzählung „Undine geht".

Literatur

LÜTHI, MAX, Volksliteratur und Hochliteratur, Bern 1970.
PEUCKERT, WILL-ERICH, Sage – Geburt und Antwort der mythischen Welt, Berlin 1965.
PÖTTINGER, JOSEF, Donausagen, Wien 1973.
ROEHRICH, LUTZ, Sage, Stuttgart 1966.
SZEKELY, GERLINDE, Wanderung durch die Vergangenheit, Mythen und Sagen aus dem südlichen Waldviertel und dem Donauraum, Pöggstall 1986.

Susanne Schaber
Die Nibelungen

Immer noch ruht es wie ein Findling in der literarischen Landschaft, wie ein riesiger erratischer Block, der unergründlich und unbezwingbar vor sich hindämmert: das Nibelungenlied, gerühmt als bedeutendstes deutschsprachiges Heldenepos und gehandelt als einzig mögliches europäisches Gegenstück zur Homerschen „Ilias".

Uns ist in alten mæren
wunders viel geseit
von helden lobebæren,
von grôzer arebeit,
von fröuden, hôchgezîten,
von weinen und von klagen,
von küener recken strîten
muget ir nu wunder hæren sagen.

Nicht nur Generationen von Gymnasiasten, auch Scharen von Germanisten und Literaturwissenschaftern haben sich über Jahrhunderte hinweg am Nibelungenlied versucht. Mit wechselndem Erfolg, denn es sperrt sich gegen jede eindeutige Datierung und Interpretation. Von einem oder mehreren unbekannten Dichtern verfaßt und in einer Reihe von Handschriften überliefert, wirft es ungelöste Rätsel um seine Entstehung auf, die vielfach auf die Zeit um 1200 festgesetzt wird. Die mehr als 2000 auf 39 „Aventiuren" verteilten Strophen geben darauf keine Antwort. Sie erzählen von Siegfrieds Werben um die burgundische Königstochter Kriemhild und die Vermählung der beiden, von Siegfrieds Ermordung durch Hagen und Kriemhilds schrecklicher Rache mit Hilfe ihres zweiten Mannes, des Hunnenkönigs Etzel. Mehr nicht.

Eine Reihe von Sagenkreisen ist hier zu einem großen Ganzen verschmolzen, das die Tradition des Heldenlieds zu einem letzten Höhepunkt führt. Ungewiß bleibt, wo das Nibelungenlied entstanden ist, wenngleich angenommen wird, daß sein Verfasser aus Österreich gestammt haben könnte. Hinter Pilgrim, Bischof von Passau und Onkel Kriemhilds, vermutet man Bischof Wolfger von Passau, Mäzen mehrerer Künstler. Unterstützt hat er wahrscheinlich auch den Verfasser des Nibelungenlieds, der sich in Österreich ausgekannt haben muß, werden doch jene Passagen des Liedes besonders plastisch und detailreich geschildert, die direkt im österreichischen Donauraum spielen.

Farbig wirken diese Abschnitte des Nibelungenlieds auch deshalb, weil in ihnen ein letztes Mal jene gelassene Heiterkeit zu spüren ist, die in der Beschreibung der glanzvollen Festlichkeiten gipfelt. Wie auch anders? Kriemhilds Jawort für Etzel, der beharrlich um sie geworben hat, und die anschließende Brautfahrt in ihre neue Heimat Ungarn lassen nichts ahnen vom heraufziehenden Grauen.

Auf der Reise zu ihrem Verlobten macht Kriemhild mit ihrem Gefolge in Passau Station, um ihren Onkel Pilgrim zu besuchen, ehe sie der Donau entlang Etzels Umarmungen entgegenfährt. Über Eferding geht es in mehreren Etappen auf dem Landweg bis nach Pöchlarn, der Heimat Markgraf Ruedigers, Gefolgsmann und Brautwerber von König Etzel. Ruediger bereitet den Burgunden einen prächtigen Empfang und stiftet eine weitere Ehe: Kriemhilds Bruder Giselher verlobt sich mit Ruedigers Tochter Dietlinde. Über Melk und Mautern erreicht der Zug schließlich Traismauer. Dort zieht sich Kriemhild vier Tage lang zurück, um sich auf dem Schloß von Helche, Etzels verstorbener erster

Frau, auf die Begegnung mit ihrem zukünftigen Mann vorzubereiten. Etzel erwartet sie in Tulln, wo Kriemhild huldvoll seinen ersten Kuß entgegennimmt und bei einer bunten Folge von Ritterspielen mit seinem glänzenden Gefolge Bekanntschaft macht. Am nächsten Tag reist die Gesellschaft nach Wien, um die Hochzeit vor Gott zu besiegeln, ehe man Österreich verläßt und nach Ungarn weiterzieht.

Goethe nennt „die Nibelungen so furchtbar, weil es eine Dichtung ohne Reflex ist und die Helden wie eherne Wesen nur durch und für sich existieren", und ist damit einer der vielen, die der Faszination des Nibelungenliedes erlegen sind. Kein Zufall, daß kaum ein anderes Stück Literatur über Jahrhunderte hinweg eine so breite und erschreckend vielfältige Rezeption erlebt hat – zuletzt während der NS-Zeit, da man die Nibelungentreue als höchste deutsche Tugend feierte.

Besonders die Dichter hat dieser Stoff zu zahlreichen Bearbeitungen und Neuschöpfungen angeregt. Unter ihnen rangieren so verschiedene Persönlichkeiten wie Hans Sachs, Börries Freiherr von Münchhausen, Friedrich de la Motte Fouqué, Ludwig Tieck, Friedrich Hebbel, Gottfried Benn, Else Lasker-Schüler, Bertolt Brecht und Heiner Müller. Die bedeutendste Verfilmung stammt von Fritz Lang („Nibelungen" – 1922 bis 1924), die bekannteste Vertonung von Richard Wagner („Der Ring des Nibelungen" – 1853); Maler von Moritz von Schwind, Franz von Stuck, Johann Heinrich Füssli und Lovis Corinth bis hin zu Anselm Kiefer haben den Stoff gestaltet – und das Nibelungenlied quer durch alle Epochen und Stile mitten in unsere Zeit hineingetragen.

Literatur

DE BOOR, HELMUT, Das Nibelungenlied, Nach der Ausgabe von Karl Bartsch, Mannheim 1988.

KASTNER JÖRG, Das Nibelungenlied in den Augen der Künstler vom Mittelalter bis zur Gegenwart, Passau 1986.

KOLB, JULIUS, Vom Rhein zur Donau – Auf den Spuren der Nibelungen, München 1989.

STORCH, WOLFGANG (Hg), Die Nibelungen, München 1987.

ZATLOUKAL, KLAUS, Das Nibelungenlied und Niederösterreich, St. Pölten/Wien 1978.

Herbert W. Wurster

Passau – das kirchliche Zentrum an der Donau

Während im deutschen Westen die alten Bischofssitze, das sind jene mit einer bis in die Antike reichenden Tradition, verkehrsgünstige Lagen an Rhein und Mosel aufweisen, sind derart alte Bischofssitze im Alpenraum in abgeschiedenen Tal- und Berggegenden zu finden. Nur der antike Bischofssitz Lorch war an der Donau gelegen, an der Einmündung der Enns. Die Kirchenorganisation der Bajuwaren setzte nach mehr oder minder langer Unterbrechung der christlichen Tradition auf meist neuer Grundlage an, erstes kirchliches Zentrum Bayerns war die Herzogsstadt Regensburg. Mit der Errichtung der bayerischen Landeskirche durch den hl. Bonifatius im Jahre 739 wurde das Bistum Passau (gegründet wohl um 735) zum Donaubistum, wurde der Strom seine Achse und Leitlinie.

Angesichts der riesigen Aufgaben bei der kirchlichen Erschließung der österreichischen Lande blieben die beiden territorial betroffenen Diözesen Salzburg (für den Alpenraum) und Passau (für den Donauraum) nicht allein, sondern es erhielten hier alle Diözesen wie auch die großen Klöster des Landes Missionsaufgaben. Im Zuge dieses Prozesses wuchs der Diözese Passau vom 8. bis zum Ausgang des 10. Jahrhunderts ein außerordentlich großer Sprengel zu. In ihn hinein waren aber mehrere „Spaltpilze" eingesenkt: Im kirchlichen Bereich waren dies die Klöster und die anderen Diözesen, die mit zahlreichen Eigenkirchen den bischöflichen Amtsbereich aushöhlten; im weltlichen Bereich war es die politische Dynamik des Neusiedellandes, das seiner immer spürbareren Eigenständigkeit genauso in der kirchlichen Organisation Ausdruck zu verschaffen suchte.

Doch zunächst bestimmte die Geschichte der Diözese der Versuch des Bischofs Pilgrim (971–991), die diözesanen Verdienste um die Christianisierung der Ungarn für eine Rangerhebung Passaus zu nutzen. Das christliche Ungarn sollte Grundstock einer bayerisch-österreichisch-ungarischen Kirchenprovinz werden, deren Metropolit der Passauer Bischof zu werden hoffte. Dazu erstrebte Passau die Unabhängigkeit von der Kirchenprovinz Salzburg. Dieses Bestreben sollte damals wie während der gesamten Dauer der Existenz der bayerischen Kirchenprovinz in Passau immer wieder mächtige Impulse auslösen. Mit der Missionierung Ungarns erwies sich Passau als das mittel- und südosteuropäische kirchliche Zentrum an der Donau. Daher bestimmte sich das Passauer Selbstverständnis über lange Perioden unter Bezug auf diese Ereignisse; über die gelungenste literarische Umsetzung, das Nibelungenlied, wurde dies in den vergangenen zwei Jahrhunderten zur Wirkkraft für ganz Deutschland. Die Passauer Hoffnungen auf Ungarn erfüllten sich aber nicht. Passau blieb dem Erzbistum Salzburg unterstellt und mußte sich auf die bayerisch-österreichischen Donaulande begrenzen – immer noch eine Aufgabe kaum zu überschätzenden Ausmaßes.

Im 11. Jahrhundert sah sich Passau also zu einer Neuorientierung gezwungen, durch die das Bistum seine Rolle als kirchliches Zentrum an der Donau in einer ganz besonderen Weise verwirklichte: Unter Bischof Altmann (1065–1091) wurde die Diözese Zentrum des Kampfes um die Reform der deutschen Reichskirche im Zuge des Investiturstreits. Als sich Bischof Altmann gegen die kaiserliche Macht in Passau nicht mehr halten konnte, suchte er Zuflucht im österreichischen Anteil seiner Diözese, bei den babenbergischen Markgrafen. So begann die enge Zusammenarbeit zwischen der Passauer Kirche und den österreichischen Landesherren, die zu einer immer stärkeren Einflußnahme der donauländischen Landesfürsten auf die Kirche in ihrem Herrschaftsbereich führen sollte. Weitere Schritte auf diesem Weg waren die Übernahme des Passauer Bischofsthrones durch Angehörige des babenbergischen Herrscherhauses im 12. Jahrhundert.

Die Rolle Passaus als kirchliches Zentrum an der bayerisch-österreichischen Donau wurde problematisch, nachdem Österreich im Jahre 1156 als eigenständiges Herzogtum von Bayern abgetrennt worden war. Seit dieser Zeit lag zwar der größte Teil des Passauer Diözesansprengels auf dem Gebiet des Herzogtums Österreich, der österreichische Herzog aber hatte keinen Zugang zu „seiner" Bischofsstadt, da diese vom herzoglich-bayerischen Territorium umgeben war. Die Beurteilung Passaus als „landfremdes" Bistum mußte unter diesen Umständen für die österreichischen Herzöge naheliegen, ebenso – unter entsprechenden politischen Rahmenbedingungen – das Bestreben, ein eigenes Landesbistum von Passau abzutrennen. Nach den ergebnislosen Bemühungen von Herzog Leopold VI. griff Herzog Friedrich II. der Streitbare in den Jahren 1243/44 diese Idee wieder auf. Die dabei ins Auge gefaßte Umwandlung des Schottenstifts zu Wien in den künftigen Bischofssitz macht die Bedeutung der österreichischen Klöster offenkundig: Mit ihren stets wachsenden Zahlen an inkorporierten Pfarreien brachten sie immer größere Anteile der Diözese unter ihre direkte und ziemlich ausschließliche Kontrolle. So wurde auch von dieser Seite her die Rolle Passaus als Mittelpunkt der Diözese in Frage gestellt.

Passau stand also nicht allein als kirchliches Zentrum der Donaulande: Neben den österreichischen Stiften waren dies die anderen Bistümer der Salzburger Kirchenprovinz und das fränkische Bistum Bamberg, das seit seiner Gründung durch Kaiser Heinrich II. bis in das späte Mittelalter eine überragende Rolle spielte, und nicht zuletzt die Klöster Alt-Bayerns. Somit verband die Donauachse die österreichischen Lande am Strom nicht nur mit ihrer Bischofsstadt in Passau, sondern genauso mit vielen anderen kirchlichen Zentren. Zu nennen sind hier letztlich alle Donauklöster, besonders Niederaltaich und St. Emmeram zu Regensburg.

Bis in die Mitte des 13. Jahrhunderts war das Hochstift Passau ein bedeutender machtpolitischer Faktor in der herrschaftlichen Entwicklung der bayerisch-österreichischen Donaugebiete. Diese erlitten gerade in der Wende zum Spätmittelalter Umbrüche, Zusammenbrüche, Neukonstellationen und Neuschöpfungen, die das früh- und hochmittelalterliche Herrschaftsgefüge ablösten. Dabei machte der immer weiter vorangetriebene Landesausbau die Verfügungsgewalt über Kirchenbesitz zusehends wichtiger, weil in diesen Gebieten andere Herrschaftsrechte am leichtesten ausgeschaltet werden konnten und damit breite Einflußgebiete der nun entstehenden landesfürstlichen Gewalt geschaffen wurden. Für die Babenberger wie für die Wittelsbacher wurden die Passauer Lehen und Vogteirechte, das heißt, die weltliche Kontrolle über den Kirchenbesitz, zu bedeutsamen Voraussetzungen für die Durchsetzung ihrer Ziele. Aus diesem Grund war das Bistum im 13. Jahrhundert in eine Reihe von kriegerischen Auseinandersetzungen verwickelt, deren kirchengeschichtlicher, theologischer und religiöser Begründungszusammenhang hier nicht weiter erörtert werden soll. Das Ergebnis dieser Kämpfe war eine spürbare Schwächung Passaus in seiner Rolle als kirchliches Zentrum der Donaulande, und in der Gestaltung der politischen Verhältnisse trat das Religiöse hinter die weltlichen Machtpositionen zurück. Die heranwachsende babenbergisch-habsburgische Residenzstadt Wien wurde somit auch im kirchlichen Bereich Gegenpol zu Passau, entwickelte eine eigene Zentralitätsposition für die österreichischen Lande.

Fürstbischof Herzog Albert von Sachsen (1320–1342) errichtete, um die Passauer Position in den niederösterreichischen Landen wieder mit mehr Gewicht zu versehen, das Offizialat für den Sprengel unter der Enns. Dieses geriet allerdings bald unter habsburgischen Einfluß, so daß es letztlich den Zentralitätscharakter Passaus für das Land unter der Enns weiter verringerte. Die Gründung der Universität Wien (1364) trug weiter dazu bei, das Gewicht der habsburgischen Hauptstadt zu mehren und Passaus Bedeutung zu schmälern. Im Ausbau des Wiener Stephansdoms fanden die habsburgischen Bestrebungen ihren zugleich symbolischen Ausdruck und Höhepunkt. Mit dem Stephansdom hatten die Habsburger ihre eigene Kathedralkirche.

Die jahrhundertelangen Bestrebungen der Babenberger und der Habsburger, dem „landfremden" Bistum Passau – wie dem hier nicht zu behandelnden Erzbistum Salzburg – ein landeseigenes Bistum entgegenzusetzen, erreichten 1469 ihr Ziel. Kaiser Friedrich III. konnte Papst Paul II. dazu bewegen, die Bistümer Wien und Wiener Neustadt zu errichten. Der Verlust der habsburgischen Landeshauptstadt berührte die Diözese Passau zwar nicht unerheblich, das entscheidende war aber wohl doch, daß die Habsburger von nun an in den Donaulanden direkt auf und über Bischöfe Einfluß nehmen konnten. Damit wurde die in Österreich immer schon ausgeprägte Kontrolle des Staates über die Kirche noch weiter intensiviert. Obwohl die Habsburger im Zeitalter der Reformation katholisch blieben, erwuchsen gerade aus dieser Konstellation die Handlungsmöglichkeiten für die evangelische Bewegung im österreichischen Territorium. Die habsburgischen Landesherren waren nämlich damals in ihrer Position geschwächt und mußten dem Adel viele Freiräume, gerade auch im konfessionellen Bereich, zugestehen. Der Adel nutzte diese auf dem religiösen Feld dazu, durch eine abweichende Konfessionsentscheidung die Selbständigkeit gegenüber den Landesherrn zu betonen und zu verstärken. Der Passauer Bischof mit seinen geringen Möglichkeiten, die noch dazu der landesherrlichen Kontrolle unterworfen waren, die ihrerseits wiederum vom evangelisch gesinnten Ständeeinfluß modifiziert war, konnte daher nur wenig für die Erhaltung des katholischen Bekenntnisses tun.

Und doch war gerade die Zeit der konfessionellen Entfremdung zugleich jene Epoche, die die Grundlagen dafür legte, daß das Bistum Passau und die österreichischen Donaulande nochmals eine besonders enge Beziehung entfalteten. Gegen Ende des 16. Jahrhunderts suchte nämlich das Bistum Passau gegen das immer weiter ausgreifende und aggressivere Herzogtum Bayern Anlehnung an die Habsburger. Der aus niederbayerischem Kleinadel stammende Fürstbischof Urban von Trennbach (1561–1598) stellte die Weichen, so daß aus dem von Bayern dominierten Großbistum eine Diözese wurde, deren Anbindung an das Haus Habsburg zwei Jahrhunderte lang geradezu unauflöslich schien. Von 1598 bis 1664 besetzten drei habsburgische Erzherzoge hintereinander den Passauer Bischofsthron. Danach, bis zum Ende des Heiligen Römischen Reiches Deutscher Nation, hielten immer Angehörige des österreichischen (Hoch)-Adels den Passauer Bischofsstab in ihren Händen. Die Gemeinsamkeit zwischen dem Bistum Passau und den habsburgischen Donaulanden fand ihren wohl innigsten Ausdruck in dem Geschlecht der Grafen von Lamberg, die zwei Passauer Bischöfe, beide Kardinäle, und drei Weihbischöfe stellten.

Allerdings ging spätestens in dieser Phase der Führungsanspruch Passaus verloren; die Bischofsstadt, die in früheren Zeiten sogar in Kunst und Literatur vorangeleuchtet hatte, wurde in den österreichischen Kulturraum integriert, wobei selbstverständlich bayerische Einflüsse weiterhin lebendig blieben. Trotz oder vielleicht gerade wegen dieser engen Integration haben die Habsburger das Bistum Passau im 18. Jahrhundert immer weiter beschneiden können. Die Erhebung Wiens zum Erzbistum (1722) und die Vergrößerung dessen Diözesansprengels (1728) gingen auf Kosten Passaus; daran konnte weder ein Kardinal Josef Dominikus Graf von Lamberg (1723–1761) noch ein Kardinal Leopold

Ernst Graf von Firmian (1763–1783) mit seinen besonders engen Beziehungen zur Kaiserin Maria Theresia etwas ändern.

Passau galt schließlich als landfremdes Bistum, das den „nationalkirchlichen" Bestrebungen der Aufklärungszeit wie ein urtümliches Relikt im Wege stand. Aus dieser Geisteshaltung heraus vernichtete Kaiser Josef II. 1783 das Großbistum Passau, indem er die österreichischen Diözesananteile entsprechenden Neugründungen übertrug. Damit endete die Geschichte Passaus als kirchlicher Zentralort der österreichischen Donaulande. Notwendig wurde eine Besinnung auf das künftige Passauer Wesen. Eingeleitet wurde diese Reorientierung durch den Kardinal der Aufklärung, durch Kardinal Joseph Franz Graf von Auersperg (1783–1795), den wohl nicht nur für Passau bedeutsamsten Vertreter dieses herausragenden habsburgisch-österreichischen Grafengeschlechts.

Seit Kaiser Josef II. ist Passaus Rolle als kirchliches Zentrum an der Donau von kleinem Zuschnitt. Durch die Gegebenheiten der bayerischen Landespolitik des 19. und 20. Jahrhunderts wurde zudem die Bedeutung der Donauachse erheblich reduziert. Und doch lebt die historisch begründete Verbindung Passaus mit den mittel- und südosteuropäischen Donaulanden weiter fort. Vor allem die Beziehungen zum Nachbar- und Tochterbistum Linz, der Diözese des Landes Oberösterreich, sind zu nennen, genauso aber die Bestrebungen der niederösterreichischen Klöster, die Beziehungen zur Mutterkirche zu pflegen oder zu revitalisieren. Immer lebendig geblieben ist die Beziehung nach Ungarn. Das Grab der seligen Gisela im Passauer Kloster Niedernburg war und ist Ziel ungarischer Wallfahrten. Aus dieser Vertrautheit konnte sich Passau in den Tagen des Unheils 1945 und 1956 vielen tausend Ungarn als Zuflucht darbieten, und auch in den Umbrüchen unserer Tage beweist die mehr als tausend Jahre alte Tradition des Zentrums an der Donauachse ihre Lebenskraft.

Literatur

LEIDL, AUGUST, Das Bistum Passau zwischen Wiener Konkordat (1448) und Gegenwart. Kurzporträts der Passauer Bischöfe, Weihbischöfe, Offiziale (Generalvikare) dieser Epoche, Passau 1993.

SCHRÖDL, KARL, Passavia sacra. Geschichte des Bisthums Passau bis zur Säkularisation des Fürstenthums Passau, Passau 1879.

–, Nachträge, Erläuterungen und Ergänzungen zur „Passavia sacra", Passau 1888.

WURSTER, HERBERT W., Das Bistum Passau – Mutterkirche des österreichischen Donauraumes. In: Brüder – Feinde – Nachbarn. Österreich – Bayern. Katalog zur Ausstellung im Kastenhof, Niederbayerisches Vorgeschichtsmuseum, Landau an der Isar, 23. März bis 31. Oktober 1991, hg von WURSTER, HERBERT W., Passau 1991, S 85–98; 186–204.

ZINNHOBLER, RUDOLF, Die Entwicklung der kirchlichen Organisation in „Oberösterreich". In: Tausend Jahre Oberösterreich. Das Werden eines Landes. Ausstellung des Landes Oberösterreich, 29. April bis 26. Oktober 1983 in der Burg zu Wels, Linz 1983, I, S 143–156.

Karl Vocelka

Heilige und Heiligenverehrung an der Donau

Eine große Zahl von Heiligen kann mit der Donau in Verbindung gebracht werden. Teilweise handelt es sich dabei um Heilige, die an der Donau gewirkt haben, teilweise um solche, die an der Donau oder in bestimmten Landschaften oder Klöstern am Strom besonders verehrt wurden und werden. Selbstverständlich gibt es unzählige Heilige, die nicht allein im Donauraum verehrt wurden, da deren Patronat für die Bevölkerung oder bestimmte Gruppen der Bevölkerung wichtig war. Als Beispiel seien St. Georg als ritterlicher Patron, St. Leonhard als Viehpatron oder – im Zusammenhang mit der Donau – St. Christophorus als Patron der Reisenden, St. Nepomuk als Patron der Brücken oder St. Nikolaus als Patron der Schiffer genannt.

Der erste „österreichische" Märtyrer und Heilige, Florian, wurde in der Enns ertränkt, doch sein Wirken konzentrierte sich ebenso wie das des heiligen Severin, dessen Verehrung allerdings relativ wenig verbreitet ist, auf die Donaulandschaft. Auch die Verehrung der Heiligen Valentin (Diözesanpatron von Passau), Rupert (Salzburger Landesheiliger), Adalbero von Lambach, Altmann (Bischof von Passau) und Berthold von Garsten finden wir verstärkt in der Donaulandschaft. Viele dieser Heiligen sind aufs engste mit der Christianisierungsgeschichte verbunden und werden in diesem Zusammenhang behandelt.

Die für die Ausstellung ausgewählten vier Heiligen sind in unterschiedlicher Weise mit der Donaulandschaft verbunden: einer erlitt sein Martyrium an der Donau, einer starb an diesem Fluß (hat aber eine seiner Hauptverehrungsstätten anderswo im Lande Oberösterreich), einer zählt zu den Haupttheiligen der Diözese Passau, die so wichtig für die österreichischen Donauländer war, und der vierte schließlich ist jener König, der die Christianisierung Ungarns durchführte.

Der heilige Koloman

Er war ein irischer Pilger, der im Jahre 1012 in der Nähe von Stockerau für einen Spion gehalten und auf einem dürren Holunderbaum, der daraufhin zu grünen und blühen begann, aufgehängt wurde. Als sich an seinem Grab Wunder ereigneten, wurde der – unverweste – Leichnam 1014 nach Melk überführt, wo sich ein Kolomanskult entwickelte. Ein anderes Zentrum der Kolomansverehrung war Eichstätt in Bayern. Der Kolomanskult strahlte auch nach Ungarn aus, wovon der Name des ungarischen Königs Koloman (1095–1116) Zeugnis gibt. Koloman galt lange Zeit als Landesheiliger und Patron Österreichs, erst 1663 wurde er auf Erlaß Kaiser Leopolds I. durch den Babenberger Leopold III., den Heiligen, der durch die Gründung von Klosterneuburg selbst engste Beziehungen zur Donau hat, abgelöst. (Gleichzeitig erlitt auch der oberösterreichische Landespatron St. Florian dasselbe Schicksal!) Koloman hat das erfahren, was man als Volkskanonisation bezeichnet, das heißt, er wurde niemals offiziell heiliggesprochen, wurde und wird jedoch in verschiedenen Orten, vor allem natürlich in Melk und Stockerau, verehrt. Einen Kolomannistein gibt es auch in St. Stephan in Wien. Es bestehen 65 Patrozinien dieses Heiligen – die meisten davon in Bayern –, und 15 österreichische Kirchen sind ihm geweiht. Kolomanni-Wallfahrten bestehen unter anderem in Melk, Stockerau, Meikendorf, Madendorf, Laab, Aggstein, Eisgarn,

Katalog-Nr. III. 2. 1. Foto: P. Jeremia Eisenbauer, Melk

Ebenthal, Eichenbrunn, St. Veit in der Au und Wien. Koloman ist zuständig für Augen- und Fußleiden, er wird von Heiratslustigen ebenso angerufen wie zum Schutz von Pferden. Man hat ihm hölzerne Kolomansköpfe und mit Salz gefüllte Löffel geopfert.

Der heilige Wolfgang

924 in Schwaben geboren, erfuhr der heilige Wolfgang eine Ausbildung als Kleriker und lebte zunächst als Mönch in Einsiedeln. Er trat dann in Beziehung zu Bischof Ulrich von Augsburg, der 955 bei der Niederlage der Ungarn auf dem Lechfeld eine so entscheidende Rolle spielte. Wolfgang widmete sich der nun leichter möglichen Ungarnmission. Von 972 bis 994 war er Bischof von Regensburg und vertrat vor allem die Idee der monastischen Erneuerung. Infolge von Verwicklungen in die Auseinandersetzungen zwischen dem ottonischen Kaiserhaus und den bayerischen Herzögen floh Wolfgang 976/77 auf seine regensburgischen Besitzungen am Abersee (später nach ihm Wolfgangsee genannt). An diesen Aufenthalt knüpfte seine spätere Heiligenlegende an. Nach ihr soll Wolfgang dem Teufel widerstanden haben, er warf seine Hacke und hat an dem Ort, wo sie landete, eine Kirche gebaut. Dieser Ort St. Wolfgang am Wolfgangsee wurde zum Ausgangspunkt einer Verehrung dieses Heiligen, wobei im 15. Jahrhundert der Höhepunkt der Wallfahrt erreicht wurde.

Mit der Donau ist nicht nur ein Teil des Lebens dieses Heiligen – man denke an die Ungarnmission –, sondern auch sein Tod verknüpft. Auf einer Fahrt nach Pöchlarn starb Wolfgang am 31. Oktober 994 in der Kapelle des heiligen Othmar in Pupping an der Donau. Im Jahre 1052 kam es zur Erhebung der Gebeine des Heiligen, die in der Wolfgangskrypta in St. Emmeram in Regensburg beigesetzt wurden, worauf eine zweite Stätte der Verehrung entstand. Neben St. Wolfgang (mit dem berühmten Pacher-Altar) und Regensburg konnte sich in Pupping allerdings kein großes Zentrum der Wolfgangsverehrung entfalten. Im Land Oberösterreich und weit darüber hinaus wurde der Heilige an vielen Orten verehrt, wichtig war dabei Kirchberg am Wechsel, wo Wolfgang angeblich während der Ungarnmission weilte, aber auch viele andere Wolfgangspatrozinien zeugen vom Kult des Heiligen, so beispielsweise in Wesenufer an der Donau und in der Wegkapelle nahe der Schiffsstation Brandstatt bei Eferding. Auch zwei Steine mit angeblichen Kniespuren des Heiligen werden in Oberösterreich verehrt: bei Valentinshaft im Mattigtal und am Wolfgangstein bei Kremsmünster. Nach der großen Blüte der Wolfgangswallfahrt

Kirchenbau des hl. Wolfgang, Holzrelief, Meister der Wolfgangslegende, um 1510/20, OÖLM. Foto: OÖLM Archiv, Eiersebner

an den Abersee im späten Mittelalter – als Wolfgang auch ein verbreiteter Namenspatron im oberösterreichischen Adel war – erlebte die Wallfahrt nach St. Wolfgang und die Verehrung dieses Heiligen in der Barockzeit eine erneute Blüte.

Der heilige Stephan

Das Leben dieses Heiligen verlief weit abseits der Donau. Stephanus ist der erste Blutzeuge und Erzmärtyrer, über den die Apostelgeschichte (Apg. 6,1–8,2) berichtet. Er war unter den sieben Männern, die zum Tischdienst bei den Aposteln bestellt waren, kam mit Mitgliedern der hellenistisch-jüdischen Synagoge in Streit und wurde wegen seiner Aussagen gesteinigt. 415 wurden durch den Erzpriester Lucian die Gebeine Stephans in Kaphar Gamala zu Jerusalem aufgefunden, und nun breitete sich sein Kult auch in Europa aus, zunächst in Ancona und Neapel, dann auch in Nordafrika und Frankreich. Über Norditalien ist seine Verehrung vermutlich bis Passau gelangt, das ein Stephanspatrozinium hat – ähnlich wie andere wichtige Bistümer, etwa Metz und Besançon. Im Bereich der Diözese Passau finden wir viele Stephanspatrozinien bei Kirchen, am bekanntesten wohl das des Stephansdomes in Wien – Wien gehörte ja bis ins späte Mittelalter zum Bistum Passau. Im Hochmittelalter trugen die Herrscher den Stephanskult weiter, und so hat er sich auch in Ungarn verbreitet; es ist kein Zufall, daß der ungarische Nationalheilige diesen Namen trägt.

Im Volksglauben sind einige Stephansbräuche auch mit dem Jahreswechsel und den Zwölftenbräuchen verbunden, das Trinken der Stephansminne, das vermutlich einen aus vorchristlicher Zeit bekannten Rauschtrank als Ursprung hat, das Stephanswasser und das Stephanssalz waren an vielen

Hl. Stephanus vom Kefermarkter Altar, um 1480/90.
Foto: OÖLM Archiv, Eiersebner

Orten verbreitet. Stephan ist auch ein Pferdepatron, vermutlich wieder beeinflußt von vorchristlichen Bräuchen wurden und werden ihm zu Ehren Stephaniumritte abgehalten.

Der heilige Stephan von Ungarn

Der heilige Stefan (997 bis 1038) hieß der Legende nach mit seinem heidnischen Namen Vajk und war der Sohn des Arpadenfürsten Géza. Er wurde von einem Priester des Bischofs Pilgrim von Passau getauft, vom Bischof Adalbert von Prag gefirmt und war mit Gisela (einer Tochter Heinrichs des Zänkers), der Schwester Kaiser Heinrichs II. und Schülerin des heiligen Wolfgang, verheiratet. Anderen Auffassungen nach ist er schon als Christ geboren. Im Jahre 1000 wurde ihm vom Papst Sylvester II. eine Königskrone übersandt, womit die Herrschaftstradition der Länder der heiligen Stephanskrone und die Idee des apostolischen Königtums in Ungarn ihren Anfang nahm. Für die Kirchenorganisation Ungarns war sein Wirken besonders wichtig, da er zehn Bistümer und das Erzbistum in Gran/Esztergom gründete. Die heidnischen Reaktionen unterdrückte er mit ausgesuchter Grausamkeit – was nicht so recht ins Bild eines Heiligen passen will.

1083 wurde Stephan auf Betreiben seines Nachfolgers König Ladislaus I. durch feierliche Erhebung der Gebeine kanonisiert, bis 1948 war der Stefanstag der ungarische Staatsfeiertag – und ist es mittlerweile wieder. Die heilige Stefanskrone, die in ihrer heutigen Form aus späterer Zeit stammt, und die Reliquie der unversehrten rechten Hand Stephans spielen für die staatliche Identität Ungarns eine große Rolle.

Stephan von Ungarn ist – vergleichbar mit Leopold III. in Österreich – ein gutes Beispiel für die starke politische Komponente der Heiligenverehrung, Heilige werden von den Mächtigen „gemacht", wobei das heiligmäßige Leben viel weniger wichtig ist als die soziale Position der betreffenden Person.

Weiterführende Literatur

Der heilige Altmann, Bischof von Passau. Sein Leben und Werk, Göttweig 1965.
ARDELT, RUDOLF, Die St.-Wolfgangs-Patrozinien in Oberösterreich. In: JbOÖMV 117, 1972, S 96–109.
ATTEMS, FRANZ, und KOREN, JOHANNES, Schutzheilige Österreichs als Bewahrer und Helfer. Ihr Leben, ihre Patronate und Attribute, Innsbruck 1992.
BEISSEL, STEPHAN, Die Verehrung der Heiligen und ihrer Reliquien in Deutschland bis zum Beginn des 13. Jahrhunderts, Freiburg 1890.
–, Die Verehrung der Heiligen und ihrer Reliquien in Deutschland während der zweiten Hälfte des Mittelalters, Freiburg 1892.
BIHLER, JOHANNES, Die Stephanusgeschichte im Zusammenhang der Apostelgeschichte, München 1963.
BOGYAY, THOMAS VON, Stephanus rex. Versuch einer Biographie, Wien-München 1975.
HOLTER, KURT, Der heilige Wolfgang und Oberösterreich (Schriftenreihe des oberösterreichischen Musealvereins 5), Linz 1972.
Kirche in Oberösterreich. 200 Jahre Bistum Linz, Ausstellungskatalog, Linz 1985.
NEUMÜLLER, WILLIBRORD, Sie gaben Zeugnis. Lorch – Stätte des heiligen Florian und seiner Gefährten, Linz 1968.
RÖHRIG, FLORIDUS, Leopold III. der Heilige, Markgraf von Österreich, Wien-München 1985.
SCHAUERTE, HEINRICH, Die volkstümliche Heiligenverehrung, Münster 1948.
SCHWAIGER, GEORG (Hg), Bavaria Sancta. Zeugen christlichen Glaubens in Bayern, Regensburg 1970.
Volksfrömmigkeit in Oberösterreich, Ausstellungskatalog, Linz 1985.
WIMMER, OTTO, Kennzeichen und Attribute der Heiligen, Innsbruck-Wien-München ⁵1979.
Der heilige Wolfgang in Geschichte, Kunst und Kult, Ausstellungskatalog, Linz 1976.
ZINNHOBLER, RUDOLF, Der heilige Severin. Sein Leben und seine Verehrung, Linz 1982.
–, Die Beziehungen des heiligen Wolfgang zu Oberösterreich. In: JbOÖMV 117, 1972, S 14–25.

Karl Vocelka

Die Donau als Wallfahrtsstraße

Obgleich die bedeutendste Wallfahrt des Landes Oberösterreich mit einem der „Donauheiligen", dem heiligen Wolfgang, der an der Donau starb, verbunden ist, liegt sie nicht am großen Strom, sondern am Wolfgangsee. Das (leere) Grab in Pupping war durchaus ebenfalls Ziel von Wallfahrten und mußte, um es vor Pilgern zu schützen, schon im Mittelalter mit einem Gitter umgeben werden. Der Puppinger Wallfahrtskirche, die von den Schaunbergern im 15. Jahrhundert erbaut wurde, war ein 1784 aufgehobenes und knapp danach abgebrochenes Franziskanerkloster angeschlossen, das im 19. Jahrhundert erneuert wurde. Auch eine Wolfgangskapelle im Stift Engelszell war Ziel einer Wallfahrt.

Gegenstand einer typologisch eigenartigen Wallfahrt nach Stift St. Florian war der gleichnamige Heilige, dort konnten nämlich weder Reliquien (diese waren in Krakau), noch ein verehrungswürdiges Grab, noch gar ein wundertätiges Kultbild gezeigt werden. Schon unter Maximilian I. hatte man diesem Mißstand durch Grabungen abzuhelfen versucht, die allerdings erfolglos blieben. Dennoch gab es wiederholte Wallfahrten nach St. Florian (vor allem am 4. Mai), für 1760 wird die Zahl der Wallfahrer auf 20.000 geschätzt.

Ein wesentliches Motiv der Gründungsgeschichten vieler Wallfahrten ist das Anschwemmotiv, das eine Reihe von Elementen verbindet: die besondere Bedeutung des Wassers, die Eigenheit vieler Kultbilder, den Platz ihrer Verehrung selbst zu bestimmen, und die wunderbare Bewegung gegen die natürliche Richtung des fließenden Wassers. Ein gutes Beispiel ist das Wimpassingerkreuz, das sich 1350 bis 1783 im Besitz der Minoritenkirche in Wien befand, dann in der Trinitarierkirche (Wien Alserstraße), später in Wimpassing, schließlich ab 1938 im Stephansdom in Wien aufgestellt wurde, wo es 1945 verbrannte. Es handelte sich um ein riesiges toskanisches Kreuz, das der Legende nach die Donau aufwärts geschwommen war und in der Rossau angehalten hat. Erst ein Konventuale des Minoritenordens konnte es mit seinem Gürtel an Land ziehen, worauf man es nach St. Stephan brachte, doch fand man es am nächsten Tag in der Minoritenkirche. Dieses Kreuz wurde Ziel einer kleinen lokalen Wallfahrt.

In Aschach an der Donau gibt es ein Kruzifix, das im Dezember 1693 bei einem Eisstoß vielleicht aus Deggendorf angespült wurde. Nach einem erfolglosen Versuch, es zu zerhacken, wurde es an einem Baum angebracht. 1700 träumt ein Faßzieher, daß er das Kreuz renovieren lassen muß, worauf seine kranke Frau gesund wird, und das Kreuz in Folge in die Pfarrkirche übertragen wird. Eine ähnliche Geschichte ist aus Mauthausen bekannt. Auf der Donau trieb ein geschnitztes Madonnenbild, das bei Mauthausen strandete. Ein Fischerjunge wollte es zerhacken, doch die Hacke sprang ab, und so wurde das Bild auf einem Baum aufgehängt und bei Wassergefahr aufgesucht.

Ähnliche Vorstellungen von stromaufwärts schwimmenden Bildern finden sich in größerer Zahl auch an der bayerischen Donau: in Bogenberg, Maria Ort (wo jeweils Steinstatuen flußaufwärts schwimmen) oder Osterbründl/Teisnach. Varianten dazu gibt es in Helfendorf und Regensburg, wo von einem auf wunderbare Weise stromaufwärts fahrenden Schiff mit Reliquien die Rede ist, in Ingolstadt, wo das Bild einfach schwamm, in Niedernburg bei Passau, wo ein führerloses Schiff mit Bild in der Ursprungslegende auftaucht, und in Sossau an der

Donau, wo ein von Engeln gelenktes Schiff mit einer ganzen schon gebauten Kapelle landete.

Die Mehrzahl der Wallfahrtsorte an der Donau sind – wie ganz allgemein in Österreich die Mehrzahl der Kultstätten – vorwiegend marianische Bilderwallfahrtsorte. Drei Beispiele sollen genannt werden: In Mauthausen fand 1695 ein Fischer in der Enns eine Marienstatue, welche die Gräfin Cavriani restaurieren ließ (genannt Maria vom Siege) und die vor allem von Schiffern besucht wurde. Der Ruf dieses Kultbildes drang nicht nur bis Passau, 1732 war sogar Kaiser Karl VI. in Mauthausen. Neben lokalen Legenden gab es auch die Nachahmung international bedeutender Marienwallfahrten, etwa die Loretokapelle in Grein. In Spielberg auf der Donauinsel wollten in josefinischer Zeit auf der Donau fahrende Wallfahrer die dortige Marienstatue zum Gegenstand einer Wallfahrt machen, „was aber abgestellt wurde" (Gugitz 129). Noch viele andere bedeutende Marienwallfahrtsorte oder Kultbilder, die lokale oder überlokale Verehrung genossen, wären zu nennen, das Maria-Pötsch-Bild im Wiener Stephansdom ebenso wie die Schöne Madonna in Regensburg. Der Wallfahrtsort und – zumindest seit dem Bau der Bahn – auch Ausflugsziel Pöstlingberg liegt ähnlich wie Maria Taferl beherrschend und weithin sichtbar über dem Donautal. Auch bei der Wallfahrt auf den Pöstlingberg handelt es sich um eine späte Erscheinung. 1716 ließ ein Bediener der Kapuziner, Franz Obermayer, vom Linzer Bildhauer Ignaz Jobst eine Pietà schnitzen, die an einem Wetterkreuz auf dem Pöstlingberg angebracht wurde. Der Zustrom der Pilger und die Förderung durch Gundomar Joseph Starhemberg führte zunächst zur Errichtung einer Kapelle, 1738 suchte Graf Starhemberg aufgrund eines Gelöbnisses um den Bau einer Steinkirche an, die vom Linzer Baumeister Johann Matthias Krinner errichtet wurde. 1756 gab es schon 24.000 Kommunikanten, allerdings nahm die Zahl der Besucher später ab.

Die Ausstellung konzentriert sich auf drei marianische Wallfahrten an der Donau, die alle in der Barockzeit entstanden sind und auch die vielfältigen Kulturbeziehungen an der Donau – aber auch weit darüber hinaus – auf diesem Gebiet aufzeigen können.

Maria Hilf

Die Bezeichnung Mariens als Auxiliatrix Christianorum ist alt, sie erhält im Maria-Hilf-Kult des Passauer Gnadenbildes neue Aktualität. Das Originalbild von Lucas Cranach dem Älteren aus dem Jahre 1517 kam als Geschenk des Kurfürsten Johann Georg von Sachsen an den Bischof von Passau, Erzherzog Leopold. 1618 wurde in Passau eine Kopie des Bildes angefertigt, die ihrerseits durch weitere Kopien ausstrahlte, so nach Amberg, München und donauabwärts nach Wien Mariahilf. Als Leopold 1619 Landesfürst in Tirol wurde, nahm er das Originalbild nach Innsbruck mit, es war zunächst in der Hofkapelle, dann in der St.-Jakobs-Pfarrkirche, dem heutigen Dom, aufgestellt und wurde nochmals kultbildend. So existieren Nachbildungen in verschiedenen Tiroler Orten, etwa in Gries im Ötztal, Strengen, Brixlegg, St. Jakob im Defreggen, Brixen, Lana und anderswo.

Die Passauer Kopie, die nach wunderbaren Lichterscheinungen in das Kapuzinerkloster und die Wallfahrtskirche am Mariahilfberg (errichtet 1624–1627) übertragen wurde, erlangte im österreichischen Raum sicherlich besonders dadurch Berühmtheit, daß 1683 Kaiser Leopold I. vor dem Bild um Hilfe gegen die Wiener Türkenbelagerung betete. Aus einer ganzen Reihe an Filiationen sticht in Oberösterreich Maria Schmolln hervor. Neben der bereits erwähnten Kirche (nach der ein ganzer Bezirk seinen Namen hat) gab es in Wien noch Kopien des Bildes in St. Laurenz, in St. Stephan, in der Ursulinenkirche, in St. Johannes und St. Joseph in der Leopoldstadt, in St. Florian im 5. Bezirk, in der Mechitaristenkirche im 7. Bezirk und der Trinitarier- oder Minoritenkirche im 8. Bezirk und in der Hernalser Pfarrkirche, die alle Ziel lokaler Verehrung seit dem

Katalog-Nr. III. 3. 24. Foto: Österreichisches Museum für Volkskunde

18. Jahrhundert waren. Besonders wichtig sind die Kopien in der Mariahilfer Kirche und in der Peterskirche, die beide mit den Ereignissen von 1683 zusammenhängen. Während das Bild der Peterskirche unversehrt blieb, mußte das vom Barnabiten Joanelli 1660 in Mariahilf aufgestellte Bild 1683 in die Michaelerkirche gerettet werden, da die Kapelle von den Türken verbrannt wurde. Nach der Türkenbelagerung wurde dann statt der niedergebrannten Kapelle eine Kirche errichtet, die besonders bei Wasserunfällen der Donauschiffer als Stätte für Votivgaben Bedeutung erlangte.

Maria Taferl

Der in Niederösterreich gelegene, weithin von der Donau aus sichtbare Wallfahrtsort Maria Taferl war eingebunden in eine beliebte Wallfahrtsroute, die außer Maria Taferl den Sonntagberg, der ebenfalls (mit dem Zeichenstein) auf ein vermutlich vorchristliches Steinheiligtum zurückgeht – das später in eine Dreifaltigkeitswallfahrt umfunktioniert wurde – und schließlich die Magna Mater Austriae, Mariazell, einband.

Die Bezeichnung Taferl bezieht sich auf eine Steinplatte, die – vermutlich schon in vorchristlicher Zeit – als Tisch gebraucht wurde. Doch ist dieses Steinheiligtum mit einem Baumheiligtum verbunden gewesen: An einer Eiche fand zunächst die lokale Verehrung eines Kruzifixes statt. Der Hirte Thomas Pachmann versuchte 1633 nichtsahnend, diesen Baum zu fällen, die Axt glitt jedoch ab und verletzte ihn am Fuß. Wunderbarerweise wurde die entstandene Verletzung sofort durch ein Gebet zum Kruzifix geheilt. 1642 wurde eine Nische im Baum ausgehackt, und der Richter von Klein Krummnußbaum, Alexander Schinagl, ließ an die Stelle des schadhaften Kreuzes eine Pietà setzen. Er wurde daraufhin von seiner Schwermut geheilt, danach geschahen auch noch andere Wunder. Sonne, Sterne, weißgekleidete Männer und Engel wiesen den Platz, an dem 1660 die Grundsteinlegung der Kirche erfolgte, die 1724 geweiht werden konnte. Ein Mirakelbuch von 1768 gibt diese Gründungsgeschichte illustriert wieder. Nach Maria Taferl pilgerte man unter

Wallfahrtsbasilika zur Schmerzhaften Muttergottes, Maria Taferl

anderem wegen Augenleiden, als Amulette dienten Späne und das Laub der Eiche.

Maria Schnee

Dieser Typus der Madonnendarstellung stammt aus Rom und steht in Verbindung mit der Legende des authentischen Bild Mariens, das angeblich der heilige Lukas malte, und mit dem Schneewunder am 5. August 365 bei der Gründung der Kirche Santa Maria Maggiore in Rom. Verschiedene Kopien dieses Kultbildes fanden seit der Barockzeit Verehrung, etwa in Wien in der Annakirche, der Augustinerkirche, der Kirche St. Dorothea, der Kirche zu den Neun Engelschören am Hof, der Minoritenkirche und der heute verschwundenen Kapelle des kroatischen Kollegs am Fleischmarkt.

Nach dem Sieg des Prinzen Eugen bei Peterwardein am 5. August 1716 über die Türken wurde das Datum Anlaß zur Gründung einer Wallfahrtskirche an der Stelle einer Moschee in der Nähe des Schlachtenortes beziehungsweise des Ortes des Friedensschlusses von Karlowitz. Wie sehr die Wallfahrtsorte im Donauraum in dieser Schlacht eine Rolle spielten, zeigt, daß Kaiser Karl VI. am Tag der Schlacht von Peterwardein nach Mariazell, die Offiziere des kaiserlichen Heers vor und nach der Schlacht nach Maria Taferl und auf den Sonntagberg wallfahrteten.

Die enge Verquickung verschiedener marianischer Kultbilder im Donauraum ließe sich noch fast beliebig vermehren. Die Gefahren durch die Donau wie Hochwasser, Ertrinken, Schiffsunglücke, die Seuchen und die Kriege, die in den Donauländern wüteten, haben viel zur Verbreitung dieser Formen der Volksfrömmigkeit beigetragen.

Weiterführende Literatur:

BANGO, JENÖ F., Die Wallfahrt in Ungarn, Wien 1978.
GUGITZ, GUSTAV, Österreichs Gnadenstätten in Kult und Brauch, Band 5 Oberösterreich und Salzburg, Wien 1958.
HÄUSLER, WOLFGANG, „Die blutige Scene der Geißler und Kreuzzieher Rotten auf der Maria Taferl Wallfahrt und ihre schönen Früchte im philosophischen Jahrhundert." Wallfahrtswesen und Brauchtum zwischen Josephinismus und Romantik. In: Das Waldviertel NS 31, 1982, S 177–191.
HÜTTL, LUDWIG, Marianische Wallfahrten im süddeutsch-österreichischen Raum. Analysen von der Reformations- bis zur Aufklärungsepoche, Köln–Wien 1985.
KRISS, RUDOLF, Die religiöse Volkskunde Altbayerns, dargestellt an den Wallfahrtsbräuchen, Wien 1933.
LAUTER, CHRISTINE, Die Ursprungslegenden auf den österreichischen Wallfahrtsbildchen, Wien 1967.
LEHMANN, MICHAEL, Maria Schnee bei Peterwardein 1716–1966, Wien 1966.
MADER, FRANZ, Wallfahrten im Bistum Passau, München–Zürich 1984.
MEINGAST, F., Marienwallfahrten in Bayern und Österreich, München 1979.
REHBERGER, KARL, Wallfahrt nach St. Florian. In: Oberösterreich 36, 1986, Nr. 1, S 27–34.
RÖHRIG, FLORIDUS, Die Wallfahrt nach Klosterneuburg. In: Servitium pietatis. Festschrift Hans Hermann Groer, Maria Roggendorf 1989, S 301–322.
Wallfahrten im Bistum Passau, Ausstellungskatalog, Passau 1986.
Wallfahrt kennt keine Grenzen, Ausstellungskatalog, München 1984.
Marianische Wallfahrten in Österreich, Ausstellungskatalog, Wien 1954.
WEICHSELBAUM, JOSEF, Maria Taferl. Wallfahrtskirche zur Schmerzhaften Muttergottes, München–Zürich 1992.
WOLFSWENGER, ANDREA, Zur Entwicklung der Wallfahrt und der Ausflugsbewegung auf den Pöstlingberg bei Linz (1716–1882), Diss. Wien 1982.

Das Donaukraftwerk Aschach. Foto: Silov, freigegeben BMLV 13088/82-1.6/93. Zu: Federspiel, Kraftwerksbau und Elektrizitätswirtschaft.

Stauraumlandschaft an der Donau. Foto: R. Weber. Zu: Federspiel, Kraftwerksbau und Elektrizitätswirtschaft.

*Gustav Klimt, Nixen. 1899.
Foto: Galerie Welz. Zu: Schaber,
Donausagen.*

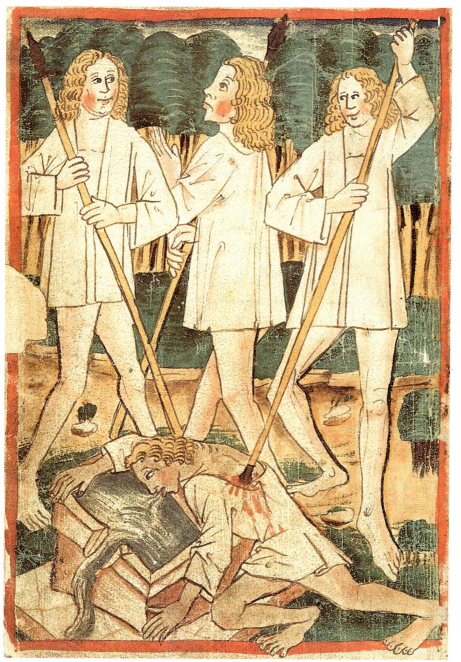

Aus: Wiener Piaristenhandschrift, fol. 291v und 292r. Fotos ÖNB. Zu: Schaber, Die Nibelungen.

Das ist der erst hauch mit seyfridt auch
under leut, und mit kreuchilt zu Rosz

Es was von wunder sagen vil
sturmen und so streit vnd
die da sein geschehen bey der
nassen welben hertz Der nach sey
schaw frawen als und nach
hant schon sich auch durch
frain welhey gros jamer ende clagt —
Die fraw die ward erzogen dort in pur gund er laut
aus ettey kunigs tochter kreuchilt was sy genant
Si lebt bey Ir Ill des zeithey mit minnigtigen wer
Durch sy manch tewrer degen verlos den seins leib
Die was gar wunder schaui die kunigin lobesam
Ir dint gnuff kunige koenes festeprey adelsgaut
und manig her furste der was pr ander her
kein schawer weib auff erden des lebtag nie ward
Die kunigin het drey brueder drey edell kunig pring
genat und auch gunthen vnden degen hagelsein
Der drit spot geselheer ein junger kunng goest
kreuchilt die was ir schwester geporn auz kunng ein
Ir herren warden mülde in adell hoch ijegerd
zu sturmen und in streithey zu nohey auch erkorn
zu dienet auz dem reine die leut und auch die laut

Katalog-Nr. III.8.2. Zu: Schaber, Die Nibelungen.

Blick auf Passau. Foto: Archiv des Bistums Passau. Zu: Wurster, Passau – das kirchliche Zentrum an der Donau.

Kardinal Firmian, der letzte Bischof des Großbistums Passau.

Grab der seligen Gisela in der Klosterkirche Niedernburg. Fotos: Archiv des Bistums Passau. Zu: Wurster, Passau – das kirchliche Zentrum an der Donau.

Einzug Kriemhilds in Passau bei ihrem Onkel, Bischof Pilgrim. Gemälde im Rathaussaal Passau. Foto: Lang & Lang. Zu: Wurster, Passau – das kirchliche Zentrum an der Donau.

Katalog-Nr. III.3.1. Foto: Lang & Lang. Zu: Vocelka, Die Donau als Wallfahrtsstraße.

Katalog-Nr. III.3.16. Foto: Marktgemeindeamt Mauthausen. Zu: Vocelka, Die Donau als Wallfahrtsstraße.

Andrea Scheichl

Das Zisterzienserstift Wilhering

Am Ende des 11. Jahrhunderts breitete sich als Reaktion auf Mißstände in der damaligen Kirche, die sich in Prunk, Reichtum und Machtentfaltung äußerten, eine neue religiöse Geistesrichtung aus. Man wollte wieder verstärkt die bereits vom hl. Benedikt im 6. Jahrhundert geforderten alten Mönchsideale wie Armut und Abgeschiedenheit von der Welt in den Vordergrund gestellt wissen. Mit der Gründung eines Klosters 1098 in Citeaux bei Dijon und der Grundgesetzgebung, der Charta Caritatis, durch Stephan Harding, kam es zum Ausbau eines eigenen Ordens.

Aufgrund des regen Zulaufes beschloß man nicht lange nach der Gründung von Citeaux, ein weiteres Kloster zu errichten, um nicht zu einem Großkloster zu werden und damit wieder Gefahr zu laufen, Macht und Reichtümer anzuhäufen. Diese Neugründungen von Zisterzen wurden zu einem Prinzip, und am Ende des 12. Jahrhunderts gab es bereits über 500 Tochtergründungen. Die Richtlinien für jede Neugründung gab das Grundgesetz, die Charta Caritatis, vor. Die Tochtergründungen, die einsam liegen sollten, waren eng mit der Mutterabtei verbunden, einmal jährlich mußten alle Äbte zum Generalkapitel nach Citeaux reisen und einen Situationsbericht über ihr Kloster ablegen. Für Neubauten von Klosteranlagen galt der Grundsatz, daß sie größtmögliche Ähnlichkeit mit dem Mutterkloster haben sollten. Die Gotteshäuser sollten ohne jeglichen Schmuck sein, als Hauptmaterial wurde Stein verarbeitet, der allerdings äußerst kunstvoll bearbeitet wurde, wie man es unter anderem beim heute noch erhaltenen romanischen Trichterportal, den frühgotischen Säulenkapitellen und den Grabdenkmälern an der Westwand der Stiftskirche in Wilhering bewundern kann. Das eigentliche Ordensgewand ist die Kukulle, ein faltenreiches weißes Gewand, das im Mittelalter allerdings lange Zeit grau war. Außerhalb des Chores wird von den Mönchen der weiße Habit, schwarzes Skapulier mit Kapuze und schwarzes Cingulum getragen.

Seine Entstehung verdankt das Kloster Wilhering der Stiftung einer adeligen Familie, der Herren von Wilhering, die um die Mitte des 12. Jahrhunderts die Burg Wilhering und zugehöriges Land für eine Klostergründung zur Verfügung gestellt hatten. Zunächst mit Mönchen aus dem steirischen Zisterzienserstift Rein besiedelt, konnte das Kloster Wilhering allerdings nur etwa 40 Jahre überleben. Das Generalkapitel in Citeaux beschloß darauf, Wilhering nochmals zu besiedeln, diesmal mit Mönchen aus dem Kloster Ebrach bei Würzburg. Diese waren erfolgreicher als ihre Vorgänger und konnten eine Reihe von Schenkungen für ihr Kloster erreichen, womit die wirtschaftlichen Grundlagen gesichert wurden. Dennoch dauerte es über hundert Jahre bis zur ersten Neugründung eines Tochterklosters von Wilhering, dem Kloster Vyšší Brod an der Moldau in Südböhmen. Dazu kamen 1293 das Kloster Engelszell donauaufwärts und im 14. Jahrhundert das heute nicht mehr existierende Kloster Säusenstein in Niederösterreich als weitere Filiationen.

Das Kloster Wilhering erlebte im Laufe der Jahrhunderte viele Krisen. So floh in der Reformationszeit der Abt samt der Klosterkasse, die wenigen zurückbleibenden Mönche standen vielfach verpfändeten Liegenschaften und baufälligen Gebäuden gegenüber. Als 1585 das Kloster völlig verlassen war, ernannte Kaiser Rudolf II. einen neuen, aus Italien stammenden Abt, der ein fanatischer Anhänger der Gegenreformation war und seine Hauptaufgabe darin sah, die Rekatholisierung mit allen Mitteln durchzusetzen.

Der Aufschwung Wilherings im 17. Jahrhundert ist untrennbar mit der Person des Abtes Georg Grill (1616–1638) verbunden. Neubauten von Klosterteilen, ein offensichtlich nicht gerade bescheidener Lebensstil und die hohe Steuerlast wegen der Türkenkriege führten in den folgenden Jahrzehnten aber zu einer hohen Verschuldung des Klosters. Die größte Katastrophe in der Geschichte Wilherings war der Brand des Klosters und der Kirche am 6. März 1733. Als Brandstifter wurde ein arbeitsloser Landarbeiter, Jacob Eder aus Hartkirchen, überführt, der die zwölfjährige Magd Elisabeth Prindlin gezwungen hatte, den Brand zu legen. Jacob Eder wurde zum Tod auf dem Scheiterhaufen verurteilt, Elisabeth Prindlin wurde begnadigt, mußte zuvor jedoch das Verbrennen bei lebendigem Leib am Brandstifter Jacob Eder mitansehen.

Der Wiederaufbau nach dem verheerenden Brand erfolgte zunächst unter Miteinbeziehen der verbliebenen Mauerreste. Eine Reihe angesehener Baumeister erstellte ungefragt Pläne für einen Neubau von Wilhering. Den Planungs- und Bauauftrag erhielt wohl aus Kostengründen aber ein nicht weiter bekannter lokaler Maurermeister aus Linz, Johann Haslinger, der aus den vorliegenden Skizzen und Entwürfen von prominenten Händen einen Wiederaufbauplan zusammenstellte. Des weiteren wurden Bildhauer, Altarbauer, Maler, Stukkateure und Orgelbauer engagiert. Aufgrund von Finanzierungssorgen sah man sich veranlaßt, die Ausstattungskosten niedrig zu halten, und bestellte 1737 zunächst nur das Hochaltarbild beim immerhin schon achtzigjährigen Martino Altomonte. Dieses Bild fiel trotz seines stolzen Preises zur Zufriedenheit des damaligen Abtes Johann Baptist Hinterhölzl (1734–1750) aus, und Martino Altomonte schuf im Laufe von sechs Jahren alle Wilheringer Altarbilder, seine letzten großen Arbeiten.

In den folgenden Jahren wurden finanzielle Bedenken beiseite geschoben und eine aufwendige

Bartolomeo Altomonte, Entwurf für das Langhausfresko der Stiftskirche Wilhering. Federzeichnung aquarelliert, Stift St. Florian. Foto: R. Mair

Kirchendekoration in Auftrag gegeben, allen voran die Ausmalung und Stuckierung des Kirchendeckengewölbes. Über Empfehlung seines Vaters konnte Bartolomeo Altomonte den Auftrag zur Deckenfreskierung erhalten, die den Triumph Mariens darstellt. Die Scheinarchitekturmalerei übertrug man dem Italiener Francesco Messenta. Mit der Stuckierung war zunächst mehrere Jahre lang ein konservativ arbeitender Meister aus dem benachbarten St. Florian beschäftigt. Mit dessen Arbeiten dürfte man aber nicht zufrieden gewesen sein, denn nach einer Unterbrechung wandte man sich an junge und moderner

Stift Wilhering, Gesamtansicht. Foto: Stift Wilhering, Archiv

arbeitende Augsburger Künstler: Johann Michael Feichtmayr und Johann Georg Ueblherr gestalteten die beinahe fertig stuckierte Kirche radikal um und gaben ihr den barock-rokoko-bewegten Raumeindruck. 1748 waren die wesentlichen Ausstattungs- und Dekorationsarbeiten abgeschlossen, wofür das Stift ungeheuer viel Geld aufgewendet hatte.

An der Pracht ihrer neugestalteten Kirche konnten sich die Wilheringer Mönche allerdings nicht lange erfreuen, denn von der Entscheidung Josephs II. 1781, alle Klöster aufzuheben, die nichts für die Jugenderziehung oder Krankenpflege leisten, war auch Wilhering bedroht. So wurde der Abt zum k. k. Administrator degradiert, die Stiftskirche 1783 zur Pfarrkirche erklärt, und alle im Stift befindlichen Silbergegenstände mußten abgeliefert werden. Einer endgültigen Aufhebung konnte das Kloster jedoch aus unbekannten Gründen entgehen.

1848 wurde das Ende der Grundherrschaft durchgesetzt, Wilhering erhielt vom Staat eine Entschädigung für den Verlust von mehreren hundert Untertanen. Diese Geldbeträge wurden vorwiegend für den Ankauf von weiterem Grundbesitz und für Renovierungen verwendet. Ab 1895 gab es in Wilhering ein Gymnasium, an dem 1922 die ersten Maturanten ihre Reifeprüfung ablegten und das bis heute weitergeführt wird. Mit der Machtübernahme der Nationalsozialisten 1938 wurde die Führung der Schule verboten, 1940 kam es zur Beschlagnahme und Enteignung des Stiftes. Einige der Patres, die alle das Haus verlassen mußten, wurden verhaftet und ins KZ deportiert. Im Herbst 1943 wurde in Wilhering die seit Jahren eigentlich für Linz geplante Technische Hochschule eröffnet. Sie wurde erst im April 1945 geschlossen und das Stift zum Lazarett umfunktioniert. Nach und nach konnten das Klosterleben sowie der Schulbetrieb wieder aufgenommen werden. Der umsichtigen Restaurierung in den Jahren 1971 bis 1977 ist es zu verdanken, daß sich das Stift Wilhering heute im gleichen Glanz wie zur Zeit seiner Fertigstellung im 18. Jahrhundert präsentiert.

Literatur (Auswahl)

KEPLINGER, FRIEDRICH, Beiträge zur Geschichte der Wissenschaftspflege im Zisterzienserstift Wilhering. Phil. Diss. Univ. Wien 1969 (Dissertationen der Universität Wien 36).

MITTERSCHIFFTHALER, GERHARD KARL, Die Orgeln der Stiftskirche Wilhering (Miscellanea aus dem Kirchenhistorischen Institut der katholisch-theologischen Fakultät Wien 43), Wien 1973.

SCHNEIDER, AMBROSIUS, Geschichte und Wirken der weißen Mönche, Köln 1958.

–, Die Cistercienser. Geschichte, Geist, Kunst. Köln 1977.

SCHRAML, FERDINAND (Pater Rainer), Stift Wilhering zwischen Papst, Bischof und Ordensautoritäten. Ein Beitrag zur kirchlichen Verfassungsgeschichte des 15. Jahrhunderts (Hausarbeit am Institut für österreichische Geschichtsforschung) Wien 1983.

SCHRAML, P. RAINER, Stift Wilhering als mittelalterliche Begräbnisstätte. In: Jahresbericht des Stiftsgymnasiums Wilhering 1972/73, S 3–45.

SIGMUND, ANNA M., Die Bibel von Wilhering. In: Oberösterreich 36, Heft 4, 1986, S 65–68.

WEINBERGER, GABRIEL, Wilhering. Stift und Kirche (hg vom Zisterzienserstift Wilhering), 1992. sz 2

WEINZIERL, ERIKA, Mönche gegen Hitler – am Beispiel des Zisterzienserstiftes Wilhering. In: Römische historische Mitteilungen 28, 1986, S 365–378.

WINKLER, GERHARD B., Schultradition oder Zisterzienser? In: Jahresbericht des Stiftsgymnasiums Wilhering 1986/87, S 5–12.

ZAUNER, ALOIS, Die Anfänge der Zisterze Wilhering. In: Mitteilungen aus dem oberösterreichischen Landesarchiv 13, 1970, S 107.

Siegfried Kristöfl

Stift Engelszell

Schon um halb vier Uhr in der Früh regt sich das Leben im Kloster Engelszell. Die Mönche beginnen den Tag mit einem gemeinsamen Gebet. Ihr ganzes Leben weihen sie kontemplativ dem Lobpreis Gottes. Ihr gesamter Tagesablauf richtet sich nach der Abfolge der Gebetszeiten: 3.45 Uhr Vigil, 6.30 Uhr Laudes mit Konventamt, 11.45 Uhr Sext, 14.00 Uhr Non, 17.15 Vesper und abends um halb acht die Komplet. Die Arbeiten werden immer wieder unterbrochen. Nichts kann wichtiger sein als das Gebet.

Ansonsten herrscht Stille in diesem Kloster. An regulären Orten wird geschwiegen. Die nötigen Gespräche werden leise geführt. Früher benutzte man eine eigene Zeichensprache zur Verständigung. Auch beim Essen – streng vegetarisch – im Refektorium wird nicht gesprochen.

Diese strenge Ordnung gibt es seit 1925 im Stift Engelszell. In diesem Jahr kamen die ersten Mönche des Ordens der Zisterzienser der strengen Observanz – wie die genaue Bezeichnung der Trappisten lautet – in das Kloster.

Aber es war nicht das erste Mal, daß Trappisten diesen Boden betraten. 1798 fuhren die Trappisten auf ihrer Odyssee donauabwärts von Passau nach Wien. Die Radikalisierung der Französischen Revolution hatte die Mönche aus dem Reformkloster La Trappe vertrieben. Unter der Führung ihres Abtes Augustin de Lestrange zogen sie lange Jahre durch ganz Europa auf der Suche nach einer sicheren Niederlassung. In Engelhartszell hielt der Zug, um ein Ordensmitglied zu beerdigen, das auf der mühevollen Reise verstorben war. Zu dieser Zeit stand das Kloster leer. Zumindest war es ohne Mönche, denn 1786 ist es aufgehoben worden. Diese Entscheidung Kaiser Josefs II. war der tiefste Einschnitt in der Geschichte von Engelszell. Die Aufhebung beendete die Zeit der Zisterzienser in Engelszell und unterbrach die reguläre Widmung des Stiftes für rund 140 Jahre.

Gegründet wurde das Stift am 12. März 1293 von Wernhart von Prambach, Bischof von Passau. Eine Herbergstätte für Reisende zwischen Passau und Eferding sollte das Stift sein, eine Ruhestätte für die Passauer Kanoniker, ein Ort des Friedens. Als Garanten für diesen Frieden galten die Mönche des Zisterzienserordens. Stift Wilhering wurde zum Mutterkloster bestimmt und beauftragt, die Neugründung zu besiedeln.

Die Geschichte des Mittelalters ist aufgrund der reduzierten Quellenlage – das eigentliche Stiftsarchiv wurde in Folge der Aufhebung zerstreut – vor allem eine Geschichte der Besitzungen. Häuser in verschiedenen Städten, Weinberge in Niederösterreich, Gründe in der näheren Umgebung wurden dem Kloster geschenkt, Geldsummen wurden gestiftet. Der Besitz vermehrte sich. Das Kloster bildete eine Grundherrschaft mit allen Rechten und Pflichten. Sein Abt war Mitglied des obderennsischen Prälatenstandes.

Im 16. Jahrhundert gab es auch in Engelszell die typischen Probleme der Reformationszeit. Die Zahl der Mönche sank drastisch. Bei einer kaiserlichen Visitation fand sich neben dem Abt nur mehr ein Konventuale. 1577 resignierte der letzte Abt. Aufgrund der hohen Schulden und einer nachlässigen Wirtschaftsführung wurde das Kloster nun verschiedenen Administratoren unterstellt. Kaiser Rudolf II. verpfändete es sogar aus Geldmangel um 6000 Gulden. Erst 1618 gelang es Stift Wilhering, die Schuld zu begleichen und Engelszell für den Orden zurückzugewinnen. Damit begann die zweite Besiedelung des Stiftes durch das Mutterkloster.

Im 17. Jahrhundert nahm das Kloster langsam einen neuen Aufschwung. In der Ära von Abt Amandus Glanz geschah aber ein großes Unglück. Am Ostersonntag des Jahres 1699 brach ein Feuer aus, das die Kirche und das ganze Klostergebäude vernichtete. Der Wiederaufbau belastete das Stift erneut mit hohen Schulden. Da auch die Klosterordnung bei manchen Visitationen als sehr mangelhaft zur Kenntnis genommen wurde, trat der Abt Leopold Heiland – übrigens der Verfasser einer tendenziösen Stiftsgeschichte – freiwillig zurück. Die Administration übernahm wieder Wilhering.

Erst nach 27 Jahren konnte an eine Entlassung des Klosters in die Selbständigkeit und an die Installation eines Abtes gedacht werden. Leopold Reichl, der bisherige Verwalter und frühere Prior des Stiftes, wurde 1747 zum Abt gewählt. Es sollte die letzte Abtwahl der Zisterzienser in Engelszell gewesen sein, obwohl gerade diese Ära sehr blühend war und Abt Leopold Reichl von den Historiographen als einer der erfolgreichsten der ungefähr 37 Äbte angesehen wird. War es doch er, der die Stiftskirche völlig neu erbauen ließ. Nach zehn Jahren Bauzeit wurde die Kirche 1764 konsekriert. Für den Bau und die Ausstattung hatte er bekannte Künstler und Handwerker der Zeit nach Engelszell berufen. Die Deckenfresken und Altarblätter malte Bartolomeo Altomonte. Auch das Deckengemälde in der Stiftsbibliothek ist sein Werk. Das Chorgestühl stammt aus der Werkstatt von Josef Deutschmann in Passau. Die Stuckplastiken wurden von Johann Georg Üblher gestaltet. Auch die Orgel wurde von einem Meister seines Faches geschaffen, von Franz Xaver Chrisman, der die berühmte Brucknerorgel im Stift St. Florian gebaut hat. Nach der Aufhebung Engelszells kam die Orgel in den Alten Dom nach Linz. Auch die abgebrannte Kirche in Kirchberg – die Filiale der alten Engelszeller Pfarre Schönering – wurde in der Amtszeit des Abtes Reichl neu erbaut.

1786 starb Abt Leopold. Sein Grabstein wurde als späte Ehrung in jüngster Zeit vom Friedhof des Marktes Engelhartszell in die Stiftskirche gebracht. Der neue Glanz des Klosters, den Leopold Reichl bilden konnte, hielt nur wenige Monate über seinen Tod hinaus an. Die Mönche waren beliebt – zweifelsohne –, aber reine Frömmigkeit und kontemplatives Klosterleben galten nicht viel in der josefinischen Zeit. Die hohen Ziele der Förderung des Gemeinwohls, der Entwicklung der Wirtschaft und der Aufklärung der Bevölkerung hieß es zu verwirklichen. Dazu wurde das Vermögen der Klöster im Religionsfond und die Arbeitskraft jedes einzelnen Mönchs als Pfarrer im Dienste der Seelsorge benötigt. Josef II. und seine Beamten kalkulierten kühl und beschlossen die Aufhebung. Wieder waren es Festtage, an denen dieser Schicksalsschlag geschah. Kurz vor Weihnachten 1786 besuchte Regierungsrat Valentin Eybel das Stift, überbrachte dem Konvent das Aufhebungsdekret und organisierte die ersten Schritte der Auflösung.

Nach dem Regierungsantritt von Kaiser Leopold II. gab es einen kurzen Moment der Hoffnung bei den Mönchen, das Kloster wiederherstellen zu dürfen. Einige entsprechende Bittschriften wurden an den Wiener Hof geschickt. Doch schon lange behandelte Pläne über die Realdotation des neuen Bistums Linz hatten Priorität. Der Bischof, der Generalvikar, das Domkapitel wollten mit den Herrschaften von aufgehobenen Klöstern belehnt werden. So erging 1791 das Hofdekret, Stift Engelszell zur Dotation des Linzer Generalvikars zu verwenden. Der Ertrag der Herrschaft belief sich auf knapp dreieinhalbtausend Gulden. Anton Ritter von Finetti erhielt dazu auch noch die Herrschaft des Klosters Suben. Nach Finettis Tod 1802 wurde das Amt nicht mehr nachbesetzt. Damit konnte ein anderer Plan in Engelszell verwirklicht werden. Die k. k. Porzellanfabrik im Wiener Augarten beabsichtigte, in Teilen des Klostergebäudes ein Hilfswerk einzurichten. Holz gab es in der Gegend genug. Porzellanerde wurde in dem nahegelegenen Hafnerzell geschlämmt und aufbereitet. Und die Donau war der ideale Transportweg nach Wien. In diesem Filialwerk wurde vor allem Massenware – die ‚ordinairen Türken Becherln' – hergestellt. Der Siegeszug Napoleons durch Europa machte dem Betrieb aber ein Ende.

Als Folge von Krieg und Frieden mußten 1809 das Innviertel und Teile des Hausruckviertels an Frankreich abgetreten werden. Eine Grenze verlief durch Oberösterreich, wobei sich Engelszell jenseits davon befand. Das Herrschaftsgebiet des Stiftes erhielt Karl Philipp Fürst von Wrede als Belohnung für seine Verdienste gemeinsam mit den Herrschaften von Mondsee und Suben und dem französischen Reichsgrafen-Titel von Napoleon verliehen. Wrede war bayerischer Feldmarschall und Staatsminister. Die Besitzungen dieser drei ehemaligen Klöster blieben auch nach der Rückgabe der abgetretenen Gebiete an Österreich 1816 im Besitz der Familie Wrede. So wurde aus dem geistlichen Kloster ein adeliger Landsitz. Die Idylle des oberen Donautales wurde zum Rückzugsgebiet privilegierter Familien. Das solide Potential des Grundbesitzes ermöglichte ein standesgemäßes Leben. 1864 kaufte Julius Graf von Falkenhayn den Besitz von der Fürstin Helene Wrede. Er wurde später Ackerbauminister und verkaufte bereits nach vier Jahren Engelszell weiter an den Grafen Robert von Pachta. Für dessen Nachfahren wurde die Herrschaft geteilt. Sein Sohn erhielt Vichtenstein, seine Tochter erbte Stift Engelszell und bewohnte es bis zum Einzug der Trappisten 1925.

Die ankommenden Mönche stammten aus der Abtei Ölenberg im Elsaß. Wieder waren es politische Umstände, die die Trappisten aus ihrem Stammkloster vertrieben und zur Emigration zwangen. Die reichsdeutschen Mitglieder des Ölenberger Konvents wurden des Landes verwiesen. Sie fanden ein vorübergehendes Asyl im Kloster Banz in Oberfranken, von wo sie nach fünf Jahren auf besondere Vermittlung des Abtes von Schlierbach nach Oberösterreich weiterziehen konnten. Der Organisator der Emigration und Leiter des Wiederaufbaues war

Porträt des ersten Trappisten-Abtes Gregor Eisvogel. Foto: E. Wiesner

Dr. Gregor Eisvogel, der 1931 zum ersten Abt des neuen Klosters Engelszell gewählt wurde.

Noch einmal wurde die Kontinuität des Ordenslebens gestört und für Jahre unterbrochen. 1939 lösten die Nationalsozialisten Engelszell als erstes Kloster in Oberösterreich auf. Der Gau Oberdonau übernahm das Stift. Die Mönche wurden von der Gestapo verhört, mit Falschaussagen konfrontiert, gezwungen, erpreßte Geständnisse zu unterschreiben, um offizielle Begründungen – wie beispielsweise Devisenschmuggel – für ihre Ausweisung zu erhalten. Die 73 Klosterangehörigen wurden zerstreut. Abt Eisvogel inhaftierte man zuerst und verbannte ihn nach der Entlassung ins Rheinland. Als er im Juli 1945 wiederkehrte, gab es neue Nachbarn im Stift. In der Zwischenzeit ist ein Fürsorgeheim eingerichtet worden, das es noch heute gibt. Nach Ende der Rückstellungsverfahren und der Rückkunft aller Mönche und Laienbrüder konnte das reguläre Klosterleben fortgesetzt werden.

Auch die Likörproduktion wurde wieder aufgenommen. Damit schien für die Besucher von Engelszell wieder alles beim Alten. Der Kauf eines Fläschchens Klosterlikör ist meist der Abschluß eines Kirchenbesuches, der durch die Generalsanierung in den fünfziger Jahren eine neue Attraktion erhalten hat: das monumentale Deckenfresko von Prof. Fritz Fröhlich. Es ist eine Darstellung Mariens inmitten der Chöre der Engel. Dem Künstler gelang die Synthese der Formensprache des 20. Jahrhunderts mit der Illusionistik des Barock. Damit erreichte der Orden als Bauherr im Äußeren, was seine Mitglieder im Inneren zu meistern haben: die Verbindung von Geschichte und Gegenwart, die Ansprüche der Tradition mit den Forderungen der modernen Zeit auszugleichen. So empfinden es zumindest die Gäste des Klosters. Für die Mönche ändern sich aber nur Details. Ihre Aufgabe gilt ewig – der Lobpreis Gottes.

Literatur

Fux, Ildefons, Emigrierende Trappisten in Österreich. In: Studien und Mitteilungen zur Geschichte des Benediktiner-Ordens und seiner Zweige 1987, Bd. 98, S 295–358.

Grillnberger, Otto, Regesten und Urkunden des Stiftes Engelszell von 1293 bis 1500. In: Archiv für die Geschichte der Diözese Linz. Beilage zum Linzer Diözesanblatt 3, 1906, S 191–320.

–, Hg, P. Cölestin Weinbergers Compendium chronologium [...] In: Archiv für die Geschichte der Diözese Linz. Beilage zum Linzer Diözesanblatt 1, 1904, S 14–45.

Guby, Rudolf, Das ehemalige Zisterzienserstift Engelszell an der Donau. In: Ostbairische Grenzmarken 11, 1922, S 1–10 und 21-28.

Hittmair, Rudolf, Der josefinische Klostersturm im Land ob der Enns, Freiburg/Breisgau 1907.

Hofmann, Hubert, Die Schicksale des Trappistenklosters Engelszell während der Zeit des Nationalsozialismus 1938–1945. Masch. Diplomarbeit an der Kath.-Theol. Hochschule Linz, Linz 1975.

Krompass, Benedikt, Abtei Engelszell an der Donau, Passau 1932.

–, Die Series Abbatum von Engelszell. In: Cistercienser Chronik 44, 1932, S 159–166.

Pömer, Karl und Wiesner, Eduard, Stift Engelszell, ein bayerisch-österreichisches Grenzkloster, Wernstein/Inn 1993.

Schmid, Otto, Geschichte des ehemaligen Cistercienserstiftes Engelszell. In: Studien aus dem Benedictiner- und dem Cistercienserorden 5, 1884, Bd. 1, S 115–121 und 425–430, Bd. 2, S 135–147 und 412–420, und 6, 1885, Bd. 1, S 124–138 und 305–326, Bd. 2, S 47–63.

Karl Vocelka

Konfessionelle Pluralität im Donauraum

Die konfessionelle Gliederung der an der Donau lebenden Menschen ist sicherlich ebenso kompliziert wie ihre nationale Zugehörigkeit. Beide Phänomene sind weder voneinander noch von der politischen Situation der Vergangenheit zu trennen. Um die religiöse Vielgestaltigkeit der Gegenwart oder der unmittelbaren Vergangenheit (man denke an die Vernichtung eines Großteils der jüdischen Bevölkerung in der Zeit des Zweiten Weltkrieges) zu verstehen, muß man einige historische Schichten unterscheiden. Seit dem frühen Mittelalter durchschnitt die Donau konfessionelle Trennungslinien, die vielfach mit staatlichen Einflußsphären ident waren.

Orthodoxe

Die Auseinanderentwicklung der römischen und der byzantinischen Kirche hatte sowohl theologische als auch politische Gründe. Schon mit der Teilung des römischen Reiches, die nach dem Tod Theodosius I. 395 endgültig wurde, war ein erster Schritt getan. Um 500 kam es aus theologischen Gründen zum ersten bedeutenden Bruch der beiden Kirchen, der sich um 800 durch die Kaiserkrönung Karls des Großen – gewissermaßen als Konkurrent der byzantinischen Kaiser – vertiefte. Bald nach 1000 war das sogenannte morgenländische Schisma vollzogen, seit der Eroberung von Byzanz im lateinischen Kreuzzug 1204 war – trotz häufiger Unionsverhandlungen – die Trennung perfekt. Im Zuge der inneren Entwicklung der orthodoxen Kirche entstanden autokephale Kirchen der Rumänen, Serben und Bulgaren, also mehrere „Nationalkirchen".

Der Kult aller dieser Kirchen ist ähnlich, als Sprachen werden kirchenslawisch, griechisch und rumänisch verwendet. Die heiligen Handlungen der Messe spielen sich nicht vor den Augen der Gläubigen, sondern hinter einer Bilderwand, der Ikonostasis, ab. Die Musik der Orthodoxen ist rein vokal. Marien- und Heiligenverehrung verbindet diese Kultform mit der katholischen. Die Priester der orthodoxen Kirche können heiraten, nur Bischöfe sind ehelos und waren daher vorher meist Mönche. Die Geistlichen tragen Bart, langes Haar, einen schwarzen Talar und eine zylinderförmige Kopfbedeckung (Kamilavkion).

Katholiken

Abhängig von den frühchristlichen Zentren in Italien erfolgte jene Missionierung von Westen her, wie sie in einem anderen Beitrag dieses Katalogs ausführlicher dargestellt wird, die zu einer Ausbreitung der lateinischen Kirche führte. Die Annahme der lateinischen Schrift und des Lateinischen als lingua franca waren prägende Elemente der damit verbundenen (nationalen) Kultur. Das beste Beispiel sind die Serben und Kroaten, die im wesentlichen die gleiche Sprache sprechen, jedoch unter dem Einfluß der jeweiligen Religion verschieden schreiben!

Diese Glaubensform, später die römisch-katholische genannt, breitete sich im Donauraum bis tief in den Balkan hinein aus. Auch das alte Königreich Ungarn, das die Slowakei und Teile des heutigen Rumänien einschloß, war unter dem Einfluß der römischen Kirche.

Die von zwei Seiten her erfolgte Christianisierungswelle hat alle davor vorhandenen Glaubensvorstellungen unterdrückt und vernichtet, manche Details aber in die eigene Vorstellungswelt adaptiert.

Islam

Eine nächste Überschichtung dieses konfessionellen Musters – im Osten Orthodoxe, im Westen Katholiken – erfolgte im Spätmittelalter und hing wieder mit politischen Veränderungen zusammen. Byzanz fällt 1453 endgültig in die Hand der Osmanen, und so dringt deren Religion, der Islam, auf dem Balkan vor. Es kam jedoch – wie die heutige Situation deutlich zeigt – zu keiner systematischen Islamisierung der Balkanbevölkerung. Das hängt mit einer Besonderheit der islamischen Religion zusammen, die in einem eigenartigen Gegensatz zu der vom Koran vorgeschriebenen Ausbreitung des Islam durch Feuer und Schwert steht, aber ebenfalls schon im Koran verankert ist. Die Angehörigen von Offenbarungsreligionen (alle, die eine schriftliche Grundlage, ein „Buch" haben, also die Juden und Christen) müssen nicht unbedingt bekehrt werden, haben aber eine besondere Kopfsteuer zu zahlen, die eine gute Einnahmequelle des Sultans darstellte, so daß die Bekehrungsversuche sich in Grenzen hielten. Dennoch entstanden islamische Enklaven auf dem Balkan, die sich zum Teil bis heute erhalten haben. Die – trotz aller gelegentlicher fanatischer Übergriffe – jedoch grundsätzlich tolerante Haltung des Osmanischen Reiches gegenüber Christen und Juden bewahrte deren Religionsgemeinschaften bis in unser Jahrhundert.

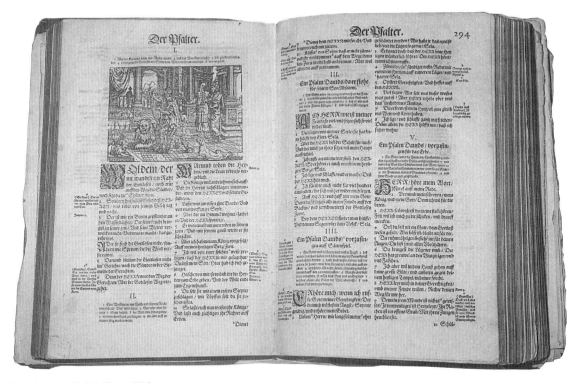

Katalog-Nr. III.4.6. Foto: Kieberger

Lutheraner und Calviner

Am Beginn der Neuzeit machten sich im Donauraum auch die Einflüsse der Reformation bemerkbar. Im Laufe des 16. Jahrhunderts hingen große Teile der an der Donau lebenden Menschen (auch in Ober- und Niederösterreich) der Lehre Luthers und zum Teil auch Calvins an. Die Gegenreformation in der Habsburgermonarchie hat diesen Protestantismus wieder zerstört, doch blieb er in Ungarn bestehen, da sich in dem von den Habsburgern beherrschten Teil die Gegenreformation nie durchsetzen konnte, im osmanischen Teil – wie wir schon gehört haben – Toleranz herrschte und zumindest im 16. Jahrhundert Siebenbürgen geradezu ein Paradies aller reli-

Katalog-Nr. III.4.16.
Foto: Jüdisches
Museum Wien, Lessing

giösen Dissidenten war. Das Bürgertum der ungarischen Städte war dabei eher lutheranisch, der Adel häufig calvinistisch eingestellt. Diese spezifische Situation in Ungarn führte dazu, daß dort der Protestantismus bis heute erhalten blieb.

Juden

Eine relativ kleine Gruppe der Bevölkerung stellten die in der Diaspora lebenden Juden dar, die alle religiösen Unifizierungswellen – trotz immer wieder vorkommender Verfolgung – dennoch überstanden hatten. Sowohl in der Habsburgermonarchie wurden sie mehr oder weniger toleriert – wenn es auch öfter zu Austreibungen gekommen war, so etwa in Wien 1420/21 und 1670 – als auch im Osmanischen Reich. Erst der Rassenwahn des 20. Jahrhunderts und der furchtbare Holocaust des Nationalsozialismus und seiner Handlanger haben diese Religionsgruppe so stark dezimiert, daß sie fast verschwunden ist.

Weiterführende Literatur

KHOURY, ADEL THEODOR, Lexikon religiöser Grundbegriffe. Judentum, Christentum, Islam, Graz-Wien-Köln 1987.
Lexikon für Theologie und Kirche, 10 Bde., Freiburg 1957-1965.
Die Religion in Geschichte und Gegenwart, 6 Bde., Tübingen 1957-1962.
Encyklopädie des Islam / Encyclopedie de l'Islam, Leiden 1954 ff.
Encyklopaedia Judaica, Jerusalem 1971.

Thomas Maisel
Bildungsstätten an der Donau

Im Sommer des Jahres 1516 trat der bereits berühmte, aber auch umstrittene Gelehrte Johannes Eck, Professor an der Universität Ingolstadt, eine Reise nach Wien an. Er hatte die Absicht, seine Thesen zum kanonischen Zinsverbot in einer Disputation an der Wiener Hohen Schule zu verteidigen. Was lag näher, als zu Schiff auf der Donau zu reisen? Tatsächlich zeigt die Beiläufigkeit, mit der Eck in seinem Bericht die Schiffsreise behandelt, daß die Wahl seines Verkehrsmittels nicht außergewöhnlich war, vielmehr eine rasche und sicherlich die bequemste Art und Weise traf, vom Süden Deutschlands nach Wien zu gelangen. Lediglich die gefährlichen Stromschnellen bei Grein bieten Eck Anlaß, den Fluß, welcher die beiden Universitätsstädte verbindet, kurz zu kommentieren. Wichtiger waren ihm die Orte und Menschen, welche er unterwegs besuchte.

Ecks Reisebericht ist ein Beleg, daß für die Anbindung von Schul- und Universitätsorten an das europäische Verkehrsnetz die Lage an einem schiffbaren Gewässer herausragende Bedeutung hatte.

Katalog-Nr. III. 5. 1.
Foto: Stadtarchiv Ingolstadt

Katalog-Nr. III. 5. 3. Foto. Stadtarchiv Ingolstadt

Nicht nur der Austausch von Waren, sondern auch von Ideen bedurfte einer Infrastruktur. Den Zeitgenossen der humanistischen Ära erschien die Donau als verbindendes und grundlegendes Element nicht nur eines geographischen Raumes, sondern auch eines intellektuellen Zirkels. Im aufblühenden Humanismus war die Formung von Gelehrtengesellschaften sehr beliebt, und so entstand eine „Sodalitas litteraria Danubiana", in welcher auf informelle Weise Gelehrte des Donauraumes einander verbunden waren. Zentrum dieses Freundeskreises war der „Poeta laureatus" Konrad Celtis, der nach seiner Berufung an die Wiener Universität 1497 zur Integrationsfigur der Humanisten der Donauregion wurde, vor allem jener in Wien und Ofen.

Auch gegenwärtig wird die Donau als einigendes Band des mitteleuropäischen Geisteslebens und der Hochschulen gewertet. 1983 fand über Einladung des Vorsitzenden der österreichischen Rektorenkonferenz und des Rektors der Universität Wien eine Konferenz der Rektoren der Donauuniversitäten statt. Teilnehmer waren die Universitäten Ulm, Regensburg, Passau, Linz, Wien, Preßburg, Budapest, Novi Sad und Belgrad. Mit Ausnahme Wiens handelt es sich bei diesen Hochschulen um neuzeitliche Gründungen; die meisten entstanden im 20. Jahrhundert. Vervollständigt man die Liste der Donauuniversitäten um jene, welche inzwischen nicht mehr existieren oder verlagert wurden, so bleiben Dillingen (1551–1803) und Ingolstadt (Rechtsvorgängerin der Universität München) nachzutragen.

Die spätmittelalterlichen Universitäten des Donauraumes werden zu den sogenannten Gründungsuniversitäten gezählt, welche ihre Existenz dem Willen einer lokalen Autorität verdanken, etwa einem Landesfürsten, einem Bischof oder einer Stadtgemeinde. Die Bedingungen für den Fortbestand einer solchen Universität auch nach dem Tode ihres Stifters waren – neben der Anerkennung durch eine der universalen Gewalten, nämlich Papst oder Kaiser – vor allem wirtschaftliche und geographische. Zu Zeiten, in denen die Magister und Professoren großteils auf die Taxen und Kollegiengelder ihrer Schüler angewiesen waren, war ein möglichst großer Zuzug an Studenten erforderlich. Blieb dieser aus, konnte eine Universität in ihrer Existenz bedroht sein. Betrachtet man beispielsweise die räumliche Verteilung der Herkunftsorte von Studenten an der Wiener Universität im 15. Jahrhundert, so fällt auf, daß die Mehrzahl aus süd- und südwestdeutschen Ländern stammte. Auch die Konkurrenz der jüngeren Universitäten in Heidelberg, Ingolstadt oder Tübingen konnte daran zunächst nichts ändern. Das Vorhandensein einer Hauptverkehrsachse wie der Donau, welche den süddeutschen Raum mit Wien verband, war zumindest Voraussetzung für diese weiträumige Rekrutierung der Wiener Studentenschaft. Zugleich gewährleistete die Lage Wiens die ausreichende Versorgung einer nicht unmittelbar an der Warenproduktion beteiligten Bevölkerungsgruppe mit Gütern des täglichen Bedarfs.

Das Ziel dieser Universitäten, welche weitgehend nach dem Vorbild von Paris organisiert wurden, war

Katalog-Nr. III. 5. 10.
Foto: Kunsthistorisches Museum Wien

die Formung einer intellektuellen Elite, welche in religiösen und weltanschaulichen Fragen möglichst einheitlich dachte und zur Verwaltung in Kirche und Staat herangezogen werden konnte. Universitäten waren nicht nur Stätten des Wissenschafts- und Lehrbetriebs, sondern rechtliche und soziale Gebilde, deren Angehörige – Magister und Scholaren – auf genossenschaftliche Weise unter Einbeziehung hierarchischer Ebenen miteinander verbunden waren („universitas magistrorum et scholarium"). Wissenstradierung erfolgte unter Bedingungen, welche durch eine enge persönliche Bindung zwischen Lehrer und Schüler charakterisiert waren, das heißt in einer Art und Weise, die Analogien zum Verhältnis von Meister und Lehrling im Handwerk aufweist. Gleichzeitig wurden Universitätsangehörige, seien es nun Professoren oder Studenten, der kirchlichen Sphäre zugerechnet. Auch wenn nicht alle Geistliche waren oder eine Karriere im Klerus anstrebten, galten sie dennoch, solange sie studierten, als Kleriker.

Die mittelalterlichen Formen von Wissensvermittlung, Lehrinhalte und korporative Struktur waren allerdings nur wenig geeignet, den geänderten Anforderungen zu Beginn der Neuzeit gerecht zu werden. Mit der Entstehung eines staatlichen Behördenapparats stieg die Nachfrage nach qualifizierten Beamten; zugleich traten klerikale Lebensformen an den Universitäten immer mehr in den Hintergrund. Das Einsetzen der Reformation und die nachfolgende Konfessionalisierung weiter Bereiche, vor allem jedoch des Bildungswesens, brachten eine verstärkte Einflußnahme des Staates, der sich vorbehielt, Lehrinhalte vorzuschreiben, um die konfessionelle Konformität der Absolventen zu sichern. Entscheidend war nicht mehr die überregionale Anziehungskraft, sondern die Konzentrierung von lernwilligen Untertanen an einzelnen Bildungsstätten, welche von der jeweiligen Obrigkeit kontrolliert wurden. Verschulung und Regionalisierung waren Konsequenzen dieser Entwicklung.

Die schon vor der Reformation einsetzenden Säkularisierungstendenzen hatten einen Bedeutungsverlust kirchlicher Unterrichtsstätten zur Folge, vor allem dort, wo der Protestantismus Fuß fassen konnte. Charakteristisch für diese Zeit sind die Gründungen von höheren (Latein-)Schulen durch den protestantischen ständischen Adel, welche später zum Teil auch in Konkurrenz zu Universitäten traten. Diese Schulen wurden, wenn auch nicht immer von Anfang an, unter konfessionellen Gesichtspunkten geführt. Sie waren mehrklassig und sollten vor allem der Erziehung der adeligen Jugend dienen. Der Antagonismus zwischen dem protestantischen ständischen Adel und dem katholischen Landesfürsten fand somit auch im Bildungswesen seinen Niederschlag. Als Beispiel dafür dient die Landschaftsschule in Linz, welche für einige Jahrzehnte florierte und mit der Niederwerfung des protestantischen Adels in Österreich ihr Ende fand.

Um den durch gesellschaftlichen Wandel geänderten Anforderungen gerecht zu werden, mußten auch im katholischen Bereich neue Methoden eingesetzt werden. Seit der Mitte des 16. Jahrhunderts spielten hier die Jesuiten eine führende Rolle im Erziehungswesen. Ihnen wurden auch bald die Universitäten anvertraut, meist gegen den erfolglosen Widerstand von universitären Amtsträgern, welche die Reste der mittelalterlichen Autonomie bewahren wollten. Die jesuitischen Unterrichtsanstalten befanden sich somit nicht nur in Konkurrenz zu protestantischen Landschaftsschulen, sondern auch, wie das Beispiel Wien zeigt, mit alteingeführten Institutionen wie der Universität. Dieser wurde, teilweise nicht zu Unrecht, eine zu große Toleranz in religiösen Fragen vorgeworfen. Zum besseren Verständnis dieses Konflikts wäre nachzutragen, daß an der größten der damaligen Fakultäten, der philosophischen, ein Unterricht geboten wurde, welcher propädeutischen Charakter hatte und bereits von Schülern im Alter von durchschnittlich vierzehn bis sechzehn Jahren besucht wurde.

Die Dominanz der Jesuiten wurde erst im 18. Jahrhundert gebrochen, als die Bildungsziele der

Johannes Kepler Universität Linz. Foto: Universität Linz. Freigegeben § 130 Abs. 3 LFG

Aufklärung im Interesse eines absolutistischen Staatswesens durchgesetzt wurden. Konfession sollte dabei keine Rolle mehr spielen; seit Kaiser Josef II. waren in der Habsburgermonarchie auch Protestanten und Juden zum Studium zugelassen. Dennoch blieb die Lehre im Universitätsbetrieb vorrangig; Wissenschaft und Forschung fanden zwar ihren Platz, waren jedoch nicht Hauptzweck. Staatliche Kontrolle und Einflußnahme wurden sogar, durchaus im Einklang mit der absolutistischen Staatsidee, verstärkt in der universitären Verfassung festgeschrieben. Dies änderte sich auch nicht mit dem Vorherrschen restaurativer Tendenzen in der ersten Hälfte des 19. Jahrhunderts. Vor diesem Hintergrund ist die Forderung der revolutionären Studenten des Jahres 1848 nach „Freiheit für Lehre und Forschung" zu verstehen. Zwar wurde die Revolution blutig niedergeschlagen, die neo-absolutistische Regierung konnte jedoch auf eine Reform des höheren Bildungswesens nicht verzichten. Mit der Übernahme des Humboldtschen Universitätsmodells nach 1848 wurden somit auch in den Ländern der Habsburgermonarchie Forschung und Lehre gleichberechtigt an den Universitäten vereinigt.

Bevor jedoch alle Bevölkerungsgruppen zum Studium zugelassen wurden, sollte noch beinahe ein halbes Jahrhundert verstreichen: 1897 wurde in Österreich auch Frauen, zunächst nur an der philosophischen Fakultät, der Universitätsbesuch gestattet. 1900 öffnete die medizinische, 1919 die juridische, 1923 die evangelisch-theologische und erst 1946 die katholisch-theologische Fakultät den Frauen ihre Pforten.

Literatur

BAUCH, GUSTAV, Die Rezeption des Humanismus in Wien. Eine literarische Studie zur deutschen Universitätsgeschichte, Neudruck, Aalen 1986.

BAUER, CHRISTOPH FRIEDRICH, Die evangelische Landschaftsschule in Linz a. D. Ihre Geschichte und Einrichtungen von ihrer Gründung bis zur Auflösung 1550–1629. In: Jahrbuch der Gesellschaft für die Geschichte des Protestantismus im ehemaligen und im neueren Österreich, Wien–Leipzig 1925, S 1–46.

BOEHM, LAETITIA und MÜLLER, RAINER A., Hg, Universitäten und Hochschulen in Deutschland, Österreich und der Schweiz. Eine Universitätsgeschichte in Einzeldarstellungen, Düsseldorf 1983.

CSÁKY, MORITZ, Die „Sodalitas litteraria Danubiana": historische Realität oder poetische Fiktion des Conrad Celtis? In: Österreichische Literatur. Ihr Profil von den Anfängen im Mittelalter bis ins 18. Jahrhundert (1050–1750), 2, hg von ZEMAN, HERBERT und KNAPP, PETER FRITZ, Graz 1986, S 739–758.

DOBLINGER, MAX, Stiftung und Entstehen der Linzer evangelischen Landschaftsschule. In: Jahrbuch der Gesellschaft für die Geschichte des Protestantismus in Österreich 67 (1951), S 13–42.

DOMONKOS, LESLIE S., The origins of the university of Pozsony. In: The New Review: A Journal of East European History 9, Toronto 1969, S 270–289.

ECK, JOHANNES, Disputatio Viennae Pannoniae habita (1517), hg und eingeleitet von VIRNICH, THERESE (= Corpus Catholicorum. Werke katholischer Schriftsteller im Zeitalter der Glaubensspaltung 6), Münster 1923.

ENGELBRECHT, HELMUT, Geschichte des österreichischen Bildungswesens. Erziehung und Unterricht auf dem Boden Österreichs. 5 Bde., Wien 1982–1988.

Az Eötvös Loránd Todományegyetem Története 1635–1985 (Die Geschichte der Loránd-Eötvös-Universität 1635–1985), Budapest 1985.

GABRIEL, ASTRIK L., The Mediaeval Universities of Pécs and Pozsony, Frankfurt am Main 1969.

GALL, FRANZ, Alma Mater Rudolphina 1365–1965. Die Wiener Universität und ihre Studenten, Wien 1965.

GROSSMANN, KARL, Die Frühzeit des Humanismus in Wien bis zu Celtis Berufung 1497. In: Jahrbuch für Landeskunde von Niederösterreich 2, 1929, S 150–325.

HEINDL, WALTRAUD und TICHY, MARINA, Hg, „Durch Erkenntnis zu Freiheit und Glück . . .", Frauen an der Universität Wien (ab 1897) (= Schriftenreihe des Universitätsarchivs, Universität Wien, Bd. 5), Wien 1990.

HEISS, GERNOT, Konfession, Politik und Erziehung. Die Landschaftsschulen in den nieder- und innerösterreichischen Ländern vor dem Dreißigjährigen Krieg. In: Bildung, Politik und Gesellschaft. Studien zur Geschichte des europäischen Bildungswesens vom 16. bis zum 20. Jahrhundert, hg von KLINGENSTEIN, GRETE, LUTZ, HEINRICH und STOURZH, GERALD (= Wiener Beiträge zur Geschichte der Neuzeit 5), Wien 1978, S 13–63.

HEISS, GERNOT u. a., Hg, Willfährige Wissenschaft. Die Universität Wien 1938–1945 (= Österreichische Texte zur Gesellschaftskritik 43), Wien 1989.

Die Institute der Johannes-Kepler-Universität Linz. Aufgaben in Forschung und Lehre, Linz 1992.

Die Jesuiten in Ingolstadt 1549–1773. Ausstellung des Stadtarchivs, der Wissenschaftlichen Stadtbibliothek und des Stadtmuseums Ingolstadt, Ingolstadt 1991.

Johannes-Kepler-Universität Linz. Hochschule für Sozial- und Wirtschaftswissenschaften 1966–1976, hg von Rektor und Senat, Linz 1976.

KINK, RUDOLF, Geschichte der kaiserlichen Universität zu Wien. 2 Bde., Wien 1854.

PFEFFER, FRANZ, Die Heimstätte der evangelischen Landschaftsschule in Linz. Zur Geschichte des Linzer Landhauses. In: OÖHbl 6, 1952, S 129–145.

PRANTL, CARL, Geschichte der Ludwig-Maximilians-Universität in Ingolstadt, Landshut, München, 2 Bde., München 1872.

RÜEGG, WALTER, Hg, Geschichte der Universität in Europa, Bd 1: Mittelalter, München 1993.

SCHARDINGER, HERMANN, Das Gründungsproblem des Linzer Gymnasiums. In: Festschrift des Linzer Gymnasiums, Linz 1952, S 13–42.

SCHIFFMANN, KONRAD, Das Schulwesen im Lande ob der Enns bis zum Ende des 17. Jahrhunderts. In: JbOÖMV, 59. Bericht, Linz 1901.

SZÖGI, LÁSZLÓ, Die Loránd-Eötvös-Universität Budapest. Geschichte im Überblick 1635–1985, Budapest 1985.

VARSIK, BRANISLAV, BARTL, JULIUS und DOLAN, ONDREJ, 50 Jahre Komenský-Universität in Bratislava 1919–1969, Bratislava 1969.

VOLTELINI, HANS, Eine Disputation an der Universität Wien. In: Monatsblatt des Vereins für Geschichte der Stadt Wien, Jg. XIX, (54), 1937, S 127–134.

Horst H. Stierhof

Neuburg und Wien
Dynastische und kulturelle Beziehungen entlang der europäischen Wasserstraße

Noch immer sind am Oberlauf der Donau, dort wo der Fluß noch nicht für den modernen Schiffsverkehr ausgebaut ist, die Treidelpfade zu finden, auf denen einstmals Pferdegespanne vollbeladene Lastkähne die Donau aufwärts zogen. Sie erinnern uns daran, daß der Fluß auf seiner ganzen Länge in vorindustrieller Zeit ein wichtiger Verkehrs- und Transportweg war, der Städte, Länder und Kulturen verband. Auch die Pfalzgrafen und Kurfürsten des 1505 von Kaiser Maximilian I. gegründeten Fürstentums Pfalz-Neuburg benutzten diesen Wasserweg auf ihren – nicht allzu häufigen – Wegen in die Kaiserstadt Wien.

Ein frühes und sehr anschauliches Dokument dieser Beziehungen ist das Porträt des Pfalzgrafen Philipp (1503–1548), des Bruders des ungleich bekannteren Ottheinrich (1502–1559). Es zeigt im Hintergrund eine Ansicht Wiens mit dem Stephansdom und einer zerstörten Vorstadt. Das Porträt verweist auf das Jahr 1529, als die Stadt von den Truppen Sultan Suleimans I., die bereits in die Vorstädte eingedrungen waren, belagert und durch Pfalzgraf Philipp als Vertreter des Obersten Reichshauptmannes, seines Oheims Friedrich von der Pfalz, vor der drohenden Einnahme gerettet wurde.

Diese Heldentat brachte dem Pfalzgrafen den Beinamen „der Streitbare" ein, den Ritterschlag durch Kaiser Karl V. in Bologna (1530) und den Orden vom Goldenen Vlies (1531).

Ottheinrich ließ die Tat seines Bruders 1543 in einem großformatigen Wandteppich darstellen, der leider zugrundegegangen ist. Zu einem Zeitpunkt, als er sich der Reformation zugewandt hatte, war dem Neuburger Herrscher wohl daran gelegen, sein Haus als Verteidiger des rechten (christlichen) Glaubens vorzustellen.

Der rechte Glauben war nach Ottheinrichs damaligem Verständnis das protestantische Bekenntnis. Seit 1538/39 bemühte er sich um die Aufnahme in den Schmalkaldischen Bund, das politische Bündnis der reformatorisch gesonnenen Fürsten. Im Schmalkaldischen oder „Donauländischen" Krieg nahm Karl V. 1546 Neuburg ein. Gegen den Willen des Kaisers wurde auch das Schloß geplündert. Die Beute wurde auf Schiffen donauabwärts gegen Regensburg geführt. Ottheinrich mußte nach Weinheim ins Exil gehen. Erst 1552 wurde er im Passauer Vertrag wieder in seine angestammten Rechte eingesetzt.

Während seiner letzten drei Lebensjahre hatte er endlich die Pfälzer Kurwürde inne (1556–59), die er zeitlebens als „wartend erb" betrachtet hatte. An jene Jahre erinnert am augenfälligsten der „Ottheinrichbau" des Heidelberger Schlosses. Anders als in München, wo, wohl beeinflußt durch die Vermählung Herzog Albrechts V. mit Erzherzogin Anna, der Nichte des Kaisers, der kaiserliche Antiquar Jacobo Strada und Johann Jakob Fugger von Wien aus nachhaltigen Einfluß auf die Sammel- und die Bautätigkeit am Hof nahmen, orientierte sich der namentlich nicht bekannte Architekt des Ottheinrichbaues an der französischen und niederländischen Architektur.

Ottheinrichs Nachfolger, Pfalzgraf Wolfgang von Zweibrücken (1526–1569) kämpfte zum einen mit der Schuldenlast seines Vorgängers, zum anderen in Frankreich an der Seite der Hugenotten, so daß für den Ausbau der Neuburger Residenz wenig Gelegenheit war. Er vollendete vor allem das von Ottheinrich Begonnene.

*Porträtgobelin Pfalzgraf Ottheinrich.
Foto: Bayerische Verwaltung der staatlichen Schlösser, Gärten und Seen*

Erst Wolfgangs ältester Sohn, Pfalzgraf Philipp Ludwig (1569–1614), ging wieder systematisch an den Ausbau Neuburgs. Er zog schließlich unter dem Einfluß des Erbprinzen Wolfgang Wilhelm 1603 den kaiserlichen Kammermaler Josef Heintz zu, als es galt, das unmittelbar dem Schloß vorgelagerte Areal seiner Residenzstadt neu zu gestalten. Von Heintz kam auch der Vorschlag, das Rathaus nach Norden zurückzusetzen und so ein repräsentatives Forum in der Residenzstadt zu schaffen. Damit prägte er das Gesicht der Neuburger Altstadt bis heute.

Die Bemühungen Wolfgang Wilhelms als auch

*Porträtgobelin Pfalz-
gräfin Susanna,
Gemahlin von Pfalz-
graf Ottheinrich.
Foto: Bayerische Ver-
waltung der staatli-
chen Schlösser, Gärten
und Seen*

die seines Sohnes Philipp Wilhelm um die polnische Königskrone brachten das Haus Pfalz-Neuburg immer wieder in Konflikt mit den Interessen des Hauses Habsburg. Die Wende trat erst ein, als Kaiser Leopold I. nach dem Tode seiner zweiten Gemahlin Claudia Felicitas eine dritte Ehe eingehen wollte, um die Nachfolge zu sichern, und die geistigen und körperlichen Vorzüge von Philipp Wilhelms Tochter Eleonore (1655–1720) die Anerkennung des kaiserlichen Leib- und Hofarztes von Becker fanden.

Am 2. Dezember 1676 reiste sie auf der Donau nach Passau, da Kaiser Leopold seiner Braut bis an

Katalog-Nr. III. 7. 35. Foto: Historischer Verein Neuburg an der Donau

die Grenze seiner Kronländer entgegengereist war. Die Hochzeit fand am 14. Dezember statt. Anläßlich der „Passauer Kaiserhochzeit" stiftete Leopold I. die „Kaiserampel", ein Werk des Augsburger Goldschmiedes Lukas Lang, in die Wallfahrtskirche Maria Hilf. Das Brautpaar übernachtete in Schloß Neuburg am Inn, das ihm der kaiserliche Hofkammerpräsident Graf von Sinzendorf zur Verfügung stellte. Dieser veranlaßte auch eine Kupferstichserie, die die Vermählungsfeierlichkeiten darstellte. 1677 erschien in Wien der „Ragguaglio di quanto e Seguito nel terzo matrimonio de sua maesta Cesarea anno 1676".

Bekanntlich erfüllte die Neuburger Prinzessin die Hoffnung Leopolds I. auf einen Thronfolger. Sie schenkte ihm neun Kinder, darunter jene zwei Söhne, die als Kaiser Josef I. und Karl VI. seine Nachfolger wurden. Mit letzterem sollte das Haus Habsburg schließlich im Mannesstamm aussterben.

Nach Passau flüchtete Kaiser Leopold auch im Sommer 1683, als die Türken Wien belagerten. Immer wieder zog der Kaiser mit seinem Gefolge, dem Passauer Fürstbischof und den Bürgern auf den Gnadenberg Maria Hilf, um den Sieg der christlichen Waffen und die Befreiung der Stadt Wien zu erflehen. Für den 12. September 1683 war die Gefechtsparole „Maria hilf!" ausgegeben worden: Da die Türken am selben Tag in der Schlacht am Kahlenberg entscheidend geschlagen und Wien entsetzt werden konnte, stieg das Passauer Maria-Hilf-Bild gleichsam über Nacht zum habsburgischen „Staatsgnadenbild" empor.

In Neuburg traf 1689 kaiserlicher Besuch ein. Auf dem Wege zum Augsburger Reichstag, auf dem er die Wahl seines Sohnes Josef zum Römischen König durchsetzte, weilten Kaiser Leopold I. und Kaiserin Eleonore vom 10. bis 30. August und nochmals zwischen dem 19. und dem 27. September in der Stadt. Hier nahmen sie auch an der Vermählung per procurationem von Prinzessin Maria Anna (1667–1740) mit König Karl II. von Spanien teil (28. August). Der nunmehr 76jährige Philipp Wilhelm wartete noch seinem Neffen Josef I. als Reichserztruchseß anläßlich dessen Krönung zum Römischen König auf.

1690 besuchte Philipp Wilhelm seine Tochter in Wien. Dort verstarb er am 11. September. Da er in Neuburg beigesetzt werden wollte, wurde sein Leichnam auf einem Schiff, das 21 Pferde zogen, donauaufwärts nach Neuburg gebracht. Hier wurde er am 26. November in der „Hofkirche" zur letzten Ruhe gebettet.

Schon zu Lebzeiten wurde Philipp Wilhelm als

Katalog-Nr. III. 7. 34. Foto: Bayerische Verwaltung der staatlichen Schlösser, Gärten und Seen

„Schwiegervater Europas" bezeichnet. Es gelang ihm, sieben seiner 17 Kinder in „beste Positionen" zu verheiraten. Sein Sohn und Nachfolger Johann Wilhelm ließ 1697 auf der Rückseite einer großen Stammbaummedaille der Häuser Habsburg und Pfalz-Neuburg diejenigen sieben Kinder Philipp Wilhelms darstellen, die damals im Besitz deutscher und europäischer Fürsten- und Königskronen waren.

Die vornehmste Verbindung fand Philipp Wilhelm zweifelsohne für den Erbprinzen Johann Wilhelm, den seine Kavalierstour 1676 nach Wien geführt hatte. Dort lernte er seine künftige Gemahlin, Erzherzogin Maria Anna Josefa, eine Tochter Kaiser Ferdinands III. und dessen dritter Gemahlin Eleonora Gonzaga, kennen. Zwei Jahre später, 1678, fand die Vermählung in Wiener Neustadt statt. Die Bindung des Hauses Pfalz-Neuburg an das Haus Habsburg wurde noch durch eine dritte Ehe gefestigt. Maria Anna (1667–1740) wurde 1689 mit dem kinderlos verwitweten König Karl II. von Spanien vermählt. Die Beziehungen zwischen Neuburg und Wien vertiefte zudem der österreichische Hofkanzler Theodor Heinrich Altet von Strattmann, Philipp Wilhelms ehemaliger Vizekanzler, den er einst aus brandenburgischen in pfalz-neuburgische Dienste übernommen und den er an den Kaiserhof empfohlen hatte.

Johann Wilhelm setzte die Politik seines Vaters als treuer Anhänger des Kaisers fort. Als 1701 der Kampf um die spanische Erbschaft ausbrach, schloß sich Johann Wilhelm als erster Reichsfürst der Allianz des Kaisers und der Seemächte gegen Ludwig XIV. von Frankreich an. Er bot ihm und seinen Söhnen während des Spanischen Erbfolgekriegs unschätzbare Unterstützung, als er rund 10.000 Mann zur Verstärkung der kaiserlichen Truppen zur Verfügung stellte. Angesichts der politischen und dynastischen Konstellation konnte es nicht ausbleiben, daß Neuburg in die Wirren des Spanischen Erbfolgekrieges hineingezogen und durch kurbayerische Truppen eingenommen wurde (1703). Um nach der (Entscheidungs-)Schlacht von

Höchstädt (1704) seine Ansprüche zu unterstreichen, reist er persönlich nach Wien. Zwar wurde er mit der Oberpfalz und der älteren, bayerischen Kurwürde Max Emanuels belehnt, doch mußte Johann Wilhelm 1714 beide wieder an den bayerischen Kurfürsten zurückgeben. Dies war für Johann Wilhelm sicherlich eine Enttäuschung, nachdem er sich 1711 als Reichsvikar für die Wahl seines Neffen Karl VI. eingesetzt hatte.

Mehrere Brüder Eleonores zeichneten sich in kaiserlichen Diensten aus. Im kaiserlichen Heer, das 1685 Gran belagerte, befanden sich fünf Neuburger Prinzen, darunter auch der spätere Kurfürst Karl III. Philipp. Er nahm sich auch des Töchterchens von Pascha Hassan an, der kurz vor der Belagerung gestorben war, und schickte es zu seiner Schwester Maria Anna an den Heidelberger Hof, von wo aus es über Neuburg und Madrid nach Wien an den Kaiserhof zu Eleonore Magdalena kam.

Karl Philipp erfreute sich der besonderen Gunst Kaiser Josefs I. (seines Neffen). Im Alter von 23 Jahren hatte er die Funktion eines Obersten und Inhaber eines Küssierregiments übernommen, an dessen Spitze er noch etliche Jahre während der Türkenkriege stand. Schließlich ernannte Josef I. seinen Onkel 1706 zum Statthalter von Tirol mit Sitz in Innsbruck, wo Karl Philipp bis 1717 residierte.

Wohl am sinnfälligsten an die Verbindungen zwischen Neuburg und Wien erinnert das Traditionsregiment „Hoch- und Deutschmeister". Pfalzgraf Ludwig Anton (1660–1694), der dritte Sohn Philipp Wilhelms, hatte 1694, wenige Monate vor seinem Tode, ein eigenes Infanterieregiment aufgestellt. Noch im selben Jahr ging es an den jüngeren Bruder Franz Ludwig (1664–1732), Fürstbischof von Breslau, nachmaligen Kurfürsten von Trier und Mainz, über. In der Gründungsurkunde von 1695 erhielt das Regiment den Namen „Pfalz-Neuburg-Deutschmeister", weil sein Inhaber Franz Ludwig 1694 „Hoch- und Deutschmeister des Deutschen Ritterordens" geworden war. Im Jahre 1699 wurde das Regiment der kaiserlichen Armee einverleibt.

Dieses ursprünglich pfalz-neuburgische Regiment blieb einer der angesehensten Truppenteile im österreichischen Kaiserreich. Als „k. k. Hoch- und Deutschmeister Nr. 4" war es das Wiener Hausregiment.

Das Haus Palz-Neuburg starb bereits mit den Brüdern Eleonores, also mit den Söhnen Philipp Wilhelms, im Mannesstamm aus, das Haus Habsburg erst mit den Kindern Eleonores, das heißt den Enkeln Philipp Wilhelms. Im Jahre 1722 wurde die Annäherung Österreichs und Kurbayerns durch die Vermählung Max Emanuels mit Maria Amalie, einer Tochter Kaiser Josefs I. und somit einer Enkelin Eleonores, besiegelt. Gleichzeitig begann die Annäherung zwischen Kurbayern und Kurpfalz, also zwischen Max Emanuel und Karl III. Philipp, mit dem Ziel der Wiedervereinigung der Wittelsbachischen Territorien. Letzterer setzte sich nach dem Tode Karls VI. für die Wahl des Wittelsbachers Karl Albrecht zum Kaiser ein. Da Karl Albrecht von Bayern die Pragmatische Sanktion Karls VI. des Jahres 1713 nicht anerkennen wollte, wurde Neuburg wiederum in die Wirren eines Erbfolgekrieges hineingezogen: Auf der einen Seite stand Maria Theresia, Urenkelin Philipp Wilhelms von Pfalz-Neuburg, auf der anderen Seite standen Karl III. Philipp, der Sohn Philipp Wilhelms, und Karl Albrecht von Bayern, der mit einer Urenkelin Philipp Wilhelms vermählt war. Dessen ungeachtet ließ Maria Theresia auch im pfalz-neuburgischen Gebiet, nachdem Karl III. Philipp den französischen Truppen Durchzug gewährt hatte, die geforderten Kontributionen unnachsichtig eintreiben.

Nach dem Tode Karls III. Philipp (1742) ging Pfalz-Neuburg in der nach und nach wiedervereinigten Wittelsbachischen Ländermasse auf. Das Haus Pfalz-Neuburg hatte mit der „letzten Generation" seinen Höhepunkt gehabt. Neuburg wurde Witwensitz und (allenfalls) Nebenresidenz. Dennoch wurde es von den großen politischen Ereignissen ereilt. Im Jahre 1796 mußte Neuburg, nunmehr regierte bereits Karl Theodor (1724–1799) in München, die Einquartierung französischer Truppen hinnehmen, die dem zurückweichenden österreichischen Heer nachstießen. Dies wiederholte sich nochmals im Jahre 1800, als es zur denkwürdigen „Schlacht von Oberhausen" kam. In die Geschichtsschreibung ist diese Schlacht wohl weniger wegen ihrer militärischen Bedeutung eingegangen, als vielmehr wegen des Todes des La Tour d'Auvergne, des „Ersten Grenadiers Frankreichs".

Mittlerweile war Max IV. Josef (1756–1825), gleichfalls aus einer Neuburger Nebenlinie, auf Karl Theodor gefolgt. Max Josef nahm 1806 den Titel eines Königs von Bayern an. Das „Hl. Römische Reich Deutscher Nation" hörte 1806 auf zu bestehen. So besuchte 1815 Marie Luise Beatrix als österreichische Kaiserin die Stadt.

Trotz der engen dynastischen und politischen Beziehungen zwischen Neuburg und Wien ließen sich bisher noch keine entscheidenden künstlerischen Einflüsse des Wiener Hofes auf den Neuburger, etwa auf die Architektur, namhaft machen. Im Unterschied zu den Schönborn beispielsweise, orientierte sich die Architektur nicht an Wien. Der Wiener Einfluß endete donauaufwärts in Passau, das bis 1728 Suffraganbistum von Salzburg war; das Gebiet des Hochstifts Passau kam erst 1803 an Bayern. Die Ursache für die fehlenden Wiener Einflüsse sind wohl, daß sich das Schwergewicht der pfalz-neuburgischen Herrschaft seit Wolfgang Wilhelm an den Niederrhein verlagert hatte und daß die Zerstörungen der Pfalz im Orleanschen Krieg verheerende Folgen für die Wirtschaft gehabt hatten – gleichzeitig hob im Reich die barocke Baulust an – und die finanziellen Möglichkeiten der Kurfürsten des Hauses Pfalz-Neuburg doch beschränkt waren. Daß die Verbindungen zwischen (Pfalz-) Neuburg und Wien aber nicht nur äußerliche, das heißt auf dynastisches Kalkül und politische Notwendigkeit beschränkte waren, sondern eine tiefergehende Basis hatten, belegen wohl auch die Porträtmedaillons Kaiser Leopolds I., die sich aus zwei Neuburger Privathäusern erhalten haben.

Andererseits gingen die Verbindungen nicht ganz spurlos vorüber. Das Deckengemälde im großen Speisesaal des Neuburger Schlosses (1734) bildet einen (matten) Abglanz der Scheinarchitekturen eines Andrea Pozzo und der Galli-Bibiena. Fernando Galli-Bibiena errichtete 1716 in der Wiener Augustinerkirche den Trauerkatafalk für Kurfürst Johann Wilhelm. Giuseppe Galli-Bibiena stellte dem 1732 in Breslau gestorbenen Pfalzgrafen Franz Ludwig, Erzbischof von Mainz und damit Erzkanzler des Reichs, zugleich Inhaber des Regiments „Hoch- und Deutschmeister", einen Ehrenkatafalk auf. Karl III. Philipp, der Alessandro Galli-Bibiena wohl aus Innsbruck kannte, ließ nach dessen Plänen ab 1733 die Jesuitenkirche in Mannheim errichten, die zugleich als große Hofkirche diente.

Literatur

BLEIBRUNNER, HANS, Niederbayern. Kulturgeschichte des bayerischen Unterlandes, 2 Bde., Landshut 1980.

Denkmale und Erinnerungen des Hauses Wittelsbach im Bayerischen Nationalmuseum. Katalog des Bayerischen Nationalmuseums, Bd. 11, hg von der königlichen Direktion des Bayerischen Nationalmuseums, München 1909.

FINWEG, C. A. (Hg), Geschichte des Herzogtums Neuburg, Neuburg 1871.

FÖRCH, F. H., Neuburg und seine Fürsten, Neuburg an der Donau 1860.

GRASSEGGER, JOSEPH BENEDIKT, Das Leichenbegängniß des Churfürsten Philipp Wilhelm zu Neuburg a/D. Monatliches Collectaneenblatt für die Geschichte der Stadt Neuburg a/D. und deren Umgegend (= Neuburger Kollektaneenblatt) 4, (November) 1838, S 81–88.

–, Kurze Biographie der römischen Kaiserin und Königin von Ungarn, Eleonora Magdalena Theresia. Collectaneen-Blatt für die Geschichte Bayerns (= Neuburger Kollektaneenblatt) 39, 1875, S 22–27.

HÄUTLE, CHRISTIAN, Genealogie des erlauchten Stammhauses Wittelsbach, München 1870.

–, Ein kaiserlicher Besuch in Neuburg a. D. im Jahre 1689. Neuburger Kollektaneenblatt 43, 1879, S 49–54.

HAUSMANN, OTTO, Alt Neuburg. Historische Details um die alte Residenz. Neuburg an der Donau 1985.

–, Alt-Neuburg. Rückblende auf geschichtliche Höhen und Tiefen, Neuburg 1987.

–, Die Töchter mit Kaiser und Königen verheiratet. Neuburger

Kurfürst als der „Schwiegervater Europas", Neuburger Rundschau 12. 9. 1990.

HÜTTL, LUDWIG, Das Haus Wittelsbach. Die Geschichte einer europäischen Dynastie, München 1980.

JÄGER-SUNSTENAU, HANS, Neuburg und Wien. Historisch bedingte Beziehungen. In: 175 Jahre Fürstentum Pfalz-Neuburg. Hg von STIERHOF, HORST H., und OPPEL, MAX, München 1980, S 84–86.

KÜHN-STEINHAUSEN, HERMINE, Johann Wilhelm. Kurfürst von der Pfalz, Herzog von Jülich-Berg (1658–1716), Düsseldorf 1958.

MÜLLER, KLAUS, Johann Wilhelm von der Pfalz und die europäische Politik seiner Zeit. In: 475 Jahre Fürstentum Pfalz-Neuburg. Hg von STIERHOF, HORST H., und OPPEL, MAX, München 1980, S 87–89.

NEBINGER, GERHARD, Das Fürstentum Neuburg und sein Territorium. In: 475 Jahre Fürstentum Pfalz-Neuburg. Hg von STIERHOF, HORST H., und OPPEL, MAX, München 1980, S 9–42.

–, In prunkvoller Hochzeit in der Hofkirche stieg Neuburger Pfalzgräfin zur spanischen Königin auf, Neuburger Rundschau 28. 8. 1989.

NIKL, WILHELM POSSIDIUS, Schicksale der jungen Pfalz während des schmalkadischen Donaukrieges, Neuburger Kollektaneenblatt 43, 1878, S 55–105.

PFANDLER, LUDWIG, Karl II. Das Ende der spanischen Machtstellung in Europa, München 1940.

RALL, HANS, Pfalz-Neuburg und seine Fürsten. Neuburger Kollektaneenblatt 109, 1955. S 5–52.

RALL, HANS und MARGA, Wittelsbacher in Lebensbildern, Graz/Wien/Köln/Regensburg 1986.

REDLICH, OSWALD, Das Werden einer Großmacht. Österreich von 1700–1740, Brünn/München/Wien 1942.

REITZENSTEIN, ALEXANDER VON, Ottheinrich von der Pfalz, Bremen/Berlin 1939.

SCHMID, ELMAR D., Der Krönungswagen Kaiser Karls VII. Albrecht, Dachau 1992.

SEITZ, REINHARD H., Reformation und Gegenreformation im Fürstentum Pfalz-Neuburg. In: 475 Jahre Fürstentum Pfalz Neuburg. Hg von STIERHOF, HORST H., und OPPEL, MAX, München 1980. S 43–63.

SEITZ, REINHARD H., KAESS, FRIEDRICH, und LIEDEL, ALBERT, Hofkirche Neuburg an der Donau, Weißenhorn 1983.

SELING, HELMUT, Die Kunst der Augsburger Goldschmiede 1529–1868, Bd. I, München 1980.

STIERHOF, HORST H., Die Wittelsbacher und die bildende Kunst. In: H. VALENTIN/E. VALENTIN/E. NÖLLE/STIERHOF, Die Wittelsbacher und ihre Künstler in acht Jahrhunderten. München 1980, S 323–473.

–, Die bildenden Künste am Münchner Hof zur Zeit Orlando di Lassos. In: Orlando di Lasso. Musik der Renaissance am Münchner Hof, hg von HELL, H., und LEUCHTMANN, H., München 1982, S 39–49.

–, Zur Baugeschichte des Antiquariums. In: Das Antiquarium der Münchner Residenz. Katalog der Skulpturen, hg von HOJER, G., München 1987, S 18–22.

–, das biblisch gemäl. Die Kapelle im Ottheinrichsbau des Schlosses Neuburg an der Donau, München 1993.

–, Johann Wilhelm und die bildenden Künste; Neuburger Kollektaneenblatt 141, 1993, S 229–246.

STIERHOF, HORST H., und HALLER, PETRA, Schloßmuseum Neuburg an der Donau, amtl. Führer, München 1991.

THIELE, ROLAND, Die Schiff- und Floßfahrt auf der Donau. In: Die Donau zwischen Lech und Altmühl, Geschichte und Gegenwart einer Kulturlandschaft. Hg vom Kulturreferat der Stadt Ingolstadt, Ingolstadt 1987, S 99–109.

WÜRDINGER, JOSEF, Pfalzgraf Philipp des Streitbaren Vertheidigung Wiens gegen die Türken unter dem Sultan Suleiman I. 1529. Neuburger Kollektaneenblatt 40, 1876, S 1–20.

WÜRTTEMBERG, ALEXANDER VON, „Die letzte Generation". Glanz und Macht des Hauses Neuburg vor seinem Erlöschen. In: 475 Jahre Fürstentum Pfalz-Neuburg. Hg von STIERHOF, HORST H., und OPPEL, MAX, München 1980, S 76–83.

ZIMMER, JÜRGEN, Hofkirche und Rathaus in Neuburg a. d. Donau. Neuburger Kollektaneenblatt 124, 1971, S 3–141.

Susanne Schaber

Donaureisen

„Setz mi afs Wassa
Fahr abi af Passa
Fahr abi af Wean
Daß i's gut Leben lern"

Altes Volksgut

Unterwegs auf der Donau – eine lange, geschichtsträchtige Route. Wo anfangen? Wie fast immer, bei den Griechen, die, so will es der Geograph Strabo, um 700 vor Christus von Argos und Milet aufbrachen, um von der Donaumündung aus flußaufwärts zu schiffen. Die griechischen Handelskolonien am Donauufer, die in den darauffolgenden Jahrhunderten entstanden, wurden 600 Jahre später von den Römern gewaltsam übernommen. So sind auf den Triumphsäulen für die Kaiser Marcus Aurelius und

Johann Josef Schindler, Ansicht des gefährlichen Wirbel und Strudel auf der Donau, kolorierte Umrißradierung, erschienen im Verlag Artaria et Comp., Wien um 1815/20. Foto: NÖLR, Bernhart

Trajan, heute noch in Rom zu besichtigen, eben jene Donauschiffe abgebildet, die zu Kriegszwecken Verwendung fanden.

Als sich die Römer aus den okkupierten Gebieten wieder zurückgezogen hatten, entwickelte sich die Schiffahrt auf der Donau zu einer wirklichen Blüte: Der europäische Handel suchte sich seinen Weg auf dem Fluß, Heerscharen von Kreuzrittern zogen auf der Donau in Richtung Morgenland. Erst als Byzanz und Venedig den Orienthandel in den Mittelmeerraum verlagerten, verlor die Donauschiffahrt an Bedeutung: Flußräuber, häufig Raubritter, erschwerten die Passage, die Zölle und Mautgebühren stiegen.

Über Jahrhunderte hinweg blieb die Donau vornehmlich Durchgangsstraße für Krieger und Reiseroute der Vermögenden: Kaiser, Könige, Erzherzoge, Kurfürsten und Geistliche bevorzugten den Wasserweg. Ihre Leibschiffe, die andere Gefährte an Annehmlichkeit bei weitem übertrafen, waren mit einem aufgesetzten Haus und luxuriös ausgestatteten Räumlichkeiten versehen und erlaubten es, jenes Leben fortzusetzen, das man an Land gewohnt war.

„Alle Bequemlichkeiten eines Palastes" boten solche Vehikel, wie Lady Mary Wortley Montagu 1781 in einem Brief schwärmt. Eine Vielzahl von Begleitschiffen – darunter Boote für die Küche, den Weinkeller, die Kammergüter und Musikinstrumente – sorgten für jeden erdenklichen Komfort. Kaiserin Elisabeth war eine der letzten, die sich auf ihrer Brautfahrt von Bayern nach Wien eines solchen Schiffes bediente.

Den Auswanderern, vorzugsweise den Schwaben, die zu Beginn des 18. Jahrhunderts entlang der Donau in Richtung Ungarn, in den Karpatenraum und nach Rußland aufbrachen, standen ungleich einfachere Boote zur Verfügung, und auch die ersten Donau-Touristen mußten auf ihren Flußexpeditionen mit primitiven Kähnen, oft Lastschiffen, vorlieb nehmen. So beschreibt der Engländer Carl Burney, Musikwissenschafter, Organist und 1773 Donaureisender, die Selbstversorgung an Bord: „Der letzte Bissen meiner kalten Küche war so lebendig geworden, daß ich's in die Donau werfen mußte, so heißhungrig ich war. Hier war nichts zu haben als

„Ulmer Schachtel",
Stich, entnommen aus:
Josef Kurt Darmstätter,
Die Donau und ihre
weiße Flotte, 1988

Pumpernickel, welches so schwarz und dürre ist, daß zwey Sinnen zugleich dafür eckelt."

Fahrpläne kannte man nicht, und die Schiffe legten zu sporadisch an, als daß man seinen Proviantkorb rechtzeitig an Land auffüllen hätte können. Erst Ende des 18. Jahrhunderts entwickelte sich ein geregelter Schiffsverkehr, der eine Flußreise auch für weniger Begüterte und Abenteuerlustige möglich machte: 1796 wurde damit begonnen, ein sogenanntes Ordinari-Boot einzusetzen, das einmal wöchentlich von Regensburg in Richtung Wien aufbrach. Einige Jahre darauf schickte die Stadt Ulm fahrplanmäßig die „Ulmer Schachtel" gen Wien, die soviel Aufsehen erregte, daß sich wenig später fast jede größere Stadt an der Donau mit einem eigenen Schiff zu schmücken trachtete. Bei den Passagieren erfreuten sich diese Ordinariboote großer Beliebtheit – und das, obwohl man sich gezwungen sah, die Ansprüche an Bord auf ein Minimum zurückzuschrauben: Eine Donaufahrt hatte zu sehr Expeditionscharakter, als daß sich die Reisenden Erholung und Zerstreuung erwartet hätten. Das Schiff selbst bot wenig Raum für Unterhaltung jenseits des Fernrohrs. Wichtigste Requisiten auf solchen Fahrten: der genaue Blick, eine Schreibfeder und Papier – und der Ehrgeiz, jeden Reiseeindruck fast wissenschaftlich genau zu protokollieren, in Briefen, Tagebuchnotizen oder mehr oder weniger wissenschaftlichen Berichten. „Das Schiff ist ein großes Gebilde von ungestrichenem Fichtenholz, und fast der ganze Raum wird von einer Kajüte eingenommen, die der Arche Noah ähnlich sieht. Diese ist fast ganz mit Kisten, Fässern und Ballen angefüllt, und der verbleibende, sehr kleine Teil mit Bretterbänken und einer Art Küchentisch, der zwischen ihnen steht, sei ausdrücklich zur Bequemlichkeit der Hüttengäste so ausgestattet worden." (Frances Trollope, 1836)

Übernachtet wurde häufig an Land, meist in einfachen Quartieren, denn den Schiffsreisenden, ganz gleich welcher Herkunft und Nationalität, blieben die Tore gutbürgerlicher Hotels verschlossen: Immer noch ging ihnen der Ruf voraus, das Messer würde

Fahrordnung der Passagierboote aus dem Jahr 1854. Foto: Archiv Darmstätter

ihnen allzu lose in der Tasche stecken. Und das zu einer Zeit, da die Passagierliste der Ordinari-Boote ganz anderes vermuten ließe: Ernst Moritz Arndt, Wolfgang Amadeus Mozart, Nikolaus Lenau oder Joseph von Eichendorff. Alles Verbrecher? In den Reiseberichten und Romanen, die sich ihren Donaufahrten verdanken, hat davon nichts überlebt.

Eine Fahrt donauabwärts von Regensburg nach Wien dauerte zwischen sechs und sieben Tagen, wenngleich es vorkommen konnte, daß zu hoher oder niedriger Wasserstand, gefährliche Strömungen oder schlechtes Wetter zu unvorhergesehenen Verzögerungen führten. Mit kleineren Booten, die sich nur Reiche leisteten, ging vieles schneller – auch deshalb, weil man an Bord übernachtete und Hindernisse gewandter umschiffte. Erst mit der Sprengung gefährlicher Felsen und dem Beginn der systematischen Stromregulierung entwickelte sich die Donaureise zur Vergnügungsfahrt. Der Schiffsverkehr nahm rapide zu, Gesetze und Verordnungen regelten eine Wasserstraße, die auch weniger risikofreudige Reisende sicher bis zum Schwarzen Meer brachte.

Die Erfindung des Dampfschiffes steigerte die Beliebtheit dieser Route: 1818 wurde damit begonnen, mit einem „durch Dampfmaschinen betriebenen schwimmenden Vehikel" Probefahrten auf der Donau zu unternehmen, am 13. März 1829 die Erste Donau-Dampfschiffahrtsgesellschaft gegründet. Im September 1829 schließlich schickte man das erste Dampfschiff von Wien nach Budapest, das die 280 Kilometer lange Strecke in beachtlichen 14 Stunden und 15 Minuten zurücklegte. Innerhalb von 50 Jahren mauserte sich die DDSG zur größten Binnenschiffahrts-Gesellschaft der Welt. Anfang der zwanziger Jahre unseres Jahrhunderts erlebte das Unternehmen eine weitere, letzte Blüte. Clevere Pioniere des Fremdenverkehrs warben mit einer neuen Idee, der Pauschalreise: Zu einem festen Preis buchte man die Passage Wien – Russe, die Anschlußreise zum Schwarzen Meer und den Badeaufenthalt im Seebad Varna – und das alles bei voller Verpflegung samt eingeschlossenen Expeditionen.

Nach dem Zweiten Weltkrieg, da sich auf der Donau hauptsächlich Lazarett- und Kriegsschiffe drängten, verhinderte der Eiserne Vorhang den internationalen Verkehr für einige Zeit, ehe sich zu Beginn der sechziger Jahre der Personenstrom neuerlich ostwärts bewegte. Heute ist die Donau in der Hand von Kegelvereinen, Schulklassen und Baedecker-Touristen, die die Uferlandschaften nach den Sternen im Führer klassifizieren. Tagesflüge und Rundfahrten haben die mehrtägige, geruhsame Donaureise abgelöst und den forschenden Blick eingeengt. Der Luxus an Bord – das Bier aus dem Kühlschrank, das Essen aus dem Mikrowellenherd und die Musik aus der Konserve – entschädigt dafür leidlich.

Was bleibt, ist der Fluß. Und die Reiseberichte von früher: „Wir erreichten Regensburg [...], wo wir zum ersten Mal die Donau so sahen, daß wir uns einen richtigen Begriff von ihrem Range machen konnten. Sie ist ein sehr edler Strom, und als wir ihre

Plakat „Bereiset die schöne Donau" der I. DDSG. Foto: Archiv Darmstätter

glänzenden Fluten betrachteten, die zu dieser Stunde die malerischen Gebäude an ihren Ufern auf das schönste widerspiegeln, fühlten wir, glaube ich, keine andere Regung als die reine Freude. Wir sind im Begriff, uns blind und bedingungslos ihrer Gnade anzuvertrauen." (Frances Trollope, 1836) Respekt – auch eine Möglichkeit.

Literatur

BURNEY, CARL, Carl Burneys des Music Doktors Tagebuch seiner musikalischen Reisen, Zweyter Band, Hamburg 1773.
HASINGER, HERMANN, Donaufahrt – Von der Quelle bis Wien, München 1957.
MAYER, HORST FRIEDRICH, Auf Donauwellen durch Österreich-Ungarn, Wien 1989.
MEISSINGER, OTTO, Die historische Donauschiffahrt, Melk 1975.
MONTAGU, LADY MARY WORTLEY, Briefe, geschrieben während ihrer Reisen in Europa, Asien und Afrika, Mannheim 1784.
TROLLOPE, FRANCES, Briefe aus der Kaiserstadt, Stuttgart 1966.

Plakat „Von den Alpen zu den Toren des Orients" der I. DDSG. Foto: Darmstätter

Susanne Schaber

Die Donau als Thema in der Literatur

„wenn du auf der Brücke stehst
   und schaust ins Wasser
   siehst du daß die Donau stillsteht
   und die Brücke fährt
   stromaufwärts
   und die Strömung steht still und das Ufer fließt"

   Franz Tumler, Sätze von der Donau

Dichter über die Donau: Es ließen sich Bände füllen mit Zitaten aus großen und kleineren Werken, die entlang des Flusses entstanden sind. Nicht nur Franz Tumler hat die Donau zur literarischen Metapher stilisiert; die Reihe der Schriftsteller, die im Donauraum gelebt oder geschrieben haben, ist lang und wartet mit einer Vielzahl mehr oder weniger prominenter Namen auf: von Friedrich Hölderlin, Nikolaus Lenau und Elias Canetti bis Ingeborg Bachmann, von Johann Wolfgang von Goethe, Franz Kafka und Arthur Schnitzler bis Barbara Frischmuth, von Neidhart von Reuental, Adalbert Stifter und Hermann Bahr bis Jürg Amann. Gerade entlang des oberösterreichischen Donaulaufs ist die literarische Landschaft dicht besiedelt. Unmöglich, alle Autoren zu nennen, unmöglich auch, alle Werke aufzulisten. Ein kursorischer Streifzug als Anregung?

Alfred Kubin, Zwickledt, Federzeichnung

Erste Station: Zwickledt, Gemeinde Wernstein im Sauwald. Alfred Kubin zu verstehen, der sich dorthin zurückgezogen hat, fällt nicht schwer. Obwohl der kleine Weiler auf einem Plateau oberhalb des rechten Donauufers nur wenige Kilometer von Passau entfernt liegt, findet sich der Besucher auch heute noch in völliger Abgeschiedenheit und Einsamkeit wieder. Ein paar verlassene Höfe, eine verlotterte Diskothek, ein Anwesen, sonst nichts. Das Kubinsche „Schlößl", wie es der Volksmund liebevoll nennt, entpuppt sich als solides Gutshaus mit malerischem Türmchen, dessen Grundmauern auf das Jahr 1576 zurückgehen. Kubin hat es 1906 auf Anraten seines Vaters gekauft und bis zu seinem Tod nur widerwillig verlassen. „Trotzdem es in vieler Hinsicht und besonders im Winter für Menschen in der zweiten Lebenshälfte sehr unbequem ist, fühle ich mich doch nur hier heimisch. [...] Der von einem eigenartigen Stimmungszauber unerschöpflich erfüllte Ort und seine wunderbar ländliche Umgebung ist mir nach mancher Richtung zum Schicksal geworden. Ich wünschte mir nichts Besseres, als in diesen alten Mauern und unter den großen Bäumen hier mein Leben zu beschließen, und sehne mich nach allem andern eher als nach einem nochmaligen Kulissenwechsel meiner äußeren Existenz."

Mehr als dreißig Jahre hielt es Kubin in Zwickledt aus, zusammen mit seiner Frau, seinen Ziegen, Enten und Haselmäusen und regelmäßigem Besuch, der Neuigkeiten in die Einöde mitbrachte: Ernst Jünger, Hans Carossa, Paul Flora. Zwickledt erwies sich als fruchtbarer Boden für Kubins Zeichnungen und Illustrationen (E.T.A. Hoffmann, E.A. Poe, F. Dostojewskij) – und für seinen phantastischen Roman „Die andere Seite". Heute lebt in Zwickledt nur mehr der museale Kubin weiter: Das Haus, nunmehr im Besitz des Landes Oberösterreich, eröffnet dem Besucher einen Blick auf den Künstler in privatem Rahmen. Alles ist so geblieben, wie Kubin es verlassen hat.

Zeitsprung. Die Minne an der Donau. Aus Eferding, so will es die Fama, stammt der Kürenberger, einer der ersten dem Namen nach bekannten deutschsprachigen Minnesänger. So wenig man über seine Biographie weiß, so nachhaltig haben einige seiner Lieder überlebt, nicht zuletzt in der „Manessischen Handschrift": Das „Falkenlied" etwa, das ihm zugeschrieben wird, findet sich in den Lesebüchern ganzer Scharen von Gymnasiasten. Nicht nur deshalb, weil es den Beginn der deutschsprachigen Rollenlyrik markiert, sondern auch als Höhepunkt der Kürenbergerstrophe, einer Vorform der Nibelungenstrophe. Weniger bekannt: „Ich stuont mir nehtint spate".

Aus der „Manessischen Handschrift": Der von Kürenberg. Foto: ÖNB, Bildarchiv

Ich stuont mir nehtint spâte
an einer zinnen:
dô hôrt ich einen ritter
vil wol singen
in Kürenberges wîse
al ûz der menigîn:
er muoz mir diu lant rûmen,
ald ich geniete mich sîn.

Ich stand in später Nacht einst
An einer Zinne:
Da hört ich einen Ritter
Gar wohl singen
In Kürenbergers Weise
Gar manche Melodie:
„Er muß mir die Lande räumen,
Sonst zwing ich ihn auf die Knie!"

Nu brinc mir her vil balde
mîn ros, mîn îsengewant,
wan ich muoz einer frouwen
rûmen diu lant.
diu will mich des betwingen
daz ich ir holt sî.
si muoz der mîner minne
iemer darbende sîn.

Nun bringt mir her geschwinde
Mein Roß, mein Eisengewand,
Ich muß ja vor einer Frau
Räumen dieses Land!
Die will mich dazu zwingen,
Daß ich ihr hold sei.
Doch sie muß meiner Minne
Entbehren für alle Zeit.

Zusammen mit den Liedern des Dietmar von Aist („Slafest du, friedel ziere?", „Ez stuont ein frouwe alleine") gelten diese Gedichtzeilen als Blüte des Donauländischen Minnesangs.

Szenenwechsel. „Der Zug will nicht entgleisen vor Attnang-Puchheim, er hält kurz in Linz, ich bin immer durchgefahren, Linz an der Donau" (Ingeborg Bachmann, Malina). Linz, das „Hottentottien" Adalbert Stifters, hatte es nie leicht, den Geruch muffiger Provinzialität loszuwerden – ein Klischee, das auch die Literatur weiterträgt. Rare Ausnahme: das Tagebuch Joseph von Eichendorffs aus dem Mai 1807. „Je näher Lintz, desto blühender alles umher. Endlich erreichten wir den letzten und höchsten Berg vor Lintz, und erschraken ordentlich vor der plötzlichen himmlischen Aussicht, und der zauberischen Lage dieser schönen Stadt. Weites blühendes Thal, von den Seyten begränzt durch schöne Waldberge voll glänztender Schlößer und Kirchen, und in deßen Hintergrunde sich das himmlische Steuermark erhebt. Die Donau, an deßen beyden Ufern Lintz im Hintergrunde liegt, windet sich majestätisch durch das schöne Thal."

Zugegeben, die Lage der Stadt hat auch Stifter gefallen. Aber sonst? Seine Urteile über Linz, wo er wider Erwarten zwanzig Jahre verbracht hat, klingen hart – nicht zuletzt deshalb, weil er „der Masse der Linzer ebensogut ein Seifensieder als ein Dichter [zu sein glaubte]; ja ersteren dürften sie bedeutend höher schätzen". Stifter, der 1850 mit großen pädagogischen Idealen eine Stelle als Volksschulinspektor antritt, resigniert schnell und zieht sich in die häusliche Idylle zurück. In seiner Wohnung an der Donaulände 6, mit direktem Blick auf den Fluß und den Schiffsverkehr, richtet er sich ein Leben abseits der Amtsstube ein: ein biedermeierliches Albumblatt.

Während seine Frau Amalie in der Seidenraupenzucht aufgeht, widmet sich Stifter einer Reihe sorgsam gepflegter Liebhabereien: Er sammelt und renoviert Möbel, malt an seinen Landschaften aus dem Böhmerwald, züchtet Kakteen. Und schreibt – in seiner Arbeits- und Bastelstube wächst „Großes Reines Schönes" heran: die „Bunten Steine", der „Nachsommer", die „Mappe meines Urgroßvaters", der „Witiko". Daß er sich im Laufe der Jahre immer mehr von seiner Leserschaft entfernt, daß er sich schließlich allein weiß in seiner utopischen Gegenwelt, die er schreibend zu beschwören versucht, daß er sich zum bloßen Blumen- und Käferpoeten degradiert sieht – das alles verbittert ihn.

Heraus aus „diesem kunst- und wissenschaftslosen Böotien" hat er sich gewünscht. Und: „Völker, Länder, Massen sollte ich sehen!" Ein einziges Mal hat er bei Triest über das Meer geblickt. Heute stehen Menschen aus aller Welt in seinem Arbeitszimmer, das vom Stifter-Institut liebevoll eingerichtet und mit ausgesuchten Erinnerungsstücken aus dem Besitz des Dichters versehen wurde. Eine ständige Ausstellung und eine Dokumentationsstelle zur oberösterreichischen Literatur lassen die Donaulände 6 – kürzlich in Adalbert-Stifter-Platz umbenannt – zum Herzen oberösterreichischer Literaturpflege avancieren.

Einige Schritte weiter, und man stolpert am Pfarrplatz 4 nochmals über ein literarisches Denkmal. Goethe und Linz? Eine seltsame Verbindung, hergestellt durch eine 1784 in Linz-Urfahr geborene Sängerin und Tänzerin: Marianne Jung-Willemer, des Geheimrats Suleika aus dem „West-östlichen Divan". Die beiden begegneten einander im August 1814 in Wiesbaden, zu einem Zeitpunkt, da Goethe sich für die orientalische Poesie begeisterte. Als er seinen „Divan" 1819 veröffentlichte, ahnte man wohl, wer sich hinter der Suleika verbirgt. Das Geständnis, selbst Autorin einiger dieser Gedichte zu sein, wie es Marianne Jung-Willemer erst nach Goethes Tod ablegte, überraschte hingegen. Immerhin gehören „Hochbeglückt in deiner Liebe", „Nimmer will ich dich verlieren" und „Was bedeutet die Bewegung" zu den schönsten Gedichten der Sammlung. Goethe hat sie, geringfügig geändert, in den „Divan" aufgenommen und sie als eigene Werke ausgegeben. Marianne Jung-Willemer ist 1860 in Frankfurt gestorben – verkannt.

Weiter entlang der Donau. Mauthausen, ein schmuckes Städtchen mit bleierner Vergangenheit. Das Konzentrationslager nahe den Stein- und Granitbrüchen hat Spuren hinterlassen, die „Mühlviertler Hasenjagd" Eingang gefunden in Geschichtsbücher und Literatur. Gegen Ende des Kriegs, Anfang Februar 1945, wurden fast 500 sowjetische Offiziere, die aus dem Konzentrationslager Mauthausen entkommen konnten, von der Bevölkerung des Mühlviertels niedergemacht. Kaum jemand besaß den Mut, die Flüchtlinge zu verstecken oder sie mit Kleidern und Nahrung zu versorgen. Elisabeth Reichart verdichtet diese Jagd auf die Häftlinge in „Februarschatten", Christa Wolf hat diesen Roman in einem sehr persönlichen Essay besprochen. „Elisabeth Reichart ist im Mühlviertel aufgewachsen. Nie, niemals hat sie von den Erwachsenen auch nur eine Andeutung über jenen Massenmord gehört, bis sie selbst fast erwachsen war. Da sprach ihre Großmutter. Wir saßen uns in einem Wiener Restaurant gegenüber, als sie mir davon erzählte, ähnlich stockend, wie sie schreibt. Daß diese Mitteilung ihrem Schreibzwang für ihr erstes Buch die Richtung geben mußte, war selbstverständlich. Und daß der Schock, den die Mitteilung auslöste, in dieses Buch eingehen mußte, auch."

Neuerlicher Szenenwechsel. „Ich wohne jetzt so nahe an der Donau, daß ich das Wasser rauschen höre, wenn ich im Bett liege. Arbeite viel. Denke mehr, lese unglaublich viel. Die Landschaft ist schön. Fluß mit Steyrer-Alpen im Hintergrund. Das Haus ist groß, fünfzehn Zimmer usw. [...] Freundliche Menschen, viel zu essen und früh zu Bett. Also bin ich gerettet." Ein Dichter taucht unter. August Strindberg und Oberösterreich, das ist eine höchst infernalische Geschichte. In zweiter Ehe mit einer Wienerin, der Journalistin Frida Uhl, verheiratet, verschlägt es den Schweden im Herbst 1893 zum erstenmal an die Donau. Seine Frau ist schwanger, die Einkünfte tröpfeln spärlich auf sein Konto, und das Haus von Fridas Großeltern in Dornach bei Grein winkt als willkommene Zuflucht. Dort, bei der ehrwürdigen Familie Reischl, richtet sich das Paar ein, die Geburt seines Kindes abzuwarten. Tochter Kerstin wird in das Landleben hineingeboren, Strindberg beschäftigt sich exzessiv mit Botanik und Geologie. Doch die Abgeschiedenheit der kleinen

Sjögren, Strindberg als Alchimist, Federzeichnung, Kunglia Biblioteket, Stockholm

Ortschaft Dornach, wo er täglich die Muffigkeit bürgerlicher Moralvorstellungen einatmet, behagt dem Dichter nicht lange: „Da stehe ich nun und muß mich entscheiden: entweder mich hinabphilistern und mich krank fressen – oder – Excelsior!"

Im August 1894 ist Strindberg nicht mehr zu halten. Mit dem Raddampfer verläßt er Oberösterreich in Richtung Welt. Paris wartet, die Verbindung zu Frida reißt ab, der Fall Strindberg gegen Strindberg endet drei Jahre später vor Gericht. Paris jedoch entpuppt sich als hartes Pflaster. Strindberg verstrickt sich in religiöse Wahnvorstellungen, flüchtet sich in den Okkultismus und gerät in eben jene „Infernokrise", die in die Literaturgeschichte als Meilenstein und Zäsur eingegangen ist. Seine Nerven vibrieren, wenn auch nicht ganz so stark, wie er dies in „Inferno" ausschlachtet, der dramatisch überhöhten Bearbeitung seines Tagebuches aus dieser Zeit.

Einmal mehr ergreift er die Flucht und kehrt im Sommer 1896 an die Donau zurück. Diesmal schlüpft der verstörte Pilger bei einer Tante seiner früheren Frau unter, in einem kleinen Haus in Klam nahe Saxen. Dort wirft ihm die Familie Uhl-Reischl den Rettungsanker Katholizismus zu, macht ihn mit dem schwedischen Mystiker Emanuel Swedenborg bekannt und vertraut darauf, daß er in der Beschäftigung mit seiner Tochter den inneren Frieden wiederfindet. Bloßer Zufall, daß ihn seine Spaziergänge in die Klamschlucht führen, wo er die Insignien der Hölle aufzuspüren glaubt? Für Strindberg entwickelt alles seinen Sinn: das Bockshorn mit Wagenschmiere, das er in einem Schuppen entdeckt, der Geruch der Jauche, das Harz, das aus dem frischgeschlägerten Holz quillt, und der kastenförmige Bau mit seinen sechs Ofenlöchern: „Das Bild der Danteschen Hölle, darin die rotglühenden Särge mit den Sündern, steigt vor mir auf – – – und hier die sechs Ofenluken! Hat mich ein Alptraum umfangen?"

Strindberg wandert in der Klamschlucht durch seine ganz persönliche Hölle, und selbst im Inneren des Hauses verfolgen ihn dunkle Mächte: „Oftmals meine ich, jemand stünde hinter meinem Stuhl. Dann teile ich Dolchstöße nach hinten aus und bilde mir ein, ich bekämpfe einen Feind." Erst langsam taucht er aus seiner Depression auf, geläutert und um eine Erkenntnis reicher: „Die Hölle, das bin ich, und die Verdammnis lastet schwer auf mir." Und, noch pathetischer: „Unsere Erde ist die Hölle, dieses mit überlegener Klugheit errichtete Gefängnis, wo ich nicht einen Schritt gehen kann, ohne das Glück des anderen zu verletzen."

Ausgestattet mit dieser Erkenntnis fühlt sich Strindberg gefestigt genug, aller weltlichen Unbill zu trotzen. Am 27. November 1896 reist er aus Oberösterreich ab – und kommt nie wieder zurück: „Ade, weißes Haus in Dornach, du warst ein Platz der Dornen und der Rosen! Ade, Donau! Ich tröste mich mit dem Gedanken, daß ihr nichts weiter wart als ein Traum, kurz wie der Sommer, doch weit süßer als die Wirklichkeit, die ich nicht vermisse..."

Eine Wirklichkeit, die in der Folge in Strindbergs Werk wieder aufsteht: Neben seinem „Inferno"-Roman (1897) spiegelt das Stationendrama „Nach Damaskus" (1898) seine Hinwendung zu einem mystisch-spiritualistischen Weltbild. Ein Jahr später erscheint das Jahresfestspiel „Advent", das zum Teil in Dornach und Klam situiert ist, und 1903 schließlich „Entzweit", die Geschichte seiner Ehe mit Frida Uhl. Reiche Beute für die Literaturgeschichte.

Zurück zur Donau. „Was do hineinfallt, bleibt so unden, und kompt nicht widerum herfür." Prophezeiungen aus dem 16. Jahrhundert, aus dem „Raisbuch" des Hans Georg Ernstinger, der eindringlich vor den Strudeln hinter Grein warnt. Erst mit der Stromregulierung vor mehr als 100 Jahren verloren sie ihren Schrecken, den Adalbert Stifter noch in seinem „Witiko" beschwört: die Angst vor den Wirbeln, die Gebete an Deck und die Hoffnung, von erfahrenen Lotsen sicher durch die Stromschnellen in der Flußenge geschifft zu werden.

Noch viel bedrohlicher klingt die Schilderung der Strudenpassage aus dem Mund Nikolaus Lenaus, der im September 1844 eine Donaureise von Wien in Richtung Schwaben unternimmt und davon seiner Freundin Sophie von Löwenthal nach Wien berichtet. Nachdem das Schiff in letzter Minute zwei entgegenkommenden Booten ausgewichen ist, läuft es auf eine Sandbank auf. „Eine große Schar reisender Schiffsknechte, die sich an Bord befanden, wurden zu Hülfe genommen, und man arbeitete von zehn Uhr abends bis sieben Uhr früh, bis das Schiff wieder flott wurde. Ich legte mich anfangs in der Kajüte hin und dachte über mein Schicksal nach. Sans comparaison. Doch um zwölf Uhr wurde mir das Lärmen zu toll, ich stand auf und mischte mich unter die Schiffsleute und machte durch zwei Stunden ihre Arbeit mit, mit unglaublicher Anstrengung und Ausdauer. [...] Die Szene hatte in der finstern und stürmischen Nacht, beleuchtet von der schlechten Schiffslaterne, etwas Großartiges."

Der Erfahrung, sich aus zwei Flußnöten befreit zu haben, verdankt sich auch Lenaus Gedicht „Blick in den Strom", das wahrscheinlich auf dieser Schiffsreise von Wien nach Stuttgart entstanden und vielfach als Resümee über sein Leben gedeutet worden ist.

Blick in den Strom

Sahst du ein Glück vorübergehn,
Das nie sich wiederfindet
Ists gut in einen Strom zu sehn,
Wo alles wogt und schwindet.

O! starre nur hinein, hinein,
Du wirst es leichter missen
Was dir, und solls dein Liebstes sein,
Vom Herzen ward gerissen.

Blick unverwandt hinab zum Fluß,
Bis deine Tränen fallen,
Und sieh durch ihren warmen Guß
Die Flut hinunterwallen.

Hinträumend wird Vergessenheit
Des Herzens Wunde schließen;
Die Seele sieht mit ihrem Leid
Sich selbst vorüberfließen.

Von einer weniger gefährlichen Seite präsentiert sich die Donaulandschaft um Grein im Werk Joseph von Eichendorffs. Eine Fahrt durch den Strudengau eröffnet seinen Bildungsroman „Ahnung und Gegenwart" (1811), der in Österreich entstanden ist und das Flußthema leitmotivisch variiert: „Wer von Regensburg her auf der Donau hinabgefahren ist, der kennt die herrliche Stelle, welche der Wirbel genannt wird. Hohe Bergschluchten umgeben den wunderbaren Ort. In der Mitte des Stromes steht ein seltsam geformter Fels, von dem ein hohes Kreuz trost- und friedensreich in den Sturz und Streit der empörten Wogen hinabschaut. Kein Mensch ist hier zu sehen, kein Vogel singt, nur der Wald von den Bergen und der furchtbare Kreis, der alles Leben in seinen unergründlichen Schlund hinabzieht, rauschen hier seit Jahrhunderten gleichförmig fort."

Die Beschreibung der Donaureise, wie man sie in Eichendorffs Novelle „Aus dem Leben eines Taugenichts" (1822) nachliest, schlägt einen ähnlich heiter-naiven Tonfall an: „Ich aber hatte mich unterdes ganz vorn auf die Spitze des Schiffes gesetzt, ließ vergnügt meine Beine über dem Wasser herunterbaumeln und blickte, während das Schiff so fortflog und die Wellen unter mir rauschten und schäumten, immerfort in die blaue Ferne, wie da ein Turm und ein Schloß nach dem anderen aus dem Ufergrün hervorkam, wuchs und wuchs und wieder und endlich hinter uns wieder verschwand. Wenn ich nur heute Flügel hätte!"

Zwickledt (Gemeinde Wernstein)
Kubinmuseum
Tel. 0 77 13/66 03 und 0 77 11/25 87
So.–Do. 13.00–16.00
Fr. 9.30–12.30
1. 11. bis 31. 3. geschlossen

Adalbert-Stifter-Institut, Linz
Gedenkraum und Literaturmuseum
Tel. 0 73 2/27 20-12 95
Di.–Fr. 9–12
Di. und Do. 14–18

Literatur

EICHENDORFF, JOSEPH VON, Werke, München 1971.
KUBIN, ALFRED, Aus meinem Leben, München 1974.
LENAU, NIKOLAUS, Sämtliche Werke und Briefe, Frankfurt o.J.
REICHART, ELISABETH, Februarschatten, Wien 1984.
SAPPER, THEODOR, Und wil ein lihter sumer komen, Österreichische Minnesänger, Wien 1964.
SCHABER, SUSANNE, Literaturreisen – Die Donau von Passau bis Wien, Stuttgart 1993.
STIFTER, ADALBERT, Gesammelte Werke, Basel, Stuttgart 1967.
STRINDBERG, AUGUST, Inferno, Leipzig 1991.
TUMLER, FRANZ, Sätze von der Donau, München 1972.
WOLF, CHRISTA, Die Dimension des Autors, Hamburg–Zürich.

Andrea Scheichl
Die Donau als Thema der bildenden Kunst

Die Donau zählte bis in die Spätantike neben Nil, Euphrat und Tigris zu den vier Weltströmen, die ihren Ursprung im Paradies hatten. Seit der Antike wurden die großen Ströme der Erde für gewöhnlich als Flußgottheiten mit einer Quellurne, aus der Wasser strömt, dargestellt. Die Personifikation der Donau erfolgte zumeist in der Form eines lagernden bärtigen Mannes, des Flußgottes Danuvius, der sich beispielsweise auf Münzen aus der römischen Kaiserzeit bis hin zu Dukaten aus Donaugold, die bis in das 19. Jahrhundert geprägt wurden, finden läßt.

Besonders in der Barockzeit erfreuten sich personifizierte Flüsse einer großen Beliebtheit als Brunnenfiguren. Der auf einen Entwurf von Gian Lorenzo Bernini zurückgehende, 1652 enthüllte Vierströmebrunnen auf der Piazza Navona in Rom zeigt vier Flußgötter, die die Erdteile repräsentieren. Der Flußgott Danuvius versinnbildlicht dabei

Katalog-Nr. I. 1. 5.
Foto: Thome

Europa. Derselbe auf antiken Vorbildern basierende Typus des bärtigen Mannes mit Quellurne war Modell für die Danuviusfiguren am Kaskadenbrunnen im Nymphenburger Schloßpark und im Schloßpark von Schwetzingen, beides Werke aus dem 18. Jahrhundert. Georg Raphael Donners Brunnen am Neuen Markt in Wien, ein Hauptwerk der österreichischen Barockplastik, 1739 vollendet, zeigt die Verkörperung von vier Nebenflüssen der Donau in Form von abwechselnd weiblichen und männlichen Figuren. Die Donau selbst ist hingegen nicht dargestellt.

Die Gestalt einer Frau wählte Leo von Klenze für die Donau beim Ludwig-Donau-Main-Kanal-Monument in Erlangen, das kurz vor der Mitte des 19. Jahrhunderts entstand. Gern wurde die Göttin Danubia für Illustrationen der Frontispize von Donaualben und Reisebeschreibungen verwendet. Aus der Kür des mittelalterlichen Nibelungenliedes zum deutschen Nationalepos ist das Bild der Donau von Moritz von Schwind von etwa 1865 (München, bayerische Staatsgemäldesammlung) zu erklären. Die über das Wasser gleitende weibliche Gestalt entspricht nicht mehr der Göttin Danubia, sondern Germania, mit Panzerhemd und Kaisermantel bekleidet, nahm ihren Platz ein. Anklänge an das antike Motiv des Gottes Danuvius darf man wohl auch in der Volkskunst, etwa bei dem aus dem 19. Jahrhundert stammenden Bug einer Donaubarke in Form eines bärtigen Männerkopfes aus Vác/Waitzen (Vác, Vak Bottyén Múzeum) vermuten. Im 20. Jahrhundert gab man Gott Danuvius, der abgesehen von der Graphik kaum mehr eine Rolle spielte, oft den Dreizack, eigentlich das Symbol des Meeresgottes Poseidon (Neptun), zur Seite.

Das Aufkommen des Motivs der Donau in der Malerei hängt untrennbar mit der Entwicklung der europäischen Landschaftsmalerei zusammen. Die Landschaftsmalerei als selbständiges Bildthema tritt im wesentlichen erst im 16. Jahrhundert in Europa in Erscheinung. Im Früh- und Hochmittelalter verlor die Landschaft außer als ikonographisches Attribut ihre Bildwürdigkeit, die noch in der Spätantike gegeben war. Wiederentdeckt wurde die Landschaftsdarstellung zunächst in Italien, allen voran durch die sienesische Malerei. Im Norden fand die Landschaft zunächst Eingang in die franko-flämische Buchmalerei und wurde dann auf die Tafelmalerei übertragen, wobei man bereits im 15. Jahrhundert bemüht war, Naturbeobachtungen zu präzisieren und auf topographische Genauigkeit und perspektivische Raumerfassung zu achten.

Die Landschaft blieb zunächst vorwiegend Aktionsraum für biblische Ereignisse, wobei die religiösen Szenen aber immer häufiger in zeitgenössische, heimische Ansichten gesetzt wurden, anstatt sie mit Phantasielandschaften zu umgeben. Für die Entwicklung von Stadtansichten und Landschaftsdarstellungen waren im deutschen Sprachraum im 15. Jahrhundert zwei Zentren maßgebend: Wien und Passau. In Wien gab der Meister des Albrechtsaltars (Klosterneuburg, Stift) bereits um 1440 mit sehr vereinfachten Mitteln die Stadt Wien wieder. Eine genauere Landschaftsdeskription stammt vom Wiener Schottenmeister, der für den Hintergrund der Kreuztragungstafel des Marienaltares (Wien, Schottenstift) von 1469 eine vereinfachte Darstellung der Stadt Krems wählte.

Zu Ende des 15. Jahrhunderts war Passau die zweite bedeutende Kunstmetropole an der Donau. Viele Künstler unterhielten dort Werkstätten und belieferten den österreichischen und ungarischen Raum mit ihren Werken. So entstand 1497 in Passau die Votivtafel des Propstes Georg II. Eisner von Herzogenburg (Herzogenburg, Stiftsmuseum) mit einer Stadtansicht, die eindeutig mit Passau identifiziert werden kann. Rueland Frueauf d. J., der ebenfalls aus Passau kam, hat mit dem Flügelbild der Wildschweinjagd vom Klosterneuburger Leopoldsaltar (Klosterneuburg, Stiftsmuseum) von 1505 als erster einen wirklichkeitsgetreuen Ausschnitt einer österreichischen Landschaft geschaffen.

In der Spätgotik wurde die Donau auch erstmals als eigenständiges Bildmotiv behandelt. Zugleich entstanden entlang dieses Flusses bedeutende Kunstwerke eines Stils, den man gemeinhin mit dem Begriff Donauschule umschreibt. Für die Stilrichtung der Donauschule, die sich keineswegs allein auf die Gattung der Malerei und nicht nur auf den Donauraum beschränkte, ist die Formauflösung und die starke Bewegung innerhalb der Zeichnung charakteristisch. Zugleich gewann die Darstellung der Landschaft immer größere Bedeutung.

Als Wegbereiter dieses Stils müssen Albrecht Dürer und Lukas Cranach d. Ä. angesehen werden. Dürer, der selbst nie die Donau bereiste, schuf die ersten selbständigen Landschaftsaquarelle, die nicht mehr als Studien zu Gemälden dienten. Lukas Cranach d. Ä. fertigte in den wenigen Jahren, die er in Wien weilte, mehrere Meisterwerke im Donaustil an. Mit seinem Wegzug aus Wien 1504 nach Wittenberg änderte sich sein Stil allerdings entschieden. Um die Jahrhundertwende war der aus Augsburg stammende Jörg Breu in einer Werkstatt im niederösterreichischen Krems tätig, wo seine großen Altäre von Aggsbach (heute im Stift Herzogenburg und Nürnberg, Germanisches Zentralmuseum) Zwettl und Melk entstanden, deren Figuren sich durch leidenschaftliche Bewegungen, die Gesichter durch expressiven Ausdruck auszeichnen. Gleich Cranach verfolgte Breu nach seinem Weggang aus Österreich den Donaustil nicht weiter. Seine Blüte erlebte der Donaustil unter dem aus Regensburg stammenden Albrecht Altdorfer, dessen malerisches Hauptwerk, der im zweiten Jahrzehnt des 16. Jahrhunderts entstandene Sebastiansaltar, sich im oberösterreichischen Stift St. Florian befindet. Eine weitere bedeutende Künstlerpersönlichkeit war Wolf Huber, der spätestens seit 1515 in Passau seßhaft war und zum bischöflichen Hofmaler ernannt wurde. Neben Bildern mit überwiegend religiösem Inhalt entstanden in den Anfangsjahrzehnten des 16. Jahrhunderts auch die ersten selbständigen Ansichten von Donaulandschaften. Albrecht Altdorfer brachte 1511 die Donau bei Sarmingstein im Strudengau (Budapest, Museum der bildenden Künste) zu Papier, Wolf Huber hielt auf seinen mehrmaligen Reisen der Donau entlang Orte und Landschaftsausschnitte fest, so um 1512 Urfahr bei Linz, 1529 das Donautal bei Krems (Berlin, Kupferstichkabinett) oder 1531 den Donaustrudel bei Grein (Washington, National Gallery). Sowohl Altdorfers als auch Hubers Zeichnungen sind nicht als Skizzen, sondern als abgeschlossene, eigenständige Werke zu sehen. Mit der Donaulandschaft um Schloß Wörth bei Regensburg von zirka 1525 (München, Pinakothek) schuf Albrecht Altdorfer eines der frühesten gemalten reinen Landschaftsbilder nördlich der Alpen.

In der zweiten Hälfte des 16. Jahrhunderts gab es in Deutschland keine annähernd so produktiven Kräfte wie in der ersten Jahrhunderthälfte; die große Malergeneration war erloschen. Im 17. Jahrhundert wurde die Landschaftsmalerei hauptsächlich von Malern aus den Niederlanden beherrscht. Bereits in der ersten Hälfte des 16. Jahrhunderts wurde von der niederländischen Kunst der Typus der Weltlandschaft, einer Überschaulandschaft, ausgebildet, die danach trachtete, die Gesamtheit der Natur zu erfassen und wiederzugeben. Immer häufiger entstanden Gesamtansichten von Städten, die in das in mehrere Zonen hintereinander gestaffelte Landschaftsbild eingebettet wurden.

Lucas van Valkenborchs Gemälde von Linz, das er 1593 für den Habsburger Erzherzog Matthias anfertigte (Frankfurt, Städelsches Kulturinstitut), erfaßt planmäßig die Einzelteile der Stadt, was als Garantie für Objektivität anzusehen ist, zeichnet sich in der Landschaftsgestaltung jedoch durch übertriebene Perspektive aus. Mit dem Einsatz von Vordergrundmotiven wie Bäumen, Baumstämmen und den aus dem Bild auf den Betrachter blickenden Mann ließ Valkenborch auch Stimmungswerte in seine Darstellung einfließen.

Um 1600 entstand unter dem Eindruck seines Italienaufenthaltes die Landschaftskunst des deutschen Malers Adam Elsheimer, die nachhaltig die Landschaftsdarstellung in Holland beeinflußte, in

Deutschland aber keine Nachfolge fand. Claude Lorrain und Nicolas Poussin entwickelten in Rom die ideale Landschaft, die häufig mit mythologischen Szenen und antiken Idealarchitekturmotiven verbunden war und bis ins 19. Jahrhundert hinein fortgeführt wurde.

Mit Joseph Anton Koch, der überwiegend Alpenlandschaften malte, erlebte zu Ende des 18. Jahrhunderts die klassizistische Landschaft ihre Blüte. Hohe Berge, Wasserfälle und Gebirgsbäche waren übrigens in diesem Jahrhundert nicht nur als Motiv in der Malerei äußerst beliebt, sondern auch als Thema der Literatur, man denke an Goethes Beschreibung der Schweizer Alpen von 1775. Bis etwa 1800 bestand die Landschaftsmalerei aus komponierten Landschaften. Die Auflösung der herkömmlichen Kompositionsschemata brachte den Landschaftsausschnitt als neues Motiv. Abgelöst von den alten Darstellungsformeln begann man mit der unmittelbaren Wiedergabe der Natur ohne Staffage, ohne künstlich konstruierte Komposition und ohne vordergründige Motive. Man wollte sein Naturerlebnis rein abbilden.

Diese Entwicklung, die in Österreich mit Johann Christian Brand begann, kulminierte im 19. Jahrhundert im Werk Ferdinand Georg Waldmüllers, der der naturalistischen Richtung des Biedermeiers angehört und dessen Landschaftsbilder totalen Wirklichkeitsanspruch besitzen. Waldmüller malte vor allem Gebirgs- und Waldlandschaften, eine Donaulandschaft von seiner Hand gibt es nicht. Friedrich Gauermann, ein weiterer großer österreichischer Biedermeiermaler, bevorzugte ebenfalls Gebirgs- und Alpenlandschaften als Motive, seine Bilder beinhalten jedoch auch Stimmungswerte im Gegensatz zu jenen vom Realismus geprägten Bildern Waldmüllers. Zweimal war die Donau sein Motiv: 1847 entstand das Bild Schiffszug an der Donau (Wien, Historisches Museum) und 1855 das Gemälde mit Schiffspferden an der Donau (Niederösterreichisches Landesmuseum). Gauermanns Bilder erwecken beim Betrachter den Eindruck, daß Menschen und Tiere von einem herannahenden Unwetter bedroht werden. Im 19. Jahrhundert wurde, ausgehend von Schülern Johann Christian Brands, die Wachau als Landschaftsmotiv entdeckt. Werke dieser sogenannten Schule der Wachaumaler können unter anderem im Weißenkirchener Wachaumuseum besichtigt werden.

Auch berühmte Denkmäler oder Bauten entlang der Donau, eingebettet in die Flußlandschaft, waren häufig das zentrale Motiv eines Landschaftsgemäldes. Stellvertretend für viele Beispiele sei hier die Walhalla, die Ruhmeshalle bei Regensburg, erwähnt. Die Breite der Darstellungsmöglichkeiten reicht vom Walhallabild Leo von Klenzes 1836 (St. Petersburg, Eremitage), das ganz der klassizistischen Landschaftsmalerei verpflichtet ist, bis zum lichtdurchfluteten, beinahe impressionistischen Bild des englischen Malers Joseph Mallord William Turner, der 1843 die Eröffnung der Walhalla festhielt (London, Tate Gallery). Neben den relativ wenigen Donauansichten von großen Meistern häufen sich im 19. Jahrhundert Ansichten von meist unbekannten Künstlern.

Immer wieder erinnern Bilder an Kriege und an Naturkatastrophen, so beispielsweise an den Brand der Stadt Grein 1642 (Grein, Schiffahrtsmuseum), an das Hochwasser in Regensburg von 1784 (Regensburg, Museen der Stadt) oder an den Eisstoß und das daraufffolgende Hochwasser in Budapest 1838, das immerhin über hundertfünfzig Tote forderte und allein im Stadtteil Pest beinahe zweitausenddreihundert Häuser einstürzen ließ. Mit solchen Katastrophen sind auch mehr oder weniger wundertätige Rettungen aus den Fluten der Donau verbunden, die das Thema von Votivbildern sind, die sich in großer Zahl in den Wallfahrtskirchen entlang der Donau wie etwa in Passau-Maria Hilf oder im niederösterreichischen Maria Taferl befinden. Viele dieser Bilder sind heute allerdings nicht mehr an ihren ursprünglichen Aufstellungsorten, sondern gelangten in Museen.

Durch die Industrialisierung im 19. Jahrhundert kam es zu einer Veränderung der Landschaft und gleichzeitig auch zur Erweiterung des Bildrepertoires. Technische Errungenschaften wie Dampfschiffahrt, Eisenbahn- oder Brückenbau wurden nun ebenfalls bildlich festgehalten. Künstlerisch sind diese Bilder kaum besonders wertvoll, aber sie besitzen großen kulturellen Wert und sind vor allem für die Alltagsgeschichte von größter Bedeutung.

In Deutschland blieb im Gegensatz zu Frankreich und Italien, wo man sich anderen Bildmotiven zuwandte, die Landschaftsmalerei bis zum Ende des Ersten Weltkrieges eines der Hauptthemen. Überragende Bedeutung erhielt die Landschaftsmalerei in Deutschland und Österreich nochmals zur Zeit des Dritten Reichs, in der man die deutsche Erde, den heimatlichen Boden und die Arbeit der Bauern verherrlichte.

Das 20. Jahrhundert markiert aber eigentlich das Ende der großen Landschaftsmalerei. Dennoch gibt es auch in unserem Jahrhundert noch großartige Landschaftsbilder. Oskar Kokoschka, der sehr viele Stadtansichten malte und in dessen Spätwerk das Stadtbild wieder zum zentralen Anliegen wurde, schuf 1955 eine Ansicht von Linz (Linz, Neue Galerie).

In der reproduzierenden Graphik lassen sich weit mehr Ansichten von Donaustädten oder -landschaften finden als in der Malerei. Da man im Mittelalter noch keiner korrekten Beschreibung und Topographie bedurfte, begnügte man sich bei der Wiedergabe von Städten mit einem allgemein gültigen Typus. Obwohl mit dem 15. Jahrhundert die Tätigkeit der Vedutenmaler begann, die um eine sachliche Wiedergabe der örtlichen Gegebenheit bemüht waren, finden sich noch in der 1493 mit Holzschnitten von Michael Wohlgemuth und Wilhelm Pleydenwurff erschienenen Schedelschen Weltchronik Darstellungen aus der Vorstellung und aus der mündlichen Überlieferung. Erst nach und nach zog man für solche Aufgaben Leute heran, die die verschiedenen Städte auch wirklich gesehen hatten. Diese frühen Stadtansichten wurden zumeist als etwas in die Höhe gesteigerte Profilansichten wiedergegeben, nach und nach wurde der Raum vor und innerhalb der Stadt bevölkert, da eine Stadt ja auch bewohnt ist.

Im 16. Jahrhundert entstanden die ersten Stadtpläne, deren Grundlage zunächst ebenfalls mehr die

Katalog-Nr. I. 2. 1. Foto: ÖNB

Vorstellung und weniger die Messung einzelner Dinge war, und man begann mit der Illustration von Reisebeschreibungen. Bei Gesandtschafts-, aber auch Bildungsreisen wurden oft Reisetagebücher geführt, und man engagierte Künstler, die die bereisten Landschaften, Städte und auch die Bewohner abbildeten. Die Kartographie, die für die Kriegsführung unerläßlich war, lag hingegen weitgehend in militärischen Händen.

Beginnend mit der zweiten Hälfte des 17. Jahrhunderts wurden umfangreiche topographische Werke hergestellt, bei denen man auf die naturgetreue Wiedergabe weit mehr achtete als zuvor. Der Kupferstecher und Verleger Matthäus Merian begann in den vierziger Jahren des 17. Jahrhunderts mit der Herausgabe einer Topographie, die letztlich mehr als zweitausendeinhundert Blätter mit Stadtansichten von beinahe ganz Europa umfaßte. Mit der Erfindung der Lithographie in den letzten Jahrzehnten des 18. Jahrhunderts erhielt die Graphik neue Möglichkeiten. Mit Hilfe dieses Verfahrens konnten man nun Abzüge von einem Blatt in beinahe unbegrenzter Auflagenhöhe herstellen, was niedrigere Verkaufspreise zur Folge hatte. Neben der Verwendung des lithographischen Verfahrens für die Illustration von Büchern wurde es auch für die Herstellung von großen Landschaftsbildserien genützt. Namhafte Maler schufen Vorlagen für Lithographien wie zum Beispiel der 1810 nach Wien gekommene Jakob Alt, von dem die 264 Donauansichten nach dem Laufe des Stromes stammen, die zwischen 1819 und 1826 im lithographischen Institut Adolph Kunikes in Wien verlegt wurden. Donaualben waren aber keineswegs allein die Domäne deutscher Künstler und Verleger, unter den zahlreichen Donauansichtswerken finden sich viele französische und englische Unternehmungen wie etwa William Henry Bartletts „The Danube, its history, scenery, and topographie...", verlegt in London 1844 bei William Beattie.

Ein weites Betätigungsfeld hatten die graphischen Künste im Bereich der Gebrauchsgraphik. So wurden etwa Andachtsbilder, aber auch Aktien und Fahrpläne der Schiffahrtsgesellschaften mit einer Stadtvedute oder mit einem durch Figuren belebten Donauabschnitt versehen. Zünfte ließen ihre Kundschaftsbriefe mitunter äußerst aufwendig ausgestalten. Der Kundschaftsbrief der Pester Fischerzunft etwa zeigt eine Ansicht der Stadt samt Donaubrücke, flankiert von den Heiligen Peter und Paul. Von diesen in den 1790er Jahren entstandenen Briefen ist übrigens nur mehr ein Exemplar erhalten (Budapest, Historisches Museum).

Im Zusammenhang mit Reisen entlang der Donau sind hier die Ansichts- und Postkarten nicht zu vergessen und die Erzeugnisse von Porzellanmanufakturen zu erwähnen. Vasen, Tassen und Teller wurden mit Stadt- oder Landschaftsansichten oder auch mit berühmten Baudenkmälern geschmückt. Solche Dinge werden bekanntlich noch heute hergestellt und erfreuen sich als Reiseandenken großer Beliebtheit. Was jedoch in früheren Zeiten händisch aufgemalt wurde, ist heute meist durch ein Abziehbild ersetzt.

Literatur

BAUER, HELMUT, Danuvius: Die Donau in Person. In: Die Donau zwischen Lech und Altmühl. Geschichte und Gegenwart einer Kulturlandschaft, Ausstellungskatalog Ingolstadt 1987, S 8–17.
Die Kunst der Donauschule, 1490–1540. Ausstellungskatalog Linz 1965.
EBERLE, MATTHIAS, Individuum und Landschaft. Zur Entstehung und Entwicklung der Landschaftsmalerei, Gießen² 1986.
ESCHENBURG, BARBARA, Landschaft in der deutschen Malerei. Vom späten Mittelalter bis heute, München 1987.
ROETHLISBERGER, MARCEL, Im Licht von Claude Lorrain. Landschaftsmalerei aus drei Jahrhunderten, Ausstellungskatalog München 1983.
STANGE, ALFRED, Malerei der Donauschule, München 1964.
STORCH, WOLFGANG, Die Nibelungen. Bilder von Liebe, Verrat und Untergang. Ausstellungskatalog München 1987.
WACHA, GEORG, Linz im Bild. Katalog des Stadtmuseums Linz – Nordico 49, Linz 1990.
WINZINGER, FRANZ, Wolf Huber. Das Gesamtwerk, München–Zürich 1979.
–, Albrecht Altdorfer, Zeichnungen, München 1952.
–, Albrecht Altdorfer, Graphik, München 1963.
–, Albrecht Altdorfer, Gemälde, München 1975.

Christian Glanz

Einigendes Band und fließende Grenze
Die Donau als Thema der Musik

„Dein silbernes Band knüpft Land an Land", heißt es in Franz von Gernerths Text zum weltberühmten „Donauwalzer" op. 314 von Johann Strauß, und obwohl sich die ebenfalls in diesem Text zu findende Hoffnung auf Brüderlichkeit unter den Anrainern des Stroms in der Geschichte kaum bewahrheitet hat, hätte gerade dieses „von Land zu Land", „vom Schwarzwald her eilst du hin zum Meer" stets ein reizvoller Ansatz dafür sein können, diesem wahrhaft europäischen Strom auch musikalische „Bilder" zu widmen.

Die beiden wohl berühmtesten, die Donau im Titel führenden Werke, nämlich „An der schönen blauen Donau" von Johann Strauß und „Donauwellen", komponiert vom Rumänen Josef Ivanovici 1880, sind indes keine großangelegten programmatischen „Tonbilder" (wie etwa Smetanas „Moldau" aus dem tschechisch-patriotisch inspirierten Zyklus sinfonischer Dichtungen „Mein Vaterland"), sondern als Walzer Teil der populären Musikkultur des 19. Jahrhunderts. Der „Donauwalzer", heute als obligates Zugabestück der philharmonischen Neujahrskonzerte weltweit verbreitet und immer wieder als „heimliche Landeshymne" bezeichnet (gegen letzteres spricht wohl die weitverbreitete Unkenntnis des Textes), wurde auch in ganz und gar unernstem Rahmen zur Uraufführung gebracht, nämlich an einem „Narrenabend" des Wiener Männergesangvereins am 15. Februar 1867, in der Fassung für Männercor und Klavier. Der Textautor (Dr.) Franz von Gernerth (1821 bis 1900), Oberlandesgerichtsrat und deutschnationaler Schriftsteller, war Mitglied des Wiener Männergesangvereins und zeichnete unter anderem für den Text des Walzers „Groß-Wien", ebenfalls von Johann Strauß. Die große

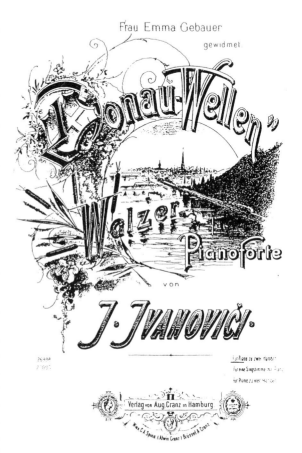

Popularität des „Donauwalzers" zeigt sich unter anderem daran, daß das Publikum der frühen Strauß-Operetten immer wieder nach diesem „Hit" als Einlage verlangte.

Ähnlich wie in Ivanovicis von schwermütigeren Mollklängen dominiertem Walzer (und auch in anderen „Donauwalzern", etwa Julius Fuciks

„Donausagen") fehlen im Donauwalzer jegliche „programmatische" Klangvokabeln im Sinn einer möglichst deutlichen „couleur locale", also einer musikalisch zum Ausdruck gebrachten folkloristischen „Farbe". (Strauß hat übrigens auch Moldau, Elbe und sogar die Wolga mit Kompositionen bedacht.) Der Donau wird in diesen weltweit verbreiteten Stücken also nur im Titel gehuldigt, recht enttäuschend angesichts der eingangs angesprochenen Möglichkeiten zum Einsatz von großer Symbolik? Warum gibt es kein der „Moldau" ebenbürtiges Tonbild der Donau? Die Antwort auf diese Frage liegt in der Musik-Geschichte des österreichischen Raums im ausgehenden 19. Jahrhundert.

Voraussetzungen

An „zur Verfügung stehenden Komponisten" hätte es ja nicht gefehlt; der „Donauraum" hat der europäischen Musik eine beträchtliche Anzahl bedeutender Komponisten beschert, wobei für viele von ihnen die Reichshaupt- und Residenzstadt Wien auch zum Zentrum ihres musikalischen Lebens wurde. War es speziell im österreichischen Barock die Anziehungskraft des imperialen kaiserlichen Hofes (die vor allem die moderne italienische Musik nach Wien brachte), verlagerte sich die Funktion der Träger des Musiklebens seit dem ausgehenden 18. Jahrhundert sukzessive hin zu adeligen und schließlich bürgerlichen Mäzenen. Die Biographien der sogenannten Wiener Klassiker Haydn, Mozart und Beethoven zeigen diese Verlagerung deutlich. War es für Mozart die Chance, im „Klavierland" Wien aus den für ihn schon zu engen Konventionen des Fürstendienstes auszubrechen, so bediente sich Beethoven bereits souverän und selbstbewußt der Möglichkeiten, die ihm das musikinteressierte Wien bot. In verklärender Rückschau wird vor allem die klassische Trias immer wieder als wesentlicher Bestandteil der „Musikstadt Wien" gefeiert. Die Biographien der österreichischen Komponisten des 19. Jahrhunderts sind in vielfältiger Weise von dieser Gravitation des Donauraums und seines Zentrums Wien gekennzeichnet, von Schubert reicht dieses Band über Dvořák und Bruckner noch weit über Gustav Mahler hinaus. Wien war auch in musikalischen Belangen zweifellos das unbestrittene Zentrum und Vorbild, begehrter Ausbildungsplatz und Stätte großer musikalischer Ereignisse. War es auch Zentrum eines „gesamtstaatlichen musikalischen Patriotismus"?

Mittel

Spätestens seit der Mitte des 19. Jahrhunderts, geprägt besonders durch die vorbildhaften Kompositionen von Franz Liszt, war die sinfonische „Tondichtung" und überhaupt das Komponieren nach außermusikalischen Themen für viele Komponisten das zukunftsweisende musikalische Feld; die bekannte Kontroverse zwischen den Verfechtern der „neuen", programmatischen Richtung (eines ihrer Zentren war das Weimar Franz Liszts und seines Kreises) und den Anhängern der „traditionellen" Ästhetik der Formgebundenheit (wofür der in Wien wirkende Eduard Hanslick zur Zentralgestalt werden sollte) ist eine der wichtigsten und vor allem folgenreichsten ästhetischen Diskussionen der europäischen Musikgeschichte. Zu den zentralen „Stoffen" und Vorlagen der programmatischen Richtung gehörte immer auch alles „Natürliche"; zum rein bildhaften Reiz kam dabei vor allem die Möglichkeit, symbolische, gleichnishafte Momente zur Darstellung zu bringen. Die Bezüge auf das menschliche Leben und dessen Vergänglichkeit boten sich dabei ebenso an wie philosophisch anspruchsvollere Konzepte (Belege dafür wären schon bei Liszt und noch in Richard Strauss' „Alpensinfonie" zu finden).

Nationalismus und die unterschiedlich intensive Suche nach „gewachsenen" und zur Identifikation geeigneten Traditionen waren weitere bestimmende Momente außermusikalischer Sujets (das schon erwähnte Beispiel Smetanas sei in diesem Zusammenhang nochmals betont).

Daß sich gerade die Donau als Symbol besonders aufdrängt, ist angesichts ihrer „Geschichte" („vom Schwarzwald bis zum Schwarzen Meer") nicht überraschend; allerdings verdient diese Symbolik durchaus nähere Betrachtung: „Einigendes Band" im Sinne des Wahlspruchs Kaiser Franz Josephs („Viribus Unitis" – „mit vereinten Kräften") konnte der Strom angesichts der stark divergierenden Interessen der „Völker unter dem Doppeladler" kaum tatsächlich genannt werden (die „Donaumonarchie"-Nostalgie unserer Zeit hat dies konsequent mißachtet). Die offiziell zwar verordnete, politisch jedoch nicht umgesetzte Ideologie vom „Gesamtstaat" und vom die Partikularinteressen aufhebenden Österreichertum hätte die Donausymbolik freilich im Sinne des erwähnten „Miteinander" nützen können.

Zu den musikalischen Folgen dieser Diskrepanz gehört auch das weitgehende Fehlen „gesamtstaatlich-patriotischer" Kompositionen; Smetanas „Moldau" (noch wesentlich deutlicher aber die übrigen Tonbilder von „Mein Vaterland") verherrlicht den tschechischen Strom, der triumphierend durch die Hauptstadt Prag fließt, Franz Liszts musikalische Porträts führender ungarischer Persönlichkeiten sind ein Bekenntnis zum magyarischen Nationalstolz (und wurden auch so verstanden), die Opern Smetanas, Dvořáks und des kroatischen Komponisten Ivan Zajc feiern jeweils nationale Folklore und Geschichte und noch Bela Bartóks opus 1 ist eine musikalische Verbeugung vor dem Nationalhelden Lajos Kossuth. „Gesamtstaatliches" Denken findet sich hingegen kaum als deklarierter Inhalt, was auch in der musikalischen Praxis im Alltag zum Ausdruck kommt: bürgerliche Gesang- und Musikvereine definierten sich vor allem national, die Pflege eines übernationalen „Miteinander" war hier chancenlos, eine Entwicklung, die sich seit dem Ausscheiden Österreichs aus dem „Deutschen Bund" und der Gründung des Deutschen Reichs 1871 noch wesentlich zuspitzen sollte. Dem nostalgisch gefärbten Bild einer „Donaumonarchie" steht die von Partikularinteressen dominierte historische Realität kraß gegenüber.

Auch abseits der Konzertsäle und Opernhäuser fehlte weitgehend die „Musik der Gesamtstaatsidee", vor allem in der Operette Wiener Prägung, die ein Slawenbild transportierte, das der offiziellen Österreichideologie kraß widersprach und zunehmend die Phantasien, Wünsche und Ängste des Wiener (und Budapester) Kleinbürgers spiegelte. Davon auszunehmen ist freilich die Militärmusik, deren Auftrag es war, das gerade im Heer propagierte „Viribus Unitis" auch musikalisch zum Ausdruck zu bringen. Nicht zuletzt der große Anteil von Slawen unter den Militärkapellmeistern führte zu einer gewissen „Vielfarbigkeit" und stilistischen Buntheit des Militärmusikrepertoires.

Parallel zur nostalgisch verbrämten „Wiederentdeckung" der Monarchie schon in den zwanziger Jahren in der Literatur widmete sich auch die populäre Musik erst retrospektiv verstärkt der Zeit „wie Böhmen noch bei Öst'reich war". Vor allem in der „silbernen" Operette der letzten produktiven Phase wimmelt es geradezu von Personal und Versatzstücken der „Donaumonarchie", freilich nicht im Sinn des nach wie vor unverstandenen „Miteinander", sondern als weinerlicher Rückblick in eine „gute alte Zeit", in der man als fescher Magyar noch seinen Schatz nach Varasdin heimholen konnte.

Die Chance, mittels der zur Verfügung stehenden Donausymbolik „patriotische" sinfonische Werke zu schaffen, blieb in der Monarchie also ungenützt.

Demgegenüber gibt es programmatische musikalische Befassungen mit dem Thema Donau nach dem Ende der Habsburgermonarchie, und zwar in stilistisch äußerst verschiedenen Ausprägungen: Leoš Janáček, die Zentralfigur der tschechischen Musik im 20. Jahrhundert, arbeitete von 1923 bis zu seinem Tod (1928) an einer großen viersätzigen Symphonie „Donau", die allerdings Torso blieb und erst 1948 von Osvald Chlubna vollendet wurde. In seiner „Glagolitischen Messe" (nach altkirchenslawischen Quellen) hatte Janáček bereits musikalischgeistige Traditionen der slawischen Kultur thematisiert, weitab von oberflächlich folkloristischem Klangreiz. Janáčeks Inspiration besonders durch Klänge der Natur (speziell Vogelstimmen) ist ja bekannt, er notierte sogar tosende Wasser und andere „unmusikalische" Geräusche.

Wesentlich traditioneller ist das Konzept einer österreichischen Vertonung des Donau-Stoffs im 20. Jahrhundert; Viktor Hruby (1894–1978), vor allem als Komponist von Filmmusik und Bearbeiter hervorgetreten, komponierte seine „symphonischen Tonbilder" mit dem Titel „Die Donau" 1940, und zwar zur musikalischen Illustrierung des „Kulturfilms" „Donauabwärts, von Wien zum Schwarzen Meer". Das Werk steht in der Tradition der tonmalerisch-programmatischen Sinfonik des 19. Jahrhunderts und ist in fünf Abschnitte gegliedert: „Danubius vindoboniensis" („Die Wiener Donau" im Stil eines symphonischen Walzers), „Hungaria" (Untertitel „Aus der Puszta", rhapsodisch mit Liszt-Reminiszenzen und „nach Zigeunerart vorzutragen"), „Kolo, südslawischer Tanz" (Untertitel „In der Bacska") in charakteristisch unregelmäßiger Periodik, ein Tonbild der „Insel des Islam" (Egon Erwin Kisch) Ada Kaleh „Ostinato alla Turca", eine „orientalische Skizze" im Stil der exotischen „Arabienmusiken" des 19. Jahrhunderts und der „Ausklang – Ins schwarze Meer" mit Reminiszenzen aus dem ersten Abschnitt. Der erfahrene Arrangeur Hruby erreicht mit dem großen Orchester eindrucksvolle „Tonbilder" in geschickter Verknüpfung traditioneller musikalischer Vokabeln und differenzierter moderner Instrumentation. Sowohl Janáčeks Symphonie als auch Hrubys „Tonbildern" ist eine breitere Bekanntheit verwehrt geblieben.

Aber auch in anderen als sinfonischen musikalischen Gefilden findet sich die Donau be- und verarbeitet, zum Beispiel im musikalischen Kabarett: 1908 erschien auf der Bühne des Kabaretts „Fledermaus" eine „Musteroperette" in vier Bildern mit dem Titel „Der Petroleumkönig oder Donauzauber". Keine Geringeren als Alfred Polgar und Egon Friedell waren die Autoren, die (bis auf zwei Fragmente verschollene) Musik hatte Konrad Scherber besorgt. Die „Musteroperette" rechnet in satirischer Form mit den dramaturgischen Schablonen, Klischees und Schematismen der zeitgenössischen Operette ab (deren Auswüchse zur gleichen Zeit speziell von Karl Kraus konsequent angeprangert wurden). Entgegen den vom Untertitel „Donauzauber" geweckten Erwartungen spielt der Fluß aber keine wirkliche Rolle in der Satire, in Übereinstimmung mit der generellen Idee, den hohen Grad an „Gehirnerweichung" (Karl Kraus) in den Operettenschematismen kenntlich zu machen. „Folgerichtige Dramaturgie" oder Handlungen wird man hier vergeblich suchen. Die Satire erstreckt sich im „Donauzauber" nicht nur auf Text und Dramaturgie, sondern auch (wie aus dem erhaltenen „Leitfaden durch die Musik der Musteroperette" hervorgeht) auf die musikalische Dimension, wobei speziell Franz Lehárs „Lustige Witwe" zum Handkuß kommt. Die bei Friedell früh einsetzende satirische Kritik an den Erzeugnissen speziell der „blöden Wien-Verhimmelung" (Stefan Großmann, ein Jugendfreund Friedells) bezog neben den symbolhaften Vokabeln „Muatterl" und „Stephansturm" besonders „Donau" als zentralen Klischeekomplex mit ein.

In der zentralen Gattung der Wienverehrung, dem Wienerlied, spielt die Donau natürlich eine nicht wegzudenkende Rolle, sie gehört zu den wichtigsten inhaltlichen Versatzstücken besonders der kommerziellen Wienerlieder des 20. Jahrhunderts. Schon im Titel (wie „An der Donau, wenn der Wein blüht", „Wär die Donau nur a klanes Wasserl", „Auf der Alten Donau bin i z'Haus", „Was die Donau erzählt", „Der Donaugigerl", „Mutter Donau" oder „Ein Wiederseh'n an der Donau") kommt dies deutlich zum Ausdruck. Die Lage Wiens an der Donau (und nicht, wie der Satiriker Anton Kuh nach 1918 diagnostizierte „a. G.", also „am Gebirge") gehört zu den in den Texten stets zur Sprache gebrachten Inhalten. Obwohl Hans Wehles Befund, wonach der Donau nur in Wien Lieder gesungen würden, schon

Wilheringer Bibel, Nordfrankreich um 1240/50. Foto: Mejchar. Zu: Scheichl, Das Zisterzienserstift Wilhering.

Jacob Eder, der Anstifter des Wilheringer Stiftskirchenbrandes. Foto: Stift Wilhering, Archiv. Zu: Scheichl, Das Zisterzienserstift Wilhering.

Ansicht des Klosters Engelszell vor dem Brand von 1699. Stift Engelszell. Foto: E. Wiesner. Zu: Kristöfl, Stift Engelszell.

Fritz Fröhlich, Deckenfresko im Langhaus der Stiftskirche Engelszell. Foto: E. Wiesner. Zu: Kristöfl, Stift Engelszell.

Katalog-Nr. III.4.8. Foto: Schneeweis. Zu: Vocelka, Konfessionelle Pluralität im Donauraum.

Gnadenbild Maria Hilf in Passau. Foto: Kunstverlag Peda. Zu: Vocelka, Konfessionelle Pluralität im Donauraum.

Linz um 1850. Kolorierter Stahlstich, bezeichnet Perlberg. An der Donaulände links von der Brücke Adalbert Stifters Wohn- und Sterbehaus. Adalbert-Stifter-Institut Linz. Foto: Gangl. Zu: Schaber, Die Donau als Thema in der Literatur.

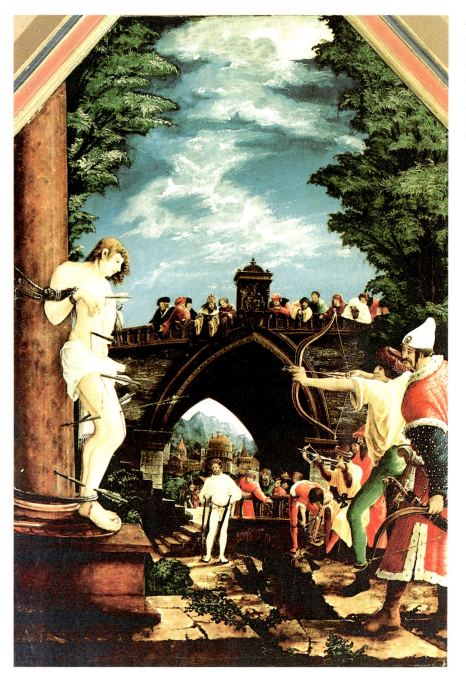

Albrecht Altdorfer, Die Marter des hl. Sebastian. Flügel des Altdorfer-Altares in St. Florian. Foto: Stift St. Florian, Archiv. Zu: Scheichl, Die Donau als Thema der bildenden Kunst.

Lithographie nach Lukas van Valckenborgh. Linz mit Urfahr vom Auberg gesehen. Foto: Stadtmuseum Linz. Zu: Scheichl, Die Donau als Thema der bildenden Kunst.

Oskar Kokoschka, Linzer Landschaft, Öl auf Leinwand 1955. Neue Galerie der Stadt Linz. Foto: Neue Galerie. Zu: Scheichl, Die Donau als Thema der bildenden Kunst.

Katalog-Nr. I.2.5. Foto: E. Wiesner. Zu: Scheichl, *Die Donau als Thema der bildenden Kunst.*

*Katalog-Nr. III.1.1.
Foto: Lobenwein Tamás.
Zu: Pohl, Im Zeichen
des Kreuzes.*

stromaufwärts (in der Wachau) zu widerlegen ist, kann man zweifellos von einer signifikant häufigen Präsenz des Donauthemas im Wienerlied sprechen. „Donau" und „Wien" können dabei sogar zu Synonymen werden, nach dem Motto „Grüß mir die Donau und grüß mir den Walzer". Der eingangs angesprochene Aspekt der „Völkerverbindung" spielt dabei allerdings kaum eine Rolle, die Donau wird als eine Art „Wiener Spezifikum" abgehandelt.

Auch die scheinbar in den jeweiligen Kriegs- und Nachkriegsjahren sehr florierende „Musikstadt Wien"-Literatur thematisiert die Donau als konstituierenden Bestandteil des spezifisch wienerischen Musikklimas: *„Wie die ewige Himmelsbläue des flammenden Südens die üppige, farbensatte Malkunst der italienischen Meister gefördert, wie die karge, unerbittliche Schwere nordischer Landschaft die innere Wucht des germanischen Heldengesanges emporgezwungen hat, so liegt der Liederreichtum, die Melodienfülle, die seit Jahrhunderten im Donaubecken aufklingen, tiefinnerlich begründet im Wesen dieser unergründlichen deutschen Stadt, in deren Grenzen sich die sonnige Heiterkeit des Südens mit dem sinnenden Ernst des Nordens zu betörendem Gegensatz vereint."* Soweit Alexander Witeschnik in seinem 1943 erschienenen Buch „Musik aus Wien". Diese mythisch-sagenhafte Einstellung findet sich (verbal nur unwesentlich gemildert) noch in manch populären Wiener Musikbüchern nach 1945.

„Einigendes Band"?

Über diese mehr oder weniger „direkten" Thematisierungen von „Donau" in der Musik hinaus stellt sich aber vor allem die grundsätzliche (und viel interessantere) Frage nach den Gemeinsamkeiten und Unterschieden in den Musiksprachen und -kulturen der Bewohner des „kulturellen Reizklimas Donauraum" (Harald Kaufmann). Gerade im Donauraum läßt sich Bela Bartòks Befund von der „fruchtbaren Unreinheit kultureller Austausch- und Oppositionsbewegungen" wider „das Scheinhafte einer übertreibenden Zusammengehörigkeitsideologie, aber nicht minder auch gegen den substantiellen Schein der Nationalcharaktere" eindrucksvoll darstellen. (Daß Bela Bartòk dies in seiner 1942 im US-Exil verfaßten Abrechnung mit dem Thema der „Rassenreinheit in der Musik" schrieb, fußt neben seiner wissenschaftlichen Erforschung der ungarischen Musik auch auf eigenem Erleben: Bartòk war schon in den zwanziger Jahren von nationalistisch-magyarischer Seite heftig dafür kritisiert worden, sich bei seinen Forschungen auf den gesamten Donauraum und nicht nur auf „Kern-Ungarn" bezogen zu haben, was die Ergebnisse seiner Arbeit von vornherein für chauvinistische Interpretationen untauglich gemacht hatte).

Vor den nationalistisch-zentrifugalen Kulissen der zu Ende gehenden Donaumonarchie hatten sich bei Tschechen, Ungarn und Kroaten geradezu zwangsläufig und aus einer Art Legitimationsbedarf heraus folkloristisch-traditionelle Konzepte (etwa in den Opern Ferenc Erkels, den Tondichtungen und Opern Dvořáks und Smetanas, den Weken von Ivan Zajc und anderen) großer Beliebtheit und Verbreitung erfreut. Die „Nationalmusik" galt als „Gebot der Stunde", kompositorische Entwicklung, gar Innovationen der musikalischen Strukturen blieben dabei zwangsläufig auf der Strecke. „Nationalmusik" hatte deutlich zu sein, klar und verständlich (zumindest eindeutig interpretierbar im Sinn der „nationalen Sache"). Igor Strawinskys polemische Distanz zu allem „Nationalen" in der Musik liegt vor allem in dieser dem Fortschritt kompositorischer Konzepte hinderlichen Wirkung des „Nationalen" begründet.

Außerdem läßt sich bei genauerer vergleichender Analyse der Kompositionen unterschiedlicher „nationaler Stile" (besonders des 19. Jahrhunderts) unschwer ein gar nicht umfangreiches Reservoire an musikalischen Mitteln herausfinden, die im großen und ganzen weitgehend undifferenziert zur Anwendung gelangen und immer des erklärenden Zusatzes oder der eindeutigen dramaturgischen Situation bedürfen. Der dadurch zu Recht entstehende Eindruck der grundsätzlichen Beliebigkeit der zum Einsatz gelangenden Mittel verbindet die („authentisch" sich gebenden) „Nationalmusiken" frappanterweise mit den Techniken des musikalischen Exotismus, dessen „Opfer" von Spanien über den Nahen Osten bis China ebenfalls vermittels eines verblüffend geringen Vokabulars dargestellt werden. Obwohl sich gegen diese Art eines musikalisch starren „nationalen Akademismus" vereinzelt schon Gegenkonzepte entwickelten (etwa in Ungarn im Umkreis der besonders von der Pariser Moderne beeinflußten Zeitschrift „Nyugat", zu dem unter anderem auch der junge Bartòk gehörte), bedurfte es des Endes der Monarchie, um die solcherart „gebundenen" Ressourcen eines nichtchauvinistischen Konzepts von allzu kurzsichtigen Zweckbindungen zu befreien.

Neben Bartòk stellt vor allem der schon in anderem Zusammenhang erwähnte Leoš Janáček hierfür ein gutes Beispiel dar: „Mährisches" noch mehr als „Tschechisches" war ihm stets ein zentrales Anliegen (charakteristischerweise aber deutlich mit sozialer Thematik gekoppelt), jedoch nie im Sinne eines plumpen Folklorismus, sondern (vergleichbar dem Weg Bartòks) basierend auf der Kenntnis der „Tiefenschichten" (und damit auch der „fremden" Beeinflussungen) traditioneller Musizierformen. Gerade die traditionellen Volksmusiken des Donauraums sind von häufigen Austausch- und Vermischungsprozessen gekennzeichnet, kleinkariertes Denken in abgrenzbaren Einheiten ist hier völlig deplaziert.

Es wurde bereits erwähnt, daß sich Bartòk mit Angriffen von chauvinistischer Seite konfrontiert sah; freilich erwartete man sich im Ungarn der Zwischenkriegszeit, vor dem Hintergrund eines zunehmend revanchistisch dominierten Klimas „ungarische" Musik, die den Intentionen des „Großungarntums" entgegenkam, zumindest Möglichkeiten der nationalistischen Interpretation bot. Im Gegensatz zu seinem langjährigen Weggefährten Kodàly war Bartòk zu derlei aber nicht bereit. Ihm ging es darum, in der „Kunstmusik" eine wahrhafte Synthese zwischen authentischem Material und fortgeschritten-artifizieller Struktur zustandezubringen. Kodály hingegen arrangierte sich mit den „Sachzwängen" der Erwartungshaltungen, und spätestens seit dem großen Erfolg des „Psalmus Hungaricus" fungierte er als nationales Aushängeschild (eine Funktion, die er die höchst unterschiedlichen politischen Kulissen Ungarns im 20. Jahrhundert hindurch beibehalten konnte). Es war vor allem dieses (in Ungarn schon lange vor 1933 einsetzende) Klima, das Bartòk letztlich ins US-Exil zwang; er flüchtete (wiewohl persönlich nicht verfolgt) vor den Ideologen der „Rassenreinheit" (auch) in der Musik.

Auch Janáček kam nicht in den zweifelhaften Genuß einer Rolle als „Nationalkomponist" (an entsprechenden, vor allem posthumen Vereinnahmungsversuchen hatte es freilich nicht gefehlt); dem stand, neben seiner bei aller grundsätzlichen Orientierung am Authentischen doch stets sehr avancierten Tonsprache selbst, vor allem der in seinem Werk konsequent beibehaltene soziale Aspekt im Wege, das Aufgreifen „unbequemer" Stoffe (wodurch sich besonders der „sozialistische Realismus" der späteren Jahre genötigt sah, auf eine wirkliche Janáček-Pflege zu verzichten) und das Experimentieren mit den Möglichkeiten des Musiktheaters.

Die lastende Tradition nationalistischen „Denkens" (von deren „Überwindung" auch heute noch keine Rede sein kann) spielte in diesem so vielfältigen Raum daher nach wie vor eine wesentliche Rolle; es ist bedenkenswert, daß sich gerade im Donauraum die jeweils modernen Konzepte konsequent von den Siegelbewahrern des „Nationalen" attackiert sahen: Das gilt, wie schon erwähnt, für Bartòk, mit Abstrichen auch für Janáček und natürlich ganz besonders für die Wiener Avantgarde.

Daß im Klischee vom „Musikland an der Donau" heute auch die „Zweite Wiener Schule", also Arnold Schönberg und sein Kreis als Beweis für die Innovationskraft und Weltgeltung österreichischer Musik miteinbezogen werden, kann nicht darüber hinwegtäuschen, daß gerade Schönberg hierorts krassester Mißachtung und absurdesten Angriffen ausgesetzt war. Im Verein mit völkischen und den Nationalsozialismus zum Teil gespenstisch vorwegnehmenden Argumenten wurde er speziell seit seinem Weg in die Atonalität (ab ungefähr 1908) sukzessive zum „Entarteten" gestempelt, ein Verdikt, das noch weit in die Zweite Republik hineinragte. Unter diesem Gesichtspunkt ist die stets geübte Selbstbelobung mit den kreativen Potentialen des Donauraums für die Musik des 20. Jahrhunderts schon mit gehöriger Skepsis aufzunehmen. Die entgegen der nostalgischen Verklärung eben in Wirklichkeit nicht geachtete Vielfalt dieses Raumes, ihr kreatives Potential, sah sich stets der Vernaderung, der Verhinderung, der Ab- und Ausgrenzung gegenüber. Das zweifellos vorhandene Gemeinsame erhielt nicht die Chance zur Entfaltung, parallel zu dem von Friedrich Heer am eindrucksvollsten dargestellten Scheitern des „schwarzgelben" Österreich in der Endphase der Monarchie.

Literatur

FRIEDELL, EGON/POLGAR, ALFRED, Goethe und die Journalisten. Satiren im Duett. Hg ILLIG, HERIBERT, Wien 1986, S 31–49.

GLANZ, CHRISTIAN, Das Bild Südosteuropas in der Wiener Operette, Phil. Diss. Graz 1988.

JANÁČEK, LEOŠ, Feuilletons aus den „Lidové Noviny". Hg SPIES, LEO, Leipzig 1959.

KAUFMANN, HARALD, Musikalische Nachbarn im Donauraum. In: Almanach „Wiener Festwochen" 1967 („Nachbarn an der Donau"), S 53–57.

SATTLEGGER, DORIS, Kultur der Unterhaltung. Versuch einer Darstellung der Musik im Kabarett in Wien von 1901–1908. Diplomarbeit Wien oJ.

WITESCHNIK, ALEXANDER, Musik aus Wien. Die Geschichte einer Weltbezauberung, Wien 1943.

WÜRZL, EBERHARD, Johann Strauß. Höhen und Tiefen der Meisterjahre 1884–1894. Phil. Diss. Wien oJ.

Volker Derschmidt

Die Donau und die Volksmusik

Wie jeder große Strom formte auch die Donau ihr Einzugsgebiet nicht nur topografisch, sondern auch kulturell, besonders volksmusikalisch. Ob nun als verbindende Ader in der Längsrichtung oder als Trennungslinie für unterschiedliche Entwicklungen – beides trifft auch auf die Donau zu.

Schon der im Nibelungenlied beschriebene Reiseweg der Burgunder führte entlang des Stromes durch unser Gebiet, wo dieses auch erstmals zu Papier, vielmehr zu Pergament gebracht worden ist. Auffällig ist die große Ähnlichkeit in Versmaß zwischen achtzeiliger Nibelungenstrophe und den ebenfalls achtzeiligen Landlerstrophen des Traunviertler Landlers, die nach wie vor – und jährlich neu gedichtet – beim Sierninger Rudenkirtag während des Tanzes gesungen werden.

Die Donau als Zitat im Lied

Nicht nur im Walzer „An der schönen blauen Donau" und manch anderer Komposition finden wir die Donau wörtlich angesprochen. Die in mehreren Liedern und Gstanzln gebrauchte Wendung „...enter der Doana" (= jenseits der Donau) betont mehr das Trennende des Stroms, das Fremde und auch Unheimliche des anderen Ufers, aus welcher Sicht man es auch betrachten.

Enter der Doana stengan schen Bloama,
Dirndl, wannsd ummigehst, bringst man oa hoama!

oder:
Mei Dirndl is enter der Doana,
da traut si koa Bua net dazua;
i hab's halt frisch gwagt und sinst koana,
i als a kloawinziger Bua.

oder:
Drenter der Doana, wo d' Felberstöck stehnd,
da hat der alt Teifl den jungen darrennt,
und er hat n darrent und er hat n darnaht,
und er hat eahm des Einwendi auswendi draht.

Andererseits sah jener Wildbratschütz aus dem Mühlviertel jenseits der Donau sein Hoffnungsgebiet für die Ernährung von Weib und Kindern:

Über d Doana bin i ganga,
schene Hirscherl han i gfanga,
schließn mi in Eisn und Band:
Is net das a rechte Schand?

Von sehr weit auseinanderliegenden Orten ist eine Juxstrophe in Varianten überliefert, die immer mit der Zeile beginnt: „Die Donau is ins Wasser gfalln...". Die Fortsetzung lautet dann lokal bedingt verschieden: „... der Rheinstrom is verbrennt" (auch ... der Eisack oder ... das Eismeer), in allen Fällen jedoch „... (da) is der Wiener Stephansdom mit Stroh ins Löschn grennt".

Auch die ominöse „Donaubruckn", von der man bekanntlich „abispuckn" kann, ist kein Einzelfall. Schon in „Des Knaben Wunderhorn" ist eine solche in einem Vierzeiler erwähnt:

Hinter der Donaubrück steht ein schön' Häusle,
sitzt ein schön' Mädle dring, singt wie ein Zeisle.

Ein in unseren Jahren noch immer aktuelles Thema hat Ditfurth schon 1836 gleich mit zwei Liedern belegt: „Der Main-Donau-Kanal"! Im ersten äußern sich Ente, Gans und Frosch sehr kritisch über den von König Ludwig wieder aufgenommenen Plan Kaiser Karls des Großen, das zweite steht der Sache patriotisch-positiv gegenüber:

1. „Kanal, Kanal – schmal, schmal!",
   so schreien alle Enten,
   „Ach wenn wir doch nur könnten
   uns baden drin einmal!" / und so weiter

2. Kaiser Karl der Große
   grub einmal
   dort im Altmühlmoose
   schon ein Stück Kanal.

   Kam der Bau ins Stocken, tat ihm leid;
   der Kanal blieb trocken, bis auf unsere Zeit
   und so weiter.

Im österreichischen Soldatenliederbuch findet sich das Marschlied „I bin der Bua vom Donautal", offenbar aus einem „Lied im Volkston" vom ursprünglichen Dreivierteltakt in einen ziemlich willkürlichen Alla-breve-Takt umgeformt.

Die Reihe der Donau-Zitate ließe sich sicher noch lange fortsetzen, besonders wenn man die Lieder miteinbeziehen, die zwar nicht das Wort Donau enthalten, sich aber aus dem geschichtlichen und geografischen Zusammenhang mit ihr assoziieren lassen, wie „Schöne Linzrin muß ich meiden", „Linzerstadt, die muß ich meiden" (zwei verschiedene Lieder!) oder das sogenannte Wachauer Schifferlied „Das Schifflein schwingt si dani vom Land, ade!", das bekanntlich den Abschied bayerischer Truppen auf dem Weg nach Griechenland besingt. Was auch ein Beleg bei Ditfurth beweist, wo es heißt:

Jetzt müssen wir aus Augsburg naus, adjeh!
Wir marschieren schon zum Tor hinaus. Oh weh!
Adjeh!
Schöns Mädigen, reich mir deine Hand! ...
Wir müssen fort ins Griechenland! ...

Dieses Lied paßt zwar wie angegossen zur Wachauer Melodie, laut Ditfurth ist aber die Melodie von „Es reiten drei Reiter zum Tor hinaus" zu unterlegen. Andererseits hat ebendiese Melodie im Mühlviertel als Gute-Nacht-Lied nach Rockaroasn eine weitere Spur hinterlassen, was für das Funktionieren des Transportes in der Längsrichtung spricht.

Die Donau als Transportweg auch für (Volks-)kulturgüter ist eindrucksvoll und beispielhaft durch die Geschichte der „Linzer Geiger" zu belegen. Diese meist in Linz in die „Ulmer Schachtel" genannten Transportschiffe oder auch auf Holzflösse zusteigenden Landlergeiger aus dem ganzen oberösterreichischen Hinterland brachten ihre Musik, die achttaktigen Landler und „Linzer Tanz'", in die Vorstadtwirtshäuser der Hauptstadt Wien und trugen damit enorm zur Entstehung und zum Stil der Wiener volksmusikalischen Geigentradition der Lanner-Stauß-Schrammel-Aera bei. Quasi als Antwort darauf kam später in umgekehrter Richtung das aufgegangene Samenkorn in Form der „klassischen" Wiener Gesellschaftsmusik des 19. Jahrhunderts in die „Provinz" (... in Linz beginnt's. ...) zurück, wo es teils bürgerlicher mittel- bis oberschichtlicher Unterhaltung diente, teils von den Volksmusikanten aufgenommen und mit ihrem musikalischen Empfinden wieder „eingemeindet" wurde. Dies wirkt bis in die Gegenwart fort, wenn etwa die vielen Volksmusikanten im Lande schwerpunktmäßig Walzer und vor allem 16taktige Polkas, „Franzees" oder „Bairische Polkas" spielen – und sich reihenweise neu „einfallen lassen" (so etwa nennt man das „Komponieren ohne Opuszahlen" meist!) –, die formal durch diese Vorbilder stark geprägt sind.

Die Donau als Trennungslinie

Speziell im oberösterreichischen Raum erfüllt die Donau auch diese Funktion. Das Mühlviertel ist nicht nur eine verwaltungstechnische, sondern auch eine volkskulturelle Einheit geblieben. So unterscheiden sich die zahlreichen Mühlviertler Landler von denen der südlich der Donau gelegenen des Inn-, Hausruck- und Traunviertels durch ein erkennbar längeres Verharren bei einfacheren, ursprünglichen Figurenfolgen und beim Dreivierteltakt. Hingegen haben sich die Landler des Alpenvorlandes allesamt zu umfangreicheren und auch komplizierteren Großformen gemausert, die es Uneingeweihten unmöglich machen, mitzutanzen; früher oft genug – provozierter! – Anlaß für Raufhändel. Außerdem kennen diese Landler das Phänomen des „Verreißens", also des je nach Gegend unterschiedlichen Mitteldings zwischen 3/4- und 2/4-Takt, das der Musik einen merkwürdig schwebenden Charakter verleiht. Zudem ist das Mühlviertel besonders reich an tänzerischen Kleinformen.

Der Jodler ist in allen Landesteilen anzutreffen, nur heißt er überall anders und klingt auch unterschiedlich: Im (donaufernen) Salzkammergut heißt er „Ludler" und wird sehr breit und kräftig gesungen. Der Innviertler nennt seinen etwas rascheren, besonders in Verbindung mit dem Landler gesungenen Jodler „Almer" (Zeitwort „almern"), ähnlich wie der Traunviertler „Weis'" dazu sagt, wo wiederum großer Wert auf vieltönende Mehrstimmigkeit (bis zu fünf und sechs Stimmen) gelegt wird. Dagegen ist im Mühlviertel wie auch im benachbarten Bayerischen Wald der Ausdruck „Arien" verbreitet. Schließlich ist noch die wienerische Variante, der „Dudler", zu erwähnen – Sie haben richtig gelesen: Auch in Wien wird gejodelt – pardon: gedudelt!

Abschließend noch ein Blick auf die derzeitige Lage: In letzter Zeit beginnt sich die Ausprägung gewisser durch Einzelpersonen stark geformter Lokalstile in einzelnen Landesteilen (Mühlviertel, Landesmitte, Innviertel, Salzkammergut, ähnlich auch in Niederbayern sowie in Niederösterreich/Wien) abzuzeichnen. Eine Tendenz der neunziger Jahre ist jedenfalls in weiten Kreisen das bewußte Abgehen von nicht mehr aktuell empfundenen Präsentationsformen der Volksmusik (reine Bühnendarbietung, Vorführen statt Selbertun), hin zu einem Singen, Musizieren und Tanzen in offener lockerer Atmosphäre mit weniger „Etikette". Möglicherweise ist dies auch eine positive Reaktion auf den Alptraum Musikantenstadl mit seiner befohlenen Schunkelheiterkeit, vielleicht auch das Ergebnis eines Umdenkprozesses in Musikantenkreisen wider die abstumpfende Routine-Geschäftigkeit oder ein abgeschottetes Dasein im elfenbeinernen Turm?

Alle angeführten Lieder sind im oö. Volksliedarchiv, Waltherstr. 15, 4020 Linz, archiviert.

Literatur

ARNIM, LUDWIG ACHIM VON, und BRENTANO, CLEMENS, Des Knaben Wunderhorn, Alte deutsche Lieder 1806, Neudruck, Leipzig 1906, S 872.

DERSCHMIDT, HERMANN, Tänze aus Österreich, Linz 1985, S I/207 und II/134.

DITFURTH, FRANZ WILHELM FREIHERR VON, Die historischen Volkslieder der Zeit von 1815 bis 1871, Hildesheim 1965, Bd. 3, S 62.

KOTEK, GEORG, und ZODER, RAIMUND, Ein österreichisches Liederbuch, Wien 1848, Teil 1, S. 8.

QUELLMALZ, ALFRED, Südtiroler Volkslieder, 2. Band, Kassel 1972, S 150f.

Paulus Ebner/Franz Marksteiner

Die Donau im Spielfilm

Ein langer, ruhiger Fluß – so präsentiert sich die Donau im Film. Wenn wir im folgenden von Film sprechen, so sind damit österreichische und deutsche Spielfilmproduktionen gemeint, in denen die Donau vorkommt – im Titel, als Ort der Handlung oder gar als Schauspielerin.

Im Gegensatz zu vielen anderen großen Flüssen hat die Donau bislang noch keine künstlerisch überzeugende filmische Behandlung erfahren, weder durch Spielfilme noch durch Dokumentationen oder Filmessays. Während der Ganges („The River", „L'eau/Ganga"), der Mississippi (neben diversen Mark Twain-Adaptionen vor allem „Mississippi Blues"), die Seine („L'Atalante") oder der Po („Riso amaro", „Le Petit Monde de Don Camillo" und Fortsetzungen) also durchaus als „Hauptdarsteller" von Filmen agierten, wurde die Donau in erster Linie als Kulisse eingesetzt. Da die Donau zu den Markenzei-

Aus: „Donauschiffer", 1940. Links: Attila Hörbiger

Aus dem Kulturfilm „Fischerparadies Donaudelta", 1942/43

chen Österreichs gehört, nimmt es nicht wunder, daß sie gerade bei den österreichischen Nachkriegsproduktionen, die auch international Beachtung fanden, effektvoll ins Bild gerückt wird. Mit „Der Hofrat Geiger" gibt die Filmindustrie der Zweiten Republik ein kräftiges Lebenszeichen. Der erste österreichische Farbfilm nach 1945 führt den Strom sogar im Titel: „Das Kind der Donau" mit Marika Rökk entsteht 1950. In „Sissi" schließlich, dem mit Abstand größten internationalen Leinwanderfolg aus Österreich, spielt die Donau eine dekorative Nebenrolle.

Die Donau im österreichischen Spielfilm ist ein durch und durch domestizierter Fluß. Sie birgt keine unüberwindbaren Gefahren. Keine Stromschnellen oder geheimnisvollen Untiefen fordern ihre Opfer. Die Donau ist nicht metaphysisch belastet, sie bekommt keine mythische Dimension. Bedrohungen, wie etwa durch Hochwasser, werden in diesen Streifen kaum thematisiert. Sogar ihre Selbstmörder will sie nicht behalten. In „Heimweh – dort wo die Blumen blühn" bewährt sich Hans Holt als couragierter Priester, der einer aus unglücklicher Liebe den Tod suchenden jungen Frau das Leben rettet. Sie springt an derselben Stelle von einer Brücke in die Donau, wo 90 Minuten später das Happy-End stattfinden wird. In „Der schönste Tag meines Lebens" darf sich ein ungarischer Waise von den Strapazen der Flucht nach Österreich in Dürnstein erholen, bevor er Mitglied der Wiener Sängerknaben wird.

Die Donau ist ein menschenfreundlicher Fluß. Sie bringt die Liebenden zusammen. Im Film „Sissi" fährt Romy Schneider auf einem Donaudampfer zu ihrem Karlheinz Böhm. Die Donau bringt die Liebste zum Liebsten, die Kaiserin zum Kaiser. Oder sie bringt Touristen ins Land und präsentiert ihnen eine der ältesten Kulturlandschaften Österreichs, die Wachau.

Die besonders undramatische Rolle des Stroms hängt ohne Zweifel mit der Entstehung eines neuen Subgenres des Heimatfilms in den fünfziger Jahren zusammen: des Touristenfilms. Diese Art von Filmen war an idyllischen Locations interessiert, die den vom Wirtschaftswunder gestreßten Deutschen und Österreichern – das gilt gleichermaßen für Film-

Aus: „Das Kind der Donau", 1950, mit Marika Rökk

figuren wie Publikum – Erholung und Unterhaltung bieten sollten.

Natürlich wurde die Landschaft an der Donau schon früher für den Film entdeckt: So will etwa Hilde Krahl in „Donauschiffer" unter der Obhut von Kapitän Attila Hörbiger 1940 auf der Donau von Belgrad nach Wien reisen, landet aber in Sulina (Rumänien) und im Hafen der Ehe. 1947 entsteht „Der Hofrat Geiger" mit Paul Hörbiger, Hans Moser, Maria Andergast, Waltraud Haas und dem Lied „Mariandl" in den Hauptrollen. Ein schon etwas angegrauter Wiener Beamter findet sein spätes Glück in einem Wachauer Städtchen. Er trifft dort seine Jugendliebe wieder, die von ihm eine inzwischen erwachsene Tochter hat. Diese Geschichte einer Familienzusammenführung erlebt in den Jahren 1961 und 1962 ein zweiteiliges Remake mit den Filmen „Mariandl" und „Mariandls Heimkehr". Die Donau bietet den reizvollen Hintergrund, vor dem sich die Liebesgeschichten der Figuren erfüllen.

Besonders in den fünfziger Jahren wird die Wachau ein beliebtes Ausflugsziel. Und so hat die Donau in diesem Jahrzehnt ihre häufigsten Leinwandauftritte. Die Donau und die Wachau als Kulisse touristisch zu nützen, bildet das Grundthema von Filmen wie „Die Lindenwirtin vom Donaustrand" oder „Vier Mädels aus der Wachau". Hans Moser eröffnet in „Die Lindenwirtin vom Donaustrand" eine Dampferanlegestelle, Marianne Hold kurbelt im selben Film mit Charme und Geschäfts-

Aus: „Mariandl", 1961. Von links: Gunther Philipp, Conny Froboess, Peter Weck

sinn den Fremdenverkehr an. Oskar Sima versucht das Liebesglück der „Vier Mädels aus der Wachau" zu sabotieren, um die erfolgreiche Gesangsgruppe als Touristenattraktion zu erhalten.

Die Arbeitswelt an der Donau bleibt in den Spielfilmen – sieht man vom Gastgewerbe und kurzen Auftritten charmanter Donau-Dampfschiffahrtsgesellschaftskapitäne ab – weitgehend ausgespart. Es waren eher Kulturfilme wie „Fischerparadies Donaudelta", die einen (wenn auch romantischen) Blick auf den „Arbeitsplatz Donau" warfen. Die in Wochenschauberichten und Werbefilmen der E-Wirtschaft geradezu hymnisch gefeierten Kraftwerksbauten finden ebensowenig Beachtung wie Industriegebiete oder Werften an der Donau.

Ein gänzlich anderes Donaubild als in den Touristenfilmen vermittelt eine der wenigen künstlerisch ambitionierten Arbeiten dieser Zeit. Eine Episode aus „Wienerinnen – Schrei nach Liebe" erzählt die Geschichte eines Dreiecksverhältnisses zwischen einem Donaukapitän, der Prostituierten Olga und ihrem Zuhälter.

Kurt Steinwendners 1952 entstandener Streifen nimmt – auch in seinem Blick auf die Donau – eine Ausnahmestellung in der österreichischen Produktion dieser Jahre ein. Daß Wien an der Donau liegt, erfährt man ansonsten hauptsächlich aus den Texten diverser Wienerlieder. Als Ort der Handlung spielt die Donau dort, wo sie durch das Stadtgebiet von Wien fließt, wo sie Teil des urbanen, nicht ländlichen Lebens ist, bestenfalls eine Nebenrolle – wie zum Beispiel das ehemalige Überschwemmungsgebiet in Ernst Marischkas „Deutschmeister". Anders in „Wienerinnen", wo die Trostlosigkeit des Albener Hafens mit der Tristesse der erzählten Geschichte korrespondiert. Aber selbst hier ermöglicht der Fluß den Liebenden die Fahrt in ein vages Happy-End.

Erst in den siebziger Jahren hat sich das heimische Kino wieder an die Darstellung solcherart gebrochener und trügerischer Idyllen gewagt. Maximilian Schells „Geschichten aus dem Wienerwald"

Hans Moser in „Mariandl", 1961

nach Ödön von Horvaths gleichnamigem Theaterstück zeigt eine böse Travestie des Wachau- und Mariandl-Themas: die Großmutter, die das uneheliche Kind der Enkelin aufziehen soll, bringt es um. Erich Neuberg hatte schon Anfang der sechziger Jahre eine legendäre Fernsehversion dieses Stoffes (mit Hans Moser und Helmut Qualtinger in den Hauptrollen) angefertigt, doch er mußte auf eine Studio-Donau und -Wachau zurückgreifen.

In „Exit ... nur keine Panik" wirft Regisseur Franz Novotny einen zynisch-parodistischen Blick auf eine ganze Reihe von Wien-Klischees (vom Stephansdom über den Donauwalzer bis zum Wiener Strizzi). Dabei darf natürlich auch die Donau nicht fehlen. Die letzte Auseinandersetzung zwischen Paulus Manker und Hanno Pöschl findet in einem

Straßenbahnwaggon statt, der gerade über eine Donaubrücke fährt...

Mit dem Niedergang der heimischen Spielfilmindustrie und dem geänderten Urlaubsverhalten der Österreicher – das Auto erleichterte den Italien-Urlaub – verschwanden auch die Wachau-Filme aus den Kinos. Daß die Zeit dieser Art von Filmen vorbei war, beweist zum Beispiel der 1965 gedrehte „An der Donau, wenn der Wein blüht", ein lieblos gestaltetes Spätwerk Geza von Cziffras. Wieder geht es um die Vervollständigung einer Familie. In der Hauptrolle sucht der spätere Tatort-Kommissar Hansjörg Felmy nach einer Mutter für seinen Sohn.

In den achtziger und neunziger Jahren feierten schon totgeglaubte Genres eine Wiederauferstehung in Form von Fernsehserien. Neben Förstern, Pfarrern und Bergdoktoren fanden auch die Wirtinnen aus der Wachau den Weg von der Leinwand auf den Bildschirm. Letzteres beweist die „Donauprinzessin", eine Serie, die alle Topoi der Erfolgsfilme der fünfziger Jahre wiederverwendet und über die öffentlich-rechtlichen Anstalten (ORF, ZDF) entsorgt.

Filmographie
(berücksichtigt werden nur die im Text erwähnten Filme)

An der Donau, wenn der Wein blüht, Österreich/BRD 1965, Regie: Geza von Cziffra

L'Atalante (Atalante), Frankreich 1933/34, Regie: Jean Vigo

Die Deutschmeister. Österreich 1955, Regie: Ernst Marischka

Fischerparadies Donaudelta (= Fischerparadies Balta, Fischerdorf Balta, Fischerei im Delta). Deutschland 1942–1944 (Uraufführung 1947), Regie: Ulrich Kayser

Donauschiffer. Deutschland 1940, Regie: R. A. Stemmle

L'eau/Ganga. Frankreich/Indien 1984/86, Regie: Velu Viswanadhan

Exit... nur keine Panik. Österreich/BRD 1980, Regie: Franz Novotny

Geschichten aus dem Wienerwald. Österreich 1961, Regie Erich Neuberg

Geschichten aus dem Wienerwald. Österreich 1978, Regie: Maximilian Schell

Heimweh – dort wo die Blumen blühn. Österreich 1957, Regie: Franz Antel

Der Hofrat Geiger. Österreich 1947, Regie: Hans Wolff

Das Kind der Donau. Österreich 1950, Regie: Georg Jacoby

Die Lindenwirtin vom Donaustrand. Österreich/BRD 1954, Regie: Hans Quest

Mariandl. Österreich 1961, Regie: Werner Jacobs

Mariandls Heimkehr. Österreich 1962, Regie: Werner Jacobs

Mississippi Blues. USA 1983, Regie: Bertrand Tavernier/Robert Parrish

Le Petit Monde de Don Camillo (Don Camillo und Beppone) Italien/Frankreich 1951, Regie: Julien Duvivier

Riso amaro (Bitterer Reis). Italien 1949, Regie: Giuseppe De Santis

The River (Der Strom). USA 1951, Regie: Jean Renoir

Der schönste Tag meines Lebens. Österreich 1957, Regie: Max Neufeld

Sissi. Österreich 1956, Regie: Ernst Marischka

Vier Mädels aus der Wachau. Deutschland 1958, Regie: Franz Antel.

Wienerinnen – Schrei nach Liebe. Österreich 1952, Regie: Kurt Steinwendner

I.1 Gold und Perlen, Allegorien

Die Donau I

Länge 2.888 km bzw. 2.845 ab Vereinigung der Quellflüsse Breg und Brigach bei Donaueschingen
Einzugsgebiet 817.000 km² (66 Prozent rechtes Ufer, 34 Prozent linkes Ufer)
Nördlichster Punkt Regensburg (Deutschland)
Südlichster Punkt Svistov (Bulgarien)
Kilometrierung ab Mündung des mittleren Deltaarmes, 0-km Marke bei Sulina

Donauabschnitte:

	obere Donau	mittlere Donau	untere Donau
Streckenlänge	965 km	950 km	930 km
Einzugsbereich	131.000 km²	437.000 km²	252.000 km²
Fallhöhe	960 m	70 m	70 m

Die Donau sendet jährlich 203 Milliarden m³ Wasser ins Schwarze Meer

Wasserführung bei Wien

niedriger Wasserstand	504 m³/sec
mittlerer Wasserstand	1.920 m³/sec
höchster Wasserstand	9.600 m³/sec

Größte Wassermenge vor Delta 15.540 m³/sec
Absolutes Gefälle 678 m
durchschnittliches Gefälle vor Passau 0,22 m je km
                        vor Wien 0,45 m je km
Durchschnittliches Gefälle untere Donau 0,008 bis 0,002 m je km

Breite der Donau bei Ulm 40–60 m, Kelheim-Passau 150–350 m (Schiffahrtsrinne 40–70 m), Passau-Wien 200–450 m (Schiffahrtsrinne 70–120 m), Wien-Budapest 300–600 m (Schiffahrtsrinne 70–160 m), Budapest – Moldova Veche 300–600 m (Schiffahrtsrinne 100–300 m), Moldova Veche – Turnu Severin 600–1.300 m (Schiffahrtsrinne 180 m), Turnu Severin – Brăila 600–800 m (Schiffahrtsrinne 60–120 m), Brăila – Sulina 150–800 m (Schiffahrtsrinne 60–210 m).

Fließgeschwindigkeit vor Passau 6,1 km/Stunde, vor Wien 6,5 – 7,9 km/Stunde, Mittlere Donau 6,5 – 2,9 km/Stunde, Untere Donau 2,9 – 0,7 km/Stunde

Wichtigste Nebenflüsse der Donau:
Rechtsufrig: Iller, Lech, Isar, Inn, Traun, Enns, Ybbs, Leitha, Raab, Rabnitz, Sió, Drau, Save, Velika Morava, Timok, Iskăr, Jantra.
Linksufrig: Altmühl, Naab, Regen, Kamp, March, Vah, Nitra, Hron, Ipoly, Theiß, Tamiš, Corosul, Nera, Jiu, Olt, Vedea, Arges, Ialomita, Sereth, Pruth.

Erosionsmenge bzw. Feststofführung der Donau an Geschiebe und Schwebstoffen jährlich bis zur Mündung 67.5 Millionen Tonnen. Das Donaudelta ist 5.640 km² groß und wächst bei der Mündung der Hauptarme durch die Ablagerung der Schwebstoffe jährlich ca. 50 m ins Schwarze Meer hinaus.

Die Donau II – Anrainerstaaten

Deutschland (Bundesland Baden-Württemberg, Freistaat Bayern):
Donau-Binnenstrecke 663 km (176 km bedingt, weitere 188 km durchgehend schiffbar), Donaugrenze mit Österreich 21 km.
Wichtigste Häfen: Kelheim, Regensburg, Deggendorf, Passau

Österreich: Donaugrenze mit Deutschland 21 km, Binnenstrecke 322 km, Donaugrenze mit Slowakei 7 km. Wichtigste Häfen: Linz, Enns, Krems, Wien

Slowakei: Donaugrenze mit Österreich 7 km, Binnenstrecke 14 km, Donaugrenze mit Ungarn 153 km. Wichtigste Häfen: Bratislava, Komárno

Ungarn: Donaugrenze mit Slowakei 153 km, Binnenstrecke 280 km. Wichtigste Häfen: Komárom,

Győr, Almásfüzitő-Szöni, Budapest, Dunaújváros, Mohács

Kroatien: Donaugrenze mit Serbien 137,5 km (Donauregion derzeit serbisch besetzt). Wichtigster Hafen: Vukovar

Serbien: Donaugrenze mit Kroatien 137,5 km, Binnenstrecke 220,5 km, Donaugrenze mit Rumänien 231 km. Wichtigste Häfen: Novi Sad, Belgrad, Pančevo, Smederevo, Prahovo

Rumänien: Donaugrenze mit Serbien 231 km, Donaugrenze mit Bulgarien 399 km, 314 km Binnenstrecke, Donaugrenze mit Ukraine 52 km, 0,96 km mit Moldavien, 80 km Binnenstrecke (einschließlich Sulinakanal bzw. km-0 und Mündung), 116 km Kilia-Arm – Grenzstrecke mit Ukraine. Wichtigste Häfen: Orsova, Turnu Severin, Calafat, Turnu Măgurele, Giurgiu, Călărasi, Hirsova, Brăila, Galați, Tulcea

Bulgarien: Donaugrenze mit Rumänien 399 km Wichtigste Häfen: Vidin, Lom, Somovit, Svištov, Russe, Tutrakan, Silistra

Moldavien: 0,96 km Donaugrenze mit Rumänien

Ukraine: 52 km Donaugrenze mit Rumänien, 116 km Kilia-Arm – Grenzstrecke mit Rumänien. Wichtigste Häfen: Reni, Ismail, Kilija, Usti Dunaisk
FP

I.1.1
Historische Donaukarte

„LE COURS DU DANVBE DEPUIS SA SOURCE IUSQU'A SES EMBOUCHURES. Dressé sur les memoires les Plus Nouveaux du P. CORONELI et Autres. Par le S^r. SANSON, Geographe du Roy
Foto: Wien, ÖNB, Bildarchiv

I.1.2
Donauweibchen

Holz, bemalt
H 83 cm
Wien-Floridsdorf, Bezirksmuseum

I.1.3
Satellitenbild – Verlauf der Donau in Österreich

Diese Gesamtansicht des Verlaufes der Donau in Österreich besteht aus sechs 1991 gemachten Aufnahmen des US-amerikanischen Satelliten Landsat 5, Thematic Mapper. Mit den Satelliten der Landsat Serie hat im Jahr 1972 die Ära der Erdbeobachtung aus dem Weltall für zivile Anwendungen begonnen.
Bad Ischl, Geospace Austria

I.1.4
Modell der Donauquelle in Donaueschingen

Wien, Akademischer Bildhauer Mag. Ludwig Schlatter

I.1.5
Danubius aus dem Schloßpark von Schwetzingen

Foto: Schwetzingen, Foto W. Thome GmbH

I.1.6
Danubius

Abguß einer römischen Steinskulptur
H 35 cm, L 70 cm

Orth a. d. Donau, Donaumuseum   AS/KV

I.1.7–I.1.11
Donaugold

I.1.7
Donaugolddukat

1756, Bayern, Maximilian III. Josef. Münzstätte München

Ø 23 mm, Gewicht: 3,50 g
Vs.: Geharnischtes Brustbild mit Haus-Ritterorden vom heiligen Georg und dem Goldenen Vlies rechts.
Rs.: EX AURO DANUBII, Ruhender Flußgott stützt sich auf Wasserurne und Wappen.
Wien, KHM, Sammlung von Medaillen, Münzen und Geldzeichen, Inv.Nr. 7546 aα

Lit.: Beierlein, Nr. 2159. Hahn, Nr. 314

HJ

I.1.8
Donaugolddukat

1780, Bayern, Kürfürsten Karl Theodor
Ø 5 cm
Vs.: Büste
Rs.: EX AURO DANUBII MDCCLXXX, Flußgott mit Wappen
Passau, Oberhausmuseum, Inv.Nr. M 356

Lit.: Medaillen Wittelsbach, Nr. 2332; Hahn, Nr. 355; Friedberg, Nr. 250.

MB/RL

I.1.9
Inngolddukat

1780, Bayern, Kurfürst Karl Theodor, wie vor, aber aus Inngold.
Passau, Oberhausmuseum, Inv.Nr. M 357

Lit.: Medaillen Wittelsbach Nr. 2331; Hahn Nr. 354; Friedberg Nr. 357

MB/RL

I.1.10
Donaugolddukat

1793, Bayern, Kurfürst Karl Theodor, Münzstätte München, Stempelschneider H. Straub
Ø 21 mm, Gewicht: 3,49 g
Vs.: Brustbild rechts
Rs.: EX AURO DANUBII Ruhender Flußgott stützt sich auf Wasserurne und Wappen.
Wien, KHM, Sammlung von Medaillen, Münzen und Geldzeichen, Inv.Nr. 7582 aα

Lit.: Beierlein, Nr. 2342, aber Signatur ST, Hahn Nr. 355

HJ

I.1.11
Donaugolddukat

1830, Bayern, Ludwig I., Münzstätte München
Ø 21 mm, Gewicht: 3,48 g
Vs.: Kopf rechts
Rs.: EX AURO DANUBII, Ruhender Flußgott stützt sich auf Wasserurne und Wappen (Foto: Wien, KHM)
Wien, KHM, Sammlung von Medaillen, Münzen und Geldzeichen, Inv.Nr. 7607 aα

Lit.: Beierlein Nr. 2712

HJ

I.1.12
Statuette – Liegender Flußgott Danubius

Bronzeguß, zum Teil entpatiniert, römisch, 1./2. Jh.
FO: Steinbrunn, Bez. Eisenstadt (Burgenland)
L 12,7 cm, H 8,9 cm, B 5,8 cm
Eisenstadt, Burgenländisches Landesmuseum, Inv.Nr. 25.100

Lit.: Fleischer, Bronzen.

I.1.13
Kelch aus Donaugold

Michael Gotthard Unterhueber, 1736
Kuppa aus Donauwaschgold, Fuß Silber vergoldet
H 26,5 cm

Von diesem ursprünglich wohl prächtigen Kelch, für den man das Gold aus der Donau bei Langenzersdorf gewaschen hat, wurden Teile bei der großen Edelmetall-Ablieferung im Jahr 1810 eingeschmolzen, weshalb nur die schmucklose Kuppa erhalten blieb. Der Fuß stammt vom Ende des 19. Jhs.
Klosterneuburg, Stiftsmuseum

Lit.: Mayrhofer, Robert, J., Goldwäscherei in Niederösterreich, in: JbLkNÖ N. F. 30 (1949–1952), S. 26ff; Der Hl. Leopold, Ausst.-Kat. Klosterneuburg 1985, Nr. 556.

I.1.14
Donauwaschgoldprobe

Am 26. Oktober 1826 von Felix Endlicher, Verwalter der Stiftsherrschaft von Dürnstein, aus der Donau gewaschenes Gold.
0,337 g
Herzogenburg, Augustiner-Chorherrenstift

Lit.: Seibetzeder, Franz, Aus der Donau Gold waschen, in: Das Waldviertel N.F.34 (1985), S. 154 f.

I.1.15–I.1.16
Flußperlen

Neben der im Beitragsteil angeführten Literatur vgl. zuletzt Katzer, Ernst, Perlenfischer, in: Niederösterreichische Kulturberichte Mai 1993, S. 14f.

I.1.15
Demi-Parure

Silber, zum Teil vergoldet, Rubine, Barockperlen und gedrehte Donauperlen, süddeutscher Raum, 3. Viertel 18. Jh.
H 5,5 cm bzw. 8 cm, B 2,4 cm bzw. 5,1 cm

Schmuckgarnitur aus einem später zu einer Brosche umgearbeiteten Anhänger und Ohrgehänge.
Salzburg, Museum Carolino Augusteum, Inv.-Nr. K 5765a, b/49

Lit.: Salzburg zur Zeit der Mozart, Ausst.-Kat. Salzburg 1991, Nr. I/383.

I.1.16
Mitra der Linzer Stadtpfarre *(Abbildung)*

Leder mit unregelmäßigen Donauperlen besetzt, schmale Silberborten, um 1600
H 56 cm
Linz, Stadtpfarre   AS/KV

I.2 Städte und Stätten an der Donau

Städte an der Donau

Entlang der größten Wasserstraße Mitteleuropas entstanden Stätten des Handels und des Verkehrs. Kirchliche und weltliche Zentren entwickelten sich aus manchen dieser Ansiedlungen an der Verkehrsachse Donau, wurden als Residenzen künstlerisch ausgestaltet. Die Hauptstädte dreier Staaten liegen heute am Strom: Wien, Bratislava und Budapest, einige andere Städte an der Donau sind bedeutende kirchliche Zentren wie etwa Regensburg, Passau oder Esztergom. Handelszentren wie Krems spiegeln heute noch ihre frühere Bedeutung, andere Orte haben in der neueren Zeit an Wichtigkeit gewonnen, wie etwa Linz als Industriestandort. Die Schönheit der Donaustädte macht diese auch zu Zielen des modernen Tourismus.

I.2.1
„Vlma" – Ulm von Süden, um 1493 *(Abbildung)*

Holzschnitt von Wilhelm Pleydenwurff (gest. 1494 in Nürnberg), erschienen in Hartmann Schedels „Liber chronicarum", 1493 von Anton Koberger in Nürnberg gedruckt.
H 19,7 cm, B 52,3 cm

Blick von der heutigen Neu-Ulmer Seite auf die Donaufront mit der Stadtmauer von 1480. Um die wichtigen Gebäude, die überproportioniert dargestellt sind, unterzubringen, wurde die gesamte Front der Länge nach auseinandergezogen.
Ulm, Stadtarchiv, Ans. 1a   AS/KV

I.2.2
Gesandtschaftsquartierschild für Abt Martin Gerbert von St. Blasien

Papiermaché, farbig gefaßt, auf Holzrahmen Augsburg (?), um 1750
H 97 cm, B 79 cm

Unter einem Medaillon mit dem Porträt Kaiser Franz I. eine Vedute der Stadt Regensburg mit der Donau und der Steinernen Brücke. Unter dieser Ansicht, der ein Kupferstich des Augsburgers Joseph Friedrich Leopold zugrundeliegt, das Regensburger Schlüsselwappen und die Inschrift: Die Reichs=Stadt Regenspurg hat der Gesandten Zier,/der höchsten Häupter, stets in Ihrem Lust=Revier. In der Kartusche darunter die lateinische Widmungschrift an den Abt. Solche Schilder kennzeichneten die Quartiere prominenter Gäste beim Reichstag.
Regensburg, Museum der Stadt, Inv.Nr. 1936/106

Lit.: Kraus, Andreas und Pfeiffer, Wolfgang, Regensburg. Geschichte in Bilddokumenten, München 1986², Nr. 297.

ET

I.2.3
Bahrtuchschild der Zunft bzw. Bruderschaft der Passauer Schiffleute und Salzfertiger

signiert und datiert: Wolf Bopp von Rothenburg 1574/75
H 29 cm, B 22 cm

Dargestellt ist eine Überfuhrzille mit drei Schiffleuten und drei Salzkufen bei der Überfahrt von der Altstadt in die Ilzstadt, dem Ausgangspunkt der Goldenen Steige nach Böhmen. Im Hintergrund ist wohl eine Häuserzeile am Passauer Ort, in der Mitte der 1540 eingerichtete Salzstadel, dargestellt.
Passau, Oberhausmuseum, Inv.Nr. IN 4002

Lit.: Müller-Christensen, Sigrid, Passauer Reliefstickerei des 16. Jahrhunderts, In: Pantheon 6 (1942), S. 145; Neweklowsky, Ernst und Mann, Annelene, Die Schiffahrt auf der oberen Donau und ihren bayerischen Nebenflüssen, Ausst.Kat. Passau 1962, S. 35; Faulhaber, Thomas, Unser Lieben Frau Salzfertiger- und Schiffleutezech oder Die Lamplbruderschaft zu Passau, In: Hartinger, Walter (Hg.), Passau und das Salz (Passauer Studien zur Volkskunde 2), Passau 1990, S. 103–124.

MB/RL

I.2.4
Uhrenbild mit einer Darstellung Passaus

Öl auf Metallträger, neobarocker vergoldeter Holzrahmen mit aufgesetzter Uhr, 2.Hälfte 19.Jh., sign. Johann Ulbrich, Wien
H 47 cm, B 64 cm

Die Vorlage für das Gemälde war ein Stahlstich von J. C. Armytage nach W. H. Bartlett, der so sklavisch übernommen wurde, daß die dargestellten Personen eine Tracht tragen, die im niederbayerischen Donauraum völlig ungebräuchlich war. Von diesen „Uhrenbildern" dürften ganze Serien hergestellt worden sein – vgl. Nr. I.2.15.
Passau, Oberhaumuseum Inv.Nr. IN 4495

MB/RL

I.2.5
Ansicht von Engelhartszell *(Abbildung)*

Lithographie
H 35 cm, B 50 cm (mit Rahmen)
Engelhartszell, LAbg. Bgm. Bernhofer

AS/KV

I.2.6
Ansicht von Linz vom Pöstlingberg

Öl auf Leinwand, Johann Baptist Schmid, 1875
H 65,5 cm, B 95,3 cm
Linz, Stadtmuseum – Nordico, Inv.Nr. 10.710

AS/KV

I.2.7
Fahnenblatt von der Fahne der St.Anna Zeche der Ennser Schiffleute *(Abbildung)*

Seide unter Glas, 1766
H 120 cm, B 95 cm

Dieses Fahnenblatt stammt von der Zunftfahne der St. Anna Schifferzeche, dargestellt sind der hl. Nikolaus auf Wolken als Schifferpatron, unterhalb die Ruine Spielberg und die Donau mit einem Salzschiff.
Enns, Museum Lauriacum

Lit.: Neweklowsky 3, S. 457ff. und Abb. 472.

AS/KV

I.2.8
Marktbuch der Stadt Grein

Pergament, 107 Bll., 17 Miniaturen vom Salzburger Miniator Ulrich Schreier, um 1490
H 32 cm, B 52 cm (aufgeschlagen)

Das Marktbuch, dessen Entstehung wohl mit einem Wechsel der Herrschaftsinnehabung 1489 zusammenhängt, enthält die Privilegien des Marktes Grein. Die aufgeschlagene Seite zeigt das Marktwappen von Grein.
Grein, Stadtamt

Lit.: Friedrich III. Kaiserresidenz Wiener Neustadt, Ausst.Kat. Wiener Neustadt 1966, Nr. 63; Tausend Jahre Oberösterreich. Das Werden eines Landes, Ausst.Kat. Wels 1983, Nr .9.08.

AS/KV

I.2.9
Kelch

H 26 cm, ⌀ 16,5 cm
Stift Melk, Sammlungen

AS/KV

I.2.10
Stiftungsbrief des Chorherrenstiftes in Dürnstein, Prunkausfertigung, 17. Februar 1410

Faksimile

Bestätigung der Stiftung eines Chorherrenstiftes bei der Frauen-Kapelle zu Dürnstein durch Otto von Maissau. Die Mitglieder der Stifterfamilie sind in Gebetshaltung dargestellt.
Herzogenburg, Augustiner Chorherrenstift

Lit.: Herzogenburg, Nr. 180 und Abb. 3.

AS/KV

I.2.11
Die hölzerne Donaubrücke bei Krems

Öl auf Leinwand
H 40,5 cm, B 61,5 cm

Die hölzeren Brücke brannte 1866 ab.
Krems, Historisches Museum der Stadt, Inv.Nr. K 275

AS/KV

I.2.12
Historische Ausstellung der Stadt Wien

Plakat von Ladislaus Eugen Petrovits anläßlich der 200-Jahr-Feier der 2. Türkenbelagerung und zur Schlußsteinlegung des Neuen Rathauses
Farblithographie, Druck J. Weiner, Wien
Verkleinerte Fotoreproduktion (Or. Wien, Historisches Museum der Stadt, Inv.Nr. 115.068, H 186 cm, B 126 cm)
Foto: Wien, Historisches Museum der Stadt

AS/KV

I.2.13
Schützenscheibe

Holz, bemalt, 1841
⌀ 125 cm

In der Mitte der Schützenscheibe befindet sich eine Ansicht von Bratislava/Preßburg aus dem Anfang des 19. Jahrhunderts, die von 2 Kartuschen überdeckt ist. Oben ist „Preßburg von Norden" nach dem Stich Merians aus dem 17. Jahrhundert wiedergegeben, unten eine Stadtansicht des beginnenden 19. Jahrhunderts, links und rechts sind jeweils eine allegorische Frauengestalt, die Wissenschaft und die Gerechtigkeit, beigestellt. In der Mitte befindet sich auf einem Sockel die schematische Büste Kaiser Franz I., Kriegsembleme, Fahnen und die Jahreszahl 1809. Dazu der Text: Zur Feier des Geburtstagsfestes Ihrer Majestät der Kaiserin Maria Anna der hiesigen Schützengesellschaft geweiht von Franz Lamberg K. K. General Major, am 19. September 1841.

Am Rand der Schützenscheibe finden sich umlaufend 72 Eintragungen über die wichtigsten historischen Ereignisse aus der Stadtgeschichte, beginnend mit der Ankunft der ersten deutschen Einwanderer 972 bis zum Jahr 1841. Dieses einzigartige Exponat ist Bestandteil einer größeren Schützenscheibensammlung, die in den Beständen des Städtischen Museums seit 100 Jahren aufbewahrt wird.

Bratislava, Städtisches Museum, Inv.Nr. F 481

Lit.: Katalog Muzea mesta Bratislavy, Bratislava 1934, Nr. 1869

ZF

I.2.14
Panorama von Budapest

Öl auf Kupferplatte, 1.Hälfte 19. Jh.

H 60 cm, B 85 cm

Rechts die Ofner Burg, links das Pester Donauufer mit klassizistischen Häusern, in der Mitte eine fiktive Ansicht der Kettenbrücke – die Brücke selbst war noch nicht fertig gebaut, aber die Pläne von William Thierney Clark waren bereits bestens bekannt.

Budapest, Prof. Dr. Walter Endrei

AP/AS/KV

I.2.15
Uhrenbild mit der Ansicht von Vác/Waitzen

Öl auf Kupferplatte, im vergoldeten Rahmen eine Uhr, rechts unten sign. Bohn (?), 1858

H 46 cm, B 62 cm

Dargestellt ist Waitzen mit der Donau, im Vordergrund ein Dampfschiff. Vgl. auch Kat.Nr. I.2.4.

Vác, Tragor Ignác Múzeum, Inv.Nr. 53.1.7

Lit.: Müvészet Magyarországon 1830–1870, Ausst.Kat. Budapest 1980, Bd. 2, Nr. 378.

AP/AS/KV

I.2.16
Serie von Ansichtskarten von der Quelle bis zur Mündung der Donau

Linz, Karlheinz Manlik (Fotoreproduktionen)

Neben fotografischen Ansichtskartenserien wurden Ansichtskarten auch von Künstlern gestaltet. Beispielhaft sei hier auf Fritz Lach verwiesen, der zwar nicht zu den bekanntesten Malern zählt, aber ein liebenswerter Aquarellist seiner Zeit war. Der 1868 in Linz geborene Lach ergriff zunächst wie sein Vater die Beamtenlaufbahn bei der DDSG, entschloß sich später aber zu einem Studium an der Wiener und später der Münchner Kunstakademie. Seine Dienstjahre bei der DDSG haben sicher dazu beigetragen, daß die Donau immer wieder Thema seiner Aquarelle und Radierungen war. Bis weit nach dem Osten der Monarchie hat er den heimatlichen Strom, der sein Lieblingsthema war, abgebildet.

Fritz Lachs Arbeiten sind in vielen öffentlichen Sammlungen vertreten. Seine Heimatstadt Linz ehrte ihn mit zwei Kollektivausstellungen 1923 und 1925. Seine zweite Heimatstadt Wien, wo Fritz Lach 1933 seine letzte Ruhestätte fand, widmete ihm 1903 eine große Ausstellung.

KM/AS/KV

I.2.17
Drei Schmuckstücke aus der Merowingerzeit

Goldener Fingerring mit Gemme 7./8. Jh., antike Gemme 13 mm (hellgraublauer Stein – Glasfluß, mit Darstellung eines wohl männlichen Kopfes)

⌀ 2,5 cm

Gefunden in Tuttlingen am Südrand des Stadtkerns beim alten Friedhof (Grab 2)

Tuttlingen, Heimatmuseum, Inv.Nr. 3920/93

Lit.: Paret, O., Fundberichte aus Schwaben N.F. 8, 1932/35, S. 137. Christlein, Rainer, Die Alamannen, Stuttgart 1978, Nr. 358.

Halskette aus Glasperlen

7./8. Jh., etwa 50 Glasperlen, die größeren mit mehrfarbigen Augen auf blauem, rotem oder weißem Grund

⌀ ca. 20 cm

Gefunden in Tuttlingen am Südrand des Stadtkerns beim alten Friedhof (Grab 3)

Tuttlingen, Heimatmuseum, Inv.Nr. 3919/93

Lit.: Paret, wie vor, S. 138. Christlein, wie vor.

Ohrringe
Bronze, 7./8. Jh.
⌀ 3,5 cm
Fundort unbekannt
Tuttlingen, Heimatmuseum, Inv.Nr. 3921/93   GW

I.2.18
Ritzverzierte und bemalte Keramikschale

Hallstattzeit (8./7. Jh. v. Chr.)
H 5,2 cm, ⌀ 15,5 cm
Ehingen, Museum der Stadt, Inv.Nr. 7065 b
AS/KV

I.2.19
Miniaturkeramikgefäß

Jungsteinzeit, um 3900 v. Chr., FO: Blaustein-Ehrenstein, Alb-Donau-Kreis
H 8,1 cm, B 7 cm
Ulm, Ulmer Museum, Inv. Ehrenstein 3A/I.2
BR

II.2.20
Vier Fundgegenstände vom westlichen Gräberfeld des antiken Günzburg aus der römischen Kaiserzeit

Bronzespiegel
Bronze, ergänzt
⌀ 14 cm
Günzburg, Heimatmuseum, Inv.Nr. GZ U1 520.33874

Schlüssel mit Riegel
Eisen
L 9,5 cm und 10 cm
Günzburg, Heimatmuseum, Inv.Nr. GZ 63332 und GZ 62663438

Öllampe
Ton
H 10 cm
Günzburg, Heimatmuseum, Grab 931.114967

Balsamarium
Glas
H 10 cm
Günzburg, Heimatmuseum, Grab 439.81959
WG

I.2.21
Statuette eines bärtigen Mannes (Halbgott/Gott ?)

Kopie nach dem verschollenen Or. (Bronze, vermutlich Kaiserzeit)
H 11 cm

Nach Wagner, Georg, in: Alt-Lauingen 1909, S. 62, ist der Meeresgott Neptun mit langem wallenden Haar und Bart dargestellt. Der rechte über den Kopf gehaltene Arm dürfte den Dreizeick gehalten haben. Diese Identifizierung wird allerdings in neuester Zeit angezweifelt.
Lauingen, Stadtmuseum, Inv.Nr. 21/4 R-109
BE

I.2.22
Griffzungensichel

Bronze mit zwei durchlaufenden Begleitrippen und einem Nietloch am Heft, ca. 1000 v. Chr.
L 16,3 cm, größte Klingenbreite 3,7 cm
Gefunden im alten Donauflußbett bei Donauwörth.
Donauwörth, Städtische Museen, Inv.Nr. D 038
GR

I.2.23
Urnenfelderzeitliches Schwert

Kopie (Or. 1981 in Neustadt a. d. Donau ausgebaggert)
L 66,2 cm
Kelheim, Archäologisches Museum

Lit.: Burger-Segl, Ingrid, Ein neues Schwert der Urnenfelderzeit aus der Donau bei Neustadt a. d. Donau, Niederbayern, in: Das Archäologische Jahr in Bayern 1981 (1982), S. 96f.
IB

I.2.24
Helm

Eisen, beschädigt und korridiert, ca. 11.–13. Jh.
H 22 cm

Dieser nicht näher datierbare Helm wurde aus der Donau bei Regensburg gehoben.
Regensburg, Museum der Stadt, Inv.Nr. AB

ET

I.2.25
Bronzestatuette eines tanzenden Laren

2. Jh., 1954 bei Bauarbeiten im Südvicus von Sorviodrum – Straubing gefunden, Sockel fehlt.
H 9,3 cm
Straubing, Gäubodenmuseum, Inv.Nr. 3820

Lit.: Walke, N., Das römische Donaukastell Straubing – Sorviodrum. Limesforschungen 3, Berlin 1965, S. 156, Taf. 116, 117,1.

I.2.26
Zwei Sigillatagefäße

Ende 1./Anfang 2. Jh.

Bei den Grabungen im römischen Donauhafen von Straubing wurde auf engstem Raum ein Komplex von verzierter und glatter Sigillata gefunden. Möglicherweise wurde hier beim Löschen einer Keramikladung die zu Bruch gegangene Ware gleich ins Hafenbecken gekippt.

a) Reliefverzierte Sigillataschüssel der Form Drag. 37
aus La Graufesenque
H 8,2 cm, ⌀ 20 cm

b) Sigillatateller der Form Drag. 36
Südgallisch
H 3,8 cm, ⌀ 17,2 cm
Straubing, Gäubodenmuseum, Inv.Nr. 1986/1

Lit.: Prammer, Johannes, Der römische Donauhafen von Sorvidorum, in: Das archäologische Jahr in Bayern 1986 (Stuttgart 1987), S.111 ff.

JP

I.2.27
Keltisches Bronzebeil

Urnenfelderzeit (ca. 2000–1200 v. Chr.)
L 61 cm
Gefunden in Ronthal (Gemeinde Engelhartszell)
Engelhartszell, Ing. Franz Layr

Lit.: Benezeder, Alois und Brandstetter, Hans, Engelhartszell 1194–1961 (Ried 1961), S. 29f.

AS/KV

I.2.28
Genius

Bronze, 3./4. Jh.
H 19,4 cm
Enns, Museum Lauriacum, Inv.Nr. R VII 678

Lit.: Die Römer an der Donau. Noricum und Pannonien, Ausst.Kat. Wien 1973, Nr.76.

AS/KV

I.2.29
Ziegelfragment mit Ritzzeichnung zweier Fische

4./5. Jh.
L 33 cm, B 30 bzw. 23 cm, T 3,5 cm

Gefunden im Lagerdorf (VICUS) des 1966 entdeckten Donaulimeskastells ADJUVENSE, das lange Zeit irrtümlich mit Ybbs an der Donau identifiziert wurde. Erst in jüngerer Zeit konnte durch archäologische Grabungen der Nachweis erbracht werden, daß es sich um Wallsee handelt. Die Fischdarstellung kann als Zeichen für frühes Christentum im Kastellbereich gewertet werden.
Wallsee-Sindelburg, Römermuseum, Sammlung Elmar Tscholl

Lit.: Römisches Österreich 5/6, 1977/78, S. 216; Severin zwischen Römerzeit und Völkerwanderung, Ausst.Kat. Enns 1982, Nr. 8.50; NÖ Kulturberichte Juli/August 1991, S.20f.

ElT

I.2.30
Keltisches Bronzeschwert

Bronze, 9. Jh. v. Chr.
L 60 cm
Ybbs, Stadtmuseum   AS/KV

I.2.31
Venus von Willendorf

Kopie (Or. Sandstein, 30.000–25.000 v. Chr.)
gefunden am 7. August 1908
Wien, Naturhistorisches Museum, Prähistorische Abteilung, Inv.Nr. 44.686
                         AS/KV

I.2.32
Glasierter Dellenbecher

FO: Mautern/Favianis, Streufund 18

Mautern, Römermuseum

Lit.: Pollak, Marianne, Spätantike Grabfunde aus Favianis/Mautern, Wien 1993, S. 68 und Abb. 42.
                         ES

I.2.33
Auswahl von Münzen aus dem Münzfund von Allentsteig (NÖ)

1934 fand man in Allentsteig einen irdenen Topf mit ungefähr 3000 Silbermünzen aus dem 12. Jahrhundert, die zu ca. 4/5 aus Kremser Pfennigen bestehen. Anlaß zur Vergrabung könnte ein Böhmeneinfall im Jahr 1176 gewesen sein.
Horn, Höbarth-und Madermuseum

Lit.: 1000 Jahre Kunst, Nr. 591.
                         AS/KV

I.2.34
Gärbrot

Kopie

Die Mehrzahl der archäologischen Funde sind Arbeitswerkzeuge, Keramik, Schmuckstücke und andere Gegenstände des täglichen Gebrauches. Selten erhielten sich organische Materialien. Einzigartig unter den Funden ist ein verkohlter Laib Brot aus Sauerteig, der bei einer systematischen archäologischen Grabung des Stadtmuseums Bratislava im Ostteil der Burg Devin gefunden wurde. Das Brot ist rund, hat einen Durchmesser von 23 cm, eine Höhe von 6,5 cm und war ursprünglich ca. 1 kg schwer. Es wurde mit Getreide und Siedlungsobjekten des 5. Jahrhunderts gefunden, eine Datierung durch die Keramik war möglich.
Bratislava, Städtisches Museum
                         ZF/AS/KV

I.2.35
Krönungsmedaillen und Jetons

24 Abgüsse (von 12 Medaillen jeweils Avers und Revers)
Ø 2–4,9 cm

Zwischen 1563 und 1830 wurden im Preßburger Martinsdom neunzehn Krönungen zum ungarischen König oder zur ungarischen Königin vollzogen. Ausgestellt sind die Medaillen folgender ungarischer Könige und Königinnen:

1608: Mathias II. (1608–1619), Medailleure: Michael Sock und Caspar Heidler

1618: Ferdinand II. (1620–1637)

1687: Joseph I. (1705–1711), Medailleure: Georgius Hautsch und Lazar Gottlieb Laufer

1712: Karl III. (als Kaiser Karl VI.), Medailleur: Benedikt Richter

1714: Elisabeth Christine, Medailleur: Benedikt Richter

1741: Maria Theresia (1740–1780), Medailleur: Mathias Donner

1790: Leopold II. (1790–1792), Medailleur: Johann Christian Reich

1808: Maria Ludovica, Medailleur: Johann Nepomuk Wirt

1830: Ferdinand V. (1835–1848), Medailleur Joseph Daniel Böhm
Bratislava, Städtisches Museum

Lit.: Hlinka, J., Bratislavské korunovacné medaile a zetóny, Bratislava 1966; Novák, E., Korunovace a korunovacni razby / Habsburské monarchie v letech 1526–1918, Bd. 1, Stity 1991; Holcik, Stefan, Krönungsfeierlichkeiten in Preßburg/Bratislava 1563–1830, ohne Ort, 1992.

AF/AS/KV

I.2.36
Nixenpaar

Relief, buntglasierte Tonfiguren, ungefähr 1880, Tótkomlós, Komitat Csongrád
H 19 cm, L 30 cm

Die weibliche Figur trägt eine Haube und stillt ihr Kind, der Mann trägt einen Infanteristentschako und raucht eine Pfeife. Das Objekt stammt nicht aus der Donau-, sondern wohl eher aus der Theissgegend.
Budapest, Ethnographisches Museum, Inv.Nr. 141271 und 141272

AP

I.2.37
Orthodoxer Brotstempel (Proskura-Stempel) aus Serbien

Holz
Rechteckiger Stempelteil 4 x 3,5 cm
Für liturgische Brote (Osterbrote)
Serbien, erworben 1974 in Belgrad, cyrillisch-griechische Inschrift: IC.X C.NI.KA
Kittsee, Ethnographisches Museum Schloß Kittsee, Inv.Nr. 431

FS

I.2.38
Geschnitztes Eßbesteck

Löffel und Gabel mit einem Ring verbunden, aus einem Stück Holz geschnitzt, Stiele geometrisch verziert, aus dem rumänischen Donauraum
Kittsee, Ethnographisches Museum Schloß Kittsee, Inv.Nr. 740

FS

I.2.39
Gürtelschnalle

Metall, zweiteilig mit Vogelmotiv, Bulgarien, Ende 19. Jh.–Anfang 20. Jh.
L 19 cm
Kittsee, Ethnographisches Museum Schloß Kittsee, Inv.Nr. 3896

FS

I.3. Entwicklung des Alpenvorland-Stromsystems

Die Entwicklung des Alpenvorland-Stromsystems läßt sich in drei Phasen einteilen:

Phase I *(Abbildung)*

Im ausgehenden Alttertiär durchzog, bedingt durch die einsetzende Hebung der Westalpen, ein träge dahinfließendes, nach Osten gerichtetes Flußsystem, die „PRÄDONAU", das Alpenvorland. Diese „PRÄDONAU" war gegenüber der heutigen Donau gegen Westen verschoben, denn sie erfaßte noch die obersten Bereiche des Rhone-, Rheingebietes. Das Flußsystem mündete auf der Höhe von München in das Molassemeer (die Paratethys).

An der Wende vom Alt- zum Jungtertiär drang, bedingt durch eine weltweite Hebung des Meeresspiegels, das Mittelmeer von Westen her aus dem Rhonegebiet nach Osten bis in die Westschweiz vor. Gleichzeitig stieß die Paratethys nach Westen vor. Das Flußsystem der „PRÄDONAU" versank im Meer.

Phase II *(Abbildung)*

Im Jungtertiär fiel ein großer Bereich des Alpenvorlandes wieder trocken und senkte sich gleichzeitig nach Westen ab. Damit konnte ein nach Westen gerichtetes Alpenvorland-Entwässerungssystem, das als „PRÄRHONE-System" zu bezeichnen ist, entstehen. Das Quellgebiet dieses Systems lag im Bereich der Schwelle von Amstetten. Das Flußsystem mündete zuerst in das Ostschweizer Molassemeer, gewann dann aber durch ständige Verlagerung seiner Mündung nach Westen hin wesentlich an Länge.

Vor ungefähr 12,5 Millionen Jahren fand durch den Impakt eines großen Meteoriten im Bereich des heutigen Ortes Nördlingen – das Nördlinger Ries ist ein 25 Kilometer großer Einschlagskrater – eine Verwüstung Mitteleuropas statt. Der Ur-Enns wurde in der Folge des Impaktgeschehens etwa im Bereich der Gesäuseberge der Weg nach Norden versperrt. Sie konnte nicht mehr in das Flußsystem der „PRÄRHONE" münden, sondern mußte nach Südosten, über die Palten-Schober-Furche, ausweichen und floß im Bereich des Grazer Beckens in das Meer.

Phase III *(Abbildung)*

Die Geschichte der heutigen DONAU setzte vor ungefähr 11 Millionen Jahren ein. Im Zuge einer generellen Abkippung des Alpenvorlandes, dem einsetzenden Rückzug der Paratethys nach Osten und dem Verschwinden der Schwelle von Amstetten, die ja lange Zeit hindurch als Wasserscheide fungierte, konnte ein west-ost gerichtetes Entwässerungssystem des Alpenvorlandes – die „URDONAU" – entstehen. Sie mündete im Bereich des Wiener Beckens in das Meer. 3 bis 4 Millionen Jahre nach der Impaktkatastrophe im Bereich von Nördlingen wurde auch die Ur-Enns wieder Zufluß der „URDONAU".

Der am weitesten westlich gelegene Einzugsbereich der „URDONAU" war durch die Einbeziehung des Oberrheins, des Westschweizer Aareflußsystems und durch das Quellgebiet der Rhone gegeben. Mit dem Einbruch des Oberrheingrabens ging dieses Quellgebiet verloren, damit stand der Geburt der heutigen DONAU nichts mehr im Wege.

Bernhard Gruber

I.4 Hochwässer – Hochwasserschutz

Meist führten erst Katastrophen dazu, Städte und Märkte gegen die Gefahren des Stromes abzusichern. Obwohl das Flußbett zwischen den Städten Pest und Buda (Ofen) äußerst „günstig" für das Entstehen von Eishochwässern war, nahm man das Hochwasser von 1775 nur zum Anlaß, die Deiche zu erhöhen, dachte jedoch nicht an eine Regulierung der Donau in diesem Bereich. Am 13. und 14. März 1838 kam es durch Deichbrüche zu einem gleichzeitig aus drei Richtungen hereinbrechenden Eishochwasser, gegen das es keine entsprechende Vorbereitungen gab. 50.000 Menschen wurden vorübergehend obdachlos, mehr als 150 mußten ihr Leben lassen und etwa 3000 Häuser stürzten ganz ein. Erst mit der Regulierung des betreffenden Donauabschnittes, die in den siebziger und achtziger Jahren des vorigen Jahrhunderts verwirklicht wurde, war man von der Gefahr der Eishochwässer befreit.

I.4.1
Hebräisches Hochwasserschild aus der Synagoge zu Alt-Ofen

Weißer Marmor, Alt-Ofen 1838
H 15 cm, B 22 cm, T 8,5 cm
Der hebräische Text stammt aus Josue 4,6.
Esztergom, Museum für Wasserwesen von Ungarn – Donaumuseum, Inv.-Nr. 87.1348

Lit.: Pest-Buda 1838, Nr. 165 und Farbtafel 10.

I.4.2
Hochwasserschild mit serbischer und ungarischer Inschrift

Roter Kalkstein, Ofen 1838
H 48,8 cm, B 49 cm, T 8 cm
Inschrift: ÁR–VIZ
ИЗЛИВ' DŚHABA.
MÁRTIUS 15 ᴰᴵᴷᴬᴺ 1838.
(Hochwasser der Donau am 15. März 1838)
Budapest, Historisches Museum der Stadt, Inv.-Nr. 26.629

Lit.: Pest-Buda 1838, Nr. 164.

AP/AS/KV

I.4.3
Fernmeldegerät zur Übermittlung von hydrologischen Daten mit graphischer Aufzeichnung und digitaler Anzeige

Anzeige des Pegelstandes, der Wasser- und Lufttemperatur von Engelhartszell
Linz, Hydrographischer Dienst

I.4.4
Melde- und Empfangswerk für die Übermittlung von Wasserständen um 1910 *(Abbildung)*

Meldewerk 3teilig
Erstes Empfangswerk bei der Fernmeldezentrale des Hydrographischen Dienstes in Linz
Linz, Hydrographischer Dienst

I.4.5
Hochwasserpegel vom ehemaligen Mauthaus in Linz

Marmor, 2teilig
H je 115 cm, B 26 cm
Linz, Hydrographischer Dienst

I.4.6
Hochwassermarke vom ehemaligen Mauthaus in Linz mit Anzeige der Hochwasserflut vom 16. August 1501 *(Abbildung)*

Marmor
H 26 cm, B 11 cm
Linz, Hydrographischer Dienst

I.4.7
Erstes selbstschreibendes Gerät zur Aufzeichnung von Wasserständen – Limnograph

Holz, Ende 19. Jh.-Anfang 20. Jh.
Linz, Hydrographischer Dienst

Hans Kabicher

I.5 Donauausbau

Noch im 19. Jahrhundert wurde die obere Donau als „gigantischer Wildbach" bezeichnet. Die Wasserkraftnutzung beschränkte sich im wesentlichen auf am Ufer verheftete Schiffsmühlen. Wenige Jahrzehnte nach der Stromregulierung im späten 19. Jahrhundert wurden in Überlegungen zur weiteren Verbesserung der Schiffahrtsstraße auch Projekte zur Energiegewinnung durch Kraftwerke miteingebunden. Von 1909 bis 1930 gab es allein sechzehn Entwürfe für Kraftwerke an der österreichischen Donau. Als erste Donau-Kraftwerksstufe wurde 1923/28 von der Rhein-Main-Donau-AG das Werk Kachlet oberhalb von Passau errichtet. In Österreich fehlte es sowohl an Geld als auch an Absatzmöglichkeiten für elektrischen Strom. Anfang der dreißiger Jahre entsprach der gesamte Jahresverbrauch Österreichs an elektrischer Energie etwa der Leistung eines einzigen Donaukraftwerkes von heute.

Der erste österreichische Donau-Rahmenplan von 1930 sah elf Donaustufen vor; 1938 begann man mit dem Bau von Ybbs-Persenbeug, der jedoch kurz darauf kriegsbedingt eingestellt werden mußte. Nach dem Krieg nahm man das Grenzkraftwerk Jochenstein in Angriff, das 1956 fertiggestellt wurde. Der 1954/55 von der österreichischen Donaukraftwerke AG ausgearbeitete Rahmenplan sah wiederum elf Stufen vor, von denen derzeit acht Stufen realisiert sind; die neunte Donaustufe, Wien-Freudenau, ist in Bau.

Staustufen an der österreichischen Donau: Jochenstein, Aschach, Ottensheim-Wilhering, Abwinden-Asten, Wallsee-Mitterkirchen, Ybbs-Persenbeug, Melk, Altenwörth, Greifenstein, Wien-Freudenau (in Bau). Das Kraftwerk Jochenstein wird von der österreichisch-bayerischen Jochenstein AG betrieben, die anderen von der Österreichischen Donaukraftwerke AG.

Die ausgebaute österreichische Donau gewährleistet

mit einer durchgehenden Mindest-Fahrwassertiefe von 2,8 m den ganzjährigen Verkehr mit Schiffen bis 1.900 Tonnen Tragfähigkeit bzw. Schiffsverbänden bis zu 3.500 Tonnen. Rund 77 Prozent des österreichischen Energiebedarfes werden durch fossile Energiequellen (Erdöl, Gas, Kohle) gedeckt, die zu etwa 90 Prozent eingeführt werden müssen, weshalb der Energiegewinnung aus Wasserkraft aus umwelt- und wirtschaftspolitischen Gründen große Bedeutung zukommt.

Trotz Energie-Einsparungspolitik steigt der Strombedarf jährlich um 2,5 bis 3 Prozent an (dies entspricht annähernd der Leistung eines Donaukraftwerkes). Die Kraftwerksstufen an der österreichischen Donau erbringen jährlich rund 25 Prozent der Gesamterzeugung an elektrischer Energie bzw. zirka ein Drittel der Stromerzeugung aus Wasserkraft. Sie ermöglichen eine Ersparnis von ungefähr 2,8 Millionen Tonnen Erdölimporten pro Jahr.

Mit dem Stufenausbau der Donau wird getrachtet, den Bestand der Lebensräume von Mensch, Tier und Pflanzen zu sichern. Überströmstrecken ermöglichen eine natürliche, weitgehend schadensfreie Überflutung der Auen bei Hochwasser. Neue Bewässerungssysteme wie etwa der Gießgang im Bereich des Kraftwerkes Greifenstein sollen den Fortbestand von Auen und Feuchtbiotopen gewährleisten. Noch bis ins 20. Jahrhundert wurde die Donau als Abwässerentsorgungsanlage benutzt. Mit dem Bau der Kraftwerksstufen wurden umfassende Kläreinrichtungen und Anlagen zur Wasserreinhaltung errichtet. Zwischen Passau und Wien weist die Donau die Güteklasse II auf, unterhalb von Wien nur Güteklasse III bzw. "stark verunreinigt".

I.5.1
Konstruktionsmodelle von Viktor Kaplan (1876-1934) für die Entwicklung der nach ihm benannten Turbine

Erst mit der von Viktor Kaplan 1912 konstruierten Turbine wurde es möglich, die Wassermassen der Donau in nutzbare elektrische Energie umzusetzen. Um große Wassermengen bei relativ geringer Fallhöhe optimal für die Energiegewinnung nutzen zu können, bildete Kaplan das Turbinenlaufrad als Propeller mit verstellbaren Flügeln aus und erreichte damit eine große Drehzahl und einen überaus hohen Wirkungsgrad.
Linz, OÖLM

I.5.2
Turbine

Funktionsmodell einer Kaplanturbine mit Generator und horizontaler Welle (Schnittmodell)
Wien, Lasermodell Hans Prihoda
H 103 cm, B 100 cm, T 50 cm
Wien, Österreichische Donaukraftwerke AG

I.5.3
Kraftwerk Freudenau

Schaumodell Hauptbauwerk, Maßstab 1:2500
Wien, Lasermodell Hans Prihoda
L 115 cm, B 60 cm
Wien, Österreichische Donaukraftwerke AG

Franz Pisecky

I.6 Wasserstraßen

1845 wurde die Verbindung Rhein-Main-Donau erstmals mit dem König-Ludwig-Kanal realisiert. Dieser wurde aber leistungsmäßig bald vom Eisenbahnverkehr überholt.

Die Idee europäischer Wasserstraßentransversalen läßt sich jedoch wesentlich länger zurückverfolgen. Bereits 793 versuchte Karl der Große die Einzugsgebiete von Rhein und Donau durch einen künstlichen Graben zu verbinden. Zur Zeit des Merkantilismus im 17. und 18. Jahrhundert wurde das Projekt Karls des Großen wiederum aktualisiert. In Westeuropa kam es zur Schaffung großer Kanalnetze.

In Österreich nahm man unter Kaiser Josef II. mit dem Wiener-Neustädter-Kanal das erste Teilstück einer Verbindung Wien-Triest in Angriff. Die wirtschaftliche Struktur der Donaumonarchie des 19. Jahrhunderts war ausschlaggebend für eine Orientierung auf Nord-Süd-Transversalen. 1901 wurde mit einem österreichischen Reichsgesetz der Bau eines Donau-Oder-Kanals samt Errichtung von Schiffahrtstraßen zur Elbe, zur Weichsel und zum Dnjestr sowie der Bau eines Schiffahrtskanals von der Donau zur Moldau sanktioniert. Dieses Programm konnte jedoch vor 1914 nicht mehr verwirklicht werden. Nach dem Ersten Weltkrieg richtete sich das Interesse vorwiegend auf Ost-West-Transversalen und damit auf eine zeitgemäße Großschiffahrtsverbindung zwischen Donau und Rhein.

1921 erfolgte durch einen Staatsvertrag zwischen dem Deutschen Reich und dem Freistaat Bayern die Gründung der Rhein-Main-Donau-AG. Am 25. September 1992 wurde die neue Wasserstraße feierlich eröffnet. Österreich hat für die Europatransversale Rhein-Main-Donau gewaltige Vorleistungen erbracht. Bisher wurden rund 77 Milliarden Schilling für den Ausbau der österreichischen Donau als Großschiffahrtsstraße und Kraftwerkskette aufgewendet.

Die Rhein-Main-Donau-Verbindung ist eine Schlüsselstrecke für ein gesamteuropäisches Wasserstraßensystem. Sie eröffnet Mitteleuropa einen leistungsfähigen, kostengünstigen und umweltfreundlichen Transportweg zu den Zentren des Weltverkehrs bzw. zu den großen Seehäfen an der Nordsee, wobei nicht nur Rotterdam und Antwerpen ausschlaggebend sind, sondern durch den Mittellandkanal und Kombinationen zwischen Wasserstraße und Schiene auch die deutschen Nordseehäfen miteingebunden werden. Nachdem seit Ende der achtziger Jahre der Cernavoda-Kanal es ermöglicht, den Donauweg zum Schwarzen Meer um zirka 240 km zu verkürzen, zählen nun eine Verbindung zwischen Rhein und Rhône und ein Donau-Oder-Elbe-Wasserstraßensystem zu den wichtigsten Zukunftsprojekten.

I.6.1
Johann Joachim Becher: Politischer Discurs von den eigentlichen Ursachen des Auf- und Abnehmens der Städte und Länder

Erstmals erschienen in Frankfurt 1668
In der 2. Auflage (1673) seines Werkes empfahl der Nationalökonom Johann Joachim Becher eine „Vereinigung der Donau mit dem Rhein durch die Wernitz und Tauber ...".
Wien, Universitätsbibliothek

Lit.: Held, Joseph und Brüschwien, Heinrich Michael, Rhein-Main-Donau. Die Geschichte einer Wasserstraße, Regensburg 1929, S. 18ff; Bader, W., Die Verbindung von Rhein und Donau, in: Deutsches Museum, Abhandlungen und Berichte 50 (1982), Heft 2/3, S. 31.

I.6.2
Ballspende

Die Popularität des österreichischen Wasserstraßenprogramms von 1901 deutet diese Ballspende an, die den Besuchern des Balles der Wiener Kaufmannschaft 1904 gewidmet war. Sie zeigt das Bild einer Schleuse des geplanten Donau-Oder-Kanals.
Privatbesitz   Franz Pisecky

I.7. Der Lebensraum Donau im Wandel von 1800 bis 1994

Lichtmodell
Der Lebensraum Donau im Wandel von 1800 bis 1994

Geschichte und Aufgaben der Wasserstraßendirektion werden anhand eines sehr markanten Beispiels dargestellt. Das Lichtmodell des Eferdinger Beckens soll die Veränderung in drei Stufen erkennen lassen: Vom naturbelassenen Strom um 1800, über die Beckenlandschaft nach der „Ersten Donauregulierung" von 1830 bis 1880 bis hin schließlich zur „Kraftwasserstraße" von 1994. Der Wandel im Eferdinger Becken kann als gutes Beispiel für die Veränderungen und für den aktuellen Bestand auch der übrigen österreichischen Beckenlandschaften gelten.

Der natürliche Strom um 1800
Die Aufweitung der Beckenlandschaft ließ den Strom eine kilometerbreite amphibische Landschaft von Mäandern, Altarmen und Inseln bilden, die von der starken Dynamik des Stromes durch Abtrag und Anlandung ständig umgelagert wurde. Dies schuf eine Fülle unterschiedlicher Lebensräume für Pflanzen und Tiere. Die Ausuferung häufig wiederkehrender Hochfluten ließ die Au „atmen" und sorgte für Frischwasserzufuhr und genetischen Ausgleich der Populationen. Die eigentliche Beckenlandschaft war stets siedlungsarm, die Dörfer, Märkte und Städte lagen zumeist auf der hochwasserfreien Niederterrasse. Das Kulturland blieb durch den Augürtel vom Strom getrennt.

Die „Erste Donauregulierung" von 1830 bis 1880
Die große Donauregulierung war vom Wunsch nach einem verbesserten Hochwasserschutz getragen. Sie hatte aber vor allem den geänderten technologischen Erfordernissen der Dampfschiffahrt Rechnung zu tragen. Sie erfolgte behutsam und beinahe „naturnah": Durch neue Uferdeckwerke und Leitwerke wurden die Altarme und Mäander zwar bei Mittel- und Niederwasser vom Hauptstrom getrennt, durch häufiges Ausufern auch kleinerer Hochwässer blieb das Ökosystem jedoch im wesentlichen erhalten. Das Kulturland und die beginnende Zersiedelung tasteten sich jedoch, wenn auch zaghaft, an den Hauptstrom heran.

Die „Zweite Donauregulierung" als Kraftwasserstraße (im Eferdinger Becken nach 1973)
Die Eindämmung des Stromes trennt die Aulandschaft von den jährlichen Hochwässern, die fehlende Bodenumlagerung verhindert Pionierstandorte, die Altarme und Mäander wurden zugeschüttet oder verlandeten, die Au kann nicht mehr „atmen" und stirbt ab. Eine Reihe von Nahrungsketten wird unterbrochen, so daß Flora und Fauna verarmen und verkümmern. Der Aufstau der Donau, die geringe Fließgeschwindigkeit und der gestörte Geschiebehaushalt lassen als einziges Sohlsediment Schlamm entstehen. Den wenigen erhaltenen Stromabschnitten mit Schottersohle drohen die Ausbeutung durch Schotter-Gewinnungsbaggerungen mit irreparablen ökologischen Schäden, ein weiterer Verlust an Selbstreinigungskraft und wachsende Sauerstoffdefizite bei Faulungs- und Verkrautungsprozessen. Neben der Kraftwerkserrichtung trug auch das Anrainer-Umfeld zur Zerstörung des Ökosystems bei: Die Zersiedelung nahm ungeachtet der kaum veränderten Hochwasserbedrohung dramatische Formen an, und die vielen kleinen „Hochwassergräben" und Feuchtbiotope werden weiter eingeebnet und in Kulturland umgewandelt.

Eine „Dritte Donauregulierung"?
Das Lichtmodell soll nicht nur die Entwicklung bis hin zum aktuellen Istbestand veranschaulichen, sondern wird nach der Landesausstellung 1994 als Präsentationsmodell für künftige Renaturierungs-

und Rückbauprojekte dienen: Die Wasserstraßendirektion hat Studien in Auftrag gegeben, die im Zusammenwirken mit der Donaukraft, den Organisationen der Landwirtschaft und regionalen Entwicklungsprogrammen eine zumindest teilweise Wiedervernetzung des Hauptstromes mit der Beckenlandschaft und deren Teil-Renaturierung zum Ziele haben.

Technik und Quellen
Durch intermittierende Lichtschaltungen werden die Zeitstufen erkennbar gemacht (Modellentwicklung und -ausführung: Andraschko). Als Quellen dienen die Blätter der Franzisceischen Landesaufnahme, alte Stromkarten der „k.k. Landesbau- und Navigationsdirection", die berühmte „Pasettikarte", moderne Stromkarten der Wasserstraßendirektion und die Österreichische Karte 1:50.000 (Idee und Modellvorgabe: Promintzer)

Werner Josef Promintzer

Der „Zehnertrauner" im Freigelände

Mit dem denkmalgerechten Nachbau eines historischen Ruderschiffes soll die hohe kulturelle Bedeutung der alten Donauschiffahrt dokumentiert werden. Das 1:1-Modell ist voll funktionsfähig, darf aus diesem Grund nicht „trocken fallen" und verbringt daher die Zeit der Landesausstellung in einem eigenen Schwimmbad, was den Trauner auch für die Besucher anschaulicher und leichter zugänglich machen soll.

Der „Zehnertrauner" ist ein direkter Nachkomme der echten alten Donauschiffe, der Kehlheimerinnen, der Gamsen und Siebnerinnen und gleicht jenen Schiffen aufs Haar, die schon vor 100 Jahren die Donau befuhren. Er ist 20 Meter lang und 4,50 Meter breit und mit einer Hütte „zugerichtet". Die Trauner dienten vor allem der Stein- und Brennholzverfuhr. Sie wurden „unter der Hand", also ohne Zugschiff gefahren.

Der ausgestellte Trauner wurde im Jahr 1993 von der Wasserstraßenverwaltung West in Aschach und der Donau-Betrieb gebaut, die damit einen alten Handwerkszweig vor dem Aussterben bewahren, den Bau historischer Holzschiffe in ihr Produktionsprogramm aufnehmen und solche und ähnliche historisch getreu nachgebaute Schiffe interessierten Gemeinden und Organisationen anbieten will. Am Bau dieses Trauners waren auch „Schopper" im Ruhestand beteiligt, die damit ihr Wissen und Können an jüngere Kollegen weitergeben konnten.

Das Land Oberösterreich hat den Nachbau und die Bau-Dokumentation ebenso unterstützt wie die Marktgemeinde Aschach, die damit ihre reiche Schiffertradition bekunden wollte. Dieser erste „moderne" alte Trauner wird daher auch später in Aschach beheimatet sein.

Lit.: Neweklowski, Ernst: Die Schiffahrt im Raume der oberen Donau, 1952–1964; Promintzer, Werner Josef: Aschach an der Donau. Donauvolk und Schiffleutleben, 1989.

Werner Josef Promintzer

I.8 Das Engtal der Donau – Bunte Vielfalt in steilen Hängen

Die Durchbruchsstrecken der Donau mit ihren steil abfallenden, felsdurchsetzten Hängen beeindrucken durch ihre landschaftliche Eigenart: Bis zu 200 m tief hat sich der Strom im Laufe von Jahrmillionen in den harten Gneis und Granit der Böhmischen Masse eingegraben. Auf weiten Strecken vor allem auf der Mühlviertler Seite haben sich bis heute relativ naturnahe Wälder in diesen Steilhängen erhalten, die wir für unsere Nachwelt unbedingt sichern sollten.

Die ökologischen Rahmenbedingungen sind für den außergewöhnlichen Artenreichtum und das Vorhandensein seltener und gefährdeter Tier- und Pflanzenarten verantwortlich:
- steile Hänge und Felsen,
- seichte, nährstoffarme Böden,
- Wärmeeinfluß durch Südlage,
- Temperaturausgleich durch die Donau,
- rascher Wasserabfluß und dadurch bedingte Trockenheit.

Diese Faktoren tragen dazu bei, daß sich die forstliche Nutzung bis heute in Grenzen hielt und große Teile der Wälder als Naturwälder zu bezeichnen sind: Föhren-Traubeneichenwälder der Felsköpfe, Eichen-Hainbuchen-Wälder, Linden-Blockhalden-Wälder und Ahorn-Eschen-Ulmen-Schluchtwälder sind die wichtigsten Waldgesellschaften der Donauhänge.

Besonderheiten der Pflanzenwelt: Elsbeere, Trauben-Eiche, Flatter-Ulme, Pimpernuß, Blutroter Storchschnabel, Türkenbund-Lilie, Berg-Lauch, Ästige Graslilie, Schwarzstieliger Streifenfarn.

Besonderheiten der Tierwelt: Äskulapnatter, Smaragdeidechse, Zauneidechse, Mauereidechse, Feuersalamander, Uhu, Schwarzstorch, Hirschkäfer.

Die Donauauen – Wildnis am großen Strom?

Während die Donau in den Durchbruchstälern auf engen Raum zusammengedrängt ist, steht ihr in den Ebenen der Beckenlandschaften (zum Beispiel Eferdinger und Linzer Becken, Machland) viel Platz zur Verfügung. Hier ist die Heimat des „Wasserwaldes", wie man die Auen auch bezeichnen könnte. Der Auwald ist in seiner Entstehung und Dynamik unmittelbar abhängig vom Wasser des Stromes: Es ist das gestaltende, das auslesende, das düngende und fördernde Element dieses Ökosystems.

Das hoch anstehende Grundwasser, der Nährstoffreichtum der Böden, die regelmäßig wiederkehrenden Überflutungen und das eigene, feuchte Mikroklima bewirken eine für Mitteleuropa einzigartige Artenvielfalt. Dazu kommt die erodierende Kraft des Wassers: Land wird abgetragen und neu geschaffen. Altarme und Autümpel dienen als wichtige Biotope für Amphibien und Wasserpflanzen. Nicht zu Unrecht wird der Auwald auch der „Amazonas-Urwald Europas" genannt.

Die Donau ist in Österreich eigentlich noch ein Gebirgsfluß: Infolge des starken Gefälles transportierte sie früher relativ groben Schotter, den sie in den Ebenen und Becken anhäufte. Heute ist ihr diese Dynamik – bis auf einen kleinen Rest zwischen Wien und Hainburg – weitgehend genommen: Der Strom ist in eine Stauseekette verwandelt worden, er darf nicht mehr strömen, weil er für uns „Strom" produzieren muß. Auch die Überschwemmungsperiodik deutet auf den Gebirgsflußcharakter hin: sie hängt eng mit der alpinen Schneeschmelze zusammen und erreicht ihren Höhepunkt im Juni/Juli.

Typische Pflanzenarten für die Au: verschiedene Weidenarten, Schwarz- und Weiß-Pappeln, Grau-Erlen, Eschen, Waldrebe und Hopfen (Lianen), Bärlauch, Schneeglöckchen, Hohe Schlüsselblume, Gelbe Schwertlilie.

Einige Besonderheiten und Raritäten für die oberösterreichischen Auen: Fluß-Ampfer, Wasserfeder,

Schwanenblume, Krebsschere, Gelbe Teichrose, Wasserschlauch.
Besonderheiten der Tierwelt: Laubfrosch, Schwarzmilan, Gänsesäger, Weißsterniges Blaukehlchen, Seeadler (als Wintergast).
Leider sind von den ursprünglichen Auen nur mehr kümmerliche Reste übrig geblieben. Sie wurden abgedämmt, Altwässer vom Hauptstrom abgeschnitten, die Wälder sind durch intensive Forstwirtschaft großteils in Monokulturen (Hybrid-Pappeln, Kiefern, Fichten . . .) umgewandelt, das Grundwasser sinkt, die Au trocknet aus. Dennoch darf sich Österreich rühmen, mit den 11.500 Hektar Donau-Auen östlich von Wien die letzten zusammenhängenden Auwälder Mitteleuropas zu besitzen. 1984 besetzten tausende Demonstranten die Auwälder bei Hainburg und verhinderten den Bau eines Donaukraftwerkes. Trotzdem soll auch dieser Abschnitt ein Betonkorsett bekommen und aufgestaut werden. Zur Sicherung dieses einmaligen Gebietes ist daher ein Nationalpark in seiner Maximalvariante zu fordern. Beim Fortsetzen unserer bisherigen Energieverschwendungspolitik wird man nach dem Vollausbau der Wasserkraft einen weiteren Strombedarf feststellen. Für die letzten, heute noch verbliebenen naturnahen Flußlandschaften ist es allerdings zu spät, sich erst dann Alternativen zu überlegen.

Friedrich Schwarz/Stephan Weigl

Bild oben:
Im Gefolge der überwinternden Entenscharen kann man Seeadler immer wieder an der österreichischen Donau beobachten. Bis zur Mitte des 19. Jahrhunderts brüteten sie regelmäßig in den Donauauen östlich von Wien. Foto: OÖLM

Bild Mitte:
Bei feuchtem Wetter kann man den Feuersalamander im Laub der Hangwälder des Donautales entdecken. Foto: Ecker

Bild unten:
Die ungiftige Ringelnatter fühlt sich als guter Schwimmer in ungestörten Auen am wohlsten. Foto: Ecker

I.9. Fischerei

I.9.1
Zwei Fischgabeln, „GER"

Aus Rundeisen geschmiedet, 1. Hälfte 20. Jh., Donaugebiet, NÖ
L 22 bzw. 22,5 cm, B 16 cm

Jede der drei etwa 14 cm langen Zinken ist mehrfach eingekerbt und endet in einer dreieckigen Spitze. Der 150 bzw. 160 cm lange Holzstiel (nicht original) ist in einer 7 cm langen Tülle befestigt.
Orth a.d. Donau, Österreichisches Fischereimuseum, Inv.-Nr. 802/2 und 802/5

FS

I.9.2
Reuse

Flügelreuse aus Garnnetz (Maschenweite 25 mm), 1. Hälfte 20. Jh., Donaugebiet, NÖ
L 100 cm, Ø 48 cm

4 Reifen aus Draht mit Ø von 30, 34, 40 und 48 cm. Am Reuseneingang ein Netzflügel, 100 cm lang und 40 cm breit. Zwei Holzpflöcke zur Befestigung im Gewässerboden.
Orth a. d. Donau, Österreichisches Fischereimuseum

FS

I.9.3
Netz

Stellnetz aus Hanfgarn mit Schwimmern aus Pappelrinde, Senker aus Blei, 1. Hälfte 20. Jh., Donaugebiet, NÖ
L 23 m, B 2,5 m, Maschenweite 5 cm
Orth a. d. Donau, Österreichisches Fischereimuseum

FS

I.9.4
Hucheneisen *(Abbildung)*

Ende 19. oder Anfang 20. Jh., Donauraum, OÖ
L 170 cm, Ø der Bügel (aufgeklappt) 120 x 110 cm

Abzugeisen zum Lebendfang von Huchen. Die Eisenbügel sind mit einem Netz bespannt, welches den Huchen festhält, sobald er den lebenden Köderfisch gepackt und den Auslösemechanismus der Falle betätigt hat.

FS

I.9.5
Fischer=Büchel

1924, OÖ
H 12 cm, B 10 cm (geschlossen).

Amtliches Fischer-Büchel der Bezirkshauptmannschaft Rohrbach mit eingetragener Fischberechtigung für das Fischereirevier Donau A (ungefähr von Engelhartszell bis Aschach, linkes Ufer)
Feldkirchen a. d. Donau, Sammlung Lorenz Gumpenberger

FS

Der Huchen ist eine Lachsfischart, die nur im Einzugsbereich der Donau vorkommt. Wasserbau und -verschmutzung führten zum fast völligen Verschwinden dieses ehemals bedeutenden Wirtschaftsfisches. Foto: Ecker

I.9.6
Historische Fliegenmuster

Heftchen mit eingesteckten Fliegen(=Köder)-mustern, Anfang 20. Jh.(?)
H 22 cm x B 20 cm (aufgeklappt)
Orth a. d. Donau, Österreichisches Fischereimuseum

AS/KV

I.9.7
Das Herbergszeichen der Fischergesellschaft zu Raab

Holz, Glas, Textil, Metall, 1838
H 50 cm, B 63 cm, T 23 cm

Glasschrank zum Aushängen mit einem Karpfen in einem blumenumkränzten Netz, darunter die Namen der Fischmeister.
Győr, Xántus János Múzeum

Lit.: A Győri Xántus János Múzeum. Kiállítási Vezető. Führer zur Ausstellung (Mitteilungen des Xántus János Museums Győr, Heft 3) Győr, 1967, S. 45, Abb. 20 und Erwähnung S. 75.

AP/AS/KV

I.9.8
Fischereiordnung Maximilians I. für die Donau und ihre Nebenflüsse, 1506 Februar 24

Faksimile (Or. Pergament, H 51 cm, B 54,5 cm, Wien, Wiener Stadt- und Landesarchiv, H. A. Urk. 5825)

Kolorierte Darstellungen von acht verschiedenen Fischen, nämlich Zingel, Hecht, Karpfen, Barbe, Huchen, Aalrutte, Wels und Forelle. Vor allem wegen der Fastengebote wurden in der Vergangenheit große Mengen an Fischen und Krebsen benötigt. Um die Erhaltung des Fischbestandes zu gewährleisten, wurden Verbote, etwa von bestimmten Fanggeräten oder -methoden, erlassen, die ständig erneuert werden mußten. Für die Einhaltung der Vorschriften hatte der oberste Fischmeister in Österreich ob und unter der Enns zu sorgen.

Lit.: Berg, Heinrich, Schätze aus dem Archiv. Die Fischereiordnung Maximilians I. für die Donau und ihre Nebenflüsse, 1506 Februar 24, in: Wiener Geschichtsblätter 48, 1993, Heft 2, S. 117f.

AS/KV

I.9.9
Tafel mit Fischschonmaßen *(Abbildung)*

Öl auf Holz mit Eisenbändern, 17. Jh.
H 70 cm, B 40 cm

Um das komplette Ausfischen von Gewässern zu unterbinden, wurden in Fischereiordnungen seit dem Spätmittelalter u. a. auch Schonmaße – die Mindestgrößen für gefangene Fische – festgelegt. Die Tafel gibt mit bildlicher Darstellung der Fische Mindestmaße durch Eisenbänder an. Erfaßt sind „Hechten, Karpfen, Huchen und Schiedl, Perben, Rueden, Nerffling, Preken" sowie ohne Maße Krebse und „Zünen".
Ingolstadt, Stadtmuseum, Inv.-Nr. 2008

Lit.: Die Donau zwischen Lech und Altmühl, Nr. 111.

SH/AS/KV

I.9.10
Hölzerne Fischmaßstäbe *(Abbildung)*

Holz, beschriftet, 19. Jh.

Die Fischmaßstäbe konnten dank ihrer Handlichkeit

Der Bestand der Aalrutte ist in den letzten Jahren bedenklich zurückgegangen. Foto: Ecker

von den Kontrolleuren mühelos mitgeführt werden. Jeder Stab trägt den Namen des jeweiligen Fisches.
Ingolstadt, Stadtmuseum, Inv.-Nr. 2207

SH

I.9.11
Kundschaftsbrief der Pester Fischerzunft

Kupferstich von August Mayer, Pest, ca. 1790
H 36 cm, B 40,5 cm

Mit Ansicht der Stadt, vorne die Schiffsbrücke über die Donau, links und rechts in der Rahmung der hl. Petrus und der hl. Paulus, unten in der Rahmung Jonas mit dem Walfisch und zwei Medaillons mit Fischern und Fischdarstellungen. Einzig erhaltenes Exemplar, unausgefüllt.
Budapest, Historisches Museum der Stadt, Inv.-Nr. 3229

Lit.: Rózsa, György, Budapest régi látképei, Budapest 1963, Nr. 34.

AP/AS/KV

I.9.12
Schüssel

19. Jh. Tata, Ungarn
H 14 cm, Ø 40 cm

Keramikschüssel mit hellbeiger, zum Teil beschädigter Glasur, darauf grüner und blauer Dekor. Auf dem Boden drei gekreuzte Fische.
Kittsee, Ethnographisches Museum Schloß Kittsee, Inv.-Nr. 5053

FS

I.9.13
Krandaubelboot *(Abbildung)*

Rechteckiges Boot aus Eisenblech, darauf hölzerne Fischerhütte, 2. Hälfte. 20. Jh., Wien
L 3,5 m, B 2,5 m

Das quadratische Daubelnetz wird mittels Kranvorrichtung ins Wasser gesenkt bzw. aus dem Wasser gehoben.
Wien, Österreichische Donaukraftwerke AG

FS

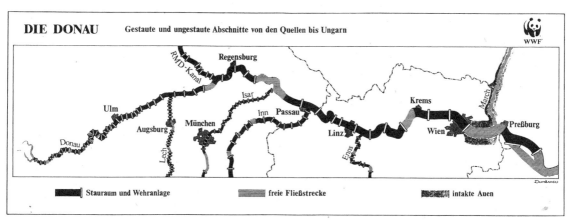

Was ist von der ungestauten Donau übriggeblieben?
Fast nichts mehr. Auf den ersten 1000 km der Donau gibt es nur mehr drei nennenswerte unverbaute Abschnitte. Die letzten Fließstrecken liegen oberhalb von Passau, in der Wachau und in den Donau-Auen östlich von Wien, dem ökologisch wertvollsten Teil mit den letzten, großen intakten Auwäldern Mitteleuropas. Jetzt soll auch dieser Abschnitt ein Betonkorsett bekommen und aufgestaut werden. Das bedeutet die Zerstörung und Zerstückelung des Lebensraumes von 5000 Tierarten, wovon viele akut vom Aussterben bedroht sind. Das Artensterben findet nicht irgendwo im fernen Tropenwald statt, sondern hier bei uns vor der eigenen Haustür!

II.1. Die urzeitliche Besiedlung des oberösterreichischen Donautales

Die bisher frühesten Hinweise auf menschliche Anwesenheit im oberösterreichischen Donauraum stammen aus der letzten Eiszeit (Würm, 60.000 bis 15.000 v. Chr.).

II.1.1
Mammutstoßzahn

L 260 cm
Aus einer im Jahre 1900 beim Abgraben der Lößdecke des Mauthausener Granitsteinbruches zerstörten Eiszeitjägerstation.

Wandtafel 1 / Übersichtskarte

Die wichtigsten urgeschichtlichen Fundplätze entlang des Donautales.

Wandtafel 2 / Altsteinzeit

Ein späteiszeitliches Jagdlager am Hügelplateau der „Berglitzl" in Gusen (Fotodokumentation). Ausgrabungsergebnisse der prähistorischen Abteilung des OÖLMs 1965–1974.

II.1.2
Schädelkalotte eines späteiszeitlichen Menschen aus den Schottern des Pichlinger Badesees

Linz, OÖLM, Inv.-Nr. An-1502

II.1.3
Altsteinzeitliche Gerätefunde aus dem Jagdlager Gusen-Berglitzl

Amboßplatte aus Hirschgeweih (Kopie), mit Arbeitsspuren, Steingeräte: Handspritze, Kratzer, Stichel, Schaber (Kopien), Geröllgerät (Hackstein).

Wandtafel 3 / Jungsteinzeit - Bronzezeit

Von der frühen Jungsteinzeit (6. Jahrtausend v. Chr.) bis in die mittlere Bronzezeit (um 1300 v. Chr.) war der aus der Niederung der Donau-Austufe aufragende Hügel von Berglitzl von Gusen gleichermaßen oft aufgesuchter Zufluchtsort vor Hochwässern und traditioneller Opferplatz. (Fotodokumentation Ausgrabungsergebnisse der prähistorischen Abteilung des OÖLMs 1965–1974).

II.1.4
Gefäßinventar aus einem Opferschacht
(Obj. XXI)

(Foto und Auswahl von Originalgefäßen)
4 Henkelbecher
feiner brandfleckiger Ton, S-Profil
H 8,8 cm, 9,5 cm, 9,9 cm, 10,8 cm
Kalottenförmige Schale
hellbrauner brandfleckiger Ton
Ø 9,2 cm, mit verkohltem Getreide

Wandtafel 4 / Mittlere Jungsteinzeit

Auf einem Höhenrücken am Südrand des Donautales liegt innerhalb einer jungsteinzeitlichen Siedlung die Kreisgrabenanlage von Ölkam. Die Anlage und ihr Umfeld wird seit 1992 von der prähistorischen Abteilung des OÖLMs systematisch ergraben (Fotodokumentation).

II.1.5
Funde aus den Ringgräben

Torso einer Frauenfigur
feingeschlämmter hellbrauner Ton mit Schmauchflecken
2. Hälfte 5. Jahrtausend v. Chr.
Auf der Rückenpartie stilisierte Gewandfalten.

4 Miniaturgefäße (Kinderspielzeug)
Hellbrauner und graubrauner Ton
H 3,1 cm, 3,3 cm, 3,2 cm, 4,5cm

Tüllenlöffel
mineralisch gemagerter hellbrauner Ton, schmauchfleckig, ergänzt
L 8,5 cm

Knickwandschale
feiner graubrauner Ton
Ø 12,8 cm
mit 4 Knubben am Umbruch

Wandtafel 5 / Frühe Eisenzeit

Am Rande der nördlichen Naarn-Donau-Uferterrasse bei Mitterkirchen lag ein bedeutendes frühhallstattzeitliches Hügelgräberfeld (1981–1988 systematisch ergraben von der prähistorischen Abteilung des OÖLMs). Die großteils reich ausgestatteten Kammergräber sind den Bewohnern eines einflußreichen Herrenhofes zuzuordnen, der vermutlich mit einer Anlandungs- und Verteilerstation des Salzhandels in Verbindung stand (Fotodokumentation).

II.1.6
Schüsselhelm eines berittenen Kriegers, Grabhügel XIV/1

Rekonstruktion M. Pertlwieser.

II.1.7–II.1.17
Jungsteinzeitliche Funde aus Ufersiedlungen des Donautales

II.1.7
Steinhammer

Serpentingestein, Perg, 1889
L 9,2 cm
Linz, OÖLM, Inv.-Nr. A-31

II.1.8
Kleines Lochbeil

Serpentingestein, Perg
L 9 cm
Linz, OÖLM, Inv.-Nr. A-3810

II.1.9
Gelochter Schuhleistenkeil

Schwarzes Serpentingestein, Linz-St.Peter, 1930
L 16,3 cm
Linz, OÖLM, Inv.-Nr. A-4335

II.1.10
Streitaxt

gelbgrünes Serpentingestein, Oberseite mit Ritzlinien verziert, Nackenschneide abgesplittert, Wilhering, Mühlbachgraben
erhaltene L 19,3 cm
Linz, OÖLM, Inv.-Nr. A-3829

II.1.11
Lochsetzkeil

graugrünes Serpentingestein, oftmals nachgeschliffen (dadurch Schneidenteil sehr stark verkürzt), Aschach
L 13,8 cm
Linz, OÖLM, Inv.-Nr. A-21

II.1.12
Keulenknauf

dunkles Serpentingestein, Linz-Schiffswerft
Ø 8,4 cm
Linz, OÖLM, Inv.-Nr. A-3818

II.1.13
Kleines Querbeil (Dechsel)

dunkler Serpentin, Ottensheim, 1938
L 5,2 cm
Linz, OÖLM, Inv.-Nr. A-8128

II.1.14
Querbeil

blaugrüner Serpentin, Wilhering-Hof
L 8,1 cm
Linz, OÖLM, Inv.-Nr. A-4416

II.1.15
Kultgefäß

H 56 cm

Mit plastischen Hängeösen am Bauchumbruch und an der Mündung, hoher, verkehrt-konischer Fuß mit vorspringend aufgesetztem halbkugeligem, rotgrundig bemaltem Oberteil und enger Mündung, Lengyel-Kultur, aus der Ufersiedlung von Mitterkirchen-Lehen, Grabung OÖLM 1984, Objekt D.

II.1.16
Tüllenlöffel

hellbrauner, grobsandig gemagerter Ton (ergänzt), Aus der Lengyel-Siedlung Mitterkirchen-Lehen, Mitterkirchen, 1983, Objekt A
L 10,3 cm
Linz, OÖLM, ohne Inv.-Nr.

II.1.17
Hohlfußgefäß

graubrauner Ton, 4 Knubben am Schulterknick
H 11,9 cm

Grabbeigabe aus einem Hockergrab der Lengyel-Kultur, Mitterkirchen-Lehen, Grabung OÖLM Mitterkirchen 1983, Grab 2
Linz, OÖLM, Inv.-Nr. M-340

II.1.18–II.1.21
Flußopfer

Zahlreiche Funde aus dem Strombett von der Jungsteinzeit bis zur späten Bronzezeit markieren als Flußopfer Stromübergänge oder auch besondere Gefahrenstellen.

II.1.18
Gelochter Schuhleistenkeil

dunkles Serpentingestein, stark abgerollt, Linz-Winterhafen
L 16,2 cm
Linz, OÖLM, Inv.-Nr. A-3111

II.1.19
Knaufaxt

schwarzes Serpentingestein, Mauthausen, Au, 1921
L 14,3 cm
Linz, OÖLM, Inv.-Nr. A-3651

II.1.20
Streitaxt

Amphibolith, stark abgerollt, Ebelsberg, Traunmündung, 1895
L 15,3 cm
Linz, OÖLM, Inv.-Nr. A-30

II.1.21
Kupfer-Lochaxt mit flachem Hammernacken

Linz, Voesthafen, 1940
L 18,3 cm
Linz, OÖLM, Inv.-Nr. A-4795

II.1.22–1.29
Fundauswahl aus dem Greiner Strudel

II.1.22
3 Randleistenbeile

Bronze
Linz, OÖLM, Inv.-Nr. A-659, L 17,1 cm
Linz, OÖLM, Inv.-Nr. A-646, L 13,2 cm
Linz, OÖLM, Inv.-Nr. A-647, L 14,7 cm

II.1.23
4 mittelständige Lappenbeile

Bronze

Linz, OÖLM, Inv.-Nr. A-691, L 17 cm

Linz, OÖLM, Inv.-Nr. A-657, L 14,1 cm

Linz, OÖLM, Inv.-Nr. A-680, Nacken abgebrochen, L 13,3 cm

Linz, OÖLM, Inv.-Nr. A-649, L 15,9 cm

II.1.24
2 Lanzenspitzen

Bronze

Linz, OÖLM, Inv.-Nr. A-594, mit geschweiftem Blatt, L 16,6 cm

Linz, OÖLM, Inv.-Nr. A-627, weidenblattförmig, L 13,9 cm

II.1.25
5 Schmucknadeln

Bronze

Linz, OÖLM, Inv.-Nr. A-3130, mit Rollenkopf

Linz, OÖLM, Inv.-Nr. A-3135, mit konischem Kopf, Spitze fehlt

Linz, OÖLM, Inv.-Nr. A-3134, Kugelkopfnadel

Linz, OÖLM, Inv.-Nr. A-634, Kugelkopfnadel mit geschwollenem Hals

Linz, OÖLM, Inv.-Nr. A-633, Nadel mit doppelkonischem quergerilltem Kopf und kleinem Endknopf, Spitze fehlt

II.1.26
Bogenfibel,

gegossen, mit langgezogenem Fuß
L 9,2 cm
Linz, OÖLM, Inv.-Nr. A-9514

II.1.27
Schalenknaufschwert

Bronze, ungarischer Typus, mit 8-kantigem Griff, Linz, 1890, Donauregulierung
L 58 cm
Linz, OÖLM, Inv.-Nr. A-606

II.1.28
2 Vollgriffschwerter,

Bronze

Linz, OÖLM, Inv.-Nr. A-8400, L 68,4 cm, Goldwörth, 1984

Linz, OÖLM, Inv.-Nr. A-8356, L 75,5, Fisching

II.1.29
Klinge eines Vollgriffschwertes

Bronze, Steyregg, 1983
L 66 cm
Linz, OÖLM, Inv.-Nr. A-9521

II.1.30–II.1.37
Hallstattzeitliche Grabfunde
a) Aus dem Flachgräberfeld von Ottensheim, 1939

II.1.30
Raupenarmreif

Bronze, Grab 5
Ø 5,7 cm
Linz, OÖLM, Inv.-Nr. A-4554

II.1.31
Raupenarmspange mit offenen Stollenenden

Bronze, Grab 6
Ø 6 cm
Linz, OÖLM, Inv.-Nr. A-4555

II.1.32
Gegossener Hohlring mit Rillen- und Kreisaugenzier

Bronze auf Tonkern, aus einem zerstörten Grab
Ø 7,2 cm
Linz, OÖLM, Inv.-Nr. A-4556

b) Aus den Hügelgräbern von Mitterkirchen (Ausgrabungen OÖLM 1981–1988)

II.1.33
Kragenrandgefäß mit reicher Ritz- und Einstichzier

Schwarzbemalung auf rotem Grund (Kopie)
Grabhügel I, Grab 8

II.1.34
Henkeltasse mit graphitierter Oberfläche und Girlandenzier (Kopie)

II.1.35
Kinderrassel

Tonhohlkugel, im Inneren gebrannte Tonklümpchen
Grab 6
Linz, OÖLM, Inv.-Nr. M-102

II.1.36
Spinnwirtel mit Strich- und Einstichzier

Keramik, Grabhügel X, Grab 1
Ø 3,4 cm
Linz, OÖLM, Inv.-Nr. M-604

II.1.37
Schmuckgarnitur aus Frauengrab 2b / Grabhügel X

Bernsteinkette, Linz, OÖLM, Inv.-Nr. M-648
Brillenfibel, Bronze, B 5,1 cm, Linz, OÖLM, Inv.-Nr. M-649
Armreif, quergerillt, mit Stollenenden, Bronze, Ø 5,8 cm, Linz, OÖLM, Inv.-Nr. M-651
3-fache Fußringgarnitur mit Ritzverzierung, Bronze, Linz, OÖLM, Inv.-Nr. M-650

Manfred Pertlwieser

II.2 Siedlungsgeschichte – Römerzeit

II.2.1–II.2.9
Religion – Götterstatuetten

Diese Figürchen stammen überwiegend aus Kapellen römischer Privathäuser, wo sie zusammen mit den Ahnen verehrt wurden. Der Götterhimmel der Römer war dem griechischen ähnlich. Als wichtigste Götter sind dabei Jupiter, Juno und Minerva anzusehen. Besonderer Beliebtheit erfreuten sich aber vor allem auch unter den Soldaten die orientalischen Mysterienreligionen, wie z. B. der Isis-, der Mithras- und der Jupiter Dolichenuskult.

II.2.1
Jupiter

Bronze, FO: Enns
H 8,3 cm

Der nur mit einer Chlamys bekleidete Gott hält in der vorgestreckten Linken das Blitzbündel als Attribut.
Linz, OÖLM, Inv.-Nr. B 415

Lit.: Fleischer, Bronzen, Nr. 5; Schwanzar, Grenzland, Nr. 13.1.

II.2.2
Minerva

Bronze, FO: Enns
H 13,5 cm

Der über der Brust gegürtete Chiton scheint im Wind zu flattern. Darüber trägt sie noch eine Ägis mit dem Gorgoneion, die Figur ist Victoria und Minerva in einer Gestalt.
Linz, OÖLM, Inv.-Nr. B 2709

Lit.: Fleischer, Bronzen, Nr. 22, Taf. 19; Schwanzar, Grenzland, Nr. 13.3.

II.2.3
Herkules

Bronze, FO: Enns
H 14,3 cm (mit Postament)

Zusätzlich zu den bekannten Attributen wie Keule und Löwenfell trägt der Gott in seiner vorgestreckten Linken die Äpfel der Hesperiden.
Linz, OÖLM, Inv-.Nr. LZ-42

Lit.: Fleischer, Bronzen, Nr. 155, Taf. 84; Schwanzar, Grenzland, Nr. 13.11.

II.2.4
Venus

Bronze, FO: Watzing bei Gaspoltshofen
H 12,5 cm
Linz, OÖLM, Inv.-Nr. B 595

Lit.: Fleischer, Bronzen, Nr. 79, Taf. 46-47; Schwanzar, Grenzland, Nr. 13.12.

II.2.5
Frauenbüste

Ton, FO: Wels
H 12,5 cm

Derartige Tonfigürchen verschiedenster Gestalt und oft aus weißem Pfeifenton erscheinen häufig als Beigaben in Gräbern.
Linz, OÖLM, Inv.-Nr. B 483

Lit.: Schwanzar, Grenzland, Nr. 1319.

II.2.6
Hahn

Ton, FO: Linz
H 13,2 cm

Der Hahn war ein orientalisches Lichtsymbol und ursprünglich mit Merkur verbunden, der als Totengeleiter angesehen wurde.
Linz, OÖLM, Inv.-Nr. B 1915

Lit.: Eckhart, Fundkatalog I, Nr. 667.

II.2.7
Schakal

Ton, FO: Linz
H 10,2 cm

Anubis galt ebenfalls als Totengeleiter.
Linz, OÖLM, Inv.-Nr. B 1918

Lit.: Eckhart, Fundkatalog I, Nr. 671.

II.2.8
Mithrasmedaillon

Marmor, FO: Linz
Ø 14,8 cm

Dargestellt ist die mystische Stiertötung. Aus seinem Blut entsteht eine neue Welt von Tieren und Pflanzen.
Linz, OÖLM, Inv.-Nr. B 607

Lit.: Eckhart, CSIR III/3, Nr. 83, Taf.45; Schwanzar, Grenzland, Nr.13.30.

II.2.9
Votivplättchen

Marmor, FO: Enns
H 9,5 cm

Das Hauptbild ist heraldisch komponiert. In der Mitte steht eine Göttin vor einem Tisch, sie wird von zwei Reitern flankiert. Der Kult der donauländischen Reiter war vor allem in Dakien, Mösien und Pannonien verbreitet.
Linz, OÖLM, Inv.-Nr. LZ-246

Lit.: Eckhart, CSIR III/2, Nr. 101, Taf. 41; Schwanzar, Grenzland, Nr. 13.32.

II.2.10.–II.2.12
Frühes Christentum

Zeugnisse des frühen Christentums gibt es bereits seit dem 2. Jh. n. Chr. im Donauraum. Zur Zeit Kaiser Diocletians, der den Kaiserkult stark betonte, erlitten am 4. Mai 304 in Enns der hl. Florian und 40 andere Christen den Märtyrertod. Bereits Kaiser Konstantin erkannte das Christentum als Staatsreligion an.

Bei uns gibt es aus dem 4./5. Jh. bereits archäologische Zeugnisse des christlichen Glaubens. So fanden sich in einigen Gräbern in Enns Öllämpchen und Fingerringe mit dem XP-Monogramm, eine Inschrifttafel aus Wels berichtet von der Trauer eines römischen Soldaten über den Tod seiner Frau Ursa, einer Christin.

Frühchristliche Kirchen kamen bei Grabungen in Enns zutage: die Bischofskirche unter der Laurentiuskirche und eine zweite unter Maria Anger.

II.2.10
Porträt des Constantius II.

Kalkspatmarmor, 326 n. Chr., FO: Enns
H 15,5 cm

Vermutlich zu einem Vizennaliendenkmal Konstantin des Großen in Lauriacum gehörig.
Linz, OÖLM, Inv.-Nr. B 629

Lit.: Eckhart, CSIR III/2, Nr. 106, Taf. 43; Schwanzar, Grenzland, Nr. 28.1.

II.2.11
Öllampe

Ton, FO: Enns
L 8,6 cm

Im Spiegel das Christusmonogramm
Linz, OÖLM, Inv.-Nr. B 1065

Lit.: Schwanzar, Grenzland, Nr. 28.2; Zinnhobler, Kirche, Nr. 35.

II.2.12
Fingerring

Bronze, FO: Enns
Ø 2,3 cm
Linz, OÖLM, Inv.-Nr. LG-27

Lit.: Schwanzar, Grenzland, S. 192 Nr. 28.6; Zinnhobler, Kirche, S. 18 Abb. Nr. 36.

II.2.13–II.2.21
Gefäße und Lampen

Zur Römerzeit importierte man aus anderen Provinzen des Reiches Geschirr, welches der jeweiligen Mode entsprach, z.B. Gefäße aus Terra Sigillata, eine glänzend rote Ware. Diese bezog man anfänglich aus Italien, dann aus Gallien und Germanien.

Dünnwandige Schalen und Becher sowie rottonige Krüge kaufte man in Italien und Rätien. Im 4. Jh. kamen glasierte Teller, Schüsseln und Krüge in Mode, die in Pannonien erzeugt wurden.

Daneben gab es aber auch einheimische norische Keramik, einfache grautonige Gefäße verschiedenster Form. Die streifenbemalten rottonigen Töpfe und Krüge waren ebenfalls einheimische Produkte, die noch in keltischer Tradition standen.

II.2.13
Schüssel

Terra Sigillata, 3. Jh. n. Chr., FO: Enns
H 9 cm, Dragendorff 37

Muscheln in Arkaden aus gerippten Bögen mit herabhängenden dreiteiligen Ziergliedern. Rheinzabern. Töpferstempel PVPVSF und IVVENISFE. Ritzung I(ovi) O(ptimo) M(aximo) DO(licheno) S(acrum).
Linz, OÖLM, Inv.-Nr. LZ-303

Lit.: Zabhelicky-Scheffenegger, Keramikfunde, Nr. 13.27.

II.2.14
Becher

Terra Sigillata, 3. Jh. n. Chr., FO: Enns
H 14,3 cm, Dragendorff 52

Rheinzabern, florale Kerbschnittverzierung
Linz, OÖLM, Inv.-Nr. LG-38

Lit.: Zabhelicky-Scheffenegger, Keramikfunde, Nr. 7.25.

II.2.15
Becher

Ton, 2/3. Jh. n. Chr., FO: Linz
H 17,7 cm

Rätischer Becher mit Doppel-X und Hufeisenverzierung in Barbotine.
Linz, OÖLM, Inv.-Nr. B 2662

Lit.: Zabhelicky-Scheffenegger, Kermikfunde, Nr. 7.27.

II.2.16
Topf

Ton, 2. Jh. n. Chr., FO: Enns
H 18,5 cm

Einheimischer, streifenverzierter enghalsiger Topf.
Linz, OÖLM, Inv.-Nr. OÖLM LZ-321

Lit.: Zabhelicky-Scheffenegger, Keramikfunde, Nr. 8.

II.2.17
Krug

Ton, 4. Jh. n. Chr., FO: Enns
H 11 cm

Grünglasierter, einhenkeliger Krug
Linz, OÖLM, Inv.-Nr. LG-18

Lit.: Zabhelicky-Scheffenegger, Keramikfunde, Nr. 7.32.

II.2.18
Faltenbecher

Ton, FO: Enns
H 13,3 cm

Schwarzglänzender Überzug, sieben Falten verziert durch drei Kerbreihen
Linz, OÖLM, Inv.-Nr. LG-33

Lit.: Zabhelicky-Scheffenegger, Keramikfunde, Nr. 7.29.

II.2.19
Lampe

Bronze, FO: Ansfelden
L 18,5 cm

Kleeblattförmiges Eingußloch und drei Aufhängösen
Linz, OÖLM, Inv.-Nr. B 1670

Lit.: Schwanzar, Grenzland, Nr. 15.6.

II.2.20
Flasche

Farbloses Glas, FO: Linz
H 10 cm

Bauchige Flasche mit zwei Ösenhenkeln
Linz, OÖLM, Inv.-Nr. B 443

Lit.: Eckhart, Fundkatalog I, Nr. 179; Schwanzar, Grenzland, Nr. 7.39.

II.2.21
Balsamar

Bläuliches Glas, FO: Linz
H 10,1 cm
Linz, OÖLM, Inv-.Nr. B 1911

Lit.: Schwanzar, Grenzland, Nr. 4.12.

II.2.22–II.2.44
Auswahl einiger Grabungsfunde Schlögen, Militärkastell und Siedlung

In Schlögen stand ein Kleinkastell mit 0,65 ha Flächeninhalt, am Hochgupf westlich davor lag das Lagerdorf, in dem die Soldaten und ihre Angehörigen wohnten. In der Römerzeit hießen Lager und vicus vermutlich Ioviacum. Einen ganz kleinen Querschnitt des Fundmaterials der verschiedensten archäologischen Grabungen, die seit 1840 an diesem Platz durchgeführt wurden, ist hier gezeigt.

II.2.22
Köpfchen einer Frau

Feinkörniger homogener Marmor
H 12,5 cm

Über dem Scheitel des im Nacken zusammengefaßten Haares sitzt ein Diadem.
Severische Kaiserin ?
Linz, OÖLM, Inv.-Nr. B 2702

Lit.: Eckhart, CSIR III/3, Nr. 5, Taf. 8; Schwanzar, Grenzland, Nr. 17.1.

Waffen und Ausrüstungsgegenstände

II.2.23
Lanzenspitze

Eisen,
L 14 cm
Linz, OÖLM, Inv.-Nr. B 3748

II.2.24
Lanzenspitze

Eisen,
L 39 cm
Linz, OÖLM, Inv.-Nr. B 3614

II.2.25
Phalera

Bronze,
H 4,7 cm
Linz, OÖLM, Inv.-Nr. B 1479

II.2.26
Anhänger

Bronze,
H 4,7 cm,
herzförmiger durchbrochener Anhänger, Teil eines Pferdegeschirrs
Linz, OÖLM, Inv.-Nr. B 3716

II.2.27
Anhänger

Bronze,
H 3,2 cm,
Emaileinlagen, rot und blau
Linz, OÖLM, Inv.-Nr. B 3722

Gürtelbeschläge in Durchbruchstechnik

II.2.28
Beschlag

Bronze,
L 3,4 cm
Linz, OÖLM, Inv.-Nr. 3652

II.2.29
Beschlag

Bronze,
H 2,1 cm
Linz, OÖLM, Inv.-Nr. B 1478

II.2.30
Schubschlüssel

Bronze,
L 4,7cm
Linz, OÖLM, Inv.-Nr. B 1474

II.2.31
Ring

Eisen, Obsidian,
Ø 1,9 cm,
männliche Figur nach links gewandt, Herakles oder Hermes
Linz, OÖLM, Inv.-Nr. B 3710

II.2.32
Kniefibel

Bronze,
L 3 cm
Linz, OÖLM, Inv.-Nr. B 3628

II.2.33
Haarnadeln mit verzierten Köpfen

1) Bronze, L 4,3 cm,
Linz, OÖLM, Inv.-Nr. 1470

2) Bronze, L 8,6 cm,
Linz, OÖLM, Inv.-Nr. B 1466

3) Bronze, L 3,1 cm,
Linz, OÖLM, Inv.-Nr. B 2683

4) Bronze, L 5,2 cm,
Linz, OÖLM, Inv.-Nr. B 3723

II.2.34
Nadeln, verziert

1) Bronze, L 14,3 cm,
Linz, OÖLM, Inv.-Nr. B 1463

2) Bronze, L 7,7 cm,
Linz, OÖLM, Inv.-Nr. B 1465

3) Bronze, L 11,3 cm,
Linz, OÖLM, Inv.-Nr. B 1667

4) Bronze, L 6,6 cm,
Linz, OÖLM, Inv.-Nr. B 1464

II.2.35
Messer

Eisen,
L 19,5 cm
Linz, OÖLM, Inv.-Nr. B 3738/19

II.2.36
Messer

Eisen,
L 19 cm
Linz, OÖLM, Inv.-Nr. B 3600

II.2.37
Haken

Eisen,
L 12,5 cm
Linz, OÖLM, Inv.-Nr. B 3470/1

II.2.38
Eisenschlacke

L 13 cm,
Linz, OÖLM, Inv.-Nr. B 3275

II.2.39
Glocke

Bronze,
Ø 4,8 cm
Linz, OÖLM, Inv.-Nr. B 1459

II.2.40
Glocke

Bronze,
Ø 3,9 cm
Linz, OÖLM, Inv.-Nr. B 1458

II.2.41
Glocke

Bronze,
Ø 1,4 cm
Linz, OÖLM, Inv.-Nr. B 1460

Glasfragmente
II.2.42
Einhenkelige Flasche

grünliches Glas,
H 3,8 cm,
Linz, OÖLM, Inv.-Nr. B 3672/22

II.2.43
Becherboden

grünliches Glas,
Ø 3 cm,
Linz, OÖLM

II.2.44
Schleifstein,

Linz, OÖLM

II.2.45–II.2.65

Zur militärischen Tracht und Ausrüstung gehörten auch Gürtelschnallen und Gürtelbeschläge, Gewandnadeln, Militärorden, sowie natürlich Waffen, Panzer, Helme und Beinschienen. Das Pferdegeschirr war oft sehr sorgfältig gearbeitet, auch hier finden wir Riemenbeschläge und Verzierungen, z. B. Kettchen mit herzförmigem Anhänger.

Gürtelschnallen, Riemenbeschläge

II.2.45
Gürtelschnalle

Silber, FO: Enns
L 3,6 cm
Linz, OÖLM, Inv.-Nr. B 115

II.2.46
Beschlag

Bronze, FO: Enns
L 4,8 cm,
S-förmig angeordnetes Trompetenornament
Linz, OÖLM, Inv.-Nr. B 135

II.2.47
Beschlag

Bronze, FO: Enns
Ø 3,6 cm,
Trompetenornament
Linz, OÖLM, Inv.-Nr. B 132

II.2.48
Beschlag

Bronze, FO: Enns
L 5,3 cm,
Hund verfolgt Hasen
Linz, OÖLM, Inv.-Nr. LZ 120

Waffen und Ausrüstungsgegenstände

II.2.49
Ringknaufschwert

Eisen, 2/3. Jh. n. Chr., FO: Linz
L 6 cm,
Schwert eines Infanteristen
Linz, OÖLM, Inv.-Nr. B 615

Lit.: Eckhart, Fundkatalog I, Nr. 205, 206; Schwanzar, Grenzland, Nr. 24.6.

II.2.50.
Lanzenspitze

Eisen, FO: Wels
L 23 cm
Linz, OÖLM, Inv.-Nr. B 755

II.2.51
Lanzenspitze

Eisen, FO: Enns
L 11,9 cm
Linz, OÖLM, Inv.-Nr. LZ-260

II.2.52
Pfeilspitze

Eisen, FO: Wels
L 7,2 cm
Linz, OÖLM, Inv.-Nr. B 882

II.2.53
Ortband

Bronze, FO: Enns
L 4,8 cm

Vorderseite in peltaförmiger Durchbruchstechnik gestaltet
Linz, OÖLM, Inv.-Nr. LZ-47

II.2.54
Schwertriemenbeschlag

Bronze, versilbert, FO: Linz
L 9,5 cm,
Beschlag in Spangenform
Linz, OÖLM, Inv.-Nr. B 2056

Lit.: Eckhart, Fundkatalog I, Nr. 606; Schwanzar, Grenzland, Nr. 24.7.

II.2.55
Beschlag oder Phalera? (Militärorden)

Bronze, FO: Enns
Ø 5,8 cm
Rand geriefelt, in der Mitte plastisches Medusenhaupt.
Linz, OÖLM, Inv.-Nr. B 831

Lit.: Eckhart, L., Führer Schloßmuseum, Linz 1964, S. 40

II.2.56
Phalera

Bronze, FO: Enns
Ø 7,5 cm,
Phalera mit plastischem, stark erhabenen Medusenhaupt. Rand mit gravierten Weinranken verziert.
Linz, OÖLM, Inv.-Nr. B 835

Lit.: wie oben

II.2.57
Panzerschuppen

Bronze, FO: Enns
Linz, OÖLM, Inv.-Nr. B 262, B 671

II.2.58
Schwertscheidenbeschlag

Bronze verzinnt, FO: Linz
L 7,5 cm
Darstellung einer nach rechts eilenden Victoria mit Kranz und Palmzweig.
Inv.-Nr. B 672

Lit.: Eckhart, Fundkatalog I, Nr. 205; Schwanzar, Grenzland, Nr. 24.6.

Pferdegeschirr

II.2.59
Beschlag

Bronze, FO: Enns
L 6,5 cm
Pferderiemenzeug, in Durchbruchsarbeit.
Linz, OÖLM, Inv.-Nr. LZ 126

II.2.60
Kettchen mit Anhänger

Bronze, FO: Linz
L 25,2 cm
Linz, OÖLM, Inv.-Nr. B 667

Lit.: Eckhart, Fundkatalog I, Nr. 10, Nr. 322.

II.2.61
Anhänger

Bronze, FO: Enns
L 5 cm
herzförmig, in Durchbruchsarbeit.
Linz, OÖLM, Inv.-Nr. LZ 157

II.2.62
Anhänger

Bronze, FO: Linz
L 5,3 cm
Linz, OÖLM, Inv.-Nr. B 639

Lit.: Eckhart, Fundkatalog I, Nr. 6.

II.2.63
Riemenverteiler

Bronze, FO: Linz
L (insgesamt) 15 cm

Langrechteckiger Laschenbeschlag, in diesen eingehängt gebuckelte Rosette in Radform mit vier Speichen. In den drei restlichen Radvierteln je ein kleiner spitzovaler Laschenbeschlag eingehängt.
Linz, OÖLM, Inv.-Nr. B 666/B 680

Lit.: Eckhart, Fundkatalog I, Nr. 523; Schwanzar, Grenzland, Nr. 24.17.

II.2.64
Zügelführungsring

Bronze, FO: Enns
H 6,6 cm
Linz, OÖLM, Inv.-Nr. B 554

II.2.65
Pferdeschuh

Eisen, FO: Wels
L 21 cm
Linz, OÖLM, Inv.-Nr. 829

II.2.66
Römischer Familiengrabstein *(Abbildung)*

Weißer, grobkristalliner Marmor, FO: Enns
Museumsverein Lauriacum
H 90 cm, B 74,5 cm

In einer flachen Nische finden sich die Brustbilder eines Elternpaares und zweier Kinder. Die Frau trägt römische Tracht, der Mann militärische.
Enns, Museum Lauriacum

Lit.: Ubl, H. J., Pro Austria Romana 33/4-5, 1983, S. 12f; Schwanzar, Grenzland, Nr. 11.1.

Christine Schwanzar

II.3. Die frühmittelalterliche Siedlung im oberösterreichischen Donauraum

Die Baiern an der oberösterreichischen Donau im 7. Jahrhundert

Die baierische Besiedlung erreichte im 7. Jahrhundert den südlichen Donauraum zwischen Inn und Traun. Bei ihrer Landnahme bewegten sich die Baiern auf den noch bestehenden römischen Straßen. Die baierischen Grabfunde bei Leonding, Emling, Annaberg und Brandstatt, Fundstellen entlang der Donau-Limesstraße zwischen AD MAUROS (Eferding) und LENTIA (Linz) bezeugen die Besiedlung des Donautales im frühen Mittelalter. Die jüngsten Ausgrabungen bei Asten/Raffelstetten zeigen, daß frühbaierische Niederlassungen auch entlang der Donau-Limesstraße zwischen LENTIA und LAURIACUM (Enns) bestanden.

Wandtafel 1

Fotomontage: baierische Grabfunde
Rekonstruktion: baierische Krieger- und Frauentracht (Figurinen)

II.3.1–II.3.7
Schaugrab I

Typus eines baierischen Kriegergrabes nach Befunden aus Enns-Ziegelfeld, Grabung 1951.
Im Alter von 30-35 Jahren wurde der Mann innerhalb einer langovalen Steinsetzung aus Flußgeröllen in der bei den Baiern üblichen W-O-Orientierung beigesetzt.

Beigaben:

II.3.1
Zweischneidiges Langschwert (Spatha)
Eisen
erhaltene L 82 cm, Klingenbreite 5 cm,
Griffangel L 13 cm

Fränkischer Spathatypus, stark verbreitet bis in den Norden Europas
Linz, OÖLM, Inv.-Nr. A-8142

II.3.2
Einschneidiges Hiebschwert (Sax)
Eisen
L 77,5 cm, Klingenbreite 4,3 cm

Bei Auffindung Reste eines Holzgriffes beobachtet, ebenfalls Holz- und Lederscheidenreste.
Linz, OÖLM, Inv.-Nr. A-8345

II.3.3
Lanzenspitze
Eisen
L 36 cm, Blattbreite 3,1 cm.
Rhombischer Querschnitt; neben dem Mittelgrat je eine schmale Längsrinne. In der Tülle Holzschaftreste.
Linz, OÖLM, Inv.-Nr. A-8364

II.3.4
Schildbuckel
(Schildrekonstruktion aus Plexiglas)
Eisen, kegelförmig, schmaler Fußrand mit 6 silberplattierten Perlrandnieten.
H des Schildbuckels 12,6 cm, Ø 14,4 cm

Rekonstruktion: Die an den Eisennägeln der Zierinieten durch Eisenrostverbindungen erhaltenen Holzreste ergaben eine Schildstärke von 1 cm.
Durch die Holzuntersuchung wurde festgestellt, daß für den Schild leicht spaltbares und biegsames Tannenholz verwendet wurde. Nach der Lage der im Grabe gefundenen Schildrandziernieten konnte ein Schilddurchmesser von 60–70 cm errechnet werden.
Linz, OÖLM, Inv.-Nr. A-8346

II.3.5
Griffangelmesser
Eisen
erhaltene L 12 cm
Linz, OÖLM, Inv.-Nr. A-8347

II.3.6
Beinkamm (Klappkamm)
L 15 cm
Einreihiger Dreilagenkamm mit Deckleisten
Linz, OÖLM, Inv.-Nr. A-8348

II.3.7
Römische Münze
Im Bereich der linken Unterkieferseite als Obolus
Linz, OÖLM, ohne Inv.-Nr.

Lit.: Karnitsch, P., Das römische Erdkastell und ein spätmerowingisch-frühkarolingisches Kriegergrab in Enns. Forschungen in Lauriacum Bd. 2, 1954, S. 107ff.

Slawische Zuwanderung im Randgebiet des baierischen Herzogtums im 8. Jahrhundert

Slawische Siedlungsgruppen zogen aus den von Awaren beherrschten Gebieten Niederösterreichs in die Regionen nördlich der Donau (Mühlviertel) und in die ebenfalls wenig besiedelten Bereiche des Ennstales. Es waren jene Slawen, die in der Gründungsurkunde von Kremsmünster (777) und in der Puchenauer Urkunde (827) für das Gebiet nördlich der Donau erwähnt werden. Ihre Hinterlassenschaft ist nicht allein in Ortsnamen, sondern auch in typischen Grabfunden zu fassen.

Wandtafel 2
Fotomontage: Slawische Grabfunde
Rekonstruktion: Bäuerliche Männer- und Frauentracht (Figurinen)

II.3.8.–II.3.15
Schaugrab II

Reiche Mädchenbestattung aus dem slawischen Gräberfeld von Auhof bei Perg, nach Grabungsbefunden 1966/67.
2. Hälfte 8. Jh.

Aus dem heidnischen Bestattungplatz stammen mehrere relativ reich ausgestattete Mädchengräber. Von Bedeutung ist das Auftreten von exquisiten, mitunter mehrreihigen Halsketten, bis zu vier Ohrringpaaren und mehreren Fingerringen an beiden Händen. Obwohl der Bestattungsplatz überwiegend noch heidnischen Charakters ist (zahlreiche Speisebeigaben), wird das aufkommende Christentum durch christliche Symbole und zunehmende Beigabenlosigkeit sichtbar. In dem hier gezeigten Grab treffen die beiden Elemente aufeinander.

Beigaben (wegen Fragilität in Repliken)

II.3.8
Halskette

233 Perlen aus Glaspaste, zweireihig, darunter: Mosaikaugenperlen, Mehrfachüberfangperlen, Kreisaugenperlen, Schnitt-, Ring- und Hirsekornperlen.

II.3.9
Kreuzfibel (Brosche)

Aus Bronze gegossen. Gleicharmiges Kreuz mit ausgeschweiften Balken, Eckrundeln und Kerbschnittzier
L 3,6 cm , B 3,6 cm

II.3.10
4 verschiedene Ohrringpaare

Kettchenohrgehänge aus feinstem Kupferdraht mit fünf Hängekettchen und Verschlußschlaufe.
Ein Paar aus verzinntem Kupferblech gepreßt, mit tropfenförmigen Bommeln aus zwei Hälften senkrecht zusammengefügt.
Ein Paar wie vorhin, mit rautenförmigen Bommeln.
Spiralohrringe aus feinstem Kupferdraht

II.3.11
Zwei Armreifen

aus Bronzestab von quadratischem Querschnitt, mit offenen Enden, durch Tremolierstich und Kreisaugen verziert

II.3.12
Zwei Fingerringe

einer aus Silberblech mit eingefaßter grüner Glaseinlage, einer aus Kupferblech mit getriebener Rosette.

II.3.13
Griffangelmesser

Eisen, gut erhaltener Holzgriff und Lederscheide mit sichtbarer Naht
L 12 cm

II.3.14
Holzeimer

mit Eisenreifen und tordiertem Bügel
H 15 cm, Reifen-Ø 10, 13 und 14 cm

II.3.15
Tierknochen

von Hausschwein und Huhn, als Reste der heidnischen Fleischgabe.

Lit.: Tovornik, Vlasta, Die frühmittelalterlichen Gräberfelder von Gusen und Auhof bei Perg in Oberösterreich, Archäologica Austriaca 69, 70, T.1, II, Wien 1985, 1986.

Aus der frühmittelalterlichen Ufersiedlung bei Mitterkirchen, 8. Jahrhundert

Durch archäologische Ausgrabungen der achtziger Jahre konnte eine aus einigen Gehöften bestehende Niederlassung mit einem vom Wohnbereich getrennten Werkstättenbezirk mit Schmiede, Röst- und Rennfeuer und einem Kohlenmeiler erforscht werden. Solche kleine Niederlassungen bewohnten slawische Siedler, deren Bestattungsplätze im unteren Mühlviertel durch bereits erwähnte Fundorte wie Auhof/Perg, Arbing, Gusen, Luftenberg, Windegg, Gallneukirchen, Ottensheim und Pösting bekannt geworden sind.

Wandtafel 3

Fotomontage: Siedlungsfunde und Siedlungskeramik

II.3.16
Zwei Wellenbandtöpfe

Grobe, handgemachte, glimmergemagerte Keramik mit Wellenlinienverzierung (ergänzt)
H 22,5 cm, Ø 22 cm
Linz, OÖLM, Inv.-Nr. A-11.158
H 20 cm, Ø 16 cm
Linz, OÖLM, Inv.-Nr. A-11.144

Wandtafel 4

Karte: Die Frühmittelalterliche Besiedlung des oberösterreichischen Donauraumes
Vlasta Tovornik

II.4. Donaumauten

Die Einhebung einer Zoll (= Maut im südostdeutschen Sprachraum) genannten Abgabe auf die Durchfuhr von Handelswaren als Entgelt für gewährten Schutz sowie zur Erhaltung der Verkehrswege und Brücken war ursprünglich ein königliches Hoheitsrecht, das im Laufe des hohen Mittelalters an das entstehende Landesfürstentum überging. Dieses entwickelte im späten Mittelalter ein protektionistisches und raumordnendes Versorgungssystem, das den Handelsverkehr auf jene Land- und Wasserstraßen lenkte, an denen die landesfürstlichen Städte, Märkte und Mautstätten lagen, und auf diese Weise beträchtliche finanzielle Einnahmen erschloß. Erleichterungen und Befreiungen erlangten insbesondere Klöster und Stifte sowie die landesfürstlichen Städte durch eigene Privilegien; geistliche und weltliche Grundherren durften Waren ihres Eigenbedarfes frei von Mautzahlungen transportieren. Neben den landesfürstlichen bestanden auch landständische und sogenannte Privat-Herren-Mauten wie z.B. der Bischöfe von Passau in Ebelsberg (Traunbrücke) und der Grafen von Schaunberg in Aschach an der Donau. Im Jahr 1755 gab es in Oberösterreich insgesamt 72 Mautstellen. 1775 vereinigte Maria Theresia im Sinne der merkantilistischen Wirtschaftspolitik die Länder Nieder- und Oberösterreich, Steiermark, Kärnten, Krain, Böhmen, Mähren und Schlesien zu einem einheitlichen Grenzzollgebiet, in dem die Binnenmauten abgebaut wurden. Die handelshemmende Wirkung des alten Zollsystems ist besonders daran zu ersehen, daß an der Donau zwischen Ulm und Wien im Laufe der Jahrhunderte fast 60 Mautstätten bestanden haben.

Lit.(Auswahl): Haider, Siegfried, Geschichte Oberösterreichs, Wien 1987; Erler, Adalbert und Kaufmann, Ekkehard (Hg.), Handwörterbuch zur deutschen Rechtsgeschichte 3, Berlin 1984, Sp.399f.; Hoffmann, Alfred, Wirtschaftsgeschichte des Landes Oberösterreich 1. Werden, Wachsen, Reifen, Salzburg 1952; Stolz, Otto, Zur Entstehungsgeschichte des Zollwesens innerhalb des alten Deutschen Reiches, in: Vierteljahrschrift für Sozial- und Wirtschaftgeschichte 41, 1954, S. 1ff.

II.4.1
Bayerisches Grenzzeichen aus Kohlstatt (gegenüber Hinterschiffel im Mühlkreis)

Gußeisen, um 1850
Schild: H 83 cm, B 70 cm
Linz, Finanzgeschichtliche Sammlung im Finanzamt Linz-Urfahr, Z 25

Lit.: Wimmer, Karl, Führer durch die Ausstellung der Finanzgeschichtlichen Sammlung im Finanzamt Urfahr, Linz 1992, S. 4ff.

II.4.2
Raffelstettner Zollordnung, 904/06

Abschrift Mitte 13. Jh.
München, Bayerisches HStA, HL Passau 3, fol. 58v-59r.
Foto: München, Bayerisches HStA

Lit.: Rechtsquellen der Stadt Linz 799 – 1493, hg. von Mayrhofer, Fritz (Fontes rerum Austriacarum III/11), Wien-Köln-Graz 1985, S. 69ff.; Wolfram, Herwig, Die Geburt Mitteleuropas, Wien 1987, S. 307.

II.4.3
Fragment eines Einnahmenverzeichnisses der Linzer Maut, um 1260–1270

Linz, OÖLA, Neuerwerbungen Bd. 70 Nr. 4
Foto: OÖLA

Lit.: Eheim, Fritz, Ein Linzer Mautverzeichnis aus der Mitte des 13. Jahrhunderts, in: HistJbLinz 1957, S. 351ff.

II.4.4
Mautordnung für die Donaumauten Linz, Mauthausen, Ybbs und Stein, 1604

München, Bayerisches HStA, Landshuter Abgabe 1979, Rep. 24, Fasz.17 Nr. 84
Foto: München, Bayerisches HStA

Lit.: Vangerow, Hans-Heinrich, Linz und der Donauhandel des Jahres 1627, in: HistJbLinz 1962, S. 229ff.

II.4.5
Tafel „Zollamt Engelhartszell" mit Staatswappen der Republik Österreich

Blech, 1918
H 110 cm, B 68 cm
Linz, Finanzgeschichtliche Sammlung im Finanzamt Linz-Urfahr, Z 22

II.4.6.a
Prospect des K.K. Mauthauses zu Engelszell von Norden gegen Süden anzusehen, gezeichnet von Ing. Charles A. Heyss, 1768

II.4.6.b
Lageplan mit Donaulauf zwischen Jochenstein und Kloster Engelszell, mit Landesgrenzen und dem Markt Engelhartszell, gezeichnet von Ing. von Brouck, 1768

2 kolorierte Federzeichnungen auf einem Blatt
H 53,5 cm, B 76 cm
Wien, ÖStA, Hofkammarchiv, Karten und Pläne Inv.-Nr. Ra 625/6

Lit.: siehe II.4.8.

II.4.7
Ladekran für die Mautabfertigung in Engelhartszell, 1776

kolorierte Federzeichnung von Ing. Matthias Hepp
H 48 cm, B 64,5 cm
Wien, ÖStA, Hofkammerarchiv, Karten und Pläne Inv.-Nr. F 372/4

Lit.: siehe 2.4.8.

II.4.8
Sperr-Maschine auf der Donau in Engelhartszell (zur nächtlichen Sperre des Flusses für Schmuggler), **1778**

Aquarell
H 39 cm, B 29 cm

Wien, ÖStA, Hofkammerarchiv, Karten und Pläne Inv.-Nr. F 372/5

Lit.: 1000 Jahre Oberösterreich – Das Werden eines Landes, Ausst.-Kat. Wels 1983, S. 275f. Nr. 14.41 und 42.

II.4.9
Karte der Mautstätten an der bayerisch-österreichischen Donau und ihren Nebenflüssen (vom Mittelalter bis in das 18. Jh.)

Nach der Zusammenstellung von Ernst Neweklowsky entworfen von Siegfried Haider, Ausführung: Marianne und Günter Winkler.
Lit.: Neweklowsky 1, S. 417f. und 3, S. 186ff.

II.4.10
Österreichisches Grenzzeichen aus Neustift im Mühlkreis, kleine Ausführung
Gußeisen, nach 1836
Schild: H 63 cm, B 48 cm
Linz, Finanzgeschichtliche Sammlung im Finanzamt Linz-Urfahr, Z 23

Siegfried Haider

II.5 Handel auf der Donau

Die Talfahrt

Bis zum Aufkommen der Eisenbahnen waren die Wasserwege die weitaus billigsten Transportwege. Billig war vor allem die Fahrt flußabwärts. In Fließrichtung konnten die Güter ohne wesentlichen Energieaufwand transportiert werden, auch wenn zahlreiche natürliche Hindernisse im Fluß die Fahrt gefährlich und risikoreich machten. Am Zielort wurden Flöße und Schiffe meist als Brennholz verkauft. Man machte sich zu Fuß auf den Heimweg, baute neue Schiffe und Flöße. Eine neue Talfahrt konnte beginnen.

Wasserstraße als Handelsweg

Die Vielfalt der beförderten Waren war groß: zu den aus Westeuropa und über die Alpenpässe importierten Luxusgütern kamen Massengüter aus heimischer Produktion: Holz, Salz, Steine, Lebensmittel, Sensen, Sicheln, Messer, Werkzeuge, Waffen, Leinwand und Tuch... Verpackt waren die Waren in Fässern, Säcken und Ballen.

RS

II.5.1
In einem Faß verpackte Sensen *(Abbildung)*
H 100 cm, B 60 cm
Ca. 500 Sensen in einem Weichholzfaß (nicht mehr original)
Steyr, Museum der Stadt, Inv.Nr. F-16945

RS

Die Bergfahrt

Die Bergfahrt mit Ruderschiffen war teuer und aufwendig. Ursprünglich wurden die Schiffe von Menschen stromaufwärts gezogen. Um 1350 begann man vermehrt, Pferde dazu zu verwenden. Die Bergfahrt eines Schiffszuges bedeutete einen gewaltigen Aufwand: Die Zugleistung wurde von bis zu 60 Pferden erbracht. Zahlreich war die Schiffsmannschaft, noch umfangreicher die Zahl der Reiter, Reitknechte, Treiber und Seilaufleger zu Land.

RS

II.5.2
Komplettes Pferdegeschirr für das Zugpferd eines Schiffzuges: Sattel, Pferdedecke, Siel, Riemen mit Seil, Kummet mit Klesterholz

Linz, OÖLM

RS

II.5.3
Schiffsreiterpeitsche

Holzstiel mit Ledergriff und Schlaufe, aus Leder geflochtener Peitschenteil, 19. Jh.
L 130 cm
Peitsche von einem Reitzeug eines Schiffreiters.
Mauthausen, Heimatmuseum, Inv.Nr. 39

KL

Schiffpferde – Schiffleute

Auf das Hauptschiff, die „Hohenau", folgte, durch Seile verbunden, die „Nebenbei", dann der „Schwemmer" und der „Schwemmer-Nebenbei". Zu einem Schiffszug gehörten noch zahlreiche kleinere Schiffe und „Plätten", die das Seil über Wasser zu halten, Pferde und Mannschaft bei einmündenden Flüssen oder unpassierbaren Hindernissen über den Strom überzusetzen und auch wieder talwärts zu transportieren hatten. Mitgeführt wurden auch Mutzen zum Transport der mehrere Tonnen schweren, bis zu 700 m langen und 8 bis 9 cm starken Seile, ein Kuchlschiff, einige Plätten für die persönliche Habe der Mannschaft, für Futter und sonstigen Bedarf und eine „Waidzille" als Rettungsboot. Maximal 400 bis 500 Tonnen Last konnten befördert werden. Die Strecke Wien–Passau konnte in drei bis fünf Wochen bewältigt werden.

II.5.4
Prospect Eines completen Chur-Bayerischen Salz-Schif-Zuges *(Abbildung)*

Fotoreproduktion (Or. 19. Jh., Regensburg, Museum der Stadt, L 316 cm, H 33 cm)

RS

Der Salzweg

Die Salzbergbaue waren auf den Wasserweg angewiesen. Der Großteil des in den alpenländischen Salinen gewonnenen Salzes wurde auf der Donau und ihren Nebenflüssen Inn und Traun abtransportiert. An den Ladstattorten entlang der Donau wurde einerseits der lokale Bedarf gedeckt, andererseits dort das Salz für den Weitertransport in die wichtigen Absatzgebiete Böhmen und Mähren umgeladen. Das Salz aus dem oberösterreichischen Salzkammergut gelangte auf der Traun nach Linz-Zizlau und von hier einerseits auf dem Donauweg weiter nach Niederösterreich, andererseits auf dem Landweg über Freistadt nach Böhmen. Die Schwierigkeit des Landtransportes von Salz war ausschlaggebend für den immer wieder vorgetragenen Wunsch nach einem leistungsfähigen Verkehrsweg von der Donau zur Moldau. Salz deckte etwa die Hälfte des Frachtaufkommens der 1832 statt einer nicht realisierbaren Kanalverbindung eröffneten Pferdeeisenbahn Linz–Budweis.

Das Salz wurde in Holzfässern (Küfeln) transportiert. Die zu bewältigenden Mengen waren für die im heutigen Österreichischen Bundesgebiet gelegenen Salzbergbaue mit etwa 50000 bis 100000 Tonnen anzunehmen. Das war für die damalige Zeit sehr viel, auch wenn es sich nach heutigen Maßstäben sehr gering ausnimmt.

RS

II.5.5
Modell eines Salztrauners

Holzmodell (Weißbuche), um 1900
Boots-L 63 cm, Ruderlänge 54 cm

2 Steuerruder, Standfläche für 2 Steuermänner in der Mitte des Bootes. Mit diesen Booten wurde Salz aus dem Salzkammergut bis Mauthausen auf der Traun transportiert, daher der Name Salztrauner. Das Salz selbst wurde in Fässern verschifft.
Mauthausen, Heimatmuseum, Inv.Nr. 48
KL

Der Eisenweg

Für die Eisenindustrie war es ein unschätzbarer Vorteil, für den Vertrieb wie für die Rohstoffzufuhr den Wasserweg zur Verfügung zu haben. Die alpenländische Eisenindustrie war bis ins 19. Jahrhundert auf die zahlreichen Flußoberläufe und kleinen Bäche verteilt. Sie nutzte deren Kraft zum Antrieb der Hämmer und Blasbälge. Erst im späten 19. Jahrhundert und vor allem im 20. Jahrhundert rückten die Eisenwerke immer mehr in Richtung Donau. Auf dem Wasserweg kam das steirische Eisen an die Donau und wurde von da im Land und in die Länder der böhmischen Krone, ins Baltikum, nach Ungarn und Rußland und den Nahen Orient verteilt. Andererseits stand ihm donauaufwärts der Weg zu den großen süddeutschen Verbrauchszentren offen, aber auch weiter nach Westeuropa und Übersee.
Wichtige Leg- und Handelsorte für Eisen von Steyr aus waren in Oberösterreich Enns, Wels, Linz und Freistadt, in Niederösterreich Ybbs, Emmersdorf, Melk, Krems, Korneuburg und Wien.
RS

II.5.6
Auswahl von Eisenwaren aus dem Altenwörther Schiffsfund

1975 wurden in Althenwörth die Überreste eines in den zwanziger Jahren des 19. Jahrhunderts gesunkenen Donauschiffs, das mit einer Ladung von insgesamt ca. 15 Tonnen auf dem Weg nach Südosteuropa war, entdeckt. Das Schiff mit dem Fund gibt einen vorzüglichen Überblick über die damals auf der Donau gehandelten Eisenwaren: Hämmer, Bohrer, Beiß- und Flachzangen, Scheren, Schraubstöcke, diverse Messer- und Säbelklingen, Nägel, Ahlen, Klampfen, Maultrommeln, Sägeblätter, Bleche, Bandeisen, Draht...
Die vielfältigen Eisenprodukte, ob Halbfabrikate oder Fertigwaren, wurden meist in Fässern verpackt. Zu den wichtigsten Exportprodukten zählten die Sensen.
Krems, Historisches Museum der Stadt, Inv.Nr. MK 620ff.

Lit.: Hundsbichler, Helmut, Der Schiffsfund von Altenwörth, 1. Teil. Vorläufiger Bericht, in: Mitteilungen des Kremser Stadtarchivs 15/16, 1975, S. 203–234; Erz und Eisen in der Grünen Mark, Ausst.Kat. Graz 1984, Nr.13a/5.
HH/RS

Der Holzweg

Das weitaus wichtigste unter den Produkten, die früher auf der Donau befördert wurden, war das Holz. Die Großstadt Wien war im 18. Jahrhundert zum größten Markt für Brennholz in Österreich geworden.
Das Holz wurde auf den kleinen Nebenflüssen geschwemmt, auf den großen und dem Hauptstrom geflößt oder mit Schiffen transportiert. Die Schiffe wurden am Zielort meist zerlegt und als Brennholz verkauft. Wien benötigte um die Mitte des 18. Jahrhunderts etwa eine halbe Million Raummeter Holz im Jahr, um die Mitte des 19. Jahrhunderts etwa eine Million. Ein Viertel davon konnte im westlichen und südlichen Wienerwald aufgebracht werden. Die restlichen drei Viertel wurden auf dem Donauweg herangeschafft. In der zweiten Hälfte des 19. Jahrhunderts ging der Brennholzhandel auf der Donau unaufhaltsam dem Ende zu.

Besonders wichtig war die Holzbringung aus dem Mühl- und Waldviertel. Die in der zweiten Hälfte des 18. Jahrhunderts auf den Mühlviertler Donauzuflüssen eingerichteten Triftanlagen dienten fast ausschließlich der Brennholzversorgung von Wien.

RS

II.5.7
Holzfloß

Modell, Holz, um 1850
L 50 cm
Krems, Historisches Museum der Stadt,
Inv. Nr. P 527

Lit.: Neweklowsky 2, S. 249

RS

II.5.8
Innungszeichen der Flößer *(Abbildung)*

Blechschild in Glaskasten, 1831
H 56,5 cm, B 85,5 cm, ⌀ 10 cm

Beiderseits bemalter Blechschild: das eine Bild zeigt Wels mit der alten Holzbrücke und einem Teil der Schiffslände, Holzstapel am Ufer und Flöße an der Schiffslände mit Flößern und Holzhändlern. Das Bild auf der Gegenseite bringt eine Darstellung des Greiner Strudens, der gerade von einem Floß durchfahren wird. Aufschrift: „Der Flößer Gesellschaft gewidmet 1831".
Wels, Stadtmuseum, Inv.Nr. 28829

RS

Der Steinweg

Städte sind Steinhaufen: Pflastersteine, Randsteine, Mauersteine, Steinplatten, Säulen, Denkmäler... Der Bedarf Wiens an Steinen und Baumaterial war riesig und nahm vor allem im 19. Jahrhundert stark zu. Der größte Teil der in Wien verbauten und verlegten Steine wurde auf dem Donauweg angeliefert, aus Steinbrüchen im Wienerwald, in der Wachau, in Oberösterreich und Bayern: Geschätzt waren der zwischen Nußdorf und Greifenstein abgebaute „Wiener Sandstein", die zahlreichen Granitvorkommen entlang der Donau, die Plattenkalke aus dem Raum Solnhofen-Eichstätt... Im 19. Jahrhundert wurde der Mühlviertler Granit zum Inbegriff des Wiener Pflastersteins.

Die Granitwerke hatten bis zum Ersten Weltkrieg eine kleine Flotte von Donaukähnen. Nach dem Ersten Weltkrieg verloren Steine als Baumaterial und Straßenbelag immer mehr an Bedeutung. Der Steintransport auf der Donau wurde mehr und mehr durch Eisenbahnen und Lastkraftwagen ersetzt.

RS

II.5.9
Bierglas

Farbloses Preßglas, facettiert, abgesetzter Fußrand, Zinndeckel mit Porzellaneinsatz, dat. 1882,
FO: Au/Donau
H 19 cm

Darstellung eines Floßes mit Wohnzelt, acht Ruderer an den Schmalseiten. Spruch: „Hoch lebe die Schiffahrt", Besitzername: Anton Gasselseder. Auf der Wandung Klebebild mit Goldumrandung „Ball auf der Alm". Typisches Stammglas eines Flößers.
Mauthausen, Sammlung K. Lettner

KL

II.5.10
Walzenkrug

Majolika, 1821
H 18,5 cm, ⌀ 12,5 cm

Beladenes Salzschiff auf der Traun mit fünf Schiffleuten, „Fünf Schiffleut auf a Fuhr sand just recht / A Stoira, a Fahra und dazu drey Knecht. / Wann mir san bey Bier und Wein / Da wollen mir tapferne Schiffleut sein"
Linz, OÖLM, Inv.Nr. F 10.563

RS

II.5.11
Walzenkrug

Majolika, Ende 18. Jh./Anfang 19. Jh.
H 20,8 cm ⌀ 11,8 cm
Treiberzug auf der Traun
Linz, OÖLM, Inv.Nr. F 10.565

RS

II.5.12
Birnkrug

H 22 cm, ⌀ 13 cm
Salzzille mit zwei Schiffleuten und drei Mädchen
Wien, ÖMV

RS

II.5.13
Birnkrug

1779
H 24 cm, ⌀ 15cm
Beladenes Salzschiff
Vöcklabruck, Heimathaus

RS

II.5.14
Zylindrischer Glaskrug

Glasschliff, um 1830
H 14,5 cm, ⌀ 9,3 cm
Eine Scheiterfuhr mit dem Naufergen und acht Schiffleute
Linz, OÖLM, Inv.Nr. F 10.827

RS

II.5.15
Walzenkrug

Majolika, Ende 18. Jh./Anfang 19. Jh.
H 20 cm, ⌀ 12 cm
Zille, aus der Scheiterholz ausgeladen wird
Linz, OÖLM, Inv.Nr. F 10.564

RS

II.5.16
Zinnteller der Zunft der Schiffer und Fischerleute in Ingolstadt, 1737

⌀ ca. 30 cm

Der Teller zeigt in der Mitte einen Flußkrebs und 2 Fische, seitlich davon ein Donauschiff und Boot. Ingolstädter Stadtmarke. Umschrift: Martin Kreutz / Herbergsvater – das ehr. Zunft der Schiffer und Fischerleith / in Ingolstadt.
Ingolstadt, Stadtmuseum

SH

II.5.17
Lostrommel der Regensburger Fischer- und Schifferzunft

Birnbaumholz, Messing, Glas, bemalt, 1799
H 54 cm, B 34 cm, T 38 cm

Die auf vier geschweiften Füßen ruhende achteckige Lostrommel wurde 1799 von Johann Christoph Naimer, Vorsteher der Regensburger Fischer- und Schifferinnung, gestiftet. Fortan sollte der jährliche Streit der Fischer um die besten Fangplätze mit dem Los entschieden werden. Die Gläser zwischen den Speichen sind mit dem Reichsadler, dem Stadtwappen und mit Fischereiemblemen bemalt. Die nur noch teilweise identifizierbaren Darstellungen auf den Gläsern des Trommelumlaufs zeigen mythologische Szenen mit Flußgöttern sowie die Inschrift: „Glück auf! Gott geb uns Glück! Dies wünscht / ein jeder sich, Der hier sein Loos erwartet. Ich aber / freue mich wann's jeden Meister trifft, / Daß er damit zufrieden. Mit dem, was ihm durch / Glück und Zufall wird beschieden".
Regensburg, Museum der Stadt, Inv.Nr. AB 200

Lit.: Hupp, Otto, Das Rathaus zu Regensburg, Regensburg 1910, S. 153.

ET

II.5.18
Zunftstange der Schiffer und Flößer

Holz, teilweise farbig gefaßt, um 1500

Die Zunftstange zeigt den hl. Petrus und das Wappen wohl der Schiffer und Flößer mit gekreuztem Paddel und Fischerhaken auf der Vorder- und einem entsprechenden Wappen auf der Rückseite.
Ingolstadt, Stadtmuseum SH

II.5.19
Der hl. Nikolaus kommt den bedrängten Schiffsleuten zu Hilfe
Öl auf Leinwand, Schüler des Martin Johann Schmidt
H 63,5 cm, B 36,5 cm
Herzogenburg, Augustiner Chorherrenstift
Lit.: Herzogenburg, Nr.111.

AS/KV

II.6 Die Donau im industriellen Zeitalter – Schiffahrt und Schiffbau

Schiffahrt

Der europäische Südosten befand sich verkehrsmäßig noch im Stadium des Saumpfades und der Karawanenrouten, als 1829 die „Erste kk. priv. österreichische Donau-Dampfschiffahrtsgesellschaft" gegründet wurde. Ungeheure Pionierleistungen erschlossen den Weg zur Donaumündung, nach Konstantinopel und dem östlichen Mittelmeerraum. Die Donauschiffahrt wurde auch zu einem Instrument der Großmachtpolitik des österreichischen Kaiserreiches im Vorderen Orient. Große Schiffahrtshindernisse bestanden noch im Kataraktenabschnitt des „Eisernen Tores" und auf der oberen Donau im Greiner Struden. Erst 1837 konnte nach neuerlicher Felssprengung im letzteren Bereich der Dampfschiffverkehr auf der oberen Donau aufgenommen und ein Liniendienst von Regensburg über Linz, Wien und Budapest bis nach Odessa und in die Levante eröffnet werden. Indessen hatte sich die österreichische Seefahrts- und Handelspolitik besonders dem Adriahafen Triest zugewendet, wo der 1832 gegründete „Österreichische Lloyd" große Anfangsschwierigkeiten hatte. Nachdem die DDSG ihre Seeschiffe und die dem Seeverkehr in der Levante dienenden Einrichtungen dem Lloyd abgetreten hatte, stieg dieser zur größten Dampfschiffahrtsreederei des Mittelmeeres auf. Die DDSG selbst wuchs zur größten Binnenreederei der Welt empor.

Im fünfzigsten Jahr ihres Bestehens verfügte die DDSG über 188 Dampfschiffe, 850 Güterkähne und Spezialfahrzeuge sowie über eigene Werften (Altofen, Turnu-Severin und Korneuburg), über eigene Kohlenbergwerke, Eisenbahnlinien, Werkssiedlungen und einen eigenen Postdienst. Der Beschäftigtenstand erreichte mehr als 12.000 Mitarbeiter, das Liniennetz auf der Donau und ihren Zuflüssen 4.104 km. Die Flottenstärke der österreichisch-ungarischen Monarchie umfaßte vor dem Ersten Weltkrieg 75 Prozent aller auf der Donau verkehrenden Dampfschiffe und 85 Prozent aller Güterkähne. Allein in Wien, Budapest und Linz wurden mit rund 5 Millionen Tonnen gleichviel Güter umgeschlagen wie in den österreichischen Seehäfen an der Adria.

Die österreichische Donauschiffahrt, repräsentiert vor allem durch die DDSG, erlitt nach dem Ersten und Zweiten Weltkrieg ungeheure Verluste an Schiffen, Anlagen- und Vermögenswerten. Im Rahmen des wirtschaftlichen Wiederaufbaues Österreichs setzten mit dem Übergang vom Dampfschiff zum Motorschiff sowie vom traditionellen Schlepper- und Zugverband zum Schubverband entscheidende Modernisierungs- und Expansionsphasen ein. In der Personenschiffahrt vollzog sich ein Wandel von der einst linienmäßigen Postschiffahrt zum Ausflugsverkehr. In jüngster Zeit hat sich durch die Kombination mit dem Radtourismus entlang des Stromes eine zusätzliche Komponente entwickelt.

Im Durchschnitt der letzen Jahre vor der Jugoslawienkrise wurden von der DDSG etwa 3 Millionen Tonnen Güter und 450.000 Personen befördert. 1992 umfaßte der Flottenstand unter der Flagge „Rot-Weiß-Rot" 28 Motorgüterschiffe, 7 Motortankschiffe sowie 168 Güter- und Tankkähne, zum Großteil mit Schubeinrichtungen ausgestattet bzw. reine Schubleichter und Tankschubleichter. Die Passagierschiffflotte zählte 12 Einheiten, darunter 2 Kabinenschiffe.

Schiffbau

Ein Charakteristikum für die Geschichte von Schiffahrt und Schiffbau an der Donau ist die ausgeprägte Eigenständigkeit der Schiffsformen, bedingt unter anderem durch die Barriere des Kataraktenabschnittes („Eisernes Tor"), der die obere und mittlere Donau bis ins vorige Jahrhundert von der See- und Küstenschiffahrt trennte. Die ersten Dampfschiffe wurden noch aus Holz hergestellt. An der oberen Donau baute der Linzer Schiffmeister Ignaz Mayer auf seiner Werft das erste eiserne Frachtschiff. Die seinerzeit größte Werft an der Donau gründete 1835 die DDSG in Altofen (Budapest). Die Linzer Werft begann ebenfalls bald mit dem Bau von Dampfschiffen. In Korneuburg errichtete 1852 die DDSG zunächst nur eine Reparaturwerft. Der österreichische Schiffbau nahm nach dem Ersten Weltkrieg eine führende Stellung in der Entwicklung von Motor-, Zug- und Motorgüterschiffen ein.

Nach 1945 war die Werft Korneuburg der Besatzungsmacht unterstellt. Im Anschluß an den österreichischen Staatsvertrag wurden die beiden Donauwerften zur Österreichischen Schiffswerften AG Linz – Korneuburg vereint. Eine entscheidende Neuentwicklung im österreichischen Schiffbau war das System der Sektionsbauweise. Fluß-See-Schiffe und Luxus-Kabinenschiffe wurden zu einem wichtigen Exportfaktor.

Von 1840 bis 1990 wurden in den Werften Linz und Korneuburg rund 2300 Schiffe vom Stapel gelassen. Die Umstände, daß in den EG-Ländern der Schiffbau staatlich hoch subventioniert wird und der Verlust der Ostmärkte haben in jüngster Zeit die Werften an der österreichischen Donau stark getroffen. Das internationale Ansehen der österreichischen Schiffbautechnik ist jedoch ungebrochen. Der Werftbetrieb ist nun auf Linz konzentriert.

II.6.1
Biedermeier-Bierglas

mit Zinndeckel, vergoldet und bemalt mit Abbildung des DDSG-Dampfers „Stephan" (1841 erbaut auf der Werft Altofen/Budapest). Im Hintergrund Klosterneuburg.
Privatsammlung

II.6.2
Biedermeier-Zierglas

Mit der Ansicht des DDSG-Dampfers „Maria Anna" und einer Stadtansicht von Linz, 1837/38

Mit der „Maria Anna" traf am 17. September 1837 erstmals ein DDSG-Dampfschiff in Linz ein. Einen Monat später legte der erste bayerische Dampfer, von Regensburg kommend, bei der oberösterreichischen Landeshauptstadt an.
Linz, Stadtmuseum – Nordico

II.6.3
Frachtbrief

Papier, 1850
28 x 22 cm
Wien, DDSG

II.6.4
DDSG-Motorgüterschiff „Greifenstein"

Kunststoff- und Metallmodell, Modellbau Pointner
Linz, 1974
L 94 cm, B 9 cm

Die Greifenstein wurde 1974 in Linz vom Stapel gelassen.
Linz, ÖSWAG HOLDING AG, Bau Nr. 1237

II.6.5
DDSG-Raddampfer Österreich

Modell, Karl Szanwald, Regensburg
H 48 cm, L 156 cm, B 46 cm
Wien, DDSG

II.6.6
DDSG-Motor-Fahrgastkabinenschiff „Theodor Körner"

Modell, Schiffswerft Korneuburg
H 67 cm, L 205 cm, B 67 cm

Das 1965 erbaute Schiff Theodor Körner war viele Jahre hindurch das Flaggschiff der „Weißen Flotte".
Wien, DDSG

II.6.7
DDSG-Dampfer Maria Anna

Modell
H 40 cm, L 115 cm, B 26 cm
Orth a. d. Donau, Donaumuseum

II.6.8
Steuerrad

H 110 cm
Linz, DDSG-Cargo GmbH

Franz Pisecky

II.7 Industrie am Strom – Donauhäfen

Die günstigen Transportmöglichkeiten für Rohstoffe und Erzeugnisse sowie die Ausnutzung der Wasserkraft – zunächst im Mündungsbereich der Donauzuflüsse – haben bereits im 19. und frühen 20. Jahrhundert zu einer starken industriellen Konzentration im österreichischen Donauraum geführt, auf den sich heute mehr als zwei Drittel der österreichischen Siedlungs- und Industriekapazität vereinen. Die Donau liefert der Industrie dringend benötigtes Nutzwasser. Allein für die Herstellung einer Tonne Rohstahl werden 160 Kubikmeter Wasser für Kühlzwecke gebraucht. Einst war auch die als nahezu unbeschränkt angenommene Abwasserabfuhr eine Komponente für die Standortwahl am Strom. Die hat sich jedoch grundlegend geändert. Gerade der industrielle Ballungsraum Linz ist entscheidend dafür, daß die oberösterreichische Industrie bis 1995 mehr als 10 Milliarden Schilling für Maßnahmen der Wasserreinhaltung und des Umweltschutzes aufgebracht haben wird; dies entspricht rund einem Viertel der gesamtösterreichischen Aufwendungen.

Die transportpolitische Dynamik im Kreuzungsfeld der Wasserstraße mit kontinentalen Verbindungen von Schiene und Straße ist für die Donauverbundenheit der oberösterreichischen Wirtschaft und ihre Industriestruktur ausschlaggebend. Obwohl das Bundesland flächen- und bevölkerungsmäßig etwa ein Siebentel Gesamtösterreichs umfaßt, nimmt es mit einem Fünftel an der österreichischen Industrieproduktion und einem Viertel an der Exportkapazität Anteil. Trotzdem erbringt Oberösterreich nach wie vor rund ein Viertel der agrarwirtschaftlichen Produktion.

Donauhäfen

Im 19. und frühen 20. Jahrhundert fand der Güterumschlag vorwiegend an Länden statt. In Linz konzentrierte sich der Donauumschlag zunächst vor allem am Brückenkopf, wo nach der Eröffnung der Pferdeeisenbahn Gmunden-Linz-Budweis der erste „Hafenbahnhof" entstand.

Erst nach der großen Donauregulierung wurden um die Jahrhundertwende in Linz und Wien leistungsfähige Umschlagsländen geschaffen.

Die Errichtung von Hafenbecken plante man erst nach dem Ersten Weltkrieg. Realisiert wurden die heutigen Hafenbecken in Linz, Krems und Wien in den vierziger und fünfziger Jahren. Die endgültige Verlagerung der Güterbewegung und -lagerung dorthin erfolgte unter dem Eindruck des großen Hochwassers von 1954. Der umschlagmäßig größte Donauhafen Österreichs, der Werkshafen der Voest-Alpine, nahm ein Jahrzehnt später den Betrieb auf.

An der Ennsmündung entsteht in Zusammenarbeit zwischen Ober- und Niederösterreich ein neues Industriehafenzentrum.

Der österreichische Donau-Gesamtumschlag erreichte vor dem Ausbruch der Balkankrise 8,2 Millionen Tonnen, wobei allein 5,45 Millionen Tonnen auf die Häfen in Linz entfielen, das mit Ausnahme der Mündungshäfen der viertgrößte Umschlagplatz am Strom ist.

Waren die Binnenhäfen bis vor kurzem überwiegend Umschlagplätze für Massengut wie Kohle, Erze oder Mineralölprodukte, so werden sie immer mehr Zentren des Universalverkehrs bzw. Knotenpunkte des kombinierten Verkehrs zwischen Schiffahrt, Schiene und Straßentransport, wodurch auch der Stückgutumschlag wieder an Bedeutung gewinnt.

Infolge des Rhein-Main-Donau-Verkehrs nimmt man bis zum Jahr 2000 für Österreich eine Verdopplung der Hafenumschläge an, allerdings unter der Voraussetzung, daß sich das Transportgeschehen aus und in Richtung Ost- und Südosteuropa normalisiert. Überlastungen der Fernverbindungen von Schiene und Straße können durch die Güterbeförderung auf dem Wasser gemildert und die Transitprobleme auf umweltfreundlichere Weise bewältigt werden.

Franz Pisecky

II.8 Wein

Wein war nicht nur ein wichtiges Transportgut auf der Donau, der Weinbau an der Donau spielte wirtschaftlich und auch gesellschaftlich eine bedeutende Rolle in der Primärproduktion. Viele Gemeinden lebten lange Zeit vorwiegend von der Weinerzeugung, im Mittelalter waren etwa 75 Prozent der Kremser und Steiner Bevölkerung Weinhauer.

Schon früh findet der Weinbau Erwähnung, eine Textstelle der Vita Sancti Severini gibt über den spätantiken Weinbau Auskunft. Mit der Christianisierung, die von Klöstern aus erfolgte, wurde auch der Weinbau im Donautal, besonders in der Wachau ausgebaut, da Wein für liturgische Zwecke (Meßwein), aber auch für die klösterliche Tafel nicht wegzudenken ist. Viele klösterliche Lesehöfe in der Wachau, aber auch in Wien geben davon Zeugnis.

Die Arbeit der Weinbauern, die erstmals in Krems 1112 erwähnt werden, wurde bald zünftisch organisiert, es gab ebenfalls in Krems 1477 die älteste Winzerzunft Österreichs. Das Weinbaugebiet ging regional über die heutige Anbaufläche hinaus, vereinzelte Ortnamen (z. B. Weingarten) erinnern daran, daß vor der großen Klimaverschlechterung um 1300 (der sogenannten kleinen Eiszeit) auch in Oberösterreich und sogar in Bayern Weinbau betrieben wurde. Das mit dem Weinbau verbundene Brauchtum, vor allem in der Zeit der Weinlese, bei der Weinbereitung und dem Ausschank soll durch verschiedene Gegenstände ebenfalls angedeutet werden.

II.8.1
Zwei Rebmesser

Eisen, FO: Enns
L 20 cm
Linz, OÖLM, Inv.Nr. B 260

Eisen, FO: Wels
L 24 cm
Linz, OÖLM, Inv.Nr. D 1553

II.8.2
Becher mit Trinkspruch

Barbotintechnik, 3. Jh.
H 15 cm, ⌀ 11 cm
Linz, OÖLM, Inv.Nr. FP 933/51

II.8.3
Weinkanne

Bronze, 1. Hälfte 2. Jh.
H 17,5 cm, ⌀ 10,5
Linz, OÖLM, Inv.Nr. 1899

II.8.4
Dionysusstatuette, Bruchstück einer Votivtafel

Marmorfragment, 2./3. Jh.
H 36,5 cm, B 24 cm, T 5 cm
Szombathely Savaria Múzeum, Inv.Nr. 64.11.1

II.8.5
Formschüssel

feiner, rotbrauner Ton, Pacatus von Aquincum, 2. Hälfte 2. Jh., FO: Aquincum (Budapest, III. Bezirk)
H 6,5 cm, ⌀ 10–21,3 cm

Eingestempeltes Muster: Weintrauben, Ranken, Vögel, Weinblatt, Masken, Pacatus Namenstempel in „retro"-Form eingeritzt.
Budapest, Historisches Museum der Stadt, Römische Abteilung, Inv.Nr. 60521

II.8.6
Zweihenkelige Amphora

Hellbrauner Ton, orangebrauner Überzug, FO: Wien, Oper
Wien, KHM, Antikensammlung, Inv.Nr. IV 1302

II.8.7
Das Weinmaß von Bruck (Hemina)

Bronze, 1492
H 18,7 cm, ⌀ 12 bzw. 15,5 cm, 4,345 kg
Die Hemina ist eine alte Maßeinheit für flüssige Hohlmaße und entspricht in etwa einem Seitel. In den Ordensregeln der Klöster bildet die Hemina das Grundmaß mönchischen Weinkonsums.
Znojmo, Jihomoravské Muzeum Inv.Nr. R 425.

II.8.8–II.8.12
Verschiedene historische Arbeitsgeräte

Zu den ersten Arbeiten im Weingarten zählt das Zurückschneiden der Reben, wofür man seit der Römerzeit das Rebmesser verwendete. Erst in der zweiten Hälfte des 19. Jahrhunderts wurde diese Arbeit durch die Erfindung der Rebschere wesentlich erleichtert. Mit Hauen, dem wichtigsten Arbeitsgerät der Weinhauer, wurde die Erde zwischen den Rebstöcken aufgelockert. Zum Aufgraben des Bodens verwendete man Grabgabeln. Das Einschlagen der die Rebstöcke stützenden Holzpflöcke erfolgte mit dem Steckenschlaghammer.

II.8.8
Drei Rebmesser und ein Feitl

L 23 cm, 24 cm, 25 cm
Krems-Weinzierl, Weingut Lehenhof, Karl Ditz

II.8.9
Zwei Rebscheren

L 20 cm

Dieses Gerät, das von dem Kremser Werkzeugschmied Johann Keusch 1849 erfunden wurde, vereinfachte den so wichtigen Rebschnitt erheblich und löste das alte Rebmesser ab.
Krems-Weinzierl, Weingut Lehenhof, Karl Ditz

II.8.10
Drei Weingartenhauen

L 93–96 cm
Krems-Weinzierl, Weingut Lehenhof, Karl Ditz

II.8.11
Zwei Grabgabeln

L 78 cm, Zinken-B 24 cm, L 123 cm, B 23 cm
Krems-Weinzierl, Weingut Lehenhof, Karl Ditz

II.8.12
Steckenschlaghammer

L 28 cm, B 16 cm
Krems-Weinzierl, Weingut Lehenhof, Karl Ditz

II.8.13
Spritzbutte-Injektor

Zum Bekämpfen der Schädlinge (die Reblaus trat erstmals 1868 auf) spritzte man mit Kupfervitriol oder Kalkbrühe. Diese Geräte waren zunächst aus Holz und wurden dann durch Metallbehälter ersetzt.
Krems-Weinzierl, Weingut Lehenhof, Karl Ditz

II.8.14
Vier Lesebutten aus der Wachau

Aus Qualitätsgründen mußte das Traggefäß für die Weinernte aus Holz sein.
Privatsammlung

II.8.15
Kellerzögern

Leder und Stroh
⌀ 22 cm, H 34 cm

Waren Traggeräte für Speisen und Wein und standen besonders in jenen Gegenden, wo die Kellergassen weit außerhalb des Ortes lagen, in Verwendung.
Krems-Weinzierl, Weingut Lehenhof, Karl Ditz

II.8.16
Holzspindel

H 200 cm, B 50 cm
Bestandteil einer Presse
Krems-Weinzierl, Weingut Lehenhof, Karl Ditz

II.8.17
Mostschaffel

H 21 cm, ⌀ 20 cm
Krems-Weinzierl, Weingut Lehenhof, Karl Ditz

II.8.18
Mostschöpfer

Schaft-H 24 cm, ⌀ 25 cm, Stiel-L 120 cm
Krems-Weinzierl, Weingut Lehenhof, Karl Ditz

II.8.19
Moststessel

L 113 cm
Krems-Weinzierl, Weingut Lehenhof, Karl Ditz

II.8.20
Gießkar

H 37 cm, L 46 cm, B 35 cm
Krems-Weinzierl, Weingut Lehenhof, Karl Ditz

II.8.21
Zwei Fässer

⌀ 50 und 56 cm, L 65 und 70 cm
Krems-Weinzierl, Weingut Lehenhof, Karl Ditz

II.8.22–II.8.27
Zunft und Brauchtum

II.8.22
Zunftzeichen der Wachauer Weingärtner von 1797

bemaltes Blech
H 35 cm, B 45,9 cm
Dürnstein, Freie Weingärtner Wachau

II.8.23
Kellerkatze

Holz, um 1930
H 37 cm

Solche geschnitzte Figuren wurden als symbolische Wächter des Weines, aber auch als Anzeiger besonderer Qualitäten verwendet.
Krems, Weinbaumuseum, Inv.Nr. 1830

Lit.: 1000 Jahre Kunst, Nr. 783

II.8.24
Hüterwahrzeichen

Holz geschnitzt
H 43 cm, B 33 cm

Bestehend aus verkleinerten Nachbildungen von Hüterhackeln und Degen waren diese Gebilde Symbol der Macht der Hüter und Verbotszeichen, die das Betreten der Weingärten untersagten.
Krems, Weinbaumuseum

Lit.: 1000 Jahre Kunst, Nr. 684

II.8.25
Hüterhackel

Eisen und Holz, 1925
H 80 cm

Diese Geräte gehörten zur Hüterwehr und waren weniger Waffen als Rechts- und Würdezeichen.
Krems, Weinbaumuseum

Lit.: 1000 Jahre Kunst, Nr. 685

II.8.26
Hüterstern

Geduldsarbeit der Wachauer Weinhüter, die als Wahrzeichen des Hüteramtes galten und oft auch als Geschenke an hochgestellte Personen verwendet wurden.
Krems-Weinzierl, Weingut Lehenhof, Karl Ditz

II.8.27
Volkstümliche Trinkgefäße

Zwei Schnabelkrüge und zwei Krüge
Hafnerarbeit, Majolika, frühes 20. Jh.
H 13,5 cm, 18cm, 14,5 cm, 21,5 cm,
⌀ 9,5 cm, 12,5 cm, 10 cm, 9 cm
Linz, OÖLM, Inv.Nr. F 7741, F 7743, F 7773 und F 7821

II.8.28
Zwei Flaschen Wachauer Katzensprung (Grüner Veltliner), Jahrgang 1953

Dieser Wein wurde anläßlich der Unterzeichnung des österreichischen Staatsvertrages 1955 getrunken.
Dürnstein, Freie Weingärtner Wachau

EE/AS/KV

II.9 Brücken und Fähren

Brücken

Die Donau trennt und verbindet zugleich. Sie war und ist auf langen Strecken Staatsgrenze, ist Verkehrsweg und zwingt durch Brückenschlag zur Kommunikation. Die 105 n. Chr. erbaute „Trajansbrücke" von Drobeta (Turnu Severin unterhalb des „Eisernen Tores") galt als Wunderwerk antiker Brückenbaukunst. Im Mittelalter wurde in Regensburg von 1135 bis 1146 die Steinerne Brücke als erster fester Donauübergang erbaut. Die älteste Wiener Donaubrücke wurde 1439 aus Holz errichtet. 1463 und 1497 erhielten unter anderen Krems-Stein und Linz aus Holz konstruierte Donaubrücken. Die Linzer Brücke wurde 1832 durch den Bau der Pferdeeisenbahn Linz-Budweis zugleich die erste Eisenbahnbrücke über den Strom. Die erste Wiener Kettenbrücke (Sophienbrücke) wurde 1824/25 über den Donaukanal errichtet. Die bekannteste Kettenbrücke an der Donau ist die 1842/49 erbaute Kettenbrücke in Budapest. Eine der längsten Brücken ist die 1895 begonnene Brücke bei Cernavoda mit 6 km Länge. Die lichte Höhe beträgt 40 m, so daß sie auch von Seeschiffen passiert werden kann. Die fortschreitende wirtschaftliche Verflechtung der Regionen des Donauraumes und die wachsende Mobilität der Bevölkerung, insbesondere auch die Motorisierung des Straßenverkehrs hat in den letzten Jahrzehnten zu einer starken Vermehrung der Zahl der Donaubrücken geführt.

FP

II.9.1
Siegel des Regensburger Brückmeisteramtes, um 1250

Wachs-Nachguß
Mit Abbildung der Steinernen Brücke und Inschrift: „S GLORIOSI RATISPONE".
Privatbesitz

FP

II.9.2
Linzer Brückenprivileg vom 3. März 1497

Faksimile (Or. Pergament, Siegel,
H 25 cm, B 42 cm, Linz,
Archiv der Stadt)

König Maximilian I. gestattet dem Bürgermeister, Richter und Rat zu Linz, an der ihnen am tauglichsten erscheinenden Stelle eine Brücke über die Donau zu bauen und erlaubt ihnen zur Finanzierung dieses Brückenbaus von jedem Menschen, Wagen und jeder Ware ein Brückengeld einzuheben. Weiters verleiht er der Brücke dieselben Rechte, wie sie die anderen Brücken in Österreich haben und verpflichtet sich, die Brücke niemand anderem zu übergeben. Linz soll sich jedoch mit Wolfgang Jeger, Bürger zu Ybbs, wegen des Kapitals, das ihm auf dem Urfahr zu Linz verschrieben ist, vergleichen und muß die 40 Pfund Pfennig für den Kaplan der Gangolfkapelle im Schloß (der davor von den Einkünften aus dem landesfürstlichen Überfuhrrecht finanziert worden war) aufbringen. Das Brückenprivileg für die Stadt Linz belastete zweifellos das ohnehin schon wegen der Handels- und Schankrechte angespannte Verhältnis zu den auf der anderen Seite der Donau lebenden Bewohnern von Urfahr, zu deren Haupterwerb die Überfuhr über den Strom gezählt hatte. Auch die Frage, ob die Urfahrer eine Brückenmaut zu entrichten hätten, blieb ein Streitpunkt zwischen den Nachbarn. Von 1497 (?) bis 1868 bestand eine mehrmals erneuerte bzw. neuerbaute Holzbrücke, 1870/72 wurde eine Eisenbrücke errichtet; die heute vorhandene Nibelungenbrücke stammt aus den Jahren 1938/40.

Lit.: Koch, Matthias, Beiträge zur Geschichte der Stadt Linz, in: Museal-Blatt 1841, bes. S. 100 f. und S. 107–111; Ziegler, Anton, Rückblick auf die Geschichte der Stadt Urfahr a. D. in Oberösterreich, Linz 1920, S. 28–38; Kreczi, Hanns, Die Linzer Donaubrücke (Linz, Erbe und Sendung), Linz 1942, bes. S. 8ff; Wacha, Georg, Brückenstadt Linz, in: Oberösterreich – Kulturzeitschrift 37/2, 1987, S. 49–56; Katzinger, Willibald in: Mayrhofer, Fritz und Katzinger, Willibald, Geschichte der Stadt Linz, Bd.1, S. 110–112.

WS/AS/KV

II.9.3
Die hölzerne Donaubrücke von Linz

Holzmodell von Josef Huber, 1956 Maßstab 1:133, Brücke 50 Prozent überhöht
Linz, Stadtmuseum – Nordico, Inv.Nr. M 114

Lit.: Linz in Bild und Modell. Stadtgeschichtliche Modelle (Katalog des Stadtmuseums Linz 50), Linz 1990, Nr. 10.

AS/KV

II.9.4
Heiliger Johannes von Nepomuk

Gipsabguß der Terrakottastatuette von Matthias Rauchmiller, 1681
H 40 cm

Johannes von Nepomuk, Generalvikar des Prager Erzbischofs, wurde 1393 auf Befehl König Wenzels, der Legende nach wegen seiner Weigerung, ein Beichtgeheimnis zu verraten, gefoltert und anschließend in die Moldau gestürzt. Da die Stelle der Auffindung seines Leichnams von Gott durch fünf Lichter angezeigt wurde, wird Johannes von Nepomuk mit einem Kranz von fünf Sternen um das Haupt dargestellt.
1729 wurde Johannes von Nepomuk heiliggesprochen, er gilt als Helfer in Wassernot und bei schuldloser Verdächtigung. Die unzähligen Nachbildungen des 1693 auf der Prager Karlsbrücke errichteten Standbildes machten Johannes von Nepomuk zum bekanntesten Brückenheiligen.
Prag, Národní Galerie, Inv.Nr. F 198

Lit.: Prager Barock, Ausst.Kat. Schallaburg 1989, Nr. 7.8.

AS/KV

Fähren

Die Überfuhr ist wohl die älteste Form des Verkehrs auf dem Wasser und läßt sich bis in die frühgeschichtliche Zeit zurückverfolgen.
Im Mittelalter war das Urfahrrecht landesfürstliches Regal und wurde verliehen. Anfang des 19. Jahrhunderts wurden die Überfuhren in „Fliegende

Brücken" umgewandelt, so im oberösterreichischen Raum zunächst in Mauthausen, später in Aschach (1854) und Grein (1858). Diese bestanden meist aus zwei mit einem Brückenaufbau miteinander verbundenen Schiffen, die an einem langen im Strom verankerten Seil befestigt waren, das über eine Reihe kleiner Furkelzillen geleitet wurde. Um die Jahrhundertwende ging man auf das System von Drahtseilüberfuhren oder Rollfähren über. In den dreißiger Jahren bzw. der Zwischenkriegszeit gab es auf der österreichischen Donau zwanzig Rollfähren. Heute sind nur mehr vier Rollfähren im Einsatz, dafür gibt es aber dreizehn Berechtigungen für motorisierte Fähren, wovon der Großteil allerdings nur gelegentlich betrieben wird. Auf der mittleren und unteren Donau herrscht der „freie" bzw. motorisierte Überfuhrbetrieb vor. Eine Besonderheit ist die Eisenbahnfähre zwischen dem rumänischen Calafat (Strom-km 795) und dem bulgarischen Donauhafen Vidin (Strom-km 791).

FP

II.9.5
Floß- und Fährenlicht

Aus Eisenblech und geschmiedeten Stäben genietet, 18. Jh.
Durch mehrfache Oszillationsachsen bleiben auch bei Wellengang Ölbehälter und Dochtflamme stets in waagrechter Stellung.
Privatbesitz FP

II.9.6
Fuhrwerks- und Fährmannskasse

Behälter aus einem ehemaligen Harnischblech geschmiedet, 17./18. Jh.
Privatbesitz FP

II.10 Die Internationalisierung der Donau

Beim Wiener Kongreß wurden 1815 die Grundsätze für die freie Flußschiffahrt geschaffen. Die Artikel 108 bis 116 der Wiener Kongreßakten legten fest, daß auf internationalen Strömen die Handelsschiffahrt allen Staaten offenstehen soll. Die Durchsetzung der Internationalisierung der Donau erfolgte erst im Pariser Friedensvertrag 1856, in welchem man die Donauordnung als Teil des öffentlichen europäischen Rechts erklärte.

Man bildete zwei Kommissionen, die bis 1940 bestehende Europäische Donaukommission und die Uferstaatenkommission, die jedoch nie wirksam wurde. 1921 wurde die Internationale Donaukommission ins Leben gerufen, welche mit dem Austritt des Deutschen Reiches ab 1936 ihre Bedeutung verlor. In der Belgrader Donaukonvention von 1949 wurde festgelegt, daß die Handelsschiffahrt auf der Donau allen Ländern offensteht, die internationale Verwaltung jedoch ausschließlich durch die Uferstaaten erfolgt. Österreich trat dieser erst nach dem Staatsvertrag 1955 bei und wurde Mitglied der Donaukommission in Budapest. Deutschland ist bis heute nur beobachtend vertreten.

Da auf der Donau infolge der jüngsten politischen Entwicklungen in Ost- und Südosteuropa und der Eröffnung des Main-Donau-Kanals (1992) eine geänderte Situation eintrat, wird seit dem Herbst 1993 auf diplomatischer Ebene versucht, eine Neuregelung des derzeitigen „Donauregimes" vorzubereiten.

FP

II.10.1
Der Wiener Kongreß

Fotomontage nach dem Gemälde von Jean-Baptiste Isabey, wiedergegeben im Stich von Jean Godefrey (1819)
Foto: ÖNB, Bildarchiv AS/KV

II.10.2
Schlußakten des Wiener Kongresses, 9. Juni 1815

Faksimile der letzten Text- und Unterschriftenseite aus dem Original des sogenannten Normalexemplares (Papierband, roter Ledereinband mit Randleisten in Goldprägung)
H 35 cm, B 50 cm, T 8 cm (aufgeschlagen)
Or. Wien, HHStA, Allgemeine Urkundenreihe 1815 VI 9; Faksimile: Wien, Glanz und Hofbauer

In den Artikeln 108 bis 116 der Schlußakten des Wiener Kongresses – in der Allgemeinen Urkundenreihe des Wiener Archivs befinden sich sowohl das für das Kaisertum Österreich bestimmte Original wie das als textliche Norm geltende Original des sogenannten Normalexemplares – wurden die Grundsätze für die Schiffahrtsfreiheit auf internationalen Strömen festgelegt. Die Donau ist allerdings dabei nicht ausdrücklich genannt, und die Durchsetzung der Internationalisierung der Donau erfolgte erst mit dem Pariser Frieden von 1856.

Als Faksimilereproduktion werden die Unterschriften der Bevollmächtigten der Signatarmächte gezeigt, deren Abfolge sich nach dem Alphabet der Ländernamen in französischer Sprache richtet. Daher finden sich die kaiserlich österreichischen Plenipotentiaires mit „Autriche" an erster Stelle. Es schließen an: Frankreich, Großbritannien, Portugal, Preußen, Rußland, Schweden. Der spanische Bevollmächtigte verweigerte die Unterzeichnung, und der schwedische Gesandte unterschrieb unter Vorbehalt der Artikel 101, 102 und 104.

Unterschriften:
Clemens Wenzel Lothar Fürst Metternich-Winneburg
Johann Philipp Freiherr von Wessenberg-Ampringen
Charles-Maurice de Talleyrand-Périgord, Prince de Benevent
Emmerich Joseph Herzog von Dalberg
Alexis Comte de Noailles
Richard Le Poer Trench, Earl of Clancarty
William Schaw Cathcart, Earl Cathcart
Charles William Baron Stewart
Pedro de Souza Holstein, Conde de Palmella
Antonio de Saldanha da Gama
Joaquino Lobo da Silveira
Karl August Fürst zu Hardenberg
Friedrich Wilhelm Freiherr von Humboldt
André Prince de Rasoumoffsky
Gustav Graf von Stackelberg
Karl Robert Graf von Nesselrode
Carl Alex Graf von Löwenhielm

Lit.: Klüber, Johann Ludwig, Acten des Wiener Congresses, 9 Bde (Erlangen 1815–1835), bes. Bd. 3, S. 254ff; Mayr, Karl J., Aufbau und Arbeitsweise des Wiener Kongresses, in: Archivalische Zeitschrift 45 (1939), S. 64–127; 150 Jahre Wiener Kongress, Ausst.Kat. Wien 1965.

Christiane Thomas

III.1 Christianisierung

Die Donau – Weg der Missionare

Die Donau entlang zogen um 800 die Heere Karls des Großen und bayerische Missionare nach Osten, um Slawen und Awaren östlich der Enns zu unterwerfen und zu bekehren. Jahrhundertelang verband und trennte der Strom Christen und Heiden. Immer wieder entschieden Waffen über Sieg oder Niederlage des Christentums – lange blieben Schwert und Kelch, politische und geistliche Expansion, eng miteinander verbunden. Nach vielen Rückschlägen setzte sich die beharrliche Arbeit der Missionare schließlich durch.

III.1.1
Cundpald-Kelch von Petöháza *(Abbildung)*

Kopie (Or. Bronze und Gold, um 800)
H 11,8 cm

„Cundpald hat ihn gemacht" (Cundpald fecit) – diese Inschrift des Goldschmiedes verweist auf die fränkische Herkunft des Kelches. Gefunden wurde er bei Petöháza an der Raab und stammte wohl aus dem Besitz eines Missionars, der in Pannonien bei den Awaren und Slawen missionierte.
Sopron, Múzeum Régészeti Gyűjtemény, Inv.Nr. 57.17.1

Lit.: Bóna, István, „Cundpald fecit". Der Kelch von Petöháza und die Anfänge der bairisch-fränkischen Awarenmission in Pannonien. Acta Archaeologica Hungarica 18 (1966), S. 279–325.

III.1.2
Karolingerzeitliches Schwert von Hainbuch

Eisen, geschmiedet, damasziert, 8. Jh.
L 94 cm

Dieses fränkische Schwert aus dem Grab eines Slawen bei Hainbuch an der Enns, nördlich von Steyr, stammt aus dem alten Grenzgebiet zwischen Bayern und dem Awarenreich. Die Slawen, die schon im 8. Jahrhundert beiderseits der Grenze siedelten, gerieten zunehmend unter bayerisch-fränkischen Einfluß. Seit dem Awarenfeldzug Karls des Großen entlang der Donau von 791 öffneten die fränkischen Waffen der Mission auch den Großteil des untergehenden Awarenreiches.
Steyr, Ennskraftwerke AG, Inv.Nr. 26238

Lit.: Szameit, Erik, Das frühkarolingische Gräberfeld von Hainbuch. Archaeologia Austriaca 74 (1990), S. 105ff.

III.1.3
Geistlicher und weltlicher Herr der Karolingerzeit

Foto-Ausschnitt aus dem Fresko an der Ostwand der Kirche in Mals (Südtirol, wahrscheinlich vor 810)

Kaum eine bildliche Darstellung zeigt so gut das typische Aussehen eines weltlichen und eines geistlichen Herrn aus der Spätzeit Karls des Großen, wie sie auch das Schicksal des Donauraumes bis hinunter zur Draumündung bestimmten. Vielleicht ist der Mann mit dem Schwert in karolingischer Hoftracht Karls Sohn Pippin (gestorben 810), der wesentlich an der Niederwerfung des Awarenreiches beteiligt war.
Foto: Bozen, Denkmalamt

Lit.: Wolfram, Herwig, Die Geburt Mitteleuropas, Wien 1987, S. 178ff.

III.1.4
Rupert tauft Heiden *(Abbildung)*

Foto-Ausschnitt aus dem Antiphonar von St.Peter/Salzburg (Or. Wien, ÖNB, Codex ser. n. 2700, um 1160, S. 570)

Dargestellt ist der Salzburger Gründerheilige Rupert (gestorben ca. 715/16) bei der Heidentaufe. Die

Buchmalerei aus dem 12. Jahrhundert gibt eine Vorstellung davon, wie sich die Taufe auch in den Jahrhunderten davor vollzog. Salzburg mit dem vom fränkischen Bischof Rupert aufgebauten Kloster St. Peter war das wichtigste Missionszentrum für den Donauraum in der Karolingerzeit.
Foto: Wien, ÖNB, Bildarchiv

Lit.: St. Peter, Nr. 424

III.1.5
Bergung der Leiche des hl. Florian *(Abbildung)*

Foto (Or. Öl auf Leinwand, Albrecht Altdorfer, Nürnberg, Germanisches Nationalmuseum)

Um 300 hatte sich das Christentum in den römischen Provinzen an der Donau schon verbreitet, so daß auch hier Diokletians Christenverfolgung Opfer forderte. Einer der wichtigsten Märtyrer im Donauraum war der hl. Florian, der seit der Spätantike kontinuierlich verehrt wurde. Immer wieder wurden sein Brückensturz und die Auffindung seiner Leiche dargestellt, wie auf dem grandiosen Florianaltar des Meisters der Donauschule, Albrecht Altdorfer.
Foto: Nürnberg, Germanisches Nationalmuseum

III.1.6
Severin als Nothelfer

Foto (Or. Öl auf Leinwand, 2. Hälfte des 17. Jhs., Passau, Diözesansammlung)

Sehr dramatisch dargestellt wird die Situation an der Donau zur Zeit Severins (gestorben 482), die man aus der Vita Severini kannte, in diesem Barockgemälde. Es ist zugleich eines der vielen Zeugnisse der Verehrung des hl. Severin als Schutzheiliger.
Foto: Passau, Bischöfliches Ordinariat, Dionys Asenkerschbaumer

Lit.: Passavia Sacra, Ausst.Kat. Passau 1975, S. 130; Severin – zwischen Römerzeit und Völkerwanderung, Ausst.Kat. Enns 1982, Nr.2.21.

III.1.7
Die Bischofskirchen von Salzburg, Passau und Freising

Für die Mission und die kirchliche Organisation an der österreichischen Donau im Mittelalter waren die drei Diözesen sehr wichtig; sie hatten auch reiche Besitzungen entlang der Donau. Dazu kamen noch weitere, vor allem bayerische, Bistümer und Klöster, die von ihren Stützpunkten an der Donau aus die Durchsetzung des Christentums förderten.
Fotos: Linz, Diözesanbildstelle, E. Widder

III.1.8
Die Slawenapostel Cyrill und Method

Foto (Or. Ikone von Zonjo Simeonow, 1860, Sofia, Historisches Nationalmuseum)

Das historisierende Bild zeigt die beiden byzantinischen Missionare, die um 870 an der mittleren Donau, vor allem im Mährerreich und in Pannonien, wirkten. Sie bedienten sich dabei, zum Unterschied von der westlichen Kirche, der slawischen Sprache und einer neuentwickelten slawischen Schrift. Im Konflikt mit der bayerischen Kirche und der Macht des Karolingereiches konnte sich ihr Werk hier nicht behaupten. Bahnbrechend wirkte es aber weiter östlich, in Bulgarien und später in Rußland.
Foto: Bulgarisches Kulturkomitee Sofia

Lit.: St. Peter, Nr. 188a.

III.1.9
König Stephan

Foto aus der Bilderchronik – Chronicon Pictum (Or. Budapest, Ungarische Nationalbibliothek, Clmae 404, Seite 41, fol. 21)

Dargestellt ist der dritte Krieg des heiligen Königs Stephan gegen Herzog Kean. Der Begründer des christlichen ungarischen Königtums hatte gegen eine Reihe innerer Widerstände zu kämpfen, um den

großen Wandel von einem Steppenreich zu einem katholischen Königreich zu konsolidieren.
Foto: Ungarische Nationabibliothek

Lit.: Bilderchronik. Chronicon Pictum. Chronica de gestis Hungarorum. Wiener Bilderchronik, Faksimile-Ausgabe, 2 Bde, Budapest 1968.

III.1.10
Hälfte eines Goldblattkreuzes

Goldblech, 7. Jh., FO: Geisling, Gemeinde Pfatter, Landkreis Regensburg
L 5,3 cm

Im 6. und 7. Jahrhundert sind Goldblattkreuze als Grabbeigaben ein häufiges Zeichen des Überganges zum Christentum. Sie finden sich im bayerisch-alemannischen Donauraum, vor allem aber im langobardischen Norditalien. Dieses Stück war ursprünglich aus zwei gekreuzten Blechen zusammengesetzt; besonders interessant ist die Kombination der Preßblechverzierung aus heidnisch-germanischer Tradition (Stil II) mit der monogrammartigen Prägung im Zentrum, eine Übergangserscheinung im Zuge der allmählichen Christianisierung.
Regensburg, Museum der Stadt

Lit.: Die Bajuwaren, R. 59.

III.1.11
Eisernes Votivkreuz

Kunststoffkopie (Or. FO: Bad Gögging bei Eining an der Donau, Bayern 6./7. Jh.)

Die Funktion der eisernen Kreuze, die in Bayern bereits in großer Zahl gefunden wurden, ist nicht genau bekannt. Vermutlich hatten sie mit der Heiligenverehrung zu tun; die etwa 80 Bad Gögginger Kreuze wurden bei einem frühmittelalterlichen Kultraum gefunden. Ihr zugespitzter Schaft erlaubte eine Befestigung auf Holz. Sie sind wichtige Zeugnisse bayerischen Christentums aus einer Zeit, in der wir darüber aus Schriftquellen kaum etwas erfahren.

München, Prähistorische Staatssammlung, Museum für Vor- und Frühgeschichte

Lit.: Die Bajuwaren, R. 64; Nuber, H. U., Ausgrabungen in Bad Gögging, Landshut 1980.

Eine Reihe von Zeugnissen erhellt die Bemühungen um die Slawenmission an Donau und March in der Karolingerzeit. Bleikreuze, Fibeln und Riemenzungen gehörten zu den verbreitetsten Gegenständen mit einfacher religiöser Symbolik und sollten wohl auch für den Schutz des Trägers sorgen.

III.1.12
Kreuzfibel aus Auhof bei Perg, Grab 75

1. Hälfte 9. Jh.
H 3,6 cm, B 3,6 cm

Kreuzfibel, aus Bronze gegossen, gleicharmiges Kreuz mit verbreiterten Balkenenden mit Rundeln und Kerbschnittverzierungen, an der Rückseite Anheftnadel mit Verschluß.
Linz, OÖLM, Inv.Nr. A-10.237

Lit.: Tovornik, Vlasta, Archaeologia Austriaca 70 (1986), S. 420.

III.1.13
Bleikreuzkette von Windegg, Grab 1

1. Hälfte 9. Jh.

Zehngliedrige Halskette aus Blei, zwei kreuzförmige Hängeglieder (2,5 x 2 cm) und acht gepreßte und gerippte Stangenperlen (L 1,7–3,3 cm).
Linz, OÖLM, Inv.Nr. A-10.315

Lit.: Tovornik, Vlasta, in: JbOÖMV 122 (1977), S. 34; Merinski, Z., Sbornik Brno 1988, 1227.

III.1.14
Karolingerzeitliche Bleikreuze *(Abbildung)*

Kopien (Or. 9. Jh.)

Bayerische Missionare brachten diese Bleikreuze als Taufgeschenke mit. Das eine wurde in einem Grab bei der slawischen Schanze in Gars-Thunau am Kamp gefunden; das zweite ist aus Bernhardsthal. Mehr oder weniger gußgleiche Formen fanden sich auch in Mähren, in Dolní Vestonice und in Mikulčice. Diese Serienproduktion der Taufkreuze zeigt die systematischen Bemühungen um die Mission im Slawenland nördlich der Donau.

Traismauer, Museum für Frühgeschichte des Landes Niederösterreich

Lit.: Friesinger, Herwig und Vacha, Brigitte, Die vielen Väter Österreichs, Wien 1987, S. 123f.

III.1.15
Riemenzunge

Kopie (Or. Bronzeguß, vergoldet, 9. Jh.)
H 5,2 cm

Schauseite: stilisierter Frosch, Rückseite: Gestalt mit Attributen der Fürstenmacht

Brno, Archäologisches Institut der Akademie der Wissenschaften der Tschechischen Republik, Arbeitstelle Mikulčice, Inv.Nr. 160/75

Lit.: Großmähren, Nr. 600.

III.1.16
Riemenzunge

Kopie (Or. Silber, 9. Jh.)
H 7,1 cm

Schauseite: Filigranverzierung, 3 Steine, stilisiertes Tier, Rückseite: Orant

Brno, Archäologisches Institut der Akademie der Wissenschaften der Tschechischen Republik, Arbeitstelle Mikulčice, Inv.Nr. 172/75

Lit.: Großmähren, Nr. 601.

III.1.17
Bleikreuzchen aus Mähren

Kopie (Or. 9. Jh., FO: Sady, Bez. Uherské Hradiste, Tschechien)
H und B 4 cm

Das auf einer Fundstelle des Mährerreiches nahe der March gefundene Kreuz mit eingravierter Gestalt des Gekreuzigten und griechisch liturgischer Inschrift auf der Rückseite ist ein Hinweis auf die byzantinische Mission, die mit den Gestalten von Cyrill und Method verknüpft ist.

Brno, Moravské Muzeum, Archeologické Odděleni

Lit.: Großmähren, Nr. 565.

III.1.18
Goldsolidus Kaiser Michaels III. (842–867)

Kopie (Or. Gold, 856–866)
Avers: Büste des Kaisers, Revers: Christus

Auch die byzantinische Goldmünze ist ein Zeugnis für das Interesse Konstantinopels am Mährerreich nördlich der Donau. Die Bemühungen der Byzantiner hatten ebenso wie die ihrer fränkischen Konkurrenten nicht nur religiöse, sondern auch politische Ziele. Seit dem Altertum suchte die byzantinische Diplomatie mit Gold und anderen Geschenken gute Beziehungen zu den „Barbaren" im Norden aufzubauen.

Brno, Archäologisches Institut der Akademie der Wissenschaften der Tschechischen Republik, Inv.Nr. 1/94

Lit.: Großmähren, Nr. 1091.

WP

III.2 Heilige

Die Donau als wichtigste Verkehrsachse spielt in verschiedenen Belangen eine große Rolle, besonders aber ist der Donauweg eine Straße der Neuerungen. Die Christianisierungswelle erfolgte entlang der Donau und mancher Heilige, der von der römischen Kirche verehrt wird, steht im Zusammenhang mit dieser Ausbreitung des Christentums. Heilige wie etwa Florian oder auch Severin haben ihre Wirkungsstätte in diesem Gebiete gehabt.

Von den vielen Heiligen, die an der Donau verehrt werden oder deren Leben mit Orten an der Donau verbunden waren, wurden für die Ausstellung vier ausgewählt.

III.2.1
Heiliger Koloman *(Abbildung)*

Holz
H 110 cm, B 70 cm, T 60 cm

Der heilige Koloman, ein irischer Pilger, erlitt sein Martyrium an der Donau, als er für einen Spion gehalten 1012 nahe Stockerau an einem Holunderbaum erhängt wurde. An seinem Grabe ereigneten sich Wunder und bald folgte eine Übertragung seiner Gebeine ins Stift Melk. So ist auch seine Hauptverehrungsstätte an der Donau gelegen. Auch der Kolomannistein vor dem Wiener Stephansdom war einst ein Ort frommer Pilgerfahrten. Lange Zeit war Koloman der Landespatron des Donaulandes Niederösterreich.
Stift Melk, Sammlungen

Lit.: Niederkorn-Bruck, Meta, Der heilige Koloman, der erste Patron Niederösterreichs (Studien und Forschungen aus dem Niederösterreich-Institut für Landeskunde 16), 1992.

III.2.2
Heiliger Wolfgang

Plastik, Holz, ungefaßt, um 1500
H 97 cm

Der heilige Wolfgang hatte seine Hauptwirkungsstätte als Bischof von Regensburg in Bayern, reiste aber wegen der Missionierung der östlichen Länder mehrmals auf der Donau, wo er 994 auch in Pupping verstarb. Sein wichtigster Verehrungsort in Österreich liegt allerdings abseits der Donau in St. Wolfgang am Wolfgangsee (OÖ).
Frankenburg, Römisch-katholisches Pfarramt

Lit.: Der heilige Wolfgang, Nr. 94.

III.2.3
Zwei Wolfgangi-Hackeln und eine Wolfgangi-Flasche

Hackeln in Kopie, Flasche Or.

Wolfgangi-Hackeln waren Pilgerzeichen, die man gewissermaßen als Andenken sammelte, auf die Kleidung oder den Hut aufnähte oder am Rosenkranz anbrachte. Das Beil als Atrribut des hl. Wolfgang erklärt sich nicht aus seiner Lebensgeschichte, sondern aus der Gründungslegende der Wolfgangskirche in St. Wolfgang am Wolfgangsee. Wolfgang warf eine Hacke und baute die Kirche dort, wo diese hinfiel.
Die Wolfgangi-Flascheln dienten zur Aufbewahrung des Wassers aus der hl. Wolfgangs-Quelle am Falkenstein oder vom Wallfahrtsbrunnen in St. Wolfgang.
Linz, OÖLM

Lit.: Der heilige Wolfgang, Nr. 135 und 148.

III.2.4
Heiliger Stephan von Ungarn

Plastik, Holz weiß gefaßt, 18. Jh. (Wien ?)
H 98 cm

Einst auf dem Altar der Bakócz-Kapelle in Gran/Esztergom, seit dem Ende des 19. Jhs. in der Pfarrkirche in Kisoroszi (Komitat Pest)
Mit König Stephan von Ungarn (König ab 1000, gestorben 1038), der mit Gisela, einer Schwester Heinrichs II., vermählt war, begann die Christianisierung Ungarns. Er gründete zwei Erzbistümer, Gran und Kalocsa, und acht Bistümer. Seine Namensgleichheit mit dem Passauer Diözesanheiligen ist kein Zufall, da Passau an der Missionierung Ungarns erheblichen Anteil hatte. Stephan wurde auch von einem Priester des Bischofs Pilgrim von Passau getauft und von Adalbert von Prag gefirmt. Um seine Stellung als christlicher Herrscher zu festigen, erbat er eine Bestätigung von Papst Silvester II. und erhielt von diesem angeblich auch eine Krone. Nicht nur die Stephanskrone stammt aus späterer Zeit, auch die sogenannte Sylvesterbulle, also die erbetene Bestätigung, ist eine neuzeitliche Fälschung. 1083 wurde Stephan kanonisiert. Die unversehrt erhalten gebliebene rechte Hand wird in Ungarn als nationale Reliquie verehrt.
Kisoroszi, Römisch-katholische Pfarrkirche

Lit.: Bogyay, Thomas von, Stephanus Rex. Versuch einer Biographie, Wien-München 1975.

III.2.5
Heiliger Stephan

Plastik, Lindenholz, ursprünglich gefaßt, abgelaugt, Werkstatt des Kefermarkter Altares, Ende 15. Jh.
H 96 cm

Das Leben des hl. Stephans verlief weitab von der Donau im Hl. Land. Das wichtigste Ereignis zur Ausbreitung seiner Verehrung in Europa war die Überführung von Reliquien nach Rom im Jahre 560. Die lange Zeit beherrschende Stellung Passaus in der Ostmissionierung – mit dem hl. Stephan als Hauptheiligen der Diözese – war Ausgangspunkt für den Stephanskult im östlichen Donauraum. Viele Kirchen tragen seinen Namen als Patrozinum, z. B. die Hauptkirche Wiens, St. Stephan.
Linz, OÖLM, Inv.Nr. 820-1-S 64

Lit.: Kastner, Ottfried und Ulm, Benno, Mittelalterliche Bildwerke im Oberösterreichischen Landesmuseum, Linz 1958, S. 37; St. Stephanus in Kunst und Verehrung, Ausst.Kat. Passau 1980, Nr. 79.

III.2.6
Wiener Heiligtumbuch

Papier, 24 Blätter, 269 Holzschnitte und Zierbuchstaben, gedruckt in Wien von Johann Winterburger, 1502
H 21,5 cm, B 31,5 cm

Das Stephanspatrozinium der Wiener Hauptkirche spiegelt den Einfluß der passauischen Mission. Der Schatz an Reliquien der Stephanskirche in Wien, deren großer gotischer Ausbau – in Konkurrenz zum Bau von St. Veit in Prag durch Karl IV. – unter Rudolf IV. dem Stifter begann, wurde vom sogenannten Heiltumsstuhl vor der Kirche einmal jährlich (am Sonntag nach Ostern) in einer Heiltumsschau, die mit Ablaß verbunden war, gezeigt. Dieses Büchlein mit der Darstellung des sogenannten Heiltumsstuhles, eines Gebäudes, das 1483 neben dem Stephansdom errichtet und um 1700 abgerissen wurde, ist einer der frühen Wiener Drucke und stellt gewissermaßen einen Führer durch diese Reliquiensammlung dar.
Wien, Wiener Stadt- und Landesbibliothek, A 17.757

Lit.: 500 Jahre Druck in Österreich, Bd. 1, Wien 1981, S. 23ff.

AS/KV

III.3 Wallfahrten

Die Donau hat im Zusammenhang mit Wallfahrten eine vielfache Rolle gespielt, einerseits ist sie zur Anreise zu Wallfahrtsorten genützt worden, die nicht unmittelbar an ihren Ufern liegen, andererseits ist die Zahl der lokalen Wallfahrtsorte an der Donau groß. In einigen Fällen spielt die Donau eine Rolle in der Gründungslegende von Wallfahrtsorten, etwa wenn das Kultbild auf dem Fluß angekommen sein soll. Auch die mit der Donau verbundenen Gefahren wie Schiffsunglücke oder Hochwässer spielen in den Votivbildern der Wallfahrtsorte eine große Rolle. Manche dieser Wallfahrten stehen in Zusammenhang mit den an der Donau besonders verehrten Heiligen, wie etwa St. Florian, Melk (Koloman) und Klosterneuburg (Leopold). Der Sterbeort des heiligen Wolfgang, Pupping, war ebenfalls ein Wallfahrtsziel, allerdings von untergeordneter Bedeutung. Die meisten Wallfahrtsorte hingegen sind Bilderwallfahrtsorte, und dabei überwiegen die marianischen Gnadenstätten. Als Beispiel aus der großen Fülle wurde Maria Taferl gewählt, einige weit verbreitete Typen wie Maria Hilf und Maria Schnee werden in ihrer Wirksamkeit im Donauraum angedeutet.

III.3.1
Heiliger Wolfgang *(Abbildung)*

Öl auf Leinwand, 18. Jh., restauriert 1814, 1888 und 1956
H 140 cm, B 100 cm

Dieses Bild befand sich ursprünglich in einer Kapelle an jener Stelle, an der Wolfgang bei seiner letzten Donaufahrt in Österreich an Land ging, bevor er in der Otmarkapelle von Pupping starb.
Brandstatt, Gasthof Dieplinger, Karl und Paula Langmayr

Lit.: Der heilige Wolfgang, Nr. 45

Die Donau in den Gründungslegenden der Wallfahrten

In den Gründungslegenden von Wallfahrtsorten wird von angeschwemmten oder gar stromaufwärts schwimmenden Kultbildern berichtet. Das ist etwa beim Wimpassingerkreuz in Wien, in Aschach, Mauthausen und in einigen Orten an der bayerischen Donau wie etwa in Bogenberg, Maria Ort, Helfendorf, Ingolstadt, in Niedernburg bei Passau und in Sossau der Fall.

III.3.2
Kleines Andachtsbild des Wimpassingerkreuzes

Foto des Kupferstiches von F. L. Schmitner, Wien 18. Jh., ehemals Sammlung Klar

Der Legende nach schwamm dieses Kreuz 1350 auf der Donau flußaufwärts bis zur Rossau und ließ sich nur von einem Minoritenbruder mit seinem Ordensgürtel aus dem Wasser ziehen. Ursprünglich in die Stephanskirche gebracht, verschwand es auf wunderbare Weise und tauchte in der Minoritenkirche wieder auf. Von der Minoritenkirche in der Alserstraße kam es nach Wimpassing (daher der Name), 1938 wurde es in der Stephanskirche untergebracht und verbrannte dort 1945.
Foto: Wien, ÖMV

Lit.: Gugitz, Gnadenstätten 1, S.31 f.; Gugitz, Andachtsbild, S.128, Abb. 25; Lauter, Ursprungslegenden, S.156 f.

III.3.3
Andachtsbild Maria Bogenberg

Kupferstich, koloriert, 18. Jh.
H 10 cm, B 15,2 cm

Links Darstellung der Maria von Bogenberg, rechts Bittgebet „Gruß zu Maria". Die Legende führt die

Wallfahrt auf den Bogenberg auf das Jahr 1104 zurück, in dem das wundertätige Marienbild donauaufwärts geschwommen war und bei dem Felsen so lange Halt machte, bis es an Land gebracht wurde. Der Typus der Madonna zeigt Maria in der Hoffnung, im Leib der Madonna erscheint das Jesuskind im Strahlenkranz.

Wien, ÖMV, Inv.Nr. 9.012 (Sammlung Gugitz)

Lit.: Spamer, Adolf, Das kleine Andachtsbild vom XIV. bis zum XX. Jahrhundert, München 1930; Bleibrunner, Hans, Andachtsbilder aus Altbayern, München 1971, S.166 ff.

Marianische Wallfahrten

Die Mehrzahl der Wallfahrtsorte des Donauraumes sind marianische Bilderwallfahrten, die meist in der Barockzeit entstanden. Einige dieser Kirchen, wie etwa der Pöstlingberg in Linz oder Maria Taferl beherrschen von weither sichtbar das Donautal.

Maria Taferl

Von seiner Ursprungslegende hat Maria Taferl nichts mit der Donau zu tun, der Stein (das Taferl), ein vermutlich vorchristlicher Opfertisch und der Baum, der ursprünglich das Kultbild trug, sind die wesentlichsten Elemente der Legende. Doch durch seine Lage im Donautal verbindet man Maria Taferl sofort assoziativ mit „Donauwallfahrt", und manches Votivbild hat mit den durch den Strom verursachten Nöten und Gefahren zu tun. Die verschiedenen Votivgaben, Kerzen und Devotionalien geben ein eindrucksvolles Bild von der Bedeutung solcher Wallfahrtsstätten für die Volksfrömmigkeit.

III.3.4
Kartusche mit Spruch HEILIGE MARIA MUTTER GOTTES BITT FÜR UNS

Holz, vergoldet und bemalt, 18. Jh.
H 32,5 cm, B 55 cm, T 10 cm

Die Kartusche gehörte wohl urspünglich zu einem Marienbild. Der Fürbitte Mariens, der man seit dem späten Mittelalter eine besondere Bedeutung beimaß, vertraute man mehr als allen anderen Fürbitten der Heiligen. Die besondere Stellung Marias in der Gegenreformation und die habsburgische (aber auch wittelsbachische) Pietas Mariana haben den Marienkult und damit auch die Marienwallfahrt zum zentralen Phänomen der Volksfrömmigkeit dieser Zeit gemacht.

Artstetten, Schloß Artstetten, Archiv

III.3.5
Devotionalkopie des Gnadenbildes von Maria Taferl

Holz, farbig gefaßt, spätes 18. Jh.
H 36 cm, B 15 cm

Das ursprüngliche Kreuzbild im Baum, das den Ursprung der Legende bildet, wurde schon 1642 – typisch für die Barockfrömmigkeit – durch eine Pietà ersetzt, die den heutigen Kultgegenstand der Wallfahrt darstellt. Kopien solcher Kultgegenstände für die häusliche Andacht, als Erinnerung an eine Wallfahrt, waren häufig.

Maria Taferl, Schatzkammer

Lit.: Marianische Wallfahrten in Österreich, Ausst.Kat., Wien 1954, S. 7; Gugitz, Gnadenstätten 2, S. 115 ff. Weichselbaum, Josef, Maria Taferl. Wallfahrtskirche zur Schmerzhaften Mutter Gottes, (Große Kunstführer 33) München-Zürich 1992[3]

III.3.6
Verschiedene Votivgaben in Form von Herzen, Augen und menschlichen Gestalten

Silber, 18., 19. Jh.

Das Prinzip des „do ut des", der Tausch einer Gabe oder eines Geschenkes am Gnadenort gegen den Schutz der übernatürlichen Mächte, ist weit verbreitet. Man konnte sich in Not und Gefahr auch einem bestimmten Gnadenbild „verloben" und eine Gabe versprechen (Votiv). Die Gaben haben symbolische Bedeutung und zeigen, für welche Körperteile man

sich Schutz erflehte, bzw. von welchen Krankheiten und Gebrechen man Heilung erwartete.
Maria Taferl, Schatzkammer

III.3.7
Flaschenaltar

Papierfiguren in Glasflasche, 19. Jh.
H 23 cm, B 10 cm
Maria Taferl, Schatzkammer

III.3.8
Wachskorb und Wachsherz

Wachs, bemalt, mit Wachsreliefs (Blüten- und Blätterranken, Darstellung des Gekreuzigten, Madonna), 19. Jh.
Maria Taferl, Schatzkammer

III.3.9
Zwei Wallfahrtsmedaillen

Metall, versilbert, 19. Jh.
⌀ 5 cm
Maria Taferl, Schatzkammer

III.3.10
Rosenkranz mit Medaillon

Maria Taferl, Schatzkammer

III.3.11
Beschreibung der Jubelandacht in Maria Taferl 1761

Gedruckt in Passau bei Friedrich Gabriel Mangold, 1761.

Die Kirche in Maria Taferl wurde zwar erst später vollendet (Vielleicht spielt das Chronogramm der ersten Zeile, das erstaunlicherweise 1765 ergibt, darauf an!), doch schon 1661 wurde die Schatzkammer eröffnet; in diesem Jahr gab es bereits 36.000 Kommunikanten in Maria Taferl. Das Wallfahrtsbuch zum hundertjährigen Jubiläum ist dem Kardinal und Bischof von Passau Joseph D. Lamberg gewidmet.
Wien, ÖMV, Bibl. 8.810

Lit.: Gugitz, Gnadenstätten 2, S. 115–124.

III.3.12
Kleines Andachtbild Maria Taferl, Maria Zell und Sonntagsberg

kolorierte Druckgraphik, 18. Jh.
H 11,5 cm, B 7,4 cm

Die Wallfahrt zu den drei Orten war häufig kombiniert, man zog zunächst nach Maria Taferl, dann weiter zum Sonntagsberg, um schließlich in Mariazell zu landen, dem Hauptmarienwallfahrtsort Österreichs.
Wien, ÖMV (auf Rückseite bezeichnet 94/1)

Lit.: Gugitz, Gnadenstätten 2, 1955, S. 115–124; Prinz Eugen, Nr. 17.52.

III.3.13
Andachtsbrief mit der Darstellung des wundertätigen Gnadenbilds Maria Taferl und der Beschreibung der sieben Schmerzen Mariens

Kupferstich, handkoloriert
H 16,2 cm, B 19,8 cm

Auf der Vorderseite ist in der Mitte Maria Taferl samt dem Ort Marbach und der Donau, auf der sich ein Schiffsunglück erreignet, dargestellt. Darüber die Pietà in einer Wolkengloriole und dem Spruchband: Das Schwert wird deine Seele durchdringen (Lukas 2.33). Links und rechts davon die Beschreibung der sieben Schmerzen Mariens. In vier zusätzlichen Bildchen auf der Vorder- und Hinterseite des Briefchens werden Szenen aus der Gründungslegende von Maria Taferl dargestellt. Die ursprüngliche vorchristliche Kultstätte dürfte wohl das Taferl, eine Steinplatte, die als Tisch verwendet wurde, sein. Dieses Steinheiligtum wurde mit einem Baumheiligtum verbunden. Der Hirte Thomas Pachmann versuchte 1633, eine Eiche, an der sich ein lokal verehr-

tes Kruzifix befand, von dem er nichts wußte, zu fällen, die Axt glitt jedoch ab und verletzte ihn am Fuß. Wunderbarerweise wurde die entstandene Verletzung sofort durch ein Gebet zum Kruzifix geheilt (Bild Hinterseite). 1642 ließ der Richter von Klein Krummnußbaum, Alexander Schinagl, an die Stelle des schadhaften Kreuzes eine Pietà setzen. Er wurde daraufhin von seiner Schwermut geheilt, danach geschahen auch noch andere Wunder (Bild Hinterseite). Sonne, Sterne, weißgekleidete Männer und Engel – dieses Motiv gibt das kleine Andachtsbild vorne wieder – wiesen den Platz, an dem 1660 die Grundsteinlegung der Kirche erfolgte, die 1724 geweiht werden konnte. Nach Maria Taferl pilgerte man unter anderem wegen Augenleiden, als Amulette dienten Späne und das Laub der Eiche. Viele Pilgerprozessionen nahmen durch Kreuztragen und Geißelung (siehe Bild Vorderseite) einen eigenartigen Charakter an.
Wien, ÖMV, Inv.Nr. 29.163

Lit.: Prinz Eugen, Nr. 17.58.

III.3.14
Votivtafel
„Merkwürdiges Erreigniß, welches sich in der Nacht vom 22ten auf den 23ten October 1839 um halb 1 Uhr früh bey Hirschenau ergeben hat"

Votivbild, Öl auf Kupferblech
H 47 cm, B 53 cm

Beschreibung eines Schiffsunglücks nach einer Hochzeit und der Errettung der Hochzeitsgesellschaft bis auf drei Personen.
Maria Taferl, Schatzkammer

III.3.15
Votivbild

Aquarell, 19. Jh.
H 42 cm, B 50 cm

Votivbild der Bäckerstocher Antonia Fuchs aus Korneuburg anläßlich ihrer Errettung aus der Donau, 11. August 1845.
Maria Taferl, Schatzkammer   AS/KV

III.3.16
Votivtafel aus der Grünbaumkapelle in Mauthausen *(Abbildung)*

Tempera auf Tannenholz, dat. 1819
H 43 cm, B 27 cm

Darstellung eines Bootsunglücks auf der Donau, im Mittelteil Schloß Pragstein, darüber „Schmerzhafte Madonna" vom Grünen Baum zu Mauthausen in Wolkengloriole; in der Sockelzone Inschrift: „Joseph Moser, Schiffmann in Mauthausen, 46 Jahre alt, gab den 13ten August 1819 um 8 Uhr abends in der Donau seinen Geist auf. Den 18ten den nehmlichen Monathes wurde er aus derselben gefunden und dann begraben. Verleihe ihm, o Herr, den ewigen Frieden".
Mauthausen, Römisch-katholisches Pfarramt,
Inv.Nr. 9/14   KL

III.3.17
Votivtafel aus der Grünbaumkapelle in Mauthausen

Tempera auf Tannenholz, dat. 1815
H 36 cm, B 30 cm

Darstellung eines Unglücks auf der Donau, im Hintergrund Schloß Pragstein; links Darstellung der Cranachmadonna auf Wolkenbank. Inschrift: „Dieß Unglück ereignete sich den 3ten Juli 1815 zu mittag auf der Schloßbrücke in Mauthausen. Das Wasser war hoch und die Brücke abgetragen, beide Madl gingen hinein und im herausgehen fallen beide über den Steglatten hinab. Nur eine konnte noch gerettet werden und die Magdalena Trölßin ein Madl von 8 Jahren Alt mußte in den Wellen ihren Geist aufgeben".

Mauthausen, Römisch-katholisches Pfarramt,
Inv.Nr. 0/5   KL

III.3.18
„Die Wallfahrer von Linz opfern dieses Bild aus Dankbarkeit der schmerzhaften Mutter Gottes Maria Taferl, auf deren Fürbitte sie aus der augenscheinlichen Gefahr, den Tod in den Wellen zu finden, errettet wurden, am 9. Juni im Jahre des Heiles 1851. Renoviert anno 1886, Georg Danninger, Vorbeter."

Blechtafel, 1851
H 25 cm, B 30 cm

Das zu dieser Stiftungstafel gehörige Bild ist nicht mehr vorhanden.
Maria Taferl, Schatzkammer AS/KV

III.3.19
Votivbild mit dem Gnadenbild von Maria Einsiedel

Öl auf Leinwand, 1838
H 69 cm, B 56 cm

„Erinnerung An die Schreckens Nacht von 15ten und 16ten März 1838 Und Verlobung zu der Mutter Gottes Maria Einsiedel. Gewidmet von Johann und Eva Hainz"
Die Hochwasserszene stellt Alt-Ofen mit dem Seidenfilatorium und dem Kleinzellerkloster dar. Das Gnadenbild ist eine Kopie des Madonnentypus von Maria Einsiedeln in der Schweiz, das nicht zuletzt durch seine Beziehung zur Frühgeschichte der Habsburger in der Donaumonarchie große Verbreitung genoß.
Budapest, Historisches Museum der Stadt, Inv.Nr. KM 72.26

Lit.: Pest-Buda 1838, Nr. 113 und Farbtafel IV.
AP/AS/KV

Die Donau als Straße des Austausches

Eine Reihe der an der Donau gelegenen Marienorte, die unterschiedliche Typen der Bilder und Verehrungsformen repräsentieren, strahlen in ihrer Wirkung auch entlang der Donau aus. Vieles ist mit einer Hauptnot der Menschen der Frühen Neuzeit, der Türkengefahr verbunden. Maria Hilf bei Passau, das durch die Flucht Kaiser Leopolds I. 1683 während der Türkenbelagerung besondere Bedeutung gewann, hat einen seiner vielen Ableger in Wien (ein ganzer Bezirk heißt so!), und auch Maria Schnee, gegründet nach dem Sieg des Prinzen Eugen bei Peterwardein 1716, hatte schon frühere Parallelen in Wien.

III.3.20
Kleines Gnadenbild Passau

koloriert, 18. Jh.
H 14 cm, B 19 cm

Das Originalbild von Lucas Cranach aus dem Jahre 1517 kam als Geschenk an den Bischof von Passau Erzherzog Leopold. Als Leopold 1619 Landesfürst in Tirol wurde, nahm er das Bild nach Innsbruck mit. Schon 1618 wurde in Passau eine Kopie des Cranach-Bildes angefertigt, dem man bald wundertätige Wirkung zuschrieb. 1624/27 wurde eine Kirche für dieses Bild und die damit verbundene Wallfahrt, Wallfahrtskirche Maria Heimsuchung in Passau, gebaut. Kopien dieses Bildes waren in Bayern und Österreich sehr verbreitet.
Wien, ÖMV, Inv.Nr. 27.901 AS/KV

III.3.21
Kleines Andachtsbild „Maria ad nives prope Petro-Varadinum gratys clara – Gnadenreiche Mutter Maria Schnee unweit Peter-Vardein – Milloserdna Maiko Maria od Sniga kod Petro-Varadin"

Kupferstich, 18. Jh.
H 13 cm, B 9 cm

Die Gründung der Wallfahrtskirche in Peterwardein/Petrovaradin geht auf einen historischen Anlaß zurück. Am 5. August 1716 schlug das kaiserliche Heer unter Prinz Eugen die Osmanen an diesem Ort. Wie häufig schrieb man den Sieg dem Einwirken der Madonna zu, und da am 5. August Maria Schnee verehrt wird, wählte man eine Kopie dieses römischen Marientypus als Gnadenbild. Das Gnadenbild zeigt Maria vor Türkentrophäen.

Győr, Bibliothek des Geistlichen Seminars

Lit.: Lehmann, Michael, Maria Schnee bei Peterwardein 1716–1966. Eine Gedenkschrift, Wien, 1966; Szilárdfy, Zoltán, Gábor Tüskés und Éva Knapp, Barokk kori kisgrafikai ábrázolások Magyarországi búcsújáróhelyekről, Budapest 1987, S. 263.

AP/AS/KV

III.3.22
Kleines Andachtsbild „Das Gnadenbild Maria Hilf in Wien"

Kupferstich, 1813
H 17 cm, B 11,5 cm

1660 errichtet der Barnabit D. Joanelli eine hölzerne Kapelle für eine Kopie des von ihm verehrten Gnadenbildes Mariahilf in Passau. Der große Zuzug an Hilfesuchenden führte zum Bau einer steinernen Kapelle, die im Zuge der Türkenbelagerung 1683 zerstört wurde. 1686/89 entstand durch Fürst Paul Esterházy eine neue Kirche, in die das Bild übertragen wurde. Das Gnadenbild gab dem Bezirk Mariahilf den Namen. Es wurde vor allem bei Wasserunfällen und von den Donauschiffern besonders verehrt.
Wien, ÖMV, Inv.Nr. 14.362 A

Lit.: Gugitz, Gnadenstätten 1, S. 64 ff.; Gugitz, Andachtsbild, S. 130f.

III.3.23
Kleines Andachtsbild: „Wahre Abbildung des Allerseligsten Jungfrauen und Mutter Gottes Maria Hilf, welche zu Wienn in der Kirche deren W.W.E.E.F.F. Misericordiae auf der Landstrassen in dem Reconvalescenten Hauss Andächtigst verehret wird"

Kupferstich mit beigegebenem Gebetszettel, gestochen und gedruckt bei Josef Sedlaczek, frühes 19. Jh.
H 12 cm, B 17 cm

Das Gnadenbild, ebenfalls nach dem Bild von Lucas Cranach kopiert, war in der 1755 von Maria Theresia Herzogin von Savoyen gestifteten Kapelle zur heiligen Theresia im Rekonvaleszentenheim der Barmherzigen Brüder auf der Landstraße in Wien. 1877 wurde die Kapelle profaniert und als Zinshaus verwendet.
Wien, ÖMV, Inv.Nr. 14.325 A

Lit.: Gugitz, Gnadenstätten 1, S. 57.; Gugitz, Andachtsbild, S. 130.

III.3.24
Kleines Andachtsbild: „Abbildung eines Maria Hilf bildes so im Jahre 1683 in der belägerung Wienn von dennen Türcken zum Ziel auffgesteckt zerschossen worden vnd anietzo in der Wiennerischen Calvari berg unter der Obsorg deren Wohl E.E.P.P. Pauliner verehrt wird" *(Abbildung)*

Kupferstich von P. M. Fuhrmann, 18. Jh.
H 10,3 cm, B 6 cm

Das Bild, das 1716 in die Hernalser Pfarrkirche (auch Kalvarienbergkirche) kam, ist eine Kopie des Passauer Typus und zeigt tatsächlich Schußspuren. Die Unverletzbarkeit des Kultbildes ist ein häufiges Motiv der Legenden.
Wien, ÖMV, Inv.Nr. 14.614 A

Lit.: Gugitz, Gnadenstätten 1, S. 92 ff.; Gugitz, Andachtsbild, S. 132; Lauter, Ursprungslegenden, S. 164f; Zur Hernalser Kirche vgl. Uhl, Erika, Hernals: „Feste Burg" und Kalvarienberg, Diplomarbeit Wien 1993.

III.3.25
Kleines Andachtsbild: „Maria Hilf in Wien und Kriegsgebet bey Eröffnung des Feldzuges im Jahre 1809"

Kupferstich im Verlag Ludwig Mausberger
H 15,5 cm, B 10 cm

Nicht nur im Zusammenhang mit den Türkenkriegen, sondern auch mit anderen Kriegsnöten spielte die Verehrung des Passauischen Mariahilf-Bildes eine wichtige Rolle.

Wien, ÖMV, Inv.Nr. 14.385 A

Lit.: Gugitz, Andachtsbild, S. 130f.

III.3.26
Kleines Andachtsbild: Madonna mit Kind vom Typus Maria Schnee mit lateinischem Gebet „Colitur in Musaeo Colley Croatici Viennae".

Kupferstich, Wien, Mansfeld, 18. Jh.
H 16,5 cm, B 10,8 cm

Das Madonnenbild vom Typus Maria Schnee in der heute nicht mehr bestehenden kroatischen Kollegienkirche am alten Fleischmarkt – nahe dem Donaukanal – in Wien genoß nur lokale Verehrung. Vielleicht ist es mehr als ein Zufall, daß gerade ein Typus, der schon in einer mit Kroatien verbundenen Kirche in Wien bestand, in Peterwardein aufgegriffen wurde.
Wien, ÖMV, Inv.Nr. 14.110 A

Lit.: Gugitz, Gnadenstätten 1, S. 21 f.; Gugitz, Andachtsbild, S. 128.

III.3.27
Gnadenbild Typ Maria Schnee „Wird Verehret in der Kirche S. J. bey S. Anna in Wienn"

Kupferstich J. E. Mansfeld, 18. Jh.
H 17 cm, B 11,5 cm

Seit 1629 ist in der seit 1573 unter jesuitischer Leitung (daher SJ) stehenden Annakirche in Wien ein Gemälde dieses Typus auf einem Seitenaltar aufgestellt.
Wien, ÖMV, Inv.Nr. 13.842 A

Lit.: Gugitz, Gnadenstätten 1, S.1 f.; Gugitz, Andachtsbild. S. 125.

III.3.28
Muttergottes mit Kind vom Typ Maria Schnee mit Aufschrift „Mater ter admirabilis"

Kupferstich auf Seide, 18. Jh.
H 14,5 cm, B 9,5 cm
Wien, ÖMV, Inv.Nr. 14.001 A

III.3.29
S. Maria Maior Colitur in Sacello Italico Domus Professae S.I.Vienae.
Gnadenbild im Profeßhaus der Minoritenkirche

Kupferstich, Ende 18. Jh.
H 15,7 cm, B 11,5 cm

Die Minoritenkirche in Wien hatte das Patrozinium Maria Schnee. Das Bild, von dem dieses kleine Andachtsbildchen handelt, war allerdings nicht der bedeutendste Kultgegenstand, sondern das „Wimpassingerkreuz" (siehe III.3.2). Das Bild zeigt, daß auch die unzähligen Kopien des römischen Gnadenbildes Gegenstand der Verehrung waren.
Wien, ÖMV, Inv.Nr. 14.067 A

Lit.: Gugitz, Gnadenstätten 1, S. 31 ff.; Gugitz, Andachtsbild, S. 128.

AS/KV

III.4 Religionen

Das Gebiet an beiden Ufern der Donau ist – nicht zuletzt durch die gewaltige Länge des Stromes bedingt – von Menschen bewohnt, die nicht nur verschiedenen Sprach- und Kulturgemeinschaften angehören, sondern auch einen unterschiedlichen Glauben haben. Historisch gesehen ist die erste monotheistische Hochreligion in diesem Raum das Christentum, dessen Spuren sich schon in der Römerzeit nachweisen lassen. Quer durch diesen Donauraum lief später auch die Grenze der byzantinisch-orthodoxen und der römischen, lateinischen Form des Christentums. Infolge der Glaubensspaltung des 16. Jahrhunderts trat und tritt die westliche Spielart des christlichen Glaubens in Form verschiedener Konfessionen auf. Die Verteilung dieser verschiedenen christlichen Bekenntnisse im Donauraum ist von den politischen Verhältnissen der Vergangenheit nicht zu trennen. Das politische Vordringen des Osmanischen Reiches auf dem Balkan brachte zwar keine Islamisierung dieses Gebietes, aber ein gewisser Anteil der Bevölkerung nahm diese Religion an. Insbesondere vor dem Vordringen der Habsburger in Ungarn am Ende des 17. und Beginn des 18. Jahrhunderts spielte der Islam in diesem Bereich eine nicht wegzudenkende Rolle und hat auch einige wenige Denkmäler (z. B. Moscheen) hinterlassen. Die Juden lebten im Donauraum ebenfalls in Diaspora, besonders in den großen Handelsstädten.

AS/KV

III.4.1–III.4.3
Katholizismus

III.4.1
Votivrelief zur Schönen Maria

Birnbaumholz, ungefaßt, Umkreis Veit Stoß, Nürnberg 1520
H 28,6 cm, B 17,7 cm, T 2,7 cm

Das Relief zeigt das Innere der noch im Bau befindlichen Kapelle zur Schönen Maria. Über dem Altar erscheint auf einer Wolkenbank das Gnadenbild. Das Regensburger Wappen verweist darauf, daß die Stadt das Patronat über die 1519 gegründete Wallfahrt innehatte. Als Stifter des Reliefs identifizierte Pfeiffer anhand des 1519 von Kaplan Harder verfaßten Mirakelbuches Wolfgang Perckhammer aus Breslau. Von all den verschiedenen Verehrungsformen des Katholizismus ist sicherlich der Marienkult, wie er besonders in der Zeit der Gegenreformation betont wurde, das hervorstechendste Merkmal, das ihn bewußt und deutlich von den Lutheranern und Kalvinern abheben soll. Regensburg war nicht nur als Bistum, sondern auch durch seine Wallfahrten zum Grab des heiligen Wolfgang und zur Schönen Madonna ein bedeutendes religiöses Zentrum an der Donau.

Regensburg, Museum der Stadt, Inv.Nr. K 1982/8

Lit.: Pfeiffer, Wolfgang, „und lobet die Schöne Maria." Ein Votivrelief der Regensburger Wallfahrt von 1520, in: Anzeiger des Germanischen Nationalmuseums 1983, Nürnberg 1983, S. 27–31; Wallfahrt kennt keine Grenzen, Ausst.Kat. München 1984, Nr. 26; Dasein und Vision. Bürger und Bauern um 1500, Ausst.Kat. Berlin 1989, S. 55f.

ET/AS/KV

III.4.2
Päpstliche Breve der Erhebung der Wallfahrtskirche Linz-Pöstlingberg zur Basilica minor

Ausgestellt von der Kanzlei Papst Paul VI. am 11. Juli 1964 in Rom

Ein weiteres Unterscheidungsmerkmal der katholischen Kirche gegenüber den anderen christlichen Gemeinschaften ist sicherlich der Zentralismus und die Orientierung auf das Papsttum. Eine einheitliche – auch heute noch offiziell verwendete – Sprache, Latein, betont diese Einheit der Kirche, die sich als

Weltkirche versteht. Der auszeichnende Titel „Basilica minor" wird seit der 2. Hälfte des 18. Jahrhunderts vom Papst Kirchen verliehen, die für diese Auszeichnung verschiedene Voraussetzungen erfüllen müssen. Das Ansuchen für die Erlangung des Titels „Basilica minor" für die Wallfahrtskirche auf dem Pöstlingberg geht auf den Linzer Bischof Franz Zauner zurück. Es war die erste Auszeichnung einer Wallfahrtskirche mit diesem Titel in der Linzer Diözese.
Linz, Wallfahrtsbasilika Pöstlingberg

AS/KV

III.4.3
Monstranz

Einer der zentralen Punkte der religiösen Spaltung Europas hängt mit dem Altarsakrament zusammen. Die katholische Kirche beharrte in der Transsubstantationsdiskussion auf der leiblichen Präsenz Christi in der Hostie ebenso wie auf der Tatsache, daß die Kommunion des Volkes nur unter einer Gestalt, eben der des Brotes, erfolgen sollte. Die Reformbewegungen des späten Mittelalters und der Frühen Neuzeit (Hus, Luther, Zwingli, Calvin) vertreten die Kommunion unter beiderlei Gestalt (sub utraque specie) und werden daher auch Utraquisten oder Kalixtiner (nach dem Kelch, aus dem der Wein als Sakrament gespendet wurde) genannt. Auch in der Transsubstantationslehre waren sie einer anderen – wenn auch nicht alle einer – Meinung als die katholische Kirche. Die Monstranz – man denke nur an die Bedeutung der Fronleichnamsprozession auch in der Pietas eucharistica der Habsburger – steht als Symbol für diese theologische Position.

AS/KV

III.4.4–III.4.7
Protestantismus / Kalvinismus

III.4.4
Augustana Confessio. Allegorie der Augsburger Konfession

Öl auf Leinwand, Donauschwäbisch, 1724
H 99 cm, B 83,5 cm

Kaiser Karl V. wollte 1530 am Reichstag zu Augsburg die Glaubenseinheit retten und es kam zu Verhandlungen über die „Luthersache". Die Protestanten legten die Confessio Augustana vor, deren Verfasser Melanchthon war. Der Kaiser wies allerdings die Confessio Augustana zurück und bestätigte das Wormser Edikt. Mit den Grundsätzen der Confessio Augustana, des Augsburger Bekenntnisses, war eine klare Linie der evangelischen Kirche vorgelegt, die Schrift wurde zunächst lateinisch, dann auch deutsch gedruckt und bildet die Grundlage der Konkordienformel von 1577 und des Konkordienbuches von 1580, mit denen der Protestantismus seine dogmatische Grundlage festlegte, was für die Konfessionalisierung besonders wichtig war. Durch die spezifische historische Situation – sowohl in der Habsburgermonarchie als auch im osmanischen Ungarn – erhielt sich in Ungarn der Protestantismus, während sich in den anderen Gebieten der Donaumonarchie die Gegenreformation durchsetzte.
Der symbolische siebenarmige Leuchter steht auf der auf die Bundeslade gelegten Bibel, links steht Kurfürst Friedrich der Weise im Kurfürstenornat, rechts Martin Luther mit Bibel und Palmenzweig. Inschrift unten: ECCL(ESI)AE GYÖRKÖNIENSI OBTULIT TREN. 1724 DIE 2. IUN.
Györköny, Evangelisch-lutherische Gemeinde

AP/AS/KV

III.4.5
Abendmahlskelch

Silber, graviert und punziert, angefertigt vom Goldschmied György Tar in Kecskemét, 1628

H 21,5 cm

Die Kommunion unter beiderlei Gestalt war eine der wichtigsten Forderungen der Reformation und bekam auch als Symbol der neuen Lehre große Bedeutung. Der Kelch steht gewissermaßen stellvertretend für die unterschiedlichen Glaubensauffassungen und Kultformen der Lutheraner und Kalviner. Die Inschrift in zwei Zeilen lautet: PATAI ECCLESIAHOZ VALO POHART KOLNAI JANOS PATAI PRAEDICATOR HARTAI NAGY GERGELI. Die Dekoration zeigt orientalischen Einfluß, was sich aus der zeitweiligen türkischen Besetzung des Gebietes erklärt.
Dunapataj, Evangelisch-reformierte Gemeinde
AP/AS/KV

III.4.6
Familienbibel der späteren Starhemberger
(Abbildung)

Martin Luther, deutsch, gedruckt in Frankfurt bei Johann Feyrabend 1583

Luthers Anschauung des sogenannten Schriftprinzips (sola scriptura) machte die Bibel zur ausschließlichen Grundlage des Glaubens. Die Bibelübersetzung Luthers war daher sicherlich einer der wichtigsten Schritte in der Geschichte der Reformation, nicht nur religiös zentral, sondern auch sprachlich eine großartige Leistung für die Entwicklung der deutschen Schriftsprache. Das vorliegende Exemplar ist die Familienbibel der Starhemberger – einer der vielen Familien entlang der Donau, die vorübergehend zum Luthertum übergegangen waren – mit Eintragungen seit der Zeit Erasmus II. (1575–1648). Sie wurde in einem Kasten des Oratoriums der Kirche zu Scharten gefunden.
Scharten, Evangelische Pfarrgemeinde
Lit.: Bauernkrieg 1626, Nr.135
AS/KV

III.4.7
Erbauungsbuch: Stunden der Andacht zur Beförderung wahren Christenthums und häuslicher Gottesverehrung, Aarau 1843 (23. Auflage)
Beispiel eines kalvinischen Erbauungsbuches, oft die einzige Lektüre bäuerlicher Haushalte. Die hohe Auflagezahl zeigt die große Verbreitung und Beliebtheit dieses Buches an.

Wien, Bibliothek der Evangelischen Pfarrgemeinde H.B.
AS/KV

III.4.8–III.4.11
Orthodoxie

III.4.8
Hl. Nikolaus flankiert von den Hl. Basilios und Johannes (?) *(Abbildung)*

Hinterglasbild, Ende 19. Jh. aus Făgăraș, Siebenbürgen, Rumänien
H 60 cm, B 49 cm

Die Heiligenverehrung spielt in der orthodoxen Religion ähnlich wie im Katholizismus eine besondere Rolle. Die verschiedenen Ikonen dieser Heiligen, die an ihrem Feiertag in der Kirche zum Kusse aufliegen, aber auch die häusliche Verehrung von Heiligenbildern sind integrierender Bestandteil des Kultes.
Kittsee, Ethnographisches Museum Schloß Kittsee, Inv.Nr. 5118
FS/AS/KV

III.4.9
Hymnensammlung: Octoihos adecă Osmoglasnic extractiv din Octoihul cel mare a Sfîntului Ioan Damaschin ... Cernăuti: Tipografia Ch[esaro-]. C[răiască]. (a) Bucovinei 1804, 162 S., Reichgeprägter roter Maroquineinband der Zeit mit Metallschließen (schwer beschädigt)

Die dem hl. Ioannes Damascenus zugeschriebene „Oktoechos" (Ωκτόηχος βίβλος, Achttonbuch, slavisch Osmoglasnik), eine nach den acht Kirchentönen der Ostkirche geordnete Hymnensammlung, diente nicht nur dem liturgischen Gebrauch, sondern war als Schulfibel sowohl im griechischen Original als auch in zahlreichen Übersetzungen in Verwendung. Die vorliegende rumänische Fassung ist 1804 in der (staatlichen) k.k. Buchdruckerei der Bukowina in Czernowitz/Cernăuti/Cernivci erschienen. Das Rumänische hat man bis etwa 1860 in kyrillischer Schrift geschrieben, weil das Kirchenslavische seit dem Mittelalter die Kirchen- und daher auch Amtssprache in den rumänischen Fürstentümern Moldau und Walachei war. Aufgeschlagen ist der Beginn der Hymnen im 7. Kirchenton für das Abendgebet (rumän. vecernia aus slav. večernija) am Samstag (S. 105). Griechischer Übung folgend wurden kyrillische Buchstaben auch als Zahlzeichen verwendet (z=7, r=100, e=5).

Die Missionierung eines großen Teiles des Balkans erfolgte von Byzanz aus, so daß die vorwiegend slavische Bevölkerung dem orthodoxen Glauben verpflichtet ist. Die Messe und auch die Lektüre der Bibel erfolgte in den jeweiligen Nationalsprachen bzw. in Kirchenslavisch. Diese Sprachen wurden und werden mit cyrillischer Schrift geschrieben, wie etwa das Serbische oder Bulgarische, was den großen Einfluß religiöser Verhältnisse auf nationale Identitäten deutlich widerspiegelt.

Privatbesitz.

Lit.: Bianu, Joan und Hodos, Nerva, Bibliografia Românésca veche 1508–1830, Bd. 2, Bukarest/Bucuresti 1910, Nr. 670. Onasch, Konrad, Kunst und Liturgie der Ostkirche in Stichworten, Wien-Köln-Graz 1981, S. 285–289

MP/AS/KV

III.4.10
Schale mit Sand und Wachskerzen

Die Kerzen aus Bienenwachs und ihr charakteristischer Geruch und die mit Sand gefüllten Schalen, in denen sie stecken, sind typisch für orthodoxe Kirchen.

AS/KV

III.4.11
Messingkreuz

19. Jh., Rußland
H 29,5 cm, B 14,5 cm

Dreibalkiges Messingkreuz mit Darstellung des gekreuzigten Christus, sowie Veronikon, zwei Engel, Sonne, Mond, Jerusalem und Schädel Adams. Cyrillische Inschrift.

Die Form des Kreuzes mit drei Balken (oben: Balken mit INRI-Schrift, dann Kreuzesbalken, schließlich schräggestellter Fußbalken) ist kennzeichnend für die orthodoxe Kirche.

Kittsee, Ethnographisches Museum Schloß Kittsee, Inv.Nr. 4995

FS/AS/KV

III.4.12–III.4.15
Islam

III.4.12
Gebetsteppich

Wolle, Fethiye, Südwestanatolien, um 1900
L 90 cm, B 69 cm

Das Gebet ist eine der fünf Säulen des Islam (daneben: am wichtigsten der Glaube an die Sätze „es gibt keinen Gott außer Gott, und Mohammed ist sein Prophet", Fasten im Ramadan, die Pilgerschaft/Hajj nach Mekka und Medina, Almosengeben). Es wird fünfmal am Tag vollzogen, vor dem Gebet muß sich der fromme Muslim reinigen, er muß korrekt gekleidet sein und die Gebetsrichtung (arabisch qiblah) nach Mekka einhalten. Der Gebetsteppich wird ausgebreitet, um die verschiedenen Gebetshaltungen wie Knien, Niederwerfen etc. nicht auf dem Boden vollführen zu müssen.

Hinsichtlich seines Kolorits wie auch seiner Formensprache ist dieser Gebetsteppich typisch für seine Spezies und Provenienz. Vom senfgelben Fond heben sich sowohl das Feld wie auch die Bordürenornamentik ab. Den oberen Abschluß des Feldes

bildet die Gebetsnische (arabisch Mihrab), die dem Gläubigen die Gebetsrichtung nach Mekka anzeigt. Die Formensprache des Stücks weist auf die Jahrhundertwende hin: Das von der Gebetsnische gerahmte Feld wird beherrscht von der sogenannten Nagsh-i farang, einem Blumenbouquet, welches am Ende des vorigen Jahrhunderts in weiten Teilen des Orients rezipiert wurde. Nagsh-i farang bedeutet auf Deutsch nichts anderes als „französisches Muster". Diese Bezeichnung deutet auf einen gewaltigen soziokulturellen Komplex hin, nämlich auf den immensen Einfluß, den Europa im allgemeinen, die europäische Wirtschaft und Kultur im besonderen auf den Orient ausübte. Im Zeitalter des Imperialismus und des Fin de siècle, in dem das Osmanische Reich und die islamische Zivilisation in große Abhängigkeit der europäischen Mächte geriet, erfuhr dieser Einfluß seinen ersten Höhepunkt. Diese europäisierende Formensprache setzt sich auch in der Bordürenornamentik fort. Bei diesem verhältnismäßig kleinen Gebetsteppich handelt es sich um ein Schulstück, ein sogenanntes Vagireh, das von einem Mädchen geknüpft wurde, um wichtige Musterelemente und die Kompositionskriterien der Provenienz zu erlernen.
Klagenfurt, Heinz Olschewski MG/AS/KV

III.4.13a
Koranhandschrift

Anatolien, 18. Jh.

Der Koran (qur'an) enthält die Offenbarungen Mohammeds und ist in arabischer Sprache verfaßt, er besteht aus 114 Abschnitten (Suren). Für den islamischen Menschen ist der Koran die Grundlage des Lebens, in den früheren (und teilweise) in heutigen islamischen Staaten bildet er auch die Grundlage des Rechtes (Seriat).
Das Fragment zeigt das für alte Koranhandschriften typische, prunkvolle Erscheinungsbild mit Blattgoldrahmung der einzelnen Seiten und breitem Blattgoldbalken am Ende der Suren.
Klagenfurt, Dr. Maximilian Grothaus MG/AS/KV

III.4.13b
Koranständer

Anatolien, Balkan, um 1900
H 17cm, B 33 cm, T 21 cm

Solche Bücherständer waren und sind in der gesamten islamischen Zivilisation verbreitet. Sie dienen in Moschee, Medrese wie auch im privaten Haus der Meditation, Rezitation und dem Gebet. In den geöffneten, aufgeklappten Ständer wird der Koran respektive die Erbauungsschrift gelegt, um darin zu lesen. Ständer dieser Spezies sind immer aus einem Stück Holz geschnitzt und stellen oft großartige kunsthandwerkliche Meisterwerke dar.
Klagenfurt, Maria Gabrijelic MG

III.4.14
Tespih

Ursprünglich aus einer Gebetsschnur, die die 99 Namen Allahs symbolisierte, hervorgegangen, dienen solche Ketten heute auch als eine Art „Spielzeug", um die Hand zu beschäftigen und haben ihre religiöse Bedeutung für viele verloren.
Wien, Privatbesitz AS/KV

III.4.15
Darstellung der Kaaba und der großen Moschee von Mekka

Federzeichnung, Tusche auf Papier, koloriert und vergoldet, Balkan, 19. Jh.

Handzeichnungen, aber auch Druckgraphiken mit diesem Sujet waren und sind bis heute in der gesamten islamischen Welt weit verbreitet und beliebt. Sie dienen der Meditation, als Lesezeichen im Koran oder in Erbauungsschriften oder auch der Erinnerung an die Wallfahrt nach Mekka (arabisch hajj,

gesprochen „hadsch"), die einmal im Leben erfolgen sollte und zu den fünf Grundsäulen des Islams zählt.
Klagenfurt, Dr. Maximilian Grothaus

MG

III.4.16–III.4.19
Judentum

III.4.16
Thoraschild (Tas) *(Abbildung)*

Silber, teilweise vergoldet, Franz Lorenz Turinsky, Beschauzeichen: Alt-Wien 1806
H 38 cm

Die Thora (die auf Pergament geschriebenen fünf Bücher Moses) wird im Thoraschrein der Synagoge verwahrt und ist reich geschmückt. Neben dem Thoraschild, das an den Brustschild des Hohenpriesters Aaron erinnert und Symbole wie Löwen (Sinnbild Judas), Säulen (Sinnbild des Salomonischen Tempels) und die Tafeln mit den zehn Geboten sowie ein Einschiebeschildchen für die jeweiligen Feiertage enthält, gehören zu diesem Schmuck noch Rollstäbe (Rimonim), Krone (Keter), Thorazeiger (Jad) und Thoramantel (Mappa). Das ausgestellte Exemplar enthält mit der Kaiserkrone und dem Symbol des Doppeladlers auch einen Hinweis auf die Loyalität der Juden in der Monarchie.
Wien, Jüdisches Museum der Stadt Wien, Inv.Nr. 113

Lit.: Judaica, Inv.Nr. 113

III.4.17
Chanukka-Leuchter

Silber, Anton Köll, Beschauzeichen Alt-Wien 1838, H 22 cm

Das etwa zeitlich zu Weihnachten parallele jüdische Chanukka-Fest erinnert an die Wiedereinweihung des Tempels nach dem Makkabäeraufstand (164 v. Chr.). Bei diesem achttägigen Fest wird an dem Leuchter täglich ein Licht mehr entzündet, der neunte, kleine Brenner wird Diener (Schammes) genannt, mit dem man die anderen Lichter anzündet. Dieses jüdische Fest hat möglicherweise die Sitte des Christbaumes mitbeeinflußt. Das ausgestellte Exemplar ist mit Adler-, Rosen- und Akanthusmotiven verziert.
Wien, Jüdisches Museum der Stadt Wien, Inv.Nr. 444

Lit.: Judaica, Inv.Nr. 444

III.4.18
Besamimbüchse

Silber, Alexander Benkovits, Beschauzeichen Alt-Wien 1853, H 12,5 cm

Die mit Zimt und Gewürzen gefüllte Besamimbüchse finden bei der Hawdalazeremonie, die den Sabbat beschließt, Verwendung. Wie viele Zeremonien spielt sich auch diese im Hause und nicht in der Synagoge ab. Das Riechen an den Gewürzen soll den Ausklang des Ruhetages markieren, sie dient der Trennung von heiliger und profaner Zeit.
Wien, Jüdisches Museum der Stadt Wien, Inv.Nr. 235

Lit.: Judaica, Inv.Nr. 235

III.4.19
Estherrolle (Megilla)

H 32 cm, B 21 cm

Im Mittelpunkt des lustigsten der jüdischen Feste, Purim, steht die Erinnerung an die Geschichte von Esther, die gemeinsam mit ihrem Onkel Mardochai die Pläne Hamans am Hofe des Perserkönigs Ahasver durchkreuzt und damit die Juden rettet. Die Geschichte ist in der Estherrolle aufgezeichnet. Das ausgestellte Exemplar einer solchen Estherrolle wurde als Einband eines spätmittelalterlichen Urbars einer Kremser Pfarre verwendet.
Krems, Historisches Museum der Stadt

III.5 Bildungsstätten an der Donau

Unter den Hochschulstädten an der Donau wurde eine Auswahl getroffen, welche die historische Entwicklung des höheren Bildungswesens in diesem Raum veranschaulichen soll. Der Bogen spannt sich von der mittelalterlichen, autonomen „universitas magistrorum et scholarium" über die „Staatsanstalten" der absolutistisch regierten Territorien zu den modernen Hochschulen, welche Forschung und Lehre gleichberechtigt zu vereinen trachten. Der Wandel vollzog sich nicht ohne Brüche in einem Spannungsfeld, welches vom Widerstreit zwischen Selbstorganisation und staatlicher oder kirchlicher Einflußnahme sowie von konfessionellen Gegensätzen geprägt war. Wenn auch die Konstruktion von Kontinuitäten im Dienste einer Geschichtsschreibung „pro domo" immer fragwürdig bleibt, so ist doch die Frage nach dem Verhältnis von Wissenschaft und Lehre zu politischen oder gesellschaftlichen Kräften über Jahrhunderte hinweg für die Entwicklung der Universitäten bestimmend geblieben.

Universität Ingolstadt

In der ehemaligen bayerischen Residenzstadt Ingolstadt wurde 1472 feierlich eine Universität eröffnet, welche wie Wien ihre Existenz einem landesfürstlichen Stiftungsakt verdankte. Mit dem Einschwenken der bayerischen Politik auf antireformatorischen Kurs im 16. Jahrhundert wurde Ingolstadt zur Antipodin der protestantischen Universität Wittenberg. Ab 1556 übernahmen die Jesuiten schrittweise die Lehrstühle an der theologischen und philosophischen Fakultät. Das 18. Jahrhundert brachte Reformen nach dem Vorbild des theresianischen Österreich, welche jedoch fortschreitende Provinzialisierung und Verschulung nicht verhindern konnten. 1800 wurde die Universität nach Landshut verlegt; gleichzeitig begann ein Prozeß der Verstaatlichung und Laisierung des Bildungswesens. Die Verlegung in die Hauptstadt München erfolgte schließlich 1826.
TM

III.5.1
Jesuitenkolleg Ingolstadt *(Abbildung)*

Foto (Or. Öl auf Leinwand, 17. Jh., Ingolstadt, Stadtmuseum – Dauerleihgabe des Bayerischen Nationalmuseums in München, Inv.Nr.R. 7583).
Foto: Ingolstadt, Stadtmuseum

Lit.: Die Jesuiten, Nr. 39.

AS/KV

III.5.2
Gründungsurkunde des Ingolstädter Jesuitenkollegs

Reproduktion der Neugründungsurkunde des Jesuitenkollegs Ingolstadt durch Herzog Albrecht V. von Bayern, München, 20. Dezember 1576 (Or. Bayerisches Hauptstaatsarchiv München, Sign. Jesuiten U 1576 XII 20).
Foto: München, Bayerisches Hauptstaatsarchiv

Lit.: Die Jesuiten, Nr. 37

AS/KV

III.5.3
Wappenstammbuch (Album Amicorum) eines ehemaligen Ingolstädter Studenten, 1578–91 *(Abbildung)*

Papier, aquarellierte Federzeichnungen
H 19 cm, B 44 cm (aufgeschlagen)

Das aufgeschlagene Blatt von 1578 mit der Devise „Brobs, darnach lobs" zeigt ein Duell mit einer auf einem Bock reitenden Hexe, die einen Teufel am Strick führt. Im späten 16. und frühen 17. Jahrhundert griff der Glaube an Hexen auch im Donaugebiet und nicht zuletzt in Ingolstadt und Umland um sich.

Während die Ingolstädter Theologen Gregor von Valencia und Jakob Gretser noch für die Berechtigung von Hexenprozessen eintraten, zählten deren ebenfalls zeitweise in Ingolstadt lehrende Kollegen Paul Laymann („Theologia moralis", München 1626) und Adam Tanner („Theologiae scholasticae Tomus Tertius", Ingolstadt 1627) zu den frühen Bekämpfern der Hexenprozesse.
Ingolstadt, Stadtarchiv, Graphische Sammlung V/910

Lit.: Hofmann, Siegfried, Ingolstädter Jesuiten und Hexenprozesse, in: Die Jesuiten, S. 238–245 und Nr. 318.

SH

III.5.4
Nomenclator LATINOGRAECO-GERMANICVS, IN GRATIAM TIRONVM GRAECÆ LINGVÆ COLLECTVS A JACOBO GRETSERO SOCIETATIS JESV

Gedruckt von Adam Sartorius, Ingolstadt 1598

Jakob Gretser (1562–1625) wurde 1588 Professor für Metaphysik in Ingolstadt und war von 1592 bis 1605 Professor der Scholastischen Theologie und 1609 bis 1616 der Moraltheologie an der bayerischen Landesuniversität. Er zählt zu den bedeutendsten Theologen und Universalgelehrten sowohl der Universität in Ingolstadt wie des Jesuitenordens und des Jesuitentheaters. In seinen wissenschaftlichen Werken, kontroverstheologischen Schriften, Dramen und Schulbüchern vereinte er humanistisches Denken und das Anliegen der Gegenreformation.
Ingolstadt, Wissenschaftliche Stadtbibliothek, Gi 149

Lit.: Stalla, G., Bibliographie der Ingolstädter Drucker des 16. Jahrhunderts, Baden-Baden 1977², S. 537 Nr. 1851; Die Jesuiten, Nr. 171.

SH

Protestantische Landschaftsschule in Linz

Die Schule der protestantischen Landstände ob der Enns entstand zur Blütezeit des Protestantismus in Oberösterreich um die Mitte des 16. Jahrhunderts. Zunächst in Enns beheimatet, wurde sie 1574 nach Fertigstellung des Landhauses nach Linz verlegt und diente der höheren Bildung adeliger Söhne im Geist der evangelischen Konfession. Zeitweise besaß die Schule einen hervorragenden Ruf und erlangte überregionale Bedeutung. Der berühmteste unter ihren Professoren war der Astronom Johannes Kepler, welcher von 1612 bis 1626 in Linz lehrte. Ab 1608 stand die Landschaftsschule in Konkurrenz mit dem Linzer Jesuitengymnasium. Nach der Durchsetzung der Gegenreformation durch die Habsburger und der Niederwerfung der protestantischen Stände ging die Landschaftsschule im Jesuitengymnasium auf (1629).

Universität Linz

Auch nach der Auflösung des Jesuitenordens 1773 blieb das Linzer Lyzeum bestehen. Es bot zwar die Möglichkeit, theologische, philosophische, juridische und zeitweise auch medizinische Studien zu betreiben, hatte jedoch nicht den Rang einer Universität. Nach 1848 begannen ernsthafte Bestrebungen, in Linz eine Universität zu gründen, allerdings ohne Erfolg. Erst nach dem Zweiten Weltkrieg wurde ein Universitätsplan erstellt, welcher Aussichten auf Realisierung hatte. 1962 schließlich wurde die Hochschule für Sozial- und Wirtschaftswissenschaften in Linz gegründet, 1966 der Studienbetrieb eröffnet. Zur Zeit gibt es in Linz drei Fakultäten: die Rechtswissenschaftliche, die Sozial- und wirtschaftswissenschaftliche und die Technisch-naturwissenschaftliche. 1975 wurde die Hochschule in Johannes Kepler Universität Linz umbenannt.

TM

III.5.5
„Prospect des Landhauses zu Lintz, wie selbes auser dem Thor samt dem Schloß anzusehen ist"

Foto nach dem Stich von B. F. Werner und Martin

Engelbrecht (Or. Linz, Stadtmuseum – Nordico, Inv.Nr. 2065)
Das Linzer Landhaus (Sitz der Landschaftsschule ab 1574) von der Promenade aus gesehen.
Foto: Linz, Stadtmuseum – Nordico   AS/KV

III.5.6
Foto der heutigen Universität Linz

Foto: Linz, Drechsler

III.5.7
Zwei Prämienmedaillen der Landschaftsschule in Linz

Abgüsse

Diese Medaillen, die hauptsächlich aus dem ersten Jahrzehnt des 17. Jahrhunderts stammen, wurden Schülern als Auszeichnungen für gute Lernerfolge oder besondere Begabung verliehen.
Linz, OÖLM

Lit.: Dimt, Heidelinde, Die Prämienmedaillen der Landschaftschule in Linz, in: HistJbLinz 1983, S. 69–78.
                                                AS/KV

III.5.8
Johannes Kepler: Gesammelte Werke, Band 1: Mysterium cosmographicum de stella nova

Nachdruck (Hg. im Auftrag der deutschen Forschungsgemeinschaft und der bayerischen Akademie der Wissenschaften unter der Leitung von Walter van Dyck und Max Caspar, Bd. 1 hg. von Max Caspar, München 1938)
H 20 cm, B 30 cm
Linz, Johannes Kepler Universität   AS/KV

III.5.9
Schlüssel der Universität

Stahl (Stahlschnitt), Friedrich Mayr, 1966
Linz, Johannes Kepler Universität   AS/KV

Universität Wien

1365 von Herzog Rudolf IV. („dem Stifter") gegründet, ist sie die älteste Universität des deutschen Sprachraumes. Im 15. Jahrhundert war ihre Anziehungskraft für Studenten so groß, daß sie bis zum Einsetzen der Reformation zur meistfrequentierten Hochschule im Alten Reich wurde. Nach einer krisenhaften Entwicklung im 16. Jahrhundert wurde die Universität Wien den Jesuiten übertragen (1623), welche bis zur Auflösung des Ordens (1773) die theologische und philosophische Fakultät dominierten. Vor allem in der zweiten Hälfte des 19. Jahrhunderts kam es zu einem enormen Aufschwung der universitären Forschung. Bis 1938, als die Nationalsozialisten die Universitäten „säuberten", besaß die Wiener Hochschule in manchen Disziplinen Weltruf: Die Wiener medizinische Schule, der Wiener Kreis und die Psychoanalyse sind nur einige Beispiele dafür.   TM

III.5.10
Der Wiener Universitätsplatz *(Abbildung)*

Foto des Gemäldes von Bernardo Belotto (genannt Canaletto, Or. Wien, KHM, Inv.Nr. 1670)

Das Bild zeigt den heutigen Ignaz-Seipel-Platz nach der Fertigstellung des „Neuen Aulagebäudes". Seit 1857 ist es Sitz der Akademie der Wissenschaften.
Foto: Wien, KHM   TM

III.5.11
Liber Nationis Hungaricae, 1453–1629

H 41 cm, B 59 cm (aufgeschlagen)

Nach dem Vorbild älterer Universitäten gab es auch in Wien vier akademische Nationen; eine davon war die ungarische. Das Nationsbuch enthält die Statuten der Ungarischen Nation sowie die Namen ihrer Mitglieder. Die aufgeschlagene Seite bietet die reich verzierte Initiale A mit einer Szene aus der Vita des

heiligen Königs Ladislaus, des Patrons der Ungarischen Nation.
Wien, Archiv der Universität, Kod. NH 1.

Lit.: Karl Schrauf (Ed.), Die Matrikel der ungarischen Nation an der Wiener Universität 1453–1630 (Wien 1902).

TM

III.5.12
Celtis-Truhe, 1508

H 31 cm, B 31 cm, T 31 cm

Die Celtistruhe diente zur Aufbewahrung der Insignien des „Collegium poetarum et mathematicorum", welchem bis zu seinem Tod der berühmte Humanist und „Archipoeta" Konrad Celtis vorstand. Das mit Temperamalerei verzierte Behältnis zeigt folgende Motive: Die thronende Philosophie, den österreichischen Bindenschild, Apollo auf dem Parnaß und den Reichsadler mit dem Wappen Kaiser Maximilians I. Das ikonographische Programm wurde teilweise von Werken Albrecht Dürers und Hans Kulmbachs inspiriert.
Wien, Archiv der Universität, Inv.Nr. 114.

Lit.: Die Anfänge der Universität Wien, Ausst.Kat. (UniPräsent 1990, 625 Jahre Universität Wien) Wien 1990, Nr.6.12.

TM

III.5.13
Ältestes Typarium der Philosophischen Fakultät der Universität Wien

Silber, 15.Jh.
⌀ 6 cm
Budapest, Magyar Nemzeti Múzeum, Typariensammlung

Lit.: Németh, Annamária T., Das älteste Typarium der philosopischen Fakultät der Wiener Universität, in: Folia Archaeologica 13 (1961), S. 129–139.

AP

Universität Preßburg/Bratislava

Der Regierungsantritt des ungarischen Königs Matthias Corvinus im Jahre 1457 brachte im kulturellen und geistigen Leben Ungarns eine wichtige Zäsur: Matthias war den neuen Strömungen des italienischen Humanismus zugewandt und bestrebt, diese auch in seinem eigenen Herrschaftsgebiet durchzusetzen. 1467 wurde schließlich in Preßburg/Bratislava eine Universität gegründet. Die auch als „Academia Istropolitana" bezeichnete Hochschule – Ister ist der griechische Name für Donau, Istropolis demnach „Donaustadt" als humanistisch-gelehrte Benennung für Preßburg – entfaltete bald eine rege Tätigkeit, die jedoch nur von kurzer Dauer war. Politische und kriegerische Ereignisse beeinflußten ab 1471 die weitere Entwicklung äußerst ungünstig. Ob danach der Lehrbetrieb noch weitergeführt wurde, ist zweifelhaft. Spätestens jedoch mit dem Tode Matthias Corvinus' (1490) hörte die „Academia Istropolitana" auf zu existieren. Erst 1912 gab es in Preßburg wieder eine Universität, die 1919, nach der Schaffung der Tschechoslowakei, in der neugegründeten „Comenius-Universität" aufging.

TM

III.5.14
Academia Istropolitana

Foto: Bratislava, Städtisches Museum

III.5.15
Universität Bratislava

Foto: Bratislava, Städtisches Museum

III.5.16
Gründungshoroskop für die Preßburger Universität 1467

Fotoreproduktion (Or. Wien, ÖNB, Cvp 24).
H 36,2 cm, B 55 cm (aufgeschlagen)

Der Erzbischof von Gran, Johannes Vitéz, versammelte im Sommer 1467 eine Gruppe von Professoren in seinem Palast. Zur Suche nach dem geeigneten Zeitpunkt für die Gründung der Universität Preßburg wurde ein Horoskop erstellt, wahrscheinlich von Martin Bylica oder Galeotto Marzio.

Foto: Wien, ÖNB, Handschriften- und Inkunabelsammlung

Lit.: Matthias Corvinus und die Renaissance in Ungarn 1458–1541, Ausst.Kat.Schallaburg 1982, Nr. 269.

TM

III.5.17
Medaillen der Universität Bratislava

a) Medaillon mit Darstellung der Academia Istropolitana Entwurf, Bronze, Bildhauer Prof. Ladislav Snopek, 1969
H 22,1 cm, B 26 cm
Bestandteil der festlichen Kette des Bürgermeisters von Bratislava

b) Zwei Medaillen zur Entstehung der Comenius Universität
Kopien (Or. Bronze, patiniert) Prof. Otakar Španiel 1919
Ø 8 cm

c) Zwei Medaillen der Hochschule für darstellende Kunst
Tomback patiniert, Prof. Rudolf Pribiš, 1969
Ø 7 cm

d) Zwei Medaillen der Hochschule für darstellende Kunst
Bronze und Bronze vergoldet
Prof. Rudolf Pribiš, 1979
Ø 6,8 cm

e) Zwei Medaillen der slowakischen technischen Hochschule
Kopie (Or. Silber), Jozef Kostka, 1938
Ø 7 cm

f) Zwei Medaillen der slowakischen technischen Hochschule
Bronze vergoldet und Bronze versilbert, Prof. Ladislav Snopek, 1966
H 7 cm, B 8 cm
Bratislava, Städtisches Museum

ZF

Universität Budapest

Die Loránd Eötvös-Universität in Budapest geht auf eine Gründung des Erzbischofs von Gran/Esztergom, Kardinal Péter Pázmány, vom Jahre 1635 zurück. Der Sitz dieser Jesuitenuniversität war zunächst Tyrnau/Trnava (ungarisch Nagyszombat, heute in der Slowakei) im von den Türken nicht besetzten, habsburgischen Teil Ungarns. Die Reformen des aufgeklärten Absolutismus unterstellten die Universität 1769 staatlicher Leitung; gleichzeitig erfolgte der Ausbau zu einer Volluniversität mit vier Fakultäten. Schließlich wurde 1777 der Sitz der Hochschule von Tyrnau nach Ofen/Buda verlegt; 1784 wechselte man auf das gegenüberliegende Donauufer, nach Pest. Im 19. Jahrhundert erfolgte die Ausgestaltung zur ungarischen Nationaluniversität. Ihren heutigen Namen erhielt sie vom berühmten Physiker und Universitätsprofessor Loránd Eötvös (1848–1919).

III.5.18
Ansicht der Pester Universität

III.5.19
Neugründungsurkunde der Pester Universität
durch Maria Theresia, Wien, 2. Juni 1780

Pergament, 26 Bll.
H 36 cm, B 56 cm (aufgeschlagen)

Die ganzseitige Temperamalerei zeigt ein Bibliotheksinterieur mit der Darstellung Socrates umgeben von 7 Wappensiegeln der Universität, dem Senat und den Fakultäten. Gegenüber das Incipit mit goldenen Buchstaben NOS MARIA THERESIA.
Budapest, Magyar Országos Levéltár, Magyar kancelláriai levéltár, Acta generalia (A 39) 1780 Nr. 2833

AP/AS/KV

III.5.20
Rektorkette der Pester Universität

Gold, E. Münzberg, Wien 1819, zeitgenössisches Lederetui (34 x 20 cm)
L der Kette 104,2 cm

In rot emailliertem Kreuz gefaßte Medaille. Avers: Porträt des Kaisers und Königs Franz I. im Profil, Revers: Inschrift RECTORI SCIENTIARUM UNIVERSITATIS HUNGARICAE PESTIENSIS. Signiert J. Harnisch f. (ecit).
Budapest, Magyar Nemzeti Múzeum, Inv.-Nr. 1949.12

III.6. Klöster (am Beispiel Wilhering)

Die Christianisierung der Donauländer hinterließ ihre Spuren in Form von Klöstern, die meist in der Barockzeit großartig ausgebaut wurden. Vielleicht das eindrucksvollste Beispiel ist das Benediktinerstift Melk, das beherrschend im Donautal liegt.
Als Beispiel für ein österreichisches Kloster im Donauraum wurde die Zisterzienserabtei Wilhering – Mutterkloster des ursprünglichen Zisterzienserstiftes und jetzigen Trappistenklosters Engelszell – gewählt, nicht zuletzt auch deshalb, da die Schätze dieses Klosters noch nie in einer Großausstellung gezeigt wurden.
Neben der im Beitragsteil zitierten Literatur über das Stift Wilhering sei noch auf den jährlich erscheinenden Jahresbericht des Stiftsgymnasiums Wilhering verwiesen. Da viele Klöster im österreichischen Donauraum bereits Schauplätze von Ausstellungen waren, in denen ihre Geschichte und ihre Kunstsammlungen großen Raum fanden, wird hier eine Auswahl an Ausstellungskatalogen als Ergänzung angeführt.

Jakob Prandtauer und sein Kunstkreis, Ausst.-Kat. Stift Melk 1960; Herzogenburg. Das Stift und seine Kunstschätze, Ausst.-Kat. Herzogenburg, Augustiner-Chorherrenstift 1964; Die Kunst der Donauschule 1490-1540, Ausst.-Kat. Stift St. Florian und Schloßmuseum Linz 1965; 1000 Jahre Kunst in Krems, Ausst.-Kat. Dominikanerkloster Krems 1971; 900 Jahre Stift Göttweig. Ein Donaustift als Repräsentant benediktinischer Kunst, Ausst.-Kat. Stift Göttweig 1983; Der heilige Leopold, Ausst.-Kat. Stift Klosterneuburg 1985; Welt des Barock, Ausst.-Kat. Augustiner Chorherrenstift St. Florian 1986; 900 Jahre Benediktiner in Melk, Ausst.-Kat. Stift Melk 1989.

III.6.1
Elisabeth Prindlin

Öl auf Leinwand, um 1735 (?)
H 160 cm, B 106 cm

Darstellung der zwölfjährigen Magd Elisabeth Prindlin, die, angestiftet vom arbeitslosen Landar-

beiter Jacob Eder aus Hartkirchen, dessen Bildnis ebenfalls im Stift Wilhering verwahrt wird, am 6. März 1733 den verheerenden Brand im Kloster Wilhering legte. Jacob Eder wurde zum Tod auf dem Scheiterhaufen verurteilt, Elisabeth Prindlin begnadigt.
Wilhering, Zisterzienserstift   AS/KV

III.6.2
Idealprospekt des Stiftes Wilhering

Öl auf Leinwand, um 1735 (?)
H 107 cm, B 154 cm

Diese von einem unbekannten Künstler gemalte Idealansicht des Stiftes Wilhering steht in Zusammenhang mit den Neubauplänen des Stiftes nach dem Brand von 1733. Ungefragt erstellten eine Reihe angesehener Baumeister Pläne für den Neubau, der Planungs- und Bauauftrag erging jedoch an einen Maurermeister aus Linz.
Wilhering, Zisterzienserstift   AS/KV

III.6.3
Engelszeller Nekrolog

Pergament, 102 Bll., verfaßt 1419 vom Engelszeller Mönch, Frater Nicolaus.
H 33 cm, B 52 cm (aufgeschlagen)

Nekrologien (oder Totenbücher) enthalten die Namen von Mitgliedern, Wohltätern und Verbrüderten einer geistlichen Gemeinschaft, deren jährlich an ihrem Todestag im gemeinsamen Gebet gedacht werden sollte.
Im Engelszeller Nekrolog finden sich neben Adeligen (z. B. Schaunberger) und Geistlichen verschiedener Orte auch Wilheringer Professoren und Bürger von Passau.
Wilhering, Zisterzienserstift, Archiv

Lit.: Erwähnungen bei Schmid, Otto, Übersichtliche Geschichte des aufgehobenen Cisterzienserstiftes Engelszell in Oberösterreich (Studien und Mitteilungen aus dem Benedictiner- und dem Cistercienser-Orden 5, 1884 und 6, 1885) S. 116 Anm. 1; Grillnberger, Otto, Quellen zur Geschichte des Stiftes (Wilhering). Xenia Bernardina, Pars tertia Wien 1891, S. 193.

R Sch/AS

III.6.4
Vertrag zwischen dem Stift Wilhering und dem Linzer Jesuitenrektor Ferdinand Herberstein, rechtmäßigem Inhaber der Herrschaft Ottensheim, über die Donaufischerei

Papier, kolorierte Federzeichnungen, 8 Siegel an Seidenschnüren, 1646 August 21
Wilhering, Zisterzienserstift, Archiv

R Sch/AS

III.6.5
Hl. Stephan Harding

Holzstatue, ungefaßt, Josef Ignaz Sattler, 1920
H 92 cm

Der Linzer Bildhauer Josef Ignaz Sattler (1852–1927) arbeitete mehrfach für Wilheringer Stiftspfarren. Für das Stift fertigte er u. a. vier Statuen von Ordensheiligen (hl. Benedikt, hl. Bernhard, hl. Robert und hl. Stephan) an. Gezeigt wird der hl. Stephan Harding, von dem die Charta Caritatis, die Grundgesetzgebung für den Zisterzienserorden stammt.

Lit.: Prokisch, Bernhard, Studien zur kirchlichen Kunst Oberösterreichs im 19. Jahrhundert, phil. Diss. Wien 1984, bes. Bd. 2, S. 440f.

AS/KV

III.6.6
Selbstbildnis Bartolomeo Altomontes

Öl auf Leinen, signiert und datiert 1774
H 83,5 cm, B 61 cm

Nach seiner Ausbildung in Italien ließ sich Bartolomeo Altomonte (1694–1783) im oberösterreichischen Stift St. Florian nieder und arbeitete an der malerischen Ausgestaltung mit. Neben zahlreichen Altarblättern schuf Bartolomeo Altomonte Fresken

in Spital am Phyrn, in den Stiftskirchen von Wilhering, Seitenstetten, Herzogenburg sowie in Engelszell und in der Admonter Stiftsbibliothek. In den siebziger Jahren des 18. Jahrhunderts, aus denen auch das Selbstporträt stammt, war er in Linz (Stadtpfarr- und Elisabethinenkirche) tätig.
Herzogenburg, Augustiner Chorherrenstift

Lit.: Herzogenburg, Nr. 16 und Abb. 45.; Heinzl, Brigitte, Bartolomeo Altomonte, Wien–München 1964.

AS/KV

III.6.7 und III.6.8
Vergoldeter Hammer und Kelle

Verwendet von Abt Berthold Dietmayr bei der Grundsteinlegung des Neubaus der barocken Stiftskirche von Melk am 29. Juni 1702.
Hammer: 35 x 20,5 x 5,3 cm
Kelle: 28 x 12,5 x 11 cm

Beide Objekte mit eingeschnittener Schrift: B(ertholdus) D(ietmayr) A(bbas) M(ellicensis), 1702 und Stiftswappen.
Unter Abt Berthold Dietmayr, einem der bedeutendsten österreichischen Klosterbauherren zur Zeit des Barocks, wurde das Stift Melk 1702–1736 umgebaut.
Stift Melk, Archiv

Lit.: ÖKT III, S. 326; Jakob Prandtauer, Nr. 25 und Abb. 5; Benediktiner in Melk, Nr. 27.32.

AS/KV

III.7. Adel

Der Landständische Adel – STARHEMBERGER

Eine der bedeutendsten Adelsfamilien im österreichischen Donauraum sind die Starhemberger, die bereits ab dem 13. Jahrhundert eine große Rolle spielten. Nach dem Aussterben der Grafen von Schaunberg Mitte des 16. Jahrhunderts gelangten die Starhemberger in den Besitz vieler Güter der Schaunberger und vor allem des Stammsitzes und der Stadt Eferding. Zunächst Anhänger der ständisch-protestantischen Bewegung gegen Ferdinand II. war die Position der Starhemberger nach der Schlacht am Weißen Berg 1620 und der Niederwerfung des protestantischen Adels gefährdet. Erst mit der Konvertierung Heinrich Wilhelms zum Katholizismus 1630 konnten die Starhemberger ihre ursprüngliche Stellung im Lande wieder erreichen und in Hofdienste eintreten. Die Rückerwerbung Eferdings geschah unter Konrad Balthasar (1612–1675), dem Statthalter der niederösterreichischen Länder. Zu den prominentesten Mitgliedern der Familie zählt sicherlich Graf Ernst Rüdiger (1637–1701), der sich bei der Verteidigung Wiens vor den Türken 1683 besonders auszeichnete.

Lit.: Wurzbach, Constant von, Biographisches Lexikon des Kaiserthums Österreich, Bd. 37, Wien 1878; Die beste Genealogie in: Siebmacher's grosses und allgemeines Wappenbuch Niederösterreich (Neuauflage bearbeitet von Johann Baptist Witting) Bd. 2, Nürnberg 1918, S. 199–217; Heilingsetzer, Georg, Fata Starhembergica. Aristokratie, Staat und Militär zur Zeit des Prinzen Eugen am Beispiel des Hauses Starhemberg, In: Gutkas, Karl (Hg.), Prinz Eugen und das barocke Österreich, S. 87–98.

III.7.1
Wappen der Starhemberger

Messing
H 35 cm, B 25 cm

Das fürstliche Wappen der Starhemberger besteht

aus einem gekrönten (von zwei Schildhaltern gehaltenen) Schild mit einem Mittelschild mit rotem Schildfuß, worin sich der von der Kaiserkrone bedeckte Buchstabe L. (=Kaiser Leopold I.) befindet. Aus dem Schildfuß erhebt sich wachsend ein blauer Panther, goldgekrönt und feuersprühend, mit doppeltem Schweif, in der rechten Pfote hält er ein von Lorbeer umflochtenes Schwert, in der linken einen blutenden Sarazenenkopf. Im ersten Feld des Hauptschildes ist die Verteidigung Wiens vor den Türken durch Graf Ernst Rüdiger symbolisch dargestellt mit dem oberen Teil des Stephansturmes, goldenem Knopf, doppeltem schwarzem Adler und goldenem Partriarchenkreuz, von dem ein Halbmond und ein Stern herabfällt. Das zweite Hauptfeld zeigt das Wappen der ausgestorbenen Grafen von Julbach (aufrechter blauer Sparren auf sechsmal quergestreiftem Feld). Im dritten Feld erscheint ein etwas schräg geneigter silberner Anker mit goldenen Spitzen, Nägeln und Ring (=Schild der Herren von Pettau), das vierte Feld zeigt eine sich ringelnde schwarze Schlange (Wappen der Herren von Wurmberg). Bedeckt und umgeben ist der Schild von Fürstenhut und Mantel.

Eferding, Fürstlich Starhembergsches Familienmuseum Schloß Eferding, Inv.Nr. P 7/35

III.7.2
Karte der Grundherrschaften

Foto

Die Grundlage der wirtschaftlichen Existenz des landesfürstlichen Adels war bis 1848 die Grundherrschaft, wobei die einzelnen Güter durch untertänige Bauern bearbeitet wurden. Die Karte zeigt den Streubesitz der Starhemberger im Lande.

III.7.3
Modell des Standbildes Ernst Rüdiger Graf Starhemberg

Gips
H 93 cm, B 40 cm, T 27 cm

Ernst Rüdiger Graf Starhemberg (1636–1701) leitete als Stadtkommandant von Wien die Verteidigung der Stadt gegen die Türken 1683, schon davor hatte er sich in Kämpfen gegen die Türken und Franzosen militärisch ausgezeichnet. 1691 wurde er Präsident des Hofkriegsrates. 1867 wurde ihm in Wien auf der ehemaligen Elisabethbrücke vom Künstler Johann Fessler ein Denkmal gesetzt, das 1902 auf den Wiener Rathausplatz übertragen wurde.

Eferding, Fürstlich Starhembergsches Familienmuseum Schloß Eferding

Lit.: Thürheim, Andreas Josef, Feldmarschall Ernst Rüdiger von Starhemberg, Wien 1882; Kapner, Gerhard, Freiplastik in Wien (Wiener Schriften 31), Wien-München 1970, S. 396.

III.7.4–III.7.6
Stücke aus der Türkenbeute 1683

Schon seit dem Beginn der Auseinandersetzungen mit den Osmanen waren türkische Beutestücke und Trophäen sehr beliebt und wurden auch propagandistisch eingesetzt. Der überwiegende Teil der Beute nach der Schlacht auf dem Kahlenberg am 12. September 1683 ging weder an den Kaiser noch an die Stadt Wien. Sicherlich die reichste Türkenbeute hat Jan III. Sobieski, der polnische König, mit nach Krakau/Krakow genommen. Die Waffen der Starhembergschen Sammlung stellen einen anderen Teil dieser Beutestücke von 1683 dar.

Lit.: Hummelberger, Walter, Die Bewaffnung der Türken. Dargestellt am Beispiel der Türkenbeute im Historischen Museum der Stadt Wien, in: Österreich und die Türken. Internationales Kulturhistorisches Symposion Mogersdorf 1969 in Mogersdorf (=Internationales kulturhistorisches Symposion Mogersdorf 1), Eisenstadt 1972, S. 127–131; Vocelka, Karl, Die Türkenbeute in der politischen Propaganda der frühen Neuzeit, in: Österreichische Osthefte 21 (1979), S. 79–88; Jaeckel, Peter, Die Bewaffnung des osmanischen Heeres, in: Waissenberger, Robert (Hg.), Die Türken vor Wien. Europa und die Entscheidung an der Donau 1683, Wien 1982, S. 108–122.

III.7.4
Streitkolben

L 62 cm, B 4 cm
Eferding, Fürstlich Starhembergsches Familienmuseum Schloß Eferding

III.7.5
Streitschwert

L 65 cm, B 14 cm
Eferding, Fürstlich Starhembergsches Familienmuseum Schloß Eferding, Inv.Nr. W 1116

III.7.6.
Säbel

L 90 cm, B 5 cm, geschwungen
Eferding, Fürstlich Starhembergsches Familienmuseum Schloß Eferding, Inv.Nr. W 1126

III.7.7
Entsatz von Wien am 12. September 1683

Ausschnitt aus dem Gemälde Martino Altomontes (Or., sign. und dat. 1685, Herzogenburg, Augustiner-Chorherrenstift)
1684 erhielt Martino Altomonte vom Polenkönig Johann Sobieski den Auftrag für zwei Bilder mit der Darstellung der Siege des Königs 1683 bei Wien und Gran.
Foto: Wilhelmsburg, Fotostudio Fasching

Lit.: Prinz Eugen, Nr. 9.2 und Farbtafel FB 56.

III.7.8
Porträt der Benigna von Starhemberg

Öl auf Leinwand, 1596
ca. H 120 cm, B 100 cm

Martin von Starhemberg (1566–1620), kaiserlicher Kämmerer, Rat und Regent des Regiments der niederösterreichischen Lande, heiratete am 3. März 1596 Benigna, die Tochter Bernhard Thurzó von Bethlenfalva und der Helene von Saurau. Die Adelsfamilie Thurzó stammte ursprünglich aus Ungarn, war aber auch in Niederösterreich (z. B. Grafenegg) begütert. Benigna starb am 13. September 1599 und ist in der Pfarrkirche von Weikersdorf (NÖ) begraben.
Eferding, Fürstlich Starhembergsches Familienmuseum Schloß Eferding, Inv.Nr. 103/86

III.7.9
Zwei adelige Turnierszenen

Öl auf Leinwand
H 30 cm, B 42 cm

Die Vorlagen für den neun Tafeln umfassenden Turnierzyklus waren Stiche Matthäus Merians nach den Kupferstichen von Crispian de Pas für das Buch Antoine de Pluvinels „L'instruction du roy" (Reitlehrbuch), das 1628 in Frankfurt erschien.
Linz, OÖLM, Inv.Nr. 820–1-G 201

Lit.: Kretzenbacher, Leopold, Ringreiten, Rolandspiel und Kufenstechen (Buchreihe des Landesmuseums für Kärnten 20), Klagenfurt 1969, S. 136; Erwähnung in: Lebenswelten – Alltagsbilder, Ausst.-Kat. Linz 1993 (Kataloge des OÖLMs N.F. Nr. 63), Nr. 2.22.

III.7.10
Ehrenurkunde für Ernst Rüdiger

H 44 cm, B 60 cm (aufgeschlagen)

Ernst Rüdiger von Starhemberg (1899–1956) war vor allem politisch tätig. 1923 nahm er am Münchener Putsch Hitlers teil, 1929 wurde er oberösterreichischer Heimwehrführer und stand in engem Kontakt mit Mussolini. 1930 wurde er österreichischer Innenminister. Von Mai 1934 bis Mai 1936 war er Vizekanzler und Bundesführer der Vaterländischen Front, nach einem übereilten Glückwunschtelegramm an Mussolini konnte er von Bundeskanzler Schuschnigg politisch ausgeschaltet werden. 1938 ging der bedeutende Austrofaschist ins Exil

und lebte von 1942 bis 1955 in Südamerika. 1956 starb Ernst Rüdiger in Schruns (Vorarlberg).
Eferding, Fürstlich Starhembergsches Familienmuseum Schloß Eferding.

Lit.: Berger, Barbara, Ernst Rüdiger Fürst Starhemberg. Versuch einer Biographie, Diss. Wien 1967.

III.7.11
Hofuniform eines Geheimrates

Seit dem 18. Jahrhundert spielten Uniformen bei Hof eine zunehmende Rolle, auch die Beamten waren in solche Staatsuniformen, die feinsinnig unterschieden waren, gekleidet. Diese Hofuniform eines Geheimrates in der großen Ausführung soll zeigen, daß die Familie Starhemberg neben wichtigen Funktionen im Lande (Stände) auch solche am Hofe in Wien innehatte.
Eferding, Fürstlich Starhembergsches Familienmuseum Schloß Eferding

Lit.: Vgl. Uniform und Mode am Kaiserhof. Hofkleider und Ornate, Hofuniformen und Livreen des 19. Jahrhunderts, Ausst.-Kat., Eisenstadt 1983.

III.7.12
Mantel des Georg Adam Fürst von Starhemberg

Georg Adam (1724–1807) war zur Zeit Maria Theresias einer der bedeutendsten Diplomaten der Monarchie, der in Paris zwölf Jahre erfolgreich für das „Renversement des Alliances" (Umkehr der Bündnisse, Preußen verbündete sich mit England und Österreich mit dem „Erbfeind" Frankreich) arbeitete. Auch am Zustandekommen der Hochzeit zwischen der Habsburgerin Marie Antoinette und dem französischen Dauphin war Georg Adam wesentlich beteiligt. Den ausgestellten Mantel soll der Familientradition nach Georg Adam bei seiner Begleitung Marie Antoinettes nach Frankreich getragen haben.
Eferding, Fürstlich Starhembergsches Familienmuseum Schloß Eferding

Lit.: Eichwalder, Reinhard, Fürst Georg Adam Starhemberg (1724–1807). Diplomat, Staatsmann und Grundherr, Diss. Wien 1969; Kurzfassung auch in: Österreich in Geschichte und Literatur 15, 1971, S. 193–203.

III.7.13
Damenjagdkostüm

Mantel mit Pelzbesatz, Stiefel, Handschuhe, Jagdhörnchen

Die Jagd war seit dem späten Mittelalter zunehmend zu einem Privileg des Adels geworden und mit einem regelrechten Zeremoniell umgeben. Meist nahmen nur Männer an diesem adeligen Vergnügen, das gleichzeitig auch die Tafel bereicherte, teil, doch gelegentlich auch Frauen, wie dieses Kostüm zeigt.
Eferding, Fürstlich Starhembergsches Familienmuseum Schloß Eferding

III.7.14
Schnupftabakdose

Das Tabakschnupfen war im 18. und teilweise noch im 19. Jahrhundert in der Oberschicht weit verbreitet. Viele Adelige huldigten diesem „Laster", und der Aufwand, der mit Schnupftabakdosen getrieben wurde, war groß.
Eferding, Fürstlich Starhembergsches Familienmuseum Schloß Eferding

III.7.15
Siegelstempel

Das Recht zu siegeln war eines der adeligen Privilegien, die Wachssiegel dienten ursprünglich als Beglaubigungszeichen auf Urkunden; in späterer Zeit wurden sie mit Siegellack ausgeführt und dienten als Briefverschluß.
Eferding, Fürstlich Starhembergsches Familienmuseum Schloß Eferding, Inv.Nr. P 7/46

III.7.16
Reisebesteck und Reisebecher

Silber, Gabel, Löffel, Messer und Becher in blauem Etui

Die Ausstattung adeliger Haushalte, auch auf Reisen, war äußerst vornehm, da ein gewisser Lebensstil als Repräsentation und Ausdruck des Standes notwendig war, um seine adelige Herkunft zur Schau zu stellen.
Eferding, Fürstlich Starhembergsches Familienmuseum Schloß Eferding

III.7.17
Goldenes Vlies

Der Orden vom Goldenen Vlies, mit dem sich wie mit kaum einem anderen alten Orden die Vorstellung von Glanz und Erhabenheit verbindet, wurde 1430 aus bisher ungeklärten Überlegungen von Herzog Philipp dem Guten von Burgund gegründet. Nach dem Aussterben des männlichen Stammes der burgundischen Valois und der Heirat Marias von Burgund mit Erzherzog und späterem König und Kaiser Maximilian (I.) ging die Souveränität über den Orden an die Habsburger über. Mit dem Ende des Spanischen Erbfolgekrieges (1713) kam es zu einer Spaltung, und seither gibt es einen spanischen und einen österreichischen Orden vom Goldenen Vlies, wobei der österreichische an das katholische Glaubensbekenntnis und den Nachweis 16 adeliger Ahnen gebunden ist. Der Orden ist eine kirchlichen Institutionen ähnliche Gemeinschaft, deren Mitglieder, deren adelige Herkunft Voraussetzung war und ist, zu besonderem Gehorsam verpflichtet sind. Der Orden existiert heute noch, sein Sitz ist Wien, 1952 wurde der Orden von der Republik Österreich anerkannt. Die wichtigsten Stücke des Ordensschatzes sind in der Schatzkammer der Wiener Hofburg zu sehen.
Der erste aus der Familie Starhemberg, dem der Orden des Goldenen Vlieses 1647 verliehen wurde, war Heinrich Wilhelm (1593–1675), der nach einigen Funktionen am Hof zum Landeshauptmann von Oberösterreich ernannt wurde. Weitere Träger des Ordens vom Goldenen Vlies aus der Familie Starhemberg:

1680 Konrad Balthasar (1612–1687)
1683 Ernst Rüdiger (1638–1701)
1712 Gundakar (1663–1725)
1721 Konrad Sigmund (1689–1727), die Liste im Katalog Toison d'or gibt wohl fälschlich statt dessen einen Georg Thomas an.
1759 Georg Adam (1724–1807)
1802 Ludwig (1762–1833)
1907 Ernst (1861–1927)
Eferding, Fürstlich Starhembergsches Familienmuseum Schloß Eferding

Lit.: La Toison d'or. Cinq siècles d'art et d'histoire, Bruges 1962, Nr. 423, 519, 529, 625, 666, 756, 863, 1163 in der Liste der Ordensritter; Fillitz, Hermann und Pippal, Martina, Der Schatz des Ordens vom Goldenen Vlies, Salzburg und Wien 1988.

III.7.18
Porträtminiatur

gemalte Miniatur hinter Glasrahmen

Der Familientradition entsprechend ein Gundakar, doch ist eine genaue Identifizierung in Anbetracht der Tatsache, daß fast jeder Starhemberger diesen Vornamen neben anderen führte, schwer möglich.
Eferding, Fürstlich Starhembergsches Familienmuseum Schloß Eferding, Inv.Nr. P 7/57

III.7.19
Sargschlüssel der Gräfin Sophie Sickingen-Hohenburg in violettem Futteral

Sophie von Sickingen-Hohenburg, geboren 1842, heiratete 1860 Kamillo Heinrich von Starhemberg, dem sie fünf Kinder gebar. Die Sargschlüssel der Familiengruft wurden traditionellerweise in der Sammlung des Hauses aufbewahrt.
Eferding, Fürstlich Starhembergsches Familienmuseum Schloß Eferding

III.7.20
Scherenschnitt mit einer Profilansicht Georg Adam

Es handelt sich um ein – sehr zeittypisches – Scherenschnittporträt, das den 1904 geborenen Georg Adam Wilhelm Gottfried Maria Starhemberg, den viertgeborenen Sohn Ernst Rüdigers und der Franziska Larisch im jugendlichen Alter darstellt.
Eferding, Fürstlich Starhembergsches Familienmuseum Schloß Eferding, Inv.Nr. P 7/67

III.7.21
Fotoständer mit 4 Porträtmedaillons

Metall, die ehemals vorhandenen kleinen Edelsteine sind zum größten Teil ausgebrochen

Enthält die Porträts von vier der fünf Kinder des Fürsten Kamillo Heinrich von Starhemberg (1835–1900) und der Sophie von Sickingen-Hohenburg.
1. Marie-Marietta (1860–1912), verheiratet mit Konrad Johann Paul Felix Ungnad, Reichsgrafen von Weissenwolff
2. Ernst Rüdiger (1861–1927), nachmalig Fürst
3. Wilhelm (1862–1928), k.u.k. Kämmerer und Oberstleutnant im 6. Dragonerregiment zu Brünn
4. Eva Guidobaldine Franziska (1869 – ?), verheiratet mit Alfons Hugo Lazar Arthur Ludwig Maria Reichsgrafen Henckel
Das Porträtmedaillon des fünften Kindes, Hubert (1865–1885), ist abgebrochen.
Eferding, Fürstlich Starhembergsches Familienmuseum Schloß Eferding

III.7.22
Bestickter Beutel mit einem Hundemotiv

Solche Stickereiarbeiten waren eine typische Handarbeit der weiblichen Adeligen.
Eferding, Fürstlich Starhembergsches Familienmuseum Schloß Eferding

III.7.23–III.7.24
Pokale und Erinnerungsstücke an Wilhelm von Starhemberg

III.7.23
Versilberte Hufeisen und Silberfuß eines Pferdes

Wilhelm (1862–1928), ein Sohn Kamillos und der Sophie von Sickingen, war ein bekannter Reitsportler seiner Zeit und erwarb eine Reihe von Trophäen aus verschiedensten pferdesportlichen Veranstaltungen. Seine militärische Laufbahn als Kaiser-Wilhelm-Husar (Teilnahme am Ersten Weltkrieg als Major des 6. Dragonerregimentes, am Ende seiner Laufbahn wurde er Oberst) und seine Tätigkeit als „Herrenreiter" ist für eines der möglichen Karrieremuster des Adels im 19. Jahrhundert charakteristisch. Berühmt wurde er durch seinen Sieg im Distanzritt 1892 Wien-Berlin, er legte die Strecke in 71 Stunden 42 Minuten zurück.
Eferding, Fürstlich Starhembergsches Familienmuseum Schloß Eferding

III.7.24
Preis für das Regimentsrennen Debreczen 1902

Kleine Statue eines Pferdes auf einem Steinsockel
Eferding, Fürstlich Starhembergsches Familienmuseum Schloß Eferding

III.7.25
Heimwehrhut

Eferding, Fürstlich Starhembergsches Familienmuseum Schloß Eferding

III.7.26
Foto Ernst Rüdiger Starhemberg (Heimwehrführer)

Eferding, Fürstlich Starhembergsches Familienmuseum Schloß Eferding

III.7.27
Igelkappe

Dieses einmalige, sehr kuriose Stück ist aus dem Stachelkleid eines Igels gearbeitet und diente wohl als Kappe bei der Jagd.
Eferding, Fürstlich Starhembergsches Familienmuseum Schloß Eferding

AS/KV

Kleinresidenzen – NEUBURG

Als Beispiel für eine der kleinen Residenzen am Oberlauf der Donau wurde Neuburg, die Residenz der Pfalz-Neuburger, gewählt. Das kleine Fürstentum entstand 1505 durch Rivalitäten im Hause Wittelsbach. Unter dem Pfalzgrafen Ottheinrich (1522–1559), der 1542 die Reformation in seinem Territorium einführte, wurde das Schloß als Renaissancebau ausgebaut. 1613 erfolgte die Rekatholisierung durch Wolfgang Wilhelm. Nach der Eheschließung Kaiser Leopolds I. mit Eleonore Magdalena von der Pfalz-Neuburg 1676 wurde Pfalz-Neuburg eine wichtige Stütze der kaiserlichen Politik im Reich. Aus dieser dritten Ehe Leopolds mit der überaus frommen Eleonore Magdalena stammen zehn Kinder, darunter die späteren Kaiser Josef I. und Karl VI. Eine Schwester Leopolds, Maria Anna Josepha, heiratete 1678 Johann Wilhelm von Pfalz-Neuburg, den jüngeren Bruder Eleonore Magdalenas. Die jüngere Schwester Johann Wilhelms, Maria Anna, heiratete ebenfalls einen Habsburger, den (letzten habsburgischen) spanischen König Karl II.

AS/KV

III.7.28
Dreiteiliges Gitter vom Neuburger Schloß

Bronze auf Eisenrahmen, gegossen von Hirter in Neuburg, dreißiger Jahre des 16. Jhs.
H 105 cm, L 360 cm

Das vom Neuburger Schloß stammende Portalgitter zeigt eingeflochten in Blätterranken links und rechts je einen Putto, in der Mitte eine männliche und eine weibliche Figur, die aufgrund des Monogramms OS mit Ottheinrich und seiner Gemahlin Susanna zu identifizieren sind. Ottheinrich hält den Schild mit dem Pfälzer Löwen, Susanna, eine Tochter Albrechts IV. von Bayern, jenen mit den bayerischen Rauten.
Neuburg an der Donau, Schloßmuseum

Lit.: Rott, Hans, Ottheinrich und die Kunst, Heidelberg, 1905; Heider, J. (Hg.), Neuburg, die Junge Pfalz und ihre Fürsten, Neuburg 1955; Stierhof, Horst H. und Haller, Petra, Schloßmuseum Neuburg an der Donau, München 1991.

AS/KV

III.7.29
Das Heerlager Kaiser Karls V. vor Neuburg, 1546

Aquarell, Kopie des 19. Jhs. nach dem nur mehr fragmentarisch erhaltenen Gemälde Mathias Gerungs.

Der Maler zeigt Neuburg von Südosten, im Vordergrund das kaiserliche Lager im Hofgarten Ottheinrichs (heute Alter Friedhof). Das Original Gerungs befand sich bis 1631 (?) in der „Runden Stuben", später in der „Langen Stuben" des Westflügels. Ottheinrich hatte sich ab 1538 um die Aufnahme in den Schmalkaldischen Bund, die Vereinigung der protestantischen Fürsten, bemüht; schließlich wurde er 1544 aufgenommen. Nachdem Kaiser Karl V. den vierten Krieg gegen König Franz I. von Frankreich erfolgreich beendet hatte, warf er im Schmalkaldischen Krieg (1546/47) die protestantischen Fürsten nieder. Im Verlauf des Krieges wurde Neuburg am 8. September 1546 eingenommen.
Neuburg an der Donau, Historischer Verein

Lit.: Pfalz-Neuburg Nr. 27; Nebinger, Gerhard und Fitzek, Roman, Neuburg in historischen Ansichten, Neuburg 1978, S. 18; Druffel, August von, Des Vigilius van Zwicken Tagebuch des schmalkaldischen Donaukrieges, München 1877; Nicht verzeichnet ist Gerungs Gemälde bei Eichler, Anja-Franziska, Mathis Gerung (um 1500–1570). Die Gemälde, Diss. Frankfurt 1993.

HHS

III.7.30
Ansicht des Schlosses Grünau von Südosten

Aquarell, sign. und dat., Max Graf von Armansperg, 1852
H 9,3 cm, B 14,2 cm

Das Aquarell zeigt das Schloß romantisch in der Aulandschaft gelegen. Deutlich setzen sich das sogenannte Alte Schloß mit seinem hohen Stufengiebel und das sogenannte Neue Schloß mit seinen Rundtürmen voneinander ab.
Neuburg an der Donau, Historischer Verein

Lit.: Horn, Adam und Meyer, Werner, Kunstdenkmäler Stadt- und Landkreis Neuburg an der Donau, München 1958, S. 477; Heiß, Peter, Karten, Pläne und Beschreibungen zum Jagdschloß Grünau, Neuburger Kollektaneenblatt 1976, Nr. 31 und Abb. 54; Korn, Hartmut, „sein gnad nennt es grüne Aue" – Ottheinrichs Lust- und Jagdschloß, 100 Jahre Jagdschutzverein Neuburg, Festschrift Neuburg 1978, S. 36.

HHS

III.7.31
Porträt-Medaillons: Pfalzgraf Ottheinrich und Pfalzgräfin Susanna

Buxbaumholz, Neuburg an der Donau, um 1538,
Ø 16 cm

Ottheinrich und seine Gemahlin sind einander zugewandt im Profil dargestellt. Als Vorbild der Porträt-Medaillons sind unmittelbar zeitgenössische Münzen und Medaillen anzusehen, mittelbar Münzporträts antiker Imperatoren. Das Ottheinrich-Medaillon ist alter Besitz des Historischen Vereins Neuburg; das Susanna-Medaillon konnte 1989 aus dem Kunsthandel erworben werden. Die Porträt-Medaillons gehören zu einer Serie, die Bestandteil einer Decke in den Ostbauten des Neuburger Schlosses war.
Neuburg an der Donau, Schloßmuseum

Lit.: Pfalz-Neuburg Nr.16; Stierhof, Horst H. und Haller, Petra, Schloßmuseum Neuburg an der Donau, München 1991, S. 26; Neuburger Kollektaneenblatt 140, 1992, S. 251.

HHS

III.7.32
Ottheinrichs Buckelkratzer

Holz und Elfenbein, 1540/50
L 50 cm
Neuburg an der Donau, Schloßmuseum

III.7.33
Buch mit Exlibris

Aus dem Besitz Pfalzgraf Ottheinrichs
Neuburg an der Donau, Historischer Verein

III.7.34
Große Stammbaummedaille der Häuser Habsburg und Pfalz-Neuburg *(Abbildung)*

Silber, Georg Hautsch, Nürnberg 1697
Ø 7,8 cm

Die Vorderseite zeigt zwei Genien, die als Schildhalter von Habsburg und Pfalz ein bekröntes Ovalmedaillon mit den Bildnissen Kaiser Leopolds I. und der Kaiserin Eleonore Magdalena Therese von Pfalz-Neuburg, einer Schwester Johann Wilhelms, halten. Dahinter erhebt sich, aus der Kaiserkrone hervorwachsend, ein Stammbaum mit ovalen Bildnismedaillons ihrer sechs Kinder. Die Rückseite der Medaille zeigt auf der Abschnittleiste Philipp Wilhelm in Rüstung und kurfürstlichem Ornat auf den Pfalz-Neuburgischen Wappenschild gestützt ruhend. Hinter ihm ragt der Stammbaum mit den Bildnismedaillons von Kindern und zweier Enkel Philipp Wilhelms auf.
Die Medaille dokumentiert zum einen die Erfolge in der Heiratspolitik Philipp Wilhelms, zum anderen auch die Erfolge seiner Bemühungen, die nachgeborenen Söhne standesgemäß mit hohen geistlichen und weltlichen Würden zu versorgen. Das Motiv der hochovalen Medaillons kehrt auch auf dem Entwurf zu einem Gedenkblatt für den Kürfürsten Philipp Wilhelm wieder, der wahrscheinlich aus den ersten Regierungsjahren Johann Wilhelms stammt. Die Medaille kommt in Silber, Kupfer und Zinn vor.

Neuburg an der Donau, Schloßmuseum, Inv.Nr. ND S – N 002 (erworben 1990 mit Mitteln der Gesellschaft Alte Residenz Neuburg)

HHS

III.7.35
Huldigungsschrift auf die Vermählung Kaiser Leopolds I. mit Prinzessin Eleonora Magdalena Therese von Pfalz-Neuburg *(Abbildung)*

Papier, 24 Bll., 12 Kupferstiche, Köln 1676
H 38,5 cm, B 27,5 cm

Die Huldigungsschrift wurde von den drei Jesuitenkollegien in Düsseldorf, Düren und Jülich verfaßt. Der Titelkupfer vergleicht die aktuelle Vermählung mit der Vermählung von Peleus und Thetis. Kaiser Leopold begleiten Hermes, Minerva, Prinzessin Eleonora Venus, Diana und Ceres. Im Vordergrund stehen (links) Mars und Bacchus, (rechts) Herkules und Hephaistos, am Himmel erscheinen Apoll, Zeus und Juno. Dem Brautpaar werden die Vorzüge der sie begleitenden Gottheiten beigelegt, die in 11 Kupferstichen mit allegorischen Texten veranschaulicht werden (beginnend mit dem Parisurteil)
Neuburg an der Donau, Historischer Verein

HHS

III.7.36
Allegorisches Blatt auf die Vermählung Erzherzogin Maria Anna Josephas (1654–1689), einer Tochter Kaiser Ferdinands III. aus seiner dritten Ehe mit Eleonore Gonzaga mit Johann Wilhelm, Kurfürst von der Pfalz (1658–1716) am 25. Oktober 1678.

Kupferstich, gezeichnet von Johann Jacob Posner, geschnitten von Leonhard Heckenauer
H 29 cm, B 19,5 cm

Die Büsten der beiden sind in einem herzförmig ausgeschnittenen, fruchttragenden Baum dargestellt, in dessen Krone ein gekrönter Adler mit einem Ring sitzt. Der Stamm wird von einem Löwen (Wappentier) gehalten. Ein Amor malt das Allianzwappen des neuvermählten Paares, zwei andere flechten Lorbeerkränze. Ihre Pfeilköcher tragen die Wappen der Vermählten. Weitere amorartige Putti schütten Füllhörner über die im Hintergrund dargestellten Städte Wien und Neuburg.
Neuburg an der Donau, Schloßmuseum

AS/KV

III.7.37
Wirkteppich: Pfalzgraf Ottheinrich, Brüssel 1535

Foto: Neuburg an der Donau, Schloßmuseum (Or. Neuburg an der Donau, Schloßmuseum)

III.7.38
Abguß der Büste Ottheinrichs

Gips
H 55 cm, B 82 cm, T 30 cm
Neuburg an der Donau, Schloßmuseum

III.7.39
Strickweste Ottheinrichs von der Pfalz

Kopie
Neuburg an der Donau, Historischer Verein

III.8 Adelige als Donaureisende

Man könnte den Zug der Nibelungen an König Attilas Hof, der sie die Donau entlangführte, als die bekannteste „Adelsreise des Mittelalters" bezeichnen. Adelige „reisten" in verschiedenen Funktionen im Donauraum, noch lange bevor der „Tourismus" allgemein wurde. Als Befehlshaber von Heeren im Türkenkrieg, als Diplomaten – vor allem an die Hohe Pforte nach Istanbul – oder als Forschungsreisende, die wesentliche Beiträge zur Kartographie und Erforschung des Donauraumes leisteten.

III.8.1
Karte der Hauptreiseroute der kaiserlichen Gesandtschaften nach Konstantinopel 1530–1618

Nach Karl Nehring, Iter Constantinopolitanum, ausgeführt von Günter und Marianne Winkler.

Die Auseinandersetzungen zwischen den Habsburgern und dem osmanischen Reich dauerten in der gesamten Frühen Neuzeit an. Neben den militärischen Konflikten war auch ein diplomatischer Kontakt gegeben, der häufig auch kulturellen Austausch in sich einschloß. Die Gesandtschaften des Kaisers waren meist sehr umfangreich, da sich neben dem „Hofstaat" des Gesandten auch eine große Zahl von Adeligen oft diesen Unternehmen anschlossen. Sie waren gewissermaßen die ersten „Touristen", die eine Donaureise unternahmen, denn von Wien bis nach Beograd/Belgrad (genauer bis Smederevo) folgte die Reiseroute der Donau, erst dann reiste man auf dem Landweg über Nis, Sofia, Plovdiv und Edirne weiter nach Konstantinopel/Istanbul an den Hof des Großherrn.

Lit.: Nehring, Karl, Iter Constantinopolitanum. Ein Ortsnamenverzeichnis zu den kaiserlichen Gesandtschaftsreisen an die Ottomanische Pforte 1530–1618 (Veröffentlichungen des Finnisch-Ugrischen Seminars an der Universität München Serie C, Band 17), München 1984.

III.8.2
Einzug König Etzels mit Kriemhild in Wien
(Abbildung)

Foto (Or. Kasein auf Leinwand, Albin Egger-Lienz, sign., 1909–1910, Wien, Historisches Museum der Stadt, Inv.Nr. 37.110, Dauerleihgabe im Tiroler Landesmuseum Ferdinandeum, Innsbruck, Inv.Nr. 3370)

Das Gemälde wurde im Rahmen eines Wettbewerbs von Egger-Lienz für die Ausgestaltung der Buffeträumlichkeiten des Wiener Rathauses geschaffen. Von links ziehen Kriemhild, König Etzel und zwei weitere Reiter ein, von rechts treten ihnen fünf weibliche Gestalten entgegen.

Foto: Innsbruck, Tiroler Landesmuseum Ferdinandeum

Lit.: Kirschl, Wilfried, Albin Egger-Lienz, Wien 1977, WV M 263; Nibelungenlied, Nr. 286 und Abb. 141; Storch, Wolfgang (Hg.), Die Nibelungen – Bilder von Liebe, Verrat und Untergang, Ausst.-Kat. München 1987/88, S.210.

III.8.3
„Pechlarn (Pöchlarn), wo Rüdiger und Gotelinde hausten"

Porzellanteller, Nymphenburger Manufaktur, gemalt von P. Hefner 1842
⌀ 20 cm

München, Bayerische Verwaltung der staatlichen Schlösser, Gärten und Seen, Residenz München, Inv.Nr. K II Ny 1539

Lit.: Nibelungenlied, Nr. 293.

III.8.4
Die Etzelsburg in Ofen-Buda

Porzellanteller, Nymphenburger Manufaktur, gemalt von P. Hefner 1842
⌀ 20 cm

Die Etzelsburg in Budapest war Schauplatz der Rache Kriemhilds an Hagen und ihres eigenen Todes.
München, Bayerische Verwaltung der staatlichen Schlösser, Gärten und Seen, Residenz München, Inv.Nr. K II Ny 1541

Lit.: Nibelungenlied, Nr. 294.

III.8.5
Köcher mit Pfeilen

aus der Eferdinger Türkenbeute

Viele Adelige „reisten" als militärische Befehlshaber entlang der Donau, wo durch lange Zeit die Auseinandersetzungen zwischen den Habsburgern und dem Osmanischen Reich tobten. Einer dieser Adeligen, der eine bedeutende Rolle spielte, war Ernst Rüdiger Graf Starhemberg, der als Stadtkommandant von Wien die Stadt während der zweiten Türkenbelagerung 1683 verteidigte.
Eferding, Fürstlich Starhembergsches Familienmuseum Schloß Eferding

III.8.6
Salomon Schweigger: Eine newe Reyßbeschreibung auß Teutschland nach Constantinopel und Jerusalem, Nürnberg 1613

Blatt 11: „Wie der Herr Legat von den Türken unterhalb Comora angenommen wurden"

Eines der vielen Beispiele für die Gesandtschaftsreisen entlang der Donau, die von Adeligen mit großer Begleitung ins Osmanische Reich unternommen wurden. Häufig liegen Reisebeschreibungen von einem Teilnehmer der Gesandtschaft (oft von einem evangelischen Geistlichen oder einem Mediziner) vor, die auch – wie der vorliegende Bericht – illustriert sein können. 1577 reiste der evangelische Gesandtschaftsprediger Salomon Schweigger (1551–1622) mit dem kaiserlichen Gesandten Joachim von Zinzendorf nach Konstantinopel. Die Reiseroute verlief bis Belgrad auf der Donau, dann auf dem Landweg über Nis nach Konstantinopel. Die Beschreibung wurde erstmals in Nürnberg 1608 gedruckt und erlebte mehrere Nachdrucke.
Wien, Universitätsbibliothek

Lit.: Faksimile mit einer Einleitung von Rudolf Neck (Frühe Reisen und Seefahrten in Originalberichten 3), Graz 1964.

AS/KV

III.8.7
Barke Desdemona
Modell

H 12 cm, L 58 cm, B 10 cm

Mit der Barke Desdemona bereiste Graf Stephan Széchenyi in Gesellschaft von Johann Graf Waldstein und Ing. József Beszédes vom 24. Juni bis 19. Oktober 1830 die untere Donau in Sachen Donauregulierung.
Esztergom, Museum für Wasserwesen von Ungarn – Donaumuseum, Inv.Nr. 79.258

AP/AS/KV

III.8.8
Karikatur des Grafen Stephan Széchenyi als königlicher Kommissar der Bauarbeiten an der unteren Donau

Aquarell von Johann Graf Waldstein.
Inschrift unten: machen wir uns keine Illusion. Expedition of 1834 Skela Gladover.
H 17,8 cm, B 23,7 cm
Budapest, Magyar Tudományos Akadémia, Széchenyi-Sammlung, Inv.Nr. K 293/3.

Lit.: Szerk, Éri, István, Széchenyi és kora (Széchenyi und seine Epoche), Ausst.Kat. Budapest 1990, Nr. 10 und Abb. 129.

AP

III.9. Die Donau als literarische Landschaft

III.9.1
Sammlerbüchse von St. Nikola

Holz, bemalt, mit der Figur des hl. Nikolaus, dem Patron der Schiffleute und Reisenden
H 38 cm, L 25cm, T 22 cm

Von Reisenden, die glücklich durch den Strudel und Wirbel gekommen waren, wurden Almosen gesammelt. Die nicht geringen Einnahmen dieser sogenannten Wassersammlung wurden für die Erhaltung der Kirche, des Hospitals und der Treppelwege verwendet. 1913 hat man die Wassersammlung endgültig eingestellt, nachdem zuvor durch die Dampfschiffahrt die Erträge immer kleiner geworden waren.
St. Nikola, Pfarramt

III.9.2.–III.9.7
Der Strudel im Bild

Die Passage durch den Strudengau bei Grein zählte jahrhundertelang zu den gefährlichsten Abschnitten jeder Donaureise. Erst Ende des 19. Jahrhunderts, als man Felsen gesprengt, unter Wasser liegende Riffe geglättet und die Ufer befestigt hatte, verloren die Strudel und Wirbel ihre Schrecken. Die ausgestellten Stiche zeigen die Donaulandschaft im Strudengau vor der Flußregulierung.

III.9.2
Ansicht des gefährlichen Wirbel und Strudel auf der Donau, Vue du Wirbel et Strudel Passage dangereux sur le Danube en Autriche

Kolorierte Umrißradierung von einem unbekannten Künstler, um 1800
H 27,2 cm, B 49,8 cm
Wien, Niederösterreichische Landesbibliothek, Topographische Sammlung Inv.-Nr. 30.103

III.9.3
Der Wirbel

Aquarellierte Bleistiftzeichnung, Thomas Ender, um 1835; beschriftet: 61. Hausstein mit dem Wirbl
H 24 cm, B 40,2 cm
Wien, Niederösterreichische Landesbibliothek, Topographische Sammlung Inv.-Nr. 8.559

Lit.: Niederösterreich, Nr. 13.

III.9.4
Der berühmte Strudel in der Donau gegen Abend. Le fameux tournant d'eau ou goufre strudel dans le Danube vers Nord

Kolorierter Kupferstich von Gottlieb Friedrich Riedel, um 1780
H 38,8 cm, B 48,6 cm
Wien, Niederösterreichische Landesbibliothek, Topographische Sammlung Inv-.Nr. 30.104

Lit.: vgl. Niederösterreich, Nr. 9.

III.9.5
Der Strudel

Kolorierte Lithographie von Franz Josef Sandmann, aus der Neumann-Serie, um 1845, gedruckt bei Johann Höfelich
H 18,4 cm, B 24,6 cm
Wien, Niederösterreichische Landesbibliothek, Topographische Sammlung Inv.-Nr. 7.446

Lit.: Niederösterreich, Nr. 10

III.9.6
Der Strudl an der Donau / Memorabilis Danubii cataracta vulgo Der Strudl / 2 1/2 Miliaribus ab urbe ipsio in confinio superioris et inferioris Austriae (Die denkwürdige Wasserschnelle in der Donau, als der Strudl bekannt, zweieinhalb Meilen vom Ort

desselben Namens entfernt, an der Grenze zwischen Ober- und Niederösterreich)
Der Wirbel in der Donau / Notabilis Danubii vortex vulgo Der Wirbel / 200 Passibus infra cataractam in confinio superioris et inferioris Austraie cum adjacente sacello S. Nicolai (Der bemerkenswerte Wasserwirbel, bekannt als Der Wirbel, 200 Schritte unterhalb des Strudls an der Grenze von Ober- und Niederösterreich mit der benachbarten kleinen Kapelle von St. Nikola)

Kolorierter Stich von Matthäus Seutter, Augsburg, um 1730
H 50 cm, B 58,3 cm
Wien, Niederösterreichische Landesbibliothek, Topographische Sammlung Inv.-Nr. 7.428

III.9.7
Nieder-Oesterreich. Der Strudel

Lithographie, gezeichnet von Jakob Alt, Druck von Adolph Kunike.
Aus der Serie „Malerische Ansichten von Österreich, Steyermark, Kärnten, Krain, Salzburg und Tyrol", Wien um 1830.
H 37,5 cm, B 55,5 cm
Artstetten, Schloß Artstetten, Archiv

III.9.8
Vitrine mit Reiseandenken

III.9.9
Felsen mit Inschrift „KYSELAK"
Nachbildung

Josef Kyselak (1799-1831), Registraturakzessist bei der Hofkammer in Wien und vom Wunsch besessen, unsterblich zu werden, unternahm zu Beginn des 19. Jahrhunderts ausgedehnte Wanderungen durch Österreich. Dabei malte er seinen Namen mit Ölfarbe auf Felsen, Wände und Säulen, häufig an wenig zugänglichen Stellen. So auch entlang der Donau, wo seine Autogramme vereinzelt in der Wachau überlebt haben. Ergebnis dieser Fußmärsche sind weiters zwei Bände mit Reisebeschreibungen, die unter dem Titel „Skizze einer Fußreise durch Österreich" veröffentlicht wurden.

Lit.: Gehmacher, Ernst, Zu Fuß durch Österreich, Wien 1982.

Susanne Schaber

III.10 Neusiedlung

Das Ende der türkischen Herrschaft im Donauraum hatte die Habsburgermonarchie vor neue Aufgaben gestellt. Mit der Erarbeitung von Vorschlägen für den Wiederaufbau wurde schon 1688 eine Regierungs-Kommission beauftragt, die im „Einrichtungswerk für das Königreich Hungarn" Vorschläge für die Wiederbevölkerung der volklosen Gebiete machte. Die ungarischen Stände forderten 1723, „daß freie Personen jeder Art ins Land gerufen werden", um den Wiederaufbau bewältigen zu können. Diesem Ruf folgten im Laufe des 18. Jahrhunderts zahlreiche Ansiedler aus verschiedenen deutschen und mitteleuropäischen Territorien. Doch gab es auch Deportationen ins Banat und nach Siebenbürgen.

OF

III.10.1
Karte: Die nach der Türkenzeit im Südosten entstandenen deutschen Siedlungsgebiete des 17. und 18. Jahrhunderts *(Abbildung)*

Quelle: Senz, J.V., Donauschwäbische Siedlungsgebiete (Geschichte der Donauschwaben, Wien-München 1993)

OF

III.10.2
Der Friedensschluß von Karlowitz im Jahre 1699

Theatre de la Paix entre les Chretiens et les Turcs, erschienen bei Anna Beck, Den Haag

Der Friedensvertrag von Karlowitz kann als Ausgangspunkt der Ostsiedlung gelten, da die Türken mit ihm alle bis dahin erzielten territorialen Gewinne Österreichs anerkannten. Die Vertragsdauer wurde mit 25 Jahren festgelegt.
Foto: Wien, ÖNB, Bildarchiv

OF

III.10.3
Erstes habsburgisches Impopulationspatent des Präsidenten der Einrichtungskommission Kardinals Leopold Kollonich vom 11. August 1689
Hochglanzkopie (Or. Papier, Wien, ÖStA, HHStA, Staatskanzlei Patente 16 (alt 12), fol. 226, L 48,7 cm, B 40,5 cm)

Aufruf und Einladung, sich im „fast gäntzlich zu Grund gerichteten und abgeödten Erb-Königreich Hungarn Häußlich niderzulassen"

CT

III.10.4
Approach to Passau from Linz

Kolorierter Kupferstich von W. H. Barflett und J. C. Armytage.
Die aus den Einschiffungshäfen an der oberen Donau abgehenden Schiffe legten am Donauarm bei Wien an. Die Auswanderer gingen an Land, um sich bei den zuständigen Stellen zu melden und um vor der Weiterfahrt ihre Ansiedlungspässe zu erhalten.
Privatsammlung
Foto: OF

OF

III.10.5
General Mercy, der erste österreichische Gouverneur des Banats

Lavierte Tuschzeichnung von Victor Stürmer, 1970

Mercy inspiziert das ihm zur Verwaltung und Wiederaufbau anvertraute Land.
Privatsammlung
Foto: OF

OF

III.10.6
Plan für die Trockenlegung des Batscher Landes

Kolorierte Federzeichnung von Kameralingineur Josef von Kiss

„Die durch die unterirdischen Gewässer im Jahr 1787 am stärksten überschwemmte Bacser Gegend, vorzüglich der Cameral Ortschaften anzeigend"
(Or. Budapest, Ungarisches Staatsarchiv, S 12 div. XIII Nr. 87)
Foto: OF
OF

III.10.7
Deutsche Kolonistenhäuser und Dorfanlagen im Banat

Aus: Griselini, F., Versuch einer natürlichen Geschichte des Temeswarer Banats in Briefen 1716–1778, Wien 1780.
Privatsammlung
Foto: OF
OF

III.10.8
Ansiedlung eines Kolonistendorfes im Banat im 18. Jahrhundert *(Abbildung)*

Ölgemälde von Stefan Jäger, 1910
Beispiel für die planmäßige Ansiedlung von Kolonistendörfern
Privatsammlung
Foto: OF
OF

III.10.9
Teilansicht des Werkes Reschitz im Banater Bergland, wo die ersten Koksöfen der Monarchie in Betrieb genommen wurden *(Abbildung)*

Privatbesitz
Foto: OF
OF

III.10.10
Deportationswege der Landler nach Siebenbürgen im 18. Jahrhundert *(Abbildung)*

Foto: Bad Goisern, Landler Museum

III.10.11
Plan des neuen Eisenwerkes im Reschitzer Tal (Banater Bergland)

Aquarellierte Federzeichnung von J. J. Hechenröther und Marckschneider
(Or. Wien, ÖStA, Hofkammerarchiv, Kartensammlung Pa 143/2)
Foto: Wien, ÖStA, Hofkammerarchiv
Lit.: Maria Theresia, Nr. 333.
OF

III.10.12a
Kohlenmeiler und Siedlung Steierdorf im Banater Bergland

Kolorierte Federzeichnung von Anton Josef Pelargus, 8. Februar 1774
(Or. Wien, ÖStA, Hofkammerarchiv, Kartensammlung O 131)

Steierdorf wurde von oberösterreichischen und steirischen Holzknechten aus dem Salzkammergut gegründet. Später entwickelte sich daraus das bedeutende Hüttenwerk Steierdorf-Anina.
Foto: Wien, ÖStA, Hofkammerarchiv
Lit.: Maria Theresia, Nr. 338.
OF

III.10.12b
Das Hüttenwerk Steierdorf-Anina im Banater Bergland um 1900

Privatbesitz
Foto: OF
OF

III.10.13
Siebenbürgische Kirchenburg im Landlerdorf Großau *(Abbildung)*

Die ursprünglich romanische Basilika wurde im 15. Jahrhundert unter Leitung des Hermannstädter Baumeisters Andreas Lapicida zu einer spätgotischen Hallenkirche umgebaut. Zur Anlage gehörte ein doppelter Bering mit achteckigem Turm.
Foto: Alois Ortner, Esternberg
OF

III.10.15
Adelsbrief für Franz Schwaiger, Banatischer Waldbürger und gewesener Berwerks-Mandatarius des Berggerichts in Dognatschka, 15. März 1783

12 Pergamentbll., 4 Papierbll., Einband roter Samt, Metallsiegelkapsel an grün-gelben Schnüren, unterzeichnet von Kaiser Leopold II.
H 45 cm, B 60 cm (aufgeschlagen)

Verleihung des Adelstitels „Edler von" und eines Wappens an den aus Bayern stammenden und ins Temesvarer Banat übersiedelten Franz Schwaiger für besondere Verdienste um den Bergwerksbau. Schwaiger erhielt das Recht, folgendes Wappen zu führen: einen sibernen Schild, in dessen Schildhaupt sich nebeneinander drei sechsspitzige blaue Sterne auf Silber befinden, aus der unteren Spitze des roten Hauptschilds ragt ein goldener Felsen. Im Schild selbst befinden sich fünf rechtsstehende Adler mit ausgebreiteten Flügeln und von sich gestreckten Krallen. Über dem Schild ein Turnierhelm, bekrönt mit Adlerflügeln und ein bis an die Knie sichtbarer Bergknappe rechtsgewendet.
Wien, Dipl.Ing.Rudolf Reimann

AS/KV

III.10.16
Frauenkappe „Kirakoppn" (Kirchenkappe)

Schwarzer Samt mit Lammfellfutter, Otterfellverbrämung, schwarze und goldene Posamente (Schnüre, Quasten), Neppendorf/Turnisor, um 1 920–1970 im Gebrauch.
H 23 cm

Die Kirakoppn gehörte zur Tracht der verheirateten Frau und wird winters (vom Totensonntag bis Palmsonntag) über der Haube getragen. Kappe, Haubenzipfel („Zipfen"), Halstuch („Holstiachl") und Kinnmasche („Haubemaschn") gehören zusammen.
Wien, Landler-Dokumentation, L. L. Hassfurther

IS/OF

III.10.17
Halstuch „Holstiachl"

Schwarzer Kloth, bunte Flachstickerei (Blumen- und Rankenmuster), Neppendorf/Turnisor, um 1930–1970 im Gebrauch

Das Halstuch wird erstmals zur Konfirmation angelegt, Mädchen tragen es an Hochfesten, zum Abendmahl und als Taufpatinnen über dem Obergewand („Skurteichen") mit vorne in der Taille festgesteckten „Zipfen"; verheiratete Frauen stecken die Zipfel in den Ausschnitt des Mieders („Leib").
Wien, Landler-Dokumentation, L. L. Hassfurther

IS/OF

III.11 Zusammenleben und Konflikt im Donauraum

III.11.1
Ethnographische Karte der Österreichisch-Ungarischen Monarchie von Carl Freiherrn von Czoernig, Wien 1868
Foto: Wien, ÖNB, Bildarchiv

III.11.2
Atlas der Donauländer – Sprachenverteilung
Hg. vom Österreichischen Ost- und Südosteuropa Institut, Wien 1989, Redakteur: Josef Breu.

III.11.3
Nationale Vielfalt

Badische Frauen (Donaueschingen)
Deutsche Volkstrachten von Albert Kretschmer, Tafel 50
Foto: Wien, ÖMV

Paar aus Württemberg (Ulm)
Deutsche Volkstrachten von Albert Kretschmer, Tafel 59
Foto: Wien, ÖMV

Frauen und Männer aus Bayern
Deutsche Volkstrachten von Albert Kretschmer, Tafel 61
Foto: Wien, ÖMV

Oberösterreicherin und Oberösterreicher
Kolorierte Lithographie aus dem Verlag Joseph Trentsensky, Wien
Foto: Wien, ÖMV

Niederösterreichischer Weinbauer
Trachten-Album nach der Natur gezeichnet und lithographiert, J. Kollarz, Verlag F. Paterno, Wien, Nr. 72
Foto: Wien, Wiener Stadt- und Landesbibliothek

Slowakische Bauernknaben
Trachten-Album nach der Natur gezeichnet und lithographiert, J. Kollarz, Verlag F. Paterno, Wien, Nr. 116
Foto: Wien, Wiener Stadt- und Landesbibliothek

Ungarische Bauernknaben
Trachten-Album nach der Natur gezeichnet und lithographiert, J. Kollarz, Verlag F. Paterno, Wien, Nr. 115
Foto: Wien, Wiener Stadt- und Landesbibliothek

Kroatischer Bauer
Blätter für Kostümkunde NF 39.Blatt (Verlag Franz Lipperheide Berlin)
Foto: Wien, ÖMV

Serbische Nationaltracht
Handkolorierter Lichtdruck ca. 1900–1910
Foto: Wien, Sammlung Dr. Walter Lukan

Rumänen
Trachten-Album nach der Natur gezeichnet und lithographiert, J. Kollarz, Verlag F. Paterno, Wien, Nr. 40
Foto: Wien, Wiener Stadt- und Landesbibliothek

Zigeunerknaben
Trachten-Album nach der Natur gezeichnet und lithographiert, J. Kollarz, Verlag F. Paterno, Wien, Nr. 43
Foto: Wien, Wiener Stadt- und Landesbibliothek

Bulgarinnen
Aus den Beschreibungen des Osmanischen Reiches von Johannes Lewenklaw 1586 (Wien, ÖNB, Cvp 8626)
Foto: Wien, ÖNB, Bildarchiv

III.11.4
Kopfbedeckungen

Goldhaube
Biedermeier
Linz, OÖLM, Inv.Nr. F 5136

Weinhauer-Hauskäppchen
Schwarzblauer Samt mit Seidenfadenstickerei (Blütendekor)
Krems, Weinbaumuseum, Inv.Nr. 1927

Lit.: 1000 Jahre Kunst, Nr. 699.

Slowakischer Frauenhut
Bestehend aus zwei Teilen (Haube aus weißem Leinenstoff mit Goldstickerei – Pflanzenornament und Hut aus faltenreichem mit Blumen besetzten Tüll) Hauben dieser Art wurden in den vierziger und fünfziger Jahren des 20. Jahrhunderts im Dorf Vajnory – in der Nähe von Bratislava – als Bestandteil der Volkskleidung getragen. Marta Pacovská
Bratislava, Städtisches Museum

Diese exemplarischen Originalobjekte sind umrahmt von Nachbildungen verschiedener Kopfbedeckungen der Nationen des Donauraumes.

Konflikte im Donauraum

III.11.5
Trompetenfahne

Weiße Seide mit Goldstickerei, um 1715
H 48 cm, B 48 cm

Die Fahne steht stellvertretend für die kaiserlichen Heere in den Türkenkriegen des 16. bis 18. Jahrhunderts. Sie zeigt das Symbol des Kaisers, einen Doppeladler, mit dem Wiener Wappen im Herzschild und eine Weltkugel mit der Devise Karls VI. „Constantia und fortitudine".
Wien, Historisches Museum der Stadt, Inv.Nr. 128.243

Lit.: Prinz Eugen, Nr.9.54.

III.11.6
Roßschweif

L 90 cm

Die Roßschweife (osmanisch Tugh) waren – im Unterschied zu Fahnen – Zeichen der Würde. Abhängig vom Rang standen osmanischen Würdenträgern eine unterschiedliche Anzahl solcher Symbole zu, dem Pascha etwa drei, die von speziellen Waffenträgern vorangetragen wurden.
Wien, Historisches Museum der Stadt

Lit.: Fohler, Oskar und Edith, Der Roßschweif in der osmanischen Armee. Ein Anhang zu türkischen Feldmusik, Wien-Mauer 1983.

III.11.7
Fotomontage

1 Belagerung Wiens 1529.
Titelholzschnitt von Erhard Schön aus Johann Haselberg: „Des Türckische Kaysers Heerzug ...", Druck Nürnberg, Christoffel Zell, 1530.
Kaiser Karl von links, Sultan Soliman von rechts einreitend, beide mit zahlreichem Reitergefolge, treffen sich vor einer im Hintergrunde erscheinenden Bergveste. Die Wiener Türkenbelagerung 1529 stellt das erste Ereignis einer Serie von direkten Konfrontationen der Habsburger mit dem osmanischen Reich dar. Zwar scheiterte die Eroberung Wiens, doch geht der Kampf in Ungarn in unterschiedlicher Intensität bis ins 18. Jahrhundert weiter.
Foto: Wien, Lichtbildwerkstätte Alpenland

Lit.: Sturminger, Nr. 155 und 3310; Hummelberger, Walter, Wiens erste Belagerung durch die Türken 1529 (MhS 33, 1977).

2 Wien 1529

Ansicht der Stadt Wien und ihrer Umgebung von Süden aus der Vogelperspektive gesehen. Rechts die große und die kleine Donau, um die von den Christen verteidigte Stadt das türkische Lager und die Angreifer.
Holzschnitt von Erhard Schön aus Hans Sachs: „Historia Der Türkischen Beläegerung der statt Wien

mit handlung beyder teyl, auff das Kürtzest ordentlich begriffen".
Foto: Wien, Lichtbildwerkstätte Alpenland

Lit.: Sturminger Nr. 366 und 3336.

3 Eroberung Raabs durch die Türken 1594
Stich von Wilhelm Peter Zimmermann

Eine der längerfristigen Konfrontationen mit den Türken war der lange Türkenkrieg Rudolfs II. 1592 bis 1606. Eine der zentralen Festungen, um die der Kampf tobte, war Raab/Győr, das 1594 von den Türken erobert und 1598 von den Kaiserlichen zurückerobert werden konnte. Rudolf II. nahm dieses Ereignis zum Anlaß für eine umfangreiche Propaganda. Auch die nächsten Stiche stellen Ereignisse aus diesem langen Türkenkrieg dar.
Foto: Wien, HGM

Lit.: Vocelka, Karl, Rudolf II. und seine Zeit, Wien-Köln-Graz 1985.

4 „Gran wirt von Christen beleggeret Anno 1595"
Stich von Wilhelm Peter Zimmermann
Foto: Wien, HGM

5 „Anno 1595 Vicegradt erobert"
Stich von Wilhelm Peter Zimmermann
Foto: Wien, HGM

6 Ansicht von Komorn 1595
Stich von Georg Hoefnagel
Foto: Wien, HGM

7 Übergang des Passauer Kriegsvolkes über die Donau

Radierung von Wilhelm Peter Zimmermann

Dieses vom Bischof Erzherzog Leopold von Passau für die Jülich-Clevesche Erbfolgefrage im Reich rekrutierte Kriegsvolk spielte in den Auseinandersetzungen des sogenannten Bruderzwistes zwischen Rudolf II. und seinem Bruder Matthias eine Rolle. Leopold führte diese Armee Kaiser Rudolf zu, dessen Position sich dadurch stärkte, andererseits führte das zu einem entscheidenden Konflikt 1611, in dem Matthias seinen Bruder besiegte und seiner Länder (mit Ausnahme der Kaiserkrone) beraubte.
Foto: Wien, HGM

Lit.: Vocelka, Karl, Rudolf II. und seine Zeit, Wien-Köln-Graz 1985.

8 Ansicht von Buda und Ofen 1617
Stich von Georg Hoefnagel
Foto: Wien, HGM

9 „Wahre und eigendtliche Contrafettur / der Statt Lintz, 19. July 1626"

Kupferstich von Mannasser

Die Belagerung der Stadt Linz durch die aufständischen Bauern im Rahmen des oberösterreichischen Bauernkrieges 1625/26 stellt einen der Höhepunkte dieses sozialen und religiösen Konfliktes dar.
Foto: Linz, Stadtmuseum – Nordico

Lit.: Heilingsetzer, Georg, Der oberösterreichische Bauernkrieg 1626 (MhS 32, 1976). Der oberösterreichische Bauernkrieg 1626. Ausst .Kat. Linz 1976.

10 Ingolstadt während der Belagerung durch die Schweden 1632

Unsignierter Kupferstich

In der dritten Phase des Dreißigjährigen Krieges, im sogenannten Schwedisch-niedersächsischen Krieg (1630/35), griff der schwedische König Gustav Adolf, finanziell von Frankreich unterstützt, in den Krieg ein, um einerseits der protestantischen Sache zu helfen, aber auch aus territorialen Interessen in Norddeutschland. Die gefürchteten schwedischen Truppen drangen bis nach Süddeutschland (u. a. bis Wien) vor.
Foto: Wien, HGM

Lit.: Wedgwood, C. V., Der Dreißigjährige Krieg, München 1967; Vgl. auch Broucek, Peter, Die Bedrohung Wiens durch die Schweden im Jahre 1645, in: Jb des Vereins für Geschichte der

Stadt Wien 26 (1970) S. 120–165 und Broucek, Peter, Der Schwedenfeldzug nach Niederösterreich (MhS 7), 1989³.

11 Schlacht bei Tuttlingen 1643

Stich von Matthäus Merian aus dem Theatrum Europaeum, Bd. 5, 1647.

In der letzten Phase des Dreißigjährigen Krieges (1635/48) griff Frankreich direkt ins Kriegsgeschehen ein. Der Stich zeigt den genauen Schlachtverlauf mit allen Einzelheiten der Schlachtordnung und ihrer Konsequenzen.
Foto: Tuttlingen, Heimatmuseum

12 Beschießung kaiserlicher Schiffe auf der Donau durch die Türken, 8. September 1664.

Nach der Schlacht von Mogersdorf-St.Gotthard zog Montecuccoli nach Norden Richtung Preßburg, wo am 7. und 8. September die Donau überschritten wurde. Das Gefecht gehört in diesen Kontext. Strategisches Konzept war es, den Großvezir, der von Neuhäusel aus operierte, die Überschreitung der Waag unmöglich zu machen.
Foto: Wien, HGM

Lit.: Wagner, Georg, Das Türkenjahr 1664. Eine europäische Bewährung. Burgenländische Forschungen 48, Eisenstadt 1964, S. 397.

13 Entsatz von der Belagerung Wiens

Kupferstich von Wilhelm Schupert von Ehrenberg und Joann. Ulrich Kraus (1690)

Die zweite Wiener Türkenbelagerung 1683 stellte gleichzeitig den Wendepunkt der habsburgisch-osmanischen Auseinandersetzungen dar. Nachdem die von Ernst Rüdiger von Starhemberg verteidigte Stadt durch die Truppen des Großvezirs Kara Mustafa beinahe sturmreif geschossen war, kam ein Entsatzheer unter dem Polenkönig Jan III. Sobiesky und Karl von Lothringen der Stadt zu Hilfe. In der Entsatzschlacht auf dem Kahlenberg am 12. September 1683 wurden die Osmanen vernichtend geschlagen. Dieses Ereignis bildete auch den Auftakt für die Expansionspolitik der Habsburger in Ungarn.
Foto: Wien, HGM

Lit.: Sturminger, Nr.3565; Gerhartl, Gertrud, Belagerung und Entsatz von Wien 1683 (MhS 46, 1983).

14 Entsatz Wiens 1683

Kupferstich von Johann M. Lerch
Foto: Wien, HGM

Lit.: Sturminger, Nr.3501.

15 Plan der Befestigungen in Komorn

G. Boúttas
Foto: Wien, HGM

16 Schlacht um Waitzen/Vác 27.4.1684

Kupferstich aus dem Theatrum Europäum

Die schrittweise Eroberung Ungarns durch die Habsburger begann 1684 und endete erst im Frieden von Karlowitz/Sremski Karlovci 1699.
Foto: Wien, HGM

17 Eroberung von Budapest durch die kaiserlichen Truppen und ihre Verbündeten 1686

Einen besonders wichtigen psychologischen und Prestigeerfolg stellte die Eroberung der Hauptstadt des Königreiches Ungarn, die man 1540 an die Osmanen verloren hatte, dar.
Foto: Wien, HGM

18 Die Erstürmung von Buda durch die Truppen des Kurfürsten von Bayern Max Emanuel am 2. September 1686

Kupferstich von M. Wening
Foto: Wien, HGM

19 Schlacht bei Höchstädt/Blindheim, 13. August 1704

Kolorierter Stich von Huchtenburg
Foto: Höchstädt, Heimatmuseum

Lit.: Mathis, Franz, Marlborough und Wratislaw. Eine politische Freundschaft als Grundlage des Sieges von Höchstädt (1704), in: Mitteilungen des Instituts für Österreichische Geschichtsforschung 83 (1975) S. 114–143.

20 Belagerung von Belgrad 1717

Eines der legendärsten Ereignisse aus den Türkenkriegen des Prinzen Eugen ist die Eroberung der Festung Belgrad. Diese wichtige Schlüsselfestung wurde trotz der Bedrohung durch ein Entsatzheer eingenommen. Das bekannte Prinz Eugen-Lied entstand aus diesem Anlaß.
Foto: Wien, ÖStA, Kriegsarchiv

21 Beschießung von Linz 1742

Stich von Franz Anton Knittel

Im Österreichischen Erbfolgekrieg (1740–1748) war der Donauraum stark in die Kampfhandlungen einbezogen. Bayern, dessen Kurfürst Karl Albert ja Gebietsansprüche erhoben hatte und außerdem als Kaiser Karl VII. die lange Reihe der Habsburger als römisch-deutsche Herrscher unterbrach, fiel in Oberösterreich ein. Linz wurde am 14. Jänner 1741 ohne Widerstand von Bayern eingenommen, jedoch schon am 24. Jänner 1742 zurückerobert. Das Kriegsglück Bayerns wandte sich gründlich, nicht nur Oberösterreich konnte befreit, sondern auch ein guter Teil Bayerns von den Truppen Maria Theresias erobert werden.
Foto: Linz, OÖLA

Lit.: Hillbrand, Erich, Die Einschließung von Linz 1714/42 (MhS 15, 1970); Otruba, Gustav, Der Feldzug Karl Albrechts von Bayern durch Ober- und Niederösterreich vom September bis anfangs November 1741 im Spiegel zeitgenössischer Berichte, in: Unsere Heimat 60 (1989) S. 99–114.

22 Plan eines Donau Kriegsschiffes (Fregatte), 1746

Die Anfänge der kaiserlichen Kriegsflotte gehen auf Ferdinand I. zurück. Nach 1530 entwickelte sich Gmunden zu einem Zentrum des Nassaden- und Tschaikenbaus. Unter Maria Theresia herrschte auf der Donau vorwiegend Ruhe, nur zu Beginn des Österreichischen Erbfolgekrieges im Jahre 1741 wurden mehrere Tschaiken gegen die vorrückenden Bayern und Franzosen in Dienst gestellt, die jedoch der Übermacht der Bayern und Franzosen nicht standhielten und zerstört oder mitgenommen wurden.
Foto: Wien, ÖStA, Kriegsarchiv

Lit.: Aichelburg, Wladimir, Kriegsschiffe auf der Donau (MhS 37, 1974).

23 Combat de Dirnstein pres de Krems

Gefecht bei Dürnstein, 9. November 1805
Aquatinta von Johann Lorenz Rugendas II.

Im Zuge des Vorrückens der Truppen Napoleons gegen Wien im Dritten Koalitionskrieg, kam es zu einem Gefecht in Dürnstein, das verheerende Folgen für die Stadt hatte.
Foto: Wien, HGM

Lit.: Napoleon in Österreich. Ausst.Kat. Pottenbrunn 1973, bes. S. 81f.: Staudigl, Herbert, Die Feldzüge Napoleons gegen Österreich.

24 Zerstörung der Brücke der Franzosen bei Kaisereebersdorf in der Lobau am 22. Mai

Kupferstich von Vincenz R. Grüner
Foto: Wien, HGM

25 Vue des Ponts du Danube prise du coté de Vienne

Die Franzosen nahmen natürlich auch die strategisch wichtigen Donaubrücken von Wien ein. Nach 1683 gab es drei Donaubrücken, die drei unterschiedliche Arme des Stromes überbrückten. Sie lagen alle etwa in der Verlängerung der heutigen Taborstraße.
Foto: Wien, HGM

26 Vue générale des Ponts du Danube

Radierung von A. M. Laborde
Foto: Wien, HGM, S 9458

27 Die Ermordung des königlichen Kommissärs Franz Philipp Graf von Lamberg auf der Pester Donaubrücke am 28. September 1848

Lithographie, Verlag C. G. Lohse Dresden

Nach der Ermordung Lambergs kam es zu einer Verschärfung der Lage. Der daraufhin angeordnete Abzug von Truppen aus Wien in Richtung Ungarn führt zur letzten, radikalsten Phase der Wiener Revolution.
Foto: Wien, ÖNB, Bildarchiv

Lit.: Aus der umfangreichen Literatur vgl. Häusler, Wolfgang: Zur sozialen und nationalen Problematik der Revolution von 1848/49 in der Donaumonarchie, in: Revolutionäre Bewegungen in Österreich. Hg. von Erich Zöllner (Schriften des Instituts für Österreichkunde 38), Wien 1981.

28 Die Belagerung Wiens 1848

Diese Radikalisierung der Revolution löste konterrevolutionäre Maßnahmen aus. Feldmarschall Alfred Fürst Windischgrätz und der kroatische Banus Josef von Jellacic belagern die Stadt, die bombardiert und schließlich am 31. Oktober 1848 erstürmt wird. Die Hoffnungen auf eine konstitutionelle Umgestaltung der Monarchie waren damit zerstört.
Fotos: Wien, ÖNB, Bildarchiv

29 Karte vom Aufmarsch der christlichen Heere zwischen Tulln und Wien zum Entsatz Wiens 1683

Foto: Wien, ÖStA, Kriegsarchiv

30 Medaille auf die Eroberung von Raab 1598

Die Propaganda Rudolfs II. erreicht 1598 einen Höhepunkt. Krankheitsbedingt übersteigert der Kaiser die Eroberung der Festung Raab/Györ 1598 zu einem Triumph gegen die Türken und verkündet in verschiedener künstlerischer Ausgestaltung die Befreiung Ungarns aus der Türkenhand. Diese Medaille, die auf eine Vorlage von Hans von Aachen zurückgeht, kann gleichzeitig als Symbol der kaiserlichen Bestrebungen in der Auseinandersetzung mit den Osmanen in Ungarn gesehen werden.
Foto: Wien, KHM

Lit.: Vocelka, Karl, Rudolf II. und seine Zeit, Wien-Köln-Graz 1985.

31 Verschlußmarke für die Rückseite eines Briefkuverts „Gott schütze Österreich" aus dem Ersten Weltkrieg

Solche Briefverschlußmarken waren, wie vieles andere (Postkarten etc.) Ausdruck patriotischer, nationalistischer sowie auch haßerfüllter Gefühle gegenüber den Feinden der Zentralmächte. Es gibt ähnliche Objekte auch mit Aufschriften wie: „Gott strafe England, Ihr Helden kämpft im Feindesland, Hurra, wir sind da, An meine Völker, Heil dir im Siegerkranz, Noch über den Tod hinaus hasse ich Dich, England".
Foto: Wien, Lichtbildwerkstätte Alpenland

Lit.: Amann, Klaus und Lengauer, Hubert (Hg.), Österreich und der Große Krieg 1914–1918. Die andere Seite der Geschichte, Wien 1989; Weigel, Hans – Lukan, Walter – Peyfuß, Max D., Jeder Schuß ein Ruß, jeder Stoß ein Franzos. Literarische und graphische Kriegspropaganda in Deutschland und Österreich 1914–1918, Wien 1983.

32 Donaumonitor SMS „Enns" mit Lecktuch (1915)

Noch im Ersten Weltkrieg spielte die Donaukriegsflotte und der Kampf um die Donau und die Donaubrücken eine nicht unbedeutende Rolle.
Foto: Wien, ÖStA, Kriegsarchiv

33 Donaumonitor Inn, versenkt vor Braila

Foto: Wien, ÖStA, Kriegsarchiv

34 Cernovodabrücke

Foto: Wien, ÖStA, Kriegsarchiv

35 Bergung einer Mine

Foto: Wien, ÖStA, Kriegsarchiv

36 Russisches Donau-U-Boot

Foto: Wien, Georg Pawlik

37 Brennender Stephansdom

Am Ende des Zweiten Weltkrieges spielte sich ein Teil der Kämpfe an der Donau ab, besonders der Kampf um Budapest und der Kampf um Wien sind dabei hervorzuheben. Beim Kampf um Wien vom 6. bis 13. April 1945 wurde auch der Stephansdom in Brand geschossen.
Foto: Wien, Dokumentationsarchiv des Österreichischen Widerstandes

Lit.: Vocelka, Trümmerjahre S. 39.

38 Fähre über den Donaukanal September 1946

Bis es zur Errichtung von Notstegen über die Donau kam, mußte der Donaukanal in Wien mittels Fähren überquert werden.
Foto: Wien, Internationale Pressebildagentur Votava

Lit.: Vocelka, Trümmerjahre S. 92.

39 Zerstörte Schwedenbrücke

Wie beinahe alle Donaubrücken wurde auch die Schwedenbrücke in Wien zerstört. Im Hintergrund das Leopoldstädter Donauufer mit zerstörten Häusern.
Foto: Wien, Dokumentationsarchiv der Österreichischen Widerstandes

Lit.: Vocelka, Trümmerjahre S. 55.

40 Toter deutscher Soldat

Foto: Wien, ÖNB, Bildarchiv

Lit.: Vocelka, Trümmerjahre S. 43.

41 Infanterie der Roten Armee im Sturmangriff

Foto: Wien, Dokumentationsarchiv des österreichischen Widerstandes

Lit.: Vocelka, Trümmerjahre S. 42.

42 Budapest, Sommer 1945

Frau im Badekostüm an der Donau vor den Trümmern der gesprengten Kettenbrücke.
Budapest, Historisches Museum der Stadt, Foto Szöllôsy AS/KV

43 Neubau der Linzer Donaubrücke

Die „Nibelungenbrücke", errichtet 1938 bis 1940 nach Entwürfen von Karl Schaechterle und Friedrich Tamms, war das erste Monumentalbauwerk der für Linz großzügig ausgelegten NS-Planungen. Gemeinsam mit den beiden auf Roderich Fick zurückgehenden Brückenkopfbauten am Linzer Hauptplatz und dem westlich daran anschließenden Gebäude der ehemaligen Wasserstraßendirektion (heute Heinrich-Gleißner-Haus) – beide sind auf dem Bild noch nicht sichtbar – blieb sie der einzige Rest der vorgesehenen Monumentalverbauung der Donauufer und der Prachtstraße „Unter den Lauben". Das vom Urfahrer Brückenkopf aufgenommene Bild zeigt die Arbeiten am ostseitigen Brückentragwerk. Links davon ist noch die alte Donaubrücke erkennbar.
Foto: Linz, Archiv der Stadt, Dokumentation, Slg. Stenzel FM

44 Bombenruine des Volksgartensaales

Anstelle eines Vorgängerbaues wurde der Volksgartensaal 1903 nach Plänen des städtischen Ingenieurs Julius Bihovsky errichtet. Er zählte zu den zentralen Linzer Versammlungs- und Veranstaltungsörtlichkeiten. Das Gebäude erlitt beim letzten Luftangriff auf Linz am 15. April 1945 einen schweren Bombenschaden, seine Instandsetzung stand vorerst außer Frage. Aus Geldmangel mußte dieses Vorhaben trotz bereits fertiggestellter Pläne aufgegeben werden. Der endgültige Abbruch erfolgte im Jahre 1954.
Foto: Linz, Archiv der Stadt, Dokumentation FM

III.12 Donaumonarchie

Die Donaumonarchie bestand aus unterschiedlichen Ländergruppen, von denen die österreichischen Erbländer, Böhmen und Ungarn eigene Symbole haben. Der Erzherzogshut für Österreich geht auf das Privilegium maius Rudolfs IV. zurück. Die böhmische Krone wird auf den Premyslidenkönig Wenzel zurückgeführt und repräsentiert die „Länder der Wenzelskrone" (Böhmen, Mähren, Schlesien, ursprünglich auch die beiden Lausitzen). Noch stärker war diese Symbolkraft der Krone bei der auf den Heiligen Stephan zurückgeführten ungarischen Krone. Die „Länder der heiligen Stephanskrone" umfaßten neben Ungarn auch die Slowakei und Teile Rumäniens, Österreichs (Burgenland) und des ehemaligen Jugoslawiens.

Die ausgestellten Insignien sind „Funeralinsignien", die beim Begräbnis der Habsburger mitgetragen wurden und den jeweiligen Herrschaftsanspruch symbolisierten.

III.12.1
Insignien – symbolische Kronen

Erzherzogshut
Wien, Bundesmobiliensammlungen, MD 047541
Stephanskrone
Wien, Bundesmobiliensammlungen, MD 047897
Wenzelskrone
Wien, Bundesmobiliensammlungen, MD 047542

Für das Königreich Galizien und Lodomerien gibt es keine wirkliche Krone, wir haben daher die im Wappen auftauchende heraldische Krone als Symbol verwendet. Der Turban über Bosnien und Herzegowina soll andeuten, daß diese Provinzen von 1878 bis 1908 formal noch dem Sultan des Osmanischen Reiches unterstanden.

III.12.2
Mittleres gemeinsames Wappen *(Abbildung)*

Das „mittlere Wappen" des gemeinsamen Wappens der Donaumonarchie wurde in dieser Form am 11. Oktober 1915 festgelegt, geht aber in seinen Vorbildern weit zurück. Es symbolisiert die gesamten von den Habsburgern beherrschten Länder. In der Mitte (Herzschild) ist das Wappen der Familie (Habsburg – Österreich = Bindenschild – Lothringen) aufgelegt. Im Mittelschild finden sich die alten Erbländer (Österreich unter der Enns, Österreich ob der Enns, Steiermark, Kärnten, Krain), im Hauptschild Böhmen, Galizien und Lodomerien, Dalmatien, Schlesien, Salzburg, Mähren, Tirol, Vorarlberg, Bukowina, Bosnien und Herzegowina, Görz und Gradisca, Triest. Der Rückenschild zeigt die Symbole der österreichischen Kaiserwürde. Das links stehende Wappen steht für die ungarischen Länder. Der Herzschild enthält das kleine Wappen des ungarischen Staates, der Rückenschild Dalmatien, Kroatien, Slawonien, Siebenbürgen, Bosnien und Herzegowina und Fiume (Rijeka). Auf dem Schild steht die ungarische Krone, Schildhalter ist ein weiß gekleideter Engel. Außerdem enthält das Wappen den Orden vom Goldenen Vlies, den Militär-Maria-Theresien-Orden, den königlich ungarischen St. Stephans- und den österreichisch kaiserlichen Leopold-Orden. Das Spruchband mit der Devise „Indivisibiliter ac inseparabiliter" (unteilbar und untrennbar) verweist auf die Pragmatische Sanktion von 1713 als Staatsgrundgesetz. Dalmatien und Bosnien-Herzegowina kommen in beiden Wappen vor, da sie unter gemeinsamer Verwaltung der beiden Reichshälften standen.

Eines der verbindenden Elemente des Gesamtstaates stellte die Kaiserhymne als Staatssymbol dar, die allerdings – das verweist auf die Probleme der

Donaumonarchie – in 13 verschiedenen Sprachen gesungen wurde. Die älteste Fassung 1797–1835 war das Lied „Gott erhalte Franz, den Kaiser" mit dem Text von Lorenz Leopold Haschka und der Melodie von Josef Haydn. Unter Kaiser Ferdinand (1835–1848) wurde ein Text von Joseph Christian Zedlitz zu Haydns Melodie gesungen, nach 1848 der alte Text wieder eingeführt. 1854 wurde aufgrund eines Preisausschreibens der Text von Johann Gabriel Seidl „Gott erhalte, Gott beschütze", der keinen Kaisernamen enthielt, ausgewählt.

III.12.3
Karikatur aus der Zeitschrift „Neue Glühlichter" vom 19. Januar 1899 *(Abbildung)*

Die Karikatur aus dem humoristisch-satirischen Arbeiterblatt „Neue Glühlichter" zeigt augenfällig die zentrifugalen Kräfte der Monarchie. Das als Karte symbolisierte Staatsgebilde wird von den Vertretern der Nationalitäten – erkennbar sind die Deutschnationalen Karl Hermann Wolf und Georg Ritter von Schönerer, der jungtschechische Politiker Josef Herold, der Abgeordnete des Polenclubs David Abrahamowicz, der nationalistische ungarische Ministerpräsident Desider (Deszö) Bánffy sowie Vertreter der Slowenen und Kroaten – zerrissen. Mit dem Ausgleich 1867 waren zwar neben den Deutschen auch die Ungarn privilegiert, doch die anderen Nationalitäten pochten umso heftiger auf ihre Rechte. Insbesondere das Problem in Böhmen und die Frage der Südslawen, zum Teil auch die galizische Frage, belasteten die Politik der Monarchie schwer. Die Lösung innerhalb des Gesamtstaates scheiterte, der Zerfall der Monarchie in „Nationalstaaten" verschob die Problematik auf kleinere Räume, ohne sie wirklich zu lösen.
Foto: Wien, ÖNB, Bildarchiv

III.12.4–III.12.26

Die Identifikationsmuster der Menschen der Frühen Neuzeit waren andere als heute – soziale Stellung oder Konfession waren entscheidende Kriterien. Mit dem Aufkommen des modernen Nationalismus im 19. Jahrhundert wird die nationale Identität zu einem zentralen Problem des Donauraumes. Die Zuordnungskriterien der einzelnen Nationalitäten waren Sprache, „Volkstum" (sowohl kulturell als auch rassisch verstanden) und gemeinsame Geschichte. Die zunächst wissenschaftliche Beschäftigung mit Sprache, Literatur und Geschichte bekam bald eine politische Dimension. Die Porträts verschiedener Wissenschaftler und Politiker des 19. Jahrhunderts sollen diese Entwicklung andeuten, deren Endresultat der Zerfall der Donaumonarchie war.

III.12.4
Johann Gottfried von Herder (1744–1803)

Der Sohn eines pietistischen Kantors und Volksschullehrers war zunächst Lehrer und Prediger und durch seinen Kontakt mit Goethe schließlich Oberkonsistorialpräsident in Weimar.
Herder war ein genialer Anreger für verschiedene Disziplinen, die im 19. Jahrhundert zur Findung nationaler Identität beitrugen, vor allem der Sprach- und Geschichtsphilosophie. Seine Ausrichtung auf das „Volkstum" wurde in späterer Zeit vom Nationalismus häufig mißbraucht, doch ist Herders Beschäftigung mit der Entfaltung der Nationalsprachen und seine Sammlung von Volksliedern nicht nur im deutschen Sprachraum anregend gewesen, sondern hat auch die slawischen Nationen stark beeinflußt.
Foto: Wien, ÖNB, Bildarchiv

Lit.: Sundhaussen, Holm, Der Einfluß der Herderschen Ideen auf die Nationsbildung bei den Völkern der Habsburger Monarchie (Buchreihe der Südostdeutschen Historischen Kommission 27), München 1973.

III.12.5
Josef Dobrovský (1753–1829)

Studierte in Prag Philosophie und Theologie, war dann Erzieher der Familie der Grafen Nostitz und schließlich Rektor eines mährischen Generalsemi-

nars (Priesterseminars), nach dessen Aufhebung 1791 Privatgelehrter in Prag. Seine Studien zur tschechischen Sprache und Literatur, aber auch zur Geschichte Böhmens sind für die nationale Bewegung der späteren Zeit wichtige Grundlagen. Die erste Phase der nationalen Bewegung der slawischen Völker des 19. Jahrhunderts war vor allem von sprachlichen und historischen Studien geprägt, erst in der zweiten Hälfte des Jahrhunderts wurden diese gelehrten Bestrebungen von einem politischen Nationalismus aufgenommen und gebraucht.
Foto: Wien, ÖNB, Bildarchiv

Lit.: Schamschula, Walter, Die Anfänge der tschechischen Erneuerung und das deutsche Geistesleben, München 1973.

III.12.6
Josef Jungmann (1773–1847)

Rechtsstudium in Prag, 1799 Gymnasiallehrer zuerst in Litoměřice/Leitmeritz, dann in Prag, 1840 Rektor der Prager Universität. Beschäftigte sich mit der tschechischen Sprache und Literatur mit dem Ziel der Wiedererweckung des nationalen Elementes. Hat durch Übersetzungen und durch sein berühmtes fünfbändiges tschechisch-deutsches Wörterbuch wesentlich zur Belebung des tschechischen Nationalgedankens und eines philologisch begründeten Nationalismus beigetragen.
Foto: Wien, ÖNB, Bildarchiv

Lit.: ÖBL 3

III.12.7
Pavel Jozef Šafárik (1795–1861)

Stammte aus einer evangelischen Pastorenfamilie und studierte in Jena, wo er mit dem Gedankengut Herders in Berührung kam. Unter dem Einfluß von Josef Jungmann erwachte sein Nationalbewußtsein. Sammelte Lieder der Slowaken und legte das erste Handbuch der Slawistik vor. Auf Fürsprache Palackýs kam Šafárik 1833 nach Prag, wo er Kustos der Universitätsbibliothek wurde. Ein Versuch, ihn 1848 zum außerordentlichen Professor für vergleichende slawische Philologie zu machen, scheiterte. Nach einem Selbstmordversuch 1860 starb er verbittert wenig später eines natürlichen Todes. Šafárik war zweifellos wichtig für die Ausbildung eines nationalen Bewußtseins der Slowaken.
Foto: Wien, ÖNB, Bildarchiv

Lit.: Novotný, Jan, Pavel Josef Šafárik, Praha 1971.

III.12.8
Vuk Stefanović Karadžić (1787–1864)

Stammte aus bäuerlichen Verhältnissen und wurde zuerst Schreiber, dann Zöllner (in Kladovoa und Negotin an der Donau). Er war ein großartiger Autodidakt, der sich im Kontakt mit Kopitar mit der serbischen Sprache zu beschäftigen begann. Er sammelte Volkslieder, gab eine Grammatik und ein Wörterbuch des Serbischen heraus. Seine Arbeiten waren bahnbrechend für den erwachenden Nationalismus der Serben.
Foto: Wien, ÖNB, Bildarchiv

Lit.: Wilson, Duncan, The life and times of Vuk St. Karadžić, Oxford 1970.

III.12.9
Josip Juraj Strossmayer (1815–1905)

Ein Urgroßvater Strossmayers stammte aus Linz und zog nach Esseg/Osijek, wo Strossmayer geboren wurde. Er promovierte 1837 in Philosophie und trat in Kontakt zu Ján Kollár. 1838 erhielt er die Priesterweihe und wurde zunächst Kaplan in Peterwardein/Petrovaradin, 1849 Bischof von Djakovo. Er hatte gute Verbindungen zu serbischen Kreisen und setzte sich für die Kirchenunion ein. Mitbegründer der Akademie der Wissenschaften in Zagreb und Förderer der nationalen Kultur der Südslawen.
Foto: Wien, ÖNB, Bildarchiv

Lit.: Biographisches Lexikon Südosteuropas, Bd.4, S.214–215.

III.12.10
Ľudovit Štúr (1815–1856)

Stammte aus evangelisch-pietistischem Milieu und kam schon in seiner Gymnasialzeit mit dem Gedankengut Dobrovskýs, Kollárs und Šafáriks in Kontakt. Studierte in Halle Philologie und Geschichte. Im Sinne der nationalen Ideen vertrat er den Gedanken, daß es notwendig sei, in slowakischer Sprache zu schreiben. Verfaßte 1846 die erste slowakische Sprachlehre und gründete eine eigene Zeitung. Nach dem Scheitern der Revolution 1848, bei der er die Forderungen der slowakischen Nation formuliert hatte, zog er sich ins Privatleben zurück.
Foto: Wien, ÖNB, Bildarchiv

Lit.: Opet, Delphina, Political views of Ľudovít Štúr, in Slovakia 21 (1971), S. 20–108.

III.12.11
Stephan/István Széchenyi (1781–1860)

War zunächst Soldat, doch wegen seiner Affären bei Hofe wenig beliebt. Eignete sich ein umfassendes Wissen an und war vor allem von England geprägt, das er bereiste. Er wandte sich nun immer mehr Ungarn zu und gründete die ungarische Akademie der Wissenschaften, er verwendete auch in der Politik die ungarische Sprache, seine Bücher machten ihn zur wichtigsten Gestalt der Reformbewegung. Seine Tätigkeit hatte auch praktische Seiten, er begründete die Dampfschiffahrt auf der Donau und bemühte sich um die Donauregulierung und die Schiffbarmachung des Eisernen Tores. Kossuth bezeichnete ihn als den „größten Ungarn". 1848 beteiligte er sich an der Revolution, erlebte aber einen psychischen Zusammenbruch, der ihn in ein Irrenhaus in Wien-Döbling brachte. Seine weiteren Schriften schrieb er, ohne die Öffentlichkeit zu erreichen, 1860 erschoß er sich.
Foto: Wien, ÖNB, Bildarchiv

Lit.: Silagi, Denis, Der größte Ungar, Graf Stephan Széchenyi, Wien 1967.

III.12.12
Bartholomäus Kopitar (1780–1844)

Der Sohn eines Bauern ging nach der Absolvierung des Gymnasiums in Laibach/Ljubljana 1808 zum Studium der Rechtswissenschaften nach Wien und wurde dann Zensor der slawischen Bücher und Skriptor an der Hofbibliothek. Kopitar war ein Schüler von Josef Dobrovský und hat seinerseits mit seinem Schüler Franz von Miklosich die slawistische Schule in Wien begründet. Er studierte vor allem das Kirchenslawische, 1808 verfaßte er die erste Grammatik des Slowenischen.
Foto: Wien, ÖNB, Bildarchiv

Lit.: Biographisches Lexikon Südosteuropas, Bd. 2, S. 470–471.

III.12.13
Victor Adler (1852–1918)

Studierte Medizin und wandte sich unter dem Eindruck der sozialen Mißstände in Wien zunächst den Deutschnationalen Schönerers zu. Die Kritik am Antisemitismus führte Adler, der selbst jüdischer Herkunft war, zur Sozialdemokratie, deren unterschiedliche Strömungen er 1888/89 am Hainfelder Parteitag einigen konnte. Die prinzipiell internationalistische Arbeiterbewegung war ebenfalls in nationale Parteien gespalten, bemühte sich aber als einzige ernsthaft um eine Lösung des Nationalitätenkonfliktes. Adler setzte sich noch im November 1918 für die Schaffung eines demokratischen Nationalitätenbundestaates ein, starb aber einen Tag vor der Ausrufung der Republik.
Foto: Wien, ÖNB, Bildarchiv

Lit.: Braunthal, Julius, Victor und Friedrich Adler, Zwei Generationen Arbeiterbewegung, Wien 1965.

III.12.14
Karl Lueger (1844–1910)

Stammte aus kleinbürgerlichen Verhältnissen, studierte Jus und eröffnete eine Rechtsanwaltskanzlei. 1875 als liberaler Kandidat in den Wiener Gemein-

derat gewählt. Opponierte gegen den Ausgleich von 1867 und den „Judäomagyarismus". Durch Kontakte mit Karl von Vogelsang entsteht die christlichsoziale Bewegung (Vereinigte Christen oder Vereinigte Antisemiten), deren Gallionsfigur Lueger wird. Als Wiener Bürgermeister ab 1897 weitreichende Modernisierungs- und Kommunalisierungsprojekte.
Foto: Wien, ÖNB, Bildarchiv

Lit.: Schnee, Heinrich, Karl Lueger. Leben und Wirken eines großen Sozial- und Kommunalpolitikers, Berlin 1960; leider völlig unkritisch.

III.12.15
Georg Ritter von Schönerer (1842–1921)

Nach einem Studium der Landwirtschaft seit 1873 Abgeordneter im Reichsrat (Fortschrittsclub der Verfassungspartei). Seine Politik wird zunehmend deutschnational und antisemitisch (Rassenantisemitismus). Umgestaltung der Monarchie im deutschnationalen Sinne, bloße Personalunion mit Ungarn, Abtretung Bosniens und der Herzegowina an Ungarn, Deutsch als Amtssprache, staatsrechtliche Verankerung des Zweibundes und der Zollunion mit dem Deutschen Reich sind wesentliche Ziele. 1888 Angriff auf die Redaktion des „Neuen Wiener Tagblattes" aus antisemitischen Motiven und Verurteilung Schönerers, erst 1897 kehrte er ins Parlament zurück, zog sich 1907 nach dem Verlust seines Mandates verbittert in sein Schloß Rosenau zurück.
Foto: Wien, ÖNB, Bildarchiv

Lit.: Herwig-Pichl, Eduard, Georg Schönerer und die Entwicklung des Alldeutschtums in der Ostmark, 4 Bde., Wien 1912/20 (2. Auflage 1938!) (apologetisch); Whiteside, Andrew G., The socialism of fools. Georg Ritter von Schönerer and Austrian Pan-Germanism, Berkley 1975.

III.12.16
František Palacký (1798–1876)

Unter dem Einfluß Dobrovskýs, Šafáriks und Jungmanns wendet sich der Sohn eines evangelischen Lehrers dem Studium der Geschichte des tschechischen Volkes zu. 1826 wird er Sekretär am böhmischen Landesmuseum, 1829 beauftragen ihn die Stände, eine Geschichte Böhmens zu schreiben. 1848 schreibt er einen berühmt gewordenen Brief, von dem immer nur der Satz, man müßte Österreich erfinden, wenn es dieses Land nicht schon gäbe, zitiert wird. Die Bedeutung dieses Schreibens liegt aber eher in der verlangten Trennung Böhmens von Deutschland. 1867 nach dem Ausgleich wendet er sich noch schärfer gegen Österreich und rückt immer mehr in die Nähe des Panslawismus. Palacký ist der Führer der sogenannten Alttschechischen Partei, die die Dezember-Verfassung der Monarchie von 1867 nicht anerkennt und den Kampf um das böhmische Staatsrecht mit Vehemenz führt.

Lit.: Prinz, Friedrich, František Palacký und das deutsch-tschechische Verhältnis aus der Sicht der tschechischen Geschichtswissenschaft unseres Jahrhunderts, in: Bohemia 18 (1977) 129–143 mit reichen Literaturangaben.

III.12.17
František Rieger (1818–1903)

Aus wohlhabender Mittelstandsfamilie stammend, studierte er Rechtswissenschaften. Er brach seine Beamtenlaufbahn 1848 ab und wurde Politiker, stets in engem Kontakt mit Palacký, dessen Tochter er heiratete. Rieger war schon im Reichstag 1848 vertreten, von ihm stammt der Nationalitätenparagraph des Kremsierer Entwurfes. Ab 1860 war Rieger der Führer der Alttschechen, die um die Anerkennung des böhmischen Staatsrechtes kämpften. Seine von den Jungtschechen bekämpfte Politik ging auf einen Ausgleich mit einem Sprachenkompromiß hin. Durch die Mitbegründungen einer tschechischen Nationalenzyklopädie und der Zeitung Národní Listy war er an der Nationalbewegung der Tschechen intensiv beteiligt.
Foto: Wien, ÖNB, Bildarchiv (František Palacký zusammen mit seinem Schwiegersohn František Rieger)

Lit.: Pech, Stanley Z., František Rieger, the road from liberalism to conservativism, in: Central European affairs 17 (1957), S. 3–23.

III.12.18
Karel Kramář (1860–1937)

Studierte Rechtswissenschaften und Soziologie in Prag, Straßburg, Berlin und Paris. 1891 Reichstagsabgeordneter und Landtagsabgeordneter in Böhmen als Führer der Jungtschechen. Wegen seiner rußlandfreundlichen Haltung 1915 zum Tod verurteilt, 1917 freigelassen. 1918 bis 1919 erster Ministerpräsident der tschechoslowakischen Republik, nach seinem Bruch mit Beneš nur mehr bedeutungsloser Abgeordneter.
Foto: Wien, ÖNB, Bildarchiv

Lit.: Ceskoslovensy biograficky slovník, Praha 1992, S. 358 und Masarykuv slovník naucny, Bd. 4, Praha 1929, S. 151–152.

III.12.19
Andrej Hlinka (1864–1938)

Stammte aus armen Kleinhäuslerverhältnissen und besuchte ein Priesterseminar in der Zips, beschäftigte sich aber auch mit Geschichte und Literatur. Als national Bewußter schloß er sich zunächst der Volkspartei an, gründete aber 1905 eine eigene slowakische Volkspartei. 1906 verhaftet und verurteilt, setzte er sich in der Vorkriegszeit für eine Trennung der Slowaken von Ungarn ein und befürwortete einen gemeinsamen Staat der Tschechen und Slowaken. War einer der bedeutendsten politischen Führer der Slowaken.
Foto: Wien, ÖNB, Bildarchiv

Lit.: Biographisches Lexikon Südosteuropas, Bd. 2, S.167–169.

III.12.20
Ljudevit Gaj (1809–1872)

Studierte Philosophie und Rechtswissenschaften in Graz und Budapest, sein Interesse für die südslawische Kultur vertiefte sich durch die Bekanntschaft mit Ján Kollár. Er widmete sich vor allem Problemen der Schriftsprache und Orthographie. 1834 gab er – trotz Widerstandes der Magyaren am Wiener Hof – eine kroatische Zeitschrift (im Stokavischen Dialekt, den er zur Schriftsprache machen wollte) heraus. 1840 reiste er nach Rußland, 1843 wurde der von Gaj verwendete Name „illyrisch" für die Südslawen verboten. 1848 formulierte er die kroatisch-nationalen Forderungen, 1872 starb er als gebrochener Mann. Gaj war einer der ersten, die eine Vereinigung der Südslawen anstrebten, sein Nationalismus war voll des Hasses gegen die Magyaren.
Foto: Wien, ÖNB, Bildarchiv

Lit. Biographisches Lexikon Südosteuropas, Bd. 2, S. 2–5.

III.12.21
Janež Krek (1865–1917)

Wurde 1888 zum Priester geweiht, studierte in Wien Theologie und wurde Domvikar und Professor für Fundamentaltheologie am Priesterseminar in Laibach/Ljubljana. Beeinflußt von der katholischen Soziallehre und den Ideen Vogelsangs gründete er Spar- und Darlehenskassen (nach dem Vorbild Raiffeisens) und landwirtschaftliche Genossenschaften. Er war auch Abgeordneter zum Reichsrat und zum krainischen Landtag. Seine slowenische Volkspartei umfaßte neben Bauern auch Arbeiter, die sich in Slowenien nicht der Sozialdemokratie anschlossen. Lehnte zwar den extremen Nationalismus ab, befürwortete aber einen Zusammenschluß der Südslawen der Monarchie in einer staatsrechtlichen Einheit.
Foto: Wien, ÖNB, Bildarchiv

Lit.: Biographisches Lexikon Südosteuropas, Bd. 2, S. 500–501.

III.12.22
Ludwig/Lájos Kossuth (1802–1894)

Stammte aus verarmtem slowakischem Adel und wirkte nach seinem Jusstudium als Rechtsanwalt. Gab die erste politische Zeitung Ungarns heraus, wurde 1837 verhaftet und war vier Jahre in Haft. 1844 gründete er den ungarischen Schutzverein mit dem Ziel, die ungarische Industrie gegen österreichische Konkurrenz zu schützen. Während der Revolution 1848/49 war er der Führer der ungarischen

Opposition, vom 14. April bis 11. August 1849 regierender Präsident Ungarns. Nach der Niederlage der Ungarn in Villágos ging er in die Emigration, zunächst ins osmanische Reich nach Kütahya, dann nach England und Amerika, schließlich lebte er als „großer Weiser" Ungarns bis zu seinem Lebensende in Turin. Er war zweifellos der bedeutendste ungarische Führer in den revolutionären Ereignissen und ein Vorkämpfer der Unabhängigkeit von den Habsburgern.
Foto: Wien, ÖNB, Bildarchiv

Lit.: Biographisches Lexikon Südosteuropas, Bd. 2, S. 493–496.

III.12.23
Stephan/István Tisza (1861–1918)

Der Sproß einer alten kalvinistischen Adelsfamilie und Doktor der politischen Wissenschaften begann 1886 seine politische Laufbahn, als er als Kandidat der Liberalen ins Parlament gewählt wurde. Sein Bestreben war die Sicherung der magyarischen Vorherrschaft in Ungarn. 1903 bis 1905 war Tisza Ministerpräsident, er reorganisierte die liberale Partei und gab ihr den Namen Nationale Partei der Arbeit. 1913 wurde er zum zweitenmal Ministerpräsident, 1914 war er gegen den Krieg mit Serbien, 1918 wurde er von einer Gruppe Soldaten, die ihn für den Krieg verantwortlich machten, ermordet.
Foto: Wien, ÖNB, Bildarchiv

Lit.: Erényi, Gustav, Graf Stefan Tisza, Leipzig 1935.

III.12.24
Franz/Ferenc Deák (1803–1876)

Nach dem Studium an der Rechtsakademie und der Ablegung der Advokatenprüfung wurde der junge Adelige zweiter Vizegespan in Zala in Westungarn und war bald anerkannter Führer der Opposition. 1848 war er Justizminister und bildete eine Art Gegengewicht zu dem radikalen Kossuth. Nach 1849 wurde er zum Symbol des passiven Widerstandes gegen Wien, 1865 wurde die nach ihm benannte Partei Wahlsieger, allerdings verlor sie 1875 wieder völlig an Bedeutung.
Foto: Wien, ÖNB, Bildarchiv

Lit.: Biographisches Lexikon Südosteuropas, Bd. 1, S. 381–384.

III.12.25
Iuliu Maniu (1873–1955?)

Nach einem Studium in Wien und kurzer Tätigkeit als Anwalt wurde Maniu Mitglied des Präsidiums der rumänischen Nationalpartei und 1906 Abgeordneter in Budapest. Sein Ziel war die Vereinigung Siebenbürgens mit dem Königreich Rumänien. 1918 setzte er sich für die Schaffung eines Groß-Rumänien ein, war Parteiführer in diesem Staat und 1928 bis 1930 Ministerpräsident. Bis zur Errichtung der Königsdiktatur war Maniu Abgeordneter im Bukarester Parlament. Nach dem Zweiten Weltkrieg wurde er verhaftet und 1947 von einem Militärgericht abgeurteilt, er soll 1955 im Kerker gestorben sein.
Foto: Wien, ÖNB, Bildarchiv

Lit. Biographisches Lexikon Südosteuropas, Bd. 3, S. 86–88.

III.12.26
Alexandru Vaida-Voievod (1873–1950)

Studierte in Wien Medizin, wandte sich aber schon bald der Politik zu. Mobilisierte 1892 die rumänischen Studenten in Wien, war dann im Vorsitz der rumänischen Nationalpartei und 1906 bis 1918 Abgeordneter Siebenbürgens im Budapester Parlament. Stand in enger Verbindung zum Thronfolger Erzherzog Franz Ferdinand. Gegen Ende des Weltkrieges wurde er zum rumänischen Nationalisten und Unionisten und war an der Eingliederung Siebenbürgens in das Königreich Rumänien maßgeblich beteiligt. Seine betont rechtsnationale Orientierung machte ihn 1926 zum Führer der nationalen Bauernpartei und 1935 der noch weiter rechts stehenden rumänischen Front.
Foto: Wien, ÖNB, Bildarchiv

Lit.: Hitschins, Keith (Hg.), The nationality problem in Austria-Hungary. The reports of Alexander Vaida to Archiduke Franz Ferdinand's Chancellery, Leiden 1974.

III.12.27
Erzherzog Franz Ferdinand und Herzogin Sophie von Hohenberg kurz vor dem Attentat in Sarajevo am 28. Juni 1914

Aufnahme des Amateurphotographen Mikolji Vojko, wenige Sekunden vor dem Attentat.

Das Auto, in dem sich der Erzherzog und die Herzogin befanden, fuhr den Appelquai hinunter und bog in die Franz-Joseph-Gasse ein. Auf dieser Photographie sieht man schon die Räder des Wagens leicht eingeschlagen und das Eckhaus des Spezereigeschäftes Moritz Schiller. Wenige Meter vom Eingang des Schillerschen Geschäfts befand sich auf dem rechten Gehsteig der Attentäter Gavrillo Princip, der aus einer Entfernung von 1,40 m auf den Erzherzog und seine Gemahlin schoß und beide tödlich verletzte. Das Attentat von Sarajevo am 28. Juni 1914 löste den Ersten Weltkrieg aus. Dieser Krieg brachte den Zerfall der Donaumonarchie mit sich, deren auseinanderstrebende Nationalitäten schon davor zunehmend Eigenstaatlichkeit angestrebt hatten.

Foto: Schloß Artstetten, Erzherzog Franz Ferdinand Museum

UAZ/AS/KV

III.12.28
Totenmasken vom Erzherzog Franz Ferdinand und Herzogin Sophie *(Abbildung)*

Gipsabguß des Marmorreliefs (Or. weißer Marmor, H 37 cm, B 62 cm, T 23 cm) nach den Totenmasken des am 28. Juni 1914 in Sarajevo ermordeten österreichischen Thronfolgers Erzherzog Franz Ferdinand und seiner Gemahlin Herzogin Sophie von Hohenberg, von Edmund Hellmer für deren Kinder angefertigt.

Artstetten, Schloß Artstetten, Erzherzog Franz Ferdinand Museum

UAZ

III.12.29
Begräbnis Kaiser Franz Josephs am 30. November 1916

a) Trauerzug am Ring und
b) Trauerzug vom Stephansdom, wo die Einsegnung Kaiser Franz Josefs I. vorgenommen wurde, zur Kapuzinerkirche. Hinter Kaiser Karl I., Kaiserin Zita und Kronprinz Otto Ludwig III. von Bayern, Ferdinand I. von Bulgarien und andere Dynasten.
Der Tod Kaiser Franz Josephs am 21. November 1916 bedeutete – auch wenn nach ihm noch zwei Jahre lang sein Großneffe Karl regierte – praktisch auch den Tod der Monarchie. Trotz seiner engstirnigen politischen Haltung war Franz Joseph das einigende symbolische Band dieses Staates gewesen, sein Tod riß die letzte Loyalität der Völker des Reiches mit sich fort. Der Weg zum Ende der Monarchie war frei.
Fotos: Wien, ÖNB, Bildarchiv

III.12.30
„Verzichtserklärung Karls" aus der Wiener Zeitung vom 1. November 1918

Der Zerfall der Monarchie war in vollem Gange, letzte Versuche Kaiser Karls, den Vielvölkerstaat in einen föderalistischen Bundesstaat umzuwandeln, waren gescheitert. In dem Dokument vom 11. November 1918 (einen Tag vor Ausrufung der Republik Deutsch-Österreich) versuchte Karl auf die Situation zu reagieren, allerdings ist dieser Text nur bedingt als Abdankungsurkunde zu interpretieren, das Wort „Abdankung" kommt jedenfalls nicht vor. Die nachstehend zitierten Formulierungen können aber als Abdankung verstanden werden: „Nach wie vor von unwandelbarer Liebe für alle Meine Völker erfüllt, will Ich ihrer freien Entfaltung Meine Person nicht als Hindernis entgegenstellen. Im voraus

erkenne Ich die Entscheidung an, die Deutschösterreich über seine künftige Staatsform trifft. Das Volk hat durch seine Vertreter die Regierung übernommen. Ich verzichte auf jeden Anteil an den Staatsgeschäften." Die unklare Formulierung warf bis in die Zweite Republik Probleme auf, da von den Habsburgern der ehemals regierenden Linie eine explizite Verzichtserklärung verlangt wurde, die erst 1964 erfolgte.
Fotoreproduktion aus der Wiener Zeitung

III.13 Der Donauraum nach 1918

Mit dem Ende des Ersten Weltkrieges und der Auflösung der Habsburgermonarchie wurde eine Reihe neuer Staaten gegründet, einige alte wurden territorial erweitert. Eine Welle der Demokratisierung ging durch die Donaustaaten, manche wurden demokratische Republiken, andere blieben oder wurden konstitutionelle Monarchien. Doch bald kam es – nicht zuletzt unter dem Eindruck der schlechten wirtschaftlichen Verhältnisse – zum Gegenschlag. Diktaturen verschiedener Art entstanden, der Faschismus in seinen Spielformen griff um sich, die Militarisierung und Radikalisierung nahm zu und führte schließlich in den Zweiten Weltkrieg, der unvorstellbares Leid über die Menschen des Donauraumes brachte.

III.13.1–III.13.4
Die neuen Staaten

III.13.1
Proklamation der Republik Deutsch-Österreich am 21. November 1918

Nachdem die Auflösung der Habsburgermonarchie praktisch schon vor Kriegsende begonnen hatte, reagierten auch die deutschsprachigen Abgeordneten des Reichsrates. Zunächst wurde eine provisorische Nationalversammlung einberufen, die schließlich die Republik ausrief. Allerdings wurde die Republik nicht als eigenständiger Staat gegründet, sondern bildete nach der Verfassung einen Bestandteil der deutschen Republik. Dieser „Anschluß" wurde allerdings in den Verträgen von St. Germain und Versailles verboten. Durch die ganze Erste Republik hindurch glaubte die Mehrzahl der Österreicher nicht an die Lebensfähigkeit des Kleinstaates.
Foto-Reproduktion aus der Wiener Zeitung

III.13.2
Proklamation der ČSR – Das Denkmal am Obecni dum

Die komplizierte Staatswerdung der tschechoslowakischen Republik mit dem großen Einfluß der Exilregierung und der Exilgruppierungen in England und den USA gipfelte schließlich in der Ausrufung einer tschechoslowakischen Republik. Schon in der Dreikönigsdeklaration am 6. Jänner 1918 im Obecni dum (Gemeinde- und Repräsentationshaus) wurde die Unabhängigkeit der Tschechoslowakei verlangt. Die Proklamation der tschechoslowakischen Republik erfolgte schließlich am 28. Oktober 1918 in Prag, an diesen feierlichen Akt erinnert die Gedenktafel am Obecni dum in Prag, unmittelbar neben dem Pulverturm am Eingang in die Altstadt.
Foto: KV

Lit.: Mamatey, Victor S. und Luža, Radomir, Geschichte der Tschechoslowakischen Republik 1918–1948 (Forschungen zur Geschichte des Donauraumes 3), Wien-Köln-Graz 1980 und Dejiny zemí koruny ceské Bd. 2, Praha 1992

III.13.3
Büste Tomaš Garrigue Masaryks

Der erste tschechoslowakische Staatspräsident Masaryk steht ebenso wie Eduard Beneš stellvertretend nicht nur für die Staatsgründung der ČSR, sondern auch für das relativ stabile politische Klima der ersten tschechischen Republik. Während alle anderen Staaten des Donauraumes den Weg in die autoritäre Staatsform gingen, blieb die Tschechoslowakei unter Beneš und Masaryk als einzige bis zum Überfall Hitlers 1939 demokratisch.

III.13.4
Proklamation des SHS-Staates

Ebenso wie bei den Tschechen war die Tendenz zur Unabhängigkeit von der Habsburgermonarchie auch bei den Südslawen im Steigen begriffen. Die Ententemächte förderten diese Bestrebungen. Schon am 20. Juni 1917 wurde in der Deklaration von Korfu beschlossen, einen Staat der Serben, Kroaten und Slovenen, genannt Kraljevina Srba, Hrvata i Slovenaca (daher die Abkürzung SHS!) unter der Dynastie der Karadjordjevic zu gründen. Schneller als gedacht wurde schon am 1. Dezember 1918 von Prinzregent Alexander der SHS-Staat proklamiert.

Lit. Bartl, Peter, Grundzüge der jugoslawischen Geschichte, Darmstadt 1985.

III.13.5
Karte Zerfall der Donaumonarchie

Der Prozeß des Zerfalls der Monarchie setzte in den letzten Wochen des Ersten Weltkrieges ein und wurde schließlich durch die Grenzziehungen der Pariser Friedensverträge 1919 manifest. Die sogenannten Nachfolgestaaten der Monarchie waren zum Teil neu entstandene Staaten wie Polen oder die Tschechoslowakei oder territorial vergrößerte, aber schon vor dem Ersten Weltkrieg existierende Staaten. So entstand aus Serbien das Königreich der Serben, Kroaten und Slowenen (später Jugoslawien), Rumänien wurde territorial beträchtlich erweitert, und auch Italien gewann Gebiete der ehemaligen Donaumonarchie dazu. Zwei Kerngebiete der Monarchie hingegen wurden verkleinert: Österreich und Ungarn. Diese waren aber auch die rechtlichen Nachfolger der Monarchie und mußten alle Belastungen (Reparationen, Kriegsschuld) allein auf sich nehmen.
Ausführung: Marianne und Günter Winkler

III.13.6–III.13.19
Militarisierung der Gesellschaft und Wege in die Diktatur

Diese Inszenierung soll verschiedene Aspekte der politischen Entwicklung der Zwischenkriegszeit aufzeigen, einerseits die zunehmende Militarisierung der Gesellschaft, die nicht nur die Armeen, sondern auch die privaten Verbände der Parteien erfaßte. Der steigende Einfluß der Massenpropaganda wird durch die Volksempfänger symbolisiert; nie zuvor war die Ideologisierung der Menschen so stark gewesen.

III.13.6
Volksempfänger

Dedektorapparat 1923
Radio Telefunken und Trichterlautsprecher
Radio Berlina
Volksempfänger DKE
Volksempfänger VE
Kapsch-Mucki
Linz, Sammlung Hermann Rittsteiger

Lit.: Ein Jahrhundert Telephon, Phono, Funk. Ausst.Kat. Linz 1982.

Die Entwicklung der Donaustaaten – mit Ausnahme der Tschechoslowakei – in den zwanziger und dreißiger Jahren geht zunehmend in Richtung Diktatur, deren Spielarten unterschiedlich sein können, Militär- oder Parteidiktaturen, Königsdiktaturen und der Faschismus waren in den Nachfolgestaaten der Monarchie verbreitet. Einige der politischen Führer sollen das symbolisieren.

III.13.7
Engelbert Dollfuß (1892–1934)

Als christlichsozialer Politiker hatte Dollfuß eine steile Karriere in der Zwischenkriegszeit, 1927 Direktor der Landwirtschaftskammer, 1931 Minister für Land- und Forstwirtschaft und 1932 Bundeskanzler. In der ideologischen Auseinandersetzung mit den Sozialdemokraten ging er, beeinflußt durch Mussolini, den gewaltsamen Weg. Einen Formalfehler im Parlament nützte er dazu, das Parlament auszuschalten und dann schrittweise die Demokratie in Österreich zu demontieren. Im Bürgerkrieg des Februar 1934 wurde mit Hilfe der Heimwehr und der konservativen Armee die demokratische Opposition gewaltsam ausgeschaltet und der Grundstein des austrofaschistischen Regimes in Österreich gelegt. Am 1. Mai 1934 erhielt Österreich eine faschistische Verfassung, gleichzeitig wurde das Konkordat mit dem Heiligen Stuhl publiziert. Dollfuß wurde am 25. Juni 1934 von nationalsozialistischen Putschisten erschossen.
Foto: Wien, Österreichisches Institut für Zeitgeschichte, Bildarchiv

Lit.: Shepherd, Gordon, Engelbert Dollfuß, Graz-Wien-Köln 1961 (ziemlich unkritisch)

III.13.8
Kurt Schuschnigg (1897–1977)

Der christlichsoziale Politiker gründete den Wehrverband der Ostmärkischen Sturmscharen, seit 1927 war er Abgeordneter, 1932 Justiz- und 1933 Unterrichtsminister. Nach der Ermordung von Engelbert Dollfuß übernahm er gemeinsam mit dem Heimwehrführer Ernst Rüdiger von Starhemberg die Regierung. Schuschnigg war Bundeskanzler, Starhemberg Vizekanzler, in der „Vaterländischen Front", der austrofaschistischen Einheitspartei, waren die Rollen umgekehrt. Nach dem Ausscheiden Starhembergs aus der Regierung 1936 war Schuschnigg Bundeskanzler, Außenminister und Leiter der vaterländischen Front. Er vollendete damit den Austrofaschismus. 1938 geriet er unter den Druck des nationalsozialistischen Deutschland und trat am 11. März zurück. Er war bis 1945 inhaftiert und wanderte im selben Jahr in die USA aus, kurz vor seinem Tod kehrte er nach Österreich zurück.
Foto: Wien, ÖNB, Bildarchiv

Lit.: Hopfgartner, Anton, Kurt Schuschnigg. Ein Mann gegen Hitler, Graz-Wien-Köln 1989 (ziemlich unkritisch)

III.13.9
Hermann Göring (1893–1946)

Göring war als Reichsminister und Reichsmarschall einer der engsten Mitarbeiter Adolf Hitlers seit den frühen Tagen des Nationalsozialismus. Nach der Machtergreifung 1933 in Deutschland vereinigte Göring eine Fülle von Ämtern auf sich. 1945 wurde er im Nürnberger Prozeß zum Tod durch den Strang verurteilt, entzog sich der Hinrichtung aber durch Selbstmord mit Gift. Göring unternahm eine Reihe von Reisen auf der Donau und war auch mit verschiedenen Politikern der Donauländer in engem Kontakt.

Foto: Wien, ÖNB, Bildarchiv

Lit.: Mosley, Leonhard, Göring. Eine Biographie, München 1975.

III.13.10
Gyula/Julius Gömbös (1886–1936)

Der Berufsoffizier wurde 1918 Präsident des ungarischen Landesverteidigungsvereins, einer rechtsgerichteten Offiziersvereinigung. 1922 entstand die Einigkeitspartei, deren geschäftsführender Vizepräsident Gömbös war, 1923 gründete er die Rassenschutzpartei. Er hatte verschiedene Staatsämter inne, 1928 wurde er Staatssekretär des Kriegsministers Miklós Horthy, 1932 Ministerpräsident. Seine Orientierung zum faschistischen Italien und zum nationalsozialistischen Deutschland stand im Zeichen der Revision des Friedens von Trianon. 1936 zog er sich krankheitshalber aus der Politik zurück.

Foto: Wien, ÖNB, Bildarchiv

Lit.: Biographisches Lexikon Südosteuropas, Bd. 2, S. 69–71.

III.13.11
Miklós/Nikolaus Horthy (1868–1957)

Der aus einer kleinadeligen Familie stammende Horthy, k.u.k. Marineoffizier, 1909–1914 Flügeladjutant Kaiser Franz Josephs, siegte 1917 in der Seeschlacht bei Otranto und spielte bei der Niederwerfung des Matrosenaufstandes in Kotor/Cattaro eine entscheidende Rolle. 1918 wurde er zum Konteradmiral und Flottenkommandanten ernannt. Während der Revolution 1918 übernahm Horthy den Oberbefehl über die „Nationalarmee" (des Antibolschewistischen Comités), 1920 ließ er sich zum Reichsverweser wählen. Er verhinderte allerdings die beiden Restaurationsversuche Karls IV. von Ungarn (Karl I. von Österreich) 1921. Unter dem Einfluß von Aristokratie und Großkapital steuerte er einen revisionistischen und antisemitischen Kurs, der ihn in die Nähe der deutschen Politik brachte. In den Wiener Schiedssprüchen 1938 und 1940 erhielt Ungarn die Slowakei, die Karpatoukraine und das nördliche Siebenbürgen. 1941 trat Ungarn auf Seiten des nationalsozialistischen Deutschland in den Krieg ein. 1944 mußte Horthy zugunsten des Pfeilkreuzlerführers Ferenc Szálasi abdanken, 1945 kam er in amerikanische Kriegsgefangenschaft und lebte ab 1948 in Portugal.

Foto: Wien, Österreichisches Institut für Zeitgeschichte, Bildarchiv

Lit.: Biographisches Lexikon Südosteuropas, Bd. 2, S. 183–185.

III.13.12
Carol II., König von Rumänien (1893–1953)

Der Sohn Ferdinands von Hohenzollern-Sigmaringen (an der Donau gelegen!) mußte 1925 wegen seiner Beziehung zu Elena Lupescu auf den Thron verzichten, der Führer der nationalen Bauernpartei Iuliu Maniu holte ihn 1930 zurück. Er versuchte, seine innenpolitische Stellung auszubauen und vollzog 1936 eine Annäherung an Deutschland, 1937 nach dem Rechtsruck in den Wahlen mehrten sich die politischen Schwierigkeiten. 1938 errichtete Carol eine Königsdiktatur und verbot sämtliche Parteien, er verkündete eine auf die königliche Autorität zugeschnittene Verfassung und bildete die Front der nationalen Wiedergeburt als Einheitspartei. 1940 berief er Ion Antonescu als Conducatorul in die Staatsführung, dieser erzwang jedoch seine Abdankung zugunsten Michaels.

Foto: Wien, ÖNB, Bildarchiv

Lit.: Hillgruber, Andreas, Hitler, König Carol und Marschall Antonescu. Die deutsch-rumänischen Beziehungen 1938–1944, Wiesbaden, 1965².

III.13.13
Ion Antonescu (1882–1946)

Stammte aus einer alten Offiziersfamilie, Leutnant der Kavallerie, brachte es 1933 zum Chef des Großen Generalstabes. Politisch hatte er Kontakt mit den Führern der Eisernen Garde, 1937/38 war er Kriegsminister. Wurde 1940 Staatsführer mit weitreichenden Vollmachten, ließ König Carol verhaften und durch Michael ersetzen. In enger Verbindung mit Deutschland war er ein Verfechter eines Groß-Rumänien. 1941 proklamierte er den heiligen Krieg gegen die Sowjetunion und wurde zum Marschall von Rumänien ernannt. Nach der Stalingradkrise sank sein Stern, 1944 wurde er auf Befehl König Michaels verhaftet, an die Sowjetunion ausgeliefert und als Kriegsverbrecher hingerichtet.
Foto: Wien, Österreichisches Institut für Zeitgeschichte, Bildarchiv

Lit.: wie vor.

III.13.14
Boris III., Zar der Bulgaren (1894–1943)

Diente im Balkankrieg als Verbindungsoffizier, im Ersten Weltkrieg im persönlichen Stab seines Vaters Ferdinand I., nach dessen Abdankung er 1918 den Thron bestieg. Billigte stillschweigend den militärischen Staatsstreich 1923 und beseitigte 1935 eine Regierung, die einen Einparteienstaat schaffen wollte. 1941 trat Bulgarien in enge Beziehungen zu Deutschland und wurde durch territoriale „Geschenke" belohnt; der König konnte aber die Kriegserklärung an die Sowjetunion und die Deportation bulgarischer Juden verhindern, was zu heftigen Kontroversen zwischen Boris und Hitler führte. Kurz darauf starb Boris, trotz mancher Gerüchte höchstwahrscheinlich eines natürlichen Todes.
Foto: Wien, Österreichisches Institut für Zeitgeschichte, Bildarchiv

Lit.: Biographisches Lexikon Südosteuropas, Bd. 1, S. 239–241.

III.13.15
Jozef Tiso (1887–1947)

Der Sohn eines Kleinbauern besuchte das Priesterseminar in Neutra/Nitra und absolvierte ein theologisches Studium in Wien, wo er unter anderem bei Ignaz Seipel studierte. Nach Kriegsende setzte er sich für den neuen tschechoslowakischen Staat ein und trat Hlinkas Slowakischer Volkspartei bei, die eine Autonomie der Slowakei forderte. 1925 wurde Tiso Abgeordneter in Prag und 1927 bis 1929 Gesundheitsminister. Nach dem Tode Hlinkas wurde der Theoretiker Tiso sein Nachfolger, 1938 wurde er erster Ministerpräsident der slowakischen Regierung und nach der „Selbständigkeit" der Slowakei Staatspräsident. Unter dem Druck des Deutschen Reiches wurden viele Maßnahmen wie etwa die „Lösung der Judenfrage" von ihm mitgetragen. 1947 wurde er von einem Volksgericht zum Tode verurteilt und gehängt.
Foto: Wien, Österreichisches Institut für Zeitgeschichte, Bildarchiv

Lit.: Nemecek, Zdenek-Sidonius, Dr. Josef Tiso. Katholischer Priester und Staatsoberhaupt der slowakischen Republik, Mainz 1979.

III.13.16
Vojtech Tuka (1880–1946)

Studierte Rechts- und Staatswissenschaften. Ab 1914 Professor in Bratislava; da er sich für die Autonomie der Slowakei einsetzte, wurde er 1921 nicht an die neue Komenius-Universität übernommen. Wurde Chefredakteur der von Hlinka herausgegebenen Zeitung Slovák und stellvertretender Parteisekretär der Slowakischen Volkspartei und gründete eine bewaffnete Parteitruppe (Rodobrana). Wegen eines antitschechischen Artikels wurde er 1929 wegen Hochverrats verurteilt. 1938 kehrte er als Nationalmärtyrer in die unabhängige Slowakei zurück und wurde ein Vertreter der rechtsradikalen Minderheit. Tuka wurde 1945 verhaftet und 1946 von einem Volksgericht zum Tode verurteilt.

Foto: Wien, Österreichisches Institut für Zeitgeschichte, Bildarchiv

Lit.: Biographisches Lexikon Südosteuropas, Bd. 4, S. 364–365

III.13.17
Alexander I., König des Königreiches der Serben, Kroaten und Slowenen bzw. seit 1929 von Jugoslawien **(1888–1934)**

Nach Spannungen mit der Familie wurde Alexander 1909 doch zum Thronfolger seines Vaters Peter I. (seit 1903 König von Serbien) bestimmt. Er befehligte im Balkankrieg die serbische Armee, seit 1914 war er Prinzregent. Am 1. Dezember 1918 proklamierte er das Königreich der Serben, Kroaten und Slowenen, an dessen Spitze er 1921 als König trat. Da kein Ausgleich zwischen dem Serben Nikola Pašić und dem Kroaten Stjepan Radić möglich war, hob Alexander die Vidovdan-Verfassung von 1921 auf und errichtete 1929 eine Königsdiktatur. 1934 wurde er in Marseille zusammen mit seinem Gastgeber, dem französischen Außenminister, Opfer eines Revolverattentates.
Foto: Wien, ÖNB, Bildarchiv

Lit.: Graham, Stephen, Alexander of Yougoslavia. Strong man of the Balkans, London 1938.

III.13.18
Ante Pavelić (1889–1959)

Der Sohn eines Aufsehers der Eisenbahnbauarbeiten promovierte 1915 zum Dr. iur. Nach 1918 war er Sekretär der Kroatischen Rechtspartei und trat 1919 offen für die Separation Kroatiens und die Gründung eines großkroatischen Staates ein. 1922 wurde er ins Belgrader Parlament gewählt, 1929 mit der Einführung der Königsdiktatur ging er nach Italien und wurde Führer (Poglavnik) der faschistischen Ustascha-kroatische Freiheitsbewegung, die extrem national agitierte. Als Hitler 1941 die Zerschlagung Jugoslawiens beschloß, unterstützte ihn Pavelić. Seine brutale Politik gegen Minderheiten, die Vernichtung Hunderttausender Serben und Zehntausender Juden in den Konzentrationslagern der Ustascha ahmen die nationalsozialistische Politik nach. Pavelić floh nach dem Krieg nach Argentinien und lebte ab 1957 in Spanien.
Foto: Wien, ÖNB, Bildarchiv

Lit.: Hory, Ladislaus und Broszat, Martin, Der kroatische Ustascha-Staat 1941–1945, Stuttgart 1964.

III.13.19
Milan Stojadinović (1888–1961)

Nach einen Studium der Rechtswissenschaften in Belgrad trat Stojadinović ins Finanzministerium ein, als Mitglied der Radikalen Partei wurde er 1922 Finanzminister im Kabinett Pašić. 1935 bildete er selbst eine Regierung, die auf einen Ausgleich mit Italien und Deutschland ausgerichtet war. Seine Regierungsmethoden nahmen zunehmend autoritative Merkmale an, 1939 kam es überraschend zum Sturz dieser Regierung. Stojadinović wurde an die Engländer übergeben und während des Krieges in Mauritius interniert, nach 1948 lebte er in Buenos Aires.
Foto: Wien, ÖNB, Bildarchiv

Lit.: Biographisches Lexikon Südosteuropas, Bd. 4, S. 209–210.

III.13.20
KZ Mauthausen

Die schlimmste Form der Diktatur war sicherlich der Nationalsozialismus, dessen unmenschliches Regime Millionen von Opfern forderte. Eines der vielen Konzentrationslager des Deutschen Reiches lag auch an der Donau, das KZ Mauthausen (Foto: Wien, Dokumentationsarchiv des Österreichischen Widerstandes). Wieder wird – mit der Hitler-Rede und dem zeitgenössischen Fernseher aus der Experimentalzeit dieses Mediums – auf die Massenbeeinflussung Bezug genommen.
Adolf Hitler (1889–1945).
Der in Österreich sozialisierte Hitler wandte sich nach seinem Scheitern als Künstler einer völkisch-antisemitischen Weltanschauung zu. 1919 trat er in

die deutsche Arbeiterpartei ein, deren Vorsitzender er nach der Umwandlung in die NSDAP wurde. Ein Putschversuch 1923 scheiterte, jedoch begünstigte die wirtschaftliche Krise den Aufstieg der radikalen NSDAP. 1933 wurde Hitler Kanzler, nach der „legalen Machtergreifung" kam es zur Errichtung eines Einparteienstaates und zur Gleichschaltung. Hitler führte das nationalsozialistische Deutschland in den Zweiten Weltkrieg, dessen Vorbereitung vieles an wirtschaftlichen Erfolgen des Nationalsozialismus erklärt. Diese schrecklichste Epoche der deutschen und österreichischen Geschichte war von unmenschlicher Politik und Vernichtung von Andersdenkenden (politische Gegner, Eliten unterworfener Völker, religiöse Gruppen, Homosexuelle), Behinderten und „rassisch Minderwertigen" (vor allem Juden und Zigeuner) geprägt.

Lit.: Von der unübersehbaren Literatur seien genannt: Maser, Werner, Adolf Hitler. Legende, Mythos, Wirklichkeit, München-Esslingen 1971 und Fest, Joachim C., Hitler. Eine Biographie, Frankfurt-Berlin-Wien 1973.

III.14 Vom Gestern ins Heute

Nach dem Zweiten Weltkrieg wurden alle Donaustaaten außer Deutschland und Österreich zur Einflußsphäre der Sowjetunion, der Eiserne Vorhang schnitt die Donau entzwei. Nach 1989 änderte sich dieses Bild radikal – mit all dem Positiven, aber auch Negativen, das unsere Gegenwart prägt.

In diesem letzten Raum der Ausstellung wird vor allem mit Mitteln der Inszenierung gearbeitet, weshalb auf eine Beschreibung der „Objekte" hier größtenteils verzichtet werden kann.

Fotodokumentation

1. Mai 1963: Aufmarsch der Arbeiter in Budapest
1. Mai 1968: Kampfdemonstration der Berliner Werktätigen auf dem Marx-Engels-Platz
1. Mai 1969: Aufmarsch der Arbeiter in Sofia
1. Mai 1969: Maiparade der Sportler auf dem Roten Platz in Moskau
1. Mai 1966: Maiparade in Prag
Fotos: Wien, Internationale Pressebildagentur Votava

Wahlplakate aus Österreich ab dem Jahr 1949

Fotos: Wien, Wiener Stadt- und Landesbibliothek

Verzeichnis der gekürzt zitierten Literatur

Ausst.Kat. = Ausstellungskatalog
Beierlein = Beierlein, Johann Peter, Die Medaillen und Münzen des Gesamthauses Wittelsbach, München 1897/1901
Benediktiner in Melk = 900 Jahre Benediktiner in Melk, Ausst.Kat. Stift Melk 1989
Biographisches Lexikon Südosteuropas = Biographisches Lexikon zur Geschichte Südosteuropas (Südosteuropäische Arbeiten 75), München 1974–1981
Der heilige Wolfgang = Der heilige Wolfgang in Geschichte, Kunst und Kult, Ausst.Kat., Linz 1976.
Die Bajuwaren = Die Bajuwaren. Von Severin bis Tassilo 488–788. Ausst.Kat. Rosenheim und Mattsee 1988
Die Jesuiten = Die Jesuiten in Ingolstadt 1549–1773, Ausst.Kat. Ingolstadt 1992
Eckhart, CSIR III/2 = Eckhart, Lothar, Corpus Signorum Imperii Romani, Österreich III/2. Die Skulpturen des Stadtgebietes von Lauria cum, Wien 1976
Eckhart, CSIR III/3 = Eckhart, Lothar, Corpus Signorum Imperii Romani, Österreich III/3. Die Skulpturen des Stadtgebietes von Ovilava, Wien 1981
Eckhart, Fundkatalog I = Eckhart, Lothar, Linzer Fundkatalog I (Linzer Archäologische Forschungen I), 1964
Fleischer, Bronzen = Fleischer, Robert, Die römischen Bronzen aus Österreich, Wien 1967
Friedberg = Friedberg, R., Gold Coins of the world, New York 1980
Großmähren = Großmähren und die christliche Mission bei den Slawen, Ausst.Kat. Wien 1966
Gugitz, Andachtsbild = Gugitz, Gustav, Das kleine Andachtsbild in den österreichischen Gnadenstätten, Wien, 1950
Gugitz, Gnadenstätten 1 und 2 = Gugitz, Gustav, Österreichs Gnadenstätten in Kult und Brauch, Bd. 1 und 2, Wien 1955

Hahn = Hahn, Wolfgang, Typenkatalog der Münzen der bayerischen Herzöge und Kurfürsten 1506–1805, Braunschweig 1971
Herzogenburg = Herzogenburg. Das Stift und seine Kunstschätze, Ausst.Kat. Herzogenburg, Augustiner Chorherrenstift 1964
Jakob Prandtauer = Jakob Prandtauer und sein Kunstkreis, Ausst.Kat. Stift Melk 1960
Judaica = Judaica. Die Sammlung Berger. Kult und Kultur des europäischen Judentums. Text von Wolfgang Häusler, Fotos von Erich Lessing und Katalog von Max Berger, Wien-München 1979
Lauter, Ursprungslegenden = Lauter, Christine, Die Ursprungslegenden auf den österreichischen Wallfahrtsbildchen, Wien 1967
Maria Theresia = Maria Theresia als Königin von Ungarn, Ausst.Kat. Halbturn 1980
Medaillen Wittelsbach = Die Medaillen und Münzen des Gesamthauses Wittelsbach, München 1897/1901, siehe Beierlein MhS = Militärhistorische Schriftenreihe
Neweklowsky 1, 2 und 3 = Neweklowsky, Ernst, Die Schiffahrt und Flößerei im Raume der oberen Donau, 3 Bde. (Schriftenreihe des Institutes für Landeskunde von Oberösterreich 5, 6 und 16), Linz 1952–1964
Nibelungenlied = Nibelungenlied. Ausst.Kat. Hohenems 1979 (Ausst.Kat. des Vorarlberger Landesmuseums Bregenz Nr.86)
Niederösterreich = König, Gebhard, Niederösterreich an der Donau. Alte Ansichten, Karten und Bücher, Ausst.Kat. Wien, Niederösterreichische Landesbibliothek 1992
ÖBL = Österreichisches Biographisches Lexikon
ÖKT = Österreichische Kunsttopographie
Pest-Buda 1838 = „Jégszakadás és Duna'kiáradása ..." Pest-Buda 1838 (Eisgang und Donauüber-

schwemmung Pest-Buda 1838), Ausst.Kat. Budapest 1988

Prinz Eugen = Prinz Eugen und das barocke Österreich, Ausst.Kat. Wien 1986

Schwanzar, Grenzland = Schwanzar, Christine, Oberösterreich. Grenzland des römischen Reiches, Ausst.Kat. Linz 1986

St. Peter = St. Peter in Salzburg, Ausst.Kat. Salzburg 1982

Sturminger = Sturminger, Walter, Bibliographie und Ikonographie der Türkenbelagerungen Wiens 1529 und 1683, Wien (Veröffentlichungen der Kommission für neuere Geschichte Österreichs 41), Graz-Köln 1955

1000 Jahre Kunst = 1000 Jahre Kunst in Krems, Ausst.Kat. Krems 1971

Vocelka, Trümmerjahre = Vocelka, Karl, Trümmerjahre Wien 1945–1949, Wien-München 1985

Zabehlicky-Scheffenegger, Keramikfunde = Zabehlicky-Scheffenegger, Susanne, Die Keramikfunde von Oberösterreich, in: Oberösterreich, Grenzland des römischen Reiches, Ausst.Kat. OÖLM 1986

Zinnhobler, Kirche = Zinnhobler, Rudolf, Kirche in Oberösterreich 1, Strasbourg 1992

Österreich - "Herzland" im neuen Europa!

Dr. Ludwig Scharinger, Generaldirektor der Raiffeisenlandesbank OÖ.

Durch die Grenzöffnung in Europa und mit dem 1. Jänner 1994 in Kraft getretenen Europäischen Wirtschaftsraum (EWR) wurde Österreich zum "Herzland" im neuen Europa. Diese zentrale Stellung bedeutet für unser Land den Zugang zu größeren Märkten und eröffnet für unser Gewerbe und unsere Industrie neue Heimmärkte. Schon vor Jahren war deutlich sichtbar, daß durch die Öffnung der Nordgrenze mit den Ländern Oberösterreich, Bayern und Böhmen eine der bedeutendsten Wirtschaftsregionen im neuen Europa entstehen würde, der Wirtschaftsexperten hohe Wachstumsraten prognostizierten. Raiffeisen Oberösterreich hat sich auf diese Entwicklung vorbereitet.

Raiffeisentochter in Passau

Wir haben in Passau die Raiffeisentochter "Oberösterreichisches Bankhaus" gegründet und so schon vor einem eventuellen Beitritt Österreichs zur Europäischen Union ein Tor zu diesem Wirtschaftsraum geschaffen. Durch die Gründung unserer Tochterbank wurde es möglich, durch die Verbindung des Raiffeisen-Electronic-Banking (ELBA) mit dem deutschen Multi Cash unsere Kunden am innerdeutschen Zahlungsverkehr so teilnehmen zu lassen, als wäre es der inländische Zahlungsverkehr. Raiffeisenkunden sind somit mit mehr als 60 deutschen Bankengruppen und einigen tausend Bankstellen verbunden. Die Raiffeisenlandesbank OÖ selbst arbeitet mit den 15 größten deutschen Banken zusammen.

Raiffeisen-Bankstruktur für Tschechien

Setzen wir in Deutschland auf enge Beziehungen zu unseren Korrespondenzbanken, so haben wir in Tschechien begonnen, eine eigene Bankstruktur aufzubauen. Wir haben im vergangenen Jahr in Budweis und Prag je eine Raiffeisenbank eröffnet und werden weitergehen und planen Raiffeisen-Bankstellen in Krumau, Pilsen und Brünn. Damit bieten wir österreichischen Unternehmen die wir nach Tschechien begleiten, das bewährte Raiffeisen-Bankservice.

Neustrukturierung der Weltmärkte

Wir haben es zur Zeit weniger mit einer Wirtschaftszession zu tun, sondern es geht vielmehr um eine weltweite Neustrukturierung der Märkte, um eine Neuordnung der weltweiten Wirtschaftsbeziehungen. Wir werden daher enorme Strukturanpassungsprozesse bewältigen müssen. Beim Suchen neuer Märkte, neuer Strukturen und neuer wirtschaftlicher Möglichkeiten soll nicht die Lust zur Zerstörung der Antrieb sein, sondern der Mut zum positiven Mittelweg zwischen Tollerei und Zurückhaltung. Und noch etwas dürfen wir nicht übersehen, besonders, wenn wir an die Entwicklung im ehemaligen Jugoslawien denken: Nur wirtschaftliche Verflechtungen werden in der Lage sein, nationalistische Grenzen zu überwinden und Sicherheit und Frieden in Europa zu gewährleisten.